Frank Bösch (Hrsg.)
Geteilte Geschichte

Schriftenreihe   Band 1636

Frank Bösch (Hrsg.)

Geteilte Geschichte
Ost- und Westdeutschland 1970–2000

Frank Bösch ist Direktor des Zentrums für Zeithistorische Forschung (ZZF) und Professor für deutsche und europäische Geschichte des 20. Jahrhunderts an der Universität Potsdam.

Mit 6 Abbildungen und 7 Tabellen

Diese Veröffentlichung stellt keine Meinungsäußerung der Bundeszentrale für politische Bildung dar. Für die inhaltlichen Aussagen tragen die Autorinnen und Autoren die Verantwortung.

Bonn 2015
Sonderausgabe für die Bundeszentrale für politische Bildung
Adenauerallee 86, 53113 Bonn
© 2015, Vandenhoeck & Ruprecht GmbH & Co. KG, Göttingen /
Vandenhoeck & Ruprecht LLC, Bristol, CT, U.S.A.

Umschlaggestaltung: Naumilkat – Agentur für Kommunikation und Design, Düsseldorf
Umschlagfoto: © agk-images/Karl-Ludwig Lange. Abschnitt des Mauerstreifens auf dem Gelände der 1985 gesprengten Versöhnungskirche, Ackerstraße/Ecke Bernauer Straße, 1990

Satz: textformart, Göttingen
Druck und Bindung: Hubert & Co, Göttingen
ISBN 978-3-8389-0636-2
www.bpb.de

Inhalt

Frank Bösch
Geteilt und verbunden.
Perspektiven auf die deutsche Geschichte seit den 1970er Jahren 7

Frank Bösch / Jens Gieseke
Der Wandel des Politischen in Ost und West 39

Ralf Ahrens / André Steiner
Wirtschaftskrisen, Strukturwandel und internationale Verflechtung .. 79

Frank Uekötter
Ökologische Verflechtungen.
Umrisse einer grünen Zeitgeschichte 117

Winfried Süß
Soziale Sicherheit und soziale Ungleichheit in wohlfahrtsstaatlich
formierten Gesellschaften 153

Rüdiger Hachtmann
Rationalisierung, Automatisierung, Digitalisierung.
Arbeit im Wandel 195

Christopher Neumaier / Andreas Ludwig
Individualisierung der Lebenswelten.
Konsum, Wohnkultur und Familienstrukturen 239

Jürgen Danyel / Annette Schuhmann
Wege in die digitale Moderne.
Computerisierung als gesellschaftlicher Wandel 283

Emmanuel Droit / Wilfried Rudloff
Vom deutsch-deutschen »Bildungswettlauf«
zum internationalen »Bildungswettbewerb« 321

Maren Möhring
Mobilität und Migration in und zwischen Ost und West 369

Jutta Braun
Wettkampf zwischen Ost und West.
Sport und Gesellschaft 411

Frank Bösch / Christoph Classen
Bridge over troubled Water?
Deutsch-deutsche Massenmedien 449

Verzeichnis der Autorinnen und Autoren 489

Frank Bösch

Geteilt und verbunden

Perspektiven auf die deutsche Geschichte seit den 1970er Jahren

Die zeithistorische Forschung hat sich im letzten Jahrzehnt beträchtlich verändert. Sie hat sich thematisch und methodisch breiter aufgestellt, überbrückt Zäsuren wie 1989 und strebt transnationale Perspektiven an. Diese vielfältigen Erweiterungen führten jedoch bisher selten dazu, dass Historiker die deutsche Geschichte in Ost und West gemeinsam betrachteten. Vielmehr wurde die Entwicklung der Bundesrepublik vor allem in Beziehung zu den westlichen Industrieländern gesetzt, mitunter auch zur »Dritten Welt«. Die DDR blieb dagegen für die meisten westdeutschen Historiker ein »fernes Land«, das gesondert vornehmlich an ostdeutschen oder Berliner Universitäten untersucht wurde.[1] Auch in den vielfältigen theoretischen Debatten um eine transnationale Geschichte, »shared history« oder »entangled history« spielte die deutsch-deutsche Geschichte keine Rolle.[2] Zu unklar war vermutlich, welchen Status das »Nationale« hier überhaupt hatte – da es sich ja um eine »trans-staatliche« Geschichte einer später wiedervereinigten Nation handelt. Selbst die großen Überblickswerke zur deutschen Zeitgeschichte betrachteten zumeist die Bundesrepublik oder die DDR getrennt, auch wenn sie über die Wiedervereinigung hinausreichten.[3] Deutsch-deutsche Perspektiven blieben vornehmlich dem Feld der innerdeutschen Beziehungen und Begegnungen vorbehalten – von Brandts Ostpolitik über Biermanns Ausbürgerung bis hin zu Kohls Wiedervereinigungspolitik.[4]

---

1 Vgl. als frühe Bestandsaufnahme, wonach ein Viertel der universitären Lehre zur DDR in Berlin, aber nur 6 % in Süddeutschland stattfinden: Jens Hüttmann, Die »Gelehrte DDR« und ihre Akteure. Inhalte, Motivationen, Strategien: Die DDR als Gegenstand von Lehre und Forschung an deutschen Universitäten, Wittenberg 2004, S. 24.
2 Vgl. etwa: Gunilla Budde/Sebastian Conrad/Oliver Janz (Hg.), Transnationale Geschichte. Themen, Tendenzen und Theorien, Frankfurt a. M. 2010; Hartmut Kaelble, Der historische Vergleich. Eine Einführung zum 19. und 20. Jahrhundert, Frankfurt a. M. 1999, S. 127.
3 So die wichtigen jüngeren Darstellungen zur Bundesrepublik: Eckart Conze, Die Suche nach Sicherheit. Eine Geschichte der Bundesrepublik Deutschland, Berlin 2009; Edgar Wolfrum, Geglückte Demokratie. Geschichte der Bundesrepublik Deutschland von ihren Anfängen bis zur Gegenwart, München 2007; Manfred Görtemaker, Geschichte der Bundesrepublik Deutschland. Von der Gründung bis zur Gegenwart, München 1999. Axel Schildt/Detlef Siegfried, Deutsche Kulturgeschichte. Die Bundesrepublik – 1945 bis zur Gegenwart, München 2009.
4 Vgl. exemplarisch für die eher auf Eliten bezogenen Ansätze: Jan Schönfelder/Rainer Erices, Willy Brandt in Erfurt. Das erste deutsch-deutsche Gipfeltreffen 1970, Berlin 2010; Wolf-

Dieses Buch wählt mit seiner deutsch-deutschen Perspektive einen anderen Ansatz. Statt der gut erforschten diplomatischen Ebene stellt es bewusst einen stärker sozialgeschichtlich akzentuierten Zugang in den Vordergrund und untersucht vergleichend den Wandel sozialer Strukturen in Ost und West – etwa der Arbeit, der Wirtschaft und sozialen Lagen, der Bildung, der Lebenswelten und des Politischen oder auch der Umwelt, des Sports und der Medien. Dabei betrachtet es nicht nur das Trennende und die Unterschiede zwischen den beiden Teilstaaten, sondern fragt auch offen nach Ähnlichkeiten und Interaktionen zwischen Ost und West. Der Titel »geteilte Geschichte« verweist somit im doppelten Sinne sowohl auf die Spaltung des Landes und die Unterschiede als auch auf mögliche gemeinsame Bezüge im Sinne einer »shared history«.[5]

Im Vordergrund steht besonders die Frage, auf welche Weise sich Ost- und Westdeutschland seit den 1970er Jahren veränderten. Bisher wurde der oft rasante Wandel im letzten Drittel des 20. Jahrhunderts vornehmlich getrennt erklärt, sei es aus den spezifischen Problemen des Sozialismus, sei es aus den strukturellen Verschiebungen westlicher Industriegesellschaften im Zuge der Globalisierung »nach dem Boom«.[6] Durch den vergleichenden Blick auf beide Seiten der Mauer lässt sich prüfen, inwieweit es Bezugspunkte gab oder doch systembedingte Pfade dominierten.[7] Inwiefern reichten die markanten Veränderungen der Zeit über die Grenze hinaus – wie etwa die ökonomischen Krisen der 1970er Jahre, der Wandel des Politischen, die Umwelt- und Energieprobleme oder auch die neue Bedeutung von Medien und Computertechnik, von Konsum und Sport? Für die DDR geht dies mit der Frage einher, inwieweit mit dem Westen verbundene Herausforderungen bestanden, die den Niedergang des Sozialismus mit erklären können. Aber ebenso ist zu prüfen, ob die DDR im Systemwettstreit auch die Bundesrepublik beeinflusste.

Für die Zeit nach 1990 steht zum einen die Frage im Vordergrund, in welchem Maße sich Ostdeutschland an den Westen anpasste oder Unterschiede fortbestanden. Zum anderen ist zu diskutieren, inwieweit sich auch der Westen im Zuge der Wiedervereinigung wandelte und der Osten etwa ein Laborato-

---

gang Jäger u. a., Geschichte der deutschen Einheit, 4 Bde., Stuttgart 1998; Karsten Rudolph, Wirtschaftsdiplomatie im Kalten Krieg. Die Ostpolitik der westdeutschen Industrie, Frankfurt a. M. 2004.

5 Der Begriff der »shared history« wurde bisher eher in der postkolonialen Forschung benutzt, mitunter auch deutsch übersetzt; vgl. Sebastian Conrad/Shalini Randeria, Einleitung. Geteilte Geschichte – Europa in einer postkolonialen Welt, in: dies. (Hg.), Jenseits des Eurozentrismus. Postkoloniale Perspektiven in den Geschichts- und Kulturwissenschaften, Frankfurt a. M. 2002, S. 7–49, hier S. 17 f.

6 Bezugspunkt der Debatte über Westdeutschland ist vor allem: Anselm Doering-Manteuffel/Lutz Raphael, Nach dem Boom. Perspektiven auf die Zeitgeschichte seit 1970, Göttingen 2010.

7 Gemeinsame Probleme, die in den 1970er Jahren zunahmen, betonen auch ausgehend von Ereignissen: Udo Wengst/Hermann Wentker, Einleitung, in: dies. (Hg.), Das doppelte Deutschland. 40 Jahre Systemkonkurrenz, Bonn 2008, S. 7–14, hier S. 9.

rium für künftige Entwicklungen im Westen bildete.[8] Von einer »geteilten Geschichte« können wir dennoch auch für die 1990er Jahre im doppelten Sinne sprechen: Denn trotz der Wiedervereinigung und der Annäherung von Ost- und Westdeutschland blieben zahlreiche Unterschiede sichtbar, die hier in einer längeren Perspektive erklärt werden.

Um parallele, verflochtene oder getrennte Entwicklungen auszumachen, nimmt das Buch oft eine vergleichende Perspektive ein, ohne dabei jedoch eine marktwirtschaftliche Demokratie und eine planwirtschaftliche sozialistische Diktatur gleichzusetzen.[9] Denn schließlich wirkten die differenten Staatsformen in alle Lebensbereiche hinein und sind insofern immer wieder zu vergegenwärtigen. Fragen von Herrschaft und Macht werden allerdings auch durch den Blick auf die Gesellschaft nicht ausgeblendet. Vielmehr wird deren Reichweite so erst deutlicher.

Das Titelbild unseres Buches, das den Staffel-Einlauf von Renate Stecher (DDR) und Heide Rosendahl (Bundesrepublik) bei den olympischen Spielen 1972 in München zeigt, verweist exemplarisch auf diese im mehrfachen Sinne »geteilte Geschichte.« Das Bild steht zum einen für die Systemkonkurrenz und gesellschaftliche Unterschiede zwischen Ost und West: So versinnbildlicht es den Wettbewerb mit getrennten Staatswappen, die unterschiedlichen sportlichen Ausbildungssysteme oder auch den Doping-Vorwurf gegen die DDR-Spitzensportler.[10] Ebenso visualisiert es übergreifende internationale und deutsch-deutsche Entwicklungen. So repräsentiert es die starke Aufwertung des Sports als Leistungsschau im Kampf um internationale Reputation, weshalb sich die Bundesrepublik nachdrücklich um die Austragung der Olympischen Spiele 1972 und der Fußball-WM 1974 beworben hatte.[11] Der Sport ermöglichte auch in der DDR eine Kommunikation über die Mauer hinweg, sei es als (bewachter) Reisekader, sei es bei der medialen Rezeption. Dass in diesem Fall die bundesdeutsche Staffel gegen die DDR gewann, unterstreicht, dass auch der Westen in dieser Zeit auf eine intensivierte Sportförderung setzte, um bei den führenden Sportnationen mitzuhalten. Doping-Mittel waren seit 1970 auch in der Bundesrepublik zunehmend verbreitet und gerade die olympischen Spiele in München gelten dabei als ein Wendepunkt.[12]

---

8 Dazu mit Blick auf die »neoliberalen Reformen« in Osteuropa: Philipp Ther, Die neue Ordnung auf dem alten Kontinent. Eine Geschichte des neoliberalen Europas, Frankfurt a. M. 2014, S. 14.
9 Vor einer »Weichzeichnung der SED-Diktatur« durch Vergleiche warnte: Klaus Schroeder, Der SED-Staat. Geschichte und Strukturen der DDR 1949–1990, Köln 2013, S. 902.
10 Vgl. etwa den Bildgebrauch in: Tagesspiegel, 11.8.2013 und 26.9.2013; Die Welt, 27.11.2009; Deutschlandfunk, 25.4.2011 und 1.9.2012.
11 Eva Gajek, Imagepolitik im olympischen Wettstreit. Die Spiele von Rom 1960 und München 1972, Göttingen 2013; Uta Balbier, Kalter Krieg auf der Aschenbahn. Deutsch-deutscher Sport 1950–72, eine politische Geschichte, Paderborn 2007, S. 238.
12 Dies wurde oft auf die 4x100 Meter-Staffel 1972 und Renate Stecher bezogen, aber nicht explizit auf Heide Rosendahl. Renate Stecher widerspricht den Aussagen der Stasi-Akten. Vgl. Giselher Spitzer, Doping in Deutschland von 1950 bis heute aus historisch-soziologischer Sicht im Kontext ethischer Legitimation, 30.3.2013, S. 16, in: http://www.bisp.de/SharedDocs/Downloads/Aktuelles/Inhaltlicher_Bericht_HU.pdf?__blob=publicationFile&v=1.

Auch rein optische Ähnlichkeiten stehen für die deutsch-deutsche Beziehungsgeschichte: Beide Läuferinnen tragen Schuhe des bundesdeutschen Unternehmens Adidas, das in den 1970er Jahren auf dem Weltmarkt führend war, und der halblange Frauenhaarschnitt verweist auf übergreifende Trends im Lebensstil. Beide Frauen studierten an Sporthochschulen und waren anschließend im Sportbereich berufstätig. Und schließlich unterstreicht das Bild, welche große öffentliche Aufmerksamkeit Höchstleistungen von Frauen nun in Ost und West erhielten. Indirekt und in seiner späteren Gebrauchsweise steht das Foto schließlich auch für Probleme im wiedervereinigten Deutschland, wie die Debatten über den Rückbau ostdeutscher Trainingszentren, das Doping und gebrochene Biografien: Die Ostdeutsche Renate Stecher verlor nach der Wiedervereinigung ihre Stelle in der Sportausbildung, während die Westdeutsche Heide Rosendahl beruflich erfolgreich blieb.

1. Die Zeitgeschichtsforschung und die deutsche Zweistaatlichkeit

Einzelne Plädoyers für eine integrierte deutsch-deutsche Geschichte kamen frühzeitig auf. Vor allem Christoph Kleßmann trat für eine asymmetrisch verflochtene Parallelgeschichte ein, die die Spannung zwischen Abgrenzung und Verflechtung aufgreift und dabei berücksichtigt, dass die DDR weitaus stärker die Bundesrepublik als Referenzgesellschaft sah als umgekehrt. »Die Bundesrepublik konnte problemlos ohne die DDR existieren«, so Kleßmann.[13] Zu diskutieren ist, ob sich nicht ebenso auch die Bundesrepublik durch die Existenz der DDR in vielen Fragen fundamental anders entwickelte, allein schon, wenn man die prägende Bedeutung des Anti-Kommunismus in vielen gesellschaftlichen Bereichen berücksichtigt.[14] Selbst der westdeutsche Konsum, Sport oder die Medienfreiheit gewannen durch die Teilung eine andere politische Bedeutung. Kleßmann schlug zudem sechs Phasen und Bezugsfelder vor, wie »die beginnende Blockbildung«, »die Eigendynamik der beiden Staaten« oder »die systemübergreifenden Problemlagen fortgeschrittener Industriegesellschaften« seit den 1970er Jahren.[15] Ebenso plädierte Konrad Jarausch für eine »plurale Sequenzperspektive«, die die Entwicklung aufeinanderfolgender Problemfelder ernst

---

13 Christoph Kleßmann, Spaltung und Verflechtung – Ein Konzept zur integrierten Nachkriegsgeschichte 1945 bis 1990, in: Christoph Kleßmann/Peter Lautzas (Hg.), Teilung und Integration. Die doppelte deutsche Nachkriegsgeschichte als wissenschaftliches und didaktisches Problem, Schwalbach/Ts. 2006, S. 20–37, hier S. 22. Noch ohne den vielzitierten Begriff: Christoph Kleßmann, Verflechtung und Abgrenzung. Aspekte der geteilten und zusammengehörigen deutschen Nachkriegsgeschichte, in: Aus Politik und Zeitgeschichte 29–30/1993, S. 30–41.
14 Vgl. auch Martin Sabrow, Historisierung der Zweistaatlichkeit, in: Aus Politik und Zeitgeschichte 3/2007, S. 19–24.
15 Kleßmann, Spaltung und Verflechtung, S. 26–34.

nimmt.¹⁶ Besonders den 1970er Jahren sprachen sie beide eine Scharnierfunktion zu. Andere, wie Thomas Lindenberger, regten an, Grenzräume als einen durch politische Herrschaft konstituierten Raum zu betrachten, der einen besonderen Umgang mit dem »Anderen« und durch Abgrenzungen auch Verbindungen schafft.¹⁷

Diese Ansätze waren lange sehr umstritten. In den letzten Jahren haben jedoch Vertreter unterschiedlicher Schulen und Methoden zunehmend die Möglichkeit und Notwendigkeit einer grenzübergreifenden Perspektive betont.¹⁸ Sie wichen vornehmlich nur in der Frage voneinander ab, wie weit eine vergleichende oder gar verflochtene Perspektive reichen könne, ohne systembedingte Unterschiede zu nivellieren. So mahnte Horst Möller trotz prinzipieller Zustimmung, es sei »eine sorgfältige Auswahl der tatsächlich komparativ zu erfassenden, phasenbeschränkten Themen notwendig, die eine zumindest relative Systemunabhängigkeit besitzen«.¹⁹

Zudem hat sich in den letzten Jahren der regionale, diachrone und inhaltliche Fokus so verändert, dass deutsch-deutsche Perspektiven zunehmen dürften. Während Kleßmann und Jarausch stärker die innerdeutsche Entwicklung in den Jahrzehnten nach dem Zweiten Weltkrieg im Blick hatten, ist es mittlerweile üblicher geworden, Deutschland aus einer europäischen Perspektive zu betrachten – und zwar weniger als Nachgeschichte des Nationalsozialismus denn als Vorgeschichte des vereinten Deutschlands und Europas. Gerade die Erforschung der 1970/80er Jahre erfolgt heute stärker als Vorgeschichte gegenwärtiger Problemlagen denn aus der Sicht der Nachkriegsgeschichte.²⁰ Weniger die Begründung von Institutionen in der Nachkriegszeit als ihr Verschleiß und ihre Erneuerung bilden damit einen Ausgangspunkt.²¹ Dies macht eine gesamtdeutsche Perspektive möglicher und gewinnbringender, um grenzübergreifende oder auch spezifisch west- und ostdeutsche Problemlagen historisch deuten zu können. Ein Rückblick auf die letzten 50 Jahre Geschichte schließt, wenigstens zeit-

---

16 Vgl. Konrad H. Jarausch, »Die Teile als Ganzes erkennen«. Zur Integration der beiden deutschen Nachkriegsgeschichten, in: Zeithistorische Forschungen/Studies in Contemporary History 1.1 (2004), S. 10–30; Konrad H. Jarausch/Michael Geyer, Shattered Past. Reconstructing German Histories, Princeton 2003, S. 1–33.

17 Vgl. etwa Thomas Lindenberger, »Zonenrand«, »Sperrgebiet« und »Westberlin« – Deutschland als Grenzregion des Kalten Kriegs, in: Kleßmann/Lautzas (Hg.), Teilung, S. 97–112.

18 Vgl. etwa die Beiträge von Horst Möller, Andreas Wirsching und Günther Heydemann in der Ausgabe »Gemeinsame Nachkriegsgeschichte«: Aus Politik und Zeitgeschichte 3/2007, http://www.bpb.de/shop/zeitschriften/apuz/30702/gemeinsame-nachkriegsgeschichte.

19 Horst Möller, Demokratie und Diktatur, in: ebd., S. 3–7.

20 So zuletzt im Anschluss an Hans Günther Hockerts Formulierung: Thomas Raithel/Thomas Schlemmer (Hg.), Die Anfänge der Gegenwart. Umbrüche in Westeuropa nach dem Boom, München 2014.

21 Eine Verlagerung »von der Erörterung der Konstitutionsbedingungen der Bonner Republik auf ihre Reproduktionsprobleme (Strukturkrisen, Handlungsfallen etc.)« forderte: Klaus Naumann, Die Historisierung der Bonner Republik. Zeitgeschichtsschreibung in zeitdiagnostischer Absicht, in: Mittelweg 36 9.3 (2000), S. 53–67, hier S. 63.

lich, mindestens zur Hälfte das vereinigte Deutschland ein. Zugleich gibt es einen Trend, in langen Linien themenbezogen die Moderne vom Kaiserreich bis zu den 1970er Jahren zu untersuchen. Um zu vermeiden, dass teleologische Linien hin zur Liberalisierung oder Postmoderne der 1970er Jahre entstehen, ist es auch hier sinnvoll, die DDR einzubeziehen.

In der geschichtswissenschaftlichen Forschung der letzten zehn Jahre kamen zudem neue Themen auf, die grenzübergreifende Perspektiven erleichtern, wenn nicht gar erforderlich machen – wie die Energie- und Umweltgeschichte, die Alltags-, Konsum- und Sportgeschichte, die Medizingeschichte oder die Mediengeschichte. Und schließlich hat die Globalgeschichte unsere Sicht auf Europa und Deutschland verändert. Aus innerdeutschem Blickwinkel mögen die Bundesrepublik und die DDR oft wie verschiedene Welten wirken. Aus einer gesamteuropäischen oder gar außereuropäischen Perspektive erscheinen die Bezüge sichtbarer. Entsprechend entstanden gerade in den USA in den letzten Jahren einzelne kulturhistorisch orientierte Studien, die beide Teile Deutschlands als postfaschistische Gesellschaften behandelten.[22]

Obgleich die gesamtdeutsche Perspektive relativ selten erprobt wurde, kann dieses Buch an verschiedene Arbeiten anknüpfen, die hier nur exemplarisch genannt werden können. Zu den wichtigsten Werken zur deutsch-deutschen Geschichte bis 1970 zählt weiterhin Christoph Kleßmanns zweibändige Publikation, die bereits vor dem Mauerfall erschien.[23] Seitdem thematisierten nur noch einzelne Überblicksbücher Ost- und Westdeutschland gemeinsam, und die Abschnitte zur DDR dienten oft eher als Kontrastfolie zur Erfolgsgeschichte der Bundesrepublik.[24] Zudem konzentrierten sich die gesamtdeutschen Kapitel auch bei umfassenden Studien vor allem auf die politischen Beziehungen im Rahmen der Ost- und Wiedervereinigungspolitik.[25] In vergleichender Perspektive fasste etwa Mary Fulbrook beide Staaten als konkurrierende Experimente, mahnte aber zugleich, die Errungenschaften der DDR in der Sozial-, Frauen- und Familienpolitik zu würdigen.[26] Auch zur deutsch-deutschen Kulturgeschichte liegt

---

22 Etwa Frank Biess, Homecomings. Returning POWs and the Legacies of Defeat in Postwar Germany, Princeton 2006; Dagmar Herzog, Sex after Fascism. Memory and Morality in Twentieth-Century Germany, Princeton 2005; Jeffrey Herf, Divided Memory. The Nazi Past in the Two Germanys, Cambridge/Mass. 1997.

23 Christoph Kleßmann, Zwei Staaten, eine Nation. Deutsche Geschichte 1955–1970, Göttingen 1988, 2., überarb. Aufl., Bonn 1997; ders., Die doppelte Staatsgründung. Deutsche Geschichte 1945–1955, Göttingen u. a. 1982 (5., überarb. Aufl., Bonn 1991).

24 Besonders deutlich bei: Hans-Ulrich Wehler, Deutsche Gesellschaftsgeschichte, Bd. 5: Bundesrepublik und DDR, München 2008, S. 88–108, 338–361. Ausgewogener dagegen: Ulrich Herbert, Geschichte Deutschlands im 20. Jahrhundert, München 2014.

25 Am stärksten berücksichtigt die eher politikhistorische Darstellung von Peter Graf Kielmansegg beide Teile Deutschlands und deren (politische) Beziehung: ders., Das geteilte Land. Deutsche Geschichte 1945–1990, München 2000.

26 Mary Fulbrook, Interpretations of the Two Germanies, 1945–1990, New York 2000, S. 91–95.

eine knappe Darstellung aus der Feder von Carsten Kretschmann vor, die westliche Transfers, Nischen in der DDR und das gemeinsame kulturelle Erbe aus dem 19. Jahrhundert betont, das 1990 auf der institutionellen Ebene erfolgreich vereint worden sei.[27]

Ebenso gibt es mittlerweile zahlreiche Gesamtdarstellungen zur Geschichte der DDR, die von kurzen Einführungen und alltagsgeschichtlichen Überblicken bis hin zu umfassenden Handbüchern zur Herrschaft der SED reichen.[28] Die innerdeutschen Beziehungen stellten sie insbesondere für die 1970er und 1980er Jahre heraus, ebenso verwiesen ihre Kapitel zum Konsum, über die Medien oder zur Opposition auf bundesdeutsche Einflüsse. Welche Folgen die Annäherung in den 1970/80er Jahren hatte, ist in der DDR-Forschung umstritten: Verschiedene Historiker gehen davon aus, dass sie die SED-Herrschaft verlängert und stabilisiert hätten, da ohne die westliche Unterstützung der ökonomische Kollaps und damit auch Proteste früher zu erwarten gewesen wären. So bilanziert eine neuere Arbeit, die Bundesrepublik habe die DDR immer weiter anerkannt, ohne auf die Einhaltung von Zugeständnissen zu achten.[29] Andere sahen die Annäherungen der beiden deutschen Staaten als Vorbedingung für die Wiedervereinigung an, da sie die Mauer durchlässiger machten und die Erwartungen der DDR-Bürger steigerten, insbesondere durch Westreisen oder Westfernsehen. Beide Deutungen lassen sich aber auch vereinbaren: Verflechtungen wie die sogenannten Milliardenkredite aus der Bundesrepublik verlängerten und schwächten die SED-Herrschaft zugleich.[30]

Eine stärker integrierte deutsch-deutsche Darstellung legte in essayistischer Form Peter Bender vor, der einst als WDR-Korrespondent in Ost-Berlin gearbeitet hatte und vor allem die politische Entwicklung von Teilung, Annäherung und Wiedervereinigung beschrieb.[31] Aus gesellschaftsgeschichtlicher Sicht interpretierte Konrad Jarausch die deutsch-deutsche Geschichte als Rezivilisierung und Erreichung neuer Normalität nach dem Nationalsozialismus, die im Westen nach 1945 und 1968, in der DDR durch die Bürgerrechtler und deren Proteste 1989 einen Schub erhalten habe.[32] Zudem liegen verschiedene Sammelbände vor, die ausgewählte Ereignisse oder Einzelthemen behandelten, bei denen

---

27 Karsten Kretschmann, Zwischen Spaltung und Gemeinsamkeit. Kultur im geteilten Deutschland, Bonn 2012, S. 170.
28 Vgl. exemplarisch: Ulrich Mählert, Kleine Geschichte der DDR, 6., überarb. Aufl., München 2009; Hans-Hermann Hertle/Stefan Wolle, Damals in der DDR, München 2006; Schroeder, Der SED-Staat.
29 Margit Roth, Innerdeutsche Bestandsaufnahme der Bundesrepublik 1969–1989. Neue Deutung, Wiesbaden 2014, S. 686 f.
30 So auch die Bilanz in: Matthias Judt, Der Bereich Kommerzielle Koordinierung. Das DDR-Wirtschaftsimperium des Alexander Schalck-Golodkowski – Mythos und Realität, Berlin 2013.
31 Peter Bender, Deutschlands Wiederkehr – Eine ungeteilte Nachkriegsgeschichte 1945–1990, Stuttgart 2007.
32 Konrad Jarausch, Die Umkehr. Deutsche Wandlungen 1945–1995, Bonn 2004, S. 29 u. 354 (zur DDR besonders S. 247–279).

sich eine stärkere Verflechtung zeigte und die mittlerweile auch über die politikgeschichtliche Ebene hinausreichen. Vor allem Christoph Kleßmann edierte Fallstudien mit dem Ansatz der »doppelten deutschen Nachkriegsgeschichte«, was eine vergleichende Betrachtung eröffnete.[33] Auch ein Band des Instituts für Zeitgeschichte sprach vom »doppelten Deutschland« und nahm Momente der innerdeutschen Begegnung zum Ausgangspunkt, um das fortbestehende Bewusstsein von Konkurrenz und neue übergreifende Probleme aufzuzeigen.[34] Dabei plädierte das Buch unter Verweis auf Andreas Wirsching dafür, dass man »den Systemgegensatz von Demokratie und Diktatur nicht übermäßig« betonen müsse.[35] Neuerdings erschienen zudem Bände mit Beiträgen, die die Erinnerungskultur in beiden Teilstaaten thematisierten oder mikrogeschichtlich übergreifende Medien oder Infrastrukturen, wie die Transitstrecke, untersuchten und dabei von konkreten Orten in Ost und West ausgehen.[36] Ebenso gibt es verschiedene Spezialstudien etwa zu ökonomischen oder sportlichen Beziehungen.[37]

Zum Transformationsprozess seit 1990 liegen zahlreiche Arbeiten aus den Sozialwissenschaften vor. Sie konzentrierten sich vor allem auf die neuen Bundesländer und problematisierten den Institutionen- und Elitentransfer aus dem Westen.[38] Zudem bilanzierten sie anhand von Statistiken und Umfragen die fortbestehende Differenz zwischen Ost- und Westdeutschland, die selbst zwei Jahrzehnte nach der Einheit in starkem Maße ausmachbar war – vom Wohlstandsniveau über die politische Kultur und zivilgesellschaftliche Struktur bis hin zur stark differenten Mediennutzung.[39] In vielen Bänden wird Ost-

---

33 Mit vergleichenden Artikeln und didaktischen Konzepten: Kleßmann/Lautzas (Hg.), Teilung. Noch weitgehend ohne eine gemeinsame Thematisierung: Arnd Bauerkämper/Martin Sabrow/Bernd Stöver (Hg.), Doppelte Zeitgeschichte. Deutsch-deutsche Beziehungen 1945–1990, Bonn 1998.
34 Wengst/Wentker (Hg.), Das doppelte Deutschland. Ähnlich, aber stärker mit Zeitzeugenerinnerungen: Andreas Apelt/Robert Grünbaum/Jens Schöne (Hg.), 2 x Deutschland. Innerdeutsche Beziehungen 1972–1990, Halle 2013.
35 Andreas Wirsching, Für eine pragmatische Zeitgeschichtsforschung, in: Aus Politik und Zeitgeschichte 3/2007, S. 13–18, hier S. 18.
36 Tobias Hochscherf/Christoph Laucht/Andrew Plowman (Hg.), Divided, but Not Disconnected: German Experiences of the Cold War, New York 2010; Detlef Brunner/Udo Grashoff/Andreas Kötzing (Hg.), Asymmetrisch verflochten? Neue Forschungen zur gesamtdeutschen Nachkriegsgeschichte, Berlin 2013.
37 Exemplarisch für die Einzelstudien seien genannt: Jörg Roesler, Momente deutsch-deutscher Wirtschafts- und Sozialgeschichte 1945 bis 1990. Eine Analyse auf gleicher Augenhöhe, Leipzig 2006; Balbier, Kalter Krieg.
38 Vgl. etwa: Heinrich Best/Everhard Holtmann (Hg.), Aufbruch der entsicherten Gesellschaft. Deutschland nach der Wiedervereinigung, Frankfurt a. M. 2012.
39 Vgl. etwa als jüngere Bestandsaufnahme: Manuela Glaab/Werner Weidenfeld/Michael Weigl (Hg.), Deutsche Kontraste 1990–2010. Politik – Wirtschaft – Gesellschaft – Kultur, Frankfurt a. M. 2010; Peter Krause/Ilona Ostner (Hg.), Leben in Ost- und Westdeutschland. Eine sozialwissenschaftliche Bilanz der deutschen Einheit 1990–2010, Frankfurt a. M. 2010.

deutschland als das Abweichende, als das »Andere« präsentiert, als »Übergangs- und Teilgesellschaft«.[40]

Neuerdings nahmen Plädoyers zu, nicht allein den Wandel in Ostdeutschland zu untersuchen und ihn etwa als »nachgeholte Modernisierung« und Anpassung an den Westen zu fassen. Denn zum einen veränderte sich Westdeutschland in diesen Jahrzehnten ebenfalls, sei es im Rahmen der Vereinigung oder im Zuge von globalen Veränderungen. Heinrich Best und Everhard Holtmann sprachen deshalb von einer »doppelten Transformation, in der einigungsbedingte Probleme und die Herausforderungen der globalen Wirtschafts- und Finanzkrise einander überlagerten«.[41] Ebenso forderte der Politikwissenschaftler Timm Beichelt, die vermeintlich spezifischen ostmitteleuropäischen Probleme als gesamteuropäische im Rahmen globaler Herausforderungen zu betrachten und den Transformationsbegriff auf Gesamteuropa zu beziehen.[42]

Zum anderen ließe sich argumentieren, dass sich einige der gegenwartsnahen Veränderungen in Ostdeutschland früher zeigten als in den alten Bundesländern, etwa in der Kinderbetreuung, Familienstruktur, im Sekundarschulbereich oder beim Wandel von Einstellungen und Werten. In manchen Feldern erfolgten in Ostdeutschland in den 1990er Jahren die Reformen, die im Westen ebenfalls bereits angestanden hätten, so dass der Osten insbesondere bei der Privatisierung und De-Regulierung als »neoliberales« Experimentierfeld gedeutet wurde. So argumentierte Philipp Ther, dass die Reformforderungen aus Ostdeutschland auch rhetorisch in der zweiten Hälfte der 1990er Jahre in den Westen gewandert seien, weshalb er von neoliberalen »Ko-Transformationen« spricht.[43] Deren Ambivalenzen wurden häufiger mit dem Begriff der Freiheit verbunden; »The Burdens of Freedom« nannte etwa Padraic Kenney sein Buch zur Transformation in Osteuropa.[44] Ebenso sprach Andreas Wirsching vom »Preis der Freiheit«, um Erfolg und Schattenseiten der Liberalisierung anzudeuten.[45] Die hier ausgemachten Prozesse lassen sich vor allem nicht allein aus der Transformationskonstellation in Ostdeutschland nach 1990 erklären, sondern bedürfen einer historischen Deutung, die die Jahrzehnte zuvor in Ost und West berücksichtigt.

Auch die zunehmend publizierten europäischen und globalen Überblicksstudien betrachteten Ost- und Westeuropa gemeinsam, wenngleich naturgemäß pauschaler. Den boomenden Nachkriegsjahrzehnten im Westen stellten sie den

---

40 So auch zum Wandel und Diskurs der Sozialwissenschaften seit 1990: Raj Kollmorgen, Ostdeutschland. Beobachtungen einer Übergangs- und Teilgesellschaft, Wiesbaden 2005.
41 Heinrich Best/Everhard Holtmann, Der lange Wege der deutschen Einigung. Aufbruch mit vielen Unbekannten, in: dies. (Hg.), Aufbruch, S. 9–42, hier S. 11.
42 Timm Beichelt, Verkannte Parallelen. Transformationsforschung und Europastudien, in: Osteuropa 63.2–3 (2013), S. 277–294.
43 Ther, Die neue Ordnung, S. 97.
44 Padraic Kenney, Burdens of Freedom. Eastern Europe since 1989, London 2006.
45 Andreas Wirsching, Der Preis der Freiheit. Geschichte Europas in unserer Zeit, München 2012.

Aufbau des Sozialismus bis in die 1970er Jahre gegenüber und der Zeit »nach dem Boom« den Niedergang des Sozialismus in den beiden folgenden Jahrzehnten.[46] Damit markierten sie ähnliche Phasen in Ost und West, argumentierten aber vor allem aus den jeweiligen Systemlogiken heraus. Neben diese getrennten »rise and fall«-Narrative traten einige sozialwissenschaftlich orientierte Studien zur Sozialgeschichte Europas. Knappe Darstellungen zu »Europe since the 1970s« wie von Jeremy Black unterschieden lediglich themenbezogen zwischen Ost und West, etwa bei der Wirtschaft, während sie Bereiche wie Umwelt, Gesundheit oder Bildung übergreifend behandelten.[47] Sie fokussierten aus westlicher Perspektive statistisch nachweisbare übergreifende Wandlungsprozesse und sahen, wie Göran Therborn, etwa eine Ähnlichkeit in der Erosion der zukunftsgerichteten Moderne Anfang der 1970er Jahre.[48] Hartmut Kaelble machte dagegen eine Zunahme an Divergenzen in den 1980er Jahren aus, da sich der Osten ökonomisch verschlechterte, während im Westen der Sozialstaat abgebaut und die Bildungssysteme ausgebaut worden seien.[49] Auch die Globalisierung habe laut Kaelble Ost- und Westeuropa eher weiter getrennt. Wenngleich einige Zugänge und Befunde diskussionswürdig sind, so fördern die europäischen Gesamtdarstellungen doch zumindest den vertieften Blick über die deutsche Grenze hinweg.

2. Probleme und Perspektiven einer deutsch-deutschen Geschichte

Dass die bisherigen Forschungen zur Bundesrepublik und zur DDR eher nebeneinander stehen, lässt sich nicht allein mit der Schwierigkeit erklären, unterschiedliche politische Systeme gemeinsam zu thematisieren.[50] Nicht unwichtig ist zunächst, dass die westliche Geschichtsschreibung in starkem Maße an die Selbstbeschreibungen der Zeitgenossen und deren Beobachtungstech-

---

46 Vgl. etwa: Mark Mazower, Der dunkle Kontinent. Europa im 20. Jahrhundert, Berlin 2000, S. 359–408, 513–550; Harold James, Geschichte Europas im 20. Jahrhundert. Fall und Aufstieg 1914–2001, München 2004, S. 297–328, 407–427; Eric Hobsbawm, Das Zeitalter der Extreme. Weltgeschichte des 20. Jahrhunderts, 2. Aufl., München 1995, S. 465–502, 572–617. Am stärksten suchte Tony Judt nach Beziehungen zwischen Ost und West, wenngleich auch er den Niedergang des Sozialismus für die RGW-Staaten getrennt analysierte: Tony Judt, Geschichte Europas von 1945 bis zur Gegenwart, München 2006, S. 671–765.
47 Jeremy Black, Europe since the Seventies, London 2009.
48 Vgl. Göran Therborn, Die Gesellschaften Europas 1945–2000. Ein soziologischer Vergleich, Frankfurt a. M. 2000, S. 17 f.; Hartmut Kaelble, Sozialgeschichte Europas. 1945 bis zur Gegenwart, München 2007.
49 Hartmut Kaelble, Kalter Krieg und Wohlfahrtsstaat. Europa 1945–1989, München 2011, S. 240 f.
50 Als frühe systemübergreifende Studie vgl.: Kiran Patel, Soldaten der Arbeit: Arbeitsdienste in Deutschland und den USA, 1933–1945, Göttingen 2003.

niken anknüpft.⁵¹ Die Demoskopie, die Medien und sozialwissenschaftliche Studien gaben Leitlinien für die Deutung der westlichen Gesellschaft vor, wie sie für Ostdeutschland kaum greifbar sind. So verfügen wir für die DDR über keine medialen Krisennarrative und keine vergleichbar umfangreichen und wirkungsmächtigen Meinungsumfragen, die etwa einen »Wertewandel« oder den Wandel von weltanschaulichen Einstellungen feststellten.⁵² Entsprechend wurden auch daraus entwickelte soziologische Konzepte wie »Postmaterialismus«, »Postmoderne« oder »Individualisierung« nicht auf die DDR übertragen. Eine deutsch-deutsche Perspektive kann somit in mehrfacher Hinsicht eine kritische Auseinandersetzung mit diesen Zuschreibungen fördern. Es ist jedoch zu fragen, inwieweit derartige Leitbegriffe ohne die zeitgenössischen Selbstbeschreibungstechniken überhaupt sinnvoll erscheinen, ob sie an die Demokratie gebunden sind oder auch für den Sozialismus und die DDR zutreffen.

Wie groß die zeit- und quellenbedingte Prägung der Bewertungen und Begriffe ist, zeigt vor allem ein Vergleich der Forschungen zu Ostdeutschland zur Zeit vor 1990 und danach.

Differente Deutungen von Ost und West wurden auch durch die unterschiedlichen Archivquellen mit geformt. Da zur DDR-Geschichte vor allem staatliche Akten vorliegen, die zudem früher als in westlichen Archiven zugänglich wurden, spielen die Wahrnehmungen und Praktiken der Überwachung sowie der Parteiblick eine zentrale Rolle. Studien, die mit alternativen Quellen arbeiten (Ego-Dokumente, Oral History u. ä.) und damit stärker auf die Alltagskultur blicken, konnten und können dagegen leichter vergleichbare und übergreifende Aussagen über Ost und West treffen.

Die Systemkonkurrenz, aber auch die Entspannungspolitik und Akzeptanz einer »bipolaren Welt« führten bereits in den 1970/80er Jahren zu einzelnen vergleichenden sozialwissenschaftlichen Studien.⁵³ Zeitgenossen machten im Sinne der Konvergenztheorie eine verstärkte Annäherung der beiden Systeme im postindustriellen Zeitalter aus oder im Sinne der Magnettheorie der ersten Nachkriegsjahre zumindest eine Anpassung des Ostens an den ökonomisch stärkeren Westen. Die Systemkonkurrenz führte zu einer permanenten wechselseitigen Beobachtung, die sich auf viele Bereiche der Gesellschaft erstreckte. In der künf-

---

51 Zu diesem Problem: Rüdiger Graf/Kim Christian Priemel, Zeitgeschichte in der Welt der Sozialwissenschaften. Legitimität und Originalität einer Disziplin, in: Vierteljahrshefte für Zeitgeschichte 59.4 (2011), S. 479–508.
52 Zum Wertewandel: Bernhard Dietz/Christoph Neumaier/Andreas Rödder (Hg.), Gab es den Wertewandel? Neue Forschungen zum gesellschaftlich-kulturellen Wandel seit den 1960er Jahren, München 2014. Neben einzelnen Umfragen in der DDR bildeten dort vor allem die Berichte der Staatsicherheit und SED Stimmungen ab. Zur (begrenzten) Meinungsforschung vor allem in Leipzig: Walter Friedrich/Peter Förster/Kurt Starke (Hg.), Das Zentralinstitut für Jugendforschung Leipzig 1966–1990. Geschichte, Methoden, Erkenntnisse, Berlin 1999.
53 Vgl. etwa: Werner Weidenfeld/Hartmut Zimmermann (Hg.), Deutschland-Handbuch. Eine doppelte Bilanz, Bonn 1989.

tigen Forschung sollte es indes weniger darum gehen, ob diese zeitgenössischen Schriften zutrafen oder nicht (oft überschätzten sie die DDR). Zeithistorisch interessant ist vielmehr, welche Wirkung diese Studien entfalteten, sei es zur Übernahme oder Ablehnung von Reformen oder zur modifizierten Aneignung mit anderen Begriffen.

Eine deutsch-deutsche Geschichte kann nicht darin aufgehen, die bisherigen Darstellungen zur Bundesrepublik und zur DDR nebeneinander zu stellen. Vielmehr sind, wie in der transnationalen Geschichte üblich, Reaktionen auf generelle Problemlagen, grenzübergreifende Beziehungen und wechselseitige Perzeptionen auszumachen. Damit sind drei Ebenen des Verhältnisses benannt, die einander bedingen können, aber nicht müssen. Die Wahrnehmung des jeweils anderen Deutschlands kann in Handlungen oder in Ignoranz münden. Grenzübergreifende Herausforderungen, wie die Ölkrisen der 1970er Jahre, können zu unterschiedlichen Reaktionen führen. Jedoch steht auch Letzteres für eine Interdependenz.

Eine derartige Perspektive birgt natürlich zahllose Fallstricke. Die größte Gefahr ist sicherlich, Ostdeutschland bereits für die Zeit vor 1989 wie die »fünf neuen Bundesländer« zu behandeln und damit die Reichweite der SED-Diktatur oder grundlegende Differenzen zu vergessen. Bereits bei der Auswahl der Themen ist zu berücksichtigen, inwieweit sie eher aus einer westlichen Perspektive stammen (wie Umweltschutz oder Migration) oder eher einer östlichen (wie soziale Gleichheit).

In vielen Bereichen waren die Unterschiede zwischen beiden deutschen Staaten denkbar groß. Das gilt für die Politikgeschichte im engeren Sinne, die kaum gemeinsam thematisierbar ist und hier zugunsten einer Geschichte des Politischen zurückgestellt wurde, die stärker von gesellschaftlichen Wahrnehmungen und Handlungen ausgeht. Nicht minder groß waren die ökonomischen Differenzen zwischen der eher statischen Planwirtschaft und der eher dynamischen Marktwirtschaft. Allerdings nahmen nicht nur ökonomische Austauschprozesse zwischen Ost und West zu, sondern auch in der DDR zeichnete sich ein verdeckter Strukturwandel ab.[54] Ebenso zeigten sich auch in der sozialen Marktwirtschaft Grenzen der flexiblen Anpassung an neue Probleme. Markant waren die Unterschiede besonders bei der Migration, die in der DDR sehr gering blieb. Aber selbst hier gibt es, wie die Beiträge in diesem Band unterstreichen, strukturelle Gemeinsamkeiten, die übergreifende Perspektiven sinnvoll erscheinen lassen.

Dass die wechselseitige Perzeption im Sinne von Christoph Kleßmann asymmetrisch war, dürfte unstrittig sein und wird auch durch die Beiträge in diesem

---

54 Annegret Groebel, Strukturelle Entwicklungsmuster in Markt- und Planwirtschaften. Vergleich der sektoralen Erwerbstätigenstrukturen von BRD und DDR, Heidelberg 1997, S. 100; André Steiner, Bundesrepublik und DDR in der Doppelkrise europäischer Industriegesellschaften. Zum sozialökonomischen Wandel in den 1970erJahren, in: Zeithistorische Forschungen/Studies in Contemporary History 3.3 (2006), S. 342–362, hier S. 347 f.

Band bestätigt: Die DDR orientierte und maß sich viel stärker an der Bundesrepublik als umgekehrt. Jedoch, so ließe sich ergänzen, blickten die Bevölkerungen der Bundesrepublik und der DDR beide gen Westen: die Bundesbürger in die USA, die Bewohner der DDR nach Westdeutschland. Impulse aus den USA wurden oft erst in die Bundesrepublik übersetzt und wanderten dann wiederum im neuen Gewande in die DDR. Allerdings steht auch dieser doppelte Westblick für eine Verbindung der beiden Staaten. Solche doppelten bzw. vermittelten Transferprozesse lassen sich in vielen lebensweltlichen Feldern untersuchen: von der Arbeitswelt über die Musikkultur bis hin zur Computertechnik, wo Innovationen von IBM zu Siemens und schließlich zu Robotron wanderten. Mitunter lässt sich, gerade in der Populärkultur, auch ein direkter Austausch zwischen der DDR und den USA aufzeigen, seit den 1970er Jahren insbesondere bei Hollywood-Filmen.[55]

Einwenden kann man, dass es heute anachronistisch sei, eine gesamtdeutsche Geschichte zu schreiben statt einer europäischen oder globalen, da so nur ein neues nationalgeschichtliches Narrativ entstehe. Oder anders gewendet: Sollten wir nicht auch, wie in anderen Studien bereits praktiziert, die Bundesrepublik und die DDR eher mit ihren jeweiligen Nachbarstaaten wie Frankreich oder Polen in Beziehung setzen, die ebenfalls eng mit der deutschen Geschichte verbunden sind? Reizvoll erscheint auch, die DDR stärker in Beziehung zur westeuropäischen Entwicklung zu betrachten. Dies könnte zeigen, dass einige deutsch-deutsche Unterschiede sich nicht allein mit den politischen Systemen und dem Sozialismus der DDR erklären lassen, sondern mitunter auch aus einer spezifisch westdeutschen Kultur heraus – wie etwa bei der Frauenarbeit und der Kinderbetreuung, der außeruniversitären Großforschung oder der Zentralisierung.[56] Denn Derartiges war nicht DDR-spezifisch, sondern auch in Frankreich oder Großbritannien zu finden.

Trotz der genannten Einwände und des Trends zur westeuropäischen Geschichte sprechen vor allem vier Gründe dafür, sich auch auf eine deutsch-deutsche Perspektive einzulassen.

Erstens knüpften beide Teilstaaten an eine gemeinsame Geschichte an, die trotz der Zweistaatlichkeit Gesellschaft, Wirtschaft, Kultur und Mentalitäten lange prägte. Da die Teilstaaten *nur* vierzig Jahre alt wurden, blieben der Nationalsozialismus und der Zweite Weltkrieg, ja auch die Weimarer Republik noch lange ein gemeinsamer Erfahrungshintergrund.[57] Die Erfahrung der Weltwirtschaftskrise 1929 war etwa in den 1970er Jahren zeitlich ebenso nah wie heute »68«. Ebenso sorgten fortbestehende verwandtschaftliche Beziehungen zwar für eine geteilte, aber doch zumindest punktuell weiterhin verbundene Familiengeschichte. Die offiziellen Deutungen der Vergangenheit entfernten sich zwar

---

55 Vgl. etwa: Uta Andrea Balbier/Christiane Rösch (Hg.), Umworbener Klassenfeind. Das Verhältnis der DDR zu den USA, Berlin 2006; Poiger, Jazz, Rock, and Rebels.
56 Vgl. Kaelble, Der historische Vergleich, S. 127.
57 Diese Erfahrungsdimension betont auch: Jarausch, »Die Teile als Ganzes erkennen«.

in Ost und West, aber Ende der 1970er Jahre kam es zu einem übergreifenden Geschichtsboom – der sich etwa in der Altstadtsanierung oder der Preußen-Renaissance niederschlug.⁵⁸

Zweitens bildeten Ost- und Westdeutschland in weitaus stärkerem Maße als andere Staaten eine Kommunikationsgemeinschaft. Ermöglicht wurde dies insbesondere durch den grenzübergreifenden, wiederum sehr asymmetrischen Empfang von Radio und Fernsehen in beiden Teilen Deutschlands, weshalb Axel Schildt, in Anlehnung an Kleßmanns Werk, pointiert von »Zwei Staaten, eine[r] Hörfunk- und Fernsehnation« sprach.⁵⁹ Auch der in den 1970er und 1980er Jahren stark zunehmende Telefon- und Briefverkehr zwischen Ost und West belegt diese sogar ansteigende kommunikative Vernetzung, die aufgrund der gemeinsamen Sprache über die Kontakte zu Franzosen oder Polen weit hinausreichte. So nahmen die Begegnungen auf wirtschaftlichem und kirchlichem Gebiet, von Reisenden und Ausreisenden aus der DDR, von Journalisten und Sportlern und Kulturschaffenden deutlich zu. Allein 1988 reisten laut Bundesministerium für innerdeutsche Beziehungen fünf Millionen DDR-Bürger in die Bundesrepublik, davon rund 1,2 Millionen Menschen unterhalb des Rentenalters – was vielfach eine Erfahrung bedeuten konnte, die die Abkehr vom Sozialismus und die Ausreisewelle 1989 beförderte.⁶⁰ Selbst westliche Historiker suchten seit den 1970er Jahren zunehmend DDR-Archive auf, wo sie trotz aller Abschottung oft gewisse Kontakte knüpften, die im folgenden Jahrzehnt in unterkühlte offizielle Gespräche mündeten.⁶¹

Drittens blieben Ost- und Westdeutschland gerade durch ihre Konkurrenz und wechselseitige Abgrenzung enger aufeinander bezogen als auf andere Nachbarländer. Einerseits kam es zu einem permanenten Zurückweisen von Praktiken und Denkmustern, die dem anderen Teilstaat zugeschrieben wurden; andererseits förderte die Rivalität Anstrengungen im eigenen Staat – von der Sozialpolitik über die Bildung bis hin zum Sport oder zum Umgang mit der NS-Vergangenheit.

Und viertens legt es die gemeinsame Geschichte seit der Wiedervereinigung 1990 nahe, auch die Jahrzehnte zuvor gemeinsam in den Blick zu nehmen – und zwar nicht auf 1989 fokussiert, sondern mit Blick auf die Schwierigkeiten beim

---

58 Edgar Wolfrum, Die Preußen-Renaissance. Geschichtspolitik im deutsch-deutschen Konflikt, in: Martin Sabrow (Hg.), Verwaltete Vergangenheit. Geschichtskultur und Herrschaftslegitimation in der DDR, Leipzig 1997, S. 145–166.
59 Axel Schildt, Zwei Staaten – eine Hörfunk- und Fernsehnation. Überlegungen zur Bedeutung der elektronischen Massenmedien in der Geschichte der Kommunikation zwischen der Bundesrepublik und der DDR, in: Bauerkämper/Sabrow/Stöver (Hg.), Doppelte Zeitgeschichte, S. 58–71.
60 Vgl. Hanns Jürgen Küsters/Daniel Hofmann (Hg.), Dokumente zur Deutschlandpolitik: Sonderedition aus den Akten des Bundeskanzleramtes 1989/90, München 1998, S. 40.
61 Vgl. Martin Sabrow, Der Streit um die Verständigung. Die deutsch-deutschen Zeithistorikergespräche in den achtziger Jahren, in: Bauerkämper/Sabrow/Stöver (Hg.), Doppelte Zeitgeschichte, S. 113–130.

Zusammenwachsen des vereinigten Deutschlands. Denn die gemeinsame Betrachtung hilft zu verstehen, warum in Ost und West auch heute noch markante Unterschiede bestehen. Beide Teile Deutschlands sind geteilte Vorgeschichten unserer gesamtdeutschen Gegenwart.

Dennoch ist zu vermeiden, inkompatible Phänomene gleichzusetzen, selbst wenn sie gleiche Namen tragen. Eine Partei im Westen unterschied sich fundamental von einer Partei im Osten. Entsprechend ist offensichtlich Unterschiedliches auch so zu benennen, aber offen nach möglichen Bezügen zu fragen. Ebenso darf die Suche nach Transfers und Verflechtungen nicht dazu führen, dass einzelne Begegnungen, Interaktionen und wechselseitige Beobachtungen unangemessen überhöht werden, was bei der transnationalen Geschichte eine generelle Gefahr ist. Zudem ist eine neue, auf 1989 zulaufende Meistererzählung zu umgehen.[62] Nicht nur der Niedergang, sondern ebenso die Binnenlegitimität und lange anhaltende Stabilität der DDR sind zu erklären, die auch westdeutsche Experten noch Anfang 1989 an den Fortbestand der Teilung glauben ließ. Und schließlich ist nicht vorschnell von einer nationalen Einheit oder gemeinsamen Identität der Deutschen beider Teilstaaten auszugehen, die bereits die übergreifende Perspektive rechtfertigt. Auch innerhalb der DDR bildete sich ein »Wir-Gefühl« aus, das nicht unbedingt mit der »sozialistischen Nation« übereinstimmte.[63] Wie sich das Konzept der Nation im Kontext der Zweistaatlichkeit und stärker supra-nationaler Identitäten vor und nach der Einheit entwickelte, ist eine noch wenig untersuchte Frage.[64]

3. Die 1970er Jahre als Umbruchphase: Zugänge und Perspektiven des Buches

Das letzte Drittel des 20. Jahrhunderts ist für die Zeitgeschichte eine besonders interessante Phase, da sich hier unsere gegenwärtige Lebenswelt formierte. Die Zeit seit den 1970er Jahren steht in West und Ost für viele gesellschaftliche Aufbrüche und neuen Wohlstand, aber ebenso für neue grundlegende Probleme und Krisen. Die Ambivalenz dieser Veränderungen zeigte sich zunächst stärker im Westen, spätestens mit der Wiedervereinigung aber noch deutlicher in Ostdeutschland. So expandierten die Ausbildungszeiten und Aufstiegsmöglichkeiten, aber zugleich stieg die Arbeitslosenquote auf ein dauerhaft hohes Niveau. Die Einkommen, das persönliche Vermögen und die sozialstaatlichen

---

62 Vgl. abwägend hierzu: Wirsching, Für eine pragmatische Zeitgeschichtsforschung, S. 13–18.
63 Jarausch, Die Umkehr, S. 286 f. Zudem wurde argumentiert, dass sich dies erst im Zuge der Ostalgie in den 1990er Jahren entwickelte: Thomas Ahbe, »Ostalgie« als eine Laien-Praxis in Ostdeutschland. Ursachen, psychische und politische Dimensionen, in: Heiner Timmermann (Hg.), Die DDR in Deutschland. Ein Rückblick auf 50 Jahre. Berlin 2001, S. 781–802.
64 Thomas Großbölting, Geteilter Himmel. Wahrnehmungsgeschichte der Zweistaatlichkeit, in: Aus Politik und Zeitgeschichte 1–3/2012, S. 15–22, S. 21.

Leistungen wuchsen, jedoch ebenso die Kluft zwischen Arm und Reich. Der Staat engagierte sich seit den 1970er Jahren mit neuen Regulierungen, doch zugleich wuchs die Bedeutung neoliberaler Konzepte von Wettbewerb und Eigenständigkeit. Zudem kündigten wegweisende Technologien wie Computer, Kabelfernsehen oder Atomkraft einen Aufbruch in die Zukunft an, gerade dies verstärkte aber auch Zukunftsängste. Politik und Gesellschaft fürchteten zwar die »Grenzen des Wachstums« und Umweltschäden, aber ebenso nahm in dieser Zeit der Massenkonsum zu und allerorts entstanden Discounter und Einkaufszentren. Die Liste mit derartig ambivalenten und nachhaltigen Veränderungen ließe sich vielfältig verlängern. So wurden die Deutschen weltoffener, internationaler und die Zahl der dauerhaft in Deutschland lebenden Migranten stieg, doch auch die Fremdenfeindlichkeit nahm langfristig zu. Oder, um ein letztes Beispiel zu nennen: Die Gleichberechtigung von Frauen wurde nachdrücklich eingefordert, aber die Vereinbarkeit von Familie und Karriere blieb eine Herausforderung.

Die deutsch-deutsche Geschichte der 1970/80er Jahre weist ebenfalls ein eigentümliches Spannungsverhältnis auf. Einerseits verfestigte sich in dieser Zeit die Teilung. Die internationale Anerkennung der DDR und ihre faktische Akzeptanz in der Bundesrepublik führten beide Staaten in eine selbstbewusste Selbstständigkeit. Die Sperranlagen der Grenze wurden unüberwindlicher und der Glaube an die Wiedervereinigung und die Einheit der Nation schwand in diesem Jahrzehnt rasant, wie zumindest für den Westen die Umfragen klar belegen: 1970 meinten noch siebzig Prozent der Westdeutschen, die Bundesrepublik und DDR gehörten einer Nation an, 1984 glaubten dagegen über die Hälfte der Befragten, dies sei nicht der Fall.[65] Andererseits waren die 1970er Jahre das Jahrzehnt, in dem die Entspannungspolitik die Beziehungen zwischen beiden Staaten intensivierte – von der politischen Ebene über die Wirtschaft bis hin zur Alltagskultur. Dies übertraf auch den Austausch in den 1950er Jahren, als zwar in Berlin noch ein reger Ost-West-Verkehr vorherrschte, ansonsten aber bereits politische, ökonomische und auch kulturelle Kontakte am ausgebauten innerdeutschen Grenzzaun abbrachen.[66] Nun ermöglichten nicht zuletzt die Ostpolitik unter Brandt und die Annäherung im Rahmen des KSZE-Prozesses verstärkte Begegnungen und Erwartungen. Die wachsende Eigenständigkeit der Teilstaaten und ihre Interaktion in den 1970/80er Jahren gehören folglich zusammen. Deutsch-deutsche Ereignisse, wie die oft zitierte Ausbürgerung des ostdeutschen Liedermachers Wolf Biermann 1976, stehen für dieses Spannungsverhältnis von Interaktion und Distanz. Diese Mischung aus eigenständiger Entwicklung und neuen Verbindungen erklärt die Abwendung vieler Ostdeutscher von der SED, da der Westen ein uneinholbarer Maßstab wurde, aber ebenso das fortbestehende Sonderbewusstsein nach dem Mauerfall.

---

65 Bender, Deutschlands Wiederkehr, S. 204.
66 Zur engen Verflechtung von Ost- und West-Berlin in den 1950er Jahren vgl.: Michael Lemke, Vor der Mauer. Berlin in der Ost-West-Konkurrenz 1948 bis 1961, Köln 2011.

In der historischen Forschung wurden die 1970er Jahre vielfach als Krisenzeit beschrieben. So bilanzierte Eric Hobsbawm: »Die Geschichte des 20. Jahrhunderts war seit 1973 die Geschichte einer Welt, die ihre Orientierung verloren hat und in Instabilität und Krise geschlittert ist.«[67] Als Indikatoren für die Zeit »nach dem Boom« in den westlichen Industrieländern gelten der Niedergang der »alten« Industrien, der starke Einbruch des Wirtschaftswachstums der Nachkriegsjahrzehnte und der Anstieg von Inflation, Schulden und Arbeitslosigkeit, wenngleich sich diese Trends schon in den Jahren zuvor andeuteten.[68] Ökonomisch steht zudem die Aufkündigung des Währungsabkommens von Bretton Woods 1973 für das Ende des Nachkriegskonsenses. Derartige Probleme werden zwar meist national untersucht, aber mit grenzübergreifenden Entwicklungen verbunden und einer beschleunigten Globalisierung erklärt.[69] Ebenso wurde der kulturelle Wandel in den 1970er Jahren vielfältig betont, etwa eine zunehmende Individualisierung, Säkularisierung und postmaterialistische Wertorientierung.[70] Vor allem das Versiegen des Fortschrittsoptimismus gilt als Beleg dafür, dass die Epoche der Moderne an ihr Ende gekommen sei. Göran Therborn sprach deshalb von einer »wahren Konzentration historischer Wendepunkte in der Gesellschaftsgeschichte«.[71] Diese Problemdiagnosen führten in den späten 1970er Jahren in vielen westlichen Ländern zu schrittweisen Reformen. Dazu zählen auch die neoliberalen Ansätze, die sich zunächst in Großbritannien und den USA, dann auch in Teilen Westeuropas verbreiteten, wenngleich in der Bundesrepublik nur abgeschwächt.[72]

Ob diese Krisen-Zuschreibungen und Begriffe wie das »Ende der Moderne« oder der »Hochmoderne« auch für die sozialistischen Länder angemessen sind, wurde selten diskutiert. So sparte Ulrich Herberts programmatischer Text zur »Hochmoderne« den Sozialismus weitgehend aus und argumentierte mit »Processes of Change in the West«.[73] Dagegen konstatierte Stefan Plaggenborg, dass

---

67 Eric Hobsbawm, Zeitalter, S. 503.
68 Doering-Manteuffel/Raphael, Nach dem Boom.
69 Niall Ferguson u. a. (Hg.), The Shock of the Global. The 1970s in Perspective, Cambridge/Mass. 2010.
70 Vgl. etwa die Beiträge in: Thomas Raithel/Andreas Rödder/Andreas Wirsching (Hg.), Auf dem Weg in eine neue Moderne? Die Bundesrepublik Deutschland in den siebziger und achtziger Jahren, München 2009; Martin Geyer, Rahmenbedingungen: Unsicherheit als Normalität, in: Geschichte der Sozialpolitik in Deutschland seit 1945, in: ders. (Hg.), Geschichte der Sozialpolitik in Deutschland seit 1945, Bd. 6: Die Bundesrepublik 1974 bis 1982: Der Sozialstaat im Zeichen wirtschaftlicher Rezession, Baden-Baden 2008, S. 1–107.
71 Therborn, Die Gesellschaft, S. 370; ähnlich auch Hartmut Kaelble, The 1970s in Europe. A Period of Disillusionment or Promise?, German Historical Institute London, The 2009 Annual Lecture, London 2010, S. 18.
72 Vgl. David Harvey, A Brief History of Neoliberalism, Oxford 2005, S. 1.
73 Vgl. Ulrich Herbert, Europe in High Modernity. Reflections on a Theory of the 20th Century, in: Journal of modern European history 5.1 (2007), S. 5–20. Ohne den Osten auch: Thomas Großbölting/Massimiliano Livi/Carlo Spagnolo (Hg.), Jenseits der Moderne? Die siebziger Jahre als Gegenstand der deutschen und der italienischen Geschichtswissenschaft, Berlin 2014.

der Kommunismus sowjetischen Typs durchaus mit dem Begriff der Moderne zu fassen sei, da ähnlich wie im Westen Merkmale wie Technisierung, Verwissenschaftlichung, Sozialdisziplinierung oder Säkularisierung auftraten, wenngleich die Modernisierung hier ein Misserfolg gewesen sei.[74] Strittig ist ohnehin, inwieweit der Begriff »Moderne« sinnvoll eine Phase bis in die 1970er Jahre umschreibt. Versteht man ihn analytisch als einen temporalen Begriff, der die Erfahrung von beschleunigtem Wandel, offenen Zukunftsvorstellungen und historisierender Selbstbeschreibung umschließt, beschreibt er keineswegs eine abgeschlossene Zeit, sondern ist auch für das digitale Zeitalter besonders treffend.[75] Sinnvoller erscheint es, die mit ihm verbundenen Grundannahmen jeweils zu untersuchen.

Die meisten Studien zu den 1970er Jahren sahen vor allem die Ölkrise 1973 als Einschnitt, da sie unterschiedliche Veränderungen beschleunigt habe und verdichtet repräsentiere: ökonomisch den wirtschaftlichen Einbruch, kulturell die Abkehr vom Zukunftsoptimismus und dem Glauben an ein grenzenloses Wachstum und politisch die Ablösung oder Ergänzung des Ost-West-Konflikts um Spannungen zwischen Nord und Süd. Zudem steht die Ölkrise für die beschleunigte Globalisierung, da sie die gegenseitige Abhängigkeit der Weltmärkte unterstrich. Bei genauerer Betrachtung steht die Ölkrise zugleich für einen schrittweisen Wandel, der auch Grenzen hatte: So waren die Energiekosten bereits vorher angestiegen und schwankten in den folgenden Jahrzehnten, und »Wachstum« blieb auch danach ein klares Ziel der Politik und der Wirtschaft sowie bei der Mehrheit der Konsumenten.[76]

Neben diesen krisenhaften Erscheinungen stellten insbesondere angelsächsische Studien die vielfältigen Aufbrüche und Neuanfänge der 1970er Jahre heraus, etwa die neue Konsumkultur, die Bildungsexpansion und »Wissensgesellschaft«, die Computerisierung oder die wachsende Gleichberechtigung von Frauen und Minderheiten.[77] Die sehr krisenorientierte Deutung ist besonders für die Alltagsgeschichte vermutlich weniger haltbar. Lebensweltlich waren die 1970er Jahre in Ost und West mit vielen positiven Erfahrungen und Erinne-

---

74 Stefan Plaggenborg, Schweigen ist Gold. Die Modernetheorie und der Kommunismus, in: Osteuropa 63.5–6 (2013), S. 65–78, hier S. 74.
75 Lutz Raphael, Das Konzept der »Moderne«. Neue Vergleichsperspektiven für die deutsch-italienische Zeitgeschichte?, in: Großbölting/Livi/Spagnolo (Hg.), Jenseits der Moderne?, S. 95–109.
76 Vgl. die Beiträge in: Frank Bösch/Rüdiger Graf (Hg.), The Energy Crises of the 1970s. Anticipations and Reactions in the Industrialized World, Special Issue von: Historical Social Research 39.4 (2014), S. 1–292.
77 Vgl. zu den beiden Lesarten: Frank Bösch, Zweierlei Krisendeutungen: Amerikanische und bundesdeutsche Perspektiven auf die 1970er Jahre, in: Neue Politische Literatur 58.2 (2013), S. 217–230; Martin Geyer, Auf der Suche nach der Gegenwart. Neue Arbeiten zur Geschichte der 1970er und 1980er Jahre, in: Archiv für Sozialgeschichte 50 (2010), S. 643–669 sowie das Forum »The 1970s and 1980s as a Turning Point in European History?, in: Journal of Modern European History 9.1 (2011), S. 8–26.

rungen verbunden, da das verfügbare Einkommen und Vermögen stiegen, mehr Wohnraum zur Verfügung stand, die Zahl der Reisen und der Konsum markant zunahmen und auch neue Freiräume entstanden.[78] Entsprechend wäre bei künftigen Arbeiten neben (öffentlichen) Krisennarrativen die (private) Zufriedenheit in der Alltagskultur zu berücksichtigen.

Forschungen zur DDR der 1970/80er Jahre betonen zumeist ebenfalls deren wachsende ökonomische Probleme, verbanden diese aber kaum mit dem Krisendiskurs im Westen. Ebenso betonten sie die Reformunfähigkeit trotz interner Problemdiagnosen, insbesondere Erich Honeckers Festhalten am »Konsum-Sozialismus« und an hohen Subventionen im Sozialwesen, Wohnungsbau oder bei Lebensmitteln.[79] Dies sollte die Loyalität der Bevölkerung sichern, erzwang jedoch zusätzliche Kredite aus dem Westen. Da die Bundesrepublik für sie ein wichtiger Referenzpunkt blieb, thematisierten viele Studien zur DDR die politischen und wirtschaftlichen Beziehungen, die grenzübergreifende Kommunikation oder die Begegnungen der Kirchen und Opposition.[80] Auch der KSZE-Prozess bildete einen wichtigen Bezugspunkt für grenzübergreifende Perspektiven, da er den Verweis auf Menschenrechte förderte und in der DDR besonders der sogenannte Korb III die Ausreisebewegung stärkte.[81] Eher sozialwissenschaftlich geprägte Studien zur DDR argumentierten zudem mit vergleichenden Statistiken zur sozialen und ökonomischen Lage, die in allen Feldern die Überlegenheit der bundesdeutschen Gesellschaft unterstrichen.[82] Mitunter wurde auch der Einfluss internationaler Veränderungen auf die DDR thematisiert. So zeigte jüngst eine Studie die DDR-Probleme bei der Kaffee-Versorgung aus dem kapitalistischen Ausland in deutsch-deutscher Perspektive, vom West-Paket mit »Jacobs-Krönung« bis hin zur Kaffeekrise 1977, als die SED nach zahllosen Eingaben ihren Versuch stoppen musste, den Anteil an Getreidekaffee wegen der steigenden Kaffeepreise zu erhöhen.[83]

---

78 Die Lebenswelt der Bundesrepublik ist freilich wenig erforscht und daher haben die Aussagen eher hypothetischen Charakter; vgl. Frank Bösch, Das Nahe so fern. Die Lebenswelt als Herausforderung der Zeitgeschichtsschreibung, in: Zeiträume. Potsdamer Almanach 2011, Berlin 2012, S. 73–89.
79 Vgl. Andreas Malycha, Die SED in der Ära Honecker. Machtstrukturen, Entscheidungsmechanismen und Konfliktfelder in der Staatspartei 1971 bis 1989, München 2014, Kap. IV.
80 Vgl. hierzu exemplarisch: Claudia Lepp/Kurt Nowak (Hg.), Evangelische Kirche im geteilten Deutschland (1945–1989/90), Göttingen 2001.
81 Dies betont: Anja Hanisch, Die DDR im KSZE-Prozess 1972–1985. Zwischen Ostabhängigkeit, Westabgrenzung und Ausreisebewegung, München 2012. International vergleichend: Helmut Altrichter/Hermann Wentker (Hg.), Der KSZE-Prozess. Vom Kalten Krieg zu einem neuen Europa 1975 bis 1990, München 2011.
82 Schroeder, Der SED-Staat, besonders S. 853–874.
83 Monika Sigmund, Genuss als Politikum. Kaffeekonsum in beiden deutschen Staaten, Berlin 2015.

Inwieweit lässt sich die Zeit »nach dem Boom« also als geteilte Geschichte fassen, die sowohl die Differenzen als auch Parallelen, Reaktionen und Interaktionen ausmacht? Da die SED alle Bereiche der Gesellschaft ideologisch zu durchdringen suchte, gab es kaum ein Feld, in dem die Beiträge dieses Buches nicht grundlegende Unterschiede ausmachen. Darüber hinaus zeigen sie aber vielfältige Bezüge und Beziehungen zwischen Ost und West. Zumeist erreichen Veränderungen, die sich in der Bundesrepublik bereits Mitte der 1970er Jahre abzeichneten, mit einigen Jahren Verzögerung die DDR.

Die internationale Rezession der 1970er Jahre und die strukturellen ökonomischen Wandlungsprozesse im Westen gelten als ein wichtiger Ausgangspunkt der hier untersuchten Veränderungen. In der Planwirtschaft zeigten sich die Folgen langsamer und waren weniger sichtbar, zumal vergleichbare Wirtschaftsdaten öffentlich nicht verfügbar waren. Seit der zweiten Hälfte der 1970er Jahre war der ökonomische Einbruch jedoch im Sozialismus unübersehbar. Dank der Planwirtschaft war er nicht von sichtbaren Phänomenen wie hoher Arbeitslosigkeit und Inflation begleitet, aber doch von wachsenden Schulden, Versorgungsengpässen und einem Produktivitätseinbruch.[84] Der für die Hochmoderne charakteristische Glaube an die bessere Zukunft schwand damit, trotz aller Propaganda, auch im Sozialismus in den 1970er Jahren. Wie sich Zeithorizonte reduzierten, zeigte sich auch in den verkürzten Anpassungen der Fünfjahrespläne an den schwankenden Weltmarkt. Peter Hübner sprach deshalb auch für die DDR von einem »Wechsel von einem wachstumsorientierten Fortschrittsparadigma zu einem sicherheitsorientierten Konsolidierungsparadigma.«[85] Ende der 1970er Jahre setzten im Osten zwar kaum Reformen ein, aber es entstand nun ein stärkeres Problembewusstsein darüber, dass die Planwirtschaft sich selbst mit westlichem Kapital und Technikhilfe nicht von ihrer Rückständigkeit befreien könne.[86]

Auch die Ölkrisen 1973 und 1979 hatten für die DDR beachtliche Folgen, die bislang jedoch wenig untersucht wurden. Schließlich stiegen auch im Sozialismus, um einige Jahre verzögert, die Importpreise für Energie, besonders nachdem die Sowjetunion mehr Erdgas und Öl in den Westen verkaufte und die Lieferungen an die DDR kürzte. Dies vergrößerte die Devisenknappheit der DDR, verstärkte den Preisanstieg Anfang der 1980er Jahre und zwang sie, den veralteten Braunkohleabbau auszubauen.[87] Im Vergleich zur Bundesrepublik, die seit den 1980er Jahren Energiesparmaßnahmen umsetzte, blieb die DDR hier reformunfähig. Zugleich stand gerade der Energiemarkt für eine wachsende deutsch-deutsche Verflechtung seit den 1970er Jahren, da die DDR vor allem

---

84 André Steiner spricht bereits von einer »Wachstumskrise 1969/70«. Siehe André Steiner, Von Plan zu Plan. Eine Wirtschaftsgeschichte der DDR, München 2004, S. 159 u. 165.
85 Peter Hübner, Fortschrittskonkurrenz und Krisenkongruenz? Europäische Arbeitsgesellschaften und Sozialstaaten in den letzten Jahrzehnten des Kalten Krieges (1970–1989), in: Zeitgeschichte 34 (2007), S. 144–155, hier S. 144.
86 Ther, Die neue Ordnung, S. 72.
87 Vgl. André Steiner, »Common Sense is Necessary«. East German Reactions to the Oil Crises of the 1970s, in: Historical Social Research 39.4 (2014), S. 231–250.

West-Berlin, aber auch die restliche Bundesrepublik verstärkt mit ihren veredelten Raffinerie-Produkten versorgte.[88] Zudem nahm die finanzielle Verflechtung zwischen Ost und West mit der weltweiten Wirtschaftskrise deutlich zu. So stiegen die Schulden der DDR im nicht-sozialistischen Ausland von zwei Milliarden (1970) auf 49 Milliarden DM (1989) an.[89] Die Kredite, die die Bundesrepublik vielfältig gewährte, erkauften dabei humanitäre Zugeständnisse und mehr Reisefreiheit, was die Verflechtung weiter förderte.[90] Aber auch andere Transferzahlungen stiegen in den 1970er Jahren steil an, von den Transitpauschalen und Gefangenenfreikäufen über kirchliche Überweisungen bis hin zu den beträchtlichen privaten DM-Sendungen.[91] Diese Zahlungen hatten ebenfalls wegweisende Konsequenzen: Sie förderten den persönlichen Austausch und veränderten die Konsummöglichkeiten in der DDR durch Devisengeschäfte (wie Exquisit, Delikat und Intershop). Zudem konnten seit Anfang der 1980er Jahre mit Westgeld wieder Kirchen in der DDR aufgebaut oder sogar neugebaut werden.

Wie der Beitrag von *Ralf Ahrens* und *André Steiner* herausstellt, waren die langfristigen Ursachen für die Krisen in Ost und West durchaus ähnlich, da die Probleme aus dem nachholenden Wirtschaftsboom der Nachkriegsjahrzehnte resultierten, der nun abebbte. Durch die Konkurrenz aus Ostasien brachen in beiden Teilen Deutschlands Industriezweige wie die Textilindustrie ein, während etwa der Energiesektor wuchs. Allerdings gab es auch deutliche Unterschiede. Ein Pendant zum boomenden Fahrzeugbau etwa gab es im Osten trotz Modernisierungsversuchen nicht.[92] Auch unterschieden sich die kurzfristigen Ursachen für die Krise der 1970er Jahre und besonders die Reaktionen auf sie deutlich und vertieften eher die Teilung: Die DDR stärkte wieder die zentralistische planwirtschaftliche Lenkung, während die Bundesrepublik sich von der keynesianisch inspirierten Nachfragepolitik hin zur monetaristisch orientierten Inflationsbekämpfung und zu einer unternehmensfreundlichen »Angebotspolitik« wendete. Zugleich förderte besonders Honeckers Konsumsozialismus ökonomische Interaktionen mit der Bundesrepublik, die die DDR abhängiger vom Westen machte und Sehnsüchte nicht befriedigte, sondern verstärkte.

Beim Wandel der Arbeitswelt zeigt sich besonders deutlich, dass die DDR unter Reformdruck geriet, aber allenfalls verzögert auf die internationalen Entwick-

---

88 Zu diesen Westgeschäften über die »KoKo«: Judt, Der Bereich Kommerzielle Koordinierung.
89 Werner Abelshauser, Deutsche Wirtschaftsgeschichte. Von 1945 bis zur Gegenwart, Bonn 2011, S. 437.
90 Manfred Kittel, Strauß Milliardenkredit für die DDR. Leistung und Gegenleistung in den innerdeutschen Beziehungen, in: Wengst/Wentker (Hg.), Das doppelte Deutschland, S. 307–332, hier S. 327.
91 Jan-Philipp Wölbern, Der Häftlingsfreikauf aus der DDR 1962/63–1989. Zwischen Menschenhandel und humanitärer Aktion, Göttingen 2014; Alexander Koch, Der Häftlingsfreikauf. Eine deutsch-deutsche Beziehungsgeschichte, München 2014.
92 Reinold Bauer, Ölpreiskrisen und Industrieroboter. Die siebziger Jahre als Umbruchphase für die Automobilindustrie in beiden deutschen Staaten, in: Konrad H. Jarausch (Hg.), Das Ende der Zuversicht? Die siebziger Jahre als Geschichte, Göttingen 2008, S. 68–83.

lungen reagierte. *Rüdiger Hachtmanns* Beitrag analysiert die Rationalisierung, Automatisierung und flexibleren Arbeitsformen, die im Zuge der Globalisierung in der Bundesrepublik an Bedeutung gewannen und fordistische Modelle erweiterten. Ebenso zeigt er, wie in der DDR eine Modernisierung der Produktion ausblieb und der Autarkismus der Kombinate sie abbremste. Wie zugleich der Beitrag von *Ralf Ahrens* und *André Steiner* unterstreicht, sollte man jedoch bei der Arbeitswelt nicht zu polar von einer neu aufkommenden Dienstleistungsgesellschaft im Westen und einer stagnierenden Industriegesellschaft im Osten ausgehen: Bis 1970 entwickelte sich die Beschäftigung in den drei Sektoren recht ähnlich, und auch danach nahmen die Dienstleistungen im Osten stärker zu als meist angenommen wird. Umgekehrt blieb die Bundesrepublik stark industriell geprägt. Die Arbeit behielt dabei in der betriebszentrierten DDR einen größeren Stellenwert, zumal die Ostdeutschen pro Kopf und Jahr im Schnitt deutlich mehr arbeiteten als die Westdeutschen,[93] wenngleich mit abnehmender Tendenz auf beiden Seiten der Mauer.

Aufgewertet wurde dadurch die Bedeutung von Freizeit, Familie und Konsum. Der Beitrag von *Andreas Ludwig* und *Christopher Neumaier* zeigt ebenfalls strukturelle Ähnlichkeiten zwischen Ost und West auf. Nicht nur in Westdeutschland, sondern auch in der DDR entstand eine Konsumgesellschaft und zumindest eine gewisse Differenzierung der Lebensstile – trotz der oft begrenzten Verfügbarkeit von Konsumgütern. Denn auch in der DDR diente der Konsum über die Bedarfsdeckung hinaus Status- und Selbstverwirklichungsbedürfnissen. Und in beiden deutschen Staaten wandelte der Übergang zur Selbstbedienung und zu Supermärkten den Konsum, ebenso wie etwa Materialien aus Kunststoff auf beiden Seiten der Grenze zu Insignien der Moderne wurden. Die hiermit verbundene Tendenz zur Individualisierung zeigt der Beitrag zudem anhand der Pluralisierung der Familienformen in beiden Teilen Deutschlands, wobei Scheidungen und voreheliche Lebensgemeinschaften im Westen mehr Diskussionen auslösten.

Während der Freizeit nutzten die Deutschen in beiden Staaten nicht nur auf ähnliche Weise Medien, sondern konsumierten auch ähnliche Inhalte. Denn seit den 1970er Jahren wurde der Empfang von westlichen Radio- und Fernsehsendern de facto toleriert (wenngleich darüber nicht frei gesprochen werden durfte) und war in weiten Teilen der Bevölkerung üblich – auch bei SED-Mitgliedern. Die Medien stehen paradigmatisch für die asymmetrische Verflechtung von Ost und West, da die Westdeutschen kaum DDR-Medien rezipierten. Wie der Beitrag von *Frank Bösch* und *Christoph Classen* unterstreicht, nahm diese mediale Verbindung auch auf anderen Ebenen zu: etwa durch die Berichte von bundesdeutschen Korrespondenten aus Ost-Berlin, die über die Westmedien wiederum im Osten empfangen wurden, oder durch den Handel mit westlichen Programmen und

---

93 Hans Mittelbach, Entwicklungen und Umbrüche der Einkommens- und Vermögensverteilung in Ostdeutschland vor und nach der deutschen Vereinigung (1970–1994), Regensburg 2005, S. 12.

durch Adaptionen von bundesdeutschen Sendungen, mit denen die DDR ihre Zuschauer und Hörer zurückgewinnen wollte, weshalb die Fernsehforschung zur DDR von einem »kontrastiven Dialog« sprach.[94] Fundamental unterschiedlich blieben die Organisation des Journalismus und die politischen Medieninhalte, insbesondere im Printbereich. Aber zumindest beim Zeitschriftenmarkt gab es tendenzielle Annäherungen, die mit dem Wandel der Konsum- und Lebenswelt verbunden waren.

Die bundesdeutschen Medien förderten zugleich den Wandel des Politischen in West und Ost. Das Aufkommen eines kritischen politischen Journalismus, der anhand einzelner Missstände grundsätzliche politische Forderungen aufwarf, beflügelte in den 1960/70er Jahren Protestbewegungen und das Interesse an der Politik. Seit ca. 1980 kamen auch im Osten eine Friedens- und Umweltbewegung und alternative Milieus auf, die zwar deutlich kleiner waren, aber über die Westmedien auch im Osten sichtbar wurden und westliche Impulse aufgriffen.[95] Nicht minder bedeutsam war der Einstellungswandel zur Politik, wie der Beitrag von *Frank Bösch* und *Jens Gieseke* aufzeigt. Um 1970 wuchs auch in Ostdeutschland das Interesse an Politik, besonders im Zuge von Brandts Ostpolitik, das dann aber vorerst enttäuscht abflaute. Ebenso zeigt der Beitrag, dass sich neben der viel diskutierten »Politikverdrossenheit« im Westen auch in der DDR seit Mitte der 1980er Jahre eine verstärkte Abwendung von der SED ausmachen lässt, selbst bei ihren Mitgliedern.

Der Umweltschutz war in auffälliger Weise in beiden Teilstaaten bereits um 1970 von den Regierungen als Thema aufgebracht worden. Dies geschah im Zuge eines internationalen westlichen Trends, an dem sich in den USA selbst der Republikaner Richard Nixon beteiligte. In beiden deutschen Staaten verloren die Regierungen ihn jedoch Mitte der 1970er Jahre aus dem Blick und setzten unter dem Eindruck der Ölkrisen verstärkt auf Atomenergie und Kohlekraftwerke. In den 1980er Jahren entwickelten sich dann jedoch beide Staaten auseinander: Während in der Bundesrepublik der Umweltschutz – vor allem auf zivilgesellschaftlichen Druck hin – mit zahlreichen Gesetzen gefördert wurde, entwickelte sich die DDR, wie *Frank Uekötters* Beitrag ausführt, bezogen auf Fläche und Einwohner zum größten Luftverschmutzer Europas. Sie erwies sich quasi als kapitalistischer als der Westen, der die Wirtschaft hier einschränkte. Dass die DDR westlichen Sondermüll gegen Devisen deponierte, unterstrich dies ebenfalls. Die Müllkäufe standen zugleich für die ökologische Verflechtung von Ost und West, wie Uekötter verdeutlicht. Verschmutzte Flüsse wie Elbe und Werra machten

---

94 Rüdiger Steinmetz/Reinhold Viehoff (Hg.), Deutsches Fernsehen Ost. Eine Programmgeschichte des DDR-Fernsehens, Berlin 2008, S. 16.
95 Vgl. zuletzt: Astrid Mignon Kirchhof, Structural strains und die Analyse der Umweltbewegung seit den 1960er Jahren. Ein Vergleich externer Mobilitätsbedingungen in Ost- und Westberlin, in: Jürgen Mittag/Helge Stadtland (Hg.), Theoretische Ansätze und Konzepte in der Forschung über soziale Bewegungen in der Geschichtswissenschaft, Essen 2014, S. 127–146.

nicht eben an der Mauer halt, genauso wenig wie der Ruß der Schlote oder die Radioaktivität nach dem Unfall von Tschernobyl 1986, deren Herunterspielen durch die SED viele Ostdeutsche empörte. Dies erzwang die Suche nach zumindest punktuellen Problemlösungen über die Mauer hinweg.[96]

Eine weitere Herausforderung der 1970er Jahre war der Ausbau des Sozialstaats. In beiden Staaten expandierten die wohlfahrtsstaatlichen Leistungen, die auf Wachstum ausgelegt waren, ausgerechnet im Zuge der ökonomischen Krise. Es ist entsprechend argumentiert worden, dass die sozialpolitische Entwicklung der deutschen Staaten Reaktionen auf den ökonomischen Strukturwandel im Zuge der Dritten Industriellen Revolution waren.[97] Ebenso wurde angeführt, dass die Konkurrenz im Kalten Krieg die Sozialstaatsexpansion in Ost und West vorangetrieben habe.[98] *Winfried Süß'* Beitrag hält dem differenziert entgegen, dass für die westdeutsche Sozialstaatspolitik der 1970/80er Jahre die DDR eine geringe Rolle spielte, während der Blick nach Westen für den Ausbau der DDR-Sozialpolitik zentral war, da sich der SED-Staat darüber zu legitimieren versuchte. In beiden Staaten entwickelte sich der Sozialstaat jedoch vom Problemlöser zu einem eigenen Problem, und beide schreckten vor einem substantiellen Umbau zurück.[99] Die Sozialpolitik selbst war in Ost und West unterschiedlich organisiert und setzte differente Akzente. In beiden Staaten spielte aber etwa die Familienförderung eine größere Rolle, um die sinkenden Geburtenzahlen zu erhöhen, was in der DDR Ende der 1970er Jahre zu kurzzeitigen Erfolgen führte. Verschieden entwickelten sich die sozialen Risiken. Rentner profitierten etwa im Westen vom Ausbau des Sozialstaats, während sie in der arbeitszentrierten DDR von Armut bedroht waren. Im Westen führte die Arbeitslosigkeit zu einer neuen sozialen Ungleichheit, während die DDR-Bürger ihre Arbeitsplatzsicherheit mit geringen beruflichen Aufstiegschancen bezahlten, die sich im Wesentlichen in Privilegien für SED-Funktionäre erschöpften. Eine gewisse soziale Ungleichheit entstand in der DDR hingegen durch den individuellen Zugang zu Westprodukten und -devisen.[100]

---

96 Tobias Huff, Ökonomische Modernisierung in der DDR und der Bundesrepublik Deutschland. Parallelen in der Entwicklung von Luftreinhaltung und Lärmschutz, in: Martin Bemmann/Birgit Metzger/Roderich von Detten (Hg.), Ökologische Modernisierung. Zur Geschichte und Gegenwart eines Konzepts in Umweltpolitik und Sozialwissenschaften, Frankfurt a. M. 2014, S. 287–313; ders., Über die Umweltpolitik der DDR. Konzepte, Strukturen, Versagen, in: Geschichte und Gesellschaft 40.4 (2014), S. 523–554.
97 Christoph Boyer, Lange Entwicklungslinien europäischer Sozialpolitik im 20. Jahrhundert. Eine Annäherung, in: Archiv für Sozialgeschichte 49 (2009), S. 25–62.
98 Herbert Obinger/Carina Schmitt, Guns and Butter? Regime Competition and the Welfare State during the Cold War, in: World Politics 63.2 (2011), S. 246–270.
99 Für Westdeutschland: Franz-Xaver Kaufmann, Der Sozialstaat als Prozeß – für eine Sozialpolitik zweiter Ordnung, in: Franz Ruland (Hg.), Verfassung, Theorie und Praxis des Sozialstaats, Heidelberg 1998, S. 307–322.
100 Vgl. Jens Gieseke, Soziale Ungleichheit im Staatssozialismus. Eine Skizze, in: Zeithistorische Forschungen/Studies in Contemporary History 10.2 (2013), S. 171–198.

Verändert wurde die Arbeitswelt in den 1970er Jahren auch durch die Einführung von Computertechniken. Während die Bundesrepublik zumindest schrittweise an die USA anschloss, geriet die Mikroelektronik der DDR unter gewaltigen Innnovationsdruck, auf den sie mit milliardenschweren Förderprogrammen antwortete, ohne auch nur annähernd an den Weltmarkt anschließen zu können.[101] Wie *Jürgen Danyel* und *Annette Schuhmann* zeigen, veränderten dennoch in beiden deutschen Staaten Großrechner die Arbeitswelt, insbesondere in Behörden, Sicherheitsapparaten und Großbetrieben, wenngleich in der Bundesrepublik deutlich dynamischer. Im Westen nahmen Ende der 1970er Jahre die Ängste vor einer computergestützten Überwachung zu, während im Osten die Stasi zwar nun ebenfalls digital ermittelte, die Angst vor ihrer Überwachung aber nicht auf Computer bezogen wurde. Der Beitrag relativiert die Annahme, die DDR-Bevölkerung habe keinen Zugang zu Computern gehabt: Heimcomputer waren zwar vornehmlich nur als Westgeschenke verfügbar, aber in Schulen, Betrieben und Jugendclubs spielten viele Jugendliche mit der neuen Technik.

Mitunter ging jedoch die DDR voraus und der Westen zog eher nach. So nahmen Bildungsdauer und Qualifizierung in der DDR bereits in den 1960er Jahren signifikant zu, ebenso steigerten sich die weiblichen Bildungschancen. Die Bundesrepublik holte hier erst in den 1970er Jahren auf und übertrumpfte nun auch quantitativ die DDR.[102] Nicht allein der Sputnik-Schock, sondern die Prognosekraft vergleichender (OECD-) Statistiken und Prognosen entfaltete hier eine große Wirkung, wie *Emmanuel Droit* und *Wilfried Rudloff* herausstellen. Nachdem beide Teilstaaten zunächst das Problem bekämpft hatten, zu wenig Akademiker zu haben, identifizierten sie Ende der 1970er Jahre beide eine »Akademikerschwemme«, worauf sie unterschiedlich reagierten: Die DDR begrenzte die Studentenzahlen, die Bundesrepublik hingegen schränkte die Zugangschancen nur leicht regulierend ein, etwa durch den Numerus Clausus, die Kürzung des Bafögs oder lenkende Berufsberatung. In beiden Staaten sollte der Ausbau der Bildung die Chancen auf einen sozialen Aufstieg verändern. Bezeichnend ist, dass die Erfolge, insbesondere beim akademischen Aufstieg von Arbeiterkindern, in beiden Systemen am Ende begrenzt blieben.

Nicht minder deutlich erschien der Vorsprung der DDR im Sport. Die massive Leistungssportförderung schlug sich seit Anfang der 1970er Jahre in der führenden Position der DDR im olympischen Medaillenspiegel nieder, woraufhin auch die Bundesrepublik ihre Leistungssportförderung ausbaute, wie der Beitrag von

---

101 Christine Pieper, Informatik im »dialektischen Viereck« – ein Vergleich zwischen deutsch-deutschen, amerikanischen und sowjetischen Interessen, in: Uwe Fraunholz/Thomas Hänseroth (Hg.), Ungleiche Pfade? Innovationskulturen im deutsch-deutschen Vergleich, Münster 2012, S. 45–72, hier S. 68; Werner Abelshauser, Deutsche Wirtschaftsgeschichte. Von 1945 bis zur Gegenwart, 2., überarb. und erw. Aufl., Bonn 2011, S. 431.
102 Vgl. Christoph Führ/Carl-Ludwig Furck (Hg.), Handbuch der deutschen Bildungsgeschichte. Bd. VI: 1945 bis zur Gegenwart, München 1998.

Jutta Braun zeigt. Zugleich vernachlässigte die DDR dafür die Förderung des Breitensports und griff hier nur zögerlich und ohne nachhaltige Ergebnisse Impulse aus dem Westen auf. Zudem adaptierte die DDR Ende der 1980er Jahre auch den Einsatz von westlicher Werbung, und zwischen den Funktionären kam es zu Absprachen, um weitere Olympiaboykotte zu verhindern.

Am deutlichsten scheinen sich Ost und West bei der Migration und Mobilität auseinander entwickelt zu haben. Die Bundesrepublik warb nicht nur deutlich mehr ausländische Arbeiter an, sondern im Unterschied zur DDR konnten viele Migranten trotz aller Abschiebeversuche dauerhaft bleiben. Dennoch kann der Beitrag von *Maren Möhring* auch hier übergreifende Gemeinsamkeiten und Bezüge ausmachen. Nicht Italien oder die Türkei, sondern die frühe DDR war zunächst das Land in Europa mit der höchsten Auswanderungsrate. Nach dem Mauerbau, der diese Entwicklung stoppte, warben beide Teile Deutschlands vermehrt Ausländer für niedere Arbeiten an, die in Ost und West von der Gesellschaft abgeschottet lebten.[103] Dabei zeigte sich die DDR als das profitorientiertere Land, da die Migranten hier noch in den 1980er Jahren ganz auf ihre ökonomische Nützlichkeit hin mit eingeschränkten Rechten geduldet und bei Verstößen (wie etwa einer Schwangerschaft) sofort wieder abgeschoben wurden. Ähnlichkeiten und Bezüge stellt Maren Möhring auch bei der Mobilität heraus: Auslandsreisen waren in Ost- und Westdeutschland besonders beliebt, obgleich die Ostdeutschen nur eingeschränkt in sozialistische Staaten reisen durften.[104]

Diese »geteilte Geschichte« ließe sich für viele weitere Bereiche untersuchen. Kapitel zur Architektur, den Kirchen oder zur Hoch- und Populärkultur könnten in vieler Hinsicht das komplizierte Bild zwischen abgrenzender Entfernung voneinander und neuen Verflechtungen seit den 1970er Jahren ergänzen.[105] In Absprache mit den Autorinnen und Autoren wurde bewusst auf ein gesondertes Kapitel zur Geschlechtergeschichte verzichtet, da die Veränderungen von Geschlechterordnungen als Querschnittsthema in vielen Bereichen eine wichtige Rolle spielten, vom Wandel der Arbeits- und Lebenswelt über die Bildung bis hin zur Migration. Denn der hohe Anteil weiblicher Erwerbstätigkeit in der DDR, die – parallel mit dem Ausbau der Kinderbetreuung – in den 1970er Jahren signifikant anstieg, gilt heute oft als die zentrale Differenz und positive Errungenschaft der DDR. Tatsächlich war der Kontrast zur Bundesrepublik unverkennbar, deren sozialpolitisch konservatives »Male Breadwinner«-Modell Frauen finanziell, sozial und rechtlich benachteiligte. Auch die Abtreibungspolitiken unterschieden sich deutlich. Reformversuche in der Geschlechterpolitik wurden in der Bundesrepublik oft mit Verweis auf die DDR abgewiesen, obgleich auch die westlichen Nachbarländer längst Ganztagsbetreuungen für Kinder an-

---

103 Vgl. für den Osten etwa: Patrice Poutrus/Christian Th. Müller (Hg.), Ankunft – Alltag – Ausreise. Migration und interkulturelle Begegnungen in der DDR-Gesellschaft, Köln 2005.
104 Daten in: Rüdiger Hachtmann, Tourismus-Geschichte, Göttingen 2007, S. 150 f.
105 Vgl. etwa für den Kulturbereich: Uta G. Poiger, Jazz, Rock, and Rebels. Cold War Politics and American Culture in a Divided Germany, Berkeley 2000.

boten.¹⁰⁶ Der leichte Anstieg der weiblichen Erwerbstätigkeit in der Bundesrepublik in den 1980er Jahren beschränkte sich zudem vornehmlich auf Teilzeitarbeit. Dennoch zeigen die meisten Artikel zugleich die fortbestehende Benachteiligung von Frauen und Geschlechterdifferenzen in West- *und* Ostdeutschland. In beiden Staaten rückten Frauen etwa nur selten in politische Spitzenämter auf. Lohndifferenzen, ungleich verteilte Hausarbeit und klare Rollenzuweisungen bei der Kindererziehung bestanden auch in der DDR fort. Da sich die Frauen in der DDR überwiegend als gleichberechtigt wahrnahmen, kam eine auf Emanzipation angelegte Frauenbewegung nicht auf, wohingegen diese im Westen nachhaltige Akzente setzte – etwa gegen Sexismus oder männliche Gewalt.¹⁰⁷

Zusammenfassend lässt sich festhalten, dass sich in vielen Bereichen, trotz der bekannten unterschiedlichen Strukturen in Ost und West, durchaus auch ähnliche und aufeinander bezogene Entwicklungen ausmachen lassen. So kam es in beiden Staaten zu *Politiken der Krisenbewältigung*, bei denen weniger die Gestaltung der Zukunft als die Bewältigung gegenwärtiger Schwierigkeiten im Vordergrund stand. Die *Schaffung von Sicherheit* war dabei ein zentrales Anliegen, weshalb beide Staaten auch in der Krise auf grundlegende Reformen verzichteten und selbst an kaum finanzierbaren Strukturen festhielten.¹⁰⁸ Nicht nur der Westen, sondern zunehmend auch die DDR gerieten dabei unter *Innovationsdruck*. Der Begriff »Innovation« kam seit den 1970er Jahren zunächst im Westen verstärkt auf und entwickelte sich zu einer Anforderung, die über die Technik hinaus auch an Dienstleistungen und Forschung, Konsum, Medien und Lebensstile oder an Mode, Design und Musik gestellt wurde.¹⁰⁹ Die DDR versuchte mit großem Kapitalaufwand, diese zu kopieren oder selbst zu entwickeln, wobei sie aber stets hinterherhinkte oder scheiterte.¹¹⁰ Damit konnte sie dem *Bedürfnis nach Wahlmöglichkeiten* nur in geringerem Maße begegnen, das auch im Osten anstieg und mit dem Wunsch nach individueller Lebensführung einherging. Beflügelt wurde dieser Wandel in beiden Teilstaaten durch die verstärkte *mediale Durchdringung* der Gesellschaft, insbesondere durch die Vollversorgung mit Fernsehen, das für fast alle Bereiche des Lebens grenzübergreifend Kommunikations- und Verhaltensangebote aufbrachte.

106 Zum westdeutschen »Sonderfall« der Hausfrauenehe und fehlenden Kinderbetreuung vgl. Karen Hagemann/Konrad H. Jarausch/Cristina Allemann-Ghionda (Hg.), Children, Families and States. Time Policies of Child Care, Preschool and Primary Education in Europe, New York 2011; Karen Hagemann, Between Ideology and Economy: The »Time Politics« of Child Care and Public Education in the Two Germanys, in: Social Politics 13.2 (2006), S. 217–260.
107 Ursula Schröter, Abbruch eines Aufbruchs. Zur Frauenpolitik in der DDR, in: Das Argument 56.3 (2014), S. 376–386, hier S. 376.
108 Der Begriff der »Versicherheitlichung« wurde bisher nur auf Westdeutschland bezogen: Conze, Die Suche nach Sicherheit.
109 Kendra Briken, Gesellschaftliche (Be-)Deutung von Innovation, in: Birgit Blättel-Mink (Hg.), Kompendium Innovationsforschung, Wiesbaden 2006, S. 17–28, hier S. 25 u. 28.
110 Hierzu bereits in deutsch-deutscher Perspektive: Manuel Schramm, Wirtschaft und Wissenschaft in DDR und BRD. Die Kategorie Vertrauen in Innovationsprozessen, Köln 2008.

4. Versetzte Transformationen nach 1990

Der Anschluss der DDR an die Bundesrepublik war mit großen Erwartungen aufgeladen, die zumindest in Ostdeutschland vielfach zu Enttäuschungen führten. Dass die neuen Bundesländer einen einmalig rasanten Transformationsprozess erlebten, ist oft beschrieben worden. Die alte Bundesrepublik wurde hingegen eher als Aufbauhelfer, Financier und Abwickler der ostdeutschen Transformation beschrieben, die sich selbst aber kaum durch die Wiedervereinigung verändert habe. Vielmehr gelten der Mauerfall und die Wiedervereinigung im Westen allenfalls medial vermittelt als eine erfahrungsgeschichtliche Zäsur, die die Lebenswelt kaum berührt.[111] Generell blieb die Beziehung zwischen Ost und West auch nach 1990 eine asymmetrische, bei der der Osten stärker auf den Westen fixiert war als umgekehrt. Dennoch blieb der Westen, wie verschiedene Beiträge dieses Buches zeigen, von den gewaltigen Veränderungen im Osten nicht unberührt. Mitunter zeigten sich in den neuen Bundesländern Entwicklungen, die aus westlicher Sicht als rückständig und spezifisch ostdeutsch erschienen, dann aber wenige Jahre später auch den Westen erreichten. Das etwas zugespitzte Schlagwort von den »Ostdeutschen als Avantgarde« trifft dies nur teilweise.[112] Eher kann man von »versetzten Transformationen« sprechen, da viele Wandlungsprozesse ja schon in den 1970er Jahren im Westen aufkamen. Zudem kam es nicht nur zu einer zunehmenden Annäherung Ostdeutschlands an den Westen, sondern Ende der 1990er Jahre vergrößerten sich mitunter die Differenzen wieder. Damit können wir für die Zeit nach 1990 weiterhin im doppelten Sinne eine geteilte Geschichte ausmachen, in der Trennendes, Interaktionen und neue Gemeinsamkeiten miteinander verbunden waren.

1990 war zunächst eine gesamtdeutsche Zäsur, wenn man die gewaltige Migration nach dem Ende des Kalten Krieges betrachtet. Allein in den vier Jahren nach dem Mauerfall zogen 1,4 Millionen Menschen aus den neuen Bundesländern in die alte Bundesrepublik (rund acht Prozent der Bevölkerung) – vor allem nach Süddeutschland und in den hohen Norden, seltener in die westlichen Teile. Ebenso nahm der Zuzug von »Aussiedlern« aus Osteuropa und Asylbewerbern rasant zu, wobei der »Asylbetrug« 1991 den Deutschen als *das* zentrale Problem erschien. Wie *Maren Möhring* ausführt, trug die Asyldebatte nicht nur zur gesamtdeutschen Integration durch die Ausgrenzung von Ausländern bei. Sie grenzte vermehrt auch die Ostdeutschen pauschal als fremdenfeindlich aus, obgleich auch im Westen Asylbewerberheime brannten. Die Unterschiede zwischen Ost und West blieben im Bereich der Migration markant: Im

---

111 Axel Schildt, Politischer Aufbruch auch im Westen Deutschlands?, in: Aus Politik und Zeitgeschichte 24–26/2014, S. 22–26; Martin Sabrow, Zäsuren in der Zeitgeschichte, in: Frank Bösch/Jürgen Danyel (Hg.), Zeitgeschichte. Konzepte und Methoden, Göttingen 2012, S. 107–130, hier S. 122.
112 Wolfgang Engler, Die Ostdeutschen als Avantgarde, Berlin 2002.

Osten gibt es weiterhin deutlich weniger Ausländer, dafür stärkere Vorurteile ihnen gegenüber. Dies korrespondierte jedoch mit dem Erfolg rechtspopulistischer Parteien in Westeuropa und lässt sich daher nicht einfach auf sozialistische Deformierungen zurückführen, wohl aber auch auf den restriktiven Umgang mit Ausländern in der DDR.[113]

Jenseits des neuen Rechtspopulismus kam es mit dem Ende des Kalten Kriegs in West und Ost zu einer Abnahme des politischen Engagements und Interesses. Die Demokratie wurde seit Ende der 1990er Jahre im Osten deutlich negativer bewertet als im Westen, auch bei Jugendlichen.[114] Auch diese Abwendung von der klassischen Politik war jedoch ein übergreifender internationaler Trend. Aber während im Westen Parteien, Gewerkschaften und Vereine trotz Mitgliederverlusten von einer etablierten Basis zehren konnten, war der Unterschied zu Ostdeutschland nun besonders markant, wo derartige Organisationen kaum Fuß fassen konnten und stattdessen temporäre Protestformen und Parteipräferenzen dominierten. Wie der Beitrag zum »Wandel des Politischen« argumentiert, lässt sich dies nicht nur als ostdeutsche Rückständigkeit interpretieren: Vielmehr zeigte sich hier ebenfalls ein westeuropäischer Trend, der ein Jahrzehnt später auch die Bundesrepublik erreichte.

Die Differenzen zwischen Ost und West sind sicher in starkem Maße mit der deutlich schlechteren ökonomischen Lage im Osten zu erklären, insbesondere mit der hohen Arbeitslosigkeit und der oft traumatischen beruflichen Deklassierung nach 1990. Im Vergleich zu anderen postsozialistischen Ländern gelang die Umstrukturierung freilich gerade durch den harten Schnitt und die westdeutschen Transfers recht erfolgreich, wenngleich, wie *Ralf Ahrens* und *André Steiner* ausführen, zahlreiche Fehler bei der De-Industrialisierung des Ostens auszumachen sind. Der »Aufbau Ost« schuf zudem zumindest kurzzeitig ein Konjunkturprogramm für die westdeutsche Wirtschaft, bis auch hier eine längere Phase der Stagnation einsetzte. Im Osten begann nach dem Sozialismus eine beispiellose Phase der Privatisierung und Entlassungen, die zumindest indirekt auf den Westen zurückwirkte. Die Forderung nach Privatisierung, Kostensenkung und Flexibilisierung war in der Bundesrepublik zwar bereits in den 1980er Jahren oft formuliert worden, aber nun wurde sie, sowohl im Zuge internationaler Trends als auch der Privatisierungen im Osten, mit Verzögerung auch hier umgesetzt.[115] Im Osten expandierten zudem rasch jene »McJob«-Arbeits-

---

113 Vgl. auch: Jan C. Behrends/Thomas Lindenberger/Patrice G. Poutrus (Hg.), Fremde und Fremd-Sein in der DDR. Zu historischen Ursachen der Fremdenfeindlichkeit in Ostdeutschland, Berlin 2003.
114 Kerstin Völkl, Überwiegt die Verdrossenheit oder die Unterstützung? Die Einstellungen der West- und Ostdeutschen zur Demokratie, zu politischen Institutionen und Politikern, in: Jürgen Falter u. a. (Hg.), Sind wir ein Volk?, München 2006, S. 57–81, S. 63, 71; vgl. auch: Kai Arzheimer, Von »Westalgie« und »Zonenkindern«. Die Rolle der jungen Generation im Prozess der Vereinigung, in: ebd., S. 212–234, hier S. 232.
115 Vgl. hierzu auch: Ther, Die neue Ordnung, S. 277–305. Zugleich betont Ther mit Blick auf die Metropolen, dass Warschau hier besser agierte als Berlin.

formen, wie *Rüdiger Hachtmann* die Zunahme von unsicheren, flexiblen und schlecht bezahlten neuen Jobs im Dienstleistungsbereich beschreibt, die etwa in Call Centern oder privaten Pflegediensten aufblühten und seit den 1990er Jahren gesamtdeutsch charakteristischer wurden. Zugleich musste der Staat für die sozialen Folgekosten dieser Liberalisierung aufkommen. Ein unübersehbarer Vorreiter im Arbeitsleben war der Osten zudem bei der weiblichen Erwerbstätigkeit, die erst in den letzten Jahren im Westen signifikant anstieg.

Um Steuererhöhungen zu vermeiden, wurde die Wiedervereinigung, wie *Winfried Süß* detailliert zeigt, in starkem Maße über die Sozialkassen finanziert. Damit wurde die Wiedervereinigung eine Herausforderung für den gesamtdeutschen Sozialstaat. Die zunehmende Vermarktlichung von Sozialleistungen, insbesondere bei der Alterssicherung, war eine Konsequenz daraus. Hierzu zählte auch die Abkehr von der Lebensstandardsicherung im Westen, da etwa die Hartz-Reformen auch den Status-Quo-Erhalt der Mittelschicht bedrohten. Bei den sozialen Lagen glichen sich Ost und West zunächst an, wenngleich vor allem bei den Vermögen gewaltige Unterschiede fortbestanden. In den 2000er Jahren nahmen jedoch die Differenzen wieder zu, so wie auch im Westen die Einkommensunterschiede auseinandergingen.[116] Entsprechend traten die Ostdeutschen nachdrücklicher für einen sozialen Ausgleich und einen starken Sozialstaat ein, was unter anderem die dauerhaften Wahlerfolge der PDS erklärte. Diese Debatte um soziale Ungleichheit erreichte den Westen ebenfalls, weshalb sich »Die Linke« langfristig als gesamtdeutsche Partei durchsetzen konnte.

Eine »doppelte Transformation« kann *Jutta Braun* schließlich selbst beim Sport ausmachen. In Ostdeutschland wurden nach 1990 zahlreiche Leistungssportzentren abgewickelt und dafür Anlagen für den Breitensport ausgebaut. Debatten über den ostdeutschen Sport, insbesondere zum Doping, bezogen sich zunehmend auch auf das Doping in Westdeutschland. Ebenso führte die Abnahme der gesamtdeutschen Medaillenbilanz zu einer Auseinandersetzung über die Sportförderung, die wiederum Ansätze der DDR übernahm. Zugleich hielten sich auch beim Sport nachhaltig Unterschiede: Während im Osten weiterhin einige sehr gute Leistungszentren für olympische Disziplinen bestehen, konnte der Breitensport bisher selbst bei der Jugend nur in deutlich geringerem Maße Fuß fassen.[117] Dieser Trend zum individualisierten Sport deutet sich auch gesamtdeutsch an. Mittlerweile sind mehr Deutsche Mitglied in Fitness-Zentren als in Fußballvereinen.[118]

Die kulturellen und lebensweltlichen Differenzen lassen sich auch bei der Mediennutzung ausmachen, wie der Beitrag von *Frank Bösch* und *Christoph Classen* unterstreicht. Obgleich nach der Wiedervereinigung fast alle ostdeutschen Medien von westdeutschen Unternehmen übernommen wurden, zeigten sich rasch

---

116 Joachim Frick/Markus M. Grabka, Die personelle Vermögensverteilung in Ost- und Westdeutschland nach dem Mauerfall, in: Krause/Ostner (Hg.), Leben, S. 493–511, hier S. 509.
117 Vgl. die aktuellen DOSB-Statistiken: http://www.dosb.de/de/service/download-center/statistiken.
118 So umfragebasiert: Deutschland im Fitnesswahn, in: Die Welt, 13.1.2013.

dauerhaft unterschiedliche Formen des Mediengebrauchs. Das Privatfernsehen und lokale Sender finden im Osten mehr Zuspruch als die öffentlich-rechtlichen. Gleiches gilt für die im Osten kaum gekauften überregionalen Tageszeitungen und Nachrichtenmagazine wie die FAZ oder den Spiegel. Deutlich bevorzugt werden dagegen Medien mit regionalen Identifikationsangeboten (wie die Ex-Bezirkspresse, der MDR oder Illustrierte mit ostdeutschem Image), die zugleich das Sonderbewusstsein und die seit Ende der 1990er Jahre wachsende Ostalgie stärkten. Aber auch hier gilt: Mit der Abwendung von der überregionalen Tagespresse und öffentlich-rechtlichen Sendern nahmen die Ostdeutschen einen Trend vorweg, der später den Westen erreichte und nicht allein durch die Konkurrenz des Internets zu erklären ist.

Besonders markant ist die Vorreiterfunktion des Ostens schließlich im Bereich der Familien und Bildung. Beim Ausbau der Kitas, bei der Annäherung der Schulformen oder beim Abitur nach 12 Schuljahren setzte der Osten Impulse, nachdem die neuen Bundesländer zunächst das westliche Modell adaptiert hatten und dann mit Zwischenformen experimentierten. Wie das Kapitel zur Bildung unterstreicht, geschah dies aber erst durch die internationale Wettbewerbssituation des PISA-Tests, der die Ganztags- und Gesamtschulen oder auch zentrale Prüfungen vom Sozialismusverdacht befreite.

Anfang der 1990er Jahre hatten viele zeitgenössische Sozialwissenschaftler prognostiziert, dass die Anpassung von Ostdeutschland an den Westen lange dauern werde, wobei die Schätzungen zwischen zehn und fünfzig Jahren rangierten.[119] Einen Wandel Westdeutschlands nahm dagegen kaum ein Wissenschaftler an. Heute ist deutlich, dass nicht nur das Zusammenwachsen von Ost und West deutlich länger gedauert hat, sondern sich auch das Leben in den alten Bundesländern spürbar veränderte. Auch die alte Bonner Republik der 1970/80er Jahre ist mittlerweile ein »fernes Land« geworden und wird mit linker und rechter Westalgie erinnert.[120] Ein wichtiger Grund für die beschleunigte Zeiterfahrung ist sicherlich die rasante Digitalisierung fast aller Lebensbereiche, weshalb die Computerentwicklung als neues historisches Schlüsselthema hier ein eigenes Kapitel erhielt. Denn mit dem Einzug der internetbasierten digitalen Kommunikation verschwand in Ost und West eine Welt, die von Telefonzellen, einzelnen Fernsehprogrammen und Zettelkästen geprägt war.

Die deutsch-deutsche Perspektive ist nur eine unter vielen, aber zumindest für die Jahrzehnte um 1990 hat sie eine besondere Relevanz. Dass 25 Jahre nach der Wiedervereinigung noch zahlreiche Unterschiede zwischen Ost und West bestehen, spricht dafür, die historische Prägekraft der Teilung zu berücksichtigen. Aber ebenso ist das rasante Tempo der Wiedervereinigung nur aus den vielfältigen Verbindungen zu erklären, die auch während der Teilung bestehen blieben.

---

119 Peter Krause/Ilona Ostner, Einleitung: Was zusammengehört... Eine sozialwissenschaftliche Bilanzierung des Vereinigungsprozesses, in: dies. (Hg.), Leben, S. 11–38, hier S. 16–18.
120 So jüngst auch der Essay von Ralph Bollmann, Das ferne Land. Zur Historisierung der alten Bundesrepublik, in: Merkur 69.5 (2015), S. 17–28.

Frank Bösch / Jens Gieseke

Der Wandel des Politischen in Ost und West

Die politischen Systeme und damit alle politischen Bereiche der DDR und der alten Bundesrepublik waren denkbar unterschiedlich. Das galt nicht nur für die Institutionen und Gesetze, sondern auch für die informellen Regeln. Politische Äußerungen, insbesondere Kritik und Protest, hatten einen ganz unterschiedlichen Rahmen und andere Konsequenzen. Im Westen galten etwa politische Debatten zunehmend als Zeichen einer lebendigen Demokratie, im Osten waren sie dagegen bis 1989 entweder Teil einer sorgfältig choreografierten Inszenierung oder aber stets mit dem Risiko verbunden, den Arbeits- oder Studienplatz zu verlieren oder sogar verhaftet zu werden. Organisationen wie Parteien, Gewerkschaften oder Solidaritätsgruppen trugen in Ost und West ähnliche Namen, bedeuteten jedoch etwas völlig verschiedenes. Schon Begriffe wie »politische Kultur« lassen sich schwerlich für Ost und West ähnlich verwenden. Ebenso verlief die politische Kommunikation in einer Demokratie mit Meinungsfreiheit völlig anders als in einer Gesellschaft, die von Zensur und Medienlenkung durch das Politbüro geprägt war. Wie eng die politischen Spielräume in der DDR selbst innerhalb des Sozialismus waren, zeigt ein Blick zum Nachbarland Polen, wo die vielfältigen Proteste und breite Samizdat-Presse einen zwar illegalen, aber weit verzweigten politischen Diskursraum schufen.

Zudem veränderte sich das Politische in West- und Ostdeutschland auf sehr divergente Weise. Im Falle der Bundesrepublik kam es zu eher sukzessiven Veränderungen: Von der Liberalisierung der politischen Kultur Anfang der 1960er Jahre über die radikaleren Proteste der Studentenbewegung bis hin zu einer breiten politischen Mobilisierung der Bevölkerung in den 1970er und frühen 1980er Jahren, die sich etwa in Bürgerbewegungen, Demonstrationen oder auch in massenweisen Eintritten in Parteien niederschlug. Dieser Wandel der gesellschaftlichen Leitideen, politischen Ziele, neuer Themen sowie Entscheidungs- und Partizipationsverfahren vollzog sich jedoch grundsätzlich innerhalb des bestehenden institutionellen Rahmens, auch wenn einige Gruppen ihn herausforderten oder ablehnten. Ganz anders die Lage in der DDR: hier kollabierte die sehr statische Institutionenordnung des kommunistischen Regimes mit ihrer vollständigen Beseitigung als Ergebnis einer demokratischen Revolution. Es liegt auf der Hand, dass kein einziger der bundesrepublikanischen »Umbrüche« des Politischen auch nur annähernd diese Tiefe hatte. Und es gehört zu den Paradoxien der Bonner Republik, dass dieses Ereignis gleichsam von außen über sie kam und sie ziemlich unvorbereitet traf – allen Verfassungsbindungen und Deklarationen im Hinblick auf eine Wiedervereinigung zum Trotz.

Insofern würde es wenig Sinn ergeben, die Regierungssysteme in Ost und West gemeinsam zu thematisieren. Anders ist es jedoch, wenn man, wie hier angestrebt, auf einer gesellschaftsgeschichtlichen Ebene den Wandel des Politischen als »geteilte Geschichte« untersucht, die neben den Unterschieden auch Interaktionen betrachtet. Hier bieten sich mehrere Untersuchungsfelder an: etwa die zunehmenden politischen Gespräche, der Blick auf langfristige Dynamiken der Demokratisierung, Politisierung und Entpolitisierung, oder auch die Frage nach der Wirkung übergreifender Trends in den Industriegesellschaften des späten zwanzigsten Jahrhunderts – wie der Bildungsexpansion, der Verarbeitung ökonomischer Krisen oder der ökologischen Zivilisationskritik. Auf diesen Feldern kam es in den 1970/80er Jahren tatsächlich in beiden Teilstaaten zu einigen Veränderungen, die sich etwa in neuen Protestformen und Politisierungsschüben niederschlugen. Diese längeren Linien tragen zur Erklärung etwa der Proteste in den Jahren um 1980 im Westen und der scheinbar plötzlichen Eruption um 1989 im Osten bei. Ebenso lassen sich so die Voraussetzungen für die (wiederum asymmetrisch verteilten) gegenseitigen Adaptionen und Differenzen in der politischen Kultur erklären.

Mit der Perspektive auf »das Politische« grenzt sich der Beitrag bewusst von den zahlreichen Texten ab, die die staatliche (Regierungs-)Politik in den Mittelpunkt stellen, in dem sie etwa Entscheidungsprozesse der Regierungen bzw. der SED untersuchen, die deutsch-deutsche Politik oder auch die Wiedervereinigungspolitik. Das Politische wird dabei als ein Kommunikationsraum gefasst, als eine Arena gesellschaftlicher Konflikte, die Machtverhältnisse und Regeln verhandeln.[1] Mit dem Blick auf die politische Kultur umschreibt der Beitrag die subjektiven politischen Meinungen und Werte der Bevölkerung, die im Westen insbesondere durch Befragungen gemessen wurden. Diese Beobachtungstechnik kam im Osten nur sehr eingeschränkt zur Anwendung, kann aber durch Stimmungsberichte und mikrohistorische Studien ergänzt werden.[2] Diese Perspektive bedeutet keine »political history with the politics left out«, vor der verschiedentlich gewarnt wurde.[3] Denn selbst wenn man Politik im engeren Sinne als das Durchsetzen von kollektiv verbindlichen Regeln fasst, erschöpft sich diese nicht in Gesetzgebung und staatlicher Gewalt, sondern schließt die breitere öffentliche Kommunikation und Legitimierung von Herrschaft mit ein. Die SED verstand freilich das »Volk« bis zuletzt nur als eine mit den Parteiansichten homogen verschmelzende Masse. Diese Identität war in den regelmäßigen »Wahlen« ohne

---

1 Vgl. bilanzierend: Tobias Weidner, Die Geschichte des Politischen in der Diskussion, Göttingen 2012.
2 Vgl. Jens Gieseke, Bevölkerungsstimmungen in der geschlossenen Gesellschaft. MfS-Berichte an die DDR-Führung in den 1960er- und 1970er-Jahren, in: Zeithistorische Forschungen/Studies in Contemporary History 5.2 (2008), S. 236–257, URL: http://www.zeithistorische-forschungen.de/2-2008/id%3D4491.
3 So Andreas Rödder, Klios neue Kleider: Theoriedebatten um eine Kulturgeschichte der Politik in der Moderne, in: Historische Zeitschrift 283 (2006), S. 657–688.

Auswahl oder in Aufmärschen zu Feiertagen zu bestätigen und bestimmte alle politische Kommunikation in der Öffentlichkeit.[4] Die auftretenden Unterschiede zwischen zugewiesenen und tatsächlich eingenommenen Haltungen in der Bevölkerung rationalisierte das Regime, indem es die Beseitigung solcher »Unklarheiten« über die objektiven Zusammenhänge als Agitationsaufgabe für die Partei betrachtete.

1. Politische Dialogbereitschaft in Zeiten internationaler Kommunikation

Die politischen Systeme in Ost und West veränderten sich bis zum Mauerfall kaum. Aber dass Ost- und Westdeutschland seit 1970 in einen stärkeren politischen Austausch traten, war auf der Regierungsebene unübersehbar. Allein die zahlreichen Spitzengespräche unterstreichen dies, von den ersten Treffen von Brandt und Stoph in Erfurt und Kassel 1970 über Schmidts DDR-Reise 1981 bis hin zu Honeckers Besuch in der Bundesrepublik 1987. Begleitet wurden die innerdeutschen Gipfel von zahlreichen weiteren grenzübergreifenden Gesprächen, wobei die insbesondere wirtschaftlichen Beziehungen, wie vom Westen erhofft, mittelfristig eine gewisse politische Öffnung der DDR förderten, wenngleich die Überwachung durch die Staatssicherheit zunahm. Insbesondere der von Franz Josef Strauß eingefädelte sog. Milliardenkredit führte 1983 zu einzelnen Zugeständnissen der SED, die Familienzusammenführungen, Ausreisen von Rentnern und den Reiseverkehr erleichterten.[5] Durch die übergreifende westdeutsche Fernsehkommunikation wurde die DDR-Außenpolitik gezwungen, gewisse Rücksicht auf Stimmungen in beiden Teilen Deutschlands zu nehmen.[6] Der Grundlagenvertrag von 1972 intensivierte die deutsch-deutschen Interaktionen vor allem durch die Eröffnung von »ständigen Vertretungen« (statt Botschaften) und bildete damit den Rahmen für weitere Verträge und Abkommen.[7]

---

4 Vgl. Winfried Thaa, Die Wiedergeburt des Politischen. Zivilgesellschaft und Legitimitätskonflikt in den Revolutionen von 1989, Opladen 1996, S. 54; O. A., »Er hielt sich für den Größten«. Wie Erich Honecker die Deutsche Demokratische Republik in den Abgrund geführt hat, in: Der Spiegel, 3.8.1992, S. 25 ff., hier S. 25. vgl.: Martin Sabrow, Der führende Repräsentant, in: Zeithistorische Forschungen 10.1 (2013), S. 12, URL: http://www.zeithistorische-forschungen.de/1-2013/id%3D4665.
5 Manfred Kittel, Strauß' Milliardenkredit für die DDR. Leistung und Gegenleistung in den innerdeutschen Beziehungen, in: Udo Wengst/Hermann Wentker (Hg.), Das Doppelte Deutschland. 40 Jahre Systemkonkurrenz, Berlin 2008, S. 307–332, hier S. 326.
6 So Hermann Wentker, Chance oder Risiko? Die Außen- und Deutschlandpolitik der DDR im deutsch-deutschen Kommunikationsraum, in: Frank Bösch/Peter Hoeres (Hg.), Außenpolitik im Medienzeitalter. Vom späten 19. Jahrhundert bis zur Gegenwart, Göttingen 2013, S. 191–209, hier S. 208.
7 Vgl. zur diplomatischen Ebene, die hier nicht im Mittelpunkt steht: Dierk Hoffmann, Honecker in Bonn. Deutsch-deutsche Spitzentreffen 1947–1990, in: Wengst/Wentker (Hg.),

Möglich wurde dies nur über die Einbindung der Bündnispartner, insbesondere durch eine Annäherung zwischen Bonn und Moskau. Die Erfahrung von Verlässlichkeit in solchen Absprachen gehört sicher zu den positivsten Auswirkungen solcher Gespräche. Auf diese Weise wurden auch SED-Unterhändler wie Wolfgang Vogel, Hermann von Berg oder Alexander Schalck-Golodkowski zu bedeutenden Akteuren. Dieser politische Austausch überdauerte die neuen Konfrontationen im Kalten Krieg, etwa im Zuge des Nato-Doppelbeschlusses und des sowjetischen Afghanistaneinmarschs 1979, und ebenso den Regierungsantritt von Helmut Kohl, dessen Partei einst die Ostpolitik bekämpft hatte. Zudem beschränkte er sich nicht auf eine Symbolpolitik, mit der vor allem die DDR auf internationale Anerkennung zielte, sondern die Treffen förderten, ungeachtet der oft abgekühlten Atmosphäre, konkrete Vereinbarungen. Auch die SPD setzte in der Opposition ihre Gespräche mit der SED fort, die 1987 sogar in das gemeinsame Papier »Der Streit der Ideologien und die gemeinsame Sicherheit« mündeten.[8]

Damit etablierte sich auch auf Regierungsebene ein dialogischer Austausch, wenngleich beide Seiten die politischen Differenzen stets betonten. Gradlinig war die Annäherung nicht. Nachdem etwa die Bundesregierung 1980 die Forderungen Honeckers ablehnte, die DDR-Staatsbürgerschaft, reguläre Botschaften und die Elbgrenze anzuerkennen sowie die Erfassungsstelle in Salzgitter aufzulösen, reagierte die DDR verärgert mit der Erhöhung des Mindestumtauschsatzes für Westreisende. Ebenso waren die diplomatischen Gespräche oft von frostigen Momenten begleitet, etwa als Helmut Kohl bei seiner Tischrede beim Honecker-Besuch 1987 deutlich die Menschenrechte und das Selbstbestimmungsrecht einforderte.[9] Dennoch blieb das grundsätzliche politische Vertrauen in die Gegenseite bestehen, was erst die Milliardenkredite und gesteigerten Besuchsreisen ermöglichte, die wiederum den politischen Austausch und Transfer in der Gesellschaft förderten. Ebenso weckte bereits die Ostpolitik Brandts bei vielen DDR-Bürgern politische Hoffnungen und politisches Interesse. Vor allem vergrößerte dies die Spielräume für Oppositionelle und Ausreisewillige in Ostdeutschland, wenngleich die expandierende Staatssicherheit sie immer aufwendiger in den Blick nahm. Und selbst die inszenierten Aufnahmen des DDR-Fernsehens, die etwa Schmidt und Honecker scherzend im Schloss

---

Das Doppelte Deutschland, S. 333–356; Martin Sabrow, Der Pyrrhussieg. Erich Honeckers Besuch in der Bundesrepublik 1987, in: Andreas H. Apelt/Robert Grünbaum/Jens Schöne (Hg.), 2 x Deutschland. Innerdeutsche Beziehungen 1972–1990, Halle 2013, S. 201–237; Detlef Nakath, Deutsch-deutsche Grundlagen. Zur Geschichte der politischen und wirtschaftlichen Beziehungen zwischen der DDR und der Bundesrepublik in den Jahren von 1969 bis 1982, Schkeuditz 2002.

8 Das Papier der Grundwertekommission der SED und der Akademie für Gesellschaftswissenschaften beim ZK der SED findet sich unter: http://library.fes.de/library/netzquelle/ddr/politik/pdf/verfemte_4.pdf.

9 Vgl. recht knapp: Hans-Peter Schwarz, Helmut Kohl. Eine politische Biographie, München 2012, S. 467 f. Hoffmann, Honecker in Bonn, S. 354 f.

Hubertusstock zeigten, dürften in der Gesellschaft die Erwartung an eine grenzübergreifende Annäherung verstärkt haben.¹⁰

Die Zunahme des politischen Austauschs lässt sich jedoch nicht nur aus der Gesprächsbereitschaft einzelner politischer Akteure und aus der ökonomischen Krise der DDR erklären. Vielmehr vollzog sich die Annäherung beider deutscher Teilstaaten im Rahmen einer Transnationalisierung und Globalisierung des Politischen. Beide deutsche Staaten buhlten zunehmend um internationale Anerkennung und um politische, ökonomische und kulturelle Beziehungen über Grenzen hinweg, wenngleich sich die DDR mehr bemühen musste und weniger Erfolg hatte.¹¹ So nahm die Bundesrepublik Anfang der 1970er Jahre auch diplomatische Beziehungen zu kommunistischen Nachbarländern wie Polen, Ungarn und Rumänien auf, ebenso zu China (1972), Finnland (1973) oder auch Kuba (1975). Die Zahl der internationalen politischen Gespräche, Veranstaltungen und Events wuchs in beiden Teilstaaten, und oft entwickelten sich scheinbar unpolitische Großereignisse, wie die Olympischen Spiele 1972 in München, zum Ort politischer Selbstdarstellung.¹²

Nicht nur zwischen Ost- und Westdeutschland, sondern auch innerhalb der Bündnissysteme und zwischen Nord und Süd nahmen die Konsultationen in den 1970er Jahren zu. So intensivierte sich die Kooperation der großen westlichen Industrieländer, die etwa seit 1975 auf Weltwirtschaftsgipfeln aktuelle Probleme diskutierten. Ebenso nahm die Zusammenarbeit in der Europäischen Gemeinschaft Ende der 1970er Jahre wieder an Fahrt auf, nachdem in der ersten Hälfte der 1970er Jahre noch von einer »Eurosklerose« die Rede war. So wurde die Europäische Gemeinschaft nach Westen, Norden und dann auch nach Süden erweitert, und mit dem Europäischen Währungssystem oder durch die Einführung von Europawahlen 1979 die grenzübergreifende Kooperation gefestigt. Ebenso intensivierten sich die grenzübergreifenden Kontakte der kommunistischen Länder, auch jenseits von Moskau. So leitete die DDR Gespräche mit China ein, aber auch mit dem westlichen »Eurokommunismus«, der eine Eigenständigkeit ohne Moskauer Führungsanspruch anstrebte.¹³ Umgekehrt öffnete sich China seit 1979 für westliche Märkte. In Demokratien und im Sozialismus verstärkte sich auch der Austausch mit den Entwicklungsländern.¹⁴ Die DDR

---

10 Vgl. etwa den Bericht des DDR-Fernsehens 1981 aus dem DRA-Archiv: URL: http://www.mdr.de/damals/schmidt154.html.
11 Joachim Scholtyseck, Die Außenpolitik der DDR, München 2003, S. 115f.
12 Eva Maria Gajek, Imagepolitik im olympischen Wettstreit. Die Spiele von Rom 1960 und München 1972, Göttingen 2013.
13 Hermann Wentker, Außenpolitik in engen Grenzen. Die DDR im internationalen System, München 2007, S. 35.
14 Kulturgeschichtlich zur Symbolik von Honeckers Auftritten in Afrika: Katharina Haß/Michael Pesek, Kleiner Mann auf Reisen: Erich Honecker auf Staatsbesuch in Afrika, in: Susann Baller (Hg.), Die Ankunft des Anderen. Repräsentationen sozialer und politischer Ordnungen in Empfangszeremonien, Frankfurt a. M. 2008, S. 106–134.

umwarb besonders die sozialistischen Staaten in Afrika und Lateinamerika, später auch Schwellenländer in Ostasien oder ölreiche Länder. So bemühte sie sich um einen Staatsbesuch des USA-freundlichen Schahs des Irans, der an dessen Sturz 1979 scheiterte.[15] Als die Bundesrepublik einem sozialistischen Land wie Nicaragua die Entwicklungshilfe strich, erhöhte die DDR umso sichtbarer ihre Solidaritätsbeiträge.[16] Und schließlich entfaltete sich seit den 1970er Jahren nicht nur die bundesdeutsche Ostpolitik, sondern ebenso eine »Westpolitik« der DDR in einem internationalen Rahmen, den die Bündnispartner entscheidend prägten.[17] Im Rahmen dieser zahlreichen grenzübergreifenden Gespräche nahm die Konferenz über Sicherheit und Zusammenarbeit in Europa (KSZE) natürlich eine Schlüsselrolle ein. Mit der »Schlussakte von Helsinki« erreichte der Osten die Festschreibung des politischen Status quo in Europa, der Westen hingegen die Festschreibung der Menschenrechte.

Insofern lassen sich die deutsch-deutschen politischen Kontakte der 1970/80er Jahre als Teil einer zunehmenden grenzübergreifenden politischen Interaktion und Interdependenz fassen, in der beide deutschen Staaten um Anerkennung buhlten. Der »Wandel durch Handel« war eben nicht nur spezifisch für die deutsch-deutsche Geschichte, sondern Teil einer vielfältigen politischen Verflechtung über Grenzen hinweg. Gerade die daraus entstehenden langfristigen Verträge, wie etwa bei den Gaslieferungen aus der UdSSR, halfen politische Spannungen wie um 1980 zu überwinden.[18] Viele der politischen Gespräche endeten – ähnlich wie die deutsch-deutschen Treffen – mit Ernüchterung. Aber das Netz von Beziehungen bremste Eskalationen ab und schuf Spielräume für Verständigungen abseits der großen Konflikte. Zugleich relativierte diese internationale Einbettung die Rolle der deutsch-deutschen Gespräche: Ein Großteil der diplomatischen Kommunikation verlief mit den jeweiligen Bündnispartnern und neutralen Ländern.

Die Gespräche gingen mit der zunehmenden gesellschaftlichen Wahrnehmung einher, dass es sich bei der DDR und der Bundesrepublik um auf absehbare Zeit getrennte Teilstaaten handelte. Wenngleich die Bundesbürger das System in der DDR ganz überwiegend negativ bewerteten, stieg in den 1970er Jahren der Anteil derjenigen, die ihr sogar eine gewisse Anerkennung aufgrund des (vermeintlich) konsequenteren Antifaschismus und einzelner Systemleistungen

---

15 Mündliche Botschaft Honeckers an den Schah, 29.8.1978; abgedruckt in: Harald Möller, Geheime Waffenlieferungen der DDR im ersten Golfkrieg an Iran und Irak 1980–1988. Eine Dokumentation, Berlin 2002, S. 35 f.

16 Eher aus Zeitzeugenperspektive: Erika Harzer/Willi Volks (Hg.), Aufbruch nach Nicaragua: Deutsch-deutsche Solidarität im Systemwettstreit, Berlin 2010.

17 Zu den vielfältigen Bemühungen der DDR, mit und ohne Moskauer Unterstützung: Ulrich Pfeil (Hg.), Die DDR und der Westen. Transnationale Beziehungen 1949–1989, Berlin 2001.

18 Vgl. Frank Bösch, Energy Diplomacy: Germany, the Soviet Union and the Oil Crisis, in: Historical Social Research 39.4 (2014), S. 165–185.

(Gleichheit, Bildung) zubilligten und zumindest gewisse politische Spielräume in der DDR umgesetzt wähnten.[19] Zugleich gab über die Hälfte der Bundesbürger an, sich nicht sonderlich für die DDR zu interessieren.

Die Konzentration auf zwischenstaatliche Verhandlungen als Modus des Ost-West-Konfliktes führte zu einer folgenreichen Geringschätzung nicht-staatlicher Akteure: Augenfällig wurde dies in der Verteidigung Egon Bahrs für seine Missachtung der ostdeutschen Bürgerrechtler: mit Bärbel Bohley hätte er schließlich nichts verhandeln können.[20] Zivilgesellschaftliche Akteure »von unten« störten die Verhandlungspolitik. Die Bonner politische Klasse wahrte ebenso Distanz zur polnischen Solidarność-Bewegung wie auch bis in die Herbstrevolution 1989 und den Beitritt hinein zu ostdeutschen Bürgerrechtlern.[21] Von einzelnen Politikern der »etablierten« Parteien abgesehen, waren es nur Grüne, die dieser Haltung systematische Basiskontakte entgegenstellten. So reiste etwa Petra Kelly seit 1982 mehrmals pro Jahr in die DDR, um sich mit Bürgerrechtlern zu treffen, pflegte aber auch einen Briefwechsel mit Honecker.[22] Diese Treffen wiederum konzentrierten sich auf prominente Dissidenten. Entsprechend unvorbereitet trafen sie die Ziele der Volksbewegung des Herbstes 1989.

Die DDR bezahlte für die Geländegewinne in Sachen Anerkennung einen Preis, den sie unter dem schützenden Schirm der sowjetischen Bestandsgarantie meinte in Kauf nehmen zu können: sie ließ sich in den westlichen Menschenrechtsdiskurs verwickeln, ging eine wachsende ökonomische Abhängigkeit ein und nahm überhaupt die Westernisierung der gesamten Gesellschaft hin. Die daraus resultierenden Risiken waren der SED-Führung durchaus bewusst. Deshalb konterte sie die »feindliche Kontaktpolitik«, indem sie sich mit periodischen Propagandakampagnen wieder schärfer abgrenzte, die Institutionenlandschaft des Parteistaates zementierte und die Überwachung massiv ausbaute. Erst in den 1980er Jahren, im Zuge des Milliardenkredits und im Vorfeld des Bonn-Besuchs von Honecker, mäßigte sie den konfrontativen Ton ein wenig.

Wie die Stimmungsberichte der Staatssicherheit und geheime westliche Erkundungen übereinstimmend feststellten, orientierte sich die DDR-Bevölkerung unterdessen unverrückbar daran, welche Akteure und welche Politikformen versprachen, ihre missliche Lage im Hinblick auf die geschlossene Grenze und die fehlende Artikulations- und Bewegungsfreiheit zu bessern. Sie stimmten deshalb begeistert der Neuen Ostpolitik Willy Brandts zu, zeigten jedoch Unver-

---

19 Manuela Glaab, Geteilte Wahrnehmungswelten. Zur Präsenz der deutschen Nachbarn im Bewußtsein der Bevölkerung, in: Christoph Kleßmann (Hg.), Deutsche Vergangenheiten – eine gemeinsame Herausforderung. Der schwierige Umgang mit der doppelten Nachkriegsgeschichte, Berlin 1999, S. 206–220, hier S. 212f.
20 Egon Bahr über Joachim Gaucks voraussichtliche Wahl zum Bundespräsidenten, 17.3.2012, URL: http://www.deutschlandradiokultur.de/gauck-muss-gegensatz-zwischen-freiheit-und-gerechtigkeit.990.de.html?dram:article_id=154264.
21 Vgl. Timothy Garton Ash, Im Namen Europas. Deutschland und der geteilte Kontinent, München 1993.
22 Saskia Richter, Die Aktivistin. Das Leben der Petra Kelly, München 2010, S. 164–172.

ständnis gegenüber dem NATO-Doppelbeschluss und dem Wettrüsten im »zweiten Kalten Krieg«. Aus dem gleichen Grund hatte die DDR-Mehrheit auch nichts gegen die völkerrechtliche Anerkennung der DDR, machte sich aber keine Illusionen, dass in der deutsch-deutschen Verhandlungspolitik die Sachwalter ihrer Interessen ansonsten in Bonn und nicht in Ost-Berlin saßen.[23]

Die deutsch-deutschen Verhandlungen hinterließen auch Wirkungen im parteiloyalen Milieu der ostdeutschen Gesellschaft, dem als »Herrschaftsstab« (im Sinne Max Webers) eine machtstrategische Schlüsselstellung zukam. Hier gab es immer Widerstände gegen Dialog und Westöffnung, und der Schulterschluss mit Protagonisten wie Franz-Josef Strauß als Vermittler der so genannten Milliardenkredite demoralisierte sie nachhaltig. Dieser Widerstand brachte sie im betrachteten Zeitraum in eine zunehmende Konfrontation mit den pragmatischeren Kreisen der DDR-Elite, die wiederum die Handlungsfähigkeit der SED in den achtziger Jahren untergrub.

2. Politisierung und Erstarrung

Für die Bundesrepublik der 1970/80er Jahre wurde vielfach ein Wertewandel ausgemacht, der die politische Kultur liberalisierte. In dieser Zeit sanken »autoritative Werte«, während das Vertrauen in das politische System ebenso anstieg wie das politische Interesse.[24] Konrad Jarausch sprach von einem Schub der »Rezivilisierung« nach 1968, den er zugleich als »nachholende Modernisierung« bewertete und der die politisch-kulturelle Distanz zur DDR erweitert habe.[25] Vergleichende Studien bezeichneten die Bundesrepublik der 1980er Jahre sogar als das am stärksten politisierte Land Europas, wie Umfragen zum politischen Interesse und die Partizipationsraten belegen.[26] Damit übertraf es die traditionell hohen Raten in Nordeuropa, während in Frankreich und Südeuropa zwar ebenfalls die Politisierung zunahm, aber deutlich geringer blieb. Während »1968« vornehmlich nur eine studentische Minderheit auf den Straßen protestierte, waren es um 1980 Millionen von Menschen. Bei den Jugendlichen bis 24 Jahre sympathisierten immerhin rund zwei Drittel mit dem alternativen Milieu.[27]

---

23 Ausführlich: Jens Gieseke, Whom did the East Germans Trust in the Cold War?, in: Martin Klimke/Reinhild Kreis/Christian Ostermann (Hg.), Trust and Distrust in the Cold War, Stanford 2015 (forthcoming).
24 Diese Deutung brachte die politische Kulturforschung der 1980/90er Jahre stark, vgl. etwa: Oskar Niedermayer (Hg.), Politische Kultur in Ost- und Westdeutschland, Berlin 1994.
25 Konrad Jarausch, Die Umkehr. Deutsche Wandlung 1945–1995, Bonn 2004, S. 355.
26 Pierre Bréchon, Politisierung, Institutionenvertrauen und Bürgersinn, in: Renate Köcher/Joachim Schild (Hg.), Wertewandel in Deutschland und Frankreich. Nationale Unterschiede und europäische Gemeinsamkeiten, Opladen 1998, S. 230.
27 Zahlreiche Umfragen zit. in: Sven Reichardt, Authentizität und Gemeinschaft. Linksalternatives Leben in den siebziger und frühen achtziger Jahren, Berlin 2014, S. 44–50.

Diese Politisierung der Gesellschaft reichte im Westen damit weit über die Universitäten und das linksalternative Milieu hinaus. Wie Umfragen für die Bundesrepublik belegen, stieg das Interesse an Politik seit 1965 allgemein stark an und erreichte, nach einem Einbruch 1973, dann 1983 einen Höhepunkt. Die parallel dazu ansteigende Rezeption von Tageszeitungen und Nachrichtenmagazinen oder auch politischen Magazinen im Fernsehen belegt ebenfalls dieses neuartig breite Interesse an Politik und kritischen Debatten. Ebenso florierte der Markt für politische Bücher, nicht nur auf Seiten der politischen Linken.[28] Bei allen Parteien stiegen Anfang der 1970er Jahre die Zahlen der Mitglieder, ebenso die von Bürgerinitiativen und Protestbewegungen. Auch die Wahlbeteiligung unterstreicht diesen Schub, die bei der Bundestagswahl 1972 mit 91 Prozent einen Höhepunkt erreichte und bis Mitte der 1980er Jahre auf hohem Niveau blieb. Vor allem Frauen wählten nun deutlich häufiger, zeigten mehr politisches Engagement und wurden weniger ausgegrenzt, wenngleich ihr Anteil im Bundestag weiterhin nur unter einem Zehntel lag.

Die Ursachen hierfür waren vielfältig. In der Bundesrepublik war sicherlich die Bildungsexpansion entscheidend, besonders der Anstieg der Abiturienten und Studenten. Junge Menschen erhielten mehr Freizeit und mehr Anstöße und Raum für politische Diskussionen. Entsprechend stieg gerade aus der Mittelschicht und bei Frauen der Protest an. Nicht minder zentral war sicherlich die mediale Entwicklung im Westen: Die Zunahme kritischer Berichte in der Presse, im Fernsehen und im Kino in den 1960er Jahren war für viele eine Sozialisationserfahrung, da eine derartig kritische Reflexion erst später im Bildungssystem ihren Platz fand.[29] Die Politisierung ging zudem mit einem Wandel der Einstellungen und Ideale einher, der zeitgenössisch rasch als Wertewandel bezeichnet wurde und mit einer zunehmenden Kritik an den bestehenden eher autoritären Normen verbunden war.[30] Besonders die USA waren bei dieser Politisierung Vor- und Feindbild zugleich.

In der DDR unterlagen die Basisprozesse von Politisierung und Depolitisierung einer anderen Dynamik, waren allerdings mit dem Blick auf den Westen eng verknüpft. Einen studentischen Aufbruch wie im Westen gab es nicht, weil Abitur und höhere Bildungsabschlüsse eng gekoppelt waren an Loyalitäts- und Konformitätsbeweise gegenüber dem Parteiregime.[31] Zudem fehlte es gerade an

---

28 Vgl. Adelheid von Saldern, Markt für Marx. Literaturbetrieb und Lesebewegungen in der Bundesrepublik in den Sechziger- und Siebzigerjahren, in: Archiv für Sozialgeschichte 44 (2004), S. 149–180.
29 Zur kritischen Wende in den Medien vgl. das Kapitel von Frank Bösch und Christoph Classen in diesem Band; sowie: Christina von Hodenberg, Konsens und Krise. Eine Geschichte der westdeutschen Medienöffentlichkeit 1945–1973, Göttingen 2006.
30 Vgl. für den Westen dazu ausführlicher Bernhard Dietz/Christopher Neumaier/Andreas Rödder (Hg.), Gab es den Wertewandel? Neue Forschungen zum gesellschaftlich-kulturellen Wandel seit den 1960er Jahren, München 2014; sowie den Beitrag von Christopher Neumaier und Andreas Ludwig in diesem Band.
31 Heike Solga, »Systemloyalität« als Bedingung sozialer Mobilität im Staatssozialismus, am Beispiel der DDR, in: Berliner Journal für Soziologie 4 (1994), S. 523–542.

den sieben DDR-Universitäten an Raum für ein gesellschaftskritisches Wissenschafts- und Politikverständnis.[32] Deshalb kam auch 1989 kaum Protest aus den Universitäten.

Nach den von Infratest systematisch ausgewerteten Eindrücken westdeutscher DDR-Besucher beschränkte sich das Interesse für Politik in der DDR-Bevölkerung grundsätzlich auf eine Minderheit von rund 30 bis 40 Prozent, mit einer klassischen Geschlechterdifferenz von rund 10 bis 20 Prozentpunkten.[33] Ein gewisser Höhepunkt lag in den frühen siebziger Jahren: Zum einen hatte damals der Bevölkerungsanteil, vor allem in der aufstiegsorientierten Jugend, seine größte Ausdehnung erreicht, der dem System grundsätzlich positiv gegenüberstand. Damit verknüpften sich allerdings Erwartungen an weitere materielle Verbesserungen und politische Lockerungen. Zum anderen gab es, über diese Kreise hinaus, ein starkes Interesse an der Bonner Neuen Ostpolitik und den Ergebnissen der deutsch-deutschen Verhandlungen.

Auf diesen Feldern kam es nach 1974/75 in der DDR zu einem deutlichen Abschwung: Honecker hatte politisch die Zügel rasch wieder angezogen (wie in der Affäre um Plenzdorfs »Die neue Leiden des jungen W.«). Auf dem Gebiet der Konsum- und Sozialpolitik kippte ab 1976/77 die Stimmung: die von ihm geweckten Erwartungen an die »Hauptaufgabe« der »weiteren Erhöhung des materiellen und kulturellen Lebensniveaus des Volkes«[34] erwiesen sich als illusorisch, wie etwa die skeptischen Reaktionen auf dem IX. Parteitag, die Krise in der Kaffeeversorgung und der allgemeine Unmut über die Aufwertung der Intershops zeigen. Die Staatssicherheit sprach 1977 von einer »Tendenz zunehmender Unzufriedenheit«. Es gäbe »teilweise skeptische, pessimistische und negative Meinungen bis hin zu aggressiven Argumenten«.[35] Die hochtrabenden

---

32 Vgl. zum Beispiel Hartmut Zwahr, Die erfrorenen Flügel der Schwalbe. DDR und Prager Frühling. Tagebuch einer Krise, Bonn 2007; Wolfgang Bialas, Vom unfreien Schweben zum freien Fall, Ostdeutsche Intellektuelle im gesellschaftlichen Umbruch, Frankfurt a. M. 1996.
33 Die folgenden Ausführungen basieren auf einer Auswertung des Infratest-Programms »Einstellungen und Verhaltensweisen der Bevölkerung in der DDR«, das von 1968 bis 1989 im Auftrag der Bundesregierung durchgeführt wurde; vgl. Jens Gieseke, Auf der Suche nach schweigenden Mehrheit Ost. Wertorientierungen in der DDR-Gesellschaft im Spiegel der geheimen Infratest-Stellvertreterbefragungen 1968 bis 1989, tbp. Außerdem nehmen sie Bezug auf eine Auswertung der Stimmungsberichte des Ministeriums für Staatssicherheit, vgl. Gieseke, Bevölkerungsstimmungen.
34 »Gemeinsamer Beschluss des Zentralkomitees der SED, des Bundesvorstandes des FDGB und des Ministerrates der DDR über sozialpolitische Maßnahmen in Durchführung der auf dem VIII. Parteitag der SED beschlossenen Hauptaufgabe des Fünfjahrplanes«, 28. April 1972; abgedruckt in Günter Benser (Hg.), Dokumente zur Geschichte der SED, Bd. 3, 1971–1986, Berlin 1986, S. 73–74.
35 Exemplarisch: MfS, ZAIG: Hinweise auf Tendenzen der Unzufriedenheit in der Reaktion der Bevölkerung der DDR, 12.9.1977; BStU, ZA, ZAIG 4119, Bl. 1–8; vgl. Mark Allinson, »1977: The GDR's Most Normal Year?«, in: Mary Fulbrook/Alf Lüdtke (Hg.), Power and Society in the GDR, 1961–1979, New York 2009, S. 253–275.

Erwartungen an weitere Ergebnisse der deutsch-deutschen Verhandlungen verflogen nach dem Abschluss des Grundlagenvertrages und mit dem Rücktritt Brandts 1974. Zugleich hatte die Ostpolitik das Denken in gesamtdeutschen Kategorien sowie die Erwartungen von Vertriebenen an eine Revision verschwinden lassen.

Daraus entstand, nach den Befunden der geheimen Stimmungserkundung von östlichen und westlichen Stellen, eine relativ stabile Konstellation bis etwa 1985. Es gab eine über das Jahrzehnt leicht ansteigende Grundunzufriedenheit mit der wirtschaftlichen Gesamtlage und den Problemen in Versorgung, Arbeitszeit oder Entlohnung, die begleitet war von dem Eindruck unbeweglicher, kaum beeinflussbarer Verhältnisse. Die Mehrheit der DDR-Einwohner hielt Distanz zum SED-Regime, aber auch zur Politik überhaupt, und das Regime verwendete seine Energien auf die Zementierung dieses Zustands. Das westdeutsche Institut Infratest sah in dieser Phase konstant etwa 5 Prozent der DDR-Bevölkerung als überzeugte Anhänger, weitere 16 bis 18 Prozent als kritisch, aber positiv eingestellt. Die Masse aber war angepasst und latent unzufrieden (zwischen 40 und 45 Prozent) oder politisch gleichgültig (5 bis 10 Prozent). Als Systemgegner hatte sich im privaten Gespräch etwa ein Viertel dargestellt.[36] Die positive Motivationsdynamik für ein politisches Engagement innerhalb des Systems erlahmte: die Zeit der steilen Aufstiege und des Aufbau-Enthusiasmus waren vorbei – und durch eine gewisse Öffnung der Bildungskanäle in der Bundesrepublik kehrten sich die Verhältnisse um: Fortan waren die Aufstiegschancen für junge Leute aus Arbeiterfamilien in der Bundesrepublik größer als in der DDR.[37]

In der zweiten Hälfte der achtziger Jahre hinterließen dann Versorgungs- und Produktionsausfälle ihre Spuren, genau wie die ignorante Informationspolitik der DDR-Medien im Kontrast zu Gorbatschows »Glasnost« und die unmittelbare Anschauung der Konkurrenzgesellschaft durch die Westreisewelle von 1986/87 im Vorfeld von Honeckers Bonn-Besuch. Bis zum Frühjahr 1989 baute sich eine elementare Wut auf die herrschenden Verhältnisse auf, die auch jene Bevölkerungsteile ergriff, die sich »eigentlich« aus der Politik heraushielten. Dabei veränderte sich das Politikverständnis der Ostdeutschen. So hatte Anfang der siebziger Jahre noch eine breite Mehrheit von DDR-Einwohnern (und zwar unabhängig davon, welches der beiden Systeme sie für das bessere hielten) im Gespräch mit westdeutschen Besuchern erkennen lassen, dass sie die DDR für die »politischere« Gesellschaft hielten, während die Bundesrepublik durchweg als ziemlich unpolitisch galt. Ende der achtziger Jahre hatten sich die Verhältnisse nahezu umgekehrt.[38] Hinzu kam, dass es durch Gorbatschow zu einer Öffnungsperspektive kam und erhebliche Teile der SED-Parteikader sich in einer

---

36 Infratest: Einstellungen und Verhaltensweisen der Bevölkerung in der DDR, Jahresberichte 1975 bis 1985, Infratest Archiv; vgl. Gieseke, Auf der Suche.
37 Heike Solga, Auf dem Weg in eine klassenlose Gesellschaft? Klassenlagen und Mobilität zwischen Generationen in der DDR, Berlin 1995.
38 Gieseke, Auf der Suche.

Phase der Entpolitisierung oder der inneren Abkehr von den Prinzipien kommunistischer Politik befanden.[39]

In der Bundesrepublik erhielt Politik in den 1970er Jahren auch deshalb eine stärkere Bedeutung, weil sich das Verständnis von ihr veränderte. Während die SED grundsätzlich alle gesellschaftlichen Bereiche explizit als Gegenstand ihrer Politik sah (und sie damit faktisch einer politischen Debatte entzog), erschienen den Westdeutschen lange viele Lebensbereiche als unpolitisch. Dort weitete sich seit Ende der 1960er Jahre das Verständnis von dem Politischen, indem nun zahlreiche Lebensbereiche des Alltags, wie Kindererziehung, Wohnen bis hin zu Umwelt und Konsum, als politisch gefasst wurden. Sowohl der Systemkonflikt als auch die Neue Linke prägten diesen Wahrnehmungswandel, der das Private als politisch definierte und experimentell neue Lebensweisen erprobte, etwa durch Wohngemeinschaften, Kinderläden mit antiautoritärer Erziehung oder alternative Arbeitsformen in selbstverwalteten Betrieben.[40] Was zeitgenössisch als politisch galt oder nur ein Einsatz für persönliche lokale Interessen war, changierte dabei in beiden Teilstaaten. Das lokale Engagement für eine Verbesserung der Kindergärten bzw. Krippen oder den Erhalt baufälliger Stadtteile war mal ein eigennütziges, mal ein gemeinnütziges Engagement, das jedoch rasch politischen Charakter annehmen konnte. In der DDR konnte zudem jede Abweichung von der SED ein Politikum werden, das Sanktionen nach sich zog.

Gefördert wurde die Politisierung in Ost und West auch durch generationelle Verschiebungen.[41] Das gilt besonders für die geburtenstarke Kohorte der späten 1940er und 1950er Jahre, die in beiden Teilstaaten während des wirtschaftlichen Aufschwungs aufwuchsen. Im Westen stammten die Protagonisten der Massenproteste der 1970/80er Jahre aus dieser Generation. Gerade weil sie ganz in der Demokratie aufgewachsen waren, steigerten sich ihre politischen Erwartungen. Im Osten fanden sich einige aus diesen Nachkriegsjahrgängen in den Dissidentengruppen wieder, die seit dem Prager Frühling eine neue Opposition zu begründen begannen. Die »großen Erzählungen« von Kampf und Widerstand der kommunistischen Bewegung und der frühen DDR kannten sie nicht mehr aus eigener Erfahrung. Als Zielgruppe der SED-Sozial- und Konsumpolitik reagierte diese Generation allerdings auch am sensibelsten auf deren Scheitern und war seit den siebziger Jahren am stärksten von den Attraktionen der westlichen Konkurrenzgesellschaft beeinflusst. Gemeinsam mit der noch jüngeren Generation der 1960er Geburtsjahrgänge wurden sie zu wesentlichen Trägern des Umsturzes.[42]

---

39 Vgl. Jens Gieseke »Seit langem angestaute Unzufriedenheit breitester Bevölkerungskreise« – Das Volk in den Stimmungsberichten des MfS, in: Klaus-Dietmar Henke (Hg.), Revolution und Vereinigung 1989/90. Als in Deutschland die Realität die Phantasie überholte, München 2009, S. 130–148.
40 Reichardt, Authentizität, S. 319–498, 724–740.
41 Annegret Schüle/Thomas Ahbe/Rainer Gries (Hg.), Die DDR aus generationengeschichtlicher Perspektive. Eine Inventur, Leipzig 2005.
42 Vgl. Dorothee Wierling, Geboren im Jahr Eins. Der Jahrgang 1949 in der DDR und seine historischen Erfahrungen, Berlin 2002.

3. Der Wandel traditioneller politischer Organisationen

In der Bundesrepublik wird die Politisierung der 1970/80er Jahre vor allem mit den neuen sozialen Bewegungen assoziiert. Tatsächlich zeigte sie sich jedoch in ähnlichem Maße in den traditionellen politischen Organisationen. Die »alten sozialen Bewegungen« waren in der frühen Bundesrepublik wenig aktiv gewesen, wenngleich es auch in den 1950er Jahren Massenproteste gab.[43] So lag der Organisationsgrad der Gewerkschaften und Parteien international gesehen eher im Mittelfeld, ebenso die Zahl der Streiks und die Reichweite von Demonstrationen. In Deutschland traditionell bestehende Ressentiments gegenüber Parteien und ein Vertrauen in den Staat erklären dies. In der Bundesrepublik erreichte in den 1970/80er Jahren die Beteiligung in politischen Organisationen und Protesten dagegen auch im internationalen Vergleich hohe Werte.[44]

Das galt selbst für die älteste und mitgliederstärkste Partei, die SPD. Ihr Wandel wird häufig in Analogiebildung zu ihren Kanzlern ausgemacht: Während Brandt als Sinnbild eines visionären Reformkurs bis 1973 gilt, steht Schmidt für das pragmatische Krisenmanagement.[45] Angesichts ihrer erstmaligen Regierungsverantwortung hätte man einen Rückzug in die Exekutive erwarten können. Stattdessen entfaltete sich ihr Parteileben mit großer Dynamik. Ihre Mitgliederzahl wuchs seit Mitte der 1960er Jahre in nur einem Jahrzehnt um ein Drittel, erreichte Mitte der 1970er Jahre eine Million und blieb bis zur Wiedervereinigung, trotz gewisser Verluste, auf hohem Niveau. Vor allem junge, gut ausgebildete Menschen traten ihr bei, was ihr Profil veränderte: Die Basis wurde akademischer, diskussionsfreudiger und auch stärker links eingestellt als ihre Partei-Elite. Dies führte zu permanenten Zerreißproben zwischen Parteibasis, Fraktion und Regierung. Auseinandersetzungen um den »Radikalenerlass« und die »Stamokap-Thesen« führten vor allem die Jusos, deren Vorsitzender, Klaus Uwe Benneter, 1977 sogar aus der Partei ausgeschlossen wurde.[46] Ende der 1970er Jahre mobilisierte und polarisierte auch die Friedens- und Atompolitik zunehmend die Sozialdemokraten. Dass sie sich nach dem Regierungsverlust 1982 unter Willy Brandts Vorsitz stärker auf die Friedensbewegung einließ, gab ihr wiederum den Nimbus, außenpolitisch nicht stabil zu sein.[47]

---

43 Vgl. Wolfgang Kraushaar, Die Protest-Chronik 1949–1959. Eine illustrierte Geschichte von Bewegung, Widerstand und Utopie, 4 Bde., Hamburg 1996.
44 Dieter Rucht/Roland Roth, Soziale Bewegungen und Protest – eine theoretische und empirische Bilanz, in: dies. (Hg.), Die sozialen Bewegungen in Deutschland seit 1945. Ein Handbuch, Frankfurt a. M./New York 2008, S. 644–668, hier S. 661.
45 So etwa: Bernd Faulenbach, Das sozialdemokratische Jahrzehnt. Von der Reformeuphorie zur neuen Unübersichtlichkeit. Die SPD 1969–1982, Bonn 2011.
46 Ebd., S. 631–645.
47 Jan Hansen, Making Sense of Détente. German Social Democrats and the Peace Movement in the early 1980s, in: Zeitgeschichte 40.2 (2013), S. 107–121.

Ähnlich dynamisch entwickelten sich die Gewerkschaften in der Bundesrepublik. Die Mitgliederzahl des DGB wuchs in den 1970/80er Jahren von sechs auf knapp acht Millionen an, aber noch stärker zunächst ihre Machtposition. Wie in anderen westeuropäischen Ländern kämpften sie seit Anfang der 1970er Jahre recht erfolgreich mit Arbeitsniederlegungen für höhere Löhne, die im Schnitt immerhin um rund zwölf Prozent stiegen. Ebenso kämpften die Gewerkschaften nach Kohls Regierungsbeginn hart und mit breitem Engagement gegen sozialpolitische Kürzungspläne.

Häufig wird übersehen, dass sich die Politisierung der 1970er Jahren auch im bürgerlichen Lager zeigte. Die CDU war die Partei, die in den 1970er Jahren am stärksten wuchs. Ihre Mitgliederzahl verdoppelte sich auf über 700.000, bei der CSU stieg sie um rund 70 Prozent an. Dies verweist erneut darauf, dass die 1970er Jahre nicht einfach ein »rotes Jahrzehnt« waren, sondern sich auch bei der Jugend eine konservative Mobilisierung ausmachen lässt, wenngleich diese an den Universitäten nun eine Minderheitenstellung hatte.[48] Ebenso spielten die Mitglieder nun auch eine aktivere Rolle. Beim Berliner CDU-Programm 1968 beteiligten sich bereits 30.000 Mitglieder an der Programmdiskussion und im folgenden Jahrzehnt startete die CDU in eine fünfjährige Debatte über ihr erstes Grundsatzprogramm.[49] Wie bei den Sozialdemokraten steigerte die Politisierung die Diskussionsfreude und Spannungen innerhalb der Partei: Schlüsselfragen wie die Mitbestimmung, die soziale Absicherung oder auch die Haltung zur Ostpolitik entwickelten sich dabei zu Streitthemen zwischen dem linken und konservativen Flügel sowie zwischen der liberaleren Jungen Union und der älteren Garde. Zugleich setzte in der bundesdeutschen Öffentlichkeit ein Ringen um Leitbegriffe ein, wie Freiheit und Sicherheit, Mitbestimmung und Solidarität.[50] Die SPD empfahl sich 1972 als »neue Mitte«, die CDU konterte 1975 sehr pointiert mit der »Neuen Sozialen Frage«, die die Armut von Familien, Alleinerziehenden und Alten anprangerte, die die SPD gegenüber den gewerkschaftlich organisierten Arbeitern vernachlässige. In der einst theoriefernen Union entstand nun sogar eine »Arbeitsgruppe Semantik«. Erst ab 1982, als die CDU/CSU die Regierung übernahm, verloren ihre Programmdebatten wieder an Bedeutung und die Führung wanderte wieder ins Kanzleramt.

---

48 Zum schwarzen Jahrzehnt vgl. Frank Bösch, Die Krise als Chance: Die Neuformierung der Christdemokraten in den siebziger Jahren, in: Konrad H. Jarausch (Hg.), Das Ende der Zuversicht? Die Strukturkrise der 1970er Jahre als zeithistorische Zäsur, Göttingen 2008, S. 288–301; Massimiliano Livi/Daniel Schmidt/Michael Sturm (Hg.), Die 1970er Jahre als schwarzes Jahrzehnt. Politisierung und Mobilisierung zwischen christlicher Demokratie und extremer Rechter, Frankfurt a. M. 2010.
49 Vgl. hierzu ausführlich: Frank Bösch, Macht und Machtverlust. Die Geschichte der CDU, München 2002, S. 37–44, 99–120.
50 Wolfgang Bergsdorf (Hg.), Wörter als Waffen. Sprache als Mittel der Politik, Stuttgart 1979; Thomas Mergel, Propaganda nach Hitler. Eine Kulturgeschichte des Wahlkampfs in der Bundesrepublik 1949–1990, Göttingen 2010, S. 267.

Diese dynamische Expansion in den Parteien ging mit einer Professionalisierung einher. Der Funktionär, bisher eher mit der Arbeiterbewegung vertraut, trat nun auch in den bürgerlichen Parteien als aktive Figur hervor, die lokal die Politik organisierte. In gewisser Weise war diese Professionalisierung eine Reaktion auf die Auflösung der traditionellen sozial-moralischen Milieus in den 1960er Jahren, die stärker vom ehrenamtlichen Engagement in Vereinen, Gemeinden und eben auch Parteien getragen wurden. Bildlich gesprochen: Dort wo vormals Honoratioren aus Schützen-, Gesangs- oder Kirchengemeinden das Parteiumfeld der CDU getragen hatten, übernahmen dies nun angestellte Kreisgeschäftsführer, ebenso bei der SPD als Ersatz für die zunehmend kleiner werdende Kultur der Arbeiterbewegung.

Die Politisierung der 1970er Jahre war mit einer politischen Polarisierung der bundesdeutschen Gesellschaft verbunden. Nicht nur rechts und links trafen hart aufeinander, sondern auch innerhalb der politischen Lager kam es zu erbitterten Konflikten. Die SPD spaltete sich über grundsätzliche Fragen ebenso wie die radikale Linke und die frisch gegründeten Grünen, in denen Fundis und Realos stritten. In der FDP rangen Links-, National- und Wirtschaftsliberale miteinander, und besonders nach 1969 und 1982 führte der Profilwechsel zu Abspaltungen. Die FDP-Jugendorganisation, die Jungdemokraten, die in den 1970er Jahren die Linksliberalen unterstützte, trennte sich 1982 sogar von der Mutterpartei und die neu gegründeten Jungen Liberalen (JuLi) traten an ihre Stelle. Selbst bei den gewöhnlich harmonischen Christdemokraten kämpften Eliten wie Strauß und Kohl mit harten Bandagen, rangen Konservative mit dem christlich-sozialen Flügel. Die Mehrheit der Bundesdeutschen lehnte diese politischen Kämpfe jedoch ab und bevorzugte eine Politik der Sachlichkeit.[51] Ebenso fremd blieben sie den meisten DDR-Bürgern, die diese politischen Kämpfe per Fernsehen verfolgten.

In der DDR stiegen ebenfalls die Zahl der Parteimitglieder und die Auflage der Parteipresse. Dies war jedoch in erster Linie Ausdruck der inszenierten Identität zwischen Partei und Volk, nicht einer Politisierung von unten. Die Rolle als Staatspartei sorgte für einen konstanten Zustrom aus der sozialistischen Dienstklasse. Sie stellte, so kann man grob schätzen, seit Anfang der siebziger Jahre annähernd die Hälfte der Mitglieder.[52] Zugleich betrieb der Parteiapparat eine aufwendige Mitgliederpolitik durch statistische Manipulation und gezielte Rekrutierung, mit zwei Zielen: Als Ausdruck der »Massenverbundenheit« hatte die SED in der Ära Honecker in einer gleichmäßigen, leicht aufwärts zeigenden Wellenbewegung im Rhythmus der »Aufgebote« zu den Parteitagen zu wachsen. Zu-

---

51 Mergel, Propaganda, S. 296–302.
52 Jens Gieseke, The Successive Dissolution of the »Uncivil Society«. Tracking SED Party Members in Opinion Polls and Secret Police Reports 1969–1989, in: Rüdiger Bergien/Jens Gieseke (Hg.), Communist Parties revisited, in Vorbereitung 2017; Dietrich Staritz/Siegfried Suckut, SED-Erbe und PDS-Erben, in: Deutschland Archiv (1991), S. 1038–1051.

dem wurde die Repräsentation sozialer Gruppen sorgfältig gepflegt, allen voran die »Arbeiterklasse«. Für sie war selbst in der geheimen internen Statistik ein Anteil von rund 38 Prozent festgeschrieben.[53] In ihren veröffentlichten Zahlen warf die SED hingegen Arbeiter, Funktionäre und Angestellte zusammen und kam für diese Mixtur auf Werte um die 80 Prozent. Ähnliche Regeln galten für Bauern sowie Hoch- und Fachschulabsolventen.

Inszeniert war auch die Landschaft der »Transmissionsparteien« für Christen (CDU), Bauern (DBD), Handwerker und Freiberufler (LDPD) sowie die etwas diffuse Klientel der NDPD, die ursprünglich für konvertierte Nationalsozialisten geschaffen worden war, obgleich es in der SED selbst weitaus mehr Angehörige dieser Gruppe gab. Allerdings spielte hier auch Eigensinn eine Rolle: Es gab DDR-Einwohner, die einer solchen Partei beitraten, um einer Werbung durch die SED selbst zu entgehen. Schließlich inszenierte die SED ihre vermeintliche Interessenidentität mit der Jugend, den »Werktätigen« usw., durch die (mehr oder weniger verbindliche) Mitgliedschaft im Jugendverband FDJ, dem FDGB sowie der Gesellschaft für Deutsch-Sowjetische Freundschaft.

Der Zuwachs in den Mitgliederzahlen der DDR-Organisationsgesellschaft steht also in erster Linie für verweigerten Wandel. Auskunft über den Politisierungsgrad der Mitglieder geben eher der Blick in das Parteileben sowie informell geäußerte Ansichten. Dort zeigt sich für die achtziger Jahre, dass sich die Haltungen zwischen Genossen und Nicht-Genossen immer weniger unterschieden, weil ein Großteil der Parteibasis die allgemeine Unzufriedenheit teilte.[54] Haarrisse der erstarrten Mitgliederpolitik sind seit dem XI. Parteitag 1986 zu erkennen. Ab diesem Zeitpunkt gelang es nicht mehr, die gewohnte »Aufwärtswelle« in der Rekrutierung zustande zu bringen. Erstmals stagnierten die Mitgliederzahlen und es kam zu einem kaum sichtbaren, aber im Rückblick signifikanten Rückgang. Der wirkliche Zustand der SED als Mitgliederpartei entlud sich dann ab Oktober 1989 in Massenaustritten, die sie binnen weniger Monate auf ein Zehntel ihrer Größe schrumpfen ließ.[55]

Ähnliches galt für die Parteipresse: Deren Politikteile zu lesen war im Wesentlichen wichtig und interessant für all jene DDR-Einwohner, die in ihren Berufsrollen die Parteilinie zu vertreten bzw. zu berücksichtigen hatten. Folglich waren die Abonnenten des Neuen Deutschland in erster Linie SED-Mitglieder, und die politischen Seiten wurden besonders von Leitungskadern, Lehrern oder Parteisekretären als wichtig und interessant bewertet. Der überwiegende Teil der DDR-Bevölkerung bevorzugte jene Zeitungen, die lokale Neuigkeiten

---

53 Vgl. die internen Mitgliederstatistiken der ZK-Abteilung Parteiorgane der SED, in: SAPMO-Barch, DY 30.
54 Vgl. Sabine Pannen, Montag ist Parteiversammlung! Alltag und soziale Praxis des SED-Parteilebens, in: Marcus Böick/Anja Hertel/Franziska Kuschel (Hg.), Aus einem Land vor unserer Zeit. Eine Lesereise durch die DDR-Geschichte, Berlin 2012, S. 15–24.
55 Suckut/Staritz, SED-Erbe und PDS-Erben; Gero Neugebauer/Richard Stöss, Die PDS. Geschichte. Organisation. Wähler. Konkurrenten, Opladen 1996.

vermeldeten oder ein attraktiveres Themenangebot zu Kultur und Alltagsfragen zu bieten hatten.⁵⁶

Diese Erstarrung von Parteileben und Medien war für den Wandel des Politischen, der in »1989« mündete, nicht belanglos: Das innere Engagement seiner Protagonisten für den ideologischen Kernbestand des Politikverständnisses der Partei ging verloren, und es kristallisierten sich auch unter Parteimitgliedern Gruppen von Interessenträgern heraus, die zunehmend eigene Agenden verfolgten. So deuten einige Symptome darauf hin, dass zum Beispiel die ökonomisch-technische Leitungsschicht schon seit den späten siebziger Jahren vorwiegend pragmatisch ihre Aufgaben zu lösen versuchte.⁵⁷ Spätestens ab Mitte der achtziger Jahre entwickelte ein Teil der Gesellschaftswissenschaftler und Journalisten unter den Vorzeichen von »Glasnost« ein neues Berufsverständnis und beanspruchte, zunächst intern, seine Propagandistenrolle aufzugeben und realistische Lagebilder der Republik zu zeichnen.⁵⁸ Ebenso kam es am Rande der offiziellen Organisationswelt, insbesondere im Kulturbund, zu einer Öffnung für zunächst »unpolitische« Aktivitäten, wie etwa der Heimatpflege, die diese Verbände aber ganz ihrer Transmissionsfunktion entkleidete.⁵⁹ Die Gesellschaft für Natur und Umwelt des Kulturbundes mit ihren Ortsgruppen entwickelte sich zu einer Organisation, die die Grenzen zwischen oppositionellen, kirchlichen und staatlichen Aktivisten verschwimmen ließ. Solche Grauzonen (von denen es bei genauem Hinsehen möglicherweise noch mehr gab) waren Räume, in denen neue Politikthemen und -formen erprobt werden konnten, die im Herbst 1989 sichtbar wurden. Sie fragten nicht nach den »großen Ideologien«, sondern pflegten einen pragmatischen Zugang zu Fragen wie Dorf- und Stadtteilgestaltung oder Luft- und Wasserverschmutzung; sie setzten auf dialogische und konsensorientierte Kommunikation, nicht auf Konfrontation und Machtkonkurrenz.

Eine andere »traditionelle« Großorganisation, die sich in den 1970/80er Jahren politisierte und polarisierte, waren die christlichen Kirchen. Dies war eigentlich in beiden Teilstaaten nicht zu erwarten gewesen. Nachdem die Kirchen in der DDR auch im Zuge ihrer Repression bereits seit Ende der 1950er Jahre stark an Mitgliedern verloren hatten, nahmen in der Bundesrepublik die Aus-

---

56 Burghard Ciesla/Dirk Külow, Zwischen den Zeilen. Geschichte der Zeitung »Neues Deutschland«, Berlin 2009, S. 164 f.; Vgl. Michael Meyen/Anke Fiedler, Wer jung ist, liest die Junge Welt. Die Geschichte der auflagenstärksten DDR-Zeitung, Berlin 2013.
57 Zum Beispiel: MfS, Information über Vervielfältigung und Verbreitung die gesellschaftlichen Verhältnisse in der DDR diskriminierender Texte, 21.12.1978; BStU, ZA, ZAIG 4131, siehe o.A., »DDR: Leere Regale vor Weihnachten«, in: Der Spiegel 51/1978, 18.12.1978.
58 Vgl. pars pro toto für die Sektion Journalistik der Karl-Marx-Universität Leipzig und das SED-Bezirksorgan »Berliner Zeitung«: ZAIG, Hinweise über beachtenswerte Reaktionen zur Medienpolitik der DDR, 13.1.1986; BStU, ZA, ZAIG 4202, Bl. 2–5.
59 Jan Palmowski, Inventing a Socialist Nation – Heimat and the Politics of Everyday Life in the GDR, 1945–1990, Cambridge 2009.

tritte ein Jahrzehnt später deutlich zu und besonders die katholische Kirche stand im Mittelpunkt öffentlicher Kritik.[60] Zeitgleich erhielten bereits Ende der 1960er kleinere politische Gruppen eine größere öffentliche Aufmerksamkeit, etwa die protestierenden jungen Christen auf dem Katholikentag in Essen 1968 oder die »politischen Nachtgebete« der evangelischen Theologin Dorothee Sölle.[61] Anfang der 1970er Jahre kam es zu einer doppelten politischen Mobilisierung. Einerseits formierten sich eher konservative Gruppen gegen den neuen linksliberalen Zeitgeist. Insbesondere die sozialliberalen Reformen in der Familienpolitik und zum Schwangerschaftsabbruch führten dazu, dass sich die Kirchen mit Millionen von Flugblättern, zahllosen scharfen öffentlichen Stellungnahmen und auch Straßenprotesten gegen die Regierungspolitik stellten.[62] Diese Frontstellung mündete bei der katholischen Kirche in einen Hirtenbrief zur Bundestagswahl 1980, der auch die Staatsverschuldung der sozialliberalen Regierung anprangerte. Andererseits engagierten sich viele Christen und einige Geistliche seit Ende der 1970er Jahre in der Friedensbewegung. Die Katholikentage und evangelischen Kirchentage, die in den 1970er Jahren fast bedeutungslos klein geworden waren, erhielten in diesem Fahrwasser ein neues Gesicht und gewaltigen Zulauf. Die Evangelischen Kirchentage in Hamburg (1981) und Hannover (1983) ähnelten teilweise Friedensdemonstrationen.[63]

In der DDR der siebziger Jahre war eine Politisierung zunächst das Letzte, was die Kirchen wollten. Sie versuchten vielmehr die scharfe Konfrontation der fünfziger Jahre endgültig hinter sich zu lassen, was aber nur teilweise gelang. So hielt die SED daran fest, dass z.B. Pfarrerskinder für den Lehrerberuf und andere ideologisch relevante Positionen ungeeignet waren. Die katholische Kirche beschränkte sich dann weitgehend auf ihre religiöse Rolle, während die evangelischen Kirchen mit der Losung von der »Kirche im Sozialismus« einen modus vivendi anstrebte, der dem loyalen landeskirchlichen Traditionsverständnis seit der Reformation entsprach.

Trotzdem kam den Kirchen in mehrerlei Hinsicht eine essentielle Rolle in der Vorgeschichte der demokratischen Revolution zu. Bei ihnen handelte es sich um die einzigen geduldeten gesellschaftlichen Großorganisationen außerhalb des Gefüges des demokratischen Zentralismus. Die SED versuchte nach Kräften, diese relative Unabhängigkeit durch subkutane Einflussnahmen ihrer Geheimpolizei zu unterminieren, aber das gelang ihr nur teilweise. Gerade junge

---

60 Nicolai Hannig, Die Religion der Öffentlichkeit. Kirche, Religion und Medien in der Bundesrepublik 1945–1980, Göttingen 2010.
61 Thomas Großbölting, Der verlorene Himmel. Glaube in Deutschland seit 1945, Göttingen 2013, S. 137–147.
62 Jana Ebeling, Religiöser Straßenprotest? Medien und Kirchen im Streit um den § 218 in den 1970er Jahren, in: Frank Bösch/Lucian Hölscher (Hg.), Jenseits der Kirche. Die Öffnung religiöser Räume seit 1945, Göttingen 2013, S. 253–284.
63 Zur Rolle der Kirche: Siegfried Hermle/Claudia Lepp/Harry Oelke (Hg.), Umbrüche. Der deutsche Protestantismus und die sozialen Bewegungen in den 1960er und 70er Jahren, Göttingen 2007.

Leute zogen die Kirchengemeinden mit ihren geistigen Freiräumen an, sofern Pfarrer und Diakone dies zuließen und förderten. Vor allem von dort aus nahm die bürgerrechtliche Opposition der achtziger Jahre ihren Lauf. Zum zweiten waren die Synoden und andere Versammlungen Einübungsorte für demokratische Verfahren, was ihre Mitglieder und Amtsträger im Herbst 1989 zu gefragten Personen werden ließ. Und drittens schließlich hatten die Kirchen eine Brückenfunktion nach Westdeutschland. Das System der Partnergemeinden stellte eine funktionierende Vernetzung an der Basis sicher, und oft mussten die Kirchen für heikle politische und humanitäre Missionen wie den Freikauf politischer Häftlinge einspringen.

Neu herausgefordert wurden schließlich die Staatsführungen und Parlamente seit den späten 1960er Jahren. Im Westen veränderte sich ihre Responsivität, also ihre Reaktion auf gesellschaftliche Forderungen, durch den Wandel der Öffentlichkeit. Erstens mussten sie nun permanent auf interne und öffentliche Meinungsumfragen reagieren, die den repräsentativen Willen der Bevölkerung darzustellen schienen. Meinungsumfragen im Partei- und Regierungsauftrag gab es zwar seit den späten 1940er Jahren, aber nun erst kursierten sie regelmäßig öffentlich als politische Argumente.[64] Zweitens spielten die Medien nun eine veränderte Rolle: Ihre Inhalte und das Engagement der Journalisten wurde politischer, und mit der Vollverbreitung des Fernsehens wurde die Politik unmittelbar visuell präsentiert, was zugleich die politische Kommunikation veränderte. Drittens mussten sie zunehmend auf große Protestveranstaltungen und Organisationen reagieren, die die politische Agenda prägten.[65] Und viertens forderten Experten die Politiker stärker öffentlich heraus, die sich gerade bei komplexen Entscheidungen wie der Atompolitik vielstimmig positionierten. Wenngleich Politik auch vorher nie im Arkanum der Macht stattfand, war der Druck, auf die politischen Anliegen in der Öffentlichkeit zu reagieren, damit deutlich höher als zuvor.

In der DDR fand eine derartige Veränderung nicht statt, da weder freie Äußerungen in den Medien, durch Proteste oder Experten möglich waren noch Meinungsumfragen kursierten. Warnungen von Experten oder Befragungen lassen sich vielmehr nur punktuell und intern ausmachen. Dennoch lässt sich argumentieren, dass auch der SED unter Honecker eine verstärkte Responsivität abverlangt wurde. Dies förderten etwa die westdeutschen Fernsehberichte, die seit der Akkreditierung von Journalisten in Ost-Berlin 1973 auch unmittelbarer die DDR zeigten, aber auch Honeckers Politikprogramm, das ja auf Legitimitätsgewinne und Stabilität durch Verbesserungen der Lebensbedingungen setzte.

---

64 Anja Kruke, Demoskopie in der Bundesrepublik Deutschland. Meinungsforschung, Parteien und Medien 1949–1990, Düsseldorf 2007.
65 Andreas Wirsching, Abschied vom Provisorium. Die Geschichte der Bundesrepublik Deutschland 1982–1989/90, München 2006, S. 98 f.

Im Unterschied zu Polen, Ungarn und selbst der Sowjetunion entwickelte die SED-Führung keinen produktiven Umgang mit Chancen und Notwendigkeit der Responsivität.[66] Sie hatte offenbar ein so genaues Bild von der Fragilität ihrer Herrschaft, dass sie jedes Risiko politischen Wandels mied. Stattdessen versuchte sie ihr bisheriges Regime zu perfektionieren und durch »Wohltaten« auf den Gebieten des Konsums und der Sozialpolitik für die wichtigsten Klientelgruppen Stabilität zu sichern.

Die in den sechziger Jahren geschaffenen bzw. reformierten Instrumente der (durchweg nicht-öffentlichen) Politikberatung der DDR und die Expertisekanäle insbesondere aus der Wirtschaft wurden systematisch abgebaut bzw. in die Rolle bloßer Akklamation gedrängt. Dies gilt für die Berichterstattung des Parteiapparates sowie des FDGB über Haltungen der Bevölkerung und die »Durchführung der Beschlüsse« vor Ort, sowie die ökonomische Berichterstattung der Planbürokratie.[67] Das 1963 als Korrektiv für ein »wissenschaftlich-exaktes Bild« zur Einschätzung von »Massenstimmungen« geschaffene Institut für Meinungsforschung des Politbüros wurde von Anfang an in seiner Arbeit massiv eingeschränkt und 1979 auf Anordnung Honeckers aufgelöst.[68] Andere Institute überwinterten ohne Einfluss, wie das Zentralinstitut für Jugendforschung.[69]

Parallel dazu analysierte das Ministerium für Staatssicherheit regelmäßig »Reaktionen der Bevölkerung«, doch auch dieser Kanal wurde 1972 nach einem Bericht über die begeisterten Reaktionen der Ostdeutschen auf die Wiederwahl der Regierung Brandt als Informationsquelle der Politbüromitglieder geschlossen.[70] Alle diese Einrichtungen der Politikberatung hatten nach den Spielregeln des kommunistischen Systems funktioniert: sie teilten mit der Parteiführung die Überzeugung, dass der überwiegende Teil der DDR-Bevölkerung sich in generellem Einklang mit der politischen Führung sah oder jedenfalls die Partei das

---

66 Zur Funktion von Berichtskanälen in kommunistischen Regimen: Martin Dimitrov, Understanding Communist Collapse and Resilience, in: ders. (Hg.), Why Communism Did Not Collapse. Understanding Authoritarian Regime Resilience in Asia and Europe, Cambridge 2013, S. 3–39, hier S. 6f.
67 Mark Allinson, Politics and Popular Opinion in East Germany 1945–1968, Manchester 2000; Patrick Major, »Mit Panzern kann man doch nicht für den Frieden sein«. Die Stimmung der DDR-Bevölkerung zum Bau der Berliner Mauer am 13. August 1961 im Spiegel der Parteiberichte der SED, in: Jahrbuch für Historische Kommunismusforschung (1995), S. 208–223.
68 Zitiert in: Heinz Niemann, Meinungsforschung in der DDR. Die geheimen Berichte des Instituts für Meinungsforschung an das Politbüro der SED, Köln 1993, S. 17.
69 Zum Rundfunk: Brigitte Hausstein, Die soziologische Hörer- und Zuschauerforschung in der DDR, in: Info 7: Information und Dokumentation in Archiven, Mediotheken, Datenbanken, 23.1 (2008), S. 67–73; Walter Friedrich/Peter Förster/Kurt Starke (Hg.), Das Zentralinstitut für Jugendforschung Leipzig 1966–1990. Geschichte, Methoden, Erkenntnisse, Berlin 1999.
70 Vgl. die Online-Edition: Daniela Münkel (Hg.), Die DDR im Blick der Stasi. Die geheimen Berichte der SED-Führung 1953–1989, URL: http://www.ddr-im-blick.de. Vgl. Gieseke, Bevölkerungsstimmungen.

Recht hätte, von dieser Prämisse aus objektiver Notwendigkeit auszugehen. Aber selbst systemimmanente Korrekturfunktionen ließen Honecker und seine engsten Partner unterbinden.

Da die unkontrollierten Einflüsse aus dem Westen und aus der Gesellschaft nicht weniger wurden, entwickelte das Regime ein Set von politischen Verhaltenstechniken gleichsam unfreiwilliger Responsivität. Es formulierte ständig Antworten auf westliche Medienberichte und erkannte damit deren Präsenz im subkutanen »nicht-öffentlichen« Meinungsdiskurs an. In der Verfolgungspraxis nahm es immer mehr Rücksicht auf antizipierte negative Resonanz im Westen und gab damit faktisch dessen Maßstäben Raum. Wie alle sozialistischen Regime suchte die SED zudem nach Ersatzlegitimationen. Da der Nationalismus, wie er in Polen und anderen Bruderländern schon seit 1957 dominant war,[71] im DDR-Fall offenkundig keine oder sogar negative Effekte auslöste, versuchte die SED schließlich Heimatgefühl und Regionalbewusstsein zu aktivieren. Diese Stoßrichtung war erfolgreicher, konnte aber das grundsätzliche Legitimationsdefizit nicht beheben. Wirklich ertragreich war diese Strategie erst für die SED-Nachfolgepartei PDS als ostalgischer Regionalpartei nach 1990.

Diese Prozesse in der DDR ordnen sich ein in den seit Ende der 1970er Jahre schwindenden Glauben an die beiden großen Ideologien des Kalten Kriegs, wodurch neue Visionen und Ängste Raum erhielten. In diesem Kontext wurde etwa der Bedeutungsgewinn der Menschenrechte als »letzte Utopie« (Samuel Moyn) angeführt und die damit einhergehende starke moralische Grundierung des Politischen.[72] Für Menschenrechte einzutreten, verband im Westen antikommunistische, christliche und linke Gruppen, wenngleich sie oft unterschiedliche Länder im Blick hatten: die einen den Sozialismus, die anderen Chile oder Südafrika. In Osteuropa kamen überall Gruppen auf, die von westlicher Unterstützung profitierten und so dazu beitrugen, die Autorität der Machteliten zu untergraben und Ost-West-Kontakte aufzubauen.[73]

Mit dieser Moralpolitik verbunden waren die Forderung nach mehr Transparenz und die Offenlegung von persönlichen Verfehlungen von Politikern. Besonders die zunehmende visuelle Beobachtung durch Kameras, der investigative Journalismus und die gesteigerten Erwartungen an die Demokratie trugen zu dieser Moralisierung der Politik bei. Entsprechend nahmen Skandale und Rücktritte zu – etwa wegen Parteispenden und Verdacht auf Bestechlichkeit (Lambsdorff), Machtmissbrauch (Barschel) oder den Umgang mit der eigenen NS-Vergangenheit (Filbinger). Es muss hier offenbleiben, ob es in der DDR einen vergleichbaren Trend zur »Moralisierung« gab, sei es als Eigengewächs

---

71 Marcin Zaremba, Im nationalen Gewande. Strategien kommunistischer Herrschaftslegitimation in Polen 1944–1980, Osnabrück 2011.
72 Samuel Moyn, The Last Utopia. Human Rights in History, Cambridge 2010.
73 Sarah B. Snyder, Human Rights Activism and the End of the Cold War. A Transnational History of the Helsinki Network, Cambridge 2011; Christian Peterson, Globalizing Human Rights. Private Citizens, the Soviet Union, and the West, New York 2011.

der ostdeutschen politischen Kultur, sei es durch Adaption der westdeutschen Maßstäbe. Im Alltagsgespräch seit den Anfängen der SED-Diktatur präsent war der »Privilegien«-Diskurs. Er gipfelte schließlich in der berühmten Reportage des DDR-Jugendfernsehens Elf99 vom 24. November 1989, in der sich ein Kamerateam in der Politbürosiedlung Wandlitz ein Bild von dem dort herrschenden Lebensstandard zu machen versuchte.[74]

4. Neuer Protest in Ost und West

Wie stand es also um das markanteste Kennzeichen der Politisierung der 1970/80er Jahre im Westen: die Proteste der neuen sozialen Bewegungen und ihre – scheinbaren oder tatsächlichen – Pendants im Osten? Die Protestbewegungen waren häufig grenzübergreifende Netzwerke, die sich von West nach Ost ausbreiteten. Umweltproteste kamen etwa zunächst in den USA und Frankreich Anfang der 1970er Jahre auf, die dann besonders am Rhein in gemeinsamen Aktionen mündeten. Umgekehrt wanderten auch Protestformen in der Bundesrepublik wieder ins Ausland, etwa die Bauplatzbesetzung beim geplanten AKW in Wyhl 1975.[75] Vor allem die Friedensbewegung sowie die Anti-AKW-Bewegung erreichten in Westdeutschland auch im internationalen Vergleich eine immense Beteiligung.[76] Diese »Neuen Sozialen Bewegungen« werden in der umfangreichen Fachliteratur als ein längerfristig »mobilisierender kollektiver Akteur« oder als Netzwerke sozialer Gruppen mit einer kollektiven Identität gefasst, die einen sozialen Wandel herbeiführen oder verhindern wollen.[77] Sie lassen sich dabei als »kommunikative Netzwerke« bezeichnen, da sie vor allem auf ein Agenda-Setting und eine Beeinflussung der Öffentlichkeit abzielen, aber aufgrund ihrer lockeren Vernetzung zugleich permanent nach innen kommunizieren.[78]

Um 1980 entstanden auch in der DDR entsprechende Protestgruppen, zunächst vor allem in der Friedensbewegung, dann auch zu Umweltfragen. Wenngleich sie sehr klein waren, waren sie für die SED und den Westen nicht minder sichtbar und durchaus mit der westlichen Bewegung verbunden. Für die DDR ist zunächst eine charakteristische Parallelbewegung zur Bundesrepublik zu erkennen:

---

74 Elf99 Spezial: Einzug in das Paradies, 24.11.1989, URL: http://www.youtube.com/watch?v=YCXAKksTXTE.
75 Vgl. Jens Ivo Engels, Naturpolitik in der Bundesrepublik. Ideenwelt und politische Verhaltensstile in Naturschutz und Umweltbewegung 1950–1980, Paderborn 2006.
76 Vergleichend: Felix Kolb, Protest and Opportunities – The Political Outcomes of Social Movements, Frankfurt a. M. 2007, S. 205.
77 Joachim Raschke, Zum Begriff der Sozialen Bewegung, in: Roland Roth/Dieter Rucht (Hg.), Neue Soziale Bewegungen in der Bundesrepublik, Bonn 1991, S. 31–39, hier S. 32.
78 Frank Bösch, Kommunikative Netzwerke. Zur globalen Formierung sozialer Bewegungen am Beispiel der Anti-Atomkraftproteste, in: Jürgen Mittag/Helke Stadtland (Hg.), Theoretische Ansätze und Konzepte der Forschung über soziale Bewegungen in der Geschichtswissenschaft, Essen 2014, S. 149–166.

Im Unterschied etwa zur ČSSR waren die Leitfiguren der Dissidenz (wie Robert Havemann, Wolf Biermann oder Rudolf Bahro) marxistische Reformkommunisten, die mit den westdeutschen Partnern der Neuen Linken und den Theoretikern des westlichen Marxismus verbunden waren. Und wie dort kam es seit der zweiten Hälfte der siebziger Jahre zu einer programmatischen Verschiebung: Marxismus und überhaupt die Fundierung in der Gesellschaftstheorie verschwanden zunehmend zugunsten einer programmatisch uneindeutigen Mischung aus Militarisierungskritik, Basisdemokratie, ökologischer Zivilisationskritik und vor allem einer anti-totalitären Ethik der Verweigerung gegenüber den Konsens- und Partizipationszwängen der kommunistischen Regime. Diesem wollte man ein »Leben in der Wahrheit« (Václav Havel) entgegensetzen. Gemeinsam war ihnen die Entfremdungskritik an den modernen Industriegesellschaften, verbunden mit der Suche nach einer »authentischen« Lebenshaltung. Personifiziert wurde diese Verwandtschaft etwa durch den inneren Gleichklang der Gesinnungsethikerinnen Petra Kelly und Bärbel Bohley, deren politische Schicksale zugleich für die Grenzen eines solchen Politikverständnisses stehen, das dem Streben nach Macht, aber auch dem Eingehen von Kompromissen distanziert gegenüberstand.[79]

Umstritten ist gleichwohl, ob der Begriff »Neue Soziale Bewegungen« auch für die deutlich kleinere Gegenkultur in der DDR angemessen ist. Vor dem Mauerfall trat etwa Hubertus Knabe für eine Übertragung des Begriffs auf die DDR ein, da soziokulturelle Ähnlichkeiten überwögen.[80] Kritiker entgegneten, dass sich in Ostdeutschland kaum eine Abgrenzung zu alten Protestbewegungen ziehen lasse und Protest in einer Diktatur eine ganz andere Form und Bedeutung habe.[81] Ohnehin stehen alle Überlegungen zu dieser Frage unter dem Vorbehalt, dass jeder Protest in der DDR, gleich zu welchem Thema, ob gewollt oder nicht, zugleich ein Protest gegen das Verbot zu protestieren war und damit das System auf einer zweiten Ebene in Frage stellte. Dennoch lassen sich über die Vernetzung hinaus systemübergreifende Gemeinsamkeiten in Ost- und Westdeutschland ausmachen: Die Protestgruppen waren meist lokal orientiert und locker vernetzt; sie schlossen sich temporär zusammen, aber mit nachhaltigen moralischen Zielen, die einen gesellschaftlichen Wandel anstrebten, nicht aber persönliche materielle Interessen. Getragen wurden sie stärker von der jüngeren Generation, mehr von Akademikern als Arbeitern, mit einem höheren Frauenanteil. Zudem pflegten sie in beiden Teilen Deutschlands oft einen alternativen Lebensstil, der sich auch habituell abgrenzte und allein dadurch die Bewegung selbst zur Botschaft machte.

Kommunistische Gruppen blieben hingegen im Westen fluide Kleingruppen. Diese »K-Gruppen« waren hierarchisch organisiert, dogmatisch und grenzten

---

79 Bärbel Bohley, Englisches Tagebuch 1988, Berlin 2011; Richter, Die Aktivistin.
80 Hubertus Knabe, Neue soziale Bewegungen im Sozialismus. Zur Genesis alternativer Orientierungen in der DDR, in: Kölner Zeitschrift für Soziologie und Sozialpsychologie 40.3 (1988), S. 551–569.
81 So etwa: Gareth Dale, Popular Protest in East Germany, 1945–1989, New York 2005, S. 112 f.

sich auch habituell vom linksalternativen Hippie-Lebensstil ab. Ihren Höchststand erreichten sie 1977 mit rund 20.000 Mitgliedern, die dann nach Maos Tod und dem RAF-Terrorismus in noch kleinere Splittergruppen zerfielen.[82] Auch die »Deutsche Kommunistische Partei« (DKP) erreichte trotz der massiven finanziellen Unterstützung aus der DDR bei Bundestagswahlen nie mehr als 0,3 Prozent der Zweitstimmen. Dennoch erhielten die Kommunisten im Westen durch den Kalten Krieg und den Terrorismus eine überproportional große Aufmerksamkeit. Insbesondere der sogenannte »Radikalenerlass« von 1972, der Verfassungstreue für eine Einstellung im öffentlichen Dienst und damit vielen Hochschulabsolventen eine Überprüfung abverlangte, rückte den Status von kommunistischen Mitgliedschaften ins Zentrum der Debatte.

Das weltanschauliche Spektrum bei den Sozialen Bewegungen war jedoch deutlich breiter. Angespornt wurden ihre Proteste durch externe Ereignisse, die in Ost und West mobilisierten: Die Nachrüstung im Rahmen des Nato-Doppelbeschlusses 1979 und die Einführung des Wehrkunde-Unterrichts an den DDR-Schulen im Jahr zuvor gaben der Friedensbewegung einen starken Anstoß, ebenso der Bau von Kernkraftwerken und AKW-Unfälle wie nahe Harrisburg 1979 und Tschernobyl 1986, deren Folgen ebenfalls nicht an der Mauer haltmachten. Diese Ängste und Proteste zeigten in beiden Teilen Deutschlands, dass generell der Glaube an eine bessere Zukunft schwand. Im Westen formierten sich zudem seit Beginn der 1970er Jahre viele lokale Gruppen und Bürgerinitiativen, die nun dank ihrer alternativen Presse und Flugblattkultur für bundesweite Großdemonstrationen mobilisierbar waren.

In keinem anderen Politikfeld war die Oppositionsbewegung in Ost- und Westdeutschland so breit wie beim Einsatz für den Frieden. Die Friedensbewegung bildete ein Dach für unterschiedliche Initiativen und Strömungen: Christen, Sozialdemokraten, Linksalternative und Kommunisten fanden sich hier bei den Aktionen zusammen. Ebenso schlug die Friedensbewegung Brücken zwischen Ost und West, weshalb einige Studien ihren Beitrag zur Beendigung des Kalten Kriegs hervorhoben.[83] Zugleich belegt die breite, millionenfache Unterstützung der Friedensbewegung, wie viele Menschen einen Ausgleich in der Ost-West-Konfrontation suchten und, ähnlich wie bei der Atomkraft und Entwicklungshilfe, die Idee der »Einen-Welt« entwickelte. Vielfältig diskutiert wurde, in welchem Maße die Staatssicherheit der DDR die westdeutsche Friedensbewegung beeinflusst oder gar gelenkt habe.[84] Unstrittig ist, dass die SED und das

---

82 Daten nach: Reichardt, Authentizität, S. 11.
83 Den Einfluss der Friedensbewegung auf die UdSSR betonte: Matthew Evangelista, Unarmed Forces. The Transnational Movement to End the Cold War, Ithaka 1999.
84 Vgl. bilanzierend: Helge Heidemeyer, Nato-Doppelbeschluss, westdeutsche Friedensbewegung und der Einfluss der DDR, in: Philipp Gassert/Tim Geiger/Hermann Wentker (Hg.), Zweiter Kalter Krieg und Friedensbewegung. Der NATO-Doppelbeschluss in deutsch-deutscher und internationaler Perspektive, München 2011, S. 247–268. Als Kritik: Holger Nehring/Benjamin Ziemann, Do All Paths Lead to Moscow? The NATO Dual-Track Decision and the Peace Movement – A Critique, in: Cold War History 12.1 (2012), S. 1–24.

MfS das moskautreue Komitee für Frieden, Abrüstung und Zusammenarbeit (KOFAZ)-Spektrum der Friedensbewegung unterstützte, etwa unter den Initiatoren des Krefelder Appells. Ebenso klar ist, dass eine derartige Massenbewegung in ihrer Pluralität nicht durch einen Geheimdienst steuerbar war und keineswegs im Geiste der SED gegen die Aufrüstung und für eine pazifistische Haltung eintrat. Vielmehr zeigte sich rasch, dass die Friedensbewegung den Militarismus der SED herausforderte.

Jenseits der Fantasien über die Manipulationsmacht kommunistischer Fünfter Kolonnen lohnt der Blick auf die Friedensbewegung als Ort der Verflechtung: Zum einen trafen die Fragen der Friedenssicherung und des Rüstungswettlaufs einen Nerv in der ostdeutschen Bevölkerung. Bei den Älteren steckte dahinter die lebendige Erinnerung an die Schrecken des Zweiten Weltkrieges, bei den Jüngeren die Abneigung gegen die massive Sozialdisziplinierung durch den Wehrdienst sowie das Bedürfnis nach einem Dialog in der internationalen Politik. Insofern konnte die SED auf eine gewisse Anerkennung rechnen, sofern sie nicht nur den »Frieden« unablässig beschwor, sondern tatsächlich Spannungen abbaute. Und auch die Opposition hatte hier Chancen auf eine Verbreiterung ihrer gesellschaftlichen Basis mit einer starken Resonanz in kirchlichen Jugendgruppen. Erstmals nach sehr langer Zeit fanden sich wieder DDR-Bürger zu Kollektiveingaben mit insgesamt mehreren tausend Unterschriften zusammen, um nach der Pershing-II-Stationierung den Warschauer Pakt von einer weiteren Nachrüstung abzuhalten.[85]

Das Thema Umweltschutz rangierte in der DDR nicht ganz oben auf der Agenda organisierten Protestes, war aber für den Wandel der 1980er Jahre wichtig, weil es viele Menschen unausweichlich betraf, und weil es nicht so konsequent kriminalisiert wurde. Die allgegenwärtige massive Luftverschmutzung mobilisierte auch »gewöhnliche« DDR-Einwohner. Die Folgen etwa der Chemieproduktion in der Region Halle-Bitterfeld waren so unübersehbar, dass sich auf diesem Feld erste Ansätze für Allianzen zwischen örtlichen Funktionären, Naturwissenschaftlern und engagierten Bürgern bildeten. So kam es hier zu den ersten Kooperationen zwischen kirchlichen und staatlichen Organisationen wie der Gesellschaft für Natur und Umwelt des Kulturbundes. All dies geschah im kleinen Raum, fand so gut wie keinen Niederschlag in der DDR-Medienöffentlichkeit und hielt die Geheimpolizei doch nicht davon ab, Aktivisten zu verfolgen. Trotzdem war es für das Politikverständnis der »1989er« vor Ort von essentieller Bedeutung und schlug sich in der Tradition der Dialogforen und Runden Tische nieder.[86]

Besonders groß waren die Unterschiede zwischen Ost- und Westdeutschland in der Frauenbewegung. Auch in den 1970er Jahren blieb die politische Macht in der Bundesrepublik unverändert in Männerhand: Im Bundestag saßen nur ma-

---

85 Vgl. Gieseke, Whom did the East Germans Trust in the Cold War?
86 Kerstin Engelhardt/Norbert Reichling (Hg.), Eigensinn in der DDR-Provinz. Vier Lokalstudien zu Nonkonformität und Opposition, Schwalbach/Ts. 2011.

ximal sieben Prozent Frauen und in allen Kabinetten von Brandt und Schmidt gab es nur eine einzige Frau, die stets nur das Familienministerium bekam. Ähnlich sah es in der DDR aus, die aufgrund der hohen Berufstätigkeit von Frauen sich als Paradies der Gleichberechtigung anpries: Auch hier waren die Schaltstellen der Macht in Männerhand. Im Westen bildeten sich innerhalb der Linken in den 1970er Jahren vielfältige feministische Gruppen, die sich auch gegen ihre Ausgrenzung im eigenen Lager richteten. Ihr Erfolg war zumindest mittel- bis langfristig relativ hoch: Die Etablierung von Frauenhäusern und Frauenquoten und die Sensibilisierung für sexistische Diskriminierung zählen dazu. Vergleichbare Gruppen und Bewegungen entstanden in der DDR kaum, allenfalls im Rahmen der Friedensbewegung. Zudem versuchte sich die SED in den 1970er Jahren als Vorbild bei offiziellen Kongressen in die globale Frauenbewegung einzuschreiben.[87]

Eine auf Emanzipation angelegte Frauenbewegung gab es in der DDR nicht. Denn mehrheitlich nahmen Frauen sich hier als gleichberechtigt wahr, obwohl die hohe Berufstätigkeit sie keineswegs vor Lohndifferenzen, ungleich verteilter Hausarbeit und klaren Rollenzuweisungen schützte.[88] Alle Unternehmungen, die auf eine grundsätzlichere Kritik der Geschlechterverhältnisse abzielten, wie 1989 die Gründung des Unabhängigen Frauenverbandes durch einige reformsozialistische Frauenforscherinnen, erwiesen sich als kurzlebig.[89] Gesellschaftliche Wirkung hatte allerdings der literarische Feminismus, repräsentiert durch Werke wie Maxie Wanders »Guten Morgen, Du Schöne« und vor allem Christa Wolfs »Kassandra«. Sie plädierten jenseits des Kollektivismus für eine individualistische Identitäts- und Rollensuche (auch) von Frauen.[90]

Die Protestbewegungen führten in Ost und West zu einer Debatte über den Einsatz staatlicher und gesellschaftlicher Gewalt. Seit der 68er-Bewegung war in der westdeutschen Linken die Gewaltfrage ein zentrales Thema.[91] Der Terrorismus verschärfte und verkomplizierte sie in den 1970er Jahren, da der bundesdeutsche Staat nun einerseits als zu schwach und versagend angesehen wurde, andererseits als übermächtig im Gewalteinsatz. Die doppelte Gewalteskalation 1977, sowohl durch den Terrorismus als auch bei Anti-AKW-Demonstrationen wie in Brokdorf, führte auf beiden Seiten zu einem Überdenken der Gewaltspirale. In der Linken verloren gewaltbereite Demonstranten und Terroristen stark an Sympathie, umgekehrt setzte die Polizei in den 1980er Jahren stärker

---

87 Celia Donert, Whose Utopia? Gender, Ideology and Human Rights at the 1975 World Congress of Women in East Berlin, in: Jan Eckel/Samuel Moyn (Hg.), The Breakthrough. Human Rights in the 1970s, Philadelphia 2013, S. 68–87.
88 Ursula Schröter, Abbruch eines Aufbruchs. Zur Frauenpolitik in der DDR, in: Das Argument 56.3 (2014), S. 376–386, hier S. 376.
89 Gislinde Schwarz/Christine Zenner (Hg.), Wir wollen mehr als ein »Vaterland«. DDR-Frauen im Aufbruch, Reinbek 1990.
90 Christa Wolf, Voraussetzungen einer Erzählung: Kassandra. Frankfurter Poetik-Vorlesungen, Neuwied 1984.
91 Karrin Hanshew, Terror and Democracy in West Germany, Cambridge 2012.

auf deeskalierende Maßnahmen. Doch unverhältnismäßige Einsätze, wie das Einkesseln von Kernkraftgegnern in Hamburg 1986, wurden skandalisiert und als rechtswidrig erklärt.[92] Kennzeichnend für die frisch aufblühende Friedensbewegung und die grüne Politik war gerade, dass sie Gewalt auf beiden Seiten explizit verurteilten.

In der DDR blieb die Gewalt der Kern des offiziellen Politikverständnisses. Die SED grenzte zwar die Willkür seit den 1950er Jahren ein und schuf an ihrer Stelle einen (selbst im Ostblock solitären) präventiven Überwachungsstaat.[93] Trotzdem gab sie ihr entgrenztes Verständnis des staatlichen Gewaltmonopols nicht ganz auf. Das Blutvergießen galt weiterhin als legitim, wurde jedoch immer weiter verkapselt: Die Unterstützung des westdeutschen und arabischen Terrorismus, ebenso Mordanschläge gegen Fluchthelfer geschahen geheim. Nur bei den Schüssen an der Mauer ließ sich Publizität nicht ausschließen, doch dieses Feld war für die SED zu existenziell, um es zu räumen. Die Zugeständnisse der SED an die Zivilisierung politischer Konflikte führte zu der merkwürdigen Situation, dass im Herbst 1989 die Furcht der Demonstranten vor einer »chinesischen Lösung« ebenso präsent war wie ein Gefühl, dass schon relativ zurückhaltende Schlagstockeinsätze der Volkspolizei als Kontrast zu deren propagierter »Volksnähe« für Empörung sorgten. In der Opposition war kollektive Gewalt dagegen bereits seit der zweiten Hälfte der fünfziger Jahre als aussichtslos ad acta gelegt worden.

Der Wandel der politischen Kultur erschöpfte sich in den 1970/80er Jahren jedoch nicht in expliziten Protesten und formellen politischen Gruppen. Charakteristisch wurde, besonders im Westen, aber auch in einzelnen Stadtteilen im Osten, die Ausbildung einer politischen Distinktion durch Lebensstile. Dafür stand besonders das linksalternative Milieu, das in den 1970er Jahren in den Altbauvierteln der Universitäts- und Großstädte seine eigene Lebenswelt ausbaute. Der harte Kern dieser Gesinnungsgemeinschaft wurde um 1980 auf rund eine halbe Million Aktivisten geschätzt, sein weiterer Sympathisantenbereich auf 5,6 Millionen. Kennzeichnend war eine Entgrenzung und Subjektivierung des Politischen: Statt politischer Theorie rückte bei ihnen die persönliche Erfahrung eines linksalternativen Lebens in den Vordergrund, das sich durch Empathie und Selbstfindung, durch Authentizität und Gemeinschaft auszeichnete.[94] Lebensstil und Habitus markierten eine politische Abgrenzung. Ähnlich wie bei den Sozialdemokraten und Katholiken im späten 19. Jahrhundert entstand in den bundesdeutschen Universitäts- und Großstädten ein Milieu mit einer eigenen linksalternativen Infrastruktur, eigenen Wohnformen (WGs), ökologischen

---

92 Vgl. hierzu: Holger Nehring, The Era of Non-Violence: »Terrorism« and the Emergence of Conceptions of Non-Violent Statehood in Western Europe, 1967–1983, in: European Review of History 14.3 (2007), S. 343–371.
93 Stephan Scheiper, Innere Sicherheit. Politische Anti-Terror-Konzepte in der Bundesrepublik Deutschland während der 1970er Jahre, Paderborn 2010.
94 Vgl. hierzu Reichardt, Authentizität, S. 13.

Geschäften, »roten Buchläden«, Kinderläden und einer eigenen Presse. Diese Szene wurde um 1980 ergänzt durch eine vielfältige Jugendkultur, die sich teilweise bewusst davon abgrenzte. Das galt für Punks, die gerade in der Frühphase auch die Hippiekultur zu provozieren suchten, ebenso wie für Popper, die eine scheinbar unpolitische konsumorientierte Selbststilisierung suchten, die in ihrer Abgrenzung jedoch ebenfalls als politisch galt.[95] Damit verlagerten sich politische Bekenntnisse von Klassen und Schichten in Lebensstile. Trotz der neuen Gruppenbildungen stand dies für eine Individualisierung, da sie stärker als bei alten Milieus eine Wahl zuließ, wenngleich die soziale Herkunft weiterhin prägend blieb.[96]

Mit der Gründung der Grünen bekamen das Alternative Milieu und die neuen sozialen Bewegungen im Westen ein parlamentarisches Fundament, das ihre Anliegen politisch institutionalisierte und auf Dauer stellte. Auch dieser Schritt knüpfte an westliche Vorbilder an wie die britische »Ecology Party« (1975) oder die »écologistes« in Frankreich, die 1977 bei Kommunalwahlen in vielen Großstädten über zehn Prozent erreicht hatten. Die Grünen standen in mehrfacher Hinsicht für den Wandel des Politischen. So vereinte sie differente Strömungen: Die undogmatische Linke aus dem alternativen Milieu bildete zwar die größte Gruppe, aber auch anti-autoritäre Anthroposophen und ökologisch denkende Konservative mit eher vorindustriellen Visionen und Teile aus kommunistischen Gruppen fanden sich hier. Besonders die Konsumkritik bildete dabei ein Bindeglied.[97] Nach dem Zerfall vieler linker Gruppen Ende der 1970er Jahre bildeten die Grünen ein politisches Sammelbecken, das sich besonders auf die Anti-AKW- und Friedensbewegung stützte. Zugleich traten sie indirekt das Erbe der (Links-)Liberalen an, in dem sie besonders belesene und engagierte Akademiker der Groß- und Universitätsstädte ansprachen. Auch die CDU nahm ihr Aufkommen rasch als ernste Bedrohung für ihre Wählerbasis war.[98] Damit waren die Grünen ein Symbol für die Neuformierung des bisher starren politischen Systems der Bundesrepublik. Ebenso standen sie für den Versuch, die Parteimechanismen, Wahlkämpfe und die Parlamentsarbeit neuzugestalten. Ihre Basisdemokratie, die Rotation von Abgeordneten, Doppelspitzen und ihre Entpersonalisierungen des Politischen standen dafür.

---

95 Sehr anschaulich die Zeitzeugen in: Jürgen Teipel, Verschwende Deine Jugend, Frankfurt a. M. 2001. Als bester Überblick zu diesen Kulturen vgl. Axel Schildt/Detlef Siegfried, Deutsche Kulturgeschichte. Die Bundesrepublik von 1945 bis zur Gegenwart, München 2009.

96 Zu dieser Verbindung von Lebensstilmodellen: Michael Vester, Soziale Milieus im gesellschaftlichen Strukturwandel. Zwischen Integration und Ausgrenzung, Frankfurt a. M. 2001.

97 Silke Mende, »Nicht rechts, nicht links, sondern vorn«. Eine Geschichte der Gründungsgrünen, München 2011, S. 321, 483 f. Joachim Raschke, Die Zukunft der Grünen. So kann man nicht regieren, Frankfurt a. M. 2001.

98 Kohl Fraktionsprotokoll CDU 24.4.1979, in: ACDP VIII-001–1056/1. Ähnlich die Sitzungen 12.6. und 10.9.1979.

Die Grünen versuchten auf neuartige Weise, Brücken zwischen den Protestbewegungen in Ost und West zu bauen. Ihre Gallionsfiguren Petra Kelly und Gert Bastian etwa entrollten mit anderen Abgeordneten 1983 auf dem Alexanderplatz ein Plakat mit »Schwerter zu Flugscharen«. Als sie danach im Herbst des Jahres von Erich Honecker empfangen wurde, trug Kelly dieses Symbol auf ihrem T-Shirt.[99]

Wie wirkungsvoll, ließe sich abschließend fragen, waren diese politischen Gruppen? Erfolgreich waren sie sicher im Bereich des Agenda-Settings: Sie schürten ein Krisenbewusstsein, das nicht rückwärtsgewandt war, sondern durchaus zukunftsgerichtet Akzente setzte, wie die Förderung regenerativer Energie, Gleichberechtigung oder Abrüstung.[100] Beim Naturschutz wurde die Bundesregierung zu einer Aufholjagd gegenüber den ökologischen Vorreitern USA und Japan gedrängt. Besonders bei der Friedensbewegung ist ihre Rolle umstritten. Einige Historiker betonten, die Friedensbewegung habe die Abrüstung durchgesetzt[101], während die Mehrheit der ökonomischen Krise im Ostblock und Gorbatschow eine zentrale Rolle beimisst. Allerdings wird oft übersehen, dass auch im Westen andere Akteure maßgeblich zum Bewusstseinswandel und zu Reformen beitrugen, wie der Staat, die Schulen oder auch die Medien.

Wie nah oder entfernt verwandt war all dies mit den parallelen Entwicklungen eines »alternativen«, anti-autoritären Milieus in der DDR, das sich gleichermaßen vom Staat wie auch vom Mainstream der angepassten Gesellschaft abgrenzte? Die Wellen der Jugendsubkultur waren westlichen Ursprungs, im Habitus »erkannte« man sich bei Begegnungen schnell wieder: kirchliche Friedens- und Jugendgruppen hatten ihre Partner jenseits der Grenze, selbst die Punks pflegten ihre Kontakte, und die Achse zwischen westdeutschen Grünen und ostdeutschen Oppositionsinitiativen gehörte zu den stabilen Elementen der achtziger Jahre. Insbesondere zwischen West- und Ostberlin bildete sich eine Art »Biotop« mit intensivem Austausch, nicht zuletzt aufgrund der vielen Ausreiser aus dieser Szene.[102]

Trotzdem waren die Problemlagen der ostdeutschen »Alternativszene« andere als im Westen. Die wichtigste Differenz in Hinblick auf das »Politische« lag wohl darin, dass sie einerseits weniger organisierte politische Aktivitäten entfalteten und auf viel fundamentalere Weise ausgegrenzt wurden. Es konnte keine Bürgerinitiativbewegung geben, und alle Aktivitäten blieben auf rudimentärste Organisationsformen im privaten Raum beschränkt. Diese Rahmenbedingungen förderten eine fundamentale Distanz zum etablierten Politikbetrieb und gewannen eine eigene politische Qualität: sie prägten ein breiteres Milieu, das so-

---

99 Vgl. Richter, Die Aktivistin.
100 Differenziert: Roth/Rucht, Soziale Bewegungen, S. 658.
101 Lawrence S. Wittner, The Struggle against the Bomb. A History of World Nuclear Disarmament Movement, 3 Bde., Stanford 1993–2003.
102 Vgl. Thomas Klein, »Frieden und Gerechtigkeit!« Die Politisierung der Unabhängigen Friedensbewegung in Ost-Berlin während der 80er Jahre, Köln 2007.

wohl mit der literarischen Subkultur als auch den organisierten Bürgerrechtlern verflochten war, ohne sich selbst unmittelbar als Opposition und Widerstand zu verstehen.[103] Diese Haltung zog sich bis in die Vereinigungsgesellschaft.

Die politischen Vorstellungen der antiautoritären Studentenbewegung, der Neuen Linken der siebziger Jahre und schließlich der grün-alternativen Neuen Sozialen Bewegungen und die mit ihnen einhergehende Demokratie- und Systemkritik fand in der DDR jedoch eine geringe Resonanz. Der westliche Marxismus schreckte die meisten DDR-Einwohner schon wegen seiner sprachlichen Verwandtschaft mit der heimischen »Rotlichtbestrahlung« ab. Aber auch antiautoritäre Gesellschafts- und Erziehungskritik und basisdemokratische Anwandlungen stellten mindestens für die älteren und mittleren Generationen nahezu durchweg Provokationen dar. Zumindest hier gab es eine partielle Übereinstimmung zwischen dem SED-Establishment und breiteren Bevölkerungskreisen, die sich etwa in der Überzeugung äußerte, dass der Wehrdienst doch immer noch die beste Schule für die junge Generation sei und jugendliche Rowdies in die Schranken zu weisen seien.[104]

5. 1989 – Asymmetrien einer demokratischen Revolution

In Ostmitteleuropa hatte der jähe Umbruch einen jeweils sehr unterschiedlichen längeren Vorlauf. Besonders in Polen hatte die kommunistische Führung nach den vielfältigen Protesten eine schrittweise Veränderung begonnen, die schließlich mit der Einsetzung des »Runden Tisches« im Februar 1989 und den halbfreien Wahlen im Juni 1989 den Weg für eine Etablierung konkurrierender politischer Kräfte in den staatlichen Strukturen ermöglichte. Dahinter stand eine »zweite«, zivilgesellschaftliche Öffentlichkeit, zu der nicht nur die Solidarność und die breite Verankerung der katholischen Kirche zählten, sondern auch eine lebendige Jugend- und Popkultur.[105] In der DDR brachte hingegen erst die Fluchtwelle vom Sommer 1989 die Fundamente des SED-Staates ins Rutschen. Dieser schlagartige Zerfall des historischen Kommunismus als Herrschaftsordnung und als Leitidee stellte fraglos den denkbar tiefgreifendsten »Wandel des Politischen« dar, als Erfahrung der Machthaber und zugleich als fundamentaler Befreiungsakt der Bevölkerungsmehrheit, die zuvor niemals öffentlich das Machtmonopol der kommunistischen Partei infrage gestellt hatte. Voraussetzungen dafür waren zum einen die Korrosion der alten Macht, zum anderen die Verknüpfung unterschiedlicher Akteure und Agenden zu einem revolutio-

---

103 Als eines der vielen literarischen Denkmäler: Adolf Endler, Tarzan am Prenzlauer Berg, Leipzig 1994; vgl. auch das Kapitel »Zwischentöne« bei Ilko-Sascha Kowalczuk, Endspiel. Die Revolution von 1989 in der DDR, München 2009, S. 140–179.
104 Vgl. Thomas Lindenberger, »Asoziale Lebensweise«. Herrschaftslegitimation, Sozialdisziplinierung und die Konstruktion eines »negativen Milieus« in der SED-Diktatur, in: Geschichte und Gesellschaft 32.2 (2005), S. 227–254.
105 Padraic Kenney, A Carnival of Revolution. Central Europe 1989, Princeton 2003.

nären Subjekt: die Ausreisebewegung, die Opposition und die breite Bevölkerung.[106] Als Katalysator dieser Verschmelzung fungierte der Gründungsaufruf des Neuen Forums vom 10. September 1989 – formuliert von Aktivisten der bürgerrechtlichen Opposition, aber sofort mit Tausenden Exemplaren und Zehntausenden Unterschriften durch die ganze Republik zirkulierend.

Dieser Aufruf war erfolgreich, weil er ein spezifisches Politikverständnis formulierte: Er vermied eine tiefere Systemanalyse und einen expliziten Angriff auf die Parteiherrschaft, und er formulierte auch kein politisches Programm im engeren Sinne. Umso deutlicher präsentierte er das Neue Forum als »Plattform«, die überhaupt erst eine republikanische Öffentlichkeit konstituieren sollte: Hier sollte der »demokratische Dialog« begonnen werden, um »Meinungen und Argumente […] anzuhören und zu bewerten, allgemeine von Sonderinteressen zu unterscheiden«. Dieser Kombination von Bescheidenheit und Radikalität entsprach auch die Ankündigung, sich gemäß »Art. 29 der Verfassung der DDR« als politische Vereinigung (das heißt als einer unter vielen) legal registrieren zu lassen, zugleich aber »alle Bürger und Bürgerinnen der DDR, die an einer Umgestaltung unserer Gesellschaft mitwirken wollen«, als Mitglieder gewinnen zu wollen.[107] Schon die rasante Verbreitung des Aufrufs von Hand zu Hand durch die Republik zeigte, dass hier eine neue Qualität erreicht war, die schließlich auch die »Zwischenzone« an der Grenze von Staat und Gesellschaft erreichte.

Zu den Gemeinsamkeiten der Umbrüche in Ostmitteleuropa gehörte ihre weitgehende Gewaltfreiheit und die Tatsache, dass sie – trotz aller Konfrontation – letztlich per Verhandlung vollzogen wurden.[108] Die Bewegung setzte auf »Dialog«, nicht auf Generalstreik oder das Überlaufen des Militärs. Selbst die Besetzung der MfS-Dienststellen erfolgte in »Sicherheitspartnerschaft« mit der Volkspolizei. Dahinter steckte eine nüchterne Einschätzung der Kräfteverhältnisse in Hinblick auf die Verteilung der Waffen, aber auch eine tieferes Bekenntnis zur Zivilität als Grundprinzip der Demokratiebewegung.

Und entgegen dem öffentlichen Schulterschluss mit der chinesischen KP nach dem Massaker in Peking im Juni 1989 kamen Egon Krenz und seine Umgebung mit der Erkenntnis von dort zurück, dass ein solches Vorgehen die DDR in eine perspektivlose Konfrontation und Isolation stürzen würde.[109] Diese Erkenntnis motivierte sie offenbar zusätzlich, Honecker zu stürzen, der bis zuletzt die Option eines Gewaltaktes zur Stabilisierung der Lage für gangbar

---

106 Detlef Pollack, Der Zusammenbruch der DDR als Verkettung getrennter Handlungslinien, in: Konrad H. Jarausch/Martin Sabrow (Hg.), Weg in den Untergang. Der innere Zerfall der DDR, Göttingen 1999, S. 41–81; Steven Pfaff, Exit-Voice Dynamics and the Collapse of East Germany. The Crisis of Leninism and the Revolution of 1989, Durham 2006.
107 Abgedruckt in: Bernd Lindner, Die demokratische Revolution in der DDR 1989/90, Bonn 2010.
108 Philipp Ther, 1989 – eine verhandelte Revolution, Version: 1.0, in: Docupedia-Zeitgeschichte, 11.02.2010.
109 Bernd Schäfer, Egon Krenz und die chinesische Lösung, in: Martin Sabrow (Hg.), 1989 und die Frage der Gewalt, S. 153–172.

hielt.¹¹⁰ Der Gewaltverzicht war somit eine Kalkulation der politischen Kräfteverhältnisse, keine grundsätzliche, politisch-ethisch begründete Abkehr von der Gewaltorientierung.¹¹¹ Freilich waren es die KP-Führungen selbst, die die ökonomische Krise durch vermehrte Verflechtung mit dem Westen lösen wollten. Dahinter standen auch die negativen Erfahrungen aus den letzten beiden Versuchen gewaltsamer Lagestabilisierung, in Afghanistan seit 1979 und in Polen 1981.

Die Revolution in der DDR richtete sich, wie grundsätzlich auch in Ostmitteleuropa, schnell auf das politische und sozioökonomische Modell des Westens aus, hier konkret: auf Westdeutschland. Dafür war nicht nur die Resonanz auf den Mauerfall am 9. November ein klares Signal, sondern auch die Tatsache, dass bei der Volkskammerwahl im März 1990 insgesamt 75 Prozent der Stimmen an Parteien ging, die Partner in Bonn hatten und für eine gemeinsame Zukunft planten.¹¹² Die Beitrittsperspektive erwies sich als ausschlaggebend für die Wahlentscheidung und führte zum Sieg der Allianz für Deutschland, die hier den kürzesten Weg versprach.

Damit dominierten demokratische Vorstellungen, die sich zugespitzt mit dem Begriff »Keine Experimente« umschreiben lassen und an das Verlangen nach Sicherheit und Prosperität in der »Kanzlerdemokratie« der Ära Adenauer erinnerten.¹¹³ Während Helmut Kohl im Westen oft verspottet wurde, entwickelte er sich im Osten seit seinem ersten Auftritt in Dresden zu einer bejubelten Führungsfigur, die diese Sicherheit zu garantieren schien.¹¹⁴ Dies wirkte wiederum auf den Westen zurück: Während Kohl Anfang 1989 noch wenig Chancen bei der nächsten Wahl eingeräumt worden waren und er fast den CDU-Vorsitz verloren hatte, gewann er nun auch in der Bonner Republik an neuem Ansehen.¹¹⁵

Damit hatte der Herbst 1989 zwei klare Verlierer: Zum einen war damit der Kommunismus als politische Ideologie erledigt – selbst dort, wo die kommunistischen Eliten weiterhin den Großteil der Führungspositionen behaupten konnten, wie in der Sowjetunion/Russland oder Rumänien. Der zweite Verlierer war allerdings die Utopie eines »dritten Weges«, die auf den Aufbruch zu Selbstbestimmung und einen »wahren« demokratischen Sozialismus setzte. Das war nicht unbedingt vorauszusehen, denn praktisch alle Akteure, die der Revolution den Weg bereitet hatten, votierten für einen solchen Weg. Ihren Aufruf »Für unser Land«, der sie mit der erneuerten SED-Spitze zusammenbrachte, unterzeichneten zwar 1,1 Millionen DDR-Bürger, aber eben doch eine Minderheit.¹¹⁶

---

110 Martin Sabrow, »1989« und die Rolle der Gewalt in Ostdeutschland, in: ders. (Hg.): 1989 und die Rolle der Gewalt, Göttingen 2012, S. 9–31.
111 Ehrhart Neubert, Unsere Revolution. Die Geschichte der Jahre 1989/90, München 2008.
112 Kowalczuk, Endspiel, S. 530.
113 So die Interpretation der bundesdeutschen Geschichte von Eckart Conze, Die Suche nach Sicherheit. Eine Geschichte der Bundesrepublik Deutschland von 1949 bis in die Gegenwart, München 2009.
114 Konrad H. Jarausch, Die unverhoffte Einheit 1989/90, Frankfurt a. M. 1995, S. 145.
115 Bösch, Macht und Machtverlust, S. 134–137.
116 Kowalczuk, Endspiel, S. 484.

Als sich die Niederlage der Dritten-Wegs-Utopie in der Volkskammerwahl vom März manifestierte, reagierten die Protagonisten sehr unterschiedlich. Einige, wie Rainer Eppelmann, hatten sich längst entschlossen, den Bonner Weg mitzugehen, andere, wie Jens Reich, erklärten lakonisch, man wäre jetzt wieder beim Status einer »kleinen Gruppe« angelangt, habe doch aber »sehr viel erreicht«.[117] Wieder andere wandten sich tief enttäuscht ab, wie Bärbel Bohley. Ilko-Sascha Kowalczuk hat deshalb zu Recht festgestellt: »1989/90 war in dieser Perspektive eine utopiefreie Revolution«[118] – sieht man von der konkreten, wenngleich ebenso trügerischen Vision der »blühenden Landschaften« in der sozialen Marktwirtschaft ab.

Löste die ostdeutsche Revolution von 1989 einen Wandel des Politischen in der Bundesrepublik aus? Schon vor dem Herbst war absehbar, dass Gorbatschows Reformpolitik Bewegung in die Politik brachte. Die westdeutsche Neue Linke gab sich der Illusion eines neuen »Sozialismus mit menschlichem Antlitz« hin, diesmal in der Sowjetunion selbst.[119] Damit einher ging die Erwartung, dass die SED-Führung ihre erstarrte Haltung auf dem »tauenden Eis des Kalten Krieges« mittelfristig nicht durchhalten könne, wie es Erhard Eppler 1989 in seiner Rede zum 17. Juni formulierte, ohne aber eine konkrete Perspektive für eine Vereinigung, sondern nur für Reformen und einen Dialog zu erkennen.[120]

Von den Umbrüchen der folgenden Wochen und Monate war die Politik in der Bundesrepublik ziemlich überrascht. In der direkten Konfrontation materialisierten sich jetzt die differenten politischen Kulturen. Damit verbunden waren drei Trends: Der sichtbarste war die Renationalisierung der Politik im berühmten »Wir sind ein Volk«. Das ostdeutsche Drängen zur raschen Aufgabe der eigenen Staatlichkeit lief der europäischen Ordnung von Jalta zuwider und war deshalb begleitet von Befürchtungen über unkontrollierbare Eskalationen und einen neuen aggressiven Nationalismus. Von der Renationalisierung profitierte der politische Konservativismus, der ihn diplomatisch abfederte, europapolitisch kanalisierte und zugleich seinen, wie sich zeigte, vornehmlich ökonomischen Impetus mit Währungsunion und Einheitsvertrag aufnahm.

Zweitens forderte die prowestliche Wendung seit dem 9. November die »neuen«, postmaterialistischen Strömungen im Westen heraus. Sie identifizierten sich mit den ostdeutschen Bürgerrechtlern und gingen mit ihnen unter. So unterstützten sie nach Kräften die Ambitionen des Zentralen Runden Tisches, eine Verfassungsdiskussion für ganz Deutschland in Gang zu bringen. Eine Generation von westdeutschen links-liberalen Staatsrechtlern verausgabte sich als Berater zu deren Verfassungsentwurf, der schließlich von der Volkskammer achtlos bei-

---

117 Ebd., S. 530.
118 Ebd., S. 539.
119 Wolfgang Haug, Gorbatschow. Versuch, über den Zusammenhang seiner Gedanken, Hamburg 1989.
120 Erhard Eppler, Rede zum 17. Juni im Deutschen Bundestag, http://library.fes.de/spdpd/1989/890621.pdf; http://library.fes.de/spdpd/1989/890622.pdf.

seitegelegt wurde.[121] Damit einher gingen Akte der Arroganz, wie die berühmte Banane des grün-roten Politikers Otto Schily, mit der er Helmut Kohls Sieg bei den Volkskammerwahlen kommentierte.[122] Nachdem die SPD bei den Bundestagswahlen 1990 unter Lafontaine ein denkbar schlechtes Ergebnis von 33 Prozent erreichte und die westdeutschen Grünen sogar an der Fünfprozenthürde scheiterten, setzte eine mühsame Neuorientierung der westdeutschen demokratischen Linken in der Bundesrepublik »nach dem Sozialismus«[123] ein. Was blieb, war nicht nur in dieser Szene eine zerklüftete Landschaft politisch-kultureller Differenzen, die das vereinigte Deutschland in den kommenden Jahren prägen sollte.

6. Politische Kultur im wiedervereinigten Deutschland

Mit dem Anschluss an die Bundesrepublik übernahm die DDR das gesamte politische System des Westens. Dennoch blieben die politischen Kulturen und Praktiken in beiden Teilen Deutschlands in den 1990er Jahren recht unterschiedlich, in vielen Fällen bis heute. Dies lässt sich ebenso auf die lang anhaltende Prägekraft der Systeme wie auf die ökonomische Krise in Ostdeutschland zurückführen. In der Forschung zur politischen Kultur wurde zudem selbstkritisch diskutiert, ob die quantitative Umfrageforschung des Westens oder nicht eher teilnehmende Beobachtungen und qualitative Beschreibungen für den Osten adäquater seien.[124] Im Vergleich zu anderen postsozialistischen Ländern in Osteuropa waren freilich die Ähnlichkeiten zwischen Ost- und Westdeutschland groß und die Demokratisierung nach dem Kommunismus besonders erfolgreich.[125] Vieles, was bis heute als ostdeutsche Besonderheit bezeichnet wird, korrespondierte mit generellen Trends auch in Westeuropa.

Die politische Kultur unterschied sich in Ost- und Westdeutschland in den Jahren und Jahrzehnten nach 1990 in vielen Bereichen. Während die Ostdeutschen nach 1990 deutlich stärker an Politik interessiert waren als die Westdeutschen, verkehrte sich dies in den folgenden Jahren.[126] Wie verschiedene Studien rasch ausmachten, blieb die prinzipielle Bereitschaft zu demonstrie-

---

121 URL: http://www.documentarchiv.de/ddr/1990/ddr-verfassungsentwurf_runder-tisch.html.
122 Vgl. Kowalczuk, Endspiel, S. 541.
123 Joschka Fischer, Die Linke nach dem Sozialismus, Hamburg 1993, S. 1.
124 Die Literatur der 1990er Jahre zur differenten politischen Kultur ist denkbar umfassend; vgl. etwa Thomas Gensicke, Die neuen Bundesbürger. Eine Transformation ohne Integration, Opladen 1998; Alexander Thumfart, Die Politische Integration Ostdeutschlands, Frankfurt a. M. 2002.
125 Günther Heydemann/Karol Vodicka (Hg.), Vom Ostblock zur EU. Systemtransformationen 1990–2012 im Vergleich, Göttingen 2013.
126 Martin Kroh/Harald Schoen, Politisches Engagement, in: Peter Krause/Ilona Ostner (Hg.), Leben in Ost- und Westdeutschland. Eine sozialwissenschaftliche Bilanz der deutschen Einheit 1990–2010, Frankfurt a. M. 2010, S. 543–555, hier S. 545.

ren oder auch nur einen Protestbrief zu unterschreiben, im Osten deutlich geringer, wenngleich die tatsächliche Beteiligung an Unterschriftenlisten und Demonstrationen ähnlich hoch war und 2003/04 sogar höher.[127] Vor allem Proteste von Erwerbslosen oder davon bedrohten Ostdeutschen trieben sie in die Höhe. Zugleich dominierte aus der Transformationsphase heraus ein stärkeres Ohnmachtsgefühl: Mehr Ostdeutsche hielten sich Mitte der 1990er Jahre für politisch einflusslos als Westdeutsche (80 zu 64 Prozent), wobei diese pessimistischen Werte in beiden Landesteilen deutlich über denen anderer Industrieländer lagen.[128] Ebenso traten die Ostdeutschen kaum in politische Organisationen wie Parteien, Gewerkschaften oder NGOs ein. Das lag an der DDR-Erfahrung, aber auch an der Wahrnehmung, diese seien westdeutsch dominiert. Während die CDU und FDP zumindest auf den bröckelnden Mitgliederstamm der Blockparteien aufbauen konnten, erreichten die SPD und die Grünen außerhalb von urbanen Räumen im Osten kaum eine eigene Basis. Die einstigen Träger des Protests, die sich besonders im Bündnis 90 engagierten, blieben einflussarm, obwohl die Vereinigung mit den westdeutschen Grünen als mustergültiger Prozess »auf Augenhöhe« inszeniert wurde.[129] In der politischen Landschaft rückten sie schnell in eine ähnliche Rolle wie vor 1989 in der DDR: als Kritiker der PDS und Wächter über die Diktaturaufarbeitung. In dieser Rolle erreichten sie, in einer Koalition mit dem westdeutschen Establishment von Politikern und Journalisten (die das Angebot zur retrospektiven Identifikation gerne annahmen), zumindest eine starke geschichtspolitische Position, die eine kanonisierte Erzählung von Tätern und Opfern in der DDR produzierten.

Dafür reichten die Ostdeutschen deutlich mehr Petitionen ein als die Westdeutschen.[130] Die in der DDR stark verwurzelte Tradition der »Eingabe«, die besonders in den 1980er Jahren eine beliebte Möglichkeit war, lokale und individuelle Missstände zu melden, dürfte diese Partizipationsform mit erklären. In den 1990er Jahren stieg die Zahl der jährlichen Petitionen auf immerhin knapp 20.000 jährlich. Die Wahlbeteiligung der Ostdeutschen blieb hingegen geringer als im Westen. Auch beim Wahlverhalten und ihrer Parteibindung waren und blieben die Unterschiede in Ost und West markant. Im Westen dominierten in den 1990er Jahren weiterhin die Stammwähler, die zumindest bei wichtigen Wahlen allenfalls innerhalb des eigenen politischen Lagers wechselten (also zwi-

---

127 Manuela Glaab, Politische Partizipation vs. Enthaltung, in: Manuela Glaab/Werner Weidenfeld/Michael Weigl (Hg.), Deutsche Kontraste 1990–2010. Politik – Wirtschaft – Gesellschaft – Kultur, Frankfurt a. M. 2010, S. 101–137, hier S. 123; Steffen Schmidt/Anne Wilhelm, Nicht-institutionalisierte politische Beteiligung und Protestverhalten, in: Bundeszentrale für politische Bildung Online, 10.06.2011. URL: http://www.bpb.de/geschichte/deutsche-einheit/lange-wege-der-deutschen-einheit/47408.
128 Kai Arzheimer, Politikverdrossenheit. Bedeutung, Verwendung und empirische Relevanz eines politikwissenschaftlichen Begriffs, Opladen 2002, S. 277.
129 Vgl. die Erinnerungen der ersten Ko-Parteichefin Marianne Birthler, Halbes Land, Ganzes Land, Ganzes Leben. Erinnerungen, München 2014, S. 272–292.
130 Glaab, Politische Partizipation, S. 121.

schen CDU/FDP oder SPD/Grüne), aber überwiegend ihrer Partei treu blieben. Die ostdeutschen Wähler entschieden sich deutlich stärker jeweils für die Partei, die ihnen subjektiv die größeren Vorteile versprach und wechselten damit deutlich häufiger. In den Wahlpräferenzen auf Kommunal- und Landesebene ist zudem eine Neigung zu starken, integrativen »Landesvätern« zu erkennen, die in gewisser Hinsicht auch den dialogischen Politikstil der subkutanen politischen Kultur vor 1990 fortschrieben. Überdurchschnittlich häufig waren hier kirchlich gebundene ehemalige DDR-Bürger erfolgreich, aber auch einige erfahrene westdeutsche Politiker der »Mitte«.

Die lockere Bindung erklärte den großen Erfolg der CDU in Ostdeutschland 1990 und 1994, aber ebenso ihre Wahlniederlage 1998. Soziokulturell unterschieden sich die Wählerschaften ebenfalls: Während die CDU/CSU im Westen am stärksten von kirchennahen Wählern mit mittleren und höheren Einkommen unterstützt wurde, wählten sie im Osten anfangs häufiger Arbeiter ohne konfessionellen Hintergrund, während die SPD stärker Angestellte ansprach. Dennoch: Im Vergleich zu anderen postsozialistischen Ländern erwies sich das Parteiensystem in Ostdeutschland als recht stabil, nicht zuletzt durch dessen enge Verbindung zum alten Westen.

Der größte parteiengeschichtliche Unterschied zwischen Ost und West war und blieb selbstverständlich der anhaltende Erfolg der SED-Nachfolgepartei PDS. Viele Experten hatten anfangs prognostiziert, sie würde schrittweise insbesondere in der SPD aufgehen. Die PDS reüssierte jedoch zunächst als Partei der (subjektiven) Einheitsverlierer und als Standesvertretung der einstigen sozialistischen Dienstklasse, dann vor allem als ostdeutsche Regionalpartei, die vielfältig in der Lebenswelt verwurzelt war.[131] Organisatorisch, finanziell und personell konnte sie an das Erbe der SED anschließen, weshalb sie sich in der politischen Arena zwar zunehmend von ihr distanzierte, zugleich aber im eigenen Milieu deren Weltsichten und Parteitraditionen pflegte, und sich etwa für Verantwortliche der einstigen Repression einsetzte oder durch den Antiamerikanismus fortschrieb.

Als markant für die frühen 1990er Jahre und insbesondere für Ostdeutschland gilt zudem das Aufkommen eines gewaltbereiten Rechtsradikalismus, der breitere Sympathien in der Bevölkerung hatte. Er war vor allem ein Ergebnis der sozioökonomischen und kulturellen Krise nach der Wiedervereinigung, die durch Medienberichte über die »Asylantenflut« angeheizt wurde. Die Formierung der Rechtsradikalen hatte jedoch bereits in den 1980er Jahren eingesetzt. Im Westen hatte die Arbeitslosigkeit und der Diskurs um islamische Migration nicht nur eine rechtsradikale Skinheadszene gestärkt, sondern auch den Erfolg der rechtspopulistischen Republikaner, die im Westen bereits 1989 ins Europaparlament und einzelne Landtage einzogen (erst Berlin, dann Baden-Württemberg). In den 1990er gelang dies in einigen Bundesländern Ost- und

---

131 Inka Jörs, Postsozialistische Parteien. Polnische SLD und ostdeutsche PDS im Vergleich, Wiesbaden 2006.

Westdeutschlands der radikaleren DVU. Die Polarisierung der Gesellschaft, die Arbeitslosigkeit und die sinkenden Parteibindungen förderten ihren Aufstieg.

Ebenso hatte der Rechtsextremismus durchaus gewisse Wurzeln in der DDR. Subkutan bestanden auch bei Teilen der DDR-Bevölkerung rechtsextreme und rassistische Stereotype fort. Diese blieben zwar öffentlich unterdrückt, äußerten sich gleichwohl in Abgrenzung und körperlicher Gewalt gegenüber Ausländern. In den 1980er entstand auch in der DDR eine kleine Skinheadbewegung. In der zweiten Hälfte der 1980er traten sie massiver politisch auf, durchaus mit westdeutschen Skins vernetzt, etwa bei einer gemeinsamen Hitler-Geburtstagsfeier 1989.[132] Erst nach dem Überfall auf die Zionskirche 1987 wurden die Skinheads auch von der Staatssicherheit nachhaltiger verfolgt, was mit dazu führte, dass Neonazis sich unauffälliger kleideten. Gewalt übten sie zudem auch in Ostdeutschland bei Fußballspielen aus. Die Überfälle von Rechtsradikalen führten umgekehrt dazu, dass sich in einigen Orten wieder von der SED unabhängige antifaschistische Gruppen zu Protesten formierten.[133]

Der Aufstieg von Rechtspopulisten Anfang der 1990er Jahre war zugleich ein europäisches Phänomen, ebenso die Zunahme gewaltbereiter Aktionen. Die nachlassende Bindekraft des Anti-Kommunismus bei den christdemokratischen Parteien erleichterte Abwanderungen. Die Wirtschaftskrise und verstärkte Zuwanderung führte auch in so unterschiedlichen Ländern wie Österreich und der Schweiz, Italien und Frankreich oder auch den Niederlanden und Dänemark zu einem Aufstieg der Rechtspopulisten.[134] Mit der Verbesserung der wirtschaftlichen Lage sank ihr Erfolg im Westen, während er im Osten und in westdeutschen Problemgebieten (wie Bremen) entsprechend stark blieb. Seit Ende der 1990er nahm jedoch die rechtsextreme Gewalt in beiden Teilen Deutschlands ab, was wohl auch ein Erfolg der politischen Ausgrenzung durch die etablierten Parteien war.[135]

Auch im Westen erodierte das Vertrauen in die etablierte Politik, jedoch unabhängig vom Mauerfall. Bereits seit 1981 sank die Identifikation mit Parteien kontinuierlich, ebenso deren Mitgliedschaft erst langsam, dann rapide.[136] Die vielfach ausgemachte »Politikverdrossenheit« wurde 1992 zum Wort des Jahres.

---

132 Vgl. Gideon Botsch, From Skinhead-Subculture to Radical Right Movement: The Development of a ›National Opposition‹ in East Germany, in: Contemporary European History, 21.4 (2012), S. 553–574; Jan C. Behrends/Thomas Lindenberger/Patric G. Poutrus (Hg.), Fremde und Fremd-Sein in der DDR: Zu historischen Ursachen der Fremdenfeindlichkeit in Ostdeutschland, Berlin 2003.
133 Vgl. Jan Johannes, Mit schwachem Schild und stumpfem Schwert – Staatssicherheit und rechtsextreme Skinheads in Potsdam 1983–1989, in: Deutschland Archiv Online, 20.09.2013, URL: http://www.bpb.de/169248.
134 Vgl. Frank Decker, Parteien unter Druck: Der neue Rechtspopulismus in den westlichen Demokratien, Opladen 2000.
135 Roger Karapin, Protest Politics in Germany: Movements on the Left and Right Since the 1960s, Pennsylvania 2007, S. 226.
136 Kai Arzheimer, Politikverdrossenheit, S. 2.

Und auch im Westen sank die Zahl der Demonstrationen seit Mitte der 1980er Jahre, wenngleich sie Anfang der 1990er Jahre bei Protesten gegen den Golfkrieg noch einmal kurz anstieg. Die Kernthemen der neuen sozialen Bewegungen verloren an Bedeutung. Stattdessen stand nun, abgesehen von den Protesten gegen die Irakkriege, vor allem der Umgang mit Minderheiten im Zuge der Asyldebatte im Vordergrund.[137] Zudem führten die Sparmaßnahmen der Regierung Kohl, die hohe Arbeitslosigkeit und die Deregulierung zu Protesten der »alten sozialen Bewegungen«, namentlich der Gewerkschaften, aber auch der Kirchen. Kein größeres Protestpotential entwickelten jedoch in Ost und West die Arbeitslosen, obgleich sie 1997/98 die Viermillionen-Marke überschritten. Versuche, hier an die »Montagsdemos« im Osten symbolisch anzuschließen, hatten besonders 1998 und 2004 Erfolg, erreichten aber keine Kontinuität.

Die Ursachen für diese Entpolitisierung waren vielfältig. Die Enttäuschung über die bedingt erreichten Ziele[138], das Altern der politisch aktiven Nachkriegsgeneration, die sich nun in Familienphasen befand, und der Zusammenbruch des Kommunismus als Vor- und Schreckbild zählten sicherlich dazu. Nicht minder bedeutsam waren die neue Bedeutung der Konsumwelt und der damit einhergehende Medienwandel, der mit dem dualen Rundfunk und dann dem Internet die gesellschaftliche Ausdifferenzierung begleitete. An die Stelle der politischen Medien traten dabei besonders im Fernsehen, aber auch bei den Zeitschriften stärker unterhaltungsorientierte Formate. Die seit den 1980er Jahren verbreitete Rhetorik, der Staat habe sich aus der Wirtschaft herauszuhalten, trug ebenfalls zur Delegitimierung des Parlamentarismus bei.[139] Zudem schwand die »deutsche Angst«, die die Politisierung getragen hatte: Der breite Pessimismus, der um 1980 dominierte, verwandelte sich mit der Verbesserung der wirtschaftlichen Lage, aber auch mit den generationellen und kulturellen Veränderungen Ende der 1980er Jahre in zunehmenden Optimismus.

Das Ende des Kalten Kriegs veränderte auch die politische Landschaft im Westen. Es führte zunächst zu einer Krise der kommunistischen Gruppen, denen die Unterstützungsgelder aus dem Osten wegbrachen. So hatte die Deutsche Kommunistische Partei (DKP) allein in den 1980er Jahren rund eine halbe Milliarde DM von der SED erhalten.[140] Nun musste sie sich nicht nur durch ihren kleinen Mitgliederstamm tragen, sondern zerrieb sich in offenen internen Debatten über die künftige Ausrichtung. In vielen Ländern wirbelte der Mauerfall aber auch die bürgerlichen Parteien durcheinander. Den bislang starken christdemokratischen oder konservativen Parteien brach ihr anti-kommunistischer

---

137 Roth/Rucht, Soziale Bewegungen, S. 646–648.
138 Bernhard Gotto, Enttäuschung als Politikressource. Zur Kohäsion der westdeutschen Friedensbewegung in den 1980er Jahren, in: Vierteljahrshefte für Zeitgeschichte 61.1 (2014), S. 1–33.
139 Anselm Doering-Manteuffel, Die Entmündigung des Staates und die Krise der Demokratie. Entwicklungslinien von 1980 bis zur Gegenwart, Stuttgart 2013, S. 14.
140 So die Analyse einer unabhängigen Kommission des Deutschen Bundestags (Hg.), Drucksache 12/7600. Bonn 1994, S. 505: http://dipbt.bundestag.de/dip21/btd/12/076/1207600.pdf.

Grundkonsens weg, während ihre religiös-moralischen Bande ohnehin an Bedeutung verloren. In Italien löste sich die jahrzehntelang regierende Christdemokratische Partei nach Skandalen ganz auf, in den Niederlanden, Österreich und Belgien brachen die Christdemokraten ein und gaben zahlreiche Stimmen an Rechtspopulisten ab. Die Krise der CDU nach der Wahlniederlage und dem Rücktritt von Helmut Kohl 1998 entsprach damit zwar einem internationalen Trend, setzte aber durch ihre gestaltende Rolle bei der Wiedervereinigung später ein. Als Regierungspartei wurde sie für die sozioökonomische Lage verantwortlich gemacht, insbesondere die fortbestehende Arbeitslosigkeit, aber auch für soziale Sparmaßnahmen.

Zugleich stand Gerhard Schröders Wahl für einen neuen Pragmatismus in der SPD nach dem Ende des real existierenden Sozialismus, die sich von der linken Juso-Tradition verabschiedete. Wie auch das sogenannte »Schröder-Blair-Papier« unterstrich, grenzte sie sich zwar vom Neoliberalismus ab, aber ebenso von der bisher üblichen staatlichen Intervention.

Die Ära der rot-grünen Regierung rundete in gewisser Weise den Wandel der 1970er Jahre ab. Einerseits setzte sie nun Ziele der Protestbewegung um, wie den Atomausstieg, die Reform der Staatsbürgerschaft oder die Gleichstellung von Minderheiten. Andererseits verabschiedete sie konträre Entscheidungen zur Friedensbewegung, wie die Zustimmung zum Einsatz deutscher Truppen gegen Serbien. Die »Agenda 2010«, die soziale Sparmaßnahmen bescherte, unterstrich diesen Wandel der Sozialdemokratie und Grünen nachhaltig. Edgar Wolfrum fasste die rot-grüne Regierung daher als »Zeitwende«, die Altes aufnahm und oft kühn überformte, wodurch die Grünen sich zu einer »Schlüsselpartei« entwickelt hätten, wenngleich auch dies nur für Westdeutschland galt.[141] Erst nachdem die stürmischen neuen sozialen Bewegungen an Bedeutung verloren hatten, setzten sich damit auch in der Gesellschaft ihre politischen Anliegen erstaunlich breitenwirksam und selbstverständlich durch.

Im Vergleich zu den 1970er Jahren erschien die Gesellschaft seit den späten 1990er Jahren zunehmend als unpolitisch. Dabei setzte sie nun jedoch wie selbstverständlich jene Reformen um, die einst nur politisierte Minderheiten forderten: Jugendliche verweigerten mehrheitlich den Wehrdienst, Recycling und Energiesparen wurden zur verbreiteten Praxis, und Frauen übernahmen vermehrt Führungsämter in Politik, Wirtschaft und Hochschulen. Dies lässt sich nicht allein mit dem ökologischen Interventionsstaat erklären. Vielmehr hatten die Protestbewegungen einen Normenwandel eingeleitet, der nun bis in die Anhängerschaft der CDU/CSU reichte. So nahm die CDU 1994 sogar die »ökologische Marktwirtschaft« in ihr Grundsatzprogramm auf. Tatsächlich kam es zeitgleich auch bei den bürgerlichen Parteien zu einem Neuanfang, den niemand im vereinten Deutschland so sehr verkörperte wie Angela Merkel: als ostdeutsche Frau, aber auch mit ihrem pragmatischen Weg zur politischen Mitte, den Gerhard Schröder

---

141 Edgar Wolfrum, Rot-Grün an der Macht. Deutschland 1998–2005, München 2013, S. 15 und 709.

zuvor der SPD geebnet hatte. Damit trug eine Ostdeutsche dazu bei, die westdeutsch geprägte CDU/CSU zu liberalisieren und dauerhaft mehrheitsfähig zu machen. Verflochtener konnte ein Umbruch in einer Partei kaum sein.

Diese Liberalisierung der deutschen Gesellschaft um 2000 hat bislang noch keinen Namen gefunden. Die Sehnsucht nach einem Neuanfang verdeutlichte der Begriff »Berliner Republik«. Bezeichnenderweise blieb er jedoch recht kurzlebig und blitzte allenfalls noch in den Medien gelegentlich auf, vielleicht auch, weil er am ehesten noch für den hektischen Internet- und Fernsehjournalismus in Berlin zutraf.[142] Er war eher ein Versprechen an eine neue nationale Identität. Trotz des Booms von Berlin blieb die Bundesrepublik von ihrer politischen Kultur her ohnehin stark föderal. Auch in den neuen Bundesländern dominiert neben dem Sonderbewusstsein als »Ostdeutsche« eine starke Verbundenheit mit dem eigenen Bundesland.

Der Wandel des Politischen war damit in mehrfacher Hinsicht eine geteilte Geschichte. Trotz der vielfach ausgemachten Differenzen vor dem Mauerfall waren die Protest- und Alternativkulturen durchaus auch miteinander verbunden. Zudem wuchs, zumindest subkutan, auch in Ostdeutschland die gesellschaftliche Unzufriedenheit und Distanz zu staatlichen Institutionen. Die Beziehung zwischen Ost und West blieb dabei, mit Ausnahme des DKP-Umfeldes, eine recht einseitige, da sich die politische Kultur der Bundesrepublik an den Veränderungen in den westlichen Nachbarländern orientierte, die DDR hingegen eher ignorierte.

25 Jahren nach der Vereinigung haben sich die politischen Kulturen in Ost- und Westdeutschland stärker angenähert, aber die Unterschiede sind weiterhin sichtbar. Die Demokratie wird in Ostdeutschland fast ähnlich stark akzeptiert, allerdings ihre Umsetzung deutlich kritischer gesehen. Ebenso ist das Vertrauen in die Regierung und Parteien weiterhin geringer und nur die Hälfte der Ostdeutschen fühlt sich »in der Bundesrepublik politisch zuhause«.[143] Dafür ist die Fremdenfeindlichkeit im Osten nur noch geringfügig höher und auch die Vorstellungen von sozialer Gerechtigkeit haben sich stärker angenähert. Neben die Ost-West-Differenz tritt vielmehr gerade in der politischen Kultur stärker eine Nord-Süd-Differenz. Die unterschiedlichen Erfolge der Pegida-Demonstrationen oder der Linken in Ost und West erinnern dennoch an die fortbestehenden historisch *und* sozioökonomisch bedingten Differenzen.

---

142 Axel Schildt, »Berliner Republik« – harmlose Bezeichnung oder ideologischer Kampfbegriff? Zur deutschen Diskursgeschichte der 1990er Jahre, in: Michaela Bachem-Rehm/Claudia Hiepel/Henning Türk (Hg.), Teilungen überwinden. Europäische und internationale Politik im 19. und 20. Jahrhundert, München 2014, S. 21–32.
143 Vgl. die Studie: Zentrum für Sozialforschung Halle (Hg.), Deutschland 2014 – 25 Jahre Deutsche Einheit (URL: http://www.beauftragte-neue-laender.de/BNL/Redaktion/DE/Downloads/Publikationen/deutschland-2014-kurzfassung.pdf).

Ralf Ahrens / André Steiner

Wirtschaftskrisen, Strukturwandel und internationale Verflechtung

Der Politik und Bevölkerung in Ost und West war stets bewusst, dass die Konkurrenz der Systeme in hohem Maße auf dem Feld der Wirtschaft ausgetragen wurde. Der wirtschaftliche Erfolg oder Misserfolg – für die Menschen ganz unmittelbar im Konsum spürbar – entschied maßgeblich darüber, inwieweit das jeweilige System als legitim empfunden wurde. Zugleich waren die beiden aus einem einheitlichen Wirtschaftsraum entstandenen Volkswirtschaften bis zum Ende ihrer getrennten Existenz miteinander verflochten. Das betraf nicht nur ihre direkten außenwirtschaftlichen Beziehungen, die für die DDR ein wesentlich größeres Gewicht hatten als für die Bundesrepublik. Darüber hinaus hatten sich beide Volkswirtschaften systemübergreifenden Herausforderungen zu stellen, auf die sie mit ihren jeweiligen wirtschaftspolitischen Möglichkeiten reagierten. Diese Reaktionen konnten sich instrumentell sogar ähneln. Jedoch setzten die jeweiligen Wirtschaftsordnungen dem politischen Handeln unterschiedliche Grenzen, und die ökonomischen Strukturen, in die dieses Handeln eingebettet war, blieben eben doch sehr unterschiedlich.

Dieses Kapitel analysiert, nach einem kurzen Blick auf die Ausgangslage, zentrale Aspekte der Wirtschaftsentwicklung im Vergleich und in ihrer »asymmetrischen« Verflechtung. Dabei werden zunächst die krisenhaften gesamtwirtschaftlichen Veränderungen in den 1970er Jahren skizziert, bevor als systemübergreifende Problemlagen der vom technologischen Fortschritt vorangetriebene wirtschaftliche Strukturwandel sowie die Integration beider Volkswirtschaften in die internationale Arbeitsteilung und ihre gegenseitige Handelsverflechtung analysiert werden. Abschließend wird in einem Ausblick auf die Entwicklungen in den 1990er Jahren gezeigt, dass auch die wirtschaftlichen Umbrüche nach dem Zusammenbruch des Ostblocks noch in hohem Maße von jenem langfristigen Strukturwandel geprägt waren, der sich in den vorangehenden Jahrzehnten verdichtete. Die Darstellung ist im Wesentlichen auf der Makroebene angesiedelt. Eine Vertiefung auf der Meso- und Mikroebene, also durch Unternehmens- und Branchengeschichten, würde den Rahmen schon aus Platzgründen sprengen, zudem wirft sie weitere konzeptionelle Probleme des Systemvergleichs auf.[1] Dienstleistungen und insbesondere der Finanzsektor kom-

---

1 Vgl. dazu u.a. demnächst die ausführlichen Studien zu drei sehr unterschiedlichen Branchen im Ost-West-Vergleich in: Werner Plumpe/André Steiner (Hg.), Der Mythos von der postindustriellen Welt. Wirtschaftlicher Strukturwandel in Deutschland 1960 bis 1990,

men hier relativ kurz, was sich dadurch rechtfertigt, dass die Industrie in beiden deutschen Staaten und auch im wiedervereinigten Deutschland die Wirtschaft ebenso prägte wie die Wirtschaftspolitik. Nur knapp werden schließlich die Arbeitsmärkte und der Zusammenhang mit der Sozialpolitik erwähnt, die beide in eigenen Beiträgen dieses Bandes thematisiert werden.

1. Krisen in Ost und West

Die Teilung Deutschlands und damit seines einheitlichen Wirtschaftsraums hatte für die entstehenden Teile unterschiedliche Konsequenzen. Bezogen auf die Wirtschaftsstruktur, hatte die SBZ/DDR erhebliche Nachteile zu tragen: Hier mangelte es an Rohstoffen und die Grundstoffindustrie fehlte im Wesentlichen, während die verarbeitende Industrie stark ausgebaut war. Die Westzonen bzw. die spätere Bundesrepublik bildeten dagegen insgesamt ein größeres und damit auch wirtschaftlich homogeneres Gebiet. Zudem zogen die von Ostdeutschland in der unmittelbaren Nachkriegszeit zu leistenden Demontagen und Reparationen, die deutlich höher waren als in den Westzonen, nicht unerhebliche strukturelle Veränderungen der Wirtschaft nach sich. Diese Nachteile kamen allerdings erst durch die entstehende Planwirtschaft und deren Tendenz, sich von außenwirtschaftlichen Risiken abzuschotten, voll zum Tragen.[2]

Die separaten Währungsreformen in West und Ost sollten 1948 nicht nur den bestehenden Geldüberhang beseitigen, sondern waren auch Weichenstellungen für unterschiedliche Wirtschaftsordnungen.[3] Im Westen setzten sich endgültig die Ordoliberalen durch und legten die Grundlagen für die später so benannte »Soziale Marktwirtschaft«.[4] Im Osten wurde mit dem Aufbau eines zonenweiten Planungsapparats und der Ausarbeitung von Wirtschaftsplänen nach

---

(im Erscheinen); sowie die Beiträge in zwei Sammelbänden, die aus einem einschlägigen DFG-Schwerpunktprogramm der 1990er Jahre hervorgingen: Johannes Bähr/Dietmar Petzina (Hg.), Innovationsverhalten und Entscheidungsstrukturen. Vergleichende Studien zur wirtschaftlichen Entwicklung im geteilten Deutschland, Berlin 1996; Lothar Baar/Dietmar Petzina (Hg.), Deutsch-deutsche Wirtschaft 1945 bis 1990. Strukturveränderungen, Innovationen und regionaler Wandel. Ein Vergleich, St. Katharinen 1999.

2 Werner Abelshauser, Deutsche Wirtschaftsgeschichte. Von 1945 bis zur Gegenwart, 2. Aufl., München 2011, S. 59–73; André Steiner, Von Plan zu Plan. Eine Wirtschaftsgeschichte der DDR, München 2004, S. 19–24.

3 Christoph Buchheim, Die Errichtung der Bank deutscher Länder und die Währungsreform in Westdeutschland, in: Deutsche Bundesbank (Hg.), Fünfzig Jahre Deutsche Mark. Notenbank und Währung in Deutschland seit 1948, München 1998, S. 91–138; Frank Zschaler, Die vergessene Währungsreform. Vorgeschichte, Durchführung und Ergebnisse der Geldumstellung in der SBZ 1948, in: Vierteljahrshefte für Zeitgeschichte 45 (1997), S. 191–224.

4 Gerold Ambrosius, Die Durchsetzung der Sozialen Marktwirtschaft in Westdeutschland 1945–1949, Stuttgart 1977.

sowjetischem Vorbild begonnen.⁵ Mit der Initialzündung durch den Marshallplan – dessen Wirkung aber neben der Außenwirtschaft eher psychologisch im politischen und sozialen Bereich lag – wuchs die Wirtschaft in den Westzonen schneller als in der SBZ/DDR. Das westdeutsche Wohlfahrtsniveau wurde dabei zum Maßstab der ostdeutschen Bevölkerung. Der Vergleich mit »dem Westen« blieb daher für wirtschaftspolitische Entscheidungen stets ein wichtiger Parameter. Zugleich musste die SED-Spitze immer bedenken, dass die DDR zum sowjetischen Block gehörte, denn das begründete ihre Existenz – sowohl in politischer und ideologischer als auch in militärischer und schließlich ökonomischer Hinsicht. Dagegen war die »Soziale Marktwirtschaft« in der Bundesrepublik von ihren Protagonisten als Antwort sowohl auf die gelenkte NS-Wirtschaft als auch auf das Systemversagen in der Weltwirtschaftskrise gedacht. Sie sollte zugleich einen Teil der Abwehrstrategie gegen den Kommunismus bilden. Je stärker aber die DDR in der Wirtschaftsleistung und im Lebensstandard ab Ende der 1950er Jahre offensichtlich gegenüber der Bundesrepublik zurückblieb, desto weniger erschien sie auch wirtschaftlich als Alternative.

Grundlage des westdeutschen »Wirtschaftswunders« mit seinem stabilen Wachstum war nicht nur der sich mit den wachsenden Einkommen etablierende Massenkonsum. Eine entscheidende Rolle spielten auch die Rahmenbedingungen wie die neue Sozialpartnerschaft zwischen Kapital und Arbeit, die schrittweise Liberalisierung der Außenwirtschaft oder die ersten Schritte zur westeuropäischen Wirtschaftsintegration. Zudem basierte das Wachstum auf dem gut ausgebildeten und im Überschuss vorhandenen Humankapital, das sich bis 1961 auch aus der ostdeutschen Zuwanderung speiste, was für die DDR wiederum einen Verlust bedeutete. Zum Wachstum trug zudem bei, dass es den westdeutschen Unternehmen im Rahmen einer außergewöhnlich rasch expandierenden Weltwirtschaft gelang, ihre Exportmärkte schnell wiederzuerringen. Außerdem wirkte sich der überdurchschnittliche Anteil der Investitionsgüterindustrien an der Produktionsstruktur günstig aus, weil die entsprechenden Erzeugnisse auf dem Binnenmarkt und den Außenmärkten besonders stark nachgefragt wurden. Darüber hinaus trugen nachholende Investitionen das Wachstum quantitativ und qualitativ zu einem entscheidenden Teil.⁶ Zugleich erlebte aber auch die Landwirtschaft einen beispiellosen Produktivitätsaufschwung, der schließlich ebenfalls eine Voraussetzung für den Massenkonsum bildete.⁷

---

5   André Steiner, Die Deutsche Wirtschaftskommission – ein ordnungspolitisches Machtinstrument?, in: Dierk Hoffmann/Hermann Wentker (Hg.), Das letzte Jahr der SBZ. Politische Weichenstellungen und Kontinuitäten im Prozeß der Gründung der DDR, München 2000, S. 85–105.
6   Zusammenfassend: Harm G. Schröter, Von der Teilung zur Wiedervereinigung (1945–2000), in: Michael North (Hg.), Deutsche Wirtschaftsgeschichte. Ein Jahrtausend im Überblick, München 2000, S. 351–420, hier S. 364–383.
7   Arnd Bauerkämper, Agrarwirtschaft und ländliche Gesellschaft in der Bundesrepublik Deutschland und der DDR. Eine Bilanz der Jahre 1945–1965, in: Aus Politik und Zeitgeschichte B38/97, 12.9.1997, S. 25–37.

Mit diesem vorwiegend nachfragebasierten Wachstum in der Bundesrepublik konnte die DDR nicht mithalten. Das lag vor allem daran, dass sich die verschiedenen Mängel und Defekte in der Funktionsweise der Planwirtschaft klassischen Typs mehr und mehr bemerkbar machten. Da zudem bis 1953 noch Reparationen an die UdSSR zu entrichten waren und in Rückgriff auf die Marx'sche Theorie und die Stalin'sche Industrialisierungspolitik die Investitionsgüterindustrie im Mittelpunkt der SED-Industriepolitik stand, geriet der Konsum – trotz der Erfahrung des 17. Juni 1953 – immer wieder ins Hintertreffen.[8] Um ein stärker produktivitätsgetriebenes Wachstum zu generieren, wurde nach dem Mauerbau 1961, der die Westflucht unterband und damit auch für neue wirtschaftliche Bedingungen sorgte, von der SED-Spitze eine Wirtschaftsreform eingeleitet. Mit dieser Umgestaltung sollten nun eher indirekte und monetär orientierte Instrumente zur Wirtschaftslenkung eingesetzt werden, um mehr Innovationen hervorzubringen und so die Effizienz der gesamten Wirtschaft zu steigern.[9] Zur gleichen Zeit wurden in der Bundesrepublik in Reaktion auf die erste Wirtschaftskrise nach den Wirtschaftswunderjahren 1966/67 mit der »Globalsteuerung« die wirtschaftslenkenden Eingriffe des Staates verstärkt.[10] Darüber hinaus entwickelte sich auch in anderen gesellschaftlichen Bereichen im Zuge allgemeiner technokratischer Machbarkeitsphantasien eine Planungseuphorie, die allerdings von Planwirtschaftsmechanismen sowjetischer Art weit entfernt war.[11] Diese Parallelität war der Ausgangspunkt für die sich Ende der 1960er Jahre im Westen einer gewissen Beliebtheit erfreuenden Konvergenztheorie, wonach sich die konkurrierenden Systeme angesichts vergleichbarer industriegesellschaftlicher Herausforderungen aufeinander zubewegen würden. Allerdings wurde dabei übersehen, dass weder im Westen noch im Osten je an eine Änderung der Eigentumsordnung gedacht war.

Nichtsdestoweniger gelang es in der DDR, mit der Reform und einer gleichzeitigen Erhöhung der Investitionsrate vorübergehend die Wirtschaftsergebnisse und damit die Voraussetzungen für einen höheren Konsum zu verbessern. Nach den eher kargen 1950er Jahren verbesserte sich der Lebensstandard der DDR-Bevölkerung merklich: Die Versorgung mit Lebensmitteln wurde stabilisiert und das Angebot partiell breiter; die Ausstattung der Haushalte mit technischen

---

8 Zusammenfassend: Steiner, Von Plan zu Plan, S. 101–110.
9 André Steiner, Die DDR-Wirtschaftsreform der sechziger Jahre. Konflikt zwischen Effizienz- und Machtkalkül, Berlin 1999.
10 Georg Altmann, Planung in der Marktwirtschaft? Zur Neuausrichtung der westdeutschen Wirtschaftspolitik durch das Stabilitätsgesetz von 1967, in: Heinz-Gerhard Haupt/Jörg Requate (Hg.), Aufbruch in die Zukunft. Die 1960er Jahre zwischen Planungseuphorie und kulturellem Wandel. DDR, ČSSR und Bundesrepublik Deutschland im Vergleich, Paderborn 2004, S. 31–42.
11 Michael Ruck, Westdeutsche Planungsdiskurse und Planungspraxis der 1960er Jahre im internationalen Kontext, in: Haupt/Requate, Aufbruch, S. 289–325.

Konsumgütern vervielfachte sich, wobei aber Qualität und Anzahl weiter hinter der Bundesrepublik zurückblieben. Gleichwohl erschienen die 1960er Jahre vielen DDR-Bürgern als die »goldenen Jahre«: auf Grund des wachsenden Lebensstandards und der stabilisierten Wachstumsraten, aber auch wegen der zeitweiligen neuen Offenheit in der Diskussion wirtschaftlicher und gesellschaftlicher Probleme im Zuge der Wirtschaftsreformen.[12]

Die unterschiedlichen Wachstumsmodelle beider deutscher Staaten gerieten um 1970 in massive Krisen, deren Ursachen aber sehr verschieden waren. In der DDR konzentrierte die SED-Spitze im letzten Drittel der 1960er Jahre mit einer Wachstums- und Technologieoffensive ein Großteil der Investitionsmittel auf die als modern erachteten Industriebranchen und vernachlässigte zugleich die Vorleistungs- und Energieproduzenten. Dies sollte den Strukturwandel vorantreiben, um den offensichtlichen Rückstand zum Westen nun endlich »einzuholen ohne zu überholen«, wie Parteichef Walter Ulbricht meinte.[13] Solche Versuche, die Wirtschaftsentwicklung offensiv zu beschleunigen, wurden in der Geschichte der DDR mehrfach unternommen, um die Vorzüge des eigenen Wirtschaftssystems zu demonstrieren. Dann trafen jedoch die systemimmanenten Mängel der Planwirtschaft mit den erhöhten Zielvorgaben der SED-Spitze zusammen, die die volkswirtschaftlichen Möglichkeiten überforderten.[14] Verstärkt durch die Inkonsistenzen der Wirtschaftsreform, führte die überzogene Wachstumspolitik auch diesmal in eine Wirtschaftskrise, die einen der Anlässe für den Wechsel an der SED-Spitze von Ulbricht zu Erich Honecker bot. Vor dem Hintergrund der polnischen Unruhen im Dezember 1970 und zunehmender Streiks auch in der DDR setzte Honecker andere wirtschaftspolitische Akzente: Ebenso wie in anderen Ostblockländern sollte durch einen Zuwachs des Konsums und eine ausgeweitete Sozialpolitik eine bessere Arbeitsmotivation und auf deren Grundlage eine höhere Arbeitsproduktivität erzielt werden. Zugleich wurde damit ein »Wechsel von einem wachstumsorientierten Fortschrittsparadigma zu einem sicherheitsorientierten Konsolidierungsparadigma« eingeleitet, um den sozialen Frieden zu gewährleisten und das Machtmonopol der Staatsparteien aufrechtzuerhalten.[15]

Diese Politik barg neue Risiken: Die DDR-Volkswirtschaft wurde dadurch insbesondere in den Jahren zwischen 1971 und 1976 mit hohen zusätzlichen Kos-

---

12 Zusammenfassend: Steiner, Von Plan zu Plan, S. 152–159.
13 Zusammenfassend: Ebd., S. 142–149.
14 Vgl. zu den Mechanismen: André Steiner, Zur Anatomie der Wirtschaftskrisen im Sozialismus, in: Hendrik Bispinck/Jürgen Danyel/Hans-Hermann Hertle/Hermann Wentker (Hg.), Aufstände im Ostblock. Zur Krisengeschichte des realen Sozialismus, Berlin 2004, S. 131–143.
15 Peter Hübner/Jürgen Danyel, Soziale Argumente im politischen Machtkampf: Prag, Warschau, Berlin 1968–1971, in: Zeitschrift für Geschichtswissenschaft 50 (2002), S. 804–832; Peter Hübner, Fortschrittskonkurrenz und Krisenkongruenz? Europäische Arbeitsgesellschaften und Sozialstaaten in den letzten Jahrzehnten des Kalten Krieges (1970–1989), in: Zeitgeschichte 34 (2007), S. 144–150, hier S. 144, 146.

ten belastet und vernachlässigte die Investitionen in neue Technologien.[16] Auch die auf den Weltmärkten zu verzeichnende Preisexplosion für Erdöl und andere Rohstoffe, auf die noch zurückzukommen ist, brachte die SED-Spitze nicht von dieser Politik ab. Die internationalen Währungsturbulenzen und den Zusammenbruch des Weltwährungssystems von Bretton Woods betrachtete die DDR-Führung zunächst als ein Phänomen des kapitalistischen Systems, mit dem man selbst nichts zu tun habe, und die wachsende Westverschuldung wurde anfangs politisch verdrängt.[17] Die neuen Belastungen zogen nach sich, dass die ostdeutsche Wirtschaftspolitik seit Anfang der 1970er Jahre tendenziell zu Lasten der volkswirtschaftlichen Substanz ging.

Darüber hinaus hatte die SED-Spitze auf die Wachstumskrise Ende der 1960er Jahre mit dem Abbruch der Wirtschaftsreform reagiert und den »klassischen« planwirtschaftlichen Lenkungsmechanismus wieder etabliert. Damit sollte gegen in der Reform entstandene Unsicherheiten vorgegangen und mit den alten Institutionen wieder Regelvertrauen geschaffen werden. Jedoch erhöhte man so wieder Zentralismus und Dirigismus, was die bekannten Ineffizienzen vergrößerte. Strukturwandel und Innovation wurden nur noch als abgeleitete Ziele betrachtet. Spätere gezielte Versuche, die Mikroelektronik zu entwickeln, konnten unter den gegebenen Rahmenbedingungen nur unbefriedigende Ergebnisse erzielen. Damit ging der Verlust der utopisch-visionären Aspekte des Sozialismus-Projektes einher. Dies wiederum führte neben dem fortschreitenden Substanzverlust und den sich verschlechternden weltwirtschaftlichen Rahmenbedingungen dazu, dass die Wirtschaftspolitik in der DDR ähnlich wie in der Bundesrepublik als Krisenmanagement und mit Aktionismus betrieben wurde.[18] Auch dadurch wurde bei den Funktionseliten und der Bevölkerung zumindest ab Ende der 1970er Jahre das Vertrauen in das Potential und die Regeln der Planwirtschaft – soweit noch vorhanden – brüchig oder ging ganz verloren.[19]

Vor diesem Hintergrund brach in der DDR nach der Krise 1971 das Wirtschaftswachstum erneut 1976 und 1982 ein und ging ab 1986 im finalen Abschwung stetig zurück. Zwar ist das ostdeutsche Wachstum – noch dazu im Vergleich zur Bundesrepublik – infolge von Datenproblemen schwer zu beurteilen. Unabhängig von der verwendeten statistischen Basis kann aber festgehalten

---

16 Vgl. André Steiner, Leistungen und Kosten: Das Verhältnis von wirtschaftlicher Leistungsfähigkeit und Sozialpolitik in der DDR, in: Dierk Hoffmann/Michael Schwarz (Hg.), Sozialstaatlichkeit in der DDR. Sozialpolitische Entwicklungen im Spannungsfeld von Diktatur und Gesellschaft 1945/49–1989, München 2005, S. 31–45.

17 Vgl. Stephen Kotkin, The Kiss of Debt: The East Bloc Goes Borrowing, in: Niall Ferguson/Charles S. Maier/Erez Manela/Daniel J. Sargent (Hg.), The Shock of the Global. The 1970s in Perspective, Cambridge 2010, S. 80–94.

18 Zu den Details siehe Steiner, Von Plan zu Plan, S. 167–184.

19 Andreas Malycha, Die SED in der Ära Honecker. Machtstrukturen, Entscheidungsmechanismen und Konfliktfelder in der Staatspartei 1971 bis 1989, München 2014, S. 264–269.

werden, dass die Zuwachsraten seit den 1950er Jahren kontinuierlich zurückgegangen waren, sich allerdings in der ersten Hälfte der 1970er Jahre noch einmal verbesserten, ehe sie sich in den folgenden Jahren zusehends verschlechterten.[20] Trotz (oder gerade wegen) der ab den 1970er Jahren wieder verstärkten staatlichen Preisdekretierung beschleunigte sich selbst in der DDR in den 1970er und 1980er Jahren die Inflation, wobei der Preisanstieg in der ersten Hälfte der 1980er Jahre besonders stark ausfiel.[21] In Kombination mit den weithin bestehenden Angebotsdefiziten, den staatlich verordneten Sparmaßnahmen und dem abnehmenden bzw. verloren gehenden Vertrauen in das planwirtschaftliche Wirtschaftssystem vertiefte das bei der Bevölkerung den Eindruck, spätestens ab den beginnenden 1980er Jahren in einer sich mal verstärkenden, mal abnehmenden, aber im Grunde permanenten Krise zu leben.[22]

Aber auch in der Bundesrepublik verbreitete sich mit den Konjunktureinbrüchen 1974/75 und 1981/82 sowie der sich in der Zwischenzeit verstetigenden Sockelarbeitslosigkeit der Eindruck einer krisengeschüttelten Zeit. Auch hier waren die durchschnittlichen Wachstumsraten seit den 1950er Jahren kontinuierlich gesunken, womit sie sich in langfristiger Perspektive nach dem außergewöhnlichen Wachstum des »Golden Age« allerdings nur normalisierten.[23] Gleichwohl prägte die Erfahrung zwanzigjährigen nahezu ungebrochenen Wirtschaftswachstums die Erwartungen der Menschen auch in der folgenden Zeit nachhaltig. Ein weiteres Moment, das die Akteure verunsicherte, waren die in den 1970er Jahren bei relativ schwachem Wirtschaftswachstum ungewöhnlich stark ansteigenden Preise. Diese Kombination wurde als Stagflation bezeichnet und war ein neues Phänomen.

Die kurzfristigen Ursachen, die den Wachstumseinbruch der 1970er Jahre in der Bundesrepublik verursachten, lassen sich an drei Punkten festmachen: Erstens folgte den ohnehin schon steigenden Weltmarktpreisen für Rohstoffe und Nahrungsmittel 1973 eine Explosion der Erdölpreise, was wiederum einen Kon-

---

20 Vgl. u. a. Albrecht Ritschl/Mark Spoerer, Das Bruttosozialprodukt in Deutschland nach den amtlichen Volkseinkommens- und Sozialproduktstatistiken 1901–1995, in: Jahrbuch für Wirtschaftsgeschichte 38.2 (1997), S. 27–54; Steiner, Von Plan zu Plan, S. 191; Jaap Sleifer, Planning Ahead and Falling Behind. The East German Economy in Comparison with West Germany 1936–2002, Berlin 2006.
21 Vgl. Gerhard Heske, Bruttoinlandsprodukt, Verbrauch und Erwerbstätigkeit in Ostdeutschland 1970–2000. Neue Ergebnisse einer volkswirtschaftlichen Gesamtrechnung, Köln 2005, S. 185; André Steiner, Preisgestaltung, in: Bundesministerium für Arbeit und Soziales/Bundesarchiv (Hg.), Geschichte der Sozialpolitik in Deutschland seit 1945. Bd. 10: Deutsche Demokratische Republik 1971–1989. Bewegung in der Sozialpolitik, Erstarrung und Niedergang (Band hrsg. von Christoph Boyer/Klaus-Dietmar Henke/Peter Skyba), Baden-Baden 2008, S. 304–323.
22 Steiner, Von Plan zu Plan, S. 189 f., 215–221.
23 Für eine knappe Diskussion der verschiedenen Erklärungsansätze siehe Rainer Metz, Expansion und Kontraktion. Das Wachstum der deutschen Wirtschaft im 20. Jahrhundert, in: Reinhard Spree (Hg.), Geschichte der deutschen Wirtschaft im 20. Jahrhundert, München 2001, S. 70–89, hier S. 78–87.

sumrückgang nach sich zog.[24] Zweitens brach das Weltwährungssystem von Bretton Woods mit seinen feststehenden, aber anpassbaren Wechselkursen 1973 zusammen. Damit erhöhte sich die Volatilität im gesamten Wirtschaftskreislauf und in der Folge auch die Unsicherheit bei den Akteuren. Zudem nahm die internationale Kapitalmobilität weiter zu, was die internationale Nachfrage und damit auch die Kapitalkosten für die nationalen Produzenten steigen ließ. Drittens wurde zwar die heute nur als Konjunkturdelle angesehene Krise von 1966/67 relativ schnell überwunden, aber der folgende Aufschwung verknappte den Faktor Arbeit bei zunehmender Inflation, was hohe Lohnforderungen nach sich zog. In der Folge stiegen zwischen 1969 und 1974 die Bruttolöhne und -gehälter je Beschäftigten in der Gesamtwirtschaft nominal jährlich im Mittel um 11,4 Prozent, was die Inflation weiter anheizte.[25] Dieser Kostenanstieg bei den wesentlichen Produktionsfaktoren – Kapital, Arbeit und Rohstoffe – beschränkte die Gewinne und Investitionen. An diesen kurzfristig wirkenden Ursachen für den Wachstumseinbruch – auf die langfristigen ist später zurückzukommen – setzte auch die Wirtschaftspolitik an.

Die Bundesbank nutzte die geld- und währungspolitischen Spielräume, die sich nach dem Wegfall des Systems von Bretton Woods eröffneten, und stützte ab dem Frühjahr 1973 nicht mehr den US-Dollar. Sie ging zur Hochzinspolitik über, um die Inflation zu dämpfen.[26] Im Verlauf der nächsten Jahre verfolgte sie immer mehr eine monetaristische Politik. Die Bundesregierung dagegen versuchte im Sinne keynesianischer Politik die überhitzte Konjunktur zu bremsen, auch weil der Sachverständigenrat noch Wachstum voraussagte, als bereits die Rezession einsetzte. Dabei erlebte die Bundesrepublik 1975 ihren bis dahin tiefsten Konjunktureinbruch.[27] Trotz eines ursprünglich nicht vorgesehenen Programms zur Konjunkturankurbelung, das letztlich die Inflation weiter befeuerte, stieg die Arbeitslosigkeit. Die damit ebenfalls wachsenden Haushaltsdefizite engten den Spielraum für weitere Konjunkturspritzen ein. Daraufhin erließ die Bundesregierung im Januar 1976 ein erstes Haushaltsstrukturgesetz, das die öffentlichen Defizite reduzieren sollte. Das neuartige Phänomen der Stagflation bei hoher Arbeitslosigkeit sowie die Unsicherheit im Umgang damit er-

---

24 Jens Hohensee, Der erste Ölpreisschock 1973/74. Die politischen und gesellschaftlichen Auswirkungen der arabischen Erdölpolitik auf die Bundesrepublik Deutschland und Westeuropa, Stuttgart 1996.

25 Berechnet nach: Deutsche Bundesbank, 50 Jahre Deutsche Mark. Monetäre Statistiken 1948–1997, München 1998 (CD-ROM), Tabelle DJ0429. Vgl. Knut Borchardt, Die wirtschaftliche Entwicklung der Bundesrepublik nach dem »Wirtschaftswunder«, in: Franz Schneider (Hg.), Der Weg der Bundesrepublik. Von 1945 bis zur Gegenwart, München 1985, S. 193–216, hier S. 201.

26 Herbert Giersch/Karl-Heinz Paqué/Holger Schmieding, The Fading Miracle. Four Decades of Market Economy in Germany, Cambridge 1992, S. 186 f.

27 Schröter, Teilung, S. 388 f. Zu dem grundsätzlichen Problem der Prognosefähigkeit und -möglichkeit in diesem Kontext siehe: Tim Schanetzky, Die große Ernüchterung. Wirtschaftspolitik, Expertise und Gesellschaft in der Bundesrepublik 1966 bis 1982, Berlin 2007, S. 184–192.

klären das für die folgenden Jahre typische Schwanken der Wirtschaftspolitik zwischen Versuchen, die Haushalte zu konsolidieren, und in sich widersprüchlichen Interventionen zugunsten unterschiedlicher Ziele. Diese wurden nur teilweise erreicht, und die Staatsverschuldung stieg weiter an.[28] Zeitgenössisch wiesen bereits Michael J. Piore und Charles F. Sabel darauf hin, dass der Kern der Krise der 1970er Jahre nicht nur in den wirtschaftlichen Einbrüchen zu sehen sei, sondern auch darin, dass diesen mit den Theorien und Strategien der zurückliegenden Jahrzehnte nicht zu begegnen sei, was sich »im öffentlichen Bewusstsein zu einer umfassenden Krise des industriellen Systems« verdichte.[29]

Die Politik verlor nun offensichtlich das Vertrauen in den Anspruch von Reformen und politischer Planung, wie er wirtschaftspolitisch mit der Globalsteuerung und der Konzertierten Aktion verbunden war, deren Vorgeschichte bis in die zweite Hälfte der 1950er Jahre zurückreichte.[30] Ohnehin kam der Keynesianismus in der Bundesrepublik im internationalen Vergleich spät und zurückhaltend zum Tragen.[31] Es war eine Ironie der Geschichte: Gerade in dem Moment, als der Umfang der Arbeitslosigkeit es erstmals seit den 1930er Jahren zweckmäßig erscheinen ließ, keynesianische Prozesspolitik anzuwenden, wurden die Schwächen dieser Politik bzw. ihrer theoretischen Basis thematisiert, und bereits die sozialliberale Koalition wandte sich sukzessive von ihr ab.[32]

Der Vertrauensverlust der Akteure hatte zwei Folgen: Zum einen schuf er die Basis für die Abkehr von der keynesianisch inspirierten Nachfragepolitik hin zur monetaristisch orientierten Inflationsbekämpfung und einer unternehmensfreundlichen »Angebotspolitik«. In gewissem Maße folgte das einem allgemein in den westlichen Industrieländern zu beobachtenden Trend zur Durchsetzung neoliberaler Positionen, doch wurden die vergleichsweise radikalen wirtschaftspolitischen Schwenks in den USA und Großbritannien in der Bundesrepublik und allgemein auf dem Kontinent nur sehr gemäßigt nachvollzogen.[33] Zum anderen veränderte er die wirtschaftlichen Gegebenheiten; die

---

28 Vgl. Schröter, Teilung, S. 390.
29 Michael J. Piore/Charles F. Sabel, Das Ende der Massenproduktion. Studie über die Requalifizierung der Arbeit und die Rückkehr der Ökonomie in die Gesellschaft, Berlin 1985, S. 185.
30 Tim Schanetzky, Sachverständiger Rat und Konzertierte Aktion: Staat, Gesellschaft und wissenschaftliche Expertise in der bundesrepublikanischen Wirtschaftspolitik, in: Vierteljahrschrift für Sozial- und Wirtschaftsgeschichte 91 (2004), S. 310–331, hier S. 324; Alexander Nützenadel, Stunde der Ökonomen. Wissenschaft, Politik und Expertenkultur in der Bundesrepublik 1949–1974, Göttingen 2005.
31 Abelshauser, Wirtschaftsgeschichte, S. 303–308.
32 Hansjörg Siegenthaler, Das Ende des Keynesianismus als Gegenstand Keynesianischer Interpretation, in: Jahrbuch für Wirtschaftsgeschichte 43.1 (2002), S. 237–248.
33 Vgl. für den bundesdeutschen Fall ausführlich Schanetzky, Ernüchterung; ders., Aporien der Verwissenschaftlichung: Sachverständigenrat und wirtschaftlicher Strukturwandel in der Bundesrepublik 1974–1988, in: Archiv für Sozialgeschichte 50 (2010), S. 153–167. Zu den Kontinuitäten, die sich bei genauerem Hinsehen auch in den USA in der Reagan- und in Großbritannien in der Thatcher-Ära zur »keynesianischen« Phase zeigen, sowie zur dortigen begrenzten Umsetzung neoliberaler Theorien vgl. Daniel Stedman Jones,

Unternehmen reagierten mit Diversifikation und Divisionalisierung. Mit Übernahmen und Fusionen wurden Konkurrenten ausgeschaltet und somit in der Regel Arbeitsplätze abgebaut.[34] Zudem verringerten die Unternehmen bei Unsicherheit ihre Nachfrage nach Kapitalgütern. Letztlich führte so »die Kumulation nichtintendierter Handlungsfolgen [...] die Ökonomie in die Krise«.[35]

Die Wirtschaftspolitik wurde nun als Krisenmanagement eher von kurzfristigen Reaktionen auf veränderte Gegebenheiten bestimmt.[36] Unbefriedigendes Wissen über die Funktionsweise des ökonomischen Systems, das auch auf Erklärungsdefiziten der Wirtschaftstheorie basierte, führte zu Ratlosigkeit und Aktionismus.[37] Das Dilemma der sozialliberalen Regierung bestand darin, dass der von ihr akzeptierte intraindustrielle Strukturwandel ständig soziale Kosten produzierte, während sich die Gestaltung dieses Wandels weitgehend ihrem Einfluss entzog. Ihr Krisenmanagement erreichte seine Grenzen, als die sozialen Kosten die Möglichkeiten des Sozialstaates und die Bereitschaft der Gewerkschaften zu Zugeständnissen überschritten. Mit diesem Problem hatte auch die 1982 folgende konservativ-liberale Regierung zu kämpfen, die darüber hinaus die Staatseingriffe zurückschrauben, die Soziale Marktwirtschaft und das Unternehmertum stärken wollte.[38] Im Verlauf der 1980er Jahre konnte sie gewisse Erfolge erzielen, aber relativ niedrige reale Wachstumsraten demonstrierten, dass die Zeiten des »Wirtschaftswunders« unwiederbringlich dahin waren. Die angebotspolitische »Wende« in der Wirtschaftspolitik hatte ohnehin bereits während der sozialliberalen Koalition begonnen. Der »Neoliberalismus als konservatives Projekt« der Kohl-CDU betrieb zwar eine erfolgreiche Haushaltskonsolidierung und Inflationsdämpfung, zeichnete für teils angebotspolitisch motivierte Einschnitte in der Sozialpolitik verantwortlich und leitete einige spektakuläre Privatisierungen öffentlicher Unternehmen ein. Zugleich wurden aber die seit den 1960er Jahren gewachsenen Traditionen der Strukturpolitik ebenso fortgeführt, wie man weiterhin – allerdings in moderaterem Umfang –

Masters of the Universe. Hayek, Friedman, and the Birth of Neoliberal Politics, Princeton 2012, S. 215–328; die Betonung einer gesamteuropäischen Abkehr vom Keynesianismus etwa bei Andreas Wirsching, Abschied vom Provisorium. Geschichte der Bundesrepublik Deutschland 1982–1990, München 2006, S. 224; Hartmut Kaelble, Kalter Krieg und Wohlfahrtsstaat. Europa 1945–1989, München 2011, S. 181 ff.

34 Werner Plumpe, Das Ende des deutschen Kapitalismus, in: WestEnd 2.2 (2005), S. 3–26, hier S. 13 f.

35 Siegenthaler, Ende des Keynesianismus, S. 243 ff.

36 Edgar Grande, West Germany: From Reform Policy to Crisis-Management, in: Erik Damgaard/Peter Gerlich/Jeremy Richardson (Hg.), The Politics of Economic Crisis. Lessons from Western Europe, Aldershot 1989, S. 50–69, hier S. 55 f.; Gabriele Metzler, Konzeptionen politischen Handelns von Adenauer bis Brandt. Politische Planung in der pluralistischen Gesellschaft, Paderborn 2005, S. 412.

37 Manfred E. Streit, Wirtschaftspolitik im demokratischen Wohlfahrtsstaat – Anatomie einer Krise, in: Ordo 53 (2002), S. 21–30. Zur Wissensbasis siehe: Schanetzky, Ernüchterung, S. 184–211.

38 Grande, West Germany, S. 55 ff.

Konjunkturpolitik betrieb.³⁹ Eine neue Wachstumsdynamik konnten indes weder keynesianische noch neoklassisch-monetaristische Konzepte schaffen.⁴⁰

Die kurzfristigen Gründe für die Krisen in Ost und West waren also durchaus unterschiedlich: Auf der einen Seite des Eisernen Vorhangs lagen diese vor allem in einer politisch forcierten Wachstumsoffensive, auf der anderen Seite vorrangig in Angebotsverknappungen und damit einhergehenden Preissteigerungen, wenngleich auch diese politisch beeinflusst waren. Ebenso unterschieden sich die politischen Reaktionen in ihrem Inhalt und ihrem Neuigkeitswert: Versuchte man es im Osten eher mit einer Rückkehr zu vermeintlich Bewährtem, so wurde im Westen vorgeblich Neues ausprobiert. Wiegte man sich auf der einen Seite (lange Zeit) in Sicherheit (noch dazu im Vergleich zum Westen), griff auf der anderen Seite bei Politikern und Experten Unsicherheit über die einzuschlagenden Wege um sich. Beiden Seiten war aber gemeinsam, dass die langfristigen Ursachen, die der Verlangsamung des Wachstums und den als Krisen wahrgenommenen Prozessen in den 1970er Jahren zugrunde lagen, unzureichend beachtet wurden. Dabei waren sie in Ost und West durchaus ähnlich:

Zum einen hatte sich das Rekonstruktions- und Aufholpotenzial, das aus den wirtschaftlich desaströsen Jahren der Zwischenkriegszeit und des Zweiten Weltkriegs resultierte und das schnelle Wachstum getragen hatte, nach und nach erschöpft. Dadurch verschlechterten sich zum anderen die Angebotsbedingungen. Es wurde zunehmend schwieriger, technischen Fortschritt zu generieren. Auch durch die Erhöhung der Sachkapitalintensität sank die Grenzproduktivität des Kapitals, d. h. mit der gleichen Investitionsquote ließ sich immer weniger Ertrag erzielen. Nachdem die Primärgüterpreise im Boom zunächst nur langsam gestiegen waren, zog das exorbitante Wachstum mittelfristig eine Zunahme der Rohstoffpreise nach sich, wobei der wirtschaftliche Aufstieg einiger asiatischer Länder nicht nur den Konkurrenzdruck für die entwickelten Industrieländer, sondern auch bereits vor dem Ölpreisschock von 1973 diesen Preisauftrieb verstärkt hatte.⁴¹ Zudem hatte die Überbeschäftigung im Boom auch die Mobilität der Beschäftigten verringert.⁴² Diese Prozesse zeigten sich in der DDR in ähn-

---

39 Schanetzky, Ernüchterung, S. 211–233; Wirsching, Abschied, S. 242–288; Ulrich Herbert, Geschichte Deutschlands im 20. Jahrhundert, München 2014, S. 967–978. Zitat: Anselm Doering-Manteuffel, Die deutsche Geschichte in den Zeitbögen des 20. Jahrhunderts, in: Vierteljahrshefte für Zeitgeschichte 62 (2014), S. 321–348, hier S. 341.

40 Vgl. Arne Heise, Steuerungspotentiale der klassischen Wirtschaftspolitik. Anmerkungen zu zwanzig Jahren Krisengeläut, in: ders. (Hg.), Makropolitik zwischen Nationalstaat und Europäischer Union, Marburg 1999, S. 21–58.

41 Herman van der Wee, Der gebremste Wohlstand: Wiederaufbau, Wachstum und Strukturwandel der Weltwirtschaft seit 1945, München 1984, S. 85 f.; Ludger Lindlar, Das mißverstandene Wirtschaftswunder. Westdeutschland und die westeuropäische Nachkriegsprosperität, Tübingen 1997, S. 331 ff.; Giersch/Paqué/Schmieding, Fading Miracle, S. 223 ff.

42 Gerold Ambrosius/Hartmut Kaelble, Einleitung: Gesellschaftliche und wirtschaftliche Folgen des Booms der 1950er und 1960er Jahre, in: Hartmut Kaelble (Hg.), Der Boom 1948–1973. Gesellschaftliche und wirtschaftliche Folgen in der Bundesrepublik Deutschland und in Europa, Opladen 1992, S. 7–32, hier S. 14.

licher Form, wenngleich sie systemisch anders vermittelt waren: Trotz leichter Verbesserungen in den 1960er Jahren gab es eine langfristig abnehmende Investitionseffizienz, verursacht durch die Erschöpfung des Rekonstruktionspotentials und gestiegene Kapitalintensität. Verstärkt wurde dieser Effekt durch Informations- und Kontrollprobleme der Planwirtschaft, fehlendes Gewinninteresse der Betriebe, Zersplitterung der eingesetzten Mittel und unzureichende Orientierung an ökonomischen Kriterien. Darüber hinaus spielte auch die geringe Arbeitskräftemobilität durch die garantierte Vollbeschäftigung eine Rolle.

Alles in allem zeigten sich in den beiden Blöcken analoge Erscheinungen nachlassenden Wachstums, die systemübergreifende Ursachen hatten, wenngleich sie in ihren Wirkungszusammenhängen systemspezifisch geprägt waren und im Osten zwar verzögert, aber als Teil eines letalen Prozesses abliefen.[43] Ein wesentlicher Faktor, der in diesem Zusammenhang eine Rolle spielte und im Folgenden ausführlicher dargestellt werden soll, war der wirtschaftliche Strukturwandel.

2. Wirtschaftlicher Strukturwandel und seine Ursachen

Mitte der 1970er Jahre sah der westdeutsche Innovationsforscher Gerhard Mensch in seinem einflussreichen Buch *Das technologische Patt* den Kern der Krise »in der Drift des Strukturwandels«. Der Wandel löse bei den Menschen Identitätskrisen aus, die zugleich auf Angst und Hoffnung basierten: Angst vor dem Herausgerissensein aus der vertrauten Arbeits- und Lebenswelt, aber auch Hoffnung auf neue Aktivitäten und Perspektiven, die sich aus Innovationen ergeben würden.[44] Der stetige Wandel wirtschaftlicher Strukturen war und ist eine Begleiterscheinung des industriekapitalistischen Systems. Gleichwohl hat dieser Wandel mal eine größere, mal eine geringere Intensität. Zudem wird er von seinen Akteuren und der allgemeinen Öffentlichkeit unterschiedlich stark wahrgenommen. In der Bundesrepublik wurden die 1970er und 1980er Jahre überwiegend als eine Zeit intensivierten Strukturwandels empfunden. In der DDR dagegen machte sich nach dem Abbruch der forcierten Strukturpolitik im letzten Drittel der 1960er Jahre sowohl in der Politik als auch in der Wirtschaft eher Strukturkonservatismus breit, wenngleich von der SED-Spitze immer wieder gefordert wurde, sich den Anforderungen der »wissenschaftlich-technischen Revolution« zu stellen und damit auch die volkswirtschaftlichen Strukturen weiterzuentwickeln.[45]

---

43 Auf letzteres verweist auch: Charles S. Maier, »Malaise«: The Crisis of Capitalism in the 1970s, in: Ferguson u. a. (Hg.), Shock, S. 25–48, hier S. 45.

44 Gerhard Mensch, Das technologische Patt. Innovationen überwinden die Depression, Frankfurt a. M. 1975, Tb.-Ausg. Frankfurt a. M. 1977, S. 14 f., 104 f.

45 Das findet sowohl für die Bundesrepublik als auch für die DDR seine Widerspiegelung in der »gemessenen« Intensität des Strukturwandels. Vgl. André Steiner, Die siebziger Jahre als Kristallisationspunkt des wirtschaftlichen Strukturwandels in West und Ost?, in: Konrad H. Jarausch (Hg.), Das Ende der Zuversicht? Die siebziger Jahre als Geschichte, Göttingen 2008, S. 29–48, hier S. 34 ff.

Das für die Analyse wirtschaftlichen Strukturwandels regelmäßig herangezogene Drei-Sektoren-Modell, also die Unterteilung von Volkswirtschaften in die Bereiche Landwirtschaft, Industrie und Dienstleistungen, wurde seit den 1970er Jahren in der Forschung vielfach kritisiert und in jüngster Zeit auch historisiert.[46] Zieht man dennoch die Beschäftigtenentwicklung im primären, sekundären und tertiären Sektor als Indikator des Strukturwandels heran, so zeigt sich in der Bundesrepublik und der DDR bis zum Beginn der 1970er Jahre eine sehr ähnliche Entwicklung.[47] Anfang der 1950er Jahre beschäftigte die Industrie in beiden deutschen Staaten noch etwa den gleichen und auch den größten Anteil der Gesamtbeschäftigten. Der Agraranteil war allerdings in der DDR – entsprechend der historisch stärker landwirtschaftlich geprägten Struktur – höher als in der Bundesrepublik und der Dienstleistungssektor beanspruchte entsprechend einen geringeren Teil der Beschäftigten. In den 1950er Jahren nahm der Anteil der Industrie in West- und Ostdeutschland stark zu; in den 1960er Jahren verringerte sich dieser Zuwachs bereits, wobei die Industrie in der Bundesrepublik 1965 und in der DDR 1970 ihren höchsten Anteil erreichte. In der DDR wuchs in den 1950er Jahren auch der Dienstleistungssektor relativ stark, was wohl vor allem eine Folge des Ausbaus des Staats- und Wirtschaftslenkungsapparates war. Hingegen nahm in dieser Zeit der tertiäre Sektor in der Bundesrepublik langsamer zu; dafür stieg seine Bedeutung dann in den 1960er Jahren deutlich schneller als in der DDR, wenngleich auch nicht mehr so schnell wie in der Phase des Wiederaufbaus. Der primäre Sektor verlor dagegen in beiden Systemen in den 1950er und 1960er Jahren ähnlich schnell an Bedeutung, wobei der landwirtschaftliche Beschäftigungsanteil in Ostdeutschland etwas höher blieb, was aber vor allem den längerfristigen Prägungen geschuldet war. In beiden Teilen Deutschlands war während des schnellen Wachstums der 1950er und 1960er Jahre die Deagrarisierung weitgehend abgeschlossen worden und damit eine der wesentlichen Produktivitätsquellen verlorengegangen.

In den 1970er Jahren ging der Anteil der Industrie an der Gesamtbeschäftigung in Westdeutschland besonders schnell zurück; in den 1980er Jahren verlangsamte sich diese Entwicklung deutlich. Dagegen wuchs der Anteil der Beschäftigten im Dienstleistungsbereich relativ stetig, was allerdings in erheblichem

---

46 Vgl. Rüdiger Graf/Kim Christian Priemel, Zeitgeschichte in der Welt der Sozialwissenschaften. Legitimität und Originalität einer Disziplin, in: Vierteljahrshefte für Zeitgeschichte 59 (2011), S. 479–508; Jan-Otmar Hesse, Ökonomischer Strukturwandel. Zur Wiederbelebung einer wirtschaftshistorischen Leitsemantik, in: Geschichte und Gesellschaft 39 (2013), S. 86–115. Da bisher aber keine besseren Alternativen vorliegen, wird auch hier aus heuristischen Gründen zur Abbildung der historischen Veränderungen auf dieses Modell zurückgegriffen, wohl wissend, damit dem von Priemel vorgetragenen Monitum weiter zu entsprechen, dass die Kritik nur als »Feigenblatt« dient, um das Modell trotzdem weiter zu nutzen. Vgl. Graf/Priemel, Zeitgeschichte, S. 504.
47 Vgl. zum Folgenden, auch mit den entsprechenden Zahlen und ihrer Problematisierung: Steiner, Siebziger Jahre als Kristallisationspunkt, S. 32.

Maße auf die Ausdehnung der Teilzeitbeschäftigung in diesem Bereich zurückzuführen war.[48] 1973/74 waren mehr Menschen im Dienstleistungsbereich tätig als in der Industrie, weshalb man rein quantitativ gesehen ab den 1970er Jahren im Westen also tatsächlich von einer »Dienstleistungsgesellschaft« sprechen könnte. Verlässt man sich auf die Ergebnisse einer Untersuchung, die die systemspezifischen Unterschiede bei der Zuordnung zur sektoralen Berufs- bzw. Tätigkeitsstruktur zwischen der DDR und der Bundesrepublik herausgerechnet hat,[49] so zeigt sich eine ähnliche, aber verzögerte Entwicklung: Der Anteil der im primären Sektor Beschäftigten halbierte sich auch im ostdeutschen Teilstaat in den 1970er und 1980er Jahren nahezu, der Anteil der in der Industrie Beschäftigten reduzierte sich um fast fünf Prozentpunkte und derjenige des Dienstleistungssektors stieg um mehr als 10 Punkte auf 51,2 Prozent an.[50] So gesehen, entsprach die Struktur der DDR-Wirtschaft Ende der 1980er Jahre derjenigen der Bundesrepublik im Jahr 1981. Wenn man einen höheren Dienstleistungsanteil als ein Kriterium für Modernität ansehen möchte, wie dies in modernisierungstheoretisch geleiteten Untersuchungen geschah, hatte die DDR auf dem Weg zu einer Dienstleistungsgesellschaft gegenüber der Bundesrepublik einen Rückstand. Andererseits war aber die Entwicklung des Dienstleistungsbereiches weiter vorangeschritten, als oft unterstellt wird. Der Blick darauf war verstellt, weil viele Dienstleistungstätigkeiten zum einen wegen des unsicheren Angebots in der Plan- und Mangelwirtschaft und zum anderen wegen der Betriebszentriertheit der staatlichen Sozialpolitik in den Kombinaten und Betrieben der Industrie erbracht wurden.[51]

In der Bundesrepublik nahm seit den 1970er Jahren die Beschäftigung in der Industrie absolut und relativ ab. Dagegen sank der Anteil des sekundären Sektors in der DDR ab den 1970er Jahren zwar relativ, die absolute Beschäftigtenzahl stieg aber bis Mitte der 1980er Jahre – eine Folge der bis 1988 zunehmenden Zahl der Erwerbstätigen. Wesentliche Ursache dieses Wandels war in West und Ost – wenn auch in unterschiedlichem Maße – der sich beschleunigende technologische Fortschritt, der durch die Ausbreitung der Informationstechnologie und der damit verbundenen Flexibilisierung technischer Lösungen cha-

---

48 Zu letzterem siehe: Marlene Nowack, Der Strukturwandel und seine Begleiterscheinungen – Rückblick auf die Entwicklung ausgewählter Wirtschaftsbereiche im früheren Bundesgebiet, in: Hans Günther Merk (Hg.), Wirtschaftsstruktur und Arbeitsplätze im Wandel der Zeit, Wiesbaden 1994, S. 36–65, hier S. 39. Entsprechende Angaben fehlen für die DDR bisher.
49 Annegret Groebel, Strukturelle Entwicklungsmuster in Markt- und Planwirtschaften, Heidelberg 1997, S. 105–115.
50 Groebel, Strukturelle Entwicklungsmuster, S. 118. Vgl. die Zusammenstellungen bei Steiner, Siebziger Jahre als Kristallisationspunkt, S. 32 f.
51 Vgl. Peter Hübner, Betriebe als Träger der Sozialpolitik, betriebliche Sozialpolitik, in: Bundesministerium für Arbeit und Soziales/Bundesarchiv (Hg.), Geschichte der Sozialpolitik, Band 10, S. 703–738. Beispiele hierzu bei Ingrid Deich/Wolfhard Kothe, Betriebliche Sozialeinrichtungen, Opladen 1997, S. 35–61.

rakterisiert war. Dieser Fortschritt wurde wiederum wesentlich durch den sich in Krisenzeiten binnen- und außenwirtschaftlich verschärfenden Wettbewerb vorangetrieben. Dieses Moment war in West und Ost auf Grund der Systemgestaltung unterschiedlich ausgeprägt und entfaltete entsprechend verschiedene Wirkungen. Der technologische Fortschritt ermöglichte und die Konkurrenz erforderte letztlich sowohl die Tertiarisierung der Sachgüterproduktion als auch die Industrialisierung bei der Erstellung von Dienstleistungen.[52] Deutlich wurde das einerseits daran, dass im industriellen Bereich immer mehr Arbeitskräfte in Forschung und Entwicklung, Management, Verwaltung und Kontrolle tätig waren. Darüber hinaus wuchsen neben den sozialen gerade die produktionsbezogenen Dienstleistungsbereiche wie das Verkehrswesen, das Kredit- und Versicherungsgewerbe, die Unternehmens- und Steuerberatung, die selbstständige Forschung und Entwicklung sowie die Datenverarbeitung besonders schnell. Andererseits bot die Industrie zunehmend intelligenzintensivere Produkte an. Schließlich substituierten langlebige Konsumgüter wie Waschmaschinen, Staubsauger und Heimelektronik teilweise Dienstleistungsarbeit im Haushalt. Moderne elektronische Geräte ersetzten aber auch marktbezogene Dienstleistungen im Handel, im Kredit- und Verkehrsgewerbe und in der öffentlichen Verwaltung. Damit wurde wiederum die Sachgüterproduktion angeregt und dem Trend zur Deindustrialisierung entgegengewirkt.[53] Teilweise entstand der Effekt eines ausgeweiteten Dienstleistungssektors dadurch, dass diese aus dem Industriebereich beispielsweise im Bereich des Marketing und der Rechtsberatung externalisiert wurden. Insofern steckte dahinter ein rein statistischer Effekt. Das machte aber nur den geringeren Teil des Phänomens aus.

Vielmehr handelte es sich bei der Tertiarisierung überwiegend um eine erhöhte Dienstleistungsintensität der Produktion, die auf neuen technologischen Möglichkeiten vor allem bei der Informationsspeicherung, -verarbeitung und -übertragung in der gesamten Volkswirtschaft beruhte. Damit war eine verstärkte intersektorale Arbeitsteilung verbunden, wodurch traditionelle Branchenabgrenzungen zunehmend unscharf und fließend wurden.[54] Letztlich gingen Industrie und Dienstleistungssektor mehr und mehr »ein symbiotisches Verhältnis« ein; sekundärer und tertiärer Sektor ließen sich immer weniger unterscheiden, was noch einmal auf die Fragwürdigkeit des Drei-Sektoren-Modells vor dem Hintergrund der Entwicklungen der letzten 40 Jahre verweist. Ebenso kann nur eingeschränkt von Deindustrialisierung die Rede sein, denn die Industrie nahm weiter eine beherrschende Stellung im wirtschaftlichen, politischen

---

52 Gerold Ambrosius, Ursachen der Deindustrialisierung Westeuropas, in: Werner Abelshauser (Hg.), Umweltgeschichte. Umweltverträgliches Wirtschaften in historischer Perspektive, Göttingen 1994, S. 191–221, hier S. 197.
53 Ambrosius, Ursachen der Deindustrialisierung, S. 196, 198 f.; Henning Klodt/Rainer Maurer/Axel Schimmelpfennig, Tertiarisierung der deutschen Wirtschaft, Tübingen 1997, S. 56 f.
54 Klodt/Maurer/Schimmelpfennig, Tertiarisierung, S. 48, 56.

und gesellschaftlichen Gefüge der Bundesrepublik ein[55] – nebenbei bemerkt: von der DDR ganz zu schweigen. Im Westen machten das selbst die Reaktionen der Politik auf die wegbrechenden Branchen deutlich, die doch überwiegend auf industrielle Arbeitsplätze orientiert waren. Es ist bemerkenswert, dass die Politik zwar im Zusammenhang mit der Arbeitslosigkeit den intraindustriellen Strukturwandel zur Kenntnis nahm,[56] kaum aber den Gewichtsverlust des gesamten industriellen Sektors innerhalb der volkswirtschaftlichen Bilanz. Vermutlich war es gerade die sektorübergreifende Form der Umgestaltung der Produktionsstrukturen, die eine größere Aufmerksamkeit für die schwindende Bedeutung der »reinen« Industriewirtschaft in ihrer im 19. Jahrhundert entstandenen Form verhinderte.

Dabei lag eine entscheidende kurzfristige Ursache für diesen Bedeutungsverlust darin, dass die Industrie von der Rezession 1974/75 besonders betroffen war. Dazu kam, dass mit dem Ende des Systems von Bretton Woods auch die Unterbewertung der D-Mark verschwand, von der die Industrie vornehmlich profitiert hatte.[57] Zugleich verbanden sich diese Faktoren mit eher mittel- und langfristigen Aspekten, was dann zusammen den Strukturwandel in der Bundesrepublik ab Mitte der 1970er Jahre verlangsamte. Das lag an dem bereits erwähnten, weitgehenden Abschluss der Deagrarisierung, dem verlangsamten Ausbau des Sozialstaates und den sich teilweise verschlechternden internationalen Absatzbedingungen für die westdeutsche Industrie auch infolge der neu entstandenen Konkurrenz in den Schwellenländern.[58]

Ein weiteres entscheidendes Moment waren die während des »Golden Age« im Westen zunehmend gesättigten Konsumgütermärkte und, damit verbunden, anspruchsvollere Konsumenten. In der sich durchsetzenden Massenkonsumgesellschaft – dem Kontrapunkt zu den Wirtschaftskrisen mit zunehmender Arbeitslosigkeit, der auf die Ambivalenz dieser Zeit verweist – differenzierten sich ab den 1970er Jahren die Konsumansprüche immer mehr aus und verfeinerten sich. Diese Entwicklung wurde jedoch auch für die SED-Spitze ein Problem, denn die gestiegene Ausstattung der Haushalte mit Fernsehgeräten sorgte für die schnelle Information der DDR-Bürger über die auch qualitativ neuen Angebote im Westen. Dort ging es inzwischen nicht mehr um die Befriedigung der schlichten Konsumbedürfnisse, sondern es spielte zunehmend die Art der

---

55 Ambrosius, Ursachen der Deindustrialisierung, S. 221 (Zitat); ders., Agrarstaat oder Industriestaat – Industriegesellschaft oder Dienstleistungsgesellschaft? Zum sektoralen Strukturwandel im 20. Jahrhundert, in: Reinhard Spree (Hg.), Geschichte der deutschen Wirtschaft im 20. Jahrhundert, München 2001, S. 50–69, hier S. 64; Gerold Ambrosius, Sektoraler Wandel und internationale Verflechtung: Die bundesdeutsche Wirtschaft im Übergang zu einem neuen Strukturmuster, in: Thomas Raithel/Andreas Rödder/Andreas Wirsching (Hg.), Auf dem Weg in eine neue Moderne? Die Bundesrepublik Deutschland in den siebziger und achtziger Jahren, München 2009, S. 17–30, hier S. 21.
56 Grande, West Germany, S. 52f.
57 Klodt/Maurer/Schimmelpfennig, Tertiarisierung, S. 23–26.
58 Ambrosius, Agrarstaat oder Industriestaat, S. 68.

Kleidung oder die Marke des Autos eine Rolle. In der DDR griff das vor allem die jüngere Generation auf, die die entbehrungsreichen Nachkriegs- und Aufbaujahre nicht erlebt hatte, und erwartete entsprechende Angebote auch in Ostdeutschland. Dem konnte und wollte die SED-Spitze aber nicht Rechnung tragen, weil ihr Bild von dem notwendigen Konsum nach wie vor von den Erfordernissen einer Arbeiterfamilie in der Weimarer Zeit geprägt war, in der sie mehrheitlich sozialisiert worden war. Um den nie eingelösten Alternativanspruch des Ostens, eigene Konsummuster und -angebote zu schaffen, ging es in den 1970er und 1980er Jahren nicht mehr.[59]

Auf der Produktionsseite hatte das »fordistische« Produktionsmodell im Westen die Grenzen seiner Ausdehnung erreicht. Die Wachstumsimpulse der dritten industriellen Revolution mit ihrer Flexibilisierung der Technik und dem sich damit herausbildenden Modell der postfordistischen Produktion waren noch zu schwach, um dies auszugleichen. Zugleich war jedoch der Zuwachs an Arbeitsplätzen im Dienstleistungsbereich zu gering, um der schnell zunehmenden Arbeitslosigkeit zu begegnen. Da vor allem die kapitalintensiven Bereiche dieses Sektors expandierten, entstanden kaum Arbeitsplätze für gering Qualifizierte und industriespezifisch Ausgebildete. Das zeigte sich statistisch in einer geringen Beschäftigungsmobilität zwischen primärem und sekundärem Sektor auf der einen und tertiärem Sektor auf der anderen Seite, so dass man von einer Segregation der entsprechenden Arbeitsmärkte sprechen kann. Alles in allem handelte es sich bei der Tertiarisierung in der Bundesrepublik im Kern nicht um eine sektorale Strukturverschiebung, sondern um einen sektorübergreifenden Wandel der Produktionsstrukturen, der vom sich verschärfenden Wettbewerb in der Binnen- und Weltwirtschaft getrieben wurde.[60]

In der DDR wurde von der SED-Spitze weiterhin ein industriefixiertes Bild der Wirtschaftsstrukturen gepflegt. Die legitimatorisch eingesetzte Ideologie von der Arbeiterklasse als der herrschenden Klasse und die damit verbundenen Vorstellungen von einer von Arbeitern geprägten Gesellschaft verstärkten dies noch. Zugleich ging aber – wie bereits gesehen – auch im Osten der Anteil des sekundären Sektors zurück. Dies ist aber wohl mehr als eine nichtintendierte Folge der zunehmenden Probleme zu verstehen, die verschiedenen Bereiche der Gesellschaft zu steuern. So wurde der Dienstleistungssektor auch durch den Ausbau der Staats- und Lenkungsapparate, darunter der Sicherheitsbereich, immer mehr ausgeweitet. Darüber hinaus dehnte die unter Honecker forciert ausgeweitete Sozialpolitik den tertiären Sektor aus. Allerdings hatten die hochintegrierten Wirtschaftseinheiten in der DDR angesichts ihrer Tendenz zur Binnenautarkie kein Interesse, so wie in der Bundesrepublik Dienstleistungsfunktionen zumindest teilweise aus dem Industriesektor an externe Anbieter auszulagern. Dies kann als das »realsozialistische« Pendant zu der für die Bundesrepublik benannten Symbiose zwischen sekundärem und tertiärem Sektor interpretiert werden.

---

59 Vgl. Schröter, Teilung, S. 384 ff.; Steiner, Von Plan zu Plan, S. 215–221.
60 Klodt/Maurer/Schimmelpfennig, Tertiarisierung, S. 35, 58, 55, 205 ff.

Über den intersektoralen Wandel hinaus ist außerdem die Frage zu stellen, welche Veränderungen sich innerhalb der Industrie zeigten. Als die größten Gewinner dieses intrasektoralen Strukturwandels zwischen 1970 und 1987 erwiesen sich in der Bundesrepublik – in dieser Reihenfolge – Fahrzeugbau, Feinmechanik/Optik, Kunststoffverarbeitung, Energiewirtschaft und Büromaschinen/EDV. Damit setzten sich im Wesentlichen die Trends aus der Boomphase fort. Allerdings konzentrierten sich die Anteilsgewinne besonders auf den Fahrzeugbau. Die größten Verlierer waren Textil/Leder, Bekleidung, Getränke/Tabak, Stahlbau, Steine und Erden, Eisen und Stahl sowie der Bergbau. Der Strukturwandel verschob damit auch die regionalen Gewichte von Beschäftigung und Wertschöpfung massiv zu Lasten der alten Montanregionen und verstärkte einen Trend zugunsten Süddeutschlands, der sich schon seit den 1930er Jahren abgezeichnet hatte. In der DDR gewannen die Energiewirtschaft, die Elektrotechnik, der Kohlebergbau, Eisen und Stahl sowie der Maschinenbau am meisten, wobei die relativen Zuwächse unter denen in der Bundesrepublik lagen. Am stärksten ging die Beschäftigung relativ in den Branchen Textil/Leder, Bekleidung, Papier/Druckereien, Uhren/Spielwaren, Steine/Erden, EBM-Waren sowie Kunststoffverarbeitung zurück. Damit wurden in Ostdeutschland im Wesentlichen ebenfalls die Tendenzen aus den 1950er und 1960er Jahren fortgeführt. Jedoch war auch die Intensität des intrasektoralen Strukturwandels in der DDR deutlich geringer als in der Bundesrepublik. Zudem wies er andere Charakteristika auf: Der Rückgang der Beschäftigung in der Textil- und Bekleidungsindustrie war nur halb so groß wie in der Bundesrepublik. Der Fahrzeugbau gehörte nicht zu den Gewinnern, die die Struktur dominierten. Dafür wuchsen Eisen und Stahl weiter, während sie in der Bundesrepublik zurückgingen. Ähnlich divergierende Entwicklungen waren in der Kunststoffverarbeitung zu beobachten, die im Westen zu den Strukturgewinnern und im Osten zu den Verlierern zählte, obwohl sie zumindest zeitweise zu den Begünstigten der SED-Wirtschaftspolitik zählte. Insoweit differierten die Beschäftigungsstrukturen des produzierenden Gewerbes nicht unerheblich zwischen den beiden Teilen Deutschlands.[61]

Genauere Untersuchungen der industriellen Branchenstruktur in der Bundesrepublik ergaben, dass der Rückgang des Industrieanteils seit 1973 nicht primär aus der Zunahme der Nettofreisetzungen in den schrumpfenden Branchen Eisen und Stahl, Textilien, Bekleidung und Schiffbau folgte. Vielmehr war er eine Folge der Abnahme der Nettozugänge an Arbeitsplätzen insbesondere in den Wachstumsbranchen wie dem hochtechnologischen Maschinenbau, der

---

61 Steiner, Siebziger Jahre als Kristallisationspunkt, S. 39 ff.; mit Bezug auf die Daten von Martin Gornig, Gesamtwirtschaftliche Leitsektoren und regionaler Strukturwandel. Eine theoretische und empirische Analyse der sektoralen und regionalen Wirtschaftsentwicklung in Deutschland 1895–1987, Berlin 2000, S. 78, 93. Zu den Verschiebungen der Regionalstruktur ebd., S. 108–113; Dietmar Petzina, Standortverschiebungen und regionale Wirtschaftskraft in der Bundesrepublik Deutschland seit den fünfziger Jahren, in: Josef Wysocki (Hg.), Wirtschaftliche Integration und Wandel von Raumstrukturen im 19. und 20. Jahrhundert, Berlin 1994, S. 101–127.

Mikroelektronik sowie dem Luft- und Raumfahrzeugbau, deren quantitativer Beschäftigungseffekt zu gering war. Dies galt ebenso für die »mittleren« Industrien, wie die chemische und kunststoffverarbeitende Industrie, den Straßenfahrzeugbau, den Maschinenbau einschließlich Büromaschinen und EDV, die elektrotechnische sowie die feinmechanische und optische Industrie.[62] Zugleich konnte dies, wie bereits erwähnt, nicht durch einen Anstieg der Arbeitsplätze im Dienstleistungsbereich ausgeglichen werden, weil vor allem die kapitalintensiven Bereiche dieses Sektors expandierten. Auch innerhalb des verarbeitenden Gewerbes schieden vor allem die gering Qualifizierten aus, die insbesondere infolge des *skill-biased technical change* und weniger wegen des zunehmenden internationalen Handels den Kern der sich herausbildenden Sockelarbeitslosigkeit bildeten.[63] Alles in allem gewannen der höhere Qualifikationen erfordernde technologische Wandel und der damit verbundene wirtschaftliche Strukturwandel ab den 1970er Jahren einen neuen Charakter und waren dadurch *eine* längerfristige Ursache für die entstehende Massenarbeitslosigkeit. Wenn auch nicht in dem Maße wie im Westen voranschreitend, bildete dieser Wandel im Osten ebenso eine Ursache für die sich dort abzeichnende Erosion der Vollbeschäftigung, die sich zum einen in zunehmenden Ausfall- und Leerzeiten und Überqualifikation der Beschäftigten, zum anderen in einer wachsenden Zahl mehr und mehr geduldeter Aussteigerexistenzen verschiedener Art zeigte.

Vollbeschäftigung wiederum galt als einer der »Grundwerte« des Sozialismus ostdeutscher Prägung und damit als übergeordnetes Ziel wirtschaftspolitischen Handelns. Zwar erschien Wirtschaftspolitik im Osten per se als Strukturpolitik und wurde bis zum Schluss auch von dem Industrialisierungsparadigma Stalinscher Prägung beherrscht. Zugleich schielte man immer nach Westen, um dortige Entwicklungen aufzugreifen und nicht vollkommen ins Hintertreffen zu geraten. Aber entscheidend dafür, ob in der DDR Strukturwandel vorangetrieben oder eher gemildert werden sollte, war für die SED-Spitze, ob dadurch die Vollbeschäftigung untergraben werden würde. Das behinderte den Wandel tendenziell eher und höhlte als nicht intendierte Folge mittelfristig wiederum die Basis auch der Vollbeschäftigung aus und trug so zum Niedergang des Staatssozialismus bei. Dagegen wurde der Strukturwandel von der Politik im Westen zwar ebenfalls vor allem unter arbeitsmarktpolitischen Gesichtspunkten wahrgenommen; Vollbeschäftigung war auch hier ein essentielles Ziel wirtschaftspolitischer Entscheidungen, ohne sie aber seitens des Staates (wirtschaftlich) zu garantieren. Deshalb betrieb man Strukturpolitik unter dem Label von Agrar- oder Industriepolitik meist als Sozialpolitik, weniger als bewusste Förderpolitik, was auch marktwirtschaftlichen Grundsätzen widersprochen hätte. Außerdem stellte sich in diesem Zusammenhang die Frage nach den Kosten und Möglichkeiten einer solchen Politik.

---

62 Ambrosius, Deindustrialisierung, S. 209f.
63 Carsten Ochsen, Zukunft der Arbeit und Arbeit der Zukunft in Deutschland, in: Perspektiven der Wirtschaftspolitik 7 (2006), S. 173–193.

Verflochten war der wirtschaftliche Strukturwandel in West und Ost lediglich über die Systemkonkurrenz, die aber für die DDR im hier betrachteten Zeitraum eine deutlich größere Rolle spielte und somit auch in diesem Fall einen asymmetrischen Charakter annahm. In der DDR wurden entgegen dem eigenen Anspruch, ein alternatives System darzustellen, technische und Konsumentwicklungen des Westens nachvollzogen, ohne dasselbe qualitative und quantitative Niveau zu erreichen. Beide Seiten hatten sich jedoch in diesem Wettlauf dem zunehmenden Konkurrenzdruck der internationalen Märkte zu stellen.

3. Außenwirtschaft, Integration und deutsch-deutsche Verflechtung

Die Außenwirtschaftsbeziehungen demonstrierten vielleicht am deutlichsten das Spannungsverhältnis von Abgrenzung und Verflechtung der beiden deutschen Volkswirtschaften. Das galt besonders für die Integration in die Europäische Wirtschaftsgemeinschaft (EWG) im Westen und in den Rat für Gegenseitige Wirtschaftshilfe (RGW) im Osten. Knapp die Hälfte der »mitteldeutschen« und immerhin ein knappes Viertel der westdeutschen Industrieproduktion waren Schätzungen zufolge 1936 in andere Gebiete des Deutschen Reichs geliefert worden, die Relationen bei den Einfuhren waren ähnlich.[64] Stattdessen wickelte die Bundesrepublik Ende der 1950er Jahre noch etwa 2,5 Prozent ihres grenzüberschreitenden Güteraustauschs im innerdeutschen Handel ab, der offiziell nie als regulärer Außenhandel gesehen wurde; zehn Jahre später waren es nur noch rund 1,5 Prozent bei leicht steigender Tendenz.[65] Die ostdeutsche Volkswirtschaft blieb in wesentlich höherem Maße vom Handel mit Westdeutschland und West-Berlin abhängig, dessen Anteil an ihrem gesamten Außenhandel in der zweiten Hälfte der 1950er Jahre auf über zehn Prozent gewachsen war, bevor ihn eine seit Anfang 1961 betriebene Politik der »Störfreimachung« für den Fall politischer Irritationen auf rund acht Prozent drückte.[66]

Der RGW, dem die DDR 1950 beitrat und mit dessen Mitgliedsländern sie schnell etwa zwei Drittel ihres Außenhandels abwickelte, übertrug letztlich die Systemschwächen der beteiligten Zentralplanwirtschaften – fehlende Effizienzanreize der Betriebe, begrenzte Aussagekraft von Preisen und Währungen, Innovationsschwäche – auf die internationale Ebene. Da außerdem das Industrialisierungsniveau der Mitgliedsländer sehr unterschiedlich war, blieben vor allem

---

64 Lieferungen: 49 bzw. 22 %, Bezüge: 55 bzw. 21 %; Bruno Gleitze, Ostdeutsche Wirtschaft. Industrielle Standorte und volkswirtschaftliche Kapazitäten des ungeteilten Deutschland, Berlin 1956, S. 8.
65 Siegfried Kupper, Der innerdeutsche Handel. Rechtliche Grundlagen, politische und wirtschaftliche Bedeutung, Köln 1972, S. 65.
66 Heinz Köhler, Economic Integration in the Soviet Bloc. With an East German Case Study, New York 1965, S. 61–70; Ralf Ahrens, Gegenseitige Wirtschaftshilfe? Die DDR im RGW – Strukturen und handelspolitische Strategien 1963–1976, Köln 2000, S. 115.

die Industrieländer DDR und Tschechoslowakei für den Import innovativer, hochwertiger Industriegüter auf westliche Handelspartner angewiesen.[67] Aufgrund dieser blockinternen Probleme war der seit dem Berliner Abkommen vom September 1951 auf einer stabilen Rechtsgrundlage ablaufende innerdeutsche Handel gegen »Verrechnungseinheiten«, der keiner Devisenvorräte bedurfte und durch einen zinslosen Überziehungskredit unterstützt wurde, für die DDR von weit größerem volkswirtschaftlichen Gewicht als für die Bundesrepublik.[68] Dabei machte sich erstere schon in den 1950er Jahren von hochwertigen, relativ innovativen Erzeugnissen des Maschinenbaus, der Stahlindustrie, der chemischen und der optischen Industrie abhängig, und im Laufe der 1960er Jahre stieg auch der Anteil des innerdeutschen Handels am gesamten Außenhandel wieder leicht an.[69] Auch für die monetäre Außenwirtschaft setzte der Westen sozusagen die Standards, indem der Wechselkurs der Ostmark aufgrund politischer Gleichrangigkeitsansprüche trotz einer zunehmenden Überbewertung stets bei einer offiziellen 1:1-Parität gegenüber der D-Mark gehalten wurde.[70]

Die Reformanläufe der 1960er Jahre änderten wenig an den Grundproblemen des unflexiblen, die Produktion stark von den internationalen Märkten abschirmenden Außenwirtschaftssystems. Debatten über die Reform des RGW endeten um 1970 ebenfalls in einer weitgehenden Festschreibung der bestehenden, auf die zentrale Plankoordinierung orientierten Mechanismen der Arbeitsteilung. Die DDR reagierte auf den Stillstand mit einer Flucht nach Westen: Der Anteil der RGW-Länder am Außenhandel der DDR nahm schon seit den 1960er Jahren allmählich ab, wenn man die Handelsumsätze mit den verschiedenen Währungsgebieten nach dem tatsächlichen Aufwand zur Herstellung von Exportwaren bzw. nach den tatsächlichen Kosten der Importe berechnet. Dies entsprach einer zunächst unerwünschten, dann gezielter vorangetriebenen Politik der kreditfinanzierten Importe westlicher Investitionsgüter, mittels derer die DDR-Industrie modernisiert werden sollte. Nachdem die ostdeutsche Indus-

---

67 Vgl. aus der neueren Literatur ausführlich Ahrens, Wirtschaftshilfe; Randall W. Stone, Satellites and Commissars. Strategy and Conflict in the Politics of Soviet-Bloc Trade, Princeton 1996; André Steiner, The Council of Mutual Economic Assistance – An Example of Failed Economic Integration?, in: Geschichte und Gesellschaft 39 (2013), S. 240–258.
68 Vgl. den Überblick von Maria Haendcke-Hoppe-Arndt, Interzonenhandel/Innerdeutscher Handel, in: Deutscher Bundestag (Hg.), Materialien der Enquete-Kommission »Aufarbeitung von Geschichte und Folgen der SED-Diktatur in Deutschland« (12. Wahlperiode des Deutschen Bundestages), Frankfurt a. M. 1995, Bd. V/2, S. 1543–1571.
69 Jörg Roesler, Handelsgeschäfte im Kalten Krieg. Die wirtschaftliche Motivation für den deutsch-deutschen Handel zwischen 1949 und 1961, in: Christoph Buchheim (Hg.), Wirtschaftliche Folgelasten des Krieges in der SBZ/DDR, Baden-Baden 1995, S. 193–220; Friedrich von Heyl, Der innerdeutsche Handel mit Eisen und Stahl 1945–1972. Deutschdeutsche Beziehungen im Kalten Krieg, Köln 1997, S. 104–107; Kupper, Handel, S. 65.
70 Vgl. Oskar Schwarzer, Sozialistische Zentralplanwirtschaft in der SBZ/DDR. Ergebnisse eines ordnungspolitischen Experiments (1945–1989), Stuttgart 1999, S. 121–125; Armin Volze, Die gespaltene Valutamark. Anmerkungen zur Währungspolitik und Außenhandelsstatistik der DDR, in: Deutschland Archiv 32 (1999), S. 232–241.

trie aufgrund der Effizienzschwächen der Zentralplanwirtschaft schon in den 1950er Jahren an Wettbewerbsfähigkeit auf westlichen Märkten verloren hatte und die Reformen der 1960er Jahre dies nicht grundsätzlich korrigieren konnten, ergab sich daraus eine wachsende Verschuldung in westlichen Währungen. Die DDR ging also mit einer strukturellen Abhängigkeit vom Klassenfeind in die Krisenphase der 1970er und 1980er Jahre.[71]

Bis dahin hatte sich die ökonomische Westbindung der Bundesrepublik im Großen und Ganzen als Erfolgsgeschichte erwiesen. Schon Wiederaufbau und »Wirtschaftswunder« waren durch zwei außenwirtschaftliche Basistrends gekennzeichnet gewesen: zum einen eine Liberalisierung des Außenhandelsregimes und die damit einhergehende Öffnung zur Weltwirtschaft, zum anderen die Integration in die Montanunion und die EWG. Die schrittweise Entlassung der westdeutschen Ein- und Ausfuhren aus der alliierten Regie sowie die von der amerikanischen Besatzungsmacht vorangetriebene Erleichterung des innereuropäischen Handels durch den Aufbau eines multilateralen Clearingsystems und den Abbau mengenmäßiger Einfuhrbeschränkungen im Rahmen der Organization for European Economic Cooperation (OEEC) hatte zunächst den größeren Anteil an der Rückkehr der westdeutschen Industrie auf den Weltmarkt. Bilaterale Liberalisierungsabkommen ließen durch den Abbau von Kontingenten seit 1949 den Güteraustausch mit west- und nordeuropäischen Nachbarstaaten merklich ansteigen, die Aufnahme in das General Agreement on Tariffs and Trade (GATT) 1951 erleichterte deutsche Exporte und setzte die inländische Industrie unter Wettbewerbsdruck. Die Integration der D-Mark in die Europäische Zahlungsunion und der Übergang zur Konvertibilität 1958 sowie die Liberalisierung des Kapitalverkehrs förderten das Wachstum des westdeutschen Außenhandels von der monetären Seite her.[72]

Das ökonomische Potenzial der westeuropäischen Integration für die Bundesrepublik zeigte sich, gemessen an den Handelsströmen, vor allem seit den 1960er Jahren. Nun profitierte insbesondere Westdeutschland von den handelsschaffenden Effekten der Zollunion, während der Anteil Westeuropas am Welthandel insgesamt deutlich zunahm; handelspolitische Barrieren zwischen den Mitgliedsländern wurden abgebaut und die Wohlstandsniveaus glichen sich merklich an.[73] Der Anteil der fünf anderen Mitgliedsländer am westdeutschen Außenhandel betrug bereits 1960 knapp 30 Prozent und stieg bis zur Erweiterung 1973 auf

---

71 Steiner, DDR-Wirtschaftsreform, S. 162–183; Ahrens, Wirtschaftshilfe, S. 60–67, 138–152, 216–242.
72 Christoph Buchheim, Die Wiedereingliederung Westdeutschlands in die Weltwirtschaft 1945–1958, München 1990; Reinhard Neebe, Weichenstellung für die Globalisierung. Deutsche Weltmarktpolitik, Europa und Amerika in der Ära Ludwig Erhard, Köln 2004.
73 Johannes Bähr, Integrationseffekte und Integrationspotentiale in unterschiedlichen Wirtschaftssystemen: Das geteilte Deutschland im Vergleich, in: Eckhart Schremmer (Hg.), Wirtschaftliche und soziale Integration in historischer Sicht, Stuttgart 1996, S. 241–258, hier S. 245f., 255; Gerold Ambrosius, Wirtschaftsraum Europa. Vom Ende der Nationalökonomien, Frankfurt a. M. 1996, S. 95–100.

46,7 (Exporte) bzw. 39,9 (Importe) Prozent an, während der Anteil osteuropäischer Länder (ohne die DDR) nur um die vier Prozent schwankte; vor dem Krieg waren rund 15 Prozent der Exporte des bundesdeutschen Gebiets nach Ost- und Südosteuropa gegangen. In der Güterstruktur demonstrierte der wachsende Anteil gewerblicher Fertigerzeugnisse an den Einfuhren, dass das Industrieland Bundesrepublik durch eine zunehmende Integration in die Weltwirtschaft die Vorteile wirtschaftlicher Spezialisierung realisierte.[74] Besonders deutlich drückte sich die fortschreitende wirtschaftliche Verflechtung mit den westlichen Volkswirtschaften im Anteil des intraindustriellen Handels aus, also des wechselseitigen Güteraustauschs aus denselben Branchen.[75] Die Aufrechterhaltung des innerdeutschen Handels war unter diesen Umständen zwar ein wichtiges deutschlandpolitisches, aber nur ein nachrangiges wirtschaftspolitisches Anliegen.

Im Zentrum der westdeutschen Außenwirtschaftspolitik standen vielmehr die Konsequenzen aus der Erosion des internationalen Systems fixer Wechselkurse, das 1944 in Bretton Woods errichtet worden war. Die Suspendierung der Wechselkursfixierung und die endgültige Auflösung des Systems durch die amerikanische Regierung 1971/73 gewährten Bundesregierung und Bundesbank zwar eine größere konjunkturpolitische Flexibilität, weil Bretton Woods die Autonomie der Geldpolitik in Krisensituationen eng begrenzt und das im Gefolge der Krise 1966/67 etablierte »magische Viereck« der Konjunkturpolitik mithin außenwirtschaftlich besonders verwundbar gemacht hatte. Da jedoch die Harmonisierung der Währungspolitik gleichzeitig ein Kernelement der westeuropäischen Integration blieb, wurde innerhalb der EWG eine Stabilisierung der Wechselkursverhältnisse durch die 1972 eingeführte »Währungsschlange« und seit 1979 durch das Europäische Währungssystem angestrebt, innerhalb derer die Kurse in begrenztem Maße schwanken durften und zur Absicherung der Währungsstabilität auch Kapitalverkehrskontrollen erlaubt blieben. Die Deutsche Mark entwickelte sich dabei angesichts der Wirtschafts- und vor allem Exportstärke schnell zur Leitwährung.[76]

Die Aufwertungen der D-Mark gegenüber dem US-Dollar erhöhten die Preise deutscher Erzeugnisse im Ausland, sie setzten aber den regelmäßigen Handelsbilanzüberschüssen der Bundesrepublik keineswegs ein Ende. Auch wenn die vorherige Unterbewertung die Exportüberschüsse zweifellos gefördert hatte, beruhte die Wettbewerbsstärke des »Exportweltmeisters« doch in erster Linie auf einer Industrie, die in der Qualitäts- und Innovationskonkurrenz bei humankapitalintensiven Gütern gut abschnitt.[77] Auf den bundesdeutschen Arbeits-

---

74 Abelshauser, Wirtschaftsgeschichte, S. 257 f.
75 Giersch/Paqué/Schmieding, Fading Miracle, S. 166, 172.
76 Vgl. die Überblicke bei Harold James, Rambouillet, 15. November 1975. Die Globalisierung der Wirtschaft, München 1997, S. 131–175; Giersch/Paqué/Schmieding, Fading Miracle, S. 176–184, 250–255; Abelshauser, Wirtschaftsgeschichte, S. 269–272; Mark Spoerer/Jochen Streb, Neue deutsche Wirtschaftsgeschichte des 20. Jahrhunderts, München 2013, S. 238–242; Herbert, Geschichte, S. 887–895.
77 Spoerer/Streb, Wirtschaftsgeschichte, S. 249 f.; Abelshauser, Wirtschaftsgeschichte, S. 260.

markt wirkte sich der Außenhandel in den 1970er und 1980er Jahren denn auch vor allem durch das Wegbrechen von Stellen für geringqualifizierte Arbeitnehmer aus, die unter den Konkurrenzdruck aus Niedriglohnländern gerieten, während bei hochqualifizierten Beschäftigten das Mithalten bei der internationalen Entwicklung des technischen Fortschritts die entscheidende Rolle spielte.[78]

Deutlicher noch als im Außenhandel spiegelte sich die Internationalisierung der bundesdeutschen Wirtschaft in den Direktinvestitionen im Ausland. Sie stiegen zwischen 1960 und 1980 etwa dreimal so schnell an wie die Ausrüstungsinvestitionen im Inland. Nachdem die Auslandsinvestitionen angesichts des Kapitalmangels in den Nachkriegsjahrzehnten nur langsam in Gang gekommen waren, fanden sie jetzt vor allem durch den Kauf ausländischer Beteiligungen statt und dienten sowohl der Kompensation der inländischen Kostensteigerungen als auch zur Absicherung gegen Protektionismus in den Importländern deutscher Industriegüter.[79] In der makroökonomischen Betrachtung waren die wachsenden Kapitalexporte freilich eine Kehrseite der ständigen Handelsbilanzüberschüsse: Der Export kurbelte zwar die binnenwirtschaftlichen Investitionen an und fungierte zeitweise als Ausgleich einer schwächelnden Binnenkonjunktur. Die Bundesrepublik transferierte aber zugleich Güter ins Ausland, deren Gegenwert entweder als Kredit oder eben in Form von Auslandsinvestitionen angelegt werden musste. Gleichzeitig setzten die Überschüsse die heimische Währung unter Aufwertungsdruck (was ja bereits das System von Bretton Woods gesprengt hatte) und trieben damit Preisniveaus und Kosten in die Höhe, was wiederum angesichts der zunehmenden Abhängigkeit vom Export ein Dauerproblem darstellte.[80]

In Zeiten verschärfter internationaler Konkurrenz konnte die hochgradige Weltmarktintegration natürlich auch auf der Importseite zum Problem werden. In den 1970er und 1980er Jahren zeigte sich dies besonders an den japanischen Exporterfolgen auf dem westdeutschen Markt, aber auch an den zunehmenden Anteilen von Schwellenländern am Import von Industriegütern. Da die gemeinsame Außenhandelspolitik der EWG sich mehr oder weniger im Einklang mit den GATT-Zollsenkungsrunden bewegte, ging der Schutz der deutschen Industrie von dieser Seite deutlich zurück. Der Protektionismus verlagerte sich wie in anderen Ländern von Zöllen zu nichttarifären Handelshemmnissen, d. h. zu zwangsweisen oder »freiwilligen« Einfuhrkontingenten sowie zur gezielten Sub-

---

78 Bernd Fitzenberger, Außenhandel, technischer Fortschritt und Arbeitsmarkt in Westdeutschland von 1975 bis 1990, in: Mitteilungen aus der Arbeitsmarkt- und Berufsforschung 30 (1997), S. 642–651.
79 Stefan Schreyger, Direktinvestitionen deutscher Unternehmen im Ausland von 1952 bis 1980, Diss. Köln 1994, S. 59–73, 94–97, 312; vgl. auch Harm G. Schröter, Außenwirtschaft im Boom: Die Direktinvestitionen der Bundesrepublik Deutschland 1950–1975, in: Kaelble (Hg.), Boom, S. 82–106.
80 Der Anteil am Nettosozialprodukt zu Marktpreisen stieg zwischen 1970 und 1985 von 18,5 auf 29,4 %, stärker noch der Anteil der exportabhängigen Arbeitsplätze; Abelshauser, Wirtschaftsgeschichte, S. 217, 259–263; Wirsching, Abschied, S. 225.

ventionierung, die in einzelnen Branchen sehr unterschiedlich ausfiel. Grundsätzlich profitierten absteigende Branchen, nämlich Kohle, Stahl und Schiffbau, davon weit mehr als die stark exportorientierten Investitionsgüterhersteller. Die Bundesrepublik gehörte hier aber insgesamt zu den weniger protektionistisch orientierten Ländern. Da der bei weitem größte Teil des Außenhandels innerhalb der EWG und der EFTA stattfand, bestanden für viele Branchen ohnehin kaum Möglichkeiten, sich auf diesem Weg dem Wettbewerb zu entziehen, zumal die Gemeinschaft auch nationale Subventionen kontrollierte und in Beihilfeverfahren untersagen konnte.[81]

Allerdings differierten die nationalen Antworten auf die in vielen Mitgliedsländern auftretenden Strukturprobleme zusehends, und die mit dem »Werner-Plan« 1971 beschlossene Wirtschafts- und Währungsunion schien in weite Ferne zu rücken. Ökonomen und Publizisten begannen in den frühen 1980er Jahren, die Stagnation auf eine »Eurosklerose« der Gemeinschaft und ihrer Mitgliedsländer zurückzuführen. Wohl nicht zuletzt unter dem Druck solcher Zuschreibungen wurde 1986 die Einheitliche Europäische Akte verabschiedet, die eine »Vollendung des Binnenmarktes« und die Konvergenz der Wirtschafts- und Währungspolitiken forderte. Tatsächlich wurden daraufhin zahlreiche konkrete Schritte zur weiteren Liberalisierung des grenzüberschreitenden Waren-, Arbeitskräfte- und Kapitalverkehrs auf den Weg gebracht.[82]

Die ökonomischen Effekte des Binnenmarktes dürfen jedoch insgesamt nicht überschätzt werden: Der Handel innerhalb der Gemeinschaft nahm zwar weiter zu, die politische Integration hatte aber wohl nur geringe Auswirkungen auf die Spezialisierung der einzelnen Volkswirtschaften.[83] Die Erfolge der europäischen Industriepolitik bei zukunftsweisenden Großtechnologien, d. h. in der Informationstechnik und im Flugzeugbau, blieben zumindest durchwachsen. In anderen Branchen, wie in der Landwirtschaft oder bei der Protektion der Stahlindustrie, hatte die europäische Politik ohnehin eine strukturkonservierende Schlagseite und zielte vor allem auf die sozial- und arbeitsmarktpolitische Abfederung des Strukturwandels alter europäischer Industrieregionen.[84] Ungeachtet der schwie-

---

81 Giersch/Paqué/Schmieding, Fading Miracle, S. 223–235.
82 Vgl. Mancur Olson, The Varieties of Eurosclerosis: The Rise and Decline of Nations since 1982, in: Nicholas Crafts/Giovanni Tonniolo (Hg.), Economic Growth in Europe since 1945, Cambridge 1996, S. 73–94; John Gillingham, European Integration, 1950–2003: Superstate or New Market Economy?, Cambridge 2003, S. 81–163, 228–258; Andreas Wirsching, Der Preis der Freiheit. Geschichte Europas in unserer Zeit, München 2012, S. 242 ff.; Ambrosius, Wirtschaftsraum, S. 125–160.
83 Werner Plumpe/André Steiner, Dimensionen wirtschaftlicher Integrationsprozesse in West- und Osteuropa nach dem Zweiten Weltkrieg, in: Jahrbuch für Wirtschaftsgeschichte 49.2 (2008), S. 21–38, hier S. 36.
84 Abelshauser, Wirtschaftsgeschichte, S. 262–266; Arne Gieseck, Krisenmanagement in der Stahlindustrie. Eine theoretische und empirische Analyse der europäischen Stahlpolitik 1975 bis 1988, Berlin 1995; Mark Spoerer, »Fortress Europe« in Long-term Perspective. Agricultural Protection in the European Community, 1957–2003, in: Journal of European Integration History 16 (2010), S. 143–162.

rigen Erfolgsbewertung demonstrierten die diversen industriepolitischen Interventionen, dass Westeuropa, und mit ihm Westdeutschland, die langen Traditionen der staatlichen Eingriffe in Strukturen und Konjunkturen nicht über Bord zu werfen gedachte. Bei allen Interventionen und krisenhaften Anpassungsprozessen aber war die Wirtschaft der Bundesrepublik bereits tief in eine neue Phase der Internationalisierung eingetaucht, als ihr unverhofft neue Industrieregionen zuwuchsen, die auf die Herausforderungen der Globalisierung weit schlechter vorbereitet waren.

Die DDR war zwar im Herbst 1989 noch zahlungsfähig. Doch bei einer Nettoverschuldung in konvertierbaren Devisen, die sich auf 175 Prozent der Exporterträge im Handel mit westlichen Industrieländern belief,[85] und angesichts einer strukturellen Wettbewerbsschwäche ihrer Exporte, die in den 1980er Jahren dramatisch zugenommen hatte, waren kaum mehr Auswege aus der Schuldenfalle zu erkennen. Hintergrund der verfahrenen Lage war zum einen die ineffiziente Arbeitsteilung im RGW, wo die nachholende Industrialisierung anderer Blockländer auf relativ niedrigem Niveau die DDR auch auf den östlichen Exportmärkten erhebliche Marktanteile kostete. Die geplante, weitgehend auf bilateraler Ebene stattfindende Spezialisierung auf bestimmte Produktionslinien kam zwar statistisch in einem steigenden Anteil entsprechender Erzeugnisse an ihren Exporten zum Ausdruck, doch verbargen sich dahinter in der Regel gerade keine Exportgüter auf westlichem Entwicklungsstand und Qualitätsniveau. Hinzu kam die Belastung der Devisenbilanz durch die Preissteigerungen für Rohstoffe, insbesondere für Erdöl, auf dem Weltmarkt. Da die Preise im RGW sich nur mit erheblicher Verzögerung den Weltmarktpreisen anpassten, profitierte die DDR zwar – trotz einer beschleunigten Anpassung seit 1975 – bis Mitte der 1980er Jahre ganz erheblich von relativ preiswerten sowjetischen Öllieferungen, die zu großen Teilen für den Export in den Westen weiterverarbeitet wurden und zeitweise die wichtigste Devisenquelle darstellten. Aber selbst für die Bezahlung des relativ günstigen Rohöls mussten die realen Exporte der DDR nahezu verdoppelt werden.[86]

---

85 Steiner, Von Plan zu Plan, S. 195, 225; Armin Volze, Zur Devisenverschuldung der DDR – Entstehung, Bewältigung und Folgen, in: Eberhard Kuhrt (Hg.), Am Ende des realen Sozialismus, Bd. 4: Die Endzeit der DDR-Wirtschaft. Analysen zur Wirtschafts-, Sozial- und Umweltpolitik, Opladen 1999, S. 151–183, hier S. 181; Deutsche Bundesbank, Die Zahlungsbilanz der ehemaligen DDR 1975 bis 1989, Frankfurt a. M. 1999, S. 58 ff.

86 Ahrens, Wirtschaftshilfe, S. 249–343; zu den Erwartungen und Konsequenzen der Ölpreissteigerungen jetzt: André Steiner, »Common sense is necessary.« East German Reactions to the Oil Crises of the 1970s, in: Frank Bösch/Rüdiger Graf (Hg.), The Energy Crises of the 1970s. Anticipations and Reactions in the Industrialized World (Historical Social Research 39.4 (2014)), Köln 2014, S. 231–250; zum Umgang mit der Verschuldung v. a. Hans-Hermann Hertle, Die Diskussion der ökonomischen Krisen in der Führungsspitze der SED, in: Theo Pirker/M. Rainer Lepsius/Rainer Weinert/Hans-Hermann Hertle, Der Plan als Befehl und Fiktion. Wirtschaftsführung in der DDR. Gespräche und Analysen, Opladen 1995, S. 309–345, und jetzt auch Malycha, SED, u. a. S. 276–289; zum Stillstand im RGW ausführlich Stone, Satellites.

Zum anderen wurde die Politik gezielter Importe westlicher Investitionsgüter nach einer kurzen Unterbrechung in den frühen 1970er Jahren wieder aufgenommen, wobei die Devisenbilanz der DDR nun aber zusätzlich durch die Preissteigerungen für Rohstoffe belastet wurde. Die Bewertung des ostdeutschen Außenhandels nach dem tatsächlichen Aufwand für Exporte bzw. den tatsächlichen Erlösen bei der Abgabe der Importe an die Betriebe zeigt daher eine anhaltende Verschiebung der Regionalstruktur, so dass 1980 die Anteile der RGW-Länder an Exporten und Importen der DDR nur noch etwa 56 Prozent betrugen, diejenigen des »Nichtsozialistischen Wirtschaftsgebiets« etwa 41 Prozent.[87] Die DDR ging ebenso wie andere Ostblockländer sozusagen den direkten Weg auf den Weltmarkt, nachdem der RGW sich den Herausforderungen der beginnenden Globalisierung nicht gewachsen zeigte.[88] Die Bundesrepublik blieb dabei der mit Abstand wichtigste westliche Handelspartner der DDR. Rund die Hälfte der ostdeutschen Exporte in kapitalistische Industrieländer wurde in der Bundesrepublik abgesetzt, das Gewicht im Import war etwas geringer.[89] Lohnend für die DDR blieb der innerdeutsche Handel schon deshalb, weil er über Verrechnungseinheiten abgerechnet wurde und damit keine konvertiblen Devisen für Westimporte benötigt wurden. Darüber hinaus waren ihre Lieferungen – anders als bei anderen Nicht-EWG-Mitgliedern – aus deutschlandpolitischen Gründen umsatzsteuerlich begünstigt und von Einfuhrzöllen und Abschöpfungen befreit.[90]

Im innerdeutschen Handel lud zudem eine Ausweitung der zinsfreien Kreditlinie für die Verrechnung des Warenverkehrs (Swing) in den 1970er Jahren regelrecht dazu ein, die Verschuldung zu erhöhen. Gefährlich wurde der DDR indes nicht die daraus resultierende Verwundbarkeit von westdeutscher Seite, die zu Zeiten der »Störfreimachung« die Industrie- und Handelspolitik noch erheblich bestimmt hatte. Weit dramatischer war der Anstieg der Verschuldung in konvertierbaren Devisen, mittels derer zunächst aufgefangen wurde, dass die DDR unter der Honeckerschen »Einheit von Wirtschafts- und Sozialpolitik« über ihre Verhältnisse konsumierte und zugleich ihre Investitionen nicht zur Herstellung wettbewerbsfähiger Exportgüter reichten. Erst die vorübergehende Kreditsperre westlicher Banken für den gesamten Ostblock nach der Zahlungsunfähigkeit Polens und Rumäniens sowie die gleichzeitige drastische Erhöhung des internationalen Zinsniveaus übten in den frühen 1980er Jahren hinreichenden ökonomischen Druck aus, um vorübergehend zu positiven Handelsbilanzsalden

---

87 Ahrens, Wirtschaftshilfe, S. 65 f. Der Rest entfiel auf die »übrigen sozialistischen Länder«.
88 Vgl. André Steiner, The Globalisation Process and the Eastern Bloc Countries in the 1970s and 1980s, in: European Review of History/Revue européenne d'histoire 21 (2014), S. 165–181.
89 Unter Bereinigung der Statistik um eine Unterbewertung der D-Mark; Volze, Devisenverschuldung, S. 178.
90 Vgl. Detlef Nakath, Die DDR – »heimliches Mitglied« der Europäischen Gemeinschaft? Zur Entwicklung des innerdeutschen Handels vor dem Hintergrund der westeuropäischen Integration, in: Knipping/Schönwald (Hg.), Aufbruch, S. 451–473, hier S. 461–470.

zu gelangen, die allerdings in erster Linie aus Importkürzungen resultierten. Die beiden bundesdeutschen »Strauß-Kredite« 1983 und 1984 über zusammen knapp zwei Milliarden D-Mark halfen der DDR überdies aus der akuten Kreditklemme. Ausschlaggebend für die Entwicklung des innerdeutschen Handels waren diese Kredite hingegen nicht. Vielmehr nahm, als bald darauf die notwendigen Importe nicht länger aufgestaut werden konnten, die Nettoverschuldung der DDR in konvertiblen Devisen, also gegenüber anderen westlichen Industrieländern, wieder zu. Gleichzeitig schrumpfte der Handel mit diesen Ländern und mit der Bundesrepublik, weil die DDR die sinkenden Exporterlöse für Ölprodukte nicht mehr durch anderweitige Exportgüter kompensieren konnte.[91] Die »Strauß-Kredite« lassen sich zugleich als Beleg für eine »sich festigende Vertrauensbasis zwischen beiden deutschen Staaten« interpretieren, die quer zu der politischen Großwetterlage der atomaren Aufrüstung beider Blöcke lag.[92] Sie wurden nicht für Importe ausgegeben, sondern bei westlichen Banken angelegt, um die Kreditwürdigkeit der DDR zu demonstrieren. Dass parallel dazu trotz der höheren Kosten von Devisenkrediten die Ausnutzung des Swing zurückgefahren wurde, sollte wohl vor allem Normalität und Unabhängigkeit von Westdeutschland vortäuschen.[93]

Jenseits des regulären innerdeutschen Handels mehrten sich auch sonst die Versuche, die krisenhafte Zuspitzung der Wirtschaftslage durch intensivere Beziehungen zur Bundesrepublik abzufedern. Dabei näherte die Produktion westlicher Konsumgüter im eigenen Land, die angesichts der Devisenknappheit in den 1980er Jahren deutlich ausgeweitet wurde, die ostdeutsche Gesellschaft zwar westdeutschen Konsumstandards an und war insofern ein Faktor der kulturellen Integration. Ihr wirtschaftlicher Nutzen war aber mehr als fragwürdig. Kompensationsgeschäfte, die westliche Exporteure zum Kauf von Erzeugnissen aus von ihnen gelieferten Anlagen oder von anderen DDR-Produkten verpflichteten, fanden in verschiedensten Industriebereichen statt. Die verstärkte Ausnutzung der Weltmarkt- und RGW-Preisdifferenzen für Erdöl beispielsweise beruhte auf dem Import westlicher Chemieanlagen, deren Erzeugnisse dann vor allem nach West-Berlin und nach Skandinavien geliefert wurden; die Versorgung West-Berlins mit Benzin, Diesel und Heizöl beruhte in den 1970er und 1980er Jahren überwiegend auf Lieferungen aus der DDR. Der Bau von »Devisenhotels« durch westliche Bauunternehmen gehört ebenso in diesen Bereich des Außenhandels wie die »Gestattungsproduktion« westlicher Konsumgüter in importierten Anlagen, bei der ein Teil der Erzeugnisse an die westdeutschen Hersteller und ein anderer – teils wiederum gegen Westmark in den Intershops – an die DDR-Bevölkerung ging.

---

91 Haendcke-Hoppe-Arndt, Interzonenhandel, S. 1557, 1568; Volze, Devisenverschuldung, S. 180.
92 Herbert, Geschichte, S. 1026.
93 Haendcke-Hoppe-Arndt, Interzonenhandel, S. 1559; zu den Krediten Hertle, Diskussion, S. 327 ff.; Jonathan R. Zatlin, The Currency of Socialism. Money and Political Culture in East Germany, Cambridge 2007, S. 140–145.

Beim Import von Investitionsgütern, die mit unterschiedlichsten DDR-Produkten bezahlt wurden, ging es aber auch darum, bislang aus dem Westen bezogene Zulieferungen für die eigene Industrie »abzulösen«. Westdeutsche Lieferanten hatten unter den kapitalistischen Geschäftspartnern die bei weitem wichtigste Position. Doch erreichte die Refinanzierung der Anlagenimporte durch Gegengeschäfte bei weitem nicht die ursprünglich vorgesehenen Anteile (wenn sie nicht gleich zur Umschichtung ohnehin vorgesehener DDR-Exporte in diesen Bereich führte). Auch die Ablösung westlicher Zulieferungen war leichter geplant als durchgeführt. Die bessere Versorgung mit westlichen Konsumgütern belastete also trotzdem die Devisenbilanz, und die Kompensationsgeschäfte machten die DDR zur verlängerten Werkbank westlicher Konzerne.[94]

Eher der politischen Verflechtung zuzurechnen, für die DDR aber von erheblicher ökonomischer Bedeutung waren schließlich Überweisungen in »harter« D-Mark, die aus der Bundesrepublik außerhalb des gegenseitigen Handels flossen. Um rund zwei Milliarden D-Mark *jährlich* – also ungefähr in der Dimension der beiden »Strauß-Kredite« zusammen – besserten in den 1980er Jahren Häftlingsfreikäufe, Straßenbenutzungsgebühren, die Transitpauschale, der Mindestumtausch bei Einreisen in die DDR, diverse andere Transferleistungen sowie private Geldgeschenke die Devisenbilanz auf. Per Saldo flossen diese Einnahmen in die Zahlung von Kreditzinsen und Tilgungen für Altkredite. In einigen Jahren glichen sie vollständig die Nettozinszahlungen für Devisenkredite aus, in anderen immerhin rund die Hälfte.[95]

Schließlich ist darauf hinzuweisen, dass sich die Westmark allmählich als illegale, aber geduldete Zweitwährung in der DDR etablierte und die ostdeutsche Gesellschaft schon vor 1989 einen »stillen Sieg der D-Mark« erleben konnte.[96] Trotz der Stagnationstendenzen im gegenseitigen Handel war die DDR-Wirtschaft in den 1980er Jahren also zunehmend von der Bundesrepublik abhängig geworden. Eine wirtschaftliche Wiedervereinigung der beiden deutschen Staaten mochte nicht zwingend notwendig sein, als die SED-Führung im Herbst 1989 dem faktischen Bankrott ins Auge sah. Aber an gewisse Interdependenzen und Gewöhnungseffekte konnte sie aus der östlichen Perspektive anschließen.

---

94 Jörg Roesler, Der Einfluss der Außenwirtschaftspolitik auf die Beziehungen DDR – Bundesrepublik. Die achtziger Jahre, in: Deutschland Archiv 26 (1993), S. 558–72, hier S. 566 ff.; Zatlin, Currency, S. 94–99; Matthias Judt, Kompensationsgeschäfte der DDR – Instrumente einer europäischen Ost-West-Wirtschaftsintegration?, in: Jahrbuch für Wirtschaftsgeschichte 49.2 (2008), S. 117–138.
95 Volze, Devisenverschuldung, S. 160–169, 182 f.
96 Werner Plumpe, Die alltägliche Selbstzermürbung und der stille Sieg der D-Mark, in: Klaus-Dietmar Henke (Hg.), Revolution und Vereinigung 1989/90. Als in Deutschland die Realität die Phantasie überholte, München 2009, S. 92–103; vgl. im Detail v. a. Zatlin, Currency.

4. Transformation und Kontinuität

Die asymmetrische, von unterschiedlich starker Abhängigkeit geprägte Verflechtung West- und Ostdeutschlands setzte sich in gewisser Weise über den Epochenbruch von 1989 hinweg fort. Das galt zunächst für die Gewährleistung des Lebensstandards: Die Regierung Modrow dehnte schon zu Stabilisierungszwecken den Konsumgüterimport aus dem Westen noch aus.[97] Die bald nach der Wirtschafts- und Währungsunion einsetzenden, umfangreichen Sozialtransfers aus den alten Bundesländern hoben das Konsumniveau in den neuen Bundesländern ebenfalls erheblich an.[98] Auch die ostdeutschen Exporte in die Mitgliedsländer des RGW sollten kurzfristig mit westdeutschen Subventionen stabilisiert werden. Bis zur Auflösung des Rats im Juni 1991 gingen sie dennoch um knapp 60 Prozent zurück. Die Einfuhren der neuen Bundesländer aus dieser Region betrugen schließlich weniger als ein Viertel des Volumens von 1989, nachdem sie bereits im zweiten Halbjahr 1990 massiv eingebrochen waren. Die ostdeutschen Lieferungen in westliche Länder und nach Westdeutschland schrumpften unmittelbar nach der Währungsunion Mitte 1990 um ein Drittel, weil die Belastung durch den überhöhten D-Mark-Umtauschkurs kurzfristig nicht durch Kostensenkungen aufgefangen werden konnte.[99]

Die weitere Entwicklung des ost- und westdeutschen Außenhandels bewegte sich in einem äußerst dynamischen internationalen Umfeld, das heute als Durchbruchphase der Globalisierung eingestuft wird.[100] Auch in den 1990er Jahren galt jedoch, dass für den deutschen Außenhandel »eher von einer – nachhaltigen – Europäisierung als von einer Globalisierung« gesprochen werden musste, wobei erhebliche Teile des Exportpotenzials zunächst für Lieferungen in die neuen Bundesländer eingesetzt wurden. Zu beobachten war weiterhin ein beschleunigt wachsender Anteil von Dienstleistungen am Außenhandel und an den Direktinvestitionen, wobei Deutschland jedoch insgesamt als Land mit einem relativ gering internationalisierten Dienstleistungssektor galt.[101]

---

97 Dieter Grosser, Das Wagnis der Währungs-, Wirtschafts- und Sozialunion. Politische Zwänge im Konflikt mit ökonomischen Regeln, Stuttgart 1998, S. 128 ff.

98 Gerhard A. Ritter, Der Preis der deutschen Einheit. Die Wiedervereinigung und die Krise des Sozialstaats, 2. Aufl., München 2007, S. 127–137.

99 Grosser, Wagnis, S. 453 f., 465; Klaus Werner, Die Integration der DDR-Wirtschaft im RGW und der Zusammenbruch der Ostmärkte, in: Rüdiger Pohl (Hg.), Herausforderung Ostdeutschland. Fünf Jahre Währungs-, Wirtschafts- und Sozialunion, Berlin 1995, S. 53–66, hier S. 60–65; Gerlinde Sinn/Hans-Werner Sinn, Kaltstart. Volkswirtschaftliche Aspekte der deutschen Vereinigung, 2. Aufl., Tübingen 1992, S. 38–42.

100 Thomas W. Zeiler, Offene Türen in der Weltwirtschaft, in: Akira Iriye/Jürgen Osterhammel (Hg.), Geschichte der Welt, Bd. 6: Die globalisierte Welt. 1945 bis heute, München 2013, S. 183–356, hier S. 318–354.

101 Hans-Hagen Härtel/Rolf Jungnickel u. a., Grenzüberschreitende Produktion und Strukturwandel – Globalisierung der deutschen Wirtschaft, Baden-Baden 1996, S. 81 ff. (Zitat), 98 f., 121–127.

In institutioneller Hinsicht stärkte die Wiedervereinigung nur für kurze Zeit die Binnenorientierung der deutschen Wirtschaft, wie dies aufgrund des schlagartig wachsenden nationalen Marktes zu erwarten war. Der »Vereinigungsboom«, der aus der hohen und teils durch staatliche Transferzahlungen finanzierten Nachfrage nach modernen Investitions- wie Konsumgütern in den neuen Ländern resultierte, wirkte kurzfristig als enormes Konjunkturprogramm für die westdeutsche Industrie und verschonte diese von den gleichzeitigen internationalen Konjunktureinbrüchen, aber er war schon 1992 zu Ende; danach gerieten die alten Bundesländer in eine längere Phase der Stagnation. Zugleich aber gaben die geopolitischen Verschiebungen durch den Untergang der DDR der europäischen Wirtschafts- und Währungsunion, von der letzten Endes auch die neuen Bundesländer profitierten, einen massiven Schub. Die Union wurde von französischer Seite gerade als Gegengewicht gegen die schlagartige Vergrößerung der deutschen Volkswirtschaft forciert. Durch die Einführung des Euro sollte »die wirtschaftliche Kraft eines wiedervereinigten stärkeren Deutschlands gewissermaßen europäisch vergemeinschaftet werden«. Am Ende jedoch prägte das Vorbild der Deutschen Bundesbank die Errichtung einer unabhängigen, stabilitätsorientierter Geldpolitik verpflichteten Europäischen Zentralbank, die wiederum für die Durchsetzung der Konvergenzkriterien für den Euro-Beitritt eine zentrale Rolle spielte.[102]

Parallel zur Vertiefung der europäischen Integration, und nur begrenzt im Zusammenhang mit dem Außenhandel, setzte die Globalisierung nicht nur einzelne Unternehmen unter verschärften internationalen Konkurrenzdruck. Sie stellte zugleich das Modell der sogenannten »Deutschland AG« in Frage, des seit dem Kaiserreich gewachsenen Netzwerks aus Industriekonzernen und ihren Hausbanken mit engen Verbindungen zu Gewerkschaften und Politik. Eine gewisse Lockerung von Kapital- und Personalverflechtungen lässt sich zwar schon seit den 1970er Jahren beobachten, doch erst in den 1990ern unterlag die Corporate Governance zumindest der größten deutschen Unternehmen einem drastischen Umbruch. Zunehmende Finanzierung über den Kapitalmarkt und der Einstieg internationaler institutioneller Anleger führten in diesen Aktiengesellschaften zu einer Aufwertung des Shareholder Value als zentraler Orientierungsgröße der Unternehmensführung, während die korporatistisch organisierte Sozialpartnerschaft zunehmend unter Druck geriet.[103]

Kurz nach der Wiedervereinigung schien der Koordinierungsbedarf bei der Privatisierung der ostdeutschen Betriebe das »Modell Deutschland«, die korpo-

---

102 Herbert, Geschichte, S. 1135 (Zitat); Wirsching, Preis, S. 155 f.; zum institutionellen Hintergrund des Maastricht-Vertrags von 1991 und zur Vorgeschichte des Euro Ambrosius, Wirtschaftsraum, S. 161–184; Gillingham, Integration, S. 269–312.
103 Vgl. Wolfgang Streeck/Martin Höpner (Hg.), Alle Macht dem Markt? Fallstudien zur Abwicklung der Deutschland AG, Frankfurt a. M. 2003; Ralf Ahrens/Boris Gehlen/Alfred Reckendrees (Hg.), Die »Deutschland AG«. Historische Annäherungen an den bundesdeutschen Kapitalismus, Essen 2013.

ratistische Kooperation von Staat, Industrie und Gewerkschaften, sogar noch aufzuwerten. Sehr bald aber zeigte sich, dass die Form der Privatisierung, die spezifischen Kostenprobleme und die Reorganisationen der Verbandslandschaft nachhaltige Beiträge zur Veränderung gesamtdeutscher Strukturen leisteten. Das galt für den Verkauf ostdeutscher Großbetriebe an außerdeutsche Konzerne wie Elf Aquitaine oder Arcelor ebenso wie für die Erosion des Flächentarifvertrags, die unter aktiver Beteiligung der Treuhandanstalt bereits 1992 in der Metallindustrie der neuen Bundesländer begann. Es betraf aber auch die sinkende Bedeutung von Hausbanken in der Unternehmensfinanzierung sowie organisatorische und instrumentelle Neuerungen in der Finanzierung öffentlicher Haushalte über den internationalen Kapitalmarkt.[104]

Zugleich stellte die Umgestaltung des Ostens eine beträchtliche Belastung der westdeutschen Wirtschaft bzw. der daraus letztlich finanzierten öffentlichen Haushalte dar. Diese befanden sich zwar in einer relativ guten Ausgangslage, aber schon die Abschlussrechnung der Treuhand ergab, dass die Privatisierung der ostdeutschen Industrie keineswegs die erwarteten Gewinne von etwa 600 Milliarden D-Mark in die Staatskasse gespült, sondern vielmehr Verluste von 264 Milliarden eingefahren hatte.[105] Hinzu kamen die Kosten für Sozialleistungen aufgrund der hohen Arbeitslosigkeit, die Lasten aus der Integration der neuen Bundesländer in das westdeutsche Sozialversicherungssystem und der hohe Modernisierungsbedarf der ostdeutschen Infrastruktur. Überdies machten die Kosten der Einheit die Erfolge in der Konsolidierung der Staatsfinanzen in den 1980er Jahren zunichte. Die Kreditfinanzierung öffentlicher Ausgaben nahm wieder zu, der Anteil der öffentlichen Verschuldung am Sozialprodukt stieg drastisch an. Als Reaktion auf die Haushaltsprobleme stiegen Mitte der 1990er Jahre die Privatisierungen von Bundes- und Ländereigentum so drastisch an, dass die Verkäufe des vorangehenden Jahrzehnts dagegen nur wie ein erster Auftakt wirkten. Spektakulär waren neben der Liberalisierung des Finanzsektors die Aufspaltung und Teilprivatisierung der Deutschen Bundespost samt der Öffnung der Märkte für Briefzustellungen und vor allem für Telekommunikation sowie die rechtliche Privatisierung der mit der Deutschen Reichsbahn der DDR fusionierten Bundesbahn, die allerdings weiterhin Staatseigentum blieb.[106]

Privatisierung und Liberalisierung waren indes nicht nur Reaktionen auf die angespannte Haushaltslage. Sie knüpften teils an Reformforderungen der 1980er Jahre an, die aber zu weiten Teilen rhetorisch geblieben waren; im

---

104 Roland Czada, Das Erbe der Treuhandanstalt, in: Otto Depenheuer/Karl-Heinz Paqué (Hg.), Einheit – Eigentum – Effizienz, Heidelberg 2012, S. 125–146, hier S. 137–142.
105 Karl Brenke/Klaus F. Zimmermann, Ostdeutschland 20 Jahre nach dem Mauerfall: Was war und was ist heute mit der Wirtschaft?, in: Vierteljahrshefte zur Wirtschaftsforschung 78.2 (2009), S. 32–62, hier S. 33 ff.
106 Wolfgang Streeck, Re-Forming Capitalism. Institutional Change in the German Political Economy, Oxford 209, S. 68–76; Abelshauser, Wirtschaftsgeschichte, S. 505 ff.

Zeitalter globaler Konkurrenz, extrem beschleunigter Informationsflüsse sowie einer Internationalisierung und Flexibilisierung auch der Arbeitsmärkte ließ sich die Beseitigung tatsächlicher oder vermeintlicher Wachstumshemmnisse leichter rechtfertigen und in die Tat umsetzen.[107] Am deutlichsten waren diese Öffnungstendenzen in der Finanzwirtschaft, wo eine Reihe von Gesetzen vor allem in der Börseneuphorie der 1990er Jahre eine Tendenz zur »Vermarktlichung« der Finanzbeziehungen förderte.[108] In der Rezession unmittelbar nach dem Vereinigungsboom schäumte eine Debatte um die Wettbewerbsfähigkeit des »Standorts Deutschland« auf, die zwar in erheblichem Maße an die Kritik der 1980er Jahre am scheinbar obsoleten »Modell Deutschland« anknüpfte, nun jedoch politische Konsequenzen hatte wie das »Standortsicherungsgesetz« von 1993, das die steuerliche Belastung kleiner und mittlerer Unternehmen verringerte. In einer verengten Wahrnehmung von Globalisierung als Kostenwettlauf war es folgerichtig, Kostensenkung und Flexibilisierung zur zentralen Aufgabe der Unternehmen *und* der Politik zu stilisieren.[109] Dabei handelte es sich freilich um einen internationalen Trend, der im deutschen Fall mit den enttäuschten Erwartungen an die Wiedervereinigung zusammenfiel. Die wachsende Bedeutung privater Rentenversicherungen und die »Hartz-Reformen« der Arbeitsmärkte sind insofern – anders als die Erosion der Tarifbindung oder die Kapitalmarktorientierung von Staat und Unternehmen – nur in einem sehr indirekten Sinne als »Kotransformationen« im Gefolge des Umbaus in den neuen Bundesländern einzuordnen.[110]

Die Kombination von privaten Vorsorgezwängen und flexiblen, teils prekären Beschäftigungsverhältnissen war eine neue gesamtdeutsche Erfahrung, doch die Anpassungsleistungen der ostdeutschen Bevölkerung an die neuen Bedingungen des Wirtschaftens waren fraglos weit höher. Der Beschäftigungsabbau in den von der Treuhand erfolgreich privatisierten und die Entlassungen in den liquidierten Betrieben summierten sich auf etwa 60 Prozent der Arbeitsplätze, die hier 1990 noch vorhanden gewesen waren.[111] Zu dem Süd-Nord-Gefälle, das die regionale Wirtschaftsstruktur der alten Bundesrepublik geprägt hatte, trat nun ein wesentlich drastischeres West-Ost-Gefälle hinzu, aus dem sich oft erst lange nach der Wiedervereinigung erfolgreiche neue Industrie- und Dienstleistungszentren in den neuen Bundesländern herauskristallisierten. Die nahezu

---

107 Vgl. Ritter, Preis, S. 351–374; Herbert, Geschichte, S. 1207–1212.
108 Susanne Lütz, Der Staat und die Globalisierung von Finanzmärkten. Regulative Politik in Deutschland, Großbritannien und den USA, Frankfurt a. M. 2002, S. 145 f., 234–248.
109 Wencke Meteling, Internationale Konkurrenz als nationale Bedrohung – Zur politischen Maxime der »Standortsicherung« in den neunziger Jahren, in: Ralph Jessen (Hg.), Konkurrenz in der Geschichte: Praktiken – Werte – Institutionalisierungen, Frankfurt a. M. 2014, S. 289–315.
110 So aber Philipp Ther, Die neue Ordnung auf dem alten Kontinent. Eine Geschichte des neoliberalen Europa, Frankfurt a. M. 2014, S. 277–290.
111 Karl-Heinz Paqué, Die Bilanz. Eine wirtschaftliche Analyse der Deutschen Einheit, München 2009, S. 48 f., 67.

flächendeckende Deindustrialisierung Ostdeutschlands kann bestenfalls teilweise als nachholender Modernisierungsprozess verstanden werden.[112] Ihre Ursachen lagen vielmehr zunächst in der verfehlten SED-Industriepolitik und der strukturellen Unfähigkeit, die begrenzten Investitionsmittel und die Importe westlicher Investitionsgüter in wettbewerbsfähige Kapazitäten und Produkte zu lenken. In den Betrieben der späten DDR fanden sich isolierte moderne Fertigungs-»Inseln« in Maschinenparks mit extrem hohem Verschleißgrad, die dort produzierten Erzeugnisse waren meist nur noch unter den Bedingungen der relativ abgeschotteten RGW-Märkte oder durch faktisches Wechselkursdumping im Westen absetzbar.[113] Der »Abbau Ost« resultierte aber auch aus einer überstürzten Privatisierung, in der die potentiellen Käufer angesichts unausgelasteter Kapazitäten im Westen kaum an Unternehmen des produzierenden Gewerbes im Osten interessiert waren. Diese Privatisierung litt nicht nur an dem politisch verordneten Zeitdruck und dem Kapitalmangel in Ostdeutschland, sondern auch an handwerklichen Fehlern. Dazu zählten die Belastung der zu privatisierenden Betriebe mit »Schulden«, die nur zur Verschleierung der inneren Staatsverschuldung in ihre Bilanzen verschoben worden waren, aber auch Korruptions- und Betrugsfälle.[114]

Die Transformation und ihr Ablauf differierten zudem erheblich je nach den Branchenstrukturen: So wurden die meisten Stahlstandorte der DDR zunächst aufrechterhalten, indem – insofern ähnlich wie in den 1980er Jahren im Westen – auch aus regional- und sozialpolitischen Gründen umfangreiche öffentliche Mittel in große Investitionsprojekte einer hochkonzentrierten Branche flossen. Mit dem Maschinenbau verlor dagegen eine Leitbranche mit insgesamt geringerem Produktivitätsrückstand einen extrem hohen Anteil an Arbeitsplätzen. Dies erklärte sich aus der relativ geringen Durchschnittsgröße der Betriebe und einer zersplitterten Eigentumsstruktur, die das öffentliche Interesse und die Interventionsmöglichkeiten in engeren Grenzen hielten und für neue Eigentümer die Chancen des »Rosinenpickens« erhöhten. Zudem erwies sich die hohe Exportorientierung als Belastung, da die Betriebe ungeschützt dem Weltmarkt und der selbst unter Druck stehenden westdeutschen Konkurrenz ausgesetzt wurden. Selbst in der nicht als besonders modern geltenden Chemie-

---

112 So aber u.a. Rainer Geißler, Nachholende Modernisierung mit Widersprüchen – Eine Vereinigungsbilanz aus modernisierungstheoretischer Perspektive, in: Heinz-Herbert Noll/Roland Habich (Hg.), Vom Zusammenwachsen einer Gesellschaft. Analysen zur Angleichung der Lebensverhältnisse in Deutschland, Frankfurt a. M. 2000, S. 37–60, hier S. 45 f.
113 André Steiner, Ausgangsbedingungen für die Transformation der DDR-Wirtschaft: Kombinate als künftige Marktunternehmen?, in: Zeitschrift für Unternehmensgeschichte 54 (2009), S. 140–157.
114 Vgl. zusammenfassend André Steiner, From the Soviet Occupation Zone to the »New Eastern States«. A Survey, in: Hartmut Berghoff/Uta A. Balbier (Hg.), The East German Economy, 1945–2010. Falling Behind or Catching Up?, Cambridge 2013, S. 17–49, hier S. 41.

industrie, erst recht im öffentlichen Dienst oder im Einzelhandel fielen die Netto-Einbrüche weit geringer aus.[115]

Dass die ostdeutsche Wirtschaft mit dem Abschwung des Vereinigungsbooms 1991 an ihren Tiefpunkt gelangte, während die Arbeitslosenzahlen in die Höhe schossen, hatte nicht zuletzt mit viel zu optimistischen politischen Einschätzungen zu tun. Da die simple Übertragung westlicher Institutionen und der westdeutschen Währung auf die ostdeutschen Strukturen offenkundig nicht – wie erhofft – ein selbsttragendes Wachstum auf breiter Front auslöste, setzten erst mit einiger Verspätung öffentliche Infrastrukturausgaben, Arbeitsbeschaffungsmaßnahmen und Subventionen für private Investitionen klare Zeichen des politischen Engagements aus Steuermitteln. Die Wachstumsraten waren seit dem Tiefpunkt in den frühen 1990er Jahren zunächst entsprechend beeindruckend, wurden jedoch zum guten Teil von der bald wieder einbrechenden Bautätigkeit getragen. Erst um die Mitte des Jahrzehnts stabilisierten sich die Beschäftigtenzahlen in der Industrie, verblieben aber auf einem weit niedrigerem Niveau als in der DDR. Auch die Produktivitätsentwicklung schloss nicht bis zum westdeutschen Niveau auf, weil große und innovationsorientierte Unternehmen unterrepräsentiert blieben. Der Aufholprozess stagnierte in der zweiten Hälfte der 1990er Jahre und nahm zwar im folgenden Jahrzehnt langsam wieder Fahrt auf, ist aber bis heute nicht abgeschlossen.[116]

Letztlich hatte sich die DDR-Wirtschaft mit der Transformation hin zu einer Marktwirtschaft und der damit erfolgenden Integration nicht nur in die westdeutsche, sondern auch in die europäische und internationale Wirtschaft schlagartig strukturellen Wandlungen zu stellen, für die im Westen 10 bis 20 Jahre benötigt worden waren. Die veraltete Wirtschaftsstruktur erlebte einen Anpassungsschock an die neue Konkurrenz, der sie sich jetzt weitgehend ungeschützt ausgesetzt sah. Die wirtschaftlichen und sozialen Verwerfungen in den 1990er Jahren waren insofern in erster Linie Folge der DDR-Wirtschaftspolitik. Darüber hinaus waren sie aber auch Konsequenz der (vermeidbaren und unvermeidlichen) Fehler der Politik nach 1990 ebenso wie der sich nach dem Zusammenbruch des Ostblocks beschleunigenden Globalisierung. Methodisch lässt sich das nur schwer voneinander trennen.[117]

---

115 Roland Czada, »Modell Deutschland« am Scheideweg: Die verarbeitende Industrie im Sektorvergleich, in: ders./Gerhard Lehmbruch (Hg.), Transformationspfade in Ostdeutschland. Beiträge zur sektoralen Vereinigungspolitik, Frankfurt a. M. 1998, S. 365–410, hier S. 368–372, 382–390. Vgl. im Einzelnen Wolfgang Seibel, Verwaltete Illusionen. Die Privatisierung der DDR-Wirtschaft durch die Treuhandanstalt und ihre Nachfolger 1990–2000, Frankfurt a. M. 2005; Katharina Bluhm, Zwischen Markt und Politik. Probleme und Praxis von Unternehmenskooperation in der Transitionsökonomie, Opladen 1999.
116 Steiner, Soviet Occupation Zone, S. 42–47; Herbert, Geschichte, S. 1144–1157.
117 Ritter, Preis, S. 101 ff.; Stefan Schirm, Deutschlands wirtschaftspolitische Antworten auf die Globalisierung, in: Hans-Peter Schwarz (Hg.), Die Bundesrepublik Deutschland – eine Bilanz nach 60 Jahren, Köln 2008, S. 405–422; Christoph Kleßmann, »Deutschland einig

Zugleich erfolgte in den 1990er Jahren in Westdeutschland ein besonders schneller Rückgang des Anteils der Industrie an der Gesamtbeschäftigung; unter anderem benachteiligte, ähnlich wie Mitte der 1970er Jahre, eine reale Aufwertung der D-Mark nach dem Auslaufen des Wiedervereinigungsbooms die Industrie und begünstigte den Anstieg des Dienstleistungssektoranteils.[118] Doch zeigt sich seit geraumer Zeit, dass eine selbsttragende wirtschaftliche Entwicklung in Ostdeutschland funktionierender Industrieunternehmen bedarf. Ohnehin erwiesen sich die Prognosen vom Übergang zur Dienstleistungsgesellschaft für die Bundesrepublik als nicht stichhaltig. Industrielle Fertigung wird in immer stärkerem Maße mit Dienstleistungen verknüpft, aber die Beharrungskraft bzw. die seit der Wirtschafts- und Finanzkrise 2008/09 wiederholt beschworene »Modernität der Industrie« stellt den Begriff der Dienstleistungsgesellschaft grundsätzlich in Frage.[119]

Entsprechend skeptisch kann man als Historiker deshalb auch der These gegenüber stehen, die Durchsetzung eines internationalen »Finanzmarkt-Kapitalismus« verlange die nachhaltige globale Angleichung von Unternehmensstrukturen und Geschäftsstrategien, mithin die Einebnung nationaler Spielarten des Kapitalismus, und dies nicht erst aufgrund der jüngsten Finanzkrise.[120] Alte wie neue Bundesländer sind, wenn auch in geringerem Maße als früher, bis heute von industriellen Strukturen (und sie begleitenden Institutionen wie der gewerkschaftlichen Mitbestimmung) geprägt, die in Ost und West schon seit den 1960er Jahren unter Anpassungsdruck gerieten. Die daraus resultierenden Umbrüche hatten sowohl verflechtende als auch die beiden deutschen Staaten weiter gegeneinander abgrenzende Effekte. In der Transformation nach 1989 erstritten die Ostdeutschen sich das Konsumniveau des Westens mit der D-Mark als Symbol ebenso wie die Institutionen und Strukturen der westdeutschen »Sozialen Marktwirtschaft«, womit sie – quasi nachholend – insgesamt erhebliche Wohlstandsgewinne realisieren konnten. Allerdings erlebte ein beträchtlicher Teil von ihnen im Zuge der massiven Umstrukturierung der Wirtschaft eine Entwertung beruflicher Qualifikationen und Fähigkeiten.

Letzten Endes war dies ein Resultat der ungenügenden Fähigkeit der ostdeutschen Planwirtschaft, auf die neuen systemübergreifenden Herausforderungen adäquat und flexibel zu reagieren, die im Niedergang der 1980er Jahre unübersehbar wurde. Dagegen erwies sich das marktwirtschaftlich verfasste System der Bundesrepublik als so anpassungsfähig, dass in den 1980er Jahren ein neuer

---

Vaterland«? Politische und gesellschaftliche Verwerfungen im Prozess der deutschen Vereinigung, in: Zeithistorische Forschungen/Studies in Contemporary History, Online-Ausgabe, 6.1 (2009), URL: http://www.zeithistorische-forschungen.de/1-2009/id%3D4555.
118 Klodt/Maurer/Schimmelpfennig, Tertiarisierung, S. 23–26.
119 Birger P. Priddat/Klaus-W. West (Hg.), Die Modernität der Industrie, Marburg 2012.
120 Vgl. Paul Windolf (Hg.), Finanzmarkt-Kapitalismus. Analysen zum Wandel von Produktionsregimen, Wiesbaden 2005. Zur Kritik jetzt Wolfgang Krumbein u.a., Finanzmarktkapitalismus? Zur Kritik einer gängigen Kriseninterpretation und Zeitdiagnose, Marburg 2013.

Aufschwung in Gang kam. Trotzdem zeigten sich auch hier strukturell-institutionelle Probleme bei der Reaktion auf den wirtschaftlichen Strukturwandel und den demographischen Wandel, die lange Zeit nicht ausreichend wahrgenommen wurden. Symptome dafür waren die steigende Arbeitslosigkeit und die zunehmende Überlastung der Sozialsysteme, die das widersprüchliche Ergebnis eines Bündels verschiedener Entwicklungen waren: Die in einer seit den 1970er Jahren zunehmend globalisierten Wirtschaft erforderlichen Produktivitätsfortschritte und festgefahrene Strukturen in der Rahmenordnung des Wirtschaftens verhinderten eine substantielle Zunahme der Beschäftigung; die weitere Expansion der Sozialausgaben und die Verringerung des erwerbsfähigen Bevölkerungsanteils belasteten die Sozialsysteme, was dann durch die Finanzierungsweise der Vereinigungskosten teilweise noch verschärft wurde. Heute steht die deutsche Wirtschaft nach den Arbeitsmarktreformen der 2000er Jahre besser denn je da. Ob dies langfristig so bleibt, wird sich allerdings erst an der weiteren Entwicklung des Strukturwandels sowie an der Bewältigung der weiter schwelenden Euro-Krise und der Herausforderungen der Globalisierung zeigen.

Frank Uekötter

Ökologische Verflechtungen

Umrisse einer grünen Zeitgeschichte

Es ist weithin unstrittig, dass ökologische Themen in der Zeit seit 1970 einen dramatischen Bedeutungsgewinn erfahren haben. Die Schaffung eigener Umweltministerien in DDR und Bundesrepublik und der Aufstieg neuer zivilgesellschaftlicher Verbände wie BUND, Greenpeace und Attac waren äußerer Ausdruck eines ausgesprochen vielgestaltigen Umbruchs von Lebens- und Denkweisen, Wirtschafts- und Wissensformen: Das Ökologische ist gewissermaßen in alle Poren der deutschen Gesellschaft eingedrungen. In dieser Vielfalt steckt zugleich das Grundproblem jeder umwelthistorischen Synthese. Das Ökologische ist in der deutschen Gesellschaft in mehrfacher Hinsicht entgrenzt: politisch, ökonomisch, sozial, materiell. Wir finden es gleichermaßen im täglichen Essen wie im Atomkraftwerk, es prägt unser Bild bäuerlichen Lebens ebenso wie unsere Vorstellungen von Spitzentechnologie, und die Umweltbewegten umfassen gleichermaßen Aktivisten wie breite gesellschaftliche Kreise. Im Stolz, Umweltprobleme ernster zu nehmen als viele andere Länder, lassen sich durchaus Konturen eines grünen Patriotismus erkennen.

Mit dieser thematischen Vielfalt verbinden sich mehrere Konfliktachsen. Als Verursacher von Umweltproblemen gelten Industrielle und Landwirte, Experten und Konsumenten, und die Zuschreibung von Verantwortlichkeiten ist Gegenstand anhaltender politischer Auseinandersetzungen. Dass ökologische Forderungen in der Zeit seit 1970 gleichermaßen als industrie- und technikfeindlich wie auch als Chance für die forschungsintensive deutsche Industrie gegolten haben, lässt das Spektrum der Meinungen erkennen. Zudem gibt es unter den Protagonisten der Umweltbewegungen ein ungewöhnliches Maß divergierender Sichtweisen, die seit dem Streit um die Energiewende verstärkt ins öffentliche Bewusstsein rücken. Vogelfreunde und Landschaftsschützer kämpfen gegen Windkraftanlagen, Biobauern leiden unter dem Siegeszug der Energiepflanzen, und die Hegemonialansprüche der Klimaschützer treffen innerhalb der Umweltszene auf beträchtlichen Unmut. Die Einheit der Umweltbewegung war stets mehr Mythos als Realität, und mancher Beobachter war schon versucht, das Handtuch zu werfen. »Strictly speaking, of course, there is no green movement – rather, there is a diverse range of positions, perspectives and recipes for action«, schrieb Anthony Giddens.[1]

---

1 Anthony Giddens, The Politics of Climate Change, Cambridge 2009, S. 50.

Lange Zeit war es modisch, die Umweltgeschichte der neuesten Zeit als Geschichte eines phänomenalen Aufstiegs zu schreiben. Gemäß dieser Lesart wachten die westlichen Gesellschaften um 1970 auf – spät, aber hoffentlich nicht *zu* spät –, und Chronisten verfolgten gebannt, wie sich das Versprechen einer besseren grünen Zukunft gegen allerlei Widerstände schließlich durchzusetzen begann.[2] Das Ende des Realsozialismus ließ sich als Kollaps einer noch zerstörerischen Alternative in ein solches Narrativ integrieren oder gar im Topos des Ökozids zu einer Art ökologischer Nemesis verklären. Noch Joachim Radkaus *Ära der Ökologie* lässt bei allen Vorbehalten und Relativierungen den Charme solcher teleologischer Interpretationen erahnen bis hin zu der ziemlich steilen These, Tschernobyl habe den sozialistischen Glauben an Wissenschaft und Technik zerstört und die Sowjetunion gleich mit.[3] Bei allem Respekt vor den Leistungen der »Umweltgeschichte der Väter« ist freilich zu konstatieren, dass solche Interpretationen inzwischen primär als zeitgenössische Selbstbeschreibungen von Interesse sind. Im Gefühl eines säkularen Aufschwungs waren sich die Aktiven zumindest der westdeutschen Umweltbewegungen der siebziger und achtziger Jahre sehr viel einiger als in den konkreten Zielvorstellungen. Einfache Teleologien kollidieren im 21. Jahrhundert jedoch allzu offenkundig mit einer Realität, in der ökologische Nachhaltigkeit weiterhin eine ferne Utopie ist. Der globale Siegeszug des Neoliberalismus, dessen Aufstieg ebenfalls in den 1970er Jahren begann, relativiert allzu emphatische Deklarationen einer »Ära der Ökologie«.[4] Es ist durchaus denkbar, dass die bundesdeutsche Umweltszene der 1970er und 1980er Jahre in ein paar Jahrzehnten als ephemere Stimmungsaufwallung satter westlicher Wohlstandsbürger erscheinen wird.

All dies spricht für ein behutsames Vorgehen, das den Gegenstand mehrfach umkreist und eher Umrisse als scharfe Konturen skizziert. Es geht nicht nur um eine Vielzahl von Themen, sondern auch um ein breites Spektrum möglicher Perspektivierungen. Die Zeitgeschichte der Umwelt sieht von der Stadt anders aus als vom Lande, von den USA anders als aus dem Globalen Süden, und selbst die Perspektive eines Käfighuhns sollte man im hiesigen Kontext nicht voreilig tabuisieren. Für ein tastendes Vorgehen spricht auch ein Forschungsstand, der bei allen hilfreichen Studien insbesondere aus den vergangenen zehn Jahren weiterhin als in hohem Maße unbefriedigend bezeichnet werden muss. Zumeist konzentrieren sich Forschungsarbeiten auf ganz unterschiedliche Einzelthemen, die zudem oft recht isoliert betrachtet werden. Eine Verbindung von ost- und westdeutschen Perspektiven wird nur selten geleistet.

Das bislang Gesagte kann im Grundsatz für alle westlichen Industrieländer gelten. Eine deutsch-deutsche Beziehungsgeschichte stünde deshalb im Ruch einer nationalen Nabelschau, wenn sie sich nicht zugleich um die Kontextuali-

---

2 Vgl. etwa Fred Pearce, Die Grünen Macher, Berlin 1992.
3 Joachim Radkau, Die Ära der Ökologie. Eine Weltgeschichte, München 2011, S. 512.
4 Vgl. Daniel Stedman Jones, Masters of the Universe. Hayek, Friedman, and the Birth of Neoliberal Politics, Princeton 2012.

sierung in breiteren geografischen Zusammenhängen bemühte. Dabei geht es nicht nur darum, die Bundesrepublik als westliche Demokratie und die DDR als Teil des Ostblocks zu betrachten, sondern auch darum, diese Kontexte kritisch international einzuordnen.

1. Vereinigte Ökologien

Aus ökologischer Sicht haben staatliche Grenzen zumeist einen Hauch von Willkür, und das gilt für die innerdeutsche Grenze in besonderem Maße. Weder die Bundesrepublik noch die DDR lassen sich als naturräumlich geschlossene Einheiten betrachten. Zwischen den Küstenregionen und den Gipfeln des Erzgebirges und der Alpen erstrecken sich auf beiden Seiten der innerdeutschen Grenze eine Vielzahl von Landschaften mit jeweils spezifischen Bedingungen. Ökologisch war die Mauer stets durchlässig, auch wenn dies für die meisten Menschen wenig tröstlich war.

Eine besondere Dynamik erreichte der Austausch mit den Bewegungen von Luft und Wasser. Zwei große deutsche Flüsse, die Elbe und die Werra, flossen von Ost- nach Westdeutschland und bewirkten auf diesem Wege einen Systemwechsel der Verschmutzungslasten. Das barg vor allem im Falle der Werra erhebliches Konfliktpotential, denn deren Einzugsgebiet war stark von der mitteldeutschen Kaliindustrie geprägt. Bei der Aufbereitung des geförderten Rohsalzes fallen Endlaugen mit hohem Salzgehalt an, die nicht biologisch abbaubar sind. Bereits im Kaiserreich hatte die Kaliindustrie einen hartnäckigen Distanzkonflikt mit den flussabwärts gelegenen Regionen ausfechten müssen. Der Bremer Senat beschloss kurz vor dem Ersten Weltkrieg, zum Schutz der eigenen Trinkwasserversorgung gegen die Genehmigung weiterer Kaliwerke am Oberlauf der Weser Widerspruch einzulegen.[5]

Für die DDR, die den Kaliabbau nicht zuletzt als Devisenbringer forcierte, bot die Werra nahezu ideale Möglichkeiten zur Externalisierung ökologischer Kosten. Die negativen Folgen des versalzten Flusswassers zeigten sich vor allem auf bundesdeutschem Gebiet, und eine gemeinsame Abwässerkommission tagte nach dem Zweiten Weltkrieg nur ganze zwei Mal. Die Werra und die Oberweser waren deshalb Anfang der 1970er Jahre weitgehend biologisch tot. Die Belastung führte 1971 zu einem Fischsterben und in der Folge zu einem Störfall im Kernkraftwerk Würgassen, als tonnenweise angeschwemmte Kadaver den Kühlwassereinlauf blockierten. In den 1980er Jahren kam es durch westlichen Druck zu wiederholten Expertengesprächen, aber es gelang der DDR, das Thema bis zum Kollaps des sozialistischen Gemeinwesens in der Schwebe zu halten. Beim thüringisch-bayerischen Grenzfluss Röden kam es hingegen zu einer

---

5 Jürgen Büschenfeld, Flüsse und Kloaken. Umweltfragen im Zeitalter der Industrialisierung (1870–1918), Stuttgart 1997, S. 380.

Einigung, die den Westen verpflichtete, die Technologie für eine Kläranlage im thüringischen Ort Sonnenberg zu liefern und einen großen Teil der Kosten zu übernehmen.

Grenzüberschreitend waren auch die durch den Kaliabbau verursachten Erdbeben vom 23. Juni 1975 und 13. März 1989, die mit einer Stärke von 5,2 und 5,5 auf der Richterskala zu den stärksten seismischen Ereignissen in der Weltgeschichte des Bergbaus zählen. Um die Salzausbeute zu maximieren, hatten die ostdeutschen Bergbaubetriebe die Dimensionen der verbleibenden Pfeiler über einen kritischen Punkt hinaus reduziert, so dass eine ganze Sohle auf einer Fläche von mehreren Quadratkilometern schlagartig kollabierte. Mehrere historische Gebäude mussten in der Folge abgerissen werden.[6] Die geologischen Schockwellen verwandelten sich in politische, als die DDR der Bundesrepublik die Verantwortung zuzuschieben versuchte und eine Destabilisierung des Untergrunds der DDR durch die Versenkung von Endlaugen im Boden behauptete. Dass diese Endlaugenversenkung wiederum eine bundesdeutsche Maßnahme war, um die Belastung des Flusswassers nicht noch weiter zu erhöhen, erweitert die deutsch-deutschen Verflechtungen entlang der Werra um eine zusätzliche Dimension.[7]

Während das Wasser in westlicher Richtung floss, bewegte sich die Luft aus klimatischen Gründen vorzugsweise in der umgekehrten Richtung. Das war insofern von Bedeutung, als seit den 1970er Jahren der Ferntransport von Luftschadstoffen verstärkt ins Blickfeld rückte. Die Emissionen der ostdeutschen Braunkohleregionen blieben deshalb überwiegend eine Erfahrung der DDR-Bürger, während umgekehrt die Bundesrepublik für eine erhebliche Vorbelastung der ostdeutschen Atmosphäre sorgte. Die Bundesrepublik nutzte diese Situation mit einer gewissen Nonchalance und genehmigte noch Anfang der 1980er Jahre das Kraftwerk Buschhaus bei Helmstedt, das für die Verbrennung besonders schwefelreicher Salzkohle gebaut wurde. Nach den ursprünglichen Planungen hätte Buschhaus mit einem Jahresausstoß von 150.000 Tonnen Schwefeldioxid allein sechs Prozent der bundesdeutschen Kraftwerksemissionen, aber nur 0,4 Prozent des elektrischen Stroms geliefert. Der mit 300 Metern höchste Schornstein der Bundesrepublik verfrachtete die Schadstoffe bei Westwind in den östlichen Teil des waldreichen Harzes – »wohl als Beitrag der niedersächsischen Landesregierung zu der so heftig beschworenen Wiedervereinigung«, wie Kritiker ätz-

---

6 Ulrich Eisenbach, Kaliindustrie und Umwelt, in: Ulrich Eisenbach/Akos Paulinyi (Hg.), Die Kaliindustrie an Werra und Fulda. Geschichte eines landschaftsprägenden Industriezweigs, Darmstadt 1998, S. 194–222; hier S. 210–212, 216, 220; Astrid M. Eckert, Geteilt, aber nicht unverbunden. Grenzgewässer als deutsch-deutsches Umweltproblem, in: Vierteljahrshefte für Zeitgeschichte (VfZ) 62 (2014), S. 69–100.
7 Hartmut Ruck, Die Kali-Industrie an der Werra in Thüringen 1945–1989, in: Hermann-Josef Hohmann, Dagmar Mehnert (Hg.), Bunte Salze, weiße Berge. Wachstum und Wandel der Kaliindustrie zwischen Thüringer Wald, Rhön und Vogelsberg, Hünfeld 2004, S. 101–134, hier S. 118 f.

ten.⁸ Nach einer Großdemonstration und einer Sondersitzung des Bundestags im Sommer 1984 bauten die Betreiber hurtig eine Entschwefelungsanlage.

Westwind ist in gemäßigten Breiten jedoch keine Gewissheit. Ende April 1986 kam der Wind zum Beispiel aus dem Osten und brachte Luft aus der Ukraine nach Mitteleuropa. So wurde die Reaktorkatastrophe von Tschernobyl zu einer gesamtdeutschen Kontaminationserfahrung, die über Ulrich Becks *Risikogesellschaft* sogar Eingang in die soziologische Theoriebildung fand.⁹ Becks These einer umfassenden Entgrenzung ökologischer Risiken, denen alle Menschen gleichermaßen und unentrinnbar ausgesetzt waren, traf in der Bundesrepublik jedenfalls kurzfristig auf ein enormes Echo. Von einer Gleichförmigkeit der Exposition konnte jedoch auch bei Tschernobyl keine Rede sein. Der Grad der Kontamination war innerhalb Deutschlands durchaus unterschiedlich und lag im südlichen Bayern am höchsten, mithin also in jenem Bundesland, das gerade einen erbitterten Konflikt um den Bau einer atomaren Wiederaufarbeitungsanlage im oberpfälzischen Wackersdorf durchlebte.¹⁰

Es bedurfte freilich nicht der Naturgewalten, um die Ökosysteme in Ost und West miteinander zu verbinden. Zwecks Devisenbeschaffung importierte die DDR seit Mitte der 1980er Jahre jährlich vier bis fünf Millionen Tonnen Müll aus der Bundesrepublik und West-Berlin. Darunter waren mehr als eine halbe Million Tonnen Sondermüll, der vor allem auf die Deponien Schönberg bei Lübeck und Vorketzin bei Potsdam ging. Auch aus Holland, Italien, Österreich und der Schweiz wurde Siedlungs- und Sondermüll aufgenommen, eine Schweizer Firma baute zudem eine Sondermüll-Verbrennungsanlage, die im Herbst 1988 in Schöneiche bei Berlin den Probebetrieb aufnahm. Stoffströme in umgekehrter Richtung scheiterten nicht nur an den Kosten, sondern bereits an der vergleichsweise geringen Mobilität des ostdeutschen Mülls. Während westdeutsche Abfälle vor der finalen Deponierung noch auf die bisweilen ziemlich lange Reise gen Osten gingen, gab es in den Staatsbetrieben der DDR bis zuletzt eine unkontrollierte Entsorgung »um die Ecke«. Der einzige Aktivposten in der Abfallbilanz der DDR war das effiziente Recycling von »Sekundärrohstoffen« im SeRo-System, das freilich vor allem dem notorischen Rohstoffmangel des Landes geschuldet war.¹¹ Der innerdeutsche Mülltransfer gewann eine Bedeutung über Deutschland hinaus, als DDR und Bundesrepublik bei den Verhandlungen über

---

8 Rainer Grießhammer, Letzte Chance für den Wald? Die abwendbaren Folgen des Sauren Regens, Freiburg 1983, S. 72.
9 Vgl. Ulrich Beck, Risikogesellschaft. Auf dem Weg in eine andere Moderne, Frankfurt a. M. 1986, und ders., Gegengifte. Die organisierte Unverantwortlichkeit, Frankfurt a. M. 1988.
10 Melanie Arndt, Tschernobyl. Auswirkungen des Reaktorunfalls auf die Bundesrepublik Deutschland und die DDR, Erfurt 2011, S. 53.
11 Hannsjörg F. Buck, Umweltbelastung durch Müllentsorgung und Industrieabfälle in der DDR, in: Eberhard Kuhrt (Hg.), Die Endzeit der DDR-Wirtschaft. Analysen zur Wirtschafts-, Sozial- und Umweltpolitik, Opladen 1999, S. 455–493, hier S. 461, 468f., 478.

die Basler Konvention zur Kontrolle des grenzüberschreitenden Transports gefährlicher Abfälle eine Erlaubnis für bilaterale Müllkooperationen außerhalb der Konvention durchsetzten.[12]

So gab es 1990 auch eine Wiedervereinigung von bundesdeutschen Konsumenten und ihrem deponierten Wohlstandsmüll, die freilich niemanden zu feierlichen Gefühlen animierte. Es fehlten in der DDR nicht nur eine geordnete Entsorgungspraxis – die meisten Deponien hatten weder eine Basisabdichtung noch Vorrichtungen zur Sammlung und Reinigung des Sickerwassers –, sondern sogar verlässliche Informationen über die Zahl der Lagerstätten. Anfängliche Schätzungen nach der Wende, die von etwa 50.000 Altlastenverdachtsflächen ausgingen, erhöhten sich bis 1997 auf mehr als 80.000 Verdachtsflächen, von denen etwa ein Viertel tatsächlich Kontaminationen aufwies.[13] Die ostdeutsche Umweltsanierung war ein technisch-administratives Großprojekt, und Günter Bayerl hat dazu bemerkt, hier müsse »zu großen Teilen von einer ›Erfolgsgeschichte‹ gesprochen werden«.[14] Die Kosten und wissenschaftlich-technischen Herausforderungen waren jedoch nicht gerade gering, zumal es sich um ein Projekt mit zahlreichen Unbekannten handelte. Der Umweltsoziologe Matthias Groß hat gezeigt, wie bei der Rekultivierung der Braunkohlentagebaue immer wieder kurzfristige Lösungen für plötzlich auftretende Probleme wie die Belastung des Wassers durch Säuren und Schwermetalle oder die Stabilität der Böschungen gefunden werden mussten. Am Ende des Projekts, das zeitweise die größte Landschaftsbaustelle Europas war, stand das beliebte Naherholungsgebiet Leipziger Neuseenland.[15]

Ein besonderes Kapitel sind die Altlasten der SDAG Wismut, die aus dem Uranbergbau in Sachsen und Thüringen entstanden. Die Aktivitäten der Wismut waren in der DDR ein sorgsam abgeschotteter Sonderbereich, so dass das gesamte Ausmaß der ökologischen Folgelasten erst nach der Wende erkennbar wurde. Insgesamt wurden bis Ende 2010 mit Milliardenaufwand 9.104 Dämme saniert, 6,5 Millionen Kubikmeter Hohlräume verfüllt, knapp 190.000 Tonnen Schrott entsorgt und 154 Millionen Kubikmeter Halden abgetragen. Eine Bundesgartenschau in einem ehemals devastierten Fördergebiet im thüringischen Ronneburg lieferte 2007 einen ersten Schlusspunkt des Sanierungsprojekts, auch wenn Einzelprojekte noch Jahrzehnte in die Zukunft reichen wer-

---

12 Ulrich Petschow/Jürgen Meyerhoff/Claus Thomasberger, Umweltreport DDR. Bilanz der Zerstörung, Kosten der Sanierung, Strategien für den ökologischen Umbau. Eine Studie des Instituts für Ökologische Wirtschaftsforschung, Frankfurt a. M. 1990, S. 84; Christian Möller, Der Traum vom ewigen Kreislauf. Abprodukte, Sekundärrohstoffe und Stoffkreisläufe im »Abfall-Regime« der DDR (1945–1990), in: Technikgeschichte 81 (2014), S. 61–89.
13 Buck, Umweltbelastung, S. 465, 482.
14 Günter Bayerl, Peripherie als Chance. Studien zur neueren Geschichte der Niederlausitz, Münster 2011, S. 439.
15 Vgl. Matthias Gross, Ignorance and Surprise. Science, Society, and Ecological Design, Cambridge, Mass. 2010, S. 121–162.

den.¹⁶ Inzwischen sind es eher die westdeutschen Hinterlassenschaften der Atomwirtschaft, die Experten und Öffentlichkeit Kopfschmerzen bereiten. Das gilt nicht nur für die anhaltende Suche nach einem Endlager für die Brennelemente aus den bundesdeutschen Reaktoren, sondern auch für die Sanierung der maroden Schachtanlage Asse II bei Wolfenbüttel, in die von 1967 bis 1978 insgesamt 125.787 Fässer mit schwach- und mittelradioaktivem Abfall eingelagert wurden.

Zum ökologischen Erbe der DDR gehörten jedoch nicht nur toxische Hinterlassenschaften, sondern auch relativ unberührte Naturräume. Ein Nationalpark im Gebiet der Müritz-Seen wurde schon 1966 auf dem 1. Landschaftstag im Bezirk Neubrandenburg diskutiert – er hätte die DDR zum Schöpfer des ersten deutschen Nationalparks gemacht.¹⁷ Wirklichkeit wurde der Müritz-Nationalpark dann im Zuge des Nationalparkprogramms der DDR von 1990, das für eine dramatische Ausweitung der geschützten Flächen sorgte und in der Geschichte des deutschen Naturschutzes einzigartig ist. Unter dem Blickwinkel der Verflechtungsgeschichte ist jedoch eher das Grüne Band von Interesse, das auf die Bewahrung der Naturräume entlang der ehemaligen innerdeutschen Grenze zielt und mit einer Gesamtfläche von 177 Quadratkilometern das größte deutsche Biotopverbundsystem ist. Das märchenhaft anmutende Ziel, einen Todesstreifen als Naturidyll zu bewahren, wog am Ende schwerer als die verwaltungstechnischen Hürden: Das Projekt tangierte neun Bundesländer, 38 Landkreise und zwei kreisfreie Städte und war damit nach gängigen Vorstellungen ein administrativer Alptraum sondergleichen. Seit 2003 ist das Grüne Band Teil eines europäischen Projekts.¹⁸

Die vielleicht wichtigste Verbindung von Ost und West lag jedoch in der Ähnlichkeit der Problemprofile. In beiden deutschen Staaten hingen die Umweltprobleme bei allen Unterschieden im Detail mit einem großen industriellen Sektor sowie den typischen Mobilitäts- und Konsumbedürfnissen fortgeschrittener Wohlstandsgesellschaften zusammen. Der ostdeutsche Konsumrausch nach der Wende – von Bananen bis zum Gebrauchtwagen – unterstrich die bemerkenswerte Konvergenz der konsumistischen Sehnsüchte. Bei der Großchemie, Metallverhüttung und -verarbeitung, Atomenergie oder der Nutzung der im globalen Vergleich recht seltenen Braunkohle war es frappierend, wie sehr sich die Fixpunkte der ökologischen Debatte und die Schadstoffpalette trotz deutscher Teilung ähnelten. Nur der Uranbergbau blieb ein ostdeutsches Phänomen, wobei der Blick auf die US-amerikanische Uranförderung erahnen lässt, dass es vielleicht nur an der Geologie lag, dass der Bundesrepublik ein Desaster von den Dimensionen der Wismut erspart blieb.¹⁹

---

16 Michael Meissner, Schichtende. Kontroversen um Rückbau und Sanierung, in: Rainer Karlsch, Rudolf Boch (Hg.), Uranbergbau im Kalten Krieg. Die Wismut im sowjetischen Atomkomplex. Band 1: Studien, Berlin 2011, S. 355–395, hier S. 382 u. 394 f.
17 Jörg Roesler, Umweltprobleme und Umweltpolitik in der DDR, Erfurt 2006, S. 22.
18 Kai Frobel u. a., Erlebnis Grünes Band, Bonn-Bad Godesberg 2011, S. 11, 13.
19 Frank Uekötter, Bergbau und Umwelt im 19. und 20. Jahrhundert, in: Dieter Ziegler (Hg.), Rohstoffgewinnung im Strukturwandel. Der deutsche Bergbau im 20. Jahrhundert, Münster 2013, S. 539–570, hier S. 560.

Diese Ähnlichkeit gilt es auch deshalb zu betonen, weil sich 1989/90 ein scharfer Kontrast der Ökobilanzen in Ost und West aufdrängte. Das Verdikt über die DDR war 1989/90 in einem hohen Ausmaß ökologisch konturiert.[20] Mehr noch: Die Umweltzerstörung ist einer der wenigen Kritikpunkte, der durch die Erfahrungen nach der Wiedervereinigung keine Relativierung erfuhr. Während euphorische Hoffnungen auf Marktwirtschaft, Massenwohlstand und Demokratie in den neunziger Jahren arge Dämpfer bekamen, erschien die Ökobilanz der DDR durch die Befunde der Nachwendezeit eher noch dramatischer. »Die DDR gilt in ökologischer Hinsicht als *failed state*«, beginnt ein jüngst erschienener Aufsatz zur Umweltpolitik der DDR.[21] Aber viele Probleme spitzten sich vor allem im finalen Jahrzehnt der DDR zu. Wäre die DDR schon 1980 kollabiert, dann hätte die retrospektive Kritik wohl weitaus weniger grüne Züge getragen.

2. Der Aufstieg der Umweltpolitik

Die Jahre um 1970 waren eine Wendezeit der Umweltpolitik, aber ihre Bedeutung erschließt sich erst vor dem Hintergrund längerer Traditionen. Auch in der Umweltpolitik gab es keine »Stunde Null«. Der dialektische Zusammenhang von neuen Umweltproblemen und neuen Lösungsansätzen lässt sich seit der Frühindustrialisierung verfolgen, und ein erster Schub institutioneller Weichenstellung mit langfristigen Folgen ist in den meisten westlichen Ländern bereits in den beiden Jahrzehnten vor dem Ersten Weltkrieg nachzuweisen.

Die Umweltpolitiken der 1970er Jahre standen im Kontext längerfristiger Reformbestrebungen. Schon in den 1950er Jahren gab es in beiden deutschen Staaten Bemühungen um eine Stärkung der einschlägigen regulativen Politiken, die vor allem in der Bundesrepublik eine deutliche Präferenz für die behutsame Weiterentwicklung bestehender Verfahrensweisen verrieten.[22] Die DDR verabschiedete schon 1954 ein neues Gesetz zur Erhaltung und Pflege der heimatlichen Natur, dem 1970 ein Gesetz über die planmäßige Gestaltung der sozialistischen Landeskultur in der DDR folgte. Seit 1968 genoss der Umweltschutz Verfassungsrang.[23] Beachtung verdient auch die Landschaftsdiagnose der DDR,

---

20 Vgl. etwa Ulrich Petschow u.a., Umweltreport DDR; Joachim Kahlert, Der Einigungsprozess als Chance für die Umwelt. Aufgaben und Ziele auf dem Weg zu einer Umweltunion, Bonn 1990.
21 Tobias Huff, Über die Umweltpolitik der DDR. Konzepte, Strukturen, Versagen, in: Geschichte und Gesellschaft 40 (2014), S. 523–554, hier S. 523. Ähnlich Eckert, Geteilt, S. 69.
22 Dazu ausführlich Frank Uekötter, Von der Rauchplage zur ökologischen Revolution. Eine Geschichte der Luftverschmutzung in Deutschland und den USA 1880–1970, Essen 2003, S. 451.
23 Arnold Vaatz, Umweltpolitik, in: Rainer Eppelmann/Horst Möller/Günter Nooke/Dorothee Wilms (Hg.), Lexikon des DDR-Sozialismus. Das Staats- und Gesellschaftssystem der Deutschen Demokratischen Republik, Paderborn 1996, S. 630–638, hier S. 630 f.

ein Großprojekt der 1950er Jahre, das auf eine Generalinventur der ökologischen Bedingungen auf dem gesamten Territorium der DDR zielte und kein Äquivalent in der Bundesrepublik besaß. Hier traf sich der seit den 1930er Jahren boomende Landschaftsschutz mit der sozialistischen Planungseuphorie.[24] Der Aufbruch zu neuen institutionellen Formen der Umweltpolitik wirkte in der DDR zunächst deutlich energischer als in der Bundesrepublik.

Der frühe Beginn der Reformen lässt zugleich erahnen, dass es noch keinen Konflikt zwischen den zugrundeliegenden Wertvorstellungen und dem Wohlstandsparadigma der Konsumgesellschaften gab. Umweltpolitik war keine Gegenbewegung zum Streben nach Wohlstand, sondern ihr Komplement. Viele der zeitgenössischen Umweltprobleme waren noch unmittelbar sinnlich erfahrbar: Rauch und Staub in der Luft, Schaumberge auf den Gewässern, improvisierte Müllkippen. Die Lebens- und Arbeitsbedingungen im persönlichen Umfeld standen im Mittelpunkt von Protest und Politik, und es ist eine durchaus lohnende Frage, inwiefern sich dies im Zeitalter der Ökologie wirklich änderte. Das Signum des »postmateriellen« ökologischen Umweltbewusstseins verstellt leicht den Blick für die Persistenz von geographisch begrenzten und eng mit Eigentumsinteressen verbundenen Protesten. Bereits in seiner Pionierstudie zur stillen Revolution in westlichen Wohlstandsgesellschaften musste Ronald Inglehart eingestehen, dass sich seine Dichotomie von materiellen und postmateriellen Wertvorstellungen bei Umweltproblemen nicht mit der sonst reklamierten Eindeutigkeit nachweisen ließ.[25]

Der Aufschwung der Umweltpolitik in beiden deutschen Ländern um 1970 war Teil eines internationalen Booms. Die Schaffung neuer Einrichtungen wie des Ministeriums für Umweltschutz und Wasserwirtschaft in der DDR (1972) sowie dem Sachverständigenrat für Umweltfragen und dem Umweltbundesamt in der Bundesrepublik (1971 und 1974) fügt sich in ein allgemeines Muster: Nie zuvor wurden in so kurzer Zeit so viele Einrichtungen mit dem Wortbestandteil »Umwelt« gegründet. Wichtige Impulse kamen aus den Vereinigten Staaten, wo der Boom des Ökologischen in landesweiten Großdemonstrationen am 22. April 1970 (»Earth Day«) mit Millionen von Teilnehmern kulminierte[26], sowie von den Vereinten Nationen, die im Juni 1972 den ersten großen Umweltgipfel in Stockholm durchführten. Das Bestreben, die eigenen politischen Meriten im Vorfeld aufzupolieren, verband Ost und West, auch wenn der Ostblock die Veranstaltung am Ende aufgrund eines Streits über den völkerrechtlichen Status der DDR boykottierte. Mit 1200 Delegierten aus 114 Ländern

---

24 Willi Oberkrome, »Deutsche Heimat«. Nationale Konzeption und regionale Praxis von Naturschutz, Landschaftsgestaltung und Kulturpolitik in Westfalen-Lippe und Thüringen (1900–1960), Paderborn 2004, S. 341, 522.
25 Ronald Inglehart, The Silent Revolution. Changing Values and Political Styles Among Western Publics, Princeton 1977, S. 43.
26 Adam Rome, The Genius of Earth Day. How a 1970 Teach-In Unexpectedly Made the First Green Generation, New York 2013.

blieb Stockholm bis zum legendären Erdgipfel von Rio de Janeiro 1992 die größte Veranstaltung ihrer Art.[27]

Damit besaß der Bedeutungsgewinn der Umweltpolitik von Anfang an eine staatspolitische Motivation, die in ihrem Gewicht nicht unterschätzt werden sollte. Die Mythologie der Umweltbewegung suggeriert, dass es vor allem der leidenschaftliche Protest empörter Bürger gewesen sei, der den großen Leviathan am Ende zu ein paar Konzessionen bewegte. Die bundesdeutsche Umweltbewegung verrät einiges über den Wert zivilgesellschaftlichen Engagements von den Grünen bis zu Greenpeace, aber für die frühen 1970er Jahre lässt sich ein öffentlicher Druck allenfalls ansatzweise erkennen. Der gesellschaftliche Aufbruch, der in der Studentenbewegung von 1968 seinen spektakulärsten Ausdruck fand, scheint ökologische Themen nicht sonderlich tangiert zu haben, und ein Ereignis, das sich mit dem seit 1970 zelebrierten amerikanischen »Earth Day« vergleichen ließe, gab es ohnehin nicht. Der Schlüsselbegriff »Umweltschutz« war bezeichnenderweise eine Erfindung des Bundesinnenministeriums unter der Leitung von Hans-Dietrich Genscher, der im Zuge der sozialliberalen Regierungsbildung die Abteilung »Gewässerschutz, Luftreinhaltung und Lärmbekämpfung« vom SPD-geführten Gesundheitsressort übertragen bekommen hatte und diese als »Abteilung U« zum Motor einer ambitionierten ökologischen Reformpolitik machte. Umweltschutz war kein Kampfbegriff empörter Bürger, sondern das genaue Gegenteil: »eine bürokratische Sprachschöpfung par excellence«.[28]

Man wird deshalb eher von einem komplexen Wechselspiel zwischen politischer und zivilgesellschaftlicher Sphäre reden müssen, bei dem in der Bundesrepublik die politischen Insider zunächst einen gewissen Vorsprung reklamieren konnten. Es waren bezeichnenderweise zunächst Verwaltungen, die den Wunsch nach schlagkräftigen zivilgesellschaftlichen Verbänden artikulierten. Schon 1961 fragte ein rühriger Beamter des nordrhein-westfälischen Arbeitsministeriums, das seinerzeit für den Immissionsschutz zuständig war, in einer Besprechung mit Vertretern der Duisburger Stadtverwaltung, »ob nicht ein Zentralverband der Bürgervereine als ernsthafter Vertreter der Immissionsabwehr in Opposition zur Emissionsseite zu finden ist.«[29] Auch Genschers Innenministerium bemühte sich um einschlägige Kontakte und hatte zum Beispiel 1972 bei der Gründung des Bundesverbands Bürgerinitiativen Umweltschutz (BBU) seine Finger im Spiel, dessen Führungsebene trotz ostentativer Überparteilichkeit deutlich Genschers FDP zuneigte. Sofern es in den siebziger Jahren eine große Umweltpartei gab, war das – aus heutiger Sicht kaum noch nachzuvollziehen –

---

27 Thorsten Schulz-Walden, Anfänge globaler Umweltpolitik. Umweltsicherheit in der internationalen Politik (1969–1975), München 2013, S. 235–243 und David Ekbladh, The Great American Mission. Modernization and the Construction of an American World Order, Princeton 2010, S. 247–250.

28 Jens Ivo Engels, Naturpolitik in der Bundesrepublik. Ideenwelt und politische Verhaltensstile in Naturschutz und Umweltbewegung 1950–1980, Paderborn 2006, S. 275.

29 Stadtarchiv Duisburg 503/689, Aktenvermerk über die Besprechung mit Herrn Oberregierungsrat Öls, Arbeits- und Sozialministerium NRW Düsseldorf am 3. Juli 1961, S. 2.

die FDP und speziell deren linksliberaler Flügel, was sich auch in der finanziellen Förderung des BBU durch die Friedrich Naumann Stiftung dokumentierte.[30] »Umweltschutz hat Vorrang vor Gewinnstreben und persönlichem Nutzen«, hieß es in den Freiburger Thesen von 1971.[31] Der wachsende Zulauf der Bürgerinitiativen und nicht zuletzt die Radikalisierung im Atomkonflikt ließen das Bundesinnenministerium jedoch vom Marionettenspieler zum Zauberlehrling mutieren. Das endgültige Scheitern wird man auf das Jahr 1977 datieren müssen, als das FDP-Mitglied Hans-Helmuth Wüstenhagen auf Druck linker Gruppierungen vom Vorsitz des BBU zurücktrat.[32]

Genscher war einer der ersten Spitzenpolitiker, die das Potential ökologischer Themen erkannten. Sie boten ergiebige Möglichkeiten zur politischen Profilierung, zumal die Defizienz der regulativen Politik weithin unstrittig war. Das wog umso schwerer, als die Perspektiven für Reformpolitiken in den Jahren »nach dem Boom« zusehends schwanden: In einer Zeit ökonomischer Krisen und grassierender Zweifel an der Steuerungsfähigkeit des Staates war Umweltpolitik ein Handlungsfeld, in dem sich noch eine massive Expansion von Budgets, Kompetenzen und Stellenplänen legitimieren ließ. Einiges deutet darauf hin, dass es sich hier um ein allgemeines Muster westlicher Staaten handelt, das aber gerade in der Bundesrepublik ausgesprochen erfolgreich war, und so ergibt sich eine beeindruckende Liste von Politikern, die aus der Umweltpolitik heraus zugleich die eigene Karriere beflügelten: Hans-Dietrich Genscher, Joschka Fischer, Jo Leinen, Klaus Matthiesen, Monika Griefahn, Jochen Flasbarth, Fritz Vahrenholt, Max Streibl, Klaus Töpfer.[33]

Man wird die Umweltpolitik somit in der Zeit nach 1970 als ein bemerkenswert effektives Karrieresprungbrett betrachten dürfen, das ein dynamisches Element in die Rekrutierungswege politisch-administrativer Eliten brachte. Der Aufstieg des Frankfurter Taxifahrers Joschka Fischer, der es ohne Abitur zum Vizekanzler der Bundesrepublik Deutschland brachte, ist hier ein besonders spektakuläres Beispiel.[34] Daneben sollte man jedoch auch jene Personen im Blick haben, die irgendwann resigniert aufgaben. Als Wolfgang Sternstein, mehrere Jahre lang Vorstandsmitglied im BBU, Wüstenhagen Jahre nach dessen Rücktritt in Freiburg besuchte, traf er »einen verbitterten alten Mann, der sich über Gott

---

30 Sandra Chaney, Nature of the Miracle Years. Conservation in West Germany, 1945–1975, New York 2008, S. 195–197; Engels, Naturpolitik, S. 287, 334f.
31 Karl-Hermann Flach/Werner Maihofer/Walter Scheel, Die Freiburger Thesen der Liberalen, Reinbek bei Hamburg 1972, S. 109.
32 Engels, Naturpolitik, S. 336f.
33 Mit der heutigen Bundeskanzlerin Angela Merkel, Bundesumweltministerin von 1994 bis 1998, scheint sich ein neues Karriereprofil anzudeuten, da sich ihre Amtszeit eher durch das geräuschlose Verwalten in bewegten Zeiten auszeichnete. Nach den zahlreichen Initiativen ihres Vorgängers Klaus Töpfer wirkt Merkels Legislaturperiode wie eine Zeit der Ruhe, in der es weder Skandale noch bemerkenswerte Erfolge gab.
34 Paul Hockenos, Joschka Fischer and the Making of the Berlin Republic. An Alternative History of Postwar Germany, Oxford 2008.

und die Welt beklagte. Er war nur noch ein Schatten seiner selbst, eine gescheiterte Existenz, die mein Herz rührte.«[35] Die international bewunderte Stärke der deutschen Umweltszene sollte nicht darüber hinwegtäuschen, dass einige Menschen dafür einen hohen Preis zahlten.

In beiden deutschen Staaten folgte auf den vollmundigen Aufbruch recht bald eine gewisse Ernüchterung. Das hing eng mit dem Leitbild einer Umweltpolitik von oben zusammen, das eine bemerkenswerte Parallele der Umweltpolitiken in Ost und West war. Die politische Führung produzierte vor allem ambitionierte Zielvorstellungen und vollmundige Rhetorik und überließ die Umsetzung vertrauensvoll nachgeordneten Instanzen.

Auch in der DDR war grundsätzlich klar, dass Umweltprobleme ernst zu nehmen waren. Als neuer Generalsekretär des Zentralkomitees der SED erwähnte Erich Honecker den Umweltschutz in seiner Rede vor dem VIII. Parteitag 1971 und forderte die Bevölkerung sogar auf, die staatlichen Stellen auf Umweltprobleme aufmerksam zu machen.[36] Die Umweltpolitik gehörte damit zur vielzitierten »Einheit von Wirtschafts- und Sozialpolitik«, die in der »Einheit von Ökonomie und Ökologie« sogar ein grünes ideologisches Komplement erhielt.[37] Programmatisch lief das auf ein bemerkenswertes Pendant zur »Lebensqualität« hinaus, mit der sich seinerzeit die SPD programmatisch zu profilieren suchte: ökologische Politik als zwingender Bestandteil eines umfassenden Wohlstandsversprechens.[38] Ergänzend zum DDR-Ministerium für Umweltschutz und Wasserwirtschaft – im Westen entstand ein Bundesumweltministerium erst 1986 nach Tschernobyl[39] – wurde auf Betreiben von Hans Mottek an der Akademie der Wissenschaften eine Arbeitsgruppe »Umweltschutz und Umweltgestaltung« geschaffen, Mottek übernahm zudem die Leitung einer Akademie-Kommission für Umweltforschung.[40] Im politisch-administrativen Alltag begannen indes rasch die Ambivalenzen, und sie wurden im Laufe der Zeit nicht kleiner.

Nach Tobias Huff fiel Honeckers Machtübernahme im Mai 1971 »mit der Hochphase der DDR-Umweltpolitik zusammen«.[41] Die Maßgaben der Parteispitze relativierten sich jedoch sehr schnell. Selbst die sonst übliche Einrichtung einer ZK-Abteilung, die gewöhnlich als Spiegelinstitution für Ministerien

---

35 Wolfgang Sternstein, »Atomkraft – nein danke!« Der lange Weg zum Ausstieg, Frankfurt a. M. 2013, S. 106.
36 Andreas Dix/Rita Gudermann, Naturschutz in der DDR: Idealisiert, ideologisiert, instrumentalisiert?, in: Hans-Werner Frohn/Friedemann Schmoll (Hg.), Natur und Staat. Staatlicher Naturschutz in Deutschland 1906–2006, Bonn 2006, S. 535–624, hier S. 574.
37 Tobias Huff, Natur und Industrie im Sozialismus. Eine Umweltgeschichte der DDR. Göttingen 2015, S. 385.
38 Bernd Faulenbach, Das sozialdemokratische Jahrzehnt. Von der Reformeuphorie zur Neuen Unübersichtlichkeit. Die SPD 1969–1982, Bonn 2011, S. 228 f., 261; Ulrich Herbert, Geschichte Deutschlands im 20. Jahrhundert, München 2014, S. 915.
39 Die Umweltmacher. 20 Jahre BMU – Geschichte und Zukunft der Umweltpolitik, Hamburg 2006.
40 Roesler, Umweltprobleme, S. 27.
41 Huff, Umweltpolitik, S. 540.

im SED-Parteiapparat geschaffen wurde, unterblieb im Falle des Umweltministeriums, und als Mitglied der Demokratischen Bauernpartei Deutschlands fehlte dem seit März 1972 amtierenden Umweltminister Hans Reichelt auch sonst ein Zugang zu den politischen Ressourcen der SED.[42] Letztlich blieb die sozialistische Umweltpolitik aufgrund des notorischen Ressourcenmangels und der byzantinischen Strukturen des SED-Staats eine sternschnuppenartig verglühende Vision. Auch hier ergibt sich für das letzte Jahrzehnt der DDR der Eindruck einer sukzessiven und am Ende ziemlich umfassenden Sklerose. Als das Dresdener Klärwerk im Januar 1987 im Zuge eines Elbhochwassers überschwemmt wurde, blieb es bis zur Wende außer Betrieb, so dass sämtliche Abwässer der Stadt ungeklärt in der Elbe landeten.[43] Im Kampf gegen Schwefeldioxidemissionen, die seit Anfang der 1980er Jahre Gegenstand internationaler Verhandlungen waren, behalf sich die DDR mit gefälschten Daten.[44] Das Versagen von Politik und Verwaltung machte ökologische Fragen zu einem probaten Vehikel für Protestbewegungen. Sozialistische Ideologeme, wonach die Umweltprobleme der DDR vor allem kapitalistischen Hinterlassenschaften geschuldet seien und durch die Entwicklung der Produktivkräfte ganz von alleine überwunden würden, belegten die Realitätsfremdheit des SED-Staats.[45]

In den siebziger Jahren waren die innerdeutschen Unterschiede bei der Umsetzung der Umweltpolitik noch nicht ganz so eindeutig. Das föderale System der Bundesrepublik erwies sich in der Verarbeitung neuer politischer Programme als kaum weniger kompliziert als die sozialistische Bürokratie. Da ging es um Profilierung: Als Genscher mit seiner Umweltpolitik vorpreschte, forderte das Bayerische Staatsministerium für Arbeit und soziale Fürsorge intern, dem müsse »lautester Widerstand entgegengesetzt werden«.[46] Und es ging um Kompetenzen. Die Kooperation von Bund und Ländern gehört bekanntlich zu den heikelsten Problemen des bundesdeutschen Regierungssystems, und so barg es jede Menge politischen Sprengstoff, dass Genschers Umweltpolitik auch auf eine Ausweitung der Zuständigkeiten des Bundes zielte. Seit 1972 sah das Grundgesetz auch für Abfallbeseitigung, Luftreinhaltung und Lärmbekämpfung eine konkurrierende Gesetzgebung vor, während es bei Naturschutz und Landschaftspflege sowie der Reinhaltung der Gewässer bei einer Rahmenkompetenz des Bundes blieb. »Wohl kein Minister zuvor hatte jemals versucht, von den Ländern für den Bund soviel Zuständigkeit zu bekommen«, schreibt Genscher in seinen Memoiren und grämt sich ob »der verlorenen ›Wasserschlacht‹«.[47]

Der Vorzug des westlichen Systems lag eher darin, dass Vollzugsprobleme hier immerhin offen diskutiert werden konnten. Das Implementationsdefizit des

---

42 Ebd., S. 542.
43 Vaatz, Umweltpolitik, S. 633 f.
44 Huff, Umweltpolitik, S. 552.
45 Horst Barthel, Umweltpolitik in beiden deutschen Staaten. Literaturstudie, Berlin 2001, S. 15 f.
46 Bayerisches Hauptstaatsarchiv MArb 2596/II, Vermerk vom 12. Mai 1970.
47 Hans-Dietrich Genscher, Erinnerungen, Berlin 1995, S. 130.

bundesdeutschen Umweltrechts ist seit einem Gutachten des Sachverständigenrats für Umweltfragen 1974 ein stehender Begriff. »Die Verwaltungsbehörden, aber auch die Staatsanwaltschaften und die Strafgerichte haben bisher nach allgemeiner Überzeugung die Rechtsvorschriften des Umweltschutzrechts nicht ernst genug genommen«, konstatierte das von Genscher einberufene Expertengremium. In manchen Fällen grenze das behördliche Verhalten »fast an Vollzugsverweigerung«.[48] Ein vergleichbarer Mahnruf ist für die DDR nicht überliefert und auch nur schwer vorstellbar.

Die politischen Zielvorgaben wurden in der Bundesrepublik diffuser, als die umweltpolitische Reformeuphorie der Bundesregierung nach Genschers Wechsel ins Außenministerium schwand und der neue Bundeskanzler Helmut Schmidt anstelle visionärer Entwürfe »die nüchterne Kalkulation von Kosten und Nutzen« in den Mittelpunkt stellte.[49] Eine Klausurtagung auf Schloss Gymnich im Juni 1975 galt in Umweltkreisen noch Jahrzehnte später als Fanal der Kehrtwende.[50] Hinzu kam der eskalierende Streit um die Kernenergie, bei der sich der Staat unnachgiebig zeigte und in einem Prozess wechselseitiger Eskalation bürgerkriegsähnliche Situationen entstanden. Nirgendwo zeigten sich deutsche Behörden so hartleibig wie bei der Atomkraft – auch dies eine bemerkenswerte deutsch-deutsche Parallele.[51] Dabei leisteten sich beide Staaten etwa bei der nuklearen Entsorgung spektakuläre bürokratische Fehlleistungen. Das ehemalige Salzbergwerk Morsleben in der DDR wurde seit 1971 für die Deponierung radioaktiven Abfalls genutzt, erhielt jedoch erst 1986 vom Staatlichen Amt für Atomsicherheit und Strahlenschutz eine unbefristete Dauerbetriebsgenehmigung.[52] Damit stand Morsleben juristisch noch besser da als die Schachtanlage Asse II. Hier diente nämlich das Bergrecht als Rechtsgrundlage, erst seit der Übernahme der Schachtanlage durch das Bundesamt für Strahlenschutz zum 1. Januar 2009 gelten die strengeren Anforderungen des Atomrechts.[53]

48 Deutscher Bundestag, 7. Wahlperiode, Drucksache 2802, S. 177. Als klassische Analyse vgl. Renate Mayntz, Vollzugsprobleme der Umweltpolitik. Empirische Untersuchung der Implementation von Gesetzen im Bereich der Luftreinhaltung und des Gewässerschutzes, Stuttgart 1978.
49 Manfred Görtemaker, Geschichte der Bundesrepublik Deutschland. Von der Gründung bis zur Gegenwart, München 1999, S. 581.
50 Georges Fülgraff, Das Dilemma der Umweltpolitik – Eine Bilanz, in: Eberhard Schmidt/Sabine Spelthahn (Hg.), Umweltpolitik in der Defensive. Umweltschutz trotz Wirtschaftskrise, Frankfurt a. M. 1994, S. 13–24, hier S. 17.
51 Maßgeblich zur deutsch-deutschen Atomgeschichte sind Joachim Radkau, Lothar Hahn, Aufstieg und Fall der deutschen Atomwirtschaft, München 2013, und Mike Reichert, Kernenergiewirtschaft in der DDR. Entwicklungsbedingungen, konzeptioneller Anspruch und Realisierungsgrad (1955–1990), St. Katharinen 1999.
52 Falk Beyer, Die (DDR-)Geschichte des Atommüll-Endlagers Morsleben, Magdeburg 2004, S. 34.
53 Anselm Tiggemann, Die »Achillesferse« der Kernenergie in der Bundesrepublik Deutschland. Zur Kernenergiekontroverse und Geschichte der nuklearen Entsorgung von den Anfängen bis Gorleben 1955 bis 1989, Lauf an der Pegnitz 2004, S. 145; URL: http://www.endlager-asse.de/DE/2_WasIst/Geschichte/_node.html (zuletzt aufgerufen am 9. Oktober 2014).

Eine klare Divergenz der Umweltpolitiken in West und Ost lässt sich wohl erst für die Zeit nach 1979 behaupten. In diesem Jahr entschied der niedersächsische Ministerpräsident Ernst Albrecht, aufgrund des heftigen Bürgerprotests auf den Bau einer atomaren Wiederaufarbeitungsanlage in Gorleben zu verzichten – eigentlich die erste umweltpolitische Weichenstellung der Bundesrepublik, die in der DDR undenkbar war. Die achtziger Jahre wurden dann in der Bundesrepublik zum ökologischen Jahrzehnt par excellence, und die Selbst- und Außenwahrnehmung als grünes Musterland ist zum Großteil ein Ergebnis dieses Jahrzehnts. Die entscheidenden Impulse kamen eindeutig aus der Zivilgesellschaft, weshalb diese Entwicklung im folgenden Abschnitt eingehender diskutiert wird. An dieser Stelle ist der scharfe Kontrast zur Entwicklung in Ostdeutschland zu betonen, wo das SED-Regime auch in ökologischen Fragen zunehmend hilflos agierte. Der Beschluss des Ministerrats von 1982, alle Umweltinformationen zu Staatsgeheimnissen zu erklären, war zugleich eine umweltpolitische Bankrotterklärung.[54] Durch den Ausbau der Braunkohle war die DDR Ende der 1980er Jahre »bezogen auf die Fläche und auf die Bevölkerung der größte Luftverschmutzer in Europa«.[55]

So steht die ökologische Realpolitik in Ost und West im Zeichen einer seltsamen Umkehrung der jeweiligen Großideologien. In der Bundesrepublik ging der Weg von einer lose kontrollierten Ökonomie im Wirtschaftswunder zu einer umfassenden umweltpolitischen Regulierung, die schließlich im Bereich der industriellen Verschmutzung kaum noch Lücken aufwies. In der DDR hingegen führte der Weg von einer ambitionierten staatlichen Planung zu einem ökologischen Laissez-Faire, das im verzweifelten Streben nach Devisen auch exzessive Umweltbelastungen akzeptierte. Mit anderen Worten: Während der Bundesrepublik die Zähmung der marktwirtschaftlichen Dynamik in bemerkenswertem Umfang gelang, regierte in der DDR ökologisch gesehen eine Art Raubtierkapitalismus im Dienste des Sozialismus. Wer Ende der 1980er Jahre eine borniert Fixierung auf kurzfristige Gewinnmaximierung kritisieren wollte, fand dafür zumindest beim Umweltschutz in der DDR mehr Anschauungsmaterial als im neoliberalen Westen.

Bezeichnenderweise datiert die spektakulärste Aktion der DDR-Umweltpolitik aus der Zeit nach der Wende. Im buchstäblich letzten Atemzug beschloss der Ministerrat der DDR, fünf Nationalparks, sechs Biosphärenreservate und drei Naturparks einzurichten und damit nicht weniger als vier Prozent der Landesfläche unter Naturschutz zu stellen.[56] Ansonsten dominierte auch hier die be-

---

54 Herbert Schwenk/Hainer Weißpflug, Umweltschmutz und Umweltschutz in Berlin (Ost). Zu Auswirkungen der DDR-Umweltpolitik in Berlin, Berlin 1996, S. 81.
55 Cord Schwartau, Umweltschutz in der DDR, in: Ilse Spittmann-Rühle/Gisela Helwig (Hg.), Veränderungen in Gesellschaft und politischem System der DDR. Ursachen, Inhalte, Grenzen. Einundzwanzigste Tagung zum Stand der DDR-Forschung in der Bundesrepublik Deutschland 24. bis 27. Mai 1988, Köln 1988, S. 48–58, hier S. 51.
56 Hans Dieter Knapp, Das Nationalparkprogramm der DDR, in: Michael Succow/Lebrecht Jeschke/Hans Dieter Knapp (Hg.), Die Krise als Chance – Naturschutz in neuer Dimension, Neuenhagen 2001, S. 35–56, hier S. 50.

kannte Übertragung westdeutscher Gesetze, Institutionen und Verfahrensweisen, so dass von der DDR-Umweltpolitik am Ende wenig mehr als die populäre Naturschutzeule übrig blieb. Das hatte seinerzeit einen Hauch von Unvermeidlichkeit, und zwar nicht nur mit Blick auf den Gesamtprozess der Wiedervereinigung, sondern auch von der Sache her: Die Vorstellung, von der DDR-Umweltpolitik zu lernen, musste 1990 geradezu absurd erscheinen. Ein Vierteljahrhundert später ist das nicht mehr ganz so eindeutig.

Die Zeit um 1990 erscheint inzwischen als Zeit strategischer umweltpolitischer Weichenstellungen. Innerhalb von wenigen Jahren entstand ein neuer internationaler Rahmen der Umweltpolitik. Die Europäische Gemeinschaft erhielt mit der Einheitlichen Europäischen Akte von 1987 erstmals ausdrückliche Kompetenzen in der Umweltpolitik, die sie in den folgenden Jahren auszureizen suchte bis hin zu Plänen einer Energie- oder CO_2-Steuer.[57] Zu den wichtigsten Ergebnissen zählen die Nitratrichtlinie zum Schutz von Grund- und Oberflächengewässern von 1991 und die Fauna-Flora-Habitat-Richtlinie von 1992. Aus dem Erdgipfel von Rio de Janeiro 1992 gingen die Klimarahmenkonvention und die Biodiversitätskonvention hervor, die zusammen mit dem Montreal-Protokoll zum Schutz der Ozonschicht von 1987 bis heute als wichtigste Vorhaben der Weltumweltpolitik gelten. Die großen Ziele stehen jedoch in wachsendem Kontrast zu einer mühseligen ökologischen Realpolitik, in der Umweltpolitik oft ziemlich autoritär wirkt. Der Zusammenhang von Demokratie und Umweltschutz, der 1990 aufgrund der bundesdeutschen Erfahrungen selbstevident zu sein schien, ist heute im Globalen Süden nicht leicht zu vermitteln. Die Erfahrungen der DDR-Umweltpolitik haben damit im globalen 21. Jahrhundert eine neue, unerwartete Relevanz gewonnen.

3. Die Rolle der Zivilgesellschaften

Aus Sicht der alten Bundesrepublik besitzt die Trennung von Umweltpolitik und Zivilgesellschaft den Hauch des Artifiziellen. Die Karriere von Spitzenpolitikern wie Jürgen Trittin und Monika Griefahn, die von Protestbewegungen auf Ministersessel wechselten, suggeriert fließende Übergänge. Tatsächlich wirkte das Zusammenspiel von Politik und Protest in den achtziger Jahren wie eine symbiotische Beziehung: Umweltverbände und Bürgerinitiativen identifizierten Probleme und drängten energisch auf Maßnahmen – Politiker reagierten und verbuchten den entsprechenden Popularitätsgewinn. Aber dieses Bündnis begann schon in den Jahren nach der Wiedervereinigung brüchig zu werden, und als die rot-grüne Bundesregierung 2000 den Atomausstieg beschloss, sah sie sich mit

---

57 Anita Wolf-Niedermaier, Umweltpolitik, in: Werner Weidenfeld/Wolfgang Wessels (Hg.), Europa von A bis Z. Taschenbuch der europäischen Integration, 7. Aufl., Bonn 2000, S. 337–341, hier S. 338 f.

wütendem Protest konfrontiert.[58] Der Klimagipfel von Kopenhagen 2009 war ein Höhepunkt zivilgesellschaftlicher Mobilisierung und zugleich ein umweltpolitisches Fiasko. Während sich heute die Politik an umweltpolitischen Großprojekten wie der Energiewende abarbeitet, kämpft sie mit oft ökologisch argumentierenden Bürgerinitiativen. Kurz: Vom Standpunkt des 21. Jahrhunderts sind Politik und Zivilgesellschaft nur zu deutlich als separate Handlungsfelder mit eigenen Verhaltensregeln und Zeithorizonten zu erkennen, die in ihren spezifischen Eigenlogiken zu analysieren sind.

Das Feld der Zivilgesellschaft erweist sich jedoch für das Unterfangen einer deutsch-deutsch verflochtenen Geschichte als recht sperrig. Beide Länder verfügten zwar über Umweltbewegungen, die in den achtziger Jahren verstärkt Zulauf erfuhren, aber was dies konkret bedeutete, wurde in hohem Maße von den divergenten politischen Systemen bestimmt. Während die von Michael Beleites recherchierte Studie *Pechblende* über die Uranproduktion bei der Wismut als Untergrunddruck kirchlicher Provenienz kursierte, erzielte Holger Strohms *Friedlich in die Katastrophe* immer neue Auflagen. Seit der Erstveröffentlichung 1973 wuchs Strohms Buch bis 1981 auf mehr als 1.200 Seiten an und wurde zum unverzichtbaren Kompendium für die technischen Risiken der Atomkraft.[59] Zudem bezog die bundesdeutsche Umweltbewegung viel Unterstützung aus einem Milieu, das sich kaum für deutsch-deutsche Fragen interessierte: Den meisten bundesdeutschen Ökos lag der amazonische Regenwald näher als die Müritz. Keine der großen Parteien war an der Wiedervereinigung so wenig interessiert wie die Grünen, und einzelne Kontakte mit DDR-Bürgerrechtlern, wie sie etwa der grüne Bundestagsabgeordnete Wilhelm Knabe und Petra Kelly unterhielten, ändern an diesem Gesamtbild nichts.

Eine übergreifende Darstellung bekommt vor diesem Hintergrund leicht eine problematische Schlagseite. Während bundesdeutsche Aktivisten in dickleibigen Büchern vor dem drohenden Kollaps warnen konnten, mussten ostdeutsche Anliegen in Stil und Ambitionen die Rahmenbedingungen einer Eingabe erfüllen.[60] Die DDR erlaubte mancherlei Freiräume für Debatten, die zum Teil erstaunlich offen wirken, und mit der Gründung einer Gesellschaft für Natur und Umwelt im Kulturbund der DDR schuf sie 1980 eine Plattform, um das einschlägige Interesse in systemkonformer Weise zu kanalisieren.[61] Allerdings torpedierte die SED-Führung ihre eigene Gründung durch den Geheimhaltungs-

---

58 Edgar Wolfrum, Rot-Grün an der Macht. Deutschland 1998–2005, München 2013, S. 240.
59 Holger Strohm, Friedlich in die Katastrophe. Eine Dokumentation über Atomkraftwerke, 10. Aufl., Frankfurt a. M. 1982.
60 Vgl. Felix Mühlberg, Bürger, Bitten und Behörden. Geschichte der Eingaben in der DDR, Berlin 2004. Zur indirekten Beeinflussung der eigenen Bevölkerung über die westdeutschen Medien vgl. S. 137 f.
61 Vgl. Hermann Behrens/Ulrike Benkert/Jürgen Hopfmann/Uwe Maechler, Wurzeln der Umweltbewegung. Die »Gesellschaft für Natur und Umwelt« (GNU) im Kulturbund der DDR. Ein Beitrag zur Geschichte der ökologischen Bewegung in den neuen Bundesländern, Marburg 1993.

beschluss von 1982: Bis 1984 »erlosch das Vortragswesen im Natur- und Umweltschutz […] fast vollständig, da die Vortragswilligen aufgrund der Verordnung verunsichert waren, was sie an Informationen vermitteln durften und was nicht.«[62] Während in der Bundesrepublik reihenweise Großprojekte von Kalkar bis zur Startbahn West attackiert wurden, fokussierten sich ostdeutsche Aktivitäten eher auf kleine Projekte und Anliegen, die in einem naiven deutsch-deutschen Vergleich leicht etwas borniert wirken. Während Umweltbewegte in der Bundesrepublik nicht mehr nur lokal demonstrierten, sondern Ende der siebziger Jahre auf Großdemonstrationen gegen den »Atomstaat« gingen, bemühten sich ostdeutsche Aktive, mit Baumpflanzaktionen oder Fahrraddemonstrationen überhaupt erst einmal so etwas wie Öffentlichkeit herzustellen.[63]

Die institutionellen Formen des zivilgesellschaftlichen Umbruchs im Westen sind auf den ersten Blick recht leicht zu umreißen. Allenthalben gründeten sich neue Bürgerinitiativen und landesweite Organisationen wie BUND und Greenpeace, altehrwürdige Naturschutzverbände wie der Bund für Vogelschutz verwandelten sich unter zum Teil heftigen internen Kämpfen in agile NGOs, und die Grünen wurden zu einem festen Teil des bundesdeutschen Parteienspektrums. Aber je näher man auf Akteure und Schauplätze heranzoomt, desto diffuser wird das Bild. Da steht der gewalttätige Atomprotest neben einer konstruktiven ökologischen Kommunalpolitik, der bärtige Alternative neben dem bestens vernetzten Strippenzieher, die globetrottenden Charismatiker vom Schlage einer Petra Kelly neben heimatverwurzelten Naturschützern, die zum Erhalt eines Magerrasens regelmäßig die Mähmaschine anwarfen.[64]

Die thematische Vielfalt trug wesentlich zur Lebendigkeit und Persistenz der Umweltbewegungen bei. Von der Umgehungsstraße bis zum Weltklima, von der Hufeisenfledermaus bis zum Atomkraftwerk, von Tempo 100 auf Autobahnen bis zum Amazonas bot das Thema vielfältige Chancen zur freien Entfaltung ökologisch renitenter Persönlichkeiten. In Zeiten des ökologischen Aufbruchs sprach da alles für gegenseitige Unterstützung, etwa nach dem Motto: Wenn Du meine Unterschriftenliste weiterreichst, komme ich auf Deine Demo. Am besten gediehen solche Reziprozitätsbeziehungen wohl im alternativen Milieu.

---

62 Hermann Behrens, Rückblicke auf den Umweltschutz in der DDR seit 1990, in: Institut für Umweltgeschichte und Regionalentwicklung (Hg.), Umweltschutz in der DDR. Analysen und Zeitzeugenberichte Bd. 1, München 2007, S. 1–40, hier S. 29.
63 Christian Halbrock, Störfaktor Jugend. Die Anfänge der unabhängigen Umweltbewegung in der DDR, in: Carlo Jordan/Hans Michael Kloth (Hg.), Arche Nova. Opposition in der DDR. Das »Grün-ökologische Netzwerk Arche« 1988–90, Berlin 1995, S. 13–32, hier S. 27; Nathan Stoltzfus, Public Space and the Dynamics of Environmental Action. Green Protest in the German Democratic Republic, in: Archiv für Sozialgeschichte 43 (2003), S. 385–403, hier S. 394f.
64 Eindrucksvoll zu dieser programmatischen Kakophonie Silke Mende, »Nicht rechts, nicht links, sondern vorn«. Eine Geschichte der Gründungsgrünen, München 2011. Arg eingleisig hingegen Andreas Pettenkofer, Die Entstehung der grünen Politik. Kultursoziologie der westdeutschen Umweltbewegung, Frankfurt a. M. 2014.

Es würde an dieser Stelle zu weit führen, die Ursachen der ökologischen Revolution umfassend zu reflektieren.[65] Zwei Punkte sind jedoch mit Blick auf deutsch-deutsche Verflechtungen von besonderem Interesse. Zum einen fällt der Durchbruch in die Krisenjahre seit 1979, in denen die politischen Konfliktlinien in vielen westlichen Ländern neu gezogen wurden.[66] Etwas salopp formuliert: Wo Großbritannien und die USA über Neoliberalismus und Frankreich über Mitterrands Präsidentschaft diskutierten, erregte sich Deutschland über das Waldsterben. Die Begeisterung, mit der sich Bundesbürger aus ganz unterschiedlichen Zusammenhängen plötzlich der grünen Sache verschrieben, hatte Züge einer sozialpsychologischen Ausweichbewegung, zumal Debatten über spektakuläre wirtschaftspolitische Kurswechsel aufgrund der Agonie der sozialliberalen Koalition vorerst eher theoretischer Natur blieben. Zugleich korrespondierte dies mit anderen fundamentalen Ängsten – etwa vor dem Atomkrieg, Terrorismus, der Automatisierung oder der Massenarbeitslosigkeit.

Im Unterschied zur Massenarbeitslosigkeit schienen sich für die Umweltprobleme einige rasche Lösungen aufzudrängen. Der Aufschwung der Umweltpolitik hatte in den Jahren zuvor die Entwicklung einiger technischer Lösungsansätze ermöglicht, deren Umsetzung aufgrund ihrer hohen Kosten und des resultierenden Widerstands einschlägiger Interessen jedoch stagnierte. Die Rauchgasentschwefelung von Kohlekraftwerken war seit den frühen 1970er Jahren technisch möglich, und auch die katalytische Abgasreinigung bei Automobilen war längst praxisreif und wurde in deutsche Kraftfahrzeuge für den amerikanischen Markt routinemäßig eingebaut. Eifrig forcierte die Politik unter dem Eindruck des ökologischen Protests die Nutzung solcher Technologien, und so wirkte die grüne Bewegung für einige Zeit geradezu spektakulär erfolgreich. Was im Rückblick eher die Auflösung eines ökologischen Reformstaus war, galt zeitgenössisch als Beleg, dass Bürgerprotest auch große Industrieunternehmen in die Knie zwingen konnte.

Letzteres faszinierte besonders jene, die durch Studentenproteste und alternatives Milieu marxistisch vorgeprägt waren. Die roten Wurzeln der grünen Literatur sind inzwischen Gegenstand bizarrer Verschwörungstheorien[67]; aber das darf nicht darüber hinwegtäuschen, dass Umweltthemen verblüffend gut zu den Legitimationsproblemen im Spätmarxismus passten. Eine »Entfremdung« gab es ja auch im Verhältnis zur Natur, die Ausbeutung des Proletariats war der Ausbeutung der Natur nicht ganz unähnlich, und hatte nicht Marx selbst

---

65 Für einen ersten Versuch des Verfassers in dieser Richtung vgl. Frank Uekötter, The Greenest Nation? A New History of German Environmentalism, Cambridge, Mass. 2014, S. 101–111.
66 Frank Bösch Umbrüche in die Gegenwart. Globale Ereignisse und Krisenreaktionen um 1979, in: Zeithistorische Forschungen/Studies in Contemporary History 9.1 (2012), S. 8–32.
67 So etwa in Torsten Mann, Rote Lügen in Grünem Gewand. Der kommunistische Hintergrund der Öko-Bewegung, Rottenburg 2009.

im *Kapital* Arbeit als »Stoffwechsel zwischen Mensch und Natur« charakterisiert?[68] Natürlich war das im Grunde genommen Vulgärmarxismus, aber nach den zahlreichen Enttäuschungen seit 1968 waren viele Linke offen für ideologische Flexibilität. Zweifel behandelte man eher als Privatsache, wie etwa Rudi Dutschke, der im März 1977 in seinem Tagebuch notierte: »die ganze Atom- und Massenmobilisierung in B[rokdorf] u[nd] I[tzehoe] bereitet mir theore[tische] und politische Schwierigkeiten. ›Old Surehand II‹ mit und für die Kinder zu lesen ist leichter.«[69]

Es ist schon ein wenig paradox: Für die westdeutsche Umweltbewegung war der Marxismus wichtiger als für die ostdeutsche. Überhaupt wirkt der Sozialismus als ideologisches Konzept jenseits der Phraseologie für die DDR-Umweltgeschichte der 1980er Jahre recht bedeutungslos. Es ging in Ostdeutschland um ungebremste Industrieproduktion, den notorischen Ressourcenmangel, der für Investitionen in den Umweltschutz nur wenig Raum ließ, sowie die Verantwortungslosigkeit der Führung, und da boten Umweltthemen ein günstiges Vehikel. So fungierte Umweltprotest innerhalb wie außerhalb der staatlich sanktionierten Kreise stets auch als ein Stellvertreterkonflikt: Die Kritik an ökologischen Zuständen war politisch weniger heikel als Attacken auf die Mangelwirtschaft oder Privilegien der Bonzen. So luden sich auch triviale Themen für die DDR-Bürger mit Bedeutung auf. Als die Ökologische Arbeitsgruppe Halle, die unter dem schützenden Dach der evangelischen Kirche operierte, 1988 gegen die Asphaltierung von Heidewegen im Haller Stadtforst »Dölauer Heide« protestierte, schossen in der Gruppe die Spekulationen über mögliche militärische Hintergründe ins Kraut – tatsächlich hatte die Forstverwaltung lediglich nach einem Verwendungszweck für eine zugewiesene Menge Bitumen gesucht. Nach der Wende gestand die Gruppe selbst ein, dass sie ein Phantom gejagt und eher auf Frustabbau denn auf echten Wandel gezielt hatte: Ihnen ging es darum, »der Obrigkeit Nadelstiche zu versetzen. Wenn schon nicht ins Herz, dann wenigstens ins Sitzfleisch. Über die Wirkung waren wir mitunter sehr überrascht.«[70]

Auch in der zwangsläufig fragmentierten Umweltszene der DDR gab es Hierarchien, die in der historiographischen Literatur ihren Niederschlag gefunden haben. Viel Beachtung erhielt zum Beispiel die Umweltbibliothek in der Ostberliner Zionsgemeinde, auch aufgrund der spektakulär gescheiterten Razzia der Stasi in der Nacht zum 25. November 1987. Der Versuch, einen Keil zwischen Kirche und Umweltgruppen zu treiben, bewirkte das Gegenteil: Der Gemeinderat der Zionskirche unterstützte eine Mahnwache für die Freilassung der inhaftierten Mitarbeiter der Umweltbibliothek, und Gruppen aus anderen Städten

---

68 Karl Marx, Friedrich Engels, Das Kapital. Bd. 1 (MEW-Band 23), Berlin (Ost) 1968, S. 57.
69 Gretchen Dutschke (Hg.), Rudi Dutschke. Jeder hat sein Leben ganz zu leben. Die Tagebücher 1963–1979, Köln 2003, S. 278.
70 Wieland Berg, Das Phantom. Die Aktivitäten der Ökologischen Arbeitsgruppe (ÖAG) Halle gegen die Asphaltierung der Heidewege 1988 und die Reaktion des MfS, Halle 1999, S. 58.

schickten Solidaritätserklärungen.[71] Von diesen Ereignissen führt ein Weg zur Gründung des Grün-Ökologischen Netzwerks Arche im Januar 1988, das Basisgruppen aus allen Regionen der DDR miteinander in Verbindung brachte.[72] Die internationale Koordination der osteuropäischen Umweltszene beförderte das Greenway-Netzwerk, das 1985 von Aktiven aus Polen, Ungarn, der Tschechoslowakei und Jugoslawien gegründet wurde und bis zum Herbst 1989 alle Länder des Ostblocks mit Ausnahme von Rumänien und Albanien erfasste.[73] Die fortschreitende Vernetzung darf jedoch nicht über ein erhebliches Maß interner Spannungen hinwegtäuschen – auch dies eine Parallele zur bundesdeutschen Umweltszene und vielleicht ein allgemeines Charakteristikum neuer sozialer Bewegungen, die durch die basisdemokratische Ausrichtung und die habituelle Aversion gegen Hierarchien bestens für interne Zerwürfnisse prädestiniert sind. Als ein im Rückblick besonders bizarr anmutendes Beispiel seien die Spannungen zwischen der Umweltbibliothek und dem Arche-Netzwerk erwähnt, die am 2. Mai 1988 in einem förmlichen Unvereinbarkeitsbeschluss gipfelten, der die Mitglieder zur Entscheidung für eine der Organisationen zwang.[74]

So bewegten sich die Umweltbewegungen in den beiden deutschen Staaten bis 1989 in ihren jeweils eigenen politischen Welten. Am ehesten funktionierte der grenzüberschreitende Austausch noch auf der medialen Ebene. Monika Maron veröffentlichte 1981 im Frankfurter S. Fischer Verlag ihren Debütroman *Flugasche* über die Journalistin Josefa Nadler, die eine Reportage über ein überaltertes Kraftwerk und die resultierende Umweltverschmutzung in einer Stadt namens »B.« schreibt und dadurch Probleme mit Partei und Kollegen bekommt. Die Stadt »B.«, unschwer als Bitterfeld zu erkennen, wird im Roman in einer vielzitierten Formulierung als »die schmutzigste Stadt Europas« tituliert.[75] Als die Sowjetunion am 25. Juni 1988 das Finale der Fußball-Europameisterschaft verlor, erlitt der Realsozialismus in dieser von der Chemieindustrie geprägten Region noch eine zweite Niederlage: Umweltaktivisten nutzten die temporäre Achtlosigkeit der fußballverliebten Staatsmacht, um die desaströse Umweltsituation filmisch zu dokumentieren. Das in den Westen geschmuggelte Material wurde im folgenden September im ARD-Magazin »Kontraste« gesendet und zementierte das Image Bitterfelds als Synonym der ostdeutschen Umweltkatastrophe.[76] Auch die Popularisierung der *Pechblende* lief vor allem über westdeutsche

---

71 Detlef Pollack, Politischer Protest. Politisch alternative Gruppen in der DDR, Opladen, 2000, S. 108.
72 Carlo Jordan, Akteure und Aktionen der Kirche, in: Carlo Jordan/Hans Michael Kloth (Hg.), Arche Nova. Opposition in der DDR. Das »Grün-ökologische Netzwerk Arche« 1988–90, Berlin 1995, S. 37–70, hier S. 37–40.
73 Carlo Jordan, Greenway. Das osteuropäische Grüne Netzwerk 1985–1990, in: Horch und Guck 15.1 (2006), S. 31–37.
74 Wolfgang Rüddenklau, Störenfried. DDR-Opposition 1986–1989, Berlin 1992, S. 178.
75 Monika Maron, Flugasche, 19. Aufl., Frankfurt a. M. 2009, S. 32.
76 Rainer Hällfritzsch/Ulrike Hemberger/Margit Miosga, Das war Bitteres aus Bitterfeld, DVD der Bundesstiftung zur Aufarbeitung der SED-Diktatur 2009.

Medien. Die wenigsten Ostdeutschen hielten die Samisdat-Schrift tatsächlich in Händen, aber viele sahen am 3. November 1987 einen Beitrag im Westfernsehen, der auf der Darstellung basierte.[77]

Die gemeinsame Rezeption westdeutscher Fernsehbilder darf jedoch nicht darüber hinwegtäuschen, dass mediale Berichterstattung in Ost und West unterschiedliche Funktionen besaß. In der DDR waren Journalisten aus dem Westen eine Trumpfkarte im »Kampf um Öffentlichkeit«: Bei allen Legitimationsproblemen, die die Kooperation mit »West-Medien« aufwarf, handelte es sich doch um einen der wenigen Wege ins öffentliche Bewusstsein.[78] Welche Wirkung diese Art von Popularisierung entfalten konnte, lässt sich etwa daran erkennen, dass der Rat des Bezirks Karl-Marx-Stadt auf die *Pechblende* mit »Informationsmaterial über die Strahlenschutzsituation in den Südbezirken der DDR« reagierte, sich mithin also zu einer Auseinandersetzung um die öffentliche Meinung genötigt sah.[79] Im Westen etablierten einschlägige Berichte hingegen das Bild einer spätsozialistischen Öko-Katastrophe, dessen politischer Impetus weniger eindeutig war. Wer die Meriten westlicher Umweltpolitiken herausstreichen wollte, fand in Osteuropa eine dankbare Kontrastfolie.[80]

Die Unterschiede zwischen Ost und West zeigten sich auch nach 1989. Aus dem Grün-ökologischen Netzwerk Arche ging im November 1989 die Grüne Partei in der DDR hervor, die im März 1990 in die Volkskammer und im Dezember 1990 in den Bundestag einzog. Das Berliner Arche-Büro ging einen etwas anderen Weg und kümmerte sich seit 1990 um Obdachlose, etwa mit einer Wärmestube in der Treptower Bekenntnisgemeinde.[81] Es ist ein für ehemalige Ostblock-Staaten überaus charakteristisches Phänomen: Die Prominenz ökologischer Themen in den Protestbewegungen vor der Wende kontrastiert scharf mit einem nahezu vollständigen Kollaps ostdeutscher Umweltbewegungen nach 1990. Schätzungsweise 100.000 Litauer protestierten im September 1988 gegen das sowjetische Kernkraftwerk Ignalina – aber nachdem der Bau einer dritten Kraftwerkseinheit noch zu Sowjetzeiten storniert worden war, blieben die bei-

---

77 Manuel Schramm, Strahlenschutz im Uranbergbau. DDR und Bundesrepublik Deutschland im Vergleich (1945–1990), in: Rainer Karlsch/Rudolf Boch (Hg.), Uranbergbau im Kalten Krieg. Die Wismut im sowjetischen Atomkomplex. Band 1: Studien, Berlin 2011, S. 271–328, hier S. 322.
78 Hubertus Knabe, Umweltkonflikte im Sozialismus. Möglichkeiten und Grenzen gesellschaftlicher Problemartikulation in sozialistischen Systemen. Eine vergleichende Analyse der Umweltdiskussion in der DDR und Ungarn, Köln 1993, S. 344.
79 Schramm, Strahlenschutz im Uranbergbau, S. 323.
80 Sprache und Gedankenwelt des Kalten Krieges haben auch im Umweltdiskurs ihre Spuren hinterlassen, besonders deutlich etwa in Wolf Oschlies, »Öko-Kriege« in Osteuropa. Ausgewählte Tatorte grenzüberschreitender Umweltzerstörung (Berichte des Bundesinstituts für ostwissenschaftliche und internationale Studien 29), Köln 1990. Einschlägig zum Thema: Jacob Darwin Hamblin, Arming Mother Nature. The Birth of Catastrophic Environmentalism, Oxford 2013.
81 Jordan, Akteure, S. 69.

den verbliebenen Reaktoren in Betrieb und wurden erst aufgrund einer Auflage der Europäischen Union in den Beitrittsverhandlungen stillgelegt. Das macht die Bewertung des osteuropäischen Umweltprotests zu einer besonders diffizilen Herausforderung. Waren es die Rahmenbedingungen der Nachwendezeit, die die politische und sozioökonomische Basis ostdeutscher Umweltszenen erodieren ließen, so dass man die Verantwortung mehr oder weniger direkt dem Siegeszug des Neoliberalismus zuschreiben kann? Oder waren Umweltthemen in Osteuropa stets nur ein Vehikel, das in offenen Gesellschaften nicht mehr benötigt wurde?[82]

Klar ist immerhin, dass ökologische Themen im Ostblock der achtziger Jahre in der Gesellschaft nicht im Zentrum standen und bei Protestgruppen aufs engste mit anderen Anliegen verwoben wurden. Der Protest gegen Ignalina zielte zum Beispiel nicht nur auf eine Technologie, deren Risiken nach Tschernobyl offenkundig waren, sondern auch auf ein Symbol der verhassten Sowjetherrschaft. In der DDR gab es bei kirchlichen und kirchennahen Gruppen eine Affinität von Umwelt- und Friedensarbeit, die in Begriffen wie »Schöpfungsbewahrung« terminologisch kaum noch zu unterscheiden waren.[83] Auch das Rubrum »Stadtökologie«, das sich zum agilsten Segment der Umweltarbeit innerhalb der Gesellschaft für Natur und Umwelt entwickelte, war thematisch divers und anschlussfähig für ein allgemeines Streben nach Lebensqualität.[84] Die thüringische Umweltgruppe Knau/Dittersdorf richtete etwa durch ihren Kampf gegen eine große Schweinemastanlage den Blick auf den Problemkomplex Massentierhaltung, der sonst erst im 21. Jahrhundert zum Protestthema wurde.[85] Eine solche Verbindung von ökologischen und anderen Anliegen ist keine osteuropäische Besonderheit: Sie ist ein im Globalen Süden verbreitetes Muster, das Joan Martinez-Alier als »environmentalism of the poor« bezeichnet hat.[86]

In der Bundesrepublik ging die Tendenz eher zu einem von breiteren Kontexten befreiten Grün.[87] Das erleichterte die Verbreitung ökologischen Gedankenguts in unterschiedlichste politische Milieus, so dass am Ende nur ein paar hart-

---

82 Frank Uekötter, Environmentalism, Eastern European Style. Some Exploratory Remarks, in: Horst Förster/Julia Herzberg/Martin Zückert (Hg.), Umweltgeschichte(n). Ostmitteleuropa von der Industrialisierung bis zum Postsozialismus, München 2013, S. 241–254, hier S. 249, 251.
83 Vgl. Maria Nooke, Für Umweltverantwortung und Demokratisierung. Die Forster Oppositionsgruppe in der Auseinandersetzung mit Staat und Kirche, Berlin 2008, S. 334.
84 Knabe, Umweltkonflikte im Sozialismus, S. 230–232.
85 Jan Schönfelder, Mit Gott gegen Gülle. Die Umweltgruppe Knau/Dittersdorf 1986 bis 1991. Eine regionale Protestbewegung in der DDR, Rudolstadt 2000.
86 Joan Martinez-Alier, The Environmentalism of the Poor. A Study of Ecological Conflicts and Valuation, Northhampton, Mass. 2002.
87 Die ökologischen achtziger Jahre hoben charakteristischerweise just zu jener Zeit an, als die Protestbewegung gegen die NATO-Nachrüstung auseinanderfiel. Dazu Susanne Schregel, Der Atomkrieg vor der Wohnungstür. Eine Politikgeschichte der neuen Friedensbewegung in der Bundesrepublik 1970–1985, Frankfurt a. M. 2011.

gesottene Konservative übrigblieben, die hinter dem Umweltprotest eine linke Verschwörung witterten.[88] Zugleich blieb dadurch jedoch unterbelichtet, dass ökologische Probleme auch eine Dimension sozialer Ungleichheit sind. Es blieb zum Beispiel weithin unbeachtet, dass sich die Diskriminierung türkischer Migranten in Günter Wallraffs vieldiskutiertem Bestseller *Ganz Unten* von 1985 auch in exzessiven Schmutzlasten dokumentierte.[89]

So wurde die Wiedervereinigung für die Umweltszenen in Ost und West zu einem Zusammenprall zweier Diskurswelten. Es ging ja nicht nur um die Divergenzen im Umweltdenken und politischen Stil, sondern auch um die Überwindung eines profunden Desinteresses an deutsch-deutschen Perspektiven. Die bundesdeutschen Grünen rekrutierten sich zu weiten Teilen aus einem Milieu, für das die Frage der Wiedervereinigung bedeutungslos war, ja der Fortbestand der Teilung gar vielfach als verdiente Strafe für den Nationalsozialismus galt. In der DDR versäumten es die Politiker von Bündnis 90 und den Grünen, im Vorfeld der Volkskammerwahl vom März 1990 zur Frage der deutschen Einheit Stellung zu nehmen.[90] Im ersten gesamtdeutschen Bundestagswahlkampf setzten die Grünen ostentativ auf den Klimawandel und warben mit dem Spruch: »Alle reden von Deutschland. Wir reden vom Wetter.«[91] Die Umweltbewegten waren gewiss nicht die einzigen, die Probleme in der Verständigung mit den Brüdern und Schwestern im jeweils anderen Teil Deutschlands hatten. Aber wenige Gruppen mussten so sehr mit sich kämpfen, die neuen Mitbürger erst einmal als solche zu akzeptieren.

Für die Grünen kam die entscheidende Zäsur erst nach dem Vollzug der Wiedervereinigung, als die Partei bei der Bundestagswahl vom 2. Dezember 1990 im Westen knapp an der Fünf-Prozent-Hürde scheiterte. Für die Grünen war das nach einem Jahrzehnt mit zahlreichen Wahlerfolgen und noch mehr öffentlicher Beachtung ein Schock. Die erste gesamtdeutsche Bundesversammlung in Neumünster stand im April 1991 im Zeichen der Erneuerung, Petra Kelly fiel bei der Sprecherwahl krachend durch, und die Radikalökologen um Jutta Ditfurth beschlossen wenig später die Abspaltung.[92] Insgesamt wurde die Partei disziplinierter, professioneller und moderater, und erstmals überlebte eine rot-grüne Koalition in Niedersachsen eine ganze Legislaturperiode. Dass dies unter dem Ministerpräsidenten und späteren Bundeskanzler Gerhard Schröder

---

88 Rüdiger Graf, Die Grenzen des Wachstums und die Grenzen des Staates. Konservative und die ökologischen Bedrohungsszenarien der frühen 1970er Jahre, in: Dominik Geppert/Jens Hacke (Hg.), Streit um den Staat. Intellektuelle Debatten in der Bundesrepublik 1960–1980, Göttingen 2008, 207–228.
89 Günter Wallraff, Ganz unten, Köln 1985.
90 Wolfgang Jäger, Die Überwindung der Teilung. Der innerdeutsche Prozeß der Vereinigung 1989/90, Stuttgart 1998, S. 412.
91 Helge Heidemeyer, (Grüne) Bewegung im Parlament. Der Einzug der Grünen in den Deutschen Bundestag und die Veränderungen in Partei und Parlament, in: Historische Zeitschrift 291 (2010), S. 71–102, hier S. 88.
92 Joachim Raschke, Die Grünen. Wie sie wurden, was sie sind, Köln 1993, S. 924 f.

geschah, verleitet leicht zu simplen Teleologien. Aber ob es ohne den parteiinternen Reflexionsprozess nach 1990 tatsächlich zu einer rot-grünen Bundesregierung gekommen und diese sieben Jahre lang arbeitsfähig geblieben wäre, darf man zumindest bezweifeln.

Vor den neuen Aufbrüchen stand jedoch erst einmal die Herausforderung der Vereinigung von ost- und westdeutschen Organisationen, die vor allem aus ostdeutscher Sicht ein schwieriger Prozess wurde. Die Fusion der Grünen mit den Resten der ostdeutschen Bürgerrechtsbewegung zog sich bis 1993 hin, was weniger an organisatorischen Problemen hing als daran, dass sich viele Ostdeutsche erst einmal mühevoll an den Stand der Debatten assimilieren mussten. Da ging es um intellektuelle Flughöhen: »Die Suche nach zukünftigen gesellschaftlichen Gestaltungskonzepten jenseits von Kapitalismus und Sozialismus – oft mit dem Begriff des ›dritten Weges‹ bezeichnet – ist offenbar ersetzt durch die pragmatische Behandlung der anfallenden Sachprobleme«, lautete eine Diagnose im Jahre 1994.[93] Ebenso verhandelt wurde die Spannung zwischen einem ganzheitlichen Engagement im sozialistischen Obrigkeitsstaat und einem vergleichsweise nüchtern-professionellen Rollenmuster im Westen, das klar zwischen privater Lebenswelt und politischer Arbeitswelt unterschied.[94] Hinzu kam ein neuer institutioneller und medialer Kontext sowie die verständliche Erschöpfung ostdeutscher Aktiver nach vier Wahlkämpfen im Jahr 1990. So umwehte die Fusion ein Hauch von Alternativlosigkeit, zumal in den Hinterköpfen die nahende Bundestagswahl und speziell die Fünf-Prozent-Hürde steckte. »Der Zusammenschluß von Grünen und Bündnis 90 war jedenfalls keine ›Liebesheirat‹, sondern eine ›Vernunftehe‹.«[95]

Nur symbolisch konnten die ostdeutschen Bürgerrechtler einen kleinen Sieg verbuchen, als die Grünen das »Bündnis 90« demonstrativ zum ersten Bestandteil ihres Namens machten. Der Deutsche Bund für Vogelschutz war sogar bereit, den Namen seiner ostdeutschen Partner zu übernehmen und heißt seither Naturschutzbund Deutschland – was allerdings vor allem darin begründet lag, dass sich auf diesem Wege ein eleganter Schlussstrich unter einen internen Namens- und Richtungsstreit ziehen ließ, der die Vogelschützer ein Jahrzehnt lang beschäftigt hatte.[96] Die Wahlergebnisse der Grünen in den neuen Bundesländern waren und blieben deutlich schwächer als jene im Westen und ließen sie bei Landtagswahlen ein gutes Jahrzehnt lang mit einer gewissen Regelmäßigkeit an der Fünf-Prozent-Hürde scheitern. Bemerkenswert ist zudem, dass die Vereinigung der Umweltbewegungen in Ost und West unvollständig blieb. Ein Teil der DDR-Aktivisten sammelte sich in der Grünen Liga, die eine Plattform für de-

---

93 Hagen Findeis/Detlef Pollack/Manuel Schilling, Die Entzauberung des Politischen. Was ist aus den politisch alternativen Gruppen der DDR geworden? Interviews mit ehemals führenden Vertretern, Leipzig/Berlin 1994, S. 5.
94 Ebd., S. 305.
95 Christoph Hohlfeld, Bündnis 90/Grüne – eine neue Partei? in: Raschke, Die Grünen, S. 839–846, hier S. 839.
96 Vgl. Helge May, NABU. 100 Jahre NABU – ein historischer Abriß 1899–1999, Bonn o. J.

zentrale Basisarbeit mit lockerer überregionaler Vernetzung bietet – im Grunde genommen eine Fortsetzung des Arche-Modells unter neuen politischen Rahmenbedingungen. Die Grüne Liga war und ist damit ein Gegenmodell zu den stärker zentralisierten, medial und politisch besser vernetzten Umweltverbänden westlichen Typs.[97]

Der Bedeutungsverlust der Umweltbewegungen im postsozialistischen Osteuropa bedarf noch weiterer Forschungen. Ein wichtiger Punkt ist in diesem Zusammenhang die energische Reaktion der Politik, die das Thema sehr rasch aufgriff. Die öko-soziale Marktwirtschaft wurde von Lothar de Maizière sogar zum wirtschafts- und gesellschaftspolitischen Leitbild der DDR-CDU erklärt.[98] Milliardenschwere Investitionen in Reinigungstechnologien und Altlastensanierung dokumentierten den Willen der politischen Entscheidungsträger und ließen die Spielräume für zivilgesellschaftliche Umweltbewegungen deutlich schrumpfen. Damit ergeben sich bemerkenswerte Parallelen: In der bundesdeutschen Umweltpolitik ist spätestens seit der Energiewende eine geradezu überwältigende Dominanz des politisch-administrativen Komplexes erkennbar. Entscheidungen haben sich auf eine Ebene verlagert, die ohne erhebliches Vorwissen und Insider-Kontakte kaum noch zu verstehen ist, so dass zivilgesellschaftlicher Protest fast nur noch in der Form der Obstruktion auf der Ebene lokaler Einzelprojekte vorkommt.

4. Anders Leben

Die Umweltgeschichte der jüngsten Zeit wird zumeist als Politikgeschichte geschrieben. Damit wird jedoch nur ein Teil dessen erfasst, was Umwelt seit 1970 bedeutete. Der umweltbewusste Bürger sah sich in allen Bereichen des Lebens mit neuen Themen konfrontiert. Ökologisches Denken beeinflusste Ernährungsgewohnheiten und die Fragen, die der Konsument im Supermarkt stellte – sofern er solche Kathedralen des Massenkonsums überhaupt noch betrat und nicht ganz auf Bioläden setzte. In dieser lebensweltlichen Prägekraft steckt wohl auch ein wesentlicher Grund für die Persistenz der Umweltbewegung, die sich keineswegs von selbst versteht. Christopher Rootes nannte die Umweltbewegung einmal »the great survivor among the new social movements that arose in and since the 1960s.«[99]

Kein Zweifel: Zur Umweltgeschichte der jüngsten Zeit gehört auch der Traum von einem anderen Leben. Der Historiker sieht sich hier jedoch mit einem dop-

---

97 Hermann Behrens, Umweltbewegung, in: Institut für Umweltgeschichte und Regionalentwicklung e. V. (Hg.), Umweltschutz in der DDR. Analysen und Zeitzeugenberichte Bd. 3, München 2007, S. 131–148, hier S. 142 f.
98 Lutz Wicke/Lothar de Maizière/Thomas de Maizière, Öko-Soziale Marktwirtschaft für Ost und West. Der Weg aus Wirtschafts- und Umweltkrise, München 1991, S. 169–179.
99 Christopher Rootes, The Transformation of Environmental Activism. An Introduction, in: Christopher Rootes (Hg.), Environmental Protest in Western Europe, Oxford 2003, S. 1–19, hier S. 1.

pelten Handicap konfrontiert. Zum einen ist der Forschungsstand in diesem Bereich besonders desolat. Eine Kulturgeschichte der Umwelt, wie sie Michael Bess für Frankreich vorgelegt hat, gibt es für Deutschland bislang nicht.[100] Dabei fehlt es nicht an reizvollen Themen: Der Aufstieg von Müsli und Vollkornbrot sagt zum Beispiel viel über deutsche Befindlichkeiten im späten 20. Jahrhundert aus. Zum anderen wirft die deutsch-deutsche Perspektive hier besondere Probleme auf, da die Konsum- und Lebenswelten in Ost und West recht unterschiedlich waren. Wo in der Bundesrepublik nach den Ölkrisen zunehmend Thermostate und Doppelverglasung zum Energiesparen anhielten, öffnete der DDR-Bürger in gut geheizten, aber schlecht isolierten Räumen kurzerhand das Fenster. Während sich die Restaurantbesucher im Westen in neue kulinarische Welten vortasteten, glühten in Ostdeutschland nach der Wende an den Straßenrändern die Holzkohlegrills, was bei aller Wertschätzung thüringischer Rostbratwürste doch auch eine gewisse Monokultur erkennen ließ.

Konsumkritik konnte in Deutschland auf ältere intellektuelle Traditionen zurückgreifen. Es ist zum Beispiel auffallend, dass die amerikanischen Bestseller Vance Packards in den fünfziger Jahren rasch den Weg in die Bundesrepublik fanden: *Die geheimen Verführer* und *Die große Verschwendung* erschienen jeweils nur ein Jahr nach dem amerikanischen Original.[101] Auch die Einrichtung der Stiftung Warentest 1964 und ihre Etablierung als Eckpfeiler mündiger Konsumentscheidungen sind aus der bundesdeutschen Konsumgeschichte kaum wegzudenken. Fraglich ist, wie weit diese Konsumkritik in Ostdeutschland reichte: Konnte man im Land der Bückwaren die Bedenken des Westkonsumenten überhaupt nachvollziehen? Unter postkonsumistischen Wessis grassierte jedenfalls ein Überheblichkeitsgefühl. Die legendäre Aktion Otto Schilys am Abend der Volkskammerwahl, der als Kommentar zum Wahlergebnis wortlos eine Banane in die Fernsehkameras hielt, spiegelte ein tiefes Befremden über die Hemmungslosigkeit, mit der sich ostdeutsche Konsumenten nach der Wende westliche Konsumprodukte einverleibten.[102]

Es steht zu vermuten, dass das alternative Milieu für die Sozialisation des kritischen westdeutschen Konsumenten eine Art Durchlauferhitzer war. In der grundlegenden Studie Sven Reichardts ist nachzulesen, dass Ökologie hier nicht nur politisches Programm, sondern auch Lebensstilentscheidung war – auch wenn die verrauchte Kneipe vielleicht doch populärer war als das gesunde Essen in der Teestube.[103] Allerdings konnte ein solches Milieu, vor allem in großen Städten angesiedelt und durch persönliche Kontakte konstituiert, kaum über die

---

100 Michael Bess, The Light-Green Society. Ecology and Technological Modernity in France, 1960–2000, Chicago 2003.
101 Vance Packard, Die geheimen Verführer. Der Griff nach dem Unbewussten in jedermann, Düsseldorf 1958; ders., Die große Verschwendung, Düsseldorf 1961.
102 Ilko-Sascha Kowalczuk, Endspiel. Die Revolution von 1989 in der DDR, München 2011, S. 540.
103 Sven Reichardt, Authentizität und Gemeinschaft. Linksalternatives Leben in den siebziger und frühen achtziger Jahren, Frankfurt a. M. 2014, insbes. S. 582 f.

innerdeutsche Grenze hinausreichen. Zudem traf das Streben nach alternativen Lebensstilen in der DDR auf politische und gesellschaftliche Hindernisse. So war es bereits bemerkenswert, dass das Kirchliche Forschungsheim Wittenberg 1983 ein alternatives Kochbuch mit fleischlosen Rezepten veröffentlichte und damit für eine Überprüfung der eigenen Ernährungsgewohnheiten warb.[104]

Das alternative Milieu zerfiel nach Reichardt in den achtziger Jahren, aber die Ausläufer ihrer kulturellen Schockwellen sind in Deutschland bis heute zu spüren. Besonders deutlich ist dies im alternativen Landbau, der seit den Hochzeiten des alternativen Milieus ein bemerkenswert konstantes Wachstum zu verzeichnen hat. In einer Zeit, in der Bio-Produkte in jedem Supermarkt liegen und elaborierten Systemen der Zertifizierung unterworfen sind, kann man sich nur noch mit Mühe das Befremden vorstellen, mit dem Verbraucher und Agrarier der Alternativlandwirtschaft um 1980 gegenüberstanden. Die Gruppe Betriebswirtschaft der Landwirtschaftskammer Westfalen-Lippe fasste ihre Eindrücke nach dem Besuch von 13 organisch-biologischen und biologisch-dynamischen Betrieben in der Bundesrepublik und Österreich 1982 in die Worte: »In unserem demokratischen Staat kann glücklicherweise noch jeder wirtschaften, wie er will. Das sollte auch so bleiben.«[105] Zwei Jahre später bot das nordrhein-westfälische Umweltministerium dem Anbauverband Bioland eine Projektförderung an und sah sich mit misstrauischen Rückfragen konfrontiert, was es damit denn bezwecken wolle.[106]

Zu den lebensweltlichen Manifestationen des Umweltzeitalters gehört schließlich eine Veränderung der Gesundheitsängste, die in ihren Folgen kaum zu überschätzen ist. In den Nachkriegsjahrzehnten verloren Infektionskrankheiten ihren vormaligen Schrecken, während Krebs zu einer Urangst des modernen Menschen aufstieg. Die meisten Deutschen sahen sich im Laufe ihres Lebens mit Verwandten und Freunden konfrontiert, die an einer Krebserkrankung jämmerlich zugrunde gingen. Für Petra Kelly war der Krebstod ihrer Halbschwester Grace eine traumatische Erfahrung, die nach dem Urteil ihrer Biographin Saskia Richter ein »Ausgangspunkt ihres politischen Engagements« war.[107] Kelly war nicht die einzige, die Krebs in Beziehung zu Umweltgefahren stellte – ein Diskursstrang, der sich kaum mit einer simplen Dichotomie materieller und postmaterieller Wertvorstellungen greifen lässt. Der menschliche Körper schien nun durch die Umweltverschmutzung von Giften gefährdet. Nach der Wende ergab etwa eine Befragung leitender Ärzte in DDR-Krankenhäusern, dass sich die Zahl von Atemwegserkrankungen bei Kindern von 1974 bis 1989 bei sinkenden Ge-

---

104 Knabe, Umweltkonflikte im Sozialismus, S. 304.
105 Hauptstaatsarchiv Düsseldorf NW 831 Paket 105 Bd. 13, Landwirtschaftskammer Westfalen-Lippe, Gruppe 21 – Betriebswirtschaft an die Kreisstellen der Landwirtschaftskammer, 21. Juli 1982, S. 2.
106 Frank Uekötter, Die Wahrheit ist auf dem Feld. Eine Wissensgeschichte der deutschen Landwirtschaft, Göttingen 2010, S. 417.
107 Saskia Richter, Die Aktivistin. Das Leben der Petra Kelly, München 2010, S. 60.

burtenraten mehr als verdoppelt hatte.[108] Debatten über Verschmutzung gewannen damit eine neuartige Brisanz. Es ging nicht mehr nur um Schmutz und Gestank, sondern um Menschenleben.

Für die Bundesrepublik ist diese diskursive Verschiebung offenkundig, aber auch in der DDR bekundeten schon 1971 in einer Umfrage mehr 90 Prozent der Befragten, dass sie einen Zusammenhang von Luftverschmutzung und Gesundheitsschäden sahen.[109] Die Angst vor radioaktiver Strahlung erfasste nach Tschernobyl gleichermaßen Bundesbürger und DDR-Bürger und wurde lediglich unterschiedlich artikuliert: Eindringliche Fragen nach Milch und Sandkästen, die bundesdeutsche Eltern jeder verfügbaren Autorität stellten, konnten in der DDR nicht öffentlich gestellt werden.[110] Die Ängste vor der Großchemie, die in der Bundesrepublik nach den Katastrophen von Seveso 1976 und Sandoz 1986 scharf formuliert wurden und das einflussreiche Konzept der »Risikotechnologie« untermauerten, verdienten ebenfalls eine deutsch-deutsch vergleichende Untersuchung.[111] Hier berühren sich die Interessen einer ökologischen Kulturgeschichte mit einer umwelthistorischen Körpergeschichte, die ebenfalls noch zu schreiben ist.

5. Von Wölfen und Hühnern: Umweltgeschichte als Perspektivwechsel

In der alten Bundesrepublik gab es laut dem *Agrarbericht 1989* der Bundesregierung insgesamt 5.368.577 Milchkühe, 14.659.627 Mastschweine und 38.226.140 Legehennen.[112] Hinter diesen Zahlen verbirgt sich eine Entwicklung, deren sozioökonomische und ethische Brisanz in einem eigentümlichen Missverhältnis zum Desinteresse der breiten Öffentlichkeit stand. Seit den fünfziger Jahren setzte sich die industrieförmig strukturierte Massentierhaltung auf breiter Front durch, und das bedeutete für die meisten Tiere eine radikale Reduzierung des Bewegungsraums bis hin zur berüchtigten Käfighaltung bei Legehennen. Diese radikalen Eingriffe setzten sich im Körper der Tiere fort, die systematisch

---

108 Kahlert, Einigungsprozess, S. 64.
109 Hans Michael Kloth, Grüne Bewegung, Grünes Netzwerk, Grüne Partei. Ein politologischer Versuch, in: Carlo Jordan/Hans Michael Kloth (Hg.), Arche Nova. Opposition in der DDR. Das »Grün-ökologische Netzwerk Arche« 1988–90, Berlin 1995, S. 145–179, hier S. 146.
110 Arndt, Tschernobyl, S. 98.
111 Frank Uekötter/Claas Kirchhelle, Wie Seveso nach Deutschland kam. Umweltskandale und ökologische Debatte von 1976 bis 1986, in: Archiv für Sozialgeschichte 52 (2012), S. 317–334; Nils Freytag, Der rote Rhein. Die Sandoz-Katastrophe vom 1. November 1986 und ihre Folgen, Themenportal Europäische Geschichte (2010), URL: http://www.europa.clio-online.de/portals/_europa/documents/B2010/E_Freytag_Sandoz_Katastrophe_final.pdf.
112 Bundesministerium für Ernährung, Landwirtschaft und Forsten (Hg.), Agrarbericht 1989. Agrar- und ernährungspolitischer Bericht der Bundesregierung. Materialband (Bundestagsdrucksache 11/3969), Bonn 1989, S. 23.

auf Produktivitätsmaximierung unter den kontrollierten Umweltbedingungen im Massenstall hin konditioniert wurden. Künstliche Besamung erlaubte ausgewählten Hochleistungstieren eine Schar von Nachkommen, die auf eine präzedenzlose Homogenisierung des Genpools hinauslief. Besonders leistungsstarke Bullen haben inzwischen mehr als eine Million Nachkommen.[113]

In der langen Geschichte des Miteinanders von Menschen und Tieren bedeutete das eine tiefe Zäsur. Das Nutztier, vormals in seinem Charakter bekannt und oft mit Namen versehen, verwandelte sich in einen durchlaufenden Posten, der durch ein Bündel quantifizierbarer Parameter hinreichend beschrieben war. Umso bemerkenswerter ist die Geräuschlosigkeit, mit der sich dieser Umbruch in Ost- und Westdeutschland vollzog. Er besaß die Aura eines quasi naturgesetzlichen Prozesses, in dem es weder Alternativen noch überhaupt Diskussionsbedarf zu geben schien. »Der Widerstand gegen neuzeitliche Futterzusätze in der Hühner-, Schweine- und auch Kälberfütterung schwindet mehr und mehr, weil man einsieht, daß es ohne die Chemie im Futtertrog […] unter den heutigen Bedingungen keinen Erfolg im Stall geben kann«, hieß es 1965 in der *Deutschen Landwirtschaftlichen Presse*.[114] Konsumenten interessierten sich zunächst vor allem für günstige Lebensmittel, und Landwirte hatten im gnadenlosen Größen- und Produktivitätswettlauf der Nachkriegsjahrzehnte ohnehin kaum Alternativen.[115]

Die Industrialisierung der Agrarproduktion erstreckte sich gleichermaßen auf dem Pflanzenbau. Auch auf den Feldern herrschen dem großflächigen Verbot genetisch veränderten Saatguts zum Trotz Monokulturen, die im Maisanbau nur ihren deutlichsten Ausdruck finden. Unter dem Gesichtspunkt der Biodiversität ist die Geschichte der Nachkriegszeit eine dramatische Verlustgeschichte, und das gilt gleichermaßen für den westlichen und den östlichen Teil Deutschlands. Beide deutsche Staaten haben chemische Pflanzenschutzmittel exzessiv eingesetzt und durch Überdüngung zu einer gravierenden Belastung von Grund- und Oberflächenwässern beigetragen. Arnd Bauerkämper hat zurecht darauf hingewiesen, dass sich die Umweltgeschichten der Landwirtschaft in West und Ost verblüffend ähneln.[116]

Das 21. Jahrhundert wird voraussichtlich das erste der Weltgeschichte sein, in dem eine Mehrheit der Bevölkerung in Städten wohnt. Die Geschichten von

---

113 Bernhard Hörning, Auswirkungen der Zucht auf das Verhalten von Nutztieren, Kassel 2008, S. 31. Zum methodischen Hintergrund dieser Bemerkungen vgl. Edmund Russell, Evolutionary History. Uniting History and Biology to Understand Life on Earth, Cambridge 2011, und Susan R. Schrepfer/Philip Scranton (Hg.), Industrializing Organisms. Introducing Evolutionary History, New York/London 2004.
114 G. Haerkötter, Betriebsvereinfachung ohne Scheu, in: Deutsche Landwirtschaftliche Presse 88 (1965), S. 481–482, hier S. 482.
115 Vgl. Uekötter, Wahrheit, S. 331–389.
116 Arnd Bauerkämper, The Industrialization of Agriculture and its Consequences for the Natural Environment. An Inter-German Comparative Perspective, in: Historical Social Research 29.3 (2004), S. 124–149.

DDR und Bundesrepublik standen im Zeichen einer dramatisch beschleunigten Urbanisierung, die bei allen Unterschieden in Formen und Methoden ein ähnliches und ungemein folgenreiches Ergebnis hatte: das Ende des ländlichen Raums als nachgerade klassischem Sozialisationsraum Alteuropas. Die Konsequenzen zeigen sich gerade aus tierhistorischer Sicht besonders dramatisch. Die Trennung von Nutztieren und animalischen Lebensgefährten, noch vor 100 Jahren durchaus offen, ist inzwischen moralisch und räumlich klar markiert.[117] Als 2006 ein Braunbär die deutsch-österreichische Alpengrenze überschritt, wusste sich eine urbanisierte Gesellschaft in ihren Ängsten nicht anders zu helfen als den Immigranten zum »Problembär« zu erklären und abzuschießen. Etwas friedvoller verläuft glücklicherweise die Einwanderung der Wölfe, die ein genuiner Ost-West-Transfer mitten im wiedervereinigten Deutschland ist; denn die aus Polen kommenden Tiere haben es inzwischen bis in die Lüneburger Heide geschafft.

Lebensweltlich hat sich der Unterschied von Stadt und Land inzwischen weitgehend nivelliert. Umwelthistorisch bleiben Spannungen: Kein Bereich der deutschen Gesellschaft hat auf Forderungen der Umweltpolitik so allergisch reagiert wie die Landwirtschaft. Der *Umweltbericht der* DDR forderte zum Beispiel 1990 die »Reduzierung der Viehbestände in überdimensionierten Anlagen auf ein ökologisch vertretbares Maß und dezentrale Tierhaltung«[118] – tatsächlich ging die Entwicklung ziemlich ungebremst in die Richtung immer größerer Einheiten. Reformbestrebungen wie die »Agrarwende«, die die rot-grüne Bundesregierung auf dem Höhepunkt der BSE-Krise auf ihre Fahnen schrieb, haben diese Entwicklung nicht umzukehren vermocht, auch wenn sie manche Verbesserungen erreichen konnten.[119]

Man kann die umwelthistorische Subversion noch ein Stückchen weiter treiben. Die Erfahrung des globalen Klimawandels hat einige Forscher zur These eines neuen Erdzeitalters animiert: Seit 1800 leben wir demzufolge im Anthropozän, in dem die Menschheit in ihren Auswirkungen auf das Gesamtsystem Erde zunehmend auf Augenhöhe mit den Kräften der Natur agiert.[120] Die Zeit nach 1945 erscheint unter diesem Blickwinkel vor allem als Epoche einer dramatischen Beschleunigung anthropogener Effekte, bei der Systemunterschiede oder nationale Eigenheiten nicht mehr so recht ins Gewicht fallen. Allerdings erreicht eine solche Geschichtsbetrachtung recht rasch ein Generalisierungsniveau, das bei aller Lust zur umwelthistorischen Provokation doch etwas problematisch anmutet. Eine Historiographie im Zeichen des Anthropozäns verhält

---

117 Dazu demnächst Amir Zelinger, Tierische Sozialgeschichte. Haustierhaltung im Deutschen Kaiserreich (Diss. Ludwig-Maximilians-Universität München 2015).
118 Institut für Umweltschutz (Hg.), Umweltbericht der DDR. Informationen zur Analyse der Umweltbedingungen in der DDR und zu weiteren Maßnahmen, Berlin 1990, S. 45.
119 Wolfrum, Rot-Grün, S. 249–253.
120 Will Steffen/Paul J. Crutzen/John R. McNeill, The Anthropocene. Are Humans Now Overwhelming the Great Forces of Nature?, in: Ambix 36.8 (2007), S. 614–621.

sich gegenüber konkreten lokalen Erfahrungen leicht ähnlich unsensibel wie ein sozialistischer Fünfjahresplan.[121]

6. Wiedervereinigte Ökologien

Die Wiedervereinigung der deutsch-deutschen Ökologien vollzog sich auf verschiedenen Ebenen mit unterschiedlichem Tempo und Lärmpegel. Auf der materiellen Ebene war die Wende in der DDR der Auftakt zu einem milliardenschweren Sanierungsprogramm, das im Großen und Ganzen erstaunlich geräuschlos über die Bühne ging. Das Erregungspotential der Altlasten war augenscheinlich geringer als jenes der überdimensionierten Kläranlagen, die in den Jahren nach der Wiedervereinigung vielerorts gebaut wurden und die Abwassergebühren in vormals unbekannte Höhen katapultierten.[122] Schwerfälliger vollzog sich die politische Vereinigung, jedenfalls sofern man darunter mehr versteht als die bereits erwähnte Übertragung bundesdeutscher Errungenschaften in Politik und Zivilgesellschaft auf das Beitrittsgebiet.

Die ökologischen achtziger Jahre hatten im Zeichen der sich wechselseitig stärkenden Interaktionen zwischen Politik, Zivilgesellschaft und Lebenswelt gestanden. In den 1990er Jahren wurden die Spannungen zwischen den unterschiedlichen Feldern deutlich. Zwischen politischen Imperativen und zivilgesellschaftlichen Themen entwickelte sich eine zunehmende Kluft, die 1995 im Protest gegen die Versenkung der Ölplattform Brent Spar offenkundig wurde. Während Greenpeace den größten Verbraucherboykott der bundesdeutschen Nachkriegsgeschichte bejubelte[123], blieben die zahlreichen anderen Ursachen für den bedenklichen Zustand der Nordsee außerhalb des Blicks.[124] In der bundesdeutschen Gesellschaft entwickelte sich unterdessen eine Internet- und High-Tech-Euphorie, die ökologische Bedenken als seltsam altmodisches Anliegen erscheinen ließ.

Die Krise ökologischer Themen in den 1990er Jahren machte zentrifugale Kräfte erkennbar, die sich in den ökologischen achtziger Jahren noch im ge-

---

121 Neben dem Generalisierungsniveau scheint es im Zeichen des Anthropozäns auch einen Zug zur thematischen Engführung zu geben. Eine einschlägige Darstellung konstatiert apodiktisch: »Energie bildet das Herzstück der neuen Epoche.« John R. McNeill/Peter Engelke, Mensch und Umwelt im Zeitalter des Anthropozäns, in: Akira Iriye/Jürgen Osterhammel (Hg.), Geschichte der Welt. 1945 bis heute. Die globalisierte Welt, München 2013, S. 357–534, hier S. 395.
122 Oliver Hollenstein, Das doppelt geteilte Land. Neue Einblicke in die Debatte über West- und Ostdeutschland, Wiesbaden 2012, S. 25.
123 So jedenfalls die Einordnung bei Greenpeace (Hg.), Brent Spar und die Folgen. Analysen und Dokumente zur Verarbeitung eines gesellschaftlichen Konflikts, Göttingen 1997, S. 13.
124 Vgl. Anna-Katharina Wöbse, Die Brent Spar-Kampagne. Plattform für diverse Wahrheiten, in: Frank Uekötter/Jens Hohensee (Hg.), Wird Kassandra heiser? Die Geschichte falscher Ökoalarme, Stuttgart 2004, S. 139–160.

meinsamen Gefühl des Aufschwungs hatten kaschieren lassen. Da gab es am einen Ende des Spektrums unternehmerische Manifeste für eine »ökologisch orientierte soziale Marktwirtschaft« und die erwähnte Wende der Grünen zur politischen Pragmatik.[125] Am anderen Ende lockten üppig annotierte ökofeministische Monographien, die zum gemeinsamen Kampf gegen Kapitalismus, Patriarchat und Naturbeherrschung bliesen und sich souverän über die Niederungen der Tagespolitik erhoben.[126] Während Fundis und Realos bei den Grünen bei allen Meinungsverschiedenheiten immerhin noch eine gemeinsame Gesprächsbasis hatten, zerfaserte das ökologische Projekt nun in einer Weise, die eine lagerübergreifende Verständigung zunehmend unmöglich machte. Der vehemente Protest gegen den rot-grünen Atomausstieg machte eine Bruchstelle erkennbar, die sich im Umweltdiskurs seit den achtziger Jahren angedeutet hatte.

Damit war die Bühne bereitet für eine rot-grüne Bundesregierung, zu deren zahlreichen Rätseln eine auffallende Unlust an der retrospektiven Aufarbeitung gehört. Während die Grünen sich in ihren turbulenten Gründungsjahren vor akademischer Beachtung kaum retten konnten, sind gründliche Untersuchungen der sieben rot-grünen Regierungsjahre weiterhin rar.[127] Schröders Bundesregierung hatte unter dem Gesichtspunkt der deutsch-deutschen Geschichte ein ziemlich westdeutsches Profil. Das rot-grüne Projekt war eine Idee der bundesdeutschen achtziger Jahre, und entsprechende Koalitionen gab es in ostdeutschen Ländern nur in Form einer Minderheitsregierung in Sachsen-Anhalt, die nach einer Legislaturperiode wieder verschwand. Im ersten Kabinett Schröder gab es mit Christine Bergmann (Familie, Senioren, Frauen und Jugend) nur eine ostdeutsche Ministerin.

Die großen Hoffnungen auf eine umfassende ökologische Modernisierung, wie sie sich seit den achtziger Jahren mit dem rot-grünen Projekt verbunden hatten, schlugen jedenfalls schon früh in Ernüchterung um.[128] In der Umweltpolitik überwogen die Kontinuitäten, auch und gerade dort, wo sich auf den ersten Blick ein anderer Eindruck aufdrängt. So baute die rot-grüne Bundesregierung zwar die Förderung alternativer Energien aus, aber damit setzte sie letztlich nur einen Weg fort, den die Bundesrepublik bereits 1990 mit dem Einspeisegesetz und dem daraus resultierenden Boom der Windkraft eingeschlagen hatte. »Das Einspeisegesetz war der Startpunkt der Energiewende Anfang der 90er Jahre«, schreibt der Energiewirtschaftler Klaus-Dieter Maubach.[129] Auch der Atomausstieg fügt sich in einen langen Abschied von der nuklearen Zukunft ein. Seit der Wiederverei-

---

125 Jürgen Hopfmann, Georg Winter, Zukunftsstandort Deutschland. Das Programm der umweltbewußten Unternehmer, München 1997, S. 13.
126 Mary Mellor, Wann, wenn nicht jetzt! Für einen ökosozialistischen Feminismus, Hamburg 1994.
127 Als einen ersten Versuch vgl. Wolfrum, Rot-Grün.
128 Mustergültig dokumentiert in Joachim Raschke, Die Zukunft der Grünen. »So kann man nicht regieren«, Frankfurt a. M. 2001.
129 Klaus-Dieter Maubach, Energiewende. Wege zu einer bezahlbaren Energieversorgung, 2. Aufl., Wiesbaden 2014, S. 47.

nigung war kein neuer Reaktor über das Stadium bloßer Gedankenspiele mehr hinausgekommen. Selbst die ostdeutschen Bundesländer hatten in den frühen neunziger Jahren keine Lust auf atomare Bauprojekte gezeigt, obwohl sie sonst stets für Industrie- und Infrastrukturprojekte dankbar waren.[130] Jürgen Trittins berüchtigtes Dosenpfand ging auf eine Verordnung zurück, die unter Klaus Töpfer erarbeitet worden war.

Der spektakulärste ökologische Kurswechsel, die »Agrarwende« der Bundesministerin für Verbraucherschutz, Ernährung und Landwirtschaft, Renate Künast, bedurfte eines Impulses von außen. Ohne die BSE-Krise hätte sich vermutlich in der Agrarpolitik ein »business as usual« fortgesetzt, wie es sich zunächst auch in der Ernennung von Karl-Heinz Funke zum ersten Bundeslandwirtschaftsminister unter Schröder dokumentierte. Bei der Ökosteuer war die Bundesrepublik »im europäischen Vergleich […] ein Nachzügler«, denn vor Schröders Amtseid hatten bereits zehn Staaten ihre Steuersysteme entsprechend reformiert.[131] Trotzdem wurde die Ökosteuer zum politischen Streitfall, wobei taktische Motive der Oppositionsparteien eine wichtige Rolle spielten.

Die Bundestagswahl 2005 hätte möglicherweise einen umweltpolitischen Kurswechsel eingeleitet, wenn der von Umfrageinstituten prognostizierte Wahlsieg von CDU/CSU und FDP tatsächlich Wirklichkeit geworden wäre. In der scharfen Reformpolitik, die die Oppositionsparteien im Wahlkampf angekündigt hatten, wäre zwangsläufig auch die Umweltpolitik auf den Prüfstand gekommen. So aber kam es zu einer Großen Koalition, die letztlich darauf hinauslief, den Status ökologischer Probleme als parteienübergreifender Konsensthemen zu zementieren. Eine dezidert anti-ökologische Rhetorik, wie sie in den USA oder Großbritannien zur politischen Landschaft gehört oder auch vom tschechischen Staatspräsidenten Václav Klaus lautstark bedient wurde, blieb in Deutschland ein Randphänomen.[132] Ein Backlash, der die ökologischen Errungenschaften seit den 1970er Jahren in Frage stellen würde, scheint auf absehbare Zeit schwer vorstellbar. Das Problem der Umweltbewegten ist inzwischen eher der Erfolg: vom Atomausstieg, der ein enorm mobilisierungsfähiges Thema von der Tagesordnung verschwinden ließ, bis hin zu den Folgeproblemen der Energiewende.

Der Atomausstieg, nach Fukushima mit breiter Mehrheit vom Bundestag beschlossen, hat noch einmal die Vorstellung eines grünen deutschen Sonderwegs bedient. Kein anderes Land reagierte auf die Atomkatastrophe in Japan mit vergleichbarer Entschlossenheit. Wer freilich die mickrige Zahl aktiver Reaktorprojekte in westlichen Ländern betrachtet, sieht den deutschen Fall eher als be-

---

130 Frank Uekötter, Fukushima and the Lessons of History. Remarks on the Past and Future of Nuclear Power, in: Jens Kersten/Markus Vogt/Frank Uekötter, Europe after Fukushima. German Perspectives on the Future of Nuclear Power (RCC Perspectives Nr. 1 [2012], S. 9–31, hier S. 18).
131 Wolfrum, Rot-Grün, S. 217.
132 Vgl. Václav Klaus, Blauer Planet in grünen Fesseln. Was ist bedroht: Klima oder Freiheit?, Wien 2007.

sonders dramatischen Fall eines allgemeinen Rückzugs aus der Atomkraft; selbst Frankreich, Europas Atomnation par excellence, unterhält derzeit nur ein Bauprojekt in Flamanville in der Normandie, obwohl es für die Erneuerung seiner atomaren Kapazitäten in den kommenden Jahren etwa 40 solcher Projekte auf den Weg bringen müsste. Deutschland ist letztlich eher eine Variante im allgemeinen ökologischen Problemprofil westlicher Wohlstandsnationen. Der schroffe Ost-West-Gegensatz, der um 1990 noch alle Diskussionen prägte, hat sich in einem komplexen Netz von Verbindungen und Bezügen aufgelöst. Die Umweltprobleme der Intensivlandwirtschaft in Mecklenburg-Vorpommern ähneln den Problemlagen in Südoldenburg, und Gleiches gilt für Braunkohle und Großchemie.

Die zentralen Herausforderungen erwachsen jedenfalls nicht mehr aus deutsch-deutschen Gegensätzen, sondern vielmehr aus der schleichenden Veränderung grundlegender Strukturen in Umweltpolitik und Umweltbewegtheit. Viele Gewissheiten, die die ökologische Debatte der vergangenen Jahrzehnte geprägt haben, sind inzwischen mit Fragezeichen versehen.[133] Das Schicksal der Energiewende ist unsicher und die Hoffnung auf eine effektive globale Klimapolitik erst recht. In der Zivilgesellschaft deutet sich ein Umbruch an, der im holprigen Generationenwechsel bei den Spitzenpolitikern der Grünen bereits in seiner Brisanz zu erahnen ist. Unterdessen erscheint das Umweltbewusstsein der Bundesbürger eher ambivalent in einer Zeit, in der sie mit Langstreckenflügen zu Öko-Resorts fliegen, um dort Biogemüse zu verzehren. Und welche Ziele und Werte sollen einer Öko-Bilanz überhaupt zugrunde liegen?

Die jahrzehntelangen Debatten haben darüber keinen Konsens hervorgebracht. So steht jeder Versuch einer Öko-Bilanz konzeptionell auf schwankendem Boden: In einem Ranking, das nicht auf die Qualität der Reformpolitiken, sondern auf die absoluten Verbrauchszahlen für fossile Brennstoffe und andere Ressourcen fokussiert, würde die grüne Bundesrepublik gemeinsam mit den übrigen westlichen Ländern dramatisch abstürzen. Immerhin relativiert sich auf diesem Wege das notorische Problem innerdeutscher Vergleiche, die eine bundesdeutsche Erfolgsgeschichte mit dem Scheitern der DDR kontrastieren. Unter dem Gesichtspunkt ökologischer Nachhaltigkeit gibt es lediglich eine DDR, die spektakulär scheiterte, und eine Bundesrepublik, die unspektakulär scheiterte.

So läuft eine grüne Zeitgeschichte am Ende auf eine multiple Verunsicherung hinaus. Es geht nicht mehr nur um eine wachsende Unklarheit über Gefahren und Zukunftsvorstellungen. Immer mehr geraten auch die Parameter ins Wanken, die unsere historische Erfahrung bislang definieren. Werden die vergangenen Jahrzehnte einmal als Endphase des fossilen Zeitalters erscheinen – oder eher als Beginn einer Radikalisierung, die wir derzeit in Krisenländern wie Irak und Nigeria in ersten Umrissen erahnen? Werden künftige Histori-

---

133 Ausführlich zum Folgenden Frank Uekötter, Am Ende der Gewissheiten. Die ökologische Frage im 21. Jahrhundert, Frankfurt a. M. 2011.

ker uns vor allem das kollektive Versagen in der Klimapolitik ankreiden – oder werden es eher die Zustände in den Massenställen sein, die ihnen die Schamesröte ins Gesicht treibt? Oder werden sie eher den Aufschwung von Politik und Zivilgesellschaft betonen, der – wenngleich von gesättigten Wohlstandsbürgern getragen – doch immerhin die Tür öffnete für ein Jahrhundert, das gar nicht anders sein konnte als ökologisch? Der Zeithistoriker wird sich vorerst auf keines dieser Narrative festlegen können, und doch lassen sie erahnen, welche Bedeutung die Umweltgeschichte im Konzert der zeithistorischen Disziplinen zu entfalten vermag.

Winfried Süß

Soziale Sicherheit und soziale Ungleichheit in wohlfahrtsstaatlich formierten Gesellschaften

Die Wiedervereinigung war nicht nur die Zusammenführung von zwei Staaten, die sich als Exponenten konkurrierender Ordnungsmodelle im Kontext des Kalten Krieges begriffen hatten. Ein zentrales Element des Vereinigungsprozesses bestand in der Integration zweier Gesellschaften, die infolge der deutschen Teilung füreinander antagonistische Referenzsysteme gebildet und sich im Hinblick auf Sozialstrukturen und soziale Ungleichheitsverhältnisse zunehmend auseinanderentwickelt hatten. Beide Gesellschaften durchliefen in den Nachkriegsdekaden im Kontext ihrer jeweiligen Blockzuordnung sehr unterschiedliche Entwicklungen, nicht zuletzt im Lebensstandard, den Historiker für die späten 1980er Jahre der DDR auf etwa ein Viertel des westdeutschen Wohlstandsniveaus schätzen.[1] Am Beginn des Vereinigungsprozesses lagen DDR-Bürger in nahezu »allen Dimensionen der objektiven und subjektiven Lebensqualität deutlich hinter den Westdeutschen«.[2] Aber wohl kaum einer der Demonstranten der Bürgerbewegung, die während der friedlichen Revolution 1989/90 Freiheit und Lebensperspektiven von einer sklerotischen Parteidiktatur zurückforderten, dürfte geahnt haben, welche enormen Anpassungsleistungen das Zusammenwachsen der beiden deutschen Teilgesellschaften den Menschen in den neuen Bundesländern abverlangen würde.

Bei dieser schwierigen Integration hat der Sozialstaat eine zentrale Rolle gespielt. Er war Teil der Wohlfahrtserwartungen der DDR-Bürger, die von der christdemokratisch-liberalen Regierungskoalition im Vorfeld der letzten Volkskammerwahlen im März 1990 gezielt verstärkt worden waren. Denn das bekannte Diktum von den rasch »blühenden Landschaften« schloss den umfassenden Transfer von Sozialleistungen ausdrücklich mit ein.[3] In Gestalt der Sozialunion wurde der Sozialstaat zu einem wesentlichen Bestandteil der Eini-

---

1 Ulrich Herbert, Geschichte Deutschlands im 20. Jahrhundert, München 2014, S. 1120.
2 Peter Krause/Ilona Ostner, Einleitung: Was zusammengehört. Eine sozialwissenschaftliche Bilanzierung des Vereinigungsprozesses, in: dies. (Hg.), Leben in Ost- und Westdeutschland. Eine sozialwissenschaftliche Bilanz der deutschen Einheit 1990–2010, Frankfurt a. M. 2010, S. 11–36, hier S. 19.
3 Helmut Kohl, Rede vor dem Deutschen Bundestag, 8.3.1989, zit. nach: Dieter Grosser, Das Wagnis der Währungs-, Wirtschafts- und Sozialunion. Politische Zwänge im Konflikt mit ökonomischen Regeln, Stuttgart 1998, S. 268.

gungsverträge.⁴ Dabei war die Ausgestaltung der sozialen Sicherung ein Hauptfeld des Konflikts über die Frage, wieviel DDR im vereinigten Deutschland enthalten sein sollte.⁵ Gerade in der schwierigen Anfangsphase des Vereinigungsprozesses war der Sozialstaat zudem ein wichtiges mentales Bindeglied zwischen den deutschen Teilgesellschaften. Zwar hatten sich diesseits und jenseits der Mauer divergierende soziale Ordnungsmodelle und Sozialstaatsverständnisse ausgebildet, aber abseits aller systembedingten Unterschiede galt Sozialpolitik in beiden deutschen Gesellschaften als adäquates Mittel zur Bearbeitung sozialer Probleme. Schließlich kam den Institutionen der sozialen Sicherung die Aufgabe zu, die aus dem Vereinigungsprozess resultierenden sozialen Schockwellen abzufedern. Damit war der Sozialstaat nach 1918 und 1945 zum dritten Mal in der deutschen Geschichte des 20. Jahrhunderts ein zentraler Auffang- und Anti-Krisenmechanismus für die sozialen Folgen einer politischen Systemtransformation. Allerdings war die Abfederung dieser Transformation aufgrund der antagonistischen Lagerung der beiden deutschen Teilgesellschaften im Systemkonflikt, der Notwendigkeit, die Folgen des abgewirtschafteten Staatssozialismus zu überwinden, und der Einbettung der deutschen Wiedervereinigung in einen globalen sozioökonomischen Transformationsschub historisch ohne Beispiel.⁶

Das Versprechen, möglichst schnell einheitliche Lebensverhältnisse in ganz Deutschland herzustellen, zählte zu den Leitvokabeln der Wendezeit. Die Befunde der sozialwissenschaftlichen Ungleichheitsforschung zeigen allerdings, dass es trotz erheblicher Annäherungen auch 25 Jahre nach der deutschen Einheit noch lange nicht eingelöst ist. Haushalte in den neuen Bundesländern verfügten 2009 im Durchschnitt über weniger als die Hälfte des Vermögens westdeutscher Haushalte. Arbeitnehmer in Ostdeutschland verdienten trotz einer zeitweisen Tendenz zur Angleichung der Löhne und Gehälter im Durchschnitt etwa ein Fünftel weniger als Westdeutsche, und sie sind bis heute häufiger arbeitslos und höheren Armutsrisiken ausgesetzt.⁷ Betrachtet man zudem normative Einstellungen, kann man den Eindruck gewinnen, dass immer noch zwei distinkte Teilgesellschaften fortbestehen, die sich nicht nur im Hinblick auf

---

4 Die grundlegende Darstellung dazu bei Gerhard A. Ritter, Sozialpolitische Denk- und Handlungsfelder im Einigungsprozess, in: ders. (Hg.), Geschichte der Sozialpolitik in Deutschland seit 1945, Bd. 11: Bundesrepublik Deutschland 1989–1994. Sozialpolitik im Zeichen der Vereinigung, Baden-Baden 2007, S. 107–349, hier insbes. S. 184–204, 324–339.

5 Andreas Rödder, Deutschland einig Vaterland. Die Geschichte der Wiedervereinigung, München 2009, S. 186 f.

6 Zum Zusammenspiel von technologischen, weltwirtschaftlichen und soziokulturellen Veränderungen seit den 1990er Jahren: Andreas Wirsching, Der Preis der Freiheit: Geschichte Europas in unserer Zeit, München 2012, S. 226–299.

7 Markus M. Grabka, Private Vermögen in Ost- und Westdeutschland gleichen sich nur langsam an, in: DIW Wochenbericht 40/2014, S. 959–966, hier S. 965; ders./Jan Goebel/Jürgen Schupp, Höhepunkt der Einkommensungleichheit in Deutschland überschritten?, in: DIW Wochenbericht 43/2012, S. 3–15, hier S. 6–8.

Lebensstandard und Ungleichheitsverhältnisse unterscheiden, sondern auch in ihren Gerechtigkeitsvorstellungen, den Erwartungen an den Sozialstaat und der Akzeptanz sozialer Ungleichheit. Ehemalige DDR-Bürger richten höhere Erwartungen an den Sozialstaat, sie nehmen soziale Konflikte intensiver wahr, und sie treten stärker für egalisierende Politiken ein.[8]

Man kann die Geschichte der sozialpolitischen Integration des wiedervereinigten Deutschlands allerdings auch anders erzählen: In zentralen Wohlfahrtsdimensionen wie der Lebenserwartung sind die teilungsbedingten Unterschiede weitgehend eingeebnet. 1990 betrug die Differenz bei den Männern noch 3,5 und bei den Frauen noch 2,6 Lebensjahre zu Lasten der ostdeutschen Bevölkerung. Zwanzig Jahre später hat sich diese Differenz auf 1,3 bzw. 0,2 Jahre verringert.[9] Und auch die Einstellungsunterschiede im Hinblick auf Sozialstaatlichkeit und soziale Gerechtigkeit schleifen sich seit der Jahrtausendwende durch Veränderungen auf beiden Seiten ab. Der Beitrag geht solchen Ambivalenzen nach und strebt damit eine sozialhistorische Situierung des Systemwechsels von 1989/90 an.

Dort, wo der Sozialstaat die Märkte einhegt, hat der politisch administrierte Zugang zu Sozialtransfers, sozialen Infrastrukturen und Dienstleistungen einen entscheidenden Einfluss auf die Lebenschancen der Bürger. Zusammen mit den Familien und den Märkten bilden die sozialstaatlichen Arrangements in modernen Gesellschaften eine dritte Drehscheibe sozialer Relationierung, deren Stellkraft im 20. Jahrhundert beständig zugenommen hat. Wohlfahrtsstaatliche Arrangements formen Lebensverläufe und entscheiden über soziale Positionierungen, indem sie Ungleichheitsverhältnisse reduzieren, limitieren, legitimieren und auch produzieren.[10] Daher bietet es sich an, die Frage ins Zentrum zu stellen, wie sich die Grundmuster sozialer Sicherung im Hinblick auf sozialpolitische Leitideen, Problemwahrnehmungen und Steuerungspraktiken seit den 1970er Jahren in Ost und West verändert haben, und welche Folgen dies für die empirische Entwicklung sozialer Ungleichheitsverhältnisse hatte. Dieser Themenzuschnitt kombiniert die Analyse eines Politikfeldes, das von der markanten Zäsur der deutschen Einheit durchzogen ist, mit der Analyse sozialhistorischer

---

8 Bernd Wegner/Stefan Liebig, Gerechtigkeitsvorstellungen in Ost- und Westdeutschland im Wandel: Sozialisation, Interessen, Lebenslauf, in: Peter Krause/Ilona Ostner (Hg.), Leben in Ost- und Westdeutschland, S. 83–101; Ursula Dallinger, Erwartungen an den Wohlfahrtsstaat. Besteht eine »innere Mauer« zwischen West- und Ostdeutschen?, in: Krause/Ostner (Hg.), Leben in Ost- und Westdeutschland, S. 573–596.
9 Reinhard Busse/Annette Riesberg, Health Care Systems in Transition: Germany. WHO Regional Office for Europe on behalf of the European Observatory on Health Systems and Policies, Copenhagen 2004, S. 10; Statistisches Bundesamt, Bevölkerung und Erwerbstätigkeit. Sterbetafeln: Früheres Bundesgebiet und neue Bundesländer 2009/2011, Wiesbaden 2012.
10 Hans Günter Hockerts, Einführung, in: ders./Winfried Süß (Hg.), Soziale Ungleichheit im Sozialstaat. Großbritannien und die Bundesrepublik im Vergleich, München 2010, S. 9–18, hier S. 10–14.

Entwicklungen, die durch eine starke Eigenzeitlichkeit in langfristigen Veränderungsrhythmen geprägt sind. Damit wird eine Antwort auf die Frage nach dem Verhältnis von transformationsbedingten und längerfristigen exogenen Ursachen veränderter sozialer Ungleichheitsverhältnisse möglich.

1. »Goldene Jahre«?
Sozialstaatlich geformte Arbeitsgesellschaften um 1970

Zwei Wege deutscher Sozialstaatlichkeit

Nach dem Ende des »Dritten Reiches« entwickelten beide deutsche Staaten distinkte Ausprägungen von Sozialstaatlichkeit, die größtenteils auf ähnliche Probleme reagierten, sich aber in der Art und Weise, wie sie sozialpolitische Probleme aufgriffen, deutlich unterschieden. Gerade in der Konstitutionsphase waren beide Teilstaaten stark von dem Wunsch bestimmt, sich voneinander abzugrenzen. Dabei griffen sie Traditionslinien auf, die in der Weimarer Republik in einem »spannungsreichen Nebeneinander« gestanden hatten.[11] Seit den 1950er Jahren ist der bundesdeutsche Sozialstaat beständig ausgebaut worden. In seiner sozialhistorischen Bedeutung lässt sich dieser Wachstumsschub kaum überschätzen. Indem er den sozialen Status von Beschäftigten sicherte und ihn dadurch aufwertete nahm der expandierende Sozialstaat dem Arbeitsverhältnis einen Teil seines Marktcharakters und reduzierte so die Grundspannung zwischen Kapital und Arbeit.[12] Die Bundesrepublik implementierte ein wohlfahrtsstaatliches Regime, das die Märkte einhegte und – etwa im Arbeitsrecht – Machtungleichgewichte balancierte, beides aber nicht gänzlich ausschaltete. Entsprechend strahlten die Verteilungsergebnisse der Märkte in abgeschwächter Form auf die soziale Sicherung aus, wie im berufsständisch gegliederten System der Sozialversicherung, das die Höhe der Sozialleistungen in vielen Fällen an die Arbeitsmarktposition koppelte. Da die Unabhängigkeit des Unternehmers dabei im Kern unangetastet blieb, konnte die soziale Marktwirtschaft keine Vollbeschäftigung gewährleisten. Hier lag – und liegt bis heute – eine Achillesferse der bundesdeutschen Sozialordnung.

Die DDR ging einen geradezu entgegengesetzten Weg. Sie baute die gegliederte Sozialversicherung in eine Einheitsversicherung um, drängte private Anbieter von wohlfahrtsstaatlichen Leistungen zu Gunsten von in öffentlicher Regie organisierten sozialen Diensten und Infrastrukturen zurück und ersetzte die Risiken der Märkte durch das Prinzip des Plans im Rahmen einer staats-

---

11 Philip Manow, Entwicklungslinien ost- und westdeutscher Gesundheitspolitik zwischen doppelter Staatsgründung, deutscher Einigung und europäischer Integration, in: Zeitschrift für Sozialreform 43 (1997), S. 101–131, hier S. 102.
12 Berthold Vogel, Sicher – Prekär, in: Stephan Lessenich/Frank Nullmeier (Hg.), Deutschland – eine gespaltene Gesellschaft, Frankfurt a. M. 2006, S. 73–91, hier S. 77.

sozialistischen Wirtschaftsordnung.[13] Dies ermöglichte es, Arbeitnehmern dauernde Arbeitsplatzsicherheit, ja sogar ein »Recht auf Arbeit« zu garantieren. Zusammen mit den politisch administrierten Preisen, für die es als sozialpolitische Steuerungsgröße in der Bundesrepublik keine Entsprechung gab, entstand so eine Grundabsicherung für die Bedürfnisse des täglichen Lebens, die ein deutlich höheres Maß an Existenzsicherheit bot, als dies in der Bundesrepublik gegeben war. Dieser Zusammenhang von Arbeitsplatzsicherheit und garantierter Grundversorgung bildete gerade für die Erlebnisgeneration der Weltwirtschaftskrise eine entscheidende Legitimationsressource des sozialistischen Gesellschaftsmodells.

Allerdings hatten diese Besonderheiten der DDR-Sozialpolitik weitreichende Folgen: Die Planwirtschaft bezahlte für die Arbeitsplatzgarantie mit Einbußen in ihrer wirtschaftlichen Dynamik, zumal im Wege des politischen Durchgriffs die Betriebe immer wieder mit zusätzlichen Aufgaben belastet wurden, die in Marktwirtschaften an die Institutionen der sozialen Sicherung und die Familie ausgelagert sind. Die Übernahme verschiedener Sicherungs- und Betreuungsfunktionen, die sich vom Gesundheitswesen über die Kinderbetreuung bis hin zur Freizeitgestaltung erstreckten, machte sie zu einem »Vergesellschaftungskern«[14], für den es in der Bundesrepublik keine Entsprechung gab. Allerdings wirkte sich die Anlagerung betriebsfremder Aufgaben negativ auf die Produktivität aus, die deutlich hinter der bundesdeutschen Wirtschaft zurückblieb. Die DDR-Sozialpolitik konnte deshalb soziale Probleme nur in geringem Umfang konfliktarm durch die Verteilung von Produktivitätszuwächsen bewältigen, wie dies in den Boomjahren der sozialen Marktwirtschaft in der Bundesrepublik möglich war.

Im ostdeutschen Teilstaat blieb die Sozialpolitik stark durch Vorgaben anderer Politikfelder bestimmt. Dieser Zusammenhang war gerade dort evident, wo die Sozialpolitik der DDR im Rückblick besonders erfolgreich scheint: So standen sowohl die Gesundheitspolitik als auch die Familienpolitik unter dem Primat der Arbeitskräftemobilisierung. In der DDR waren sozialpolitische Maßnahmen häufig an Verhaltenserwartungen gebunden. Hier setzte die DDR obrigkeitsstaatlich-patronale Traditionslinien des deutschen Sozialstaats fort. Deren Grenzen zeigten sich deutlich, wo ihr Erfolg von der Mitwirkung der Betroffenen abhing.[15]

---

13 Hierzu und zum Folgenden: Hans Günter Hockerts, West und Ost – Ein Vergleich der Sozialpolitik der beiden deutschen Staaten, in: ders. (Hg.), Der deutsche Sozialstaat. Entfaltung und Gefährdung, Göttingen 2010, S. 267–282.
14 Martin Kohli, Die DDR als Arbeitsgesellschaft? Arbeit, Lebenslauf und soziale Differenzierung, in: Hartmut Kaelble/Jürgen Kocka/Hartmut Zwahr (Hg.), Sozialgeschichte der DDR, Stuttgart 1994, S. 31–61, hier S. 39.
15 Winfried Süß, Gesundheitspolitik, in: Hans Günter Hockerts (Hg.), Drei Wege deutscher Sozialstaatlichkeit. NS-Diktatur, Bundesrepublik und DDR im Vergleich, München 1998, S. 55–100, hier S. 71.

Abgrenzung und Beobachtung: deutsch-deutsche Sozialstaatskonkurrenz im Kalten Krieg

Im Rahmen eines Vergleichs der »zwei Welten« deutscher Sozialstaatlichkeit ist die Frage nach Verflechtungen und Abgrenzungen in der Sozialpolitik der beiden deutschen Staaten wichtig. Ihre gegenseitige Beobachtung und Wahrnehmung war eingebettet in den globalen Blockantagonismus des Kalten Krieges und damit durch ein scharfes Konkurrenzverhältnis geprägt. Es ist argumentiert worden, dass dieses Konkurrenzverhältnis die Sozialstaatsexpansion auf beiden Seiten des Eisernen Vorhangs vorangetrieben habe.[16] Allerdings ist diese These in ihrer zugespitzten Form diskussionsbedürftig und der Zusammenhang wohl komplexer, zeitlich und systemspezifisch differenziert und eher indirekt vermittelt. Für die Bundesrepublik spielte die deutsch-deutsche Konkurrenz vor allem in der sozialstaatlichen Rekonstruktionsperiode der frühen 1950er Jahre eine wichtige Rolle. Hier wirkte die Errichtung einer Einheitsversicherung in der DDR mit reduziertem Leistungsprofil delegitimierend auf entsprechende Pläne in Westdeutschland, wenngleich es auch im Westen, insbesondere in Großbritannien, Vorbilder dafür gab. Auch die Rekonstruktion der ambulanten Gesundheitsversorgung in einer Organisationsform, die freiberufliche Ärzte stark privilegierte, lässt sich als westdeutscher Gegenakzent zur in der DDR praktizierten Entbürgerlichung der Gesundheitsberufe interpretieren.[17]

Im Verlauf der 1950er Jahre verlor die DDR als Bezugspunkt westdeutscher Sozialpolitik an Bedeutung. Das lag an dem erkennbar größer werdenden Abstand in der Ressourcenausstattung der sozialen Leistungssysteme, aber auch an der generell hohen Selbstbezüglichkeit der Sozialpolitik. Eine Ausnahme bildete in mancher Hinsicht das Gesundheitswesen. Expertendiskussionen der Bundesrepublik richteten ihren Blick auf das ostdeutsche Gegenüber, denn die DDR konnte bei Infektionskrankheiten wie der Kinderlähmung, die sich durch standardisierte Präventionsprogramme bekämpfen ließen, zunächst mit beträchtlichem Ressourcenaufwand im internationalen Vergleich gute Resultate erreichen, so dass westdeutsche Mediziner mit einigem Neid auf die stärkeren Durchgriffsrechte der ostdeutschen Kollegen auf ihre Patienten schauten.[18] Als Arenen des Austauschs waren zudem internationale Organisationen einflussreich, in denen die DDR sich aus Gründen der außenpolitischen Anerkennung engagierte, während sie deutsch-deutsche Wissenschaftskontakte behinderte. Beide deutsche Teilstaaten griffen seit den späten 1960er Jahren das von der Weltgesundheits-

---

16 Herbert Obinger/Carina Schmitt, Guns and Butter? Regime Competition and the Welfare State during the Cold War, in: World Politics 63 (2011), S. 246–270.
17 Manow, Entwicklungslinien, S. 113, 117.
18 Malte Thießen, Vorsorge als Ordnung des Sozialen, Impfen in der Bundesrepublik und der DDR, in: Zeithistorische Forschungen/Studies in Contemporary History, Online-Ausgabe, 10.3 (2013), URL: http://www.zeithistorische-forschungen.de/3-2013/id%3D4731, S. 11–12.

organisation verbreitete Risikofaktorenmodell kardio-vaskulärer Erkrankungen auf, so dass sich ihre Präventionsstrategien durch parallele Rezeptionsprozesse einander annäherten.[19]

In der Sozialordnung der DDR hatte die Sozialpolitik zunächst eine randständige Stellung eingenommen. Sie galt als Linderungsmittel für die Übel kapitalistischer Ausbeutung, die es im Arbeiter- und Bauernstaat nach offizieller Lesart nicht mehr gab. Sozialstaatlich zu bearbeitende Problemlagen wurden daher als zeitlich befristete Übergangserscheinung beim »Aufbau des Sozialismus« betrachtet. Nicht die soziale Sicherung, sondern der Lebensstandard galt als Hauptfeld, auf dem die Systemkonkurrenz entschieden werden würde.[20] Als sich seit dem westdeutschen »Wirtschaftswunder« die überlegene Produktivität der Marktwirtschaft abzeichnete, mussten die Institutionen der sozialen Sicherung die Aufgabe übernehmen, die Vorzüge des staatssozialistischen Gesellschaftsmodells nachzuweisen. Zugleich bemühte sich die SED-Führung zunehmend darum, sich dort durch Sozialpolitik zu legitimieren, wo sie sich durch demokratische Teilhaberechte nicht legitimieren konnte.[21] Soziale Ungleichheit, Arbeitslosigkeit und seit den 1980er Jahren auch die Wiederkehr der Armut in der Bundesrepublik waren Themen, die die DDR-Medien in diesem Zusammenhang immer wieder kontrastierend aufgriffen, um der marktwirtschaftlich geprägten und damit unvermeidbar auch durch industriegesellschaftliche Lebensrisiken bestimmten Sozialordnung der Bundesrepublik ihre eigene Leitidee der sozialen Geborgenheit im Sozialismus gegenüberzustellen.

War die Sozialstaatskonkurrenz für die Bundesrepublik ein »Nebenprodukt der deutschen Teilung«, dem als Referenzsystem nur eine nachrangige Bedeutung zugemessen wurde, bekam der Vergleich für die DDR mit der Zeit »eine existenzielle Dimension« für die Legitimation ihrer Gesellschaftsordnung.[22] Solche Vergleiche wurden für die DDR immer dann problematisch, wenn sie nicht abstrakt, sondern konkret auf einzelnen Feldern stattfanden. Nur wenige Bereiche eigneten sich so gut zu vorteilhaften Vergleichungen, wie die subventionierten Preise für den Grundbedarf des Konsums oder die Impfprogramme der DDR. In anderen Bereichen wie der Arbeitszeit, der Höhe der Renten und dem sozialen Wohnungsbau fiel die Bilanz weniger positiv aus. Für die DDR-

---

19 Jeannette Madaràsz-Lebenhagen/Antje Kampf, Prävention in zwei deutschen Staaten in den 1950er bis 1970er Jahren. Geschlechterbilder im Umgang mit chronischen Erkrankungen des Herz-Kreislauf-Systems, in: Udo Grashoff/Detlev Brunner/Andreas Kötzing (Hg.), Asymmetrisch Verflochten. Neue Forschungen zur gesamtdeutschen Nachkriegsgeschichte, Berlin 2013, S. 148–165, hier S. 156f., 165.
20 David F. Crew, Consuming Germany in the Cold War: Consumption and National Identity in East and West Germany, 1949–1989. An Introduction, in: ders. (Hg.), Consuming Germany in the Cold War, Oxford 2003, S. 1–19, hier S. 2.
21 Hans Günter Hockerts, Einführung, in: ders. (Hg.), Drei Wege deutscher Sozialstaatlichkeit, S. 7–25, hier S. 14.
22 Peter Hübner, Die deutsch-deutsche Sozialstaatskonkurrenz nach 1945, in: Martin Sabrow (Hg.), Die Krise des Sozialstaats, Leipzig 2007, S. 25–61, hier S. 31.

Führung ergab sich aus dieser asymmetrischen Konkurrenzsituation eine erhebliche Limitierung ihres Handlungsspielraums. Gerade weil man dem Lebensstandard und der Sozialpolitik so viel Bedeutung als Legitimationsressource zumaß, standen die Gesellschaftsordnung der DDR und das Machtmonopol ihrer politischen Führung zur Disposition, wenn wirtschaftlichen Effizienzerwägungen der Vorrang vor sozialen Belangen eingeräumt wurde.[23] In der Bundesrepublik war diese Legitimationsfunktion von Sozialpolitik zwar auch latent vorhanden. Sie war aber deutlich geringer ausgeprägt und in die Konkurrenz zweier sozialstaatsfreundlicher Volksparteien eingebunden, die in der Nachkriegsprosperität zunächst eine hohe Aufmerksamkeit für sozialpolitische Probleme bewirkte und nach der Verschlechterung der ökonomischen Rahmenbedingungen Mitte der 1970er Jahre einschneidende Kürzungen der Sozialleistungen erschwerte.

Ungleichheitsmuster und soziale Lagen im Zeichen von Wohlstandsgewinnen und Aufstiegsmobilität

Nur wenige Jahre nach dem Ende der NS-Diktatur entstanden aus einer Zusammenbruchsgesellschaft mit ihrer Vielzahl von beschädigten Biografien, prekären Lebenslagen und zerstörten Sozialbindungen zwei deutsche Nachkriegsgesellschaften, die beide – auf unterschiedlichem Niveau und in unterschiedlicher Weise, aber doch in erstaunlichem Ausmaß – durch wachsenden Wohlstand und die Fähigkeit zur sozialen Integration geprägt waren. Für beide Gesellschaften war charakteristisch, dass sie Arbeit, Sozialstaatlichkeit und soziale Ungleichheitsordnung eng miteinander verknüpften. Diesseits und jenseits des Eisernen Vorhangs war Arbeit weit mehr als nur ein gesellschaftliches Leitbild. Ein »Normalarbeitsverhältnis«[24], das Einkommensverhältnisse ebenso wie Geschlechterordnungen, Lebensläufe und das Freizeitverhalten strukturierte, prägte die deutsch-deutsche Lebenswirklichkeit. In Westdeutschland orientierte es sich für lange Zeit am Modell des männlichen Hauptternährers der Familie, während in Ostdeutschland neben der Erwerbstätigkeit des Mannes früh das Modell der berufstätigen Frau bestimmend wurde. In beiden Gesellschaften bildete Arbeit den wichtigsten Ankerpunkt der sozialen Sicherung. Dadurch übertrug sich – vor allem in der Bundesrepublik – die Fernwirkung der Märkte auch auf die soziale Absicherung. Ohne den Fokus auf erwerbsbezogene Stratifizierungen kann man eine deutsch-deutsche Geschichte sozialer Ungleichheit daher kaum schreiben. Gleichwohl lässt sich das Ungleichheitsgefüge durch

---

23 Ebenda, S. 48.
24 Zur Historisierung dieses Begriffs: Toni Pierenkemper/Klaus Zimmermann, Zum Aufstieg und Niedergang des Normalarbeitsverhältnisses in Deutschland 1800–2010 – ein Forschungsprojekt, in: Jahrbuch für Wirtschaftsgeschichte 50.2 (2009), S. 231–242, hier S. 232 f.

primär auf die Stellung im Erwerbsleben bezogene Klassen- oder Schichtungsmodelle alleine nicht angemessen erfassen.[25]

Vier fundamentale Prozesse formten die westdeutsche Arbeitsgesellschaft um 1970:

1. Die Entfaltung der Industriegesellschaft:[26] 1970 erreichte der sogenannte sekundäre Sektor des produzierenden Gewerbes mit einem Anteil von ca. 49 Prozent der Beschäftigten seine maximale Ausdehnung, bevor er Mitte der 1970er Jahre vom Dienstleistungssektor im Hinblick auf Beschäftigtenzahl und Wertschöpfung übertroffen wurde. Dies änderte jedoch nur wenig an der industriellen Prägung der westdeutschen Wirtschaft. Deutliche Zugewinne verbuchten die sozialrechtlich privilegierten Berufe der Beamten und Angestellten, deren Anteil an den Erwerbstätigen von ca. 20 auf 36 Prozent zunahm. Hingegen ging trotz sozialpolitischer Stützversuche der Anteil der Selbstständigen zurück. Auch wenn die Tätigkeiten von Arbeitern weiterhin körperlich geprägt waren, schwächten sich die Trennlinien zwischen manuellen und nichtmanuellen Berufen ab. Vor dem Hintergrund dieser Entwicklungen bildete sich seit den 1960er Jahren allmählich eine einheitliche Arbeitnehmerkategorie aus, die von der Politik als gesellschaftspolitische Bezugsgröße adressiert wurde.[27]

2. Eine singuläre Wohlstandssteigerung auf der Basis zunehmender Arbeitsproduktivität: Zwischen 1950 und 1970 verzeichnete die westdeutsche Wirtschaft in den meisten Jahren Zuwachsraten zwischen sieben und 14 Prozent. Im gleichen Zeitraum verfünffachte sich das Pro-Kopf-Einkommen der Bevölkerung. Gerade für Arbeiter ermöglichte diese »Wohlstandsexplosion«[28] Verbesserungen in der Lebensgestaltung, die »spektakulär, umfassend und sozialgeschichtlich revolutionär« waren, da sie »die traditionelle Enge und Unsicherheit des ›proletarischen‹ Lebenszuschnitts« überwanden und es auch Geringverdienern zunehmend ermöglichten, ihre auf die unmittelbare Reproduktion der Arbeitskraft hingeordnete Lebensführung hinter sich zu lassen.[29] Anhaltende Verbesserun-

---

25 Als Kritik solcher Stratifizierungsmodelle: Benjamin Ziemann, Sozialgeschichte und Empirische Sozialforschung. Überlegungen zum Kontext und zum Ende einer Romanze, in: Pascal Maeder/Barbara Lüthi/Thomas Mergel (Hg.), Wozu noch Sozialgeschichte? Göttingen 2012, S. 131–149.

26 Zum Folgenden: Hans Günter Hockerts, Rahmenbedingungen: Das Profil der Reformära, in: ders. (Hg.), Geschichte der Sozialpolitik in Deutschland seit 1945, Bd. 5: Bundesrepublik Deutschland 1966–1974. Eine Zeit vielfältigen Aufbruchs, Baden-Baden 2006, S. 1–155, hier S. 129–148; Hans-Ulrich Wehler, Deutsche Gesellschaftsgeschichte, Bd. 5: Bundesrepublik und DDR 1949–1990, München 2008, S. 40–43, 53–60, 108–215.

27 Winfried Süß, Sozialpolitische Denk- und Handlungsfelder in der Reformära, in: Hockerts (Hg.), Geschichte der Sozialpolitik in Deutschland seit 1945, Bd. 5, S. 157–221, hier S. 206.

28 Rainer Geißler, Die Sozialstruktur Deutschlands. Ein Studienbuch zur sozialstrukturellen Entwicklung im geteilten und vereinten Deutschland, 7. Aufl., Opladen 2014. S. 59.

29 Josef Mooser, Abschied von der »Proletarität«. Sozialstruktur und Lage der Arbeiterschaft in der Bundesrepublik in historischer Perspektive, in: Werner Conze (Hg.), Sozialgeschichte der Bundesrepublik Deutschland. Beiträge zum Kontinuitätsproblem, Stuttgart 1983, S. 143–186, hier S. 162.

gen im Lebensstandard bewirkten zudem einen »Fahrstuhleffekt«[30], der in breiten Teilen der Gesellschaft wirksam wurde und unter anderem dazu führte, dass die Armutsquote bis Ende der 1970er Jahre kontinuierlich zurückging. 1973 galten nur mehr drei Prozent der Bevölkerung mit einem Haushaltseinkommen von weniger als der Hälfte des Durchschnittseinkommens als arm, und die Quote der durch Sozialhilfe bekämpften Armut lag bei etwa einem Prozent.[31] Das Bild des »Fahrstuhls« für die kollektiven Wohlstandsgewinne ist allerdings nicht unproblematisch, weil es die Vorstellung erweckt, die Wohlstandssteigerungen hätten alle Bevölkerungsgruppen und Soziallagen gleichmäßig betroffen. Tatsächlich waren Höhe und Wachstumstempo solcher Zugewinne ungleichmäßig verteilt, so dass sich im Gegensatz zur zeitgenössischen Wahrnehmung der westdeutschen Gesellschaft als einer »nivellierten Mittelstandsgesellschaft« (Helmut Schelsky) eher von einer Pluralisierung der Soziallagen in einer wohlfahrtsstaatlich fundierten Arbeitsgesellschaft sprechen lässt.[32] Im »Schatten des Wirtschaftswunders«[33] fanden sich vor allem Lebenslagen, die nur bedingt über Arbeit als sozialen Integrationsmechanismus angesprochen werden konnten (z. B. bestimmte Typen von Kriegsopfern und geistig behinderte Menschen), zudem Personen, die sich den Verhaltenserwartungen, auf denen sozialstaatliche Inklusion gründete, entzogen sowie Gruppen, deren soziale Integration schlichtweg nicht auf der sozialpolitischen Tagesordnung stand, wie Arbeitsmigranten.

3. Eingebettet in die Wohlstandssteigerung war drittens eine fünfzehnjährige, von längeren Perioden geringer Arbeitslosigkeit gerahmte Phase nahezu vollkommener Vollbeschäftigung zwischen 1959 und 1973. Sie kann in ihren sozial- und erfahrungsgeschichtlichen Auswirkungen kaum überschätzt werden, weil sie für die Masse der Beschäftigten erstmals seit Jahrzehnten stabile Arbeits- und Lebensverhältnisse hervorbrachte. Die Vollbeschäftigung nahm einem Hauptmerkmal proletarischer Existenz, der hohen Arbeitsplatzunsicherheit, einen Großteil seiner lebensprägenden Bedeutung. In dieser Periode der Arbeitskräfteknappheit konnten Arbeitnehmer durch steigende Reallöhne an Produktivi-

---

30 Ulrich Beck, Risikogesellschaft. Auf dem Weg in eine andere Moderne, Frankfurt a. M. 1986, S. 124 f.
31 Bundesministerium für Arbeit und Sozialordnung, Lebenslagen in Deutschland. Erster Armuts- und Reichtumsbericht, Bundestagsdrucksache 14/5990, 2001, S. 26, Tabelle I.3; Materialband, S. 126, Tabelle II.3.
32 Karl Martin Bolte, Strukturtypen sozialer Ungleichheit. Soziale Ungleichheit in der Bundesrepublik Deutschland im historischen Vergleich, in: Peter A. Berger/Stefan Hradil (Hg.), Lebenslagen, Lebensläufe, Lebensstile, Göttingen 1990, S. 27–50, hier S. 36–49; zu Schelskys einflussreichem Diktum und zur Diskussion unterschiedlicher Ungleichheitskonzeptionen in der Sozialforschung der frühen Bundesrepublik vgl. Paul Nolte, Die Ordnung der deutschen Gesellschaft. Selbstentwurf und Selbstbeschreibung im 20. Jahrhundert, München 2000, S. 318–351.
33 Wilfried Rudloff, Im Schatten des Wirtschaftswunders: Soziale Probleme, Randgruppen und Subkulturen 1949 bis 1973, in: Thomas Schlemmer/Hans Woller (Hg.), Bayern im Bund, Bd. 2: Gesellschaft im Wandel 1949–1973, München 2002, S. 347–467.

tätsfortschritten teilhaben und damit ihren Anteil am erarbeiteten Wohlstand vergrößern, während die Einkünfte aus Unternehmertätigkeit merklich zurückgingen.[34] Dies förderte zugleich die Herausbildung übergreifender Konsummuster, die Unterschiede zwischen den Schichten und auch zwischen den europäischen Gesellschaften einebneten.

Weiterhin begünstigte die Arbeitskräfteknappheit Prozesse beruflicher Aufstiegsmobilität, die nahezu alle Berufsgruppen erfassten, von denen aber besonders qualifizierte Arbeiter profitierten. Etwa jeder zweite männliche Facharbeiter tauschte zwischen 1950 und 1970 »den Blaumann mit dem grauen oder weißen Kittel«[35] und wechselte aus der Produktion in eine produktionsvorbereitende oder -überwachende Position. Vielen Kindern aus Arbeiterfamilien gelang in diesen Jahren der »kleine Aufstieg« in untere und mittlere Positionen des expandierenden öffentlichen Dienstes.[36] Der Wechsel in solche Arbeitsplätze, von denen zwischen 1950 und 1970 rund 900.000 neu geschaffen wurden, galt wegen der guten sozialrechtlichen Absicherung als deutlicher sozialer Aufstieg von der Unter- in die Mittelschicht. Zugleich lockerte die Bildungsexpansion das enge Band zwischen sozialer Herkunft und Bildungserfolg, auch wenn die Reduktion schichttypischer Unterschiede weniger deutlich ausfiel als in anderen europäischen Ländern.[37] Solche Aufstiegsprozesse geschahen vor dem Hintergrund einer dreifachen Unterschichtung der westdeutschen Betriebsbelegschaften durch Heimatvertriebene, SBZ/DDR-Flüchtlinge und ausländische Arbeitnehmer, die seit dem Mauerbau den Hauptanteil der Arbeitsmigranten ausmachten und zumeist geringqualifizierte Tätigkeiten übernahmen.[38] Nur wenig konnten Frauen von der anhaltenden Nachfrage nach Arbeitskräften profitieren. Zwar etablierte sich im Verlauf der 1960er Jahre die Teilzeitarbeit als gesellschaftlich akzeptiertes Berufsmodell für verheiratete Frauen, und nicht wenigen gelang der Wechsel aus der sozialrechtlich ungünstigen Position der mithelfenden Familienangehörigen in einen Angestelltenberuf. Doch stagnierte die weibliche Erwerbsquote mit ca. 38 Prozent (1970) auf einem im internationalen Vergleich niedrigen Niveau.[39]

---

34 Bundesministerium für Arbeit und Sozialordnung (Hg.), Statistische Übersichten zur Geschichte der Sozialpolitik in Deutschland seit 1945 (West). Bearb. von Hermann Berié, Bonn 1999, Tabelle 0.3.3.3 (bereinigte Lohnquote).
35 Burkart Lutz, Integration durch Aufstieg. Überlegungen zur Verbürgerlichung der deutschen Facharbeiter in den Jahrzehnten nach dem Zweiten Weltkrieg, in: Manfred Hettling/Bernd Ulrich (Hg.), Bürgertum nach 1945, Hamburg 2005, S. 284–309, hier S. 307.
36 Mooser, Abschied, S. 172; Bundesministerium für Arbeit und Sozialordnung, Übersichten (West), Tabelle 3.2.7. Zur Bedeutung des expandierenden öffentlichen Dienstes als Aufstiegskanal in die Mittelschicht: Berthold Vogel, Wohlstandskonflikte. Soziale Fragen, die aus der Mitte kommen, Hamburg 2009, S. 116–169.
37 Vgl. den Beitrag von Emmanuel Droit und Wilfried Rudloff.
38 Vgl. den Beitrag von Maren Möhring.
39 Christiane Kuller, Soziale Sicherung von Frauen – ein ungelöstes Strukturproblem im männlichen Wohlfahrtsstaat, in: Archiv für Sozialgeschichte 47 (2007), S. 199–236, hier S. 215; Hübner, Sozialstaatskonkurrenz, S. 52.

4. Jenseits der abnehmenden lebensweltlichen Prägekraft marktverursachter Ungleichheitsrelationen und zunehmender Freiheitsgrade im Hinblick auf Konsumchancen und berufliche Entwicklungsmöglichkeiten zeigte sich gleichzeitig eine erstaunliche Stabilität materieller Ungleichheitsverhältnisse in der bundesdeutschen Gesellschaft. Im Zuge des Booms kam es – ähnlich wie in den meisten westeuropäischen Gesellschaften – zu einem moderaten Abbau ökonomischer Ungleichheit, der vor allem auf spürbaren Positionsverlusten der wohlhabenden Bevölkerungsgruppen in den 1960er Jahren beruhte. So sank der Anteil des einkommensstärksten Bevölkerungszehntels am Gesamteinkommen von 34,6 im Jahr 1950 auf 32 Prozent im Jahr 1971, während das einkommensschwächste Fünftel der Bevölkerung leichte Zugewinne verbuchte.[40] Die mäßige Abnahme der Einkommensungleichheit verweist darauf, dass leistungsbezogenen Differenzierungen in der Arbeitswelt ein ungebrochen hoher Stellenwert zukam.

Unübersichtlicher ist die Datenlage im Hinblick auf die Entwicklung der Vermögensungleichheit. Sie ist geprägt von einer deutlich stärkeren Konzentration des gesellschaftlichen Wohlstands beim reichsten Fünftel der Bevölkerung und fortbestehenden Disparitäten zwischen Selbstständigen und abhängig Beschäftigten.[41] Verantwortlich dafür waren zum einen der Modus der Währungsreform, der Besitzer von Sachwerten begünstigt hatte, und zum anderen ein ausgesprochen investitionsfreundliches Steuerrecht, das es Unternehmern erlaubte, einen Großteil ihrer Gewinne steuerfrei zu stellen, sofern diese produktionsnah investiert blieben.[42] Als der Ökonom Wilhelm Krelle Ende der 1960er Jahre Daten zur Vermögensbildung in Arbeitnehmerhand publizierte, galt sein Befund, dass weniger als zwei Prozent der Bevölkerung über 35 Prozent des Gesamtvermögens und über 70 Prozent des Produktivvermögens verfügten, als veritabler Skandal.[43] Damit, so scheint es, blieb der »harte Kern sozialer Ungleichheit, der sich aus der Verteilung der Einkommen und der Vermögen ergab, weitgehend konstant«, auch wenn er durch fundamentale Prozesse der Wohlstandssteigerung verschattet wurde.[44] Das Bild stabiler Ungleichheitsrelationen verändert sich freilich bei einer differenzierten Betrachtung. Zumindest die Jahre 1962–1978 waren eine Phase substantieller, in der Breite wirksamer Reduk-

---

40 Einkommensanteil der einkommensstärksten 5% bzw. 1% der Bevölkerung; The World Top Income Database, http://topincomes.parisschoolofeconomics.eu/; Richard Hauser/Irene Becker, Wird unsere Einkommensverteilung immer ungleicher? Einige Forschungsergebnisse, in: Dieter Döring (Hg.), Sozialstaat in der Globalisierung, Frankfurt a. M. 1999, S. 89–116, hier S. 97. Die Aussage für das einkommensschwächste Quintil bezieht sich auf den Zeitraum 1962–1978.
41 Wehler, Gesellschaftsgeschichte, S. 119–121.
42 Werner Ehrlicher, Finanzpolitik seit 1945, in: Eckart Schremmer (Hg.), Steuern, Abgaben und Dienste vom Mittelalter bis zur Gegenwart, Stuttgart 1994, S. 213–247, hier S. 218–222.
43 Yorck Dietrich, Vermögenspolitik, in: Hockerts (Hg.), Geschichte der Sozialpolitik in Deutschland seit 1945, Bd. 5, S. 889–907, hier S. 892.
44 Hockerts, Rahmenbedingungen, S. 143.

tion der Einkommensungleichheit, in der der Gini-Koeffizient, eines der wichtigsten in der Ungleichheitsforschung verwendeten Verteilungsmaße, von 0,29 auf 0,25 zurückging.[45] Zudem fügte die Expansion des Sozialstaats dem Koordinatensystem der Ungleichheitsordnung eine wirkmächtige neue Verteilungsdimension hinzu, indem sie die Bildung einer quantitativ und durch seine eigentumsähnliche Ausgestaltung auch qualitativ neuen Form von Sozialvermögen förderte. Dieses größtenteils in der Gestalt von dynamisch mit der Wohlstandsentwicklung verkoppelten Rentenanwartschaften angesammelte Sozialvermögen relativierte die Bedeutung traditioneller Einkommens- und Vermögensunterschiede vor allem in der Spätphase des Lebenszyklus.[46] Solche Rentenanwartschaften schufen einen Ausgleich zwischen den Generationen, übertrugen aber die im Arbeitsleben erreichte Position auf den Lebensstandard im Ruhestand.[47] Dies verdeutlicht: Die Herstellung sozialer Gleichheit war in der Bonner Republik kein vorrangiges Politikziel. Ihre Sozialordnung förderte leistungsbezogene Differenzierungen und ging das Problem sozialer Ungleichheit durch die Verallgemeinerung sozialer Sicherheit und Limitierungen von Ungleichheit am unteren Rand des materiellen Verteilungsspektrums an.

In der DDR hatte das Leitbild sozialer Gleichheit hingegen einen herausgehobenen Stellenwert. Dies ergab sich zum einen aus dem Anspruch der SED-Diktatur, eine sozial gerechtere Gesellschaft aufzubauen. Die populäre Leitidee, soziale Unterschiede einzuebnen und die gesellschaftliche Prägekraft sozialer Distinktionen so weit als möglich zu reduzieren, stellte für die zweite deutsche Diktatur eine ihrer wichtigsten Legitimationsquellen dar. Mit dem Ziel der politischen Machtsicherung initiierte die SED-Diktatur zudem eine Politik, die auf die Deprivilegierung adliger und bürgerlicher Eliten abzielte und die Entstehung sozialistischer Gegeneliten förderte. Die intra- und die intergenerationelle Mobilität der DDR-Gesellschaft in den 1950er und 1960er Jahren war daher außerordentlich hoch. Durch die Verdrängung bürgerlicher Eliten und die gezielte Förderung sozialistischer Gegeneliten in der Wirtschaft, im Bildungswesen, in der Verwaltung und in den Sicherheitsapparaten ergaben sich gerade für politisch loyale junge Arbeiter und Bauern der zwischen 1918 und 1930 geborenen Jahrgänge (viel weniger jedoch für Frauen) berufliche Aufstiegsmöglichkeiten, die oft weit über die formale Berufsqualifikation hinausführten. Ein Großteil der sozialstrukturellen Wandlungsprozesse seit den 1950er Jahren lässt sich als Ergebnis dieser mit diktatorischen Machtmitteln betriebenen Transformationspolitik deuten. Da solche Versuche politischer Formung die sozialen Un-

---

45 Hauser/Becker, Einkommensverteilung, S. 97.
46 Die Rentenanwartschaften entsprachen in den 1970er Jahren etwa dem doppelten Volumen der Vermögensbildung privater Haushalte. Werner Abelshauser, Deutsche Wirtschaftsgeschichte seit 1945, München 2004, S. 347.
47 Dazu neuerdings: Cornelius Torp, Gerechtigkeit im Wohlfahrtsstaat: Alter und Alterssicherung in Deutschland und Großbritannien von 1945 bis heute, Göttingen 2015, S. 88–107.

gleichheitsverhältnisse der DDR in hohem Maß prägten, war die Gesellschaft der DDR eine »durchherrschte Gesellschaft«[48] mit einer auf vielfältige Weise politisierten Sozialstruktur.

Zugleich war die Gesellschaft der DDR – in mancher Hinsicht in einem strikteren Sinne als die Bundesrepublik – eine »Arbeitsgesellschaft«.[49] Dies ergab sich aus der Sozialutopie einer von Arbeitern für Arbeiter beherrschten Gesellschaft, in der Arbeit ohne Entfremdung und kapitalistische Ausbeutung möglich werden sollte. Die Zielvision einer sozial weitgehend homogenisierten und konfliktfreien sozialistischen Arbeitsgesellschaft stand in einem permanenten Spannungsverhältnis zu der Tatsache, dass zwischen den für die Utopieverwirklichung benötigten und den tatsächlich vorhandenen Ressourcen eine beträchtliche Lücke klaffte. Der sozialistischen Arbeitsgesellschaft mangelte es chronisch an Arbeitern, nicht zuletzt durch die Fluchtbewegung in den Westen. Viele ihrer Besonderheiten, zum Beispiel die hohen Erwerbsquoten von Frauen und von Rentnern, lassen sich auch aus dem Ziel erklären, das knappe Arbeitskräftepotential zu vergrößern.

Die DDR blieb stärker agrarisch und stärker industriewirtschaftlich geprägt als die Bundesrepublik und ihr Dienstleistungssektor wuchs langsamer. Bis zum Zerfall der DDR erreichte er nie den gleichen Anteil wie im Westen.[50] Deutliche Unterschiede zeigen sich auch bei den Beschäftigungsverhältnissen: Da die meisten Unternehmen und landwirtschaftlichen Großbetriebe enteignet und Angehörige des »alten« gewerblichen Mittelstands in die Produktionsgenossenschaften gedrängt wurden, waren 1970 nur mehr 3,5 Prozent der Beschäftigten als Selbstständige oder mithelfende Familienangehörige tätig. Ein weiteres Charakteristikum bestand in der Einebnung der in Deutschland traditionell stark ausgebildeten sozial- und arbeitsrechtlichen Differenzierung der Erwerbsverhältnisse. Das staatsnahe Berufsbeamtentum wurde noch unter der Ägide der Sowjetischen Militäradministration in die Sammelkategorie der Arbeiter und Angestellten eingeschmolzen. Sie enthielt mit den Arbeitern und der »Intelligenz« zwei Gruppen von Beschäftigten, denen nach dem Verständnis der kommunistischen Gesellschaftslehre unterschiedliche Funktionen zukamen. Ihr gehörten 1970 etwa 83 Prozent aller Beschäftigten an. Angestellte verloren ihren Einkommensvorsprung weitgehend. Ohne Fach- oder Hochschulabschluss verdienten sie außerhalb des Parteisektors weniger als Facharbeiter.[51] Insofern zeichneten sich die Konturen einer einheitlichen Arbeitnehmergesellschaft im Osten Deutschlands früher ab als in der Bundesrepublik. Dabei veränderte der

---

48 Jürgen Kocka, Eine durchherrschte Gesellschaft, in: Kaelble/Kocka/Zwahr (Hg.), Sozialgeschichte der DDR, S. 547–553.
49 Kohli, DDR, S. 38.
50 Bundesministerium für Arbeit und Sozialordnung (Hg.), Statistische Übersichten zur Geschichte der Sozialpolitik in Deutschland seit 1945 (SBZ/DDR). Bearbeitet von André Steiner, Bonn 2006, Tabelle 3.1.2.3.
51 Geißler, Sozialstruktur, S. 204 f.

Arbeiterbegriff seine Bedeutung und wandelte sich von einer auf die Erwerbstätigkeit und die Sozialrechtsposition bezogenen Kategorisierung zu einer in der Praxis recht dehnbaren Zuschreibung sozialer Herkunft.

Generell waren Einkommensunterschiede in der DDR schwächer ausgeprägt als in der Bundesrepublik. Dies lag zum einen an der Verdrängung des Wirtschaftsbürgertums aus dem oberen Segment der Einkommensverteilung, weiterhin an vergleichsweise hohen Löhnen auch für einfache Arbeitertätigkeiten und einem seit dem Mauerbau noch einmal beschleunigten Abbau qualifikationsbedingter Einkommensdifferenzen. Zudem hatten Einkommensunterschiede in der DDR einen deutlich geringeren Stellenwert für das Ungleichheitsgefüge als in der Bundesrepublik. Hohe Preissubventionen für Mieten, den Grundbedarf des täglichen Lebens und ausgewählte Konsumgüter begrenzten die Wirkung einkommensbedingter Unterschiede erheblich. Gleichzeitig stand überdurchschnittlicher Kaufkraft oft kein entsprechendes Warenangebot gegenüber. Diese doppelte Gleichheit in der Daseinssicherheit wie im Mangel war Teil des sozialen Relationengefüges der DDR.[52]

Was folgt daraus für das Gesamtbild sozialer Ungleichheitsverhältnisse in der DDR um 1970? Die unterschiedliche Bedeutung des Einkommens und der Berufsqualifikation für das Ungleichheitsgefüge unterstreichen, dass es kaum sinnvoll ist, die für Marktwirtschaften entwickelten Kategoriensysteme sozialer Ungleichheit auf eine Gesellschaft zu übertragen, in der Märkte nur noch nachgeordnete Stellgrößen sozialer Ungleichheit waren, während neue Unterschiede aus der Monopolisierung der politischen Verfügung über die Güterproduktion entstanden. Heike Solgas Modell der »sozialistischen Klassengesellschaft« greift dieses Problem auf, indem es zwischen einer kleinen Parteielite mit uneingeschränkter Verfügung über die gesellschaftlichen Güter, einer Dienstklasse mit begrenzten Verfügungsrechten und einer Arbeiterklasse ohne entsprechende Verfügungsrechte unterscheidet.[53]

Auch wenn das Ungleichheitsgefüge der DDR erheblich stärker politisiert war als in marktwirtschaftlichen Gesellschaften, bedeute dies nicht, dass die SED-Diktatur alle sozialen Unterschiede nach Belieben modellieren und einebnen konnte. Vielmehr entstand eine Spannung zwischen dem umfassenden Steueranspruch der SED-Führung, der oft widersprüchlichen und uneinheitlichen regulatorischen Praxis und der begrenzten Reichweite der Steuerungseffekte. Dies galt besonders dort, wo Egalisierungsziele mit den Rationalitätskriterien der staatssozialistischen Wirtschaft in Konflikt gerieten, die ohne materielle Anreizsysteme kaum genügend soziale Energien für die ökonomische Systemkonkurrenz mobilisieren konnte. Diese Problematik wurde in der DDR-Soziologie im

---

52 Arnd Bauerkämper, Die Sozialgeschichte der DDR, München 2005, S. 61–68; Frank Adler, Ansätze zur Rekonstruktion der Sozialstruktur des DDR-Realsozialismus, in: Berliner Journal für Soziologie 1 (1991), S. 157–175, hier S. 160–169.
53 Heike Solga, Auf dem Weg in eine klassenlose Gesellschaft? Klassenlagen und Mobilität zwischen Generationen in der DDR, Berlin 1995, S. 130, 236.

Zuge der »Triebkräfte-Debatte« in den 1980ern Jahren intensiv diskutiert, deren Protagonisten soziale Ungleichheit als einen Faktor gesellschaftlicher Entwicklung begriffen und sich dabei, trotz Bezug auf den Historischen Materialismus, der Argumentation strukturfunktionalistischer Sozialtheorien amerikanischer Soziologen wie Talcott Parson annäherten.[54] Eine weitere Grenze des staatlichen Steuerungsanspruchs bildeten kleinräumige Sozialbeziehungen und familiäre Ressourcen, etwa dort, wo Akademikerkinder im Wettbewerb um den Zugang zum Studium das kulturelle Kapital ihrer bildungsbürgerlichen Familien gegen die Diskriminierung durch die SED in die Waagschale warfen. Gerade solche soziokulturellen Unterschiede, Distinktionen und Verhaltenseigenheiten erwiesen sich in der DDR-Gesellschaft mitunter als erstaunlich zählebig, wie z. B. Studien zu Einstellungsunterschieden zwischen Handarbeitern und Angehörigen der fachgeschulten »Intelligenz« zeigen.[55] Eine dritte Grenze entstand durch die nicht intendierten Nebenfolgen der Egalisierungspolitik, die zum Beispiel Handwerkerberufe so verknappte, dass diese auf dem informellen Markt der sozialistischen Mangelwirtschaft für Dienstleistungen eine ausgesprochen starke Position erhielten. Man kann daher sagen, dass die eigentliche Besonderheit der DDR-Gesellschaft weniger in der Etablierung einer alternativen Sozialordnung durch die Neubildung bzw. Neuanordnung homogener und eindeutiger gegeneinander abgrenzbarer Großgruppen bestand, sondern in einer permanenten Spannung zwischen den homogenisierenden Umgestaltungszielen der SED-Führung und neuen sozialen Differenzierungen durch überlappende und teils gegenläufige Soziallagen im Rahmen einer »staatssozialistische[n] Intersektionalität«.[56]

2. »Nach dem Boom« – gefährdete Nachkriegsordnungen in den 1970er und 1980er Jahren

Konsolidierung, Umbau und selbstverzehrender Ausbau des Sozialstaats

Die Bildung der ersten Großen Koalition im Dezember 1966 leitete in der Bundesrepublik eine neue Phase sozialstaatlicher Wachstumsbeschleunigung ein, in der der Anteil des Sozialbudgets von einem knappen Viertel bis auf ein gutes

---

54 Thomas Mergel, Soziologie und soziale Ungleichheit als Problem der DDR-Soziologie, in: Christiane Reinecke/Thomas Mergel (Hg.), Das Soziale ordnen. Sozialwissenschaften und gesellschaftliche Ungleichheit im 20. Jahrhundert, Frankfurt a. M. 2012, S. 307–336, hier S. 327–330.
55 Geißler, Sozialstruktur, S. 205.
56 Jens Gieseke, Soziale Ungleichheit im Staatssozialismus. Eine Skizze, in: Zeithistorische Forschungen/Studies in Contemporary History 10.2 (2013), S. 4; URL: http://www.zeithistorische-forschungen.de/2-2013/id=4493 (zuletzt aufgerufen am 20.3.2015).

Drittel des Bruttoinlandsprodukts wuchs. Nahezu alle sozialpolitischen Handlungsfelder vergrößerten in diesen Jahren ihren Anteil – mit Ausnahme der Familienpolitik.[57] Man kann die Jahre 1966 bis 1974 daher als zweite Gründerzeit bundesdeutscher Sozialpolitik bezeichnen, in der wesentliche Merkmale eines entfalteten Sozialstaats ausgebildet wurden. Mit der Beschleunigung der Sozialstaatsexpansion waren zugleich markante Kurswechsel verbunden. Dabei ging es weniger um institutionelle Reformen, als um Veränderungen in den sozialstaatlichen Leitbegriffen und Problemlösungsstrategien. Besonders drei Entwicklungen sind hier hervorzuheben:[58] Erstens sollten nachsorgende Interventionen in soziale Problemlagen durch eine »aktive Sozialpolitik« erweitert werden, die sozialen Problemen vorausschauend entgegenwirkte. Damit erhielt sie einen stärker zukunftsorientierten und wissenschaftlich angeleiteten Ansatz. Sozialpolitik sollte zweitens weniger an einzelnen Problemlagen als auf die Gesamtheit der Gesellschaft bezogen sein. Ihr Anspruch, in gesellschaftliche Verhältnisse zu intervenieren, vergrößerte sich dadurch erheblich. Drittens wurde Sozialpolitik eng in die keynesianische Steuerung der Wirtschaft eingebunden. Daraus ergab sich eine Veränderung der Perspektive, in der Sozialstaatlichkeit nicht mehr als Gefährdung der wirtschaftlichen Entwicklung, sondern als Voraussetzung langfristig stabilen Wachstums gesehen wurde. Seit 1969 setzte die sozialliberale Koalition diese Politik mit leicht veränderten Akzenten und einer stärkeren Orientierung an den Zielen der Teilhabe und Chancengleichheit fort. Daraus ergab sich noch einmal eine deutliche Beschleunigung des sozialstaatlichen Wachstums, bei der politische Akteure oftmals die finanzielle Eigendynamik ihrer Reformen unterschätzten, während sie ihre politischen Steuerungsmöglichkeiten überschätzten. Dies ist zum Beispiel im stationären Sektor der Gesundheitsversorgung geschehen, wo die Reform der Krankenhausfinanzierung 1970/1972 die infrastrukturelle Modernisierung dieses lange vernachlässigten Bereichs vorantrieb, dabei aber ein kostentreibendes Finanzierungsmodell implementierte, das unter den Bedingungen des bundesdeutschen Konkurrenzföderalismus nur schwer wieder verändert werden konnte.

Finanziert wurde der Ausbau des Sozialstaats in erster Linie durch Sozialbeiträge, so dass trotz der günstigen wirtschaftlichen Entwicklung die Arbeitnehmerbeiträge zur Sozialversicherung zwischen 1966 und 1974 von 12,7 auf 14,6 Prozent stiegen.[59] Das war riskant, denn damit wurde die Finanzierung des Sozialstaats noch enger an die wirtschaftliche Entwicklung gebunden und zugleich fester an das männlich geprägte Normalarbeitsverhältnis gekoppelt. Vor allem aber war die Finanzierbarkeit der Sozialstaatsexpansion langfristig nur unter der Voraussetzung gesichert, dass einige optimistische Grundannahmen –

---

57 Hans Günter Hockerts/Winfried Süß, Gesamtbetrachtung: Die sozialpolitische Bilanz der Reformära, in: Hockerts (Hg.), Geschichte der Sozialpolitik in Deutschland seit 1945, Bd. 5, S. 943–962, hier S. 948–954.
58 Süß, Denk- und Handlungsfelder, S. 205–221.
59 Bundesministerium für Arbeit und Sozialordnung, Übersichten (West), Tabelle 4.1.1.

stabiles Wirtschaftswachstum, Vollbeschäftigung, stabile Arbeitsteilung der Geschlechter und stabile generative Strukturen – langfristig zutreffen würden. Der keynesianische Wohlfahrtsstaat, wie er sich seit 1966 herausbildete, war also in mancher Hinsicht ein Schönwetter-Sozialstaat, der auf unhinterfragten Stabilitätsannahmen gründete.

Wie empfindlich Veränderungen dieser Prämissen den Sozialstaat trafen, zeigte sich in den 1970er Jahren immer deutlicher. Erstens erzeugten die sozialstaatlich geförderte Pluralisierung von Familienformen, Veränderungen der Geschlechterrollen und die demografische Alterung der Bevölkerung einen Handlungsbedarf eigener Art, der etwa bei der Pflege Hochbetagter, nicht mehr ohne weiteres in den Familien bewältigt werden konnte. Zweitens führten Veränderungen der weltwirtschaftlichen Handelsströme und der ökonomische Strukturwandel zu einer Krise der industriellen Beschäftigung, die besonders altindustrielle Branchen wie die Stahl- und Textilindustrie hart traf. Ein wachsender Sockel an Langzeitarbeitslosen verursachte nicht nur unmittelbaren sozialpolitischen Problemdruck, sondern erhöhte auch die Spannung zwischen den Ausgaben für die soziale Sicherung, die durch Leistungszusagen bereits langfristig festgelegt waren, und Beitragseinnahmen, die deutlich langsamer wuchsen als die Prognosen dies vorhergesagt hatten. Beinahe alle Zweige der Sozialversicherung gerieten dadurch seit Mitte der 1970er Jahre ins finanzielle Defizit. Gleichzeitig löste die Internationalisierung der Waren- und Finanzmärkte die Möglichkeiten der Kapitalverwertung aus ihrer Bindung an nationale Wirtschaftsräume. Damit wurden die Kosten der sozialen Sicherung zu einem wichtigen Element der internationalen Standortkonkurrenz. In der Summe veränderten diese Entwicklungen das Bedingungsgefüge der westdeutschen Sozialpolitik grundlegend. Bildlich gesprochen kann man sagen, die sozialpolitische Institutionenordnung »alterte«, weil sie unter anderen Bedingungen funktionieren musste, als denen, für die sie konstruiert worden war.[60]

Der Ausbau der sozialen Sicherung wurde zwar in begrenztem Rahmen fortgesetzt (in den 1980er Jahren besonders in der Familienpolitik), aber seit Mitte der 1970er Jahre bestimmte eine »Sozialpolitik zweiter Ordnung«[61] das politische Tagesgeschäft. Diese griff nicht mehr neue soziale Probleme auf, sondern versuchte, die Wachstumsdynamik der sozialen Sicherungssysteme an die veränderten Rahmenbedingungen anzupassen, um sie neu zu stabilisie-

---

60 Hans Günter Hockerts, Vom Problemlöser zum Problemerzeuger? Der Sozialstaat im 20. Jahrhundert, in: Archiv für Sozialgeschichte 47 (2007), S. 3–29, hier S. 16–29; Winfried Süß, Der bedrängte Wohlfahrtsstaat. Deutsche und europäische Perspektiven auf die Sozialpolitik der 1970er-Jahre, in: Archiv für Sozialgeschichte 47 (2007), S. 95–126, hier S. 103–126; Paul Pierson, Post-industrial Pressures on the Mature Welfare States, in: ders. (Hg.), The New Politics of the Welfare State, Baltimore 1995, S. 80–104, hier S. 82–91.
61 Franz-Xaver Kaufmann, Der Sozialstaat als Prozess. Für eine Sozialpolitik zweiter Ordnung, in: Franz Ruland u. a. (Hg.), Verfassung, Theorie und Praxis des Sozialstaats. Festschrift für Hans F. Zacher zum 70. Geburtstag, Heidelberg 1998, S. 307–322.

ren.⁶² Sowohl für sozialdemokratisch als auch für christdemokratisch geführte Bundesregierungen ging es bei solchen Interventionen vorrangig um Haushaltskonsolidierung und die Stabilisierung der Sozialbeiträge. Viele Reformen laborierten daher an Teilproblemen und Teilsystemen der sozialen Sicherung, statt an den Wechselbeziehungen solcher Teilsysteme anzusetzen. Ihre langfristigen Auswirkungen sind schwer auf einen Nenner zu bringen. Auf der Makroebene konnte die Konsolidierungspolitik durchaus Erfolge verbuchen. So zeigte die Sozialleistungsquote der Bundesrepublik seit 1975 eine stagnierende bis leicht fallende Tendenz. 1975 erreichte sie mit 33,4 Prozent des Bruttoinlandsprodukts den höchsten Stand vor der deutschen Wiedervereinigung; bis 1989 sank sie trotz des geringeren Wirtschaftswachstums auf 30,2 Prozent. Der Wachstumstrend der Sozialausgaben wurde damit zwar nicht umgebogen, aber doch wieder enger an die Entwicklung der Wirtschaftskraft zurückgebunden. Diese Begrenzung der Wachstumsdynamik war im europäischen Vergleich bemerkenswert, und sie setzte früher ein als in den meisten Nachbarländern. Zudem ist zu betonen, dass die Reformen nie den Kernbestand der sozialen Sicherung in Frage stellten, anders als etwa in den angelsächsischen Demokratien. Für die politischen Akteure in beiden Volksparteien bildete soziale Sicherheit einen zentralen gesellschaftspolitischen Wertbezug, den man vor dem Hintergrund der markanten Unsicherheitserfahrungen in der ersten Hälfte des 20. Jahrhunderts gerade in Zeiten wirtschaftlicher Krisen nicht preisgeben wollte, galt der Wohlfahrtsstaat doch als Rückversicherungsvertrag gegen politischen Extremismus und soziale Unruhen. Insofern war der Blick zurück auf die politischen und sozialen Verwerfungen in der Zeit vor 1945 für die Entwicklung des bundesdeutschen Sozialstaats wichtiger als der Blick über die deutsch-deutsche Grenze.

Letztlich gelang es den Reformen nicht, die Abhängigkeit der sozialstaatlichen Finanzierungsbasis von den erodierenden Normalarbeitsverhältnissen zu verringern. Problematisch war weiterhin, dass die Anpassung an die veränderten soziokulturellen und sozialstrukturellen Verhältnisse nur wenig vorankam. Der sozialpolitische Handlungsbedarf, der durch veränderte Lebensstile und die demografische Alterung der Bevölkerung entstand, wurde zwar intensiv diskutiert;⁶³ aber vor 1989 wurden solche Debatten nur in einzelnen Fällen politisch handlungsrelevant, etwa bei der Einführung eines Erziehungsgeldes und der Erziehungszeiten in der gesetzlichen Rentenversicherung (beide 1986). Trotz ihrer finanziellen Konsolidierungseffekte profilierten die Reformen daher eher pro-

---

62 Hierzu und zum Folgenden: Winfried Süß, Umbau am »Modell Deutschland«. Sozialer Wandel, ökonomische Krise und wohlfahrtsstaatliche Reformpolitik in der Bundesrepublik »nach dem Boom«, in: Journal of Modern European History 9 (2011), S. 215–240, hier S. 228–236.
63 Martin H. Geyer, Sozialpolitische Denk- und Handlungsfelder: Der Umgang mit Sicherheit und Unsicherheit, in: ders. (Hg.), Geschichte der Sozialpolitik in Deutschland seit 1945, Bd. 6: Bundesrepublik Deutschland 1974–1982. Neue Herausforderungen, wachsende Unsicherheiten, Baden-Baden 2008, S. 111–231, hier S. 226–231.

blematische Struktureigentümlichkeiten des bundesdeutschen Sozialstaats, als dass sie ihn an die veränderten Rahmenbedingungen anpassten.

In der DDR standen in den 1970er und 1980er Jahren vor allem zwei Felder im Zentrum der Sozialpolitik: die Familienförderung und die Wohnungsbaupolitik. Um dem Geburtenrückgang zu begegnen und das Dauerproblem des Arbeitskräftemangels zu überwinden, setzte die Frauen- und Familienpolitik in der Ära Honecker neben das Ziel der Erschließung des weiblichen Arbeitskräftepotenzials einen weiteren Akzent, der die generative Funktion der Familie wieder stärker betonte. Elemente dieser dezidert geburtenfördernden Politik waren neben dem Ausbau der Kinderbetreuung eine bevorzugte Versorgung mit Wohnraum für junge Familien sowie ein sogenanntes »Babyjahr«. Die Effekte dieser mit erheblichem Ressourcenaufwand betriebenen Politik waren ambivalent. Einerseits machten von der bezahlten Freistellung 1977 rund 80 Prozent der anspruchsberechtigen Frauen Gebrauch, und die weibliche Erwerbsquote stieg auf einen im internationalen Vergleich sehr hohen Wert von über 90 Prozent (1989). Dies bewirkte allerdings kaum Fortschritte in der beruflichen Gleichstellung von Frauen. Sie blieben weiterhin überdurchschnittlich stark in schlecht entlohnten Berufen wie dem Gesundheitswesen tätig, waren in Leitungspositionen unterrepräsentiert und durch das Fortbestehen der geschlechtsspezifischen Arbeitsteilung im häuslichen Bereich doppelt belastet. Die Geburtenrate erhöhte sich zwar stärker als in der Bundesrepublik, allerdings nicht in dem erwarteten Umfang, der die Reproduktion der Elterngeneration sichergestellt hätte.[64]

Mit einem groß angelegten Wohnungsbauprogramm reagierte die SED-Führung Anfang der 1970er Jahre auf eine eklatante Mangelsituation und erhebliche Ausstattungsdefizite ihres überalterten Wohnungsbestands. Innerhalb von zwei Jahrzehnten sollten bis zu 3,5 Millionen Wohnungen bereitgestellt werden, wozu auch Modernisierungen des Altbaubestands gerechnet wurden. Es bedurfte eines kreativen Umgangs mit der Statistik, um diese ehrgeizigen Planziele zu erreichen, doch gelang es für eine Dekade, das Neubauvolumen auf über 100.000 Wohnungen pro Jahr deutlich zu erhöhen, bevor die Bautätigkeit in der zweiten Hälfte der 1980er Jahre wieder nachließ. Auch wenn die Konzentration der knappen Ressourcen auf wenige Entwicklungszonen die Disparitäten zwischen den verfallenden Altbauten der Innenstädte und den Neubaugebieten erhöhte, avancierte das ehrgeizige Wohnungsbauprogramm zu einem zweiten, aus der Sicht der Bevölkerung »attraktiven Kernstück der Sozialpolitik in der Ära Honecker«.[65]

Die wohnungsbaupolitischen Initiativen waren Teil eines sozialpolitischen Kurswechsels »von einem wachstumsorientierten Fortschrittsparadigma zu einem

---

64 Günther Schulz, Soziale Sicherung von Frauen und Familien, in: Hockerts (Hg.), Drei Wege deutscher Sozialstaatlichkeit, S. 117–149, hier S. 128 f.
65 Axel Schildt, Wohnungspolitik, in: Hockerts (Hg.), Drei Wege deutscher Sozialstaatlichkeit, S. 151–189, hier S. 185.

sicherheitsorientierten Konsolidierungsparadigma«[66], der um 1970 auch in anderen RGW-Ländern als Element einer veränderten Machtsicherungsstrategie zu beobachten ist. Bei dieser Kurskorrektur spielte die Konsumpolitik eine zentrale Rolle. Zwischen 1971 und 1986/87 stieg der Anteil staatlicher Subventionen an den verbrauchswirksamen Ausgaben der Bevölkerung (ohne Mieten) von zehn auf mehr als 26 Prozent. Ohne die künstliche Deckelung der Preise hätten die Verbraucher in der Spätphase der DDR für Nahrungsmittel beinahe das Doppelte bezahlen müssen.[67] Mit den sozial- und konsumpolitischen Initiativen der Honecker-Zeit signalisierte die SED-Führung der Bevölkerung eine markante Veränderung in der Zeitdimension ihrer Politik: Statt die ferne Zielvision einer kommunistischen Gesellschaft zu verfolgen, sollten, so das Versprechen, gesellschaftliche Energien stärker auf die Erfüllung gegenwärtiger Konsumerwartungen hin ausgerichtet werden. Damit wurde die Sozialutopie aufgegeben, aus der die Gesellschaftspolitik der SED bisher ihren Legitimationsanspruch abgeleitet hatte, aber auch ein konkretes Angebot an die Bevölkerung gemacht. Insofern war die Konsumpolitik Teil eines neuen »realsozialistischen« Gesellschaftsvertrags, der die Festigung der Parteiherrschaft, eine stärkere Zentralisierung der Planwirtschaft und eine Intensivierung der präventiven Überwachung der Bevölkerung mit dem Versprechen eines spürbar verbesserten Lebensstandards verband.[68]

Der konsumpolitische Schwenk kam vor allem auf Betreiben Honeckers und gegen den Rat der ökonomischen Experten zustande. Letztere wiesen auf die begrenzten ökonomischen Ressourcen und die negativen Effekte auf die Arbeitsproduktivität hin, die aus einer zu geringen Leistungsdifferenzierung staatlicher Zuwendungen entstanden. In der Tat bewirkten die konsumpolitischen Initiativen nur kurzfristige Legitimitätszuwächse. Dafür gingen von den steigenden Preissubventionen anhaltende Fehlsteuerungen in der gesamtwirtschaftlichen Entwicklung, im Konsumentenverhalten und bei der Generierung politischer Loyalität aus. Die erhofften Produktivitätszuwächse blieben hingegen aus, weil es nicht gelang, das individuelle Selbstinteresse mit den Planvorgaben gesamtgesellschaftlicher Entwicklung zu verknüpfen.[69] Vor allem drei Effekte erwiesen

---

66 Peter Hübner, Fortschrittskonkurrenz und Krisenkongruenz? Europäische Arbeitsgesellschaften und Sozialstaaten in den letzten Jahrzehnten des Kalten Krieges (1970–1989), in: Zeitgeschichte 34 (2007), S. 144–150, hier S. 144.
67 André Steiner, Leistungen und Kosten: Das Verhältnis von wirtschaftlicher Leistungsfähigkeit und Sozialpolitik in der DDR, in: Dierk Hoffmann/Michael Schwartz (Hg.), Sozialstaatlichkeit in der DDR. Sozialpolitische Entwicklungen im Spannungsfeld von Diktatur und Gesellschaft 1945/49–1989, München 2005, S. 31–45, hier S. 34f., 40.
68 Christoph Boyer/Klaus-Dietmar Henke/Peter Skyba, Gesamtbetrachtung, in: dies. (Hg.), Geschichte der Sozialpolitik in Deutschland seit 1945, Bd. 10: Deutsche Demokratische Republik 1971–1989. Bewegung in der Sozialpolitik, Erstarrung und Niedergang, Baden-Baden 2008, S. 765–794, hier S. 767 f. Zum Folgenden ebd.
69 Detlev Pollack, Die konstitutive Widersprüchlichkeit der DDR. Oder: War die DDR-Gesellschaft homogen?, in: Geschichte und Gesellschaft 24 (1998), S. 110–131, hier S. 118 f.

sich dabei als problematisch: Erstens nahmen Subventionen einen immer größeren Anteil des erwirtschafteten Wohlstands in Anspruch. 1981 wurde etwa ein Viertel der Wertschöpfung dadurch gebunden. Dieses Geld stand für produktivitätsfördernde Investitionen nicht zur Verfügung, so dass der Anteil der Investitionen an der volkswirtschaftlichen Wertschöpfung seit Mitte der 1970er Jahre deutlich zurückging (von ca. 33 Prozent 1977 auf 22 Prozent 1985). Zweitens erzeugten die Preissubventionen Fehlsteuerungen im Verbraucherverhalten, da die niedrigen Preise keine Anreize für den sparsamen Umgang mit knappen Ressourcen (zum Beispiel Energie) setzten. Da die Preissubventionen nach dem Gießkannenprinzip ausgeschüttet wurden, gingen von ihnen drittens auch keine Leistungsanreize aus. Die Kombination starker sozialer Absicherung mit den ohne eigene Anstrengungen erreichbaren bescheidenen Verbesserungen im Lebensstandard dämpfte im Gegenteil die Leistungsmotivation der Beschäftigten.[70]

Dort, wo die SED-Führung die Konsumchancen ihrer Bevölkerung in den Mittelpunkt stellte, rückte sie zugleich die Lebensverhältnisse in der bundesdeutschen Referenzgesellschaft ins Blickfeld und eröffnete damit eine neue Runde im Systemwettstreit. Damit begab sie sich auf dünnes Eis. In der Praxis ergab sich eine deutliche Differenz zwischen den Konsumerwartungen der DDR-Bürger, die vor allem an hochwertigen Produkten individualisierenden Konsums interessiert waren, und dem Angebot, das in erster Linie standardisierte, einfache und preisgünstige Waren zur Verfügung stellte.[71] Zudem weckte die Konsumpolitik Erwartungen, hinter die die SED-Führung nicht mehr zurückgehen konnte, ohne ihre Legitimation zu gefährden. Vorschläge, die darauf hinausliefen, immanente Schwächen der DDR-Wirtschaft durch eine Schwerpunktverlagerung weg vom Konsum hin zu mehr Investitionen anzugehen, waren dadurch blockiert. Daher wurden die steigenden Sozialausgaben in letzter Konsequenz »zu einer Schranke der ökonomischen Leistungsfähigkeit und zu einem Risiko für das politische System«.[72]

Man hat die sozialpolitische Entwicklung der DDR und der Bundesrepublik als zwei Umgangsformen mit dem durch die »Dritte industrielle Revolution« ausgelösten ökonomischen Strukturwandel gedeutet, als Rationalisierungskrise neuen Typs, die im Westen nach schweren Anpassungskrisen bewältigt werden konnte (oder noch bewältigt wird), im Osten indes den Weg des Staatssozialismus in den Untergang beschleunigte.[73] Diese polit-ökonomische Interpretation betont gegenüber den systemspezifischen Differenzen die Gemeinsamkeit der Problemlagen seit den 1970er Jahren. Durch die Akzentuierung der zeitweisen Parallelität der Überlastung der Wirtschaft durch die Expansion

---

70 Steiner, Leistungen, S. 36, 44.
71 Vgl. dazu den Beitrag von Christopher Neumaier und Andreas Ludwig.
72 Boyer/Henke/Skyba, Gesamtbetrachtung, S. 777.
73 So in dem fulminanten Versuch von Christoph Boyer, Lange Entwicklungslinien europäischer Sozialpolitik im 20. Jahrhundert. Eine Annäherung, in: Archiv für Sozialgeschichte 49 (2009), S. 25–67, hier S. 43, 49–56.

des Sozialstaats, den Verweis auf die systemübergreifenden Limitierungen von Sozialpolitik infolge weltwirtschaftlicher Verwerfungen und Anspruchshaltungen von Sozialstaatsklienten, die diesseits und jenseits des Eisernen Vorhangs den sozialpolitischen Handlungsraum verengten, hat diese Deutung einiges für sich. Betrachtet man die sozialpolitischen Entscheidungsprozesse indes genauer, wird deutlich, dass sie diesseits und jenseits der Mauer weniger durch unterschiedliche Reaktionen als vielmehr durch gemeinsame Nichtreaktionen (aus unterschiedlichen Gründen) auf Globalisierung, Tertiarisierung und den demografischen Wandel geprägt sind. Zu beachten ist dabei auch die grundlegend andersartige Kopplung der Sozialpolitik mit dem politischen System. Weil Demokratie und Sozialstaatlichkeit zwar eng aufeinander bezogen, aber flexibel miteinander verknüpft sind, konnten marktwirtschaftliche Demokratien ihren sozialstaatlichen Entwicklungspfad modifizieren und ihren Bevölkerungen dabei Schnitte in die sozialen Netze zumuten, wie dies in der Bundesrepublik nach 1982 und erneut seit 2003 geschehen ist. Sozialstaatskrisen und sozialpolitische Einschnitte verringerten die politische Legitimation einer gewählten Regierung, stellten aber in der Regel nicht die Legitimität der Sozialordnung als Ganzes in Frage. Weil der »Realsozialismus« in der Ära Honecker immer stärker auf Sozialpolitik als Legitimationsressource setzte, stellte sich für ihn infolge der wachsenden Kluft zwischen seinem umfassenden sozialpolitischen Gestaltungsanspruch und den begrenzten wirtschaftlichen Möglichkeiten die Systemfrage in zunehmender Schärfe. Letztendlich zehrte der SED-Staat auf der Suche nach politischer Legitimation einen großen Teil der Ressourcen auf, die ihm wirtschaftlich für die Fortführung des »Sozialismus auf deutschem Boden« fehlten. Rechnet man die Konsumpolitik, wie es dem Verständnis der DDR-Führung entsprach, zu den Grundfunktionen eines sozialistischen Wohlfahrtsstaats, dann war die finale Krise der DDR auch das Ergebnis einer sozialstaatlichen Überlastungskrise. Aus dieser Perspektive bildeten die 1970er Jahre für die Sozialpolitik der DDR einen tieferen Einschnitt als für den bundesdeutschen Sozialstaat.

Ungleichheitsmuster und soziale Lagen »nach dem Boom«

Die Expansion des Sozialstaats in der Reformära hat die Ungleichverhältnisse in der Bundesrepublik auf vielfältige Weise eingeebnet. Das geschah diesmal nicht nur am unteren Rand der Einkommenspyramide und betraf Kriegsopfer, deren Renten dynamisiert wurden, ebenso wie Selbstständige, die der Gesetzlichen Rentenversicherung zu günstigen Bedingungen beitreten konnten. Generell lässt sich in dieser Periode eine Grundbewegung ausmachen, die auf den Abbau sozialer Unterschiede und die Verbesserung der Angebote zur gesellschaftlichen Integration abzielte. Die Einführung einer arbeitsrechtlichen Regelung der Lohnfortzahlung im Krankheitsfall für Arbeiter (1969) beseitigte ein starkes Symbol der sozialrechtlichen Kragenlinie zwischen *blue collar* und *white collar*-Berufen. Deutlich waren auch die Fortschritte bei der gesellschaftlichen Integration behinderter Menschen: Für rund vier Millionen körperlich und geistig Behinderter ergab sich aus dem Ausbau sozialer Dienste und Infrastruktureinrichtungen sowie der Neuordnung ihrer sozialrechtlichen Verhältnisse ein deutlicher Zuwachs an Teilhabechancen. Für viele Frauen glich die 1972 eingeführte Rente nach Mindesteinkommen einen Teil der geschlechtsspezifischen Lohnbenachteiligungen aus. Indes blieben andere Benachteiligungen, die sich aus der am *strong male breadwinner*-Modell orientierten Geschlechterordnung ergaben, bestehen. Kaum systematisch angegangen wurde auch die Integration von ausländischen Arbeitnehmern, zu denen 1974 etwa jede zehnte Erwerbsperson zählte.

Es ist schwer, die Effekte des sozialpolitischen *retrenchment* seit 1975 auf die Ungleichheitsverhältnisse genau zu bestimmen, auch weil wichtige ungleichheitsrelevante Prozesse zunächst fortdauerten. So hielt die Dynamisierung der beruflichen Aufwärtsmobilität trotz verschlechterter wirtschaftlicher Rahmendaten an und nahm teilweise sogar weiter zu, auch weil die Tertiarisierung der Wirtschaft eine »Umschichtung nach oben« in Richtung der qualifizierten Angestelltenberufe bewirkte.[74] Dem steht allerdings entgegen, dass Erwerbsbiografien in den vom Strukturwandel stark betroffenen Branchen des produzierenden Sektors ein gutes Stück weit diskontinuierlicher wurden, Arbeitnehmern größere Flexibilität abverlangten und eine wachsende Kluft entstehen ließen zwischen der Arbeitserfahrung der (oft verjüngten) Stammbelegschaften und den älteren und geringqualifizierteren Verlierern dieser Wandlungsprozesse, die sich immer häufiger in der Arbeitslosigkeit oder der Frühverrentung wiederfanden.[75]

Trotz Wirtschaftskrise und sozialstaatlichem Umbau blieb die Ausgleichs- und Sicherungswirkung des bundesdeutschen Systems von Steuern und sozialen Transferleistungen weitgehend intakt. Zwar bewirkten die Einschnitte eine relative Verarmung von Arbeitslosen und Sozialhilfeempfängern. Rentner konnten ihre Einkommensposition hingegen sogar leicht verbessern.[76] Die Ungleichheit zwischen den um Steuern und Sozialabgaben bereinigten Haushaltseinkommen nahm deutlich später zu als bei den Markteinkommen. Dies lässt sich als deutliches Indiz dafür werten, dass das soziale Netz in der Krise zunächst nur wenig von seiner Tragfähigkeit einbüßte. Erst seit Mitte der 1980er Jahre und vor allem in den 1990er Jahren ging die Ausgleichswirkung des Steuer- und Transfersystems zurück.[77] Eine mögliche Erklärung dafür bietet die enge Kopplung von Beitrag und Leistung in der deutschen Sozialstaatstradition. Dadurch flossen wäh-

---

74 Rainer Geißler, Die Sozialstruktur Deutschlands. Ein Studienbuch zur sozialstrukturellen Entwicklung im geteilten und vereinten Deutschland, Opladen 1992, S. 201.
75 Lutz Raphael, Flexible Anpassungen und prekäre Sicherheiten. Industriearbeit(er) nach dem Boom, in: Morten Reitmayer/Thomas Schlemmer (Hg.), Die Anfänge der Gegenwart. Umbrüche in Westeuropa nach dem Boom, München 2014, S. 51–64, hier S. 55.
76 Jens Alber, Der Sozialstaat in der Bundesrepublik 1950–1983, Frankfurt a.M. 1989, S. 299–304.
77 Becker/Hauser, Einkommensverteilung, S. 98, 111; Christoph Birkel, Einkommensungleichheit und Umverteilung in Westdeutschland, Großbritannien und Schweden 1950 bis 2000, in: Vierteljahrshefte zur Wirtschaftsforschung 75 (2006), S. 174–194, hier S. 181 f.

rend der Boomjahre erworbene Wohlstandspositionen in der Wirtschaftskrise an die Empfänger von Renten und Arbeitslosengeld zurück.

Auch der im Vergleich zu anderen europäischen Ländern begrenzte Anstieg der Armutsquote lässt sich als Hinweis auf ein eher moderates Auseinanderdriften der Einkommensrelationen deuten. Sie verweist allerdings auch auf neue Bruchlinien im Gefüge sozialer Ungleichheit. Schlüsselt man die Armutsentwicklung nach unterschiedlichen Lebenslagen auf, werden drei Tendenzen deutlich: Erstens sank die Altersarmut nach 1973 unter den Durchschnitt der Gesamtbevölkerung. Davon ausgenommen war allerdings eine wachsende Zahl pflegebedürftiger Rentner. Durch die Reformen der Alterssicherung wurde zweitens das Armutsrisiko von Frauen deutlich verringert. Allerdings nahm seit den 1970er Jahren die Zahl junger Frauen zu, die als Alleinerziehende unter der Armutsschwelle lebten. Damit wurde eine spezifische Lebenslage zum Armutsrisiko, die sich nicht aus der Positionierung am Arbeitsmarkt ableiten ließ, sondern aus soziokulturellen Wandlungsprozessen wie veränderten Partnerschaftsformen resultierte. Seit den 1980er Jahren gewann drittens langfristige Arbeitslosigkeit als armutsauslösender Faktor vor allem bei Berufsanfängern sowie gering qualifizierten Arbeitnehmern an Gewicht.[78]

Weit stärker als die Armutsquote selbst erhöhte sich die Aufmerksamkeit für armutspolitische Fragen. Diese wurden – oft durch Akteure ohne direkten Zugang zum sozialpolitischen Entscheidungssystem wie die GRÜNEN, kirchliche Sozialverbände und zunehmend auch Wissenschaftler – seit den Wirtschaftskrisen der 1970er Jahre zunehmend öffentlich thematisiert. Dabei standen Zusammenhänge von sozialstrukturellen Wandlungsprozessen und neuen Armutsformen (etwa der Armut pflegebedürftiger Alter und der Armut von Ein-Eltern-Familien) ebenso zur Debatte, wie das Selbstbild der Bundesrepublik als wohlfahrtsstaatlich umfassend abgesicherte Arbeitsgesellschaft. Die Debatten um die »Neue Soziale Frage« und die »Neue Armut« holten die Armutsfrage aus der »Dritten Welt« ins eigene Land zurück, indem sie Armut als Problem ansprachen, das in erster Linie durch überindividuelle Prozesse des wirtschaftlichen und sozialen Wandels verursacht wurde, und dem daher mit den Mitteln staatlicher Sozialpolitik entgegenzutreten war. In der DDR kam es hingegen zu einer diskursiven Aufspaltung der Armutsfrage, die in ihrer harten Unterscheidung von *deserving* und *undeserving poor* und der partiellen Individualisierung von Armutsursachen mehr Parallelen zur Armutsdiskussion in Großbritannien aufwies, als zu den bundesdeutschen Debatten. Da armutserzeugende Verhältnisse in der sozialistischen Gesellschaft überwunden seien, exterritoralisierten Sozialforscher und politische Akteure Armut aus der Normalität der DDR-Gesellschaft, indem sie ihre Restformen auf deviantes Sozialverhalten wie Alkoholmissbrauch und fehlende Arbeitsdisziplin zurückführten, während die

---

78 Winfried Süß, Vom Rand in die Mitte der Gesellschaft. Armut als Problem der deutschen Sozialgeschichte 1961–1989, in: Ulrich Becker/Hans Günter Hockerts/Klaus Tenfelde (Hg.), Sozialstaat Deutschland. Geschichte und Gegenwart, Bonn 2010, S. 123–139, hier S. 125–130.

Medien gleichzeitig Arbeitslosigkeit und Armut als Strukturprobleme kapitalistischer Gesellschaften herausstellten, um die DDR als »bessere, weil menschenwürdigere Alternative zur Bundesrepublik« zu präsentieren, in der Arbeitnehmer auf soziale Sicherheit und Geborgenheit zählen könnten.[79]

Den Preis für diese Sicherheit bezahlten die Menschen in der DDR nicht zuletzt mit begrenzten beruflichen Entwicklungsmöglichkeiten. Während in der Bundesrepublik die Chancen für den beruflichen Aufstieg vergleichsweise offen blieben, verringerten sich in der DDR für die seit 1960 geborenen Jahrgänge die beruflichen Entfaltungsoptionen deutlich. Viele exponierte Positionen waren nach der Aufbauphase des Sozialismus mit Angehörigen der Gründergeneration der DDR besetzt, die verhältnismäßig jung in Führungspositionen aufgestiegen waren und diese bis ins hohe Alter besetzt hielten. Vor diesem Hintergrund veränderte sich die Bedeutung politischer Loyalität für Berufskarrieren. War die SED-Mitgliedschaft in der Aufbauphase der DDR eine Möglichkeit, um andere Defizite zu kompensieren (zum Beispiel fehlende Bildungsqualifikationen), wurde sie für die nachrückenden Alterskohorten eine geradezu zwingende Voraussetzung beruflicher Entwicklung in einem Umfeld reduzierter Berufschancen, so dass die Aufstiegsmobilität einem steigenden Politisierungsdruck ausgesetzt war.[80]

Auch wenn die SED-Führung das Ziel der Privilegierung von Arbeiter- und Bauernkindern nie aufgab und die sozialistische Einheitsschule mit dem Anspruch antrat, für alle Kinder unabhängig von ihrer Herkunft gleiche Bildungschancen zu gewährleisten, wirkten familiäre Ressourcen beim Übertritt in die erweiterte Oberstufe weiterhin selektiv, teilweise sogar mit steigender Tendenz. Dadurch erhöhte sich die Selbstrekrutierungsrate der akademisch gebildeten Dienstklassen. Hatten ihre Söhne in den 1960er und 1970er Jahren bereits eine dreimal so hohe Chance, einmal selbst zur Dienstklasse zu gehören, wie die Söhne von Arbeiterfamilien, vergrößerte sich diese Chance für die seit 1960 geborenen Alterskohorten um den Faktor sieben bis acht, so dass die Chancen für den Bildungsaufstieg von Arbeiterkindern durch ein Hochschulstudium in der DDR schlechter waren als in der Bundesrepublik.

Geprägt wurde die Einkommenshierarchie freilich nicht nur durch Bildung. Entscheidend waren vielfach politische Kriterien, wie die Funktion bestimmter Berufe für den Herrschaftsapparat. An der Spitze standen daher überwiegend männliche Angehörige der Machtsicherungseliten, während produktionsferne Arbeitnehmer und Rentner ans untere Ende verwiesen wurden.[81] Infolge der relativ homogenen Einkommensstruktur und der begrenzten Konsummöglichkeiten waren materielle Differenzierungen in Ostdeutschland allerdings schwächer ausgeprägt als in Westdeutschland. Insbesondere der Abstand zwischen der

---

79 Ebd., S. 131–138; Christoph Lorke, Armut im geteilten Deutschland. Die Wahrnehmung sozialer Randlagen in der Bundesrepublik Deutschland und der DDR, Frankfurt a. M. 2015, S. 339–376, Zitat S. 363.
80 Heike Solga, »Systemloyalität« als Bedingung sozialer Mobilität im Staatssozialismus, am Beispiel der DDR, in: Berliner Journal für Soziologie 4 (1994), S. 523–542, hier S. 529–538.
81 Gieseke, Ungleichheit, S. 6, 9–12.

Mitte und der Spitze der Einkommen war deutlich geringer als in der Bundesrepublik. Zudem leiteten sich infolge der hohen Miet- und Preissubventionen aus der Einkommensschwäche weniger negative Kumulationseffekte ab, als bei vergleichbaren sozialen Lagen in der Bundesrepublik. So bedeutete beispielsweise ein geringes Einkommen nicht automatisch eine kleine Wohnung. Allerdings war ein knappes Drittel der DDR-Bevölkerung, vor allem Rentner, auf die künstlich verbilligten Mieten und Güter des täglichen Verbrauchs angewiesen.[82]

Einen Gegenpol zur Grundsicherung am unteren Rand der DDR-Gesellschaft bildete der durch den SED-Staat gesteuerte Zugang zu herausgehobenen Lebensbedingungen. Hierzu zählten etwa besonderer Wohnraum, Freizeiteinrichtungen sowie Einkaufsmöglichkeiten, die das Prinzip staatssozialistischer »Versorgungsklassen«[83] in exklusiver Form auf die Spitze trieben und damit den vom Ideal der Gleichheit bestimmten Referenzrahmen der DDR-Gesellschaft desavouierten. Der Zugang zu solchen Infrastrukturen und sozialen Diensten hatte als Stratifikationsfaktor zunehmendes Gewicht. Er stand nicht nur dem kleinen, etwa 1000 Personen zählenden Kreis der Machtelite zur Verfügung, sondern auch einer Reihe von Prestige-Eliten (z. B. Künstlern) und privilegierten Funktionseliten. Charakteristisch für diese Form sozialer Ungleichheit war, dass sie wenig formalisiert und öffentlich nur wenig sichtbar war, so dass ihr Bekanntwerden in der Niedergangsphase der SED-Diktatur trotz eines nach westlichen Maßstäben eher bescheidenen Luxusniveaus für erhebliche öffentliche Empörung sorgte.[84] Ihre sozialstaatliche Entsprechung hatten sie in einem komplizierten System von Sonder- und Zusatzrenten für einzelne Berufsgruppen und mehreren medizinischen Sonderversorgungssystemen, die parallel zur formal egalitären Alters- und Gesundheitsversorgung existierten.[85]

Eine weitere Form herausgehobener Lebensverhältnisse basierte auf der Verfügung über Devisen, die den Erwerb von gehobenen Konsumgütern und knappen Dienstleistungen in der Schattenwirtschaft ermöglichten. Der Zugang zu ihnen verlief teilweise gleichsinnig mit den Privilegierungsmustern des SED-Staates. Er wich aber in wichtigen Fällen davon ab, und bildete damit eine Ungleichheitsrelation eigener Art, die den Steuerungsanspruch der SED-Führung unterlief. Von ihr profitierten besonders Berufe mit Westkontakten (darunter auch solche mit geringem Sozialprestige, wie zum Beispiel Kellner in internationalen Hotels), Handwerker, die sich ihre knappen Dienstleistungen durch informelle Zusatzzahlungen vergüten ließen, und Familien, die durch ihre Westverwandtschaft Zugang zu westlichen Produkten und Devisen hatten.

82 Steiner, Leistungen, S. 38.
83 M. Rainer Lepsius, Soziale Ungleichheit und Klassenstrukturen in der Bundesrepublik Deutschland, in: Hans-Ulrich Wehler (Hg.), Klassen in der europäischen Sozialgeschichte, Göttingen 1979, S. 166–209, hier S. 179–182.
84 Adler, Ansätze, S. 159.
85 Philip Manow-Borgwardt, Die Sozialversicherung in der DDR und der BRD 1945–1990: Über die Fortschrittlichkeit rückschrittlicher Institutionen, in: Politische Vierteljahresschrift 35 (1994), S. 40–61, hier S. 46 f.

3. Auf dem Weg in die Gegenwart: soziale Sicherheit und soziale Lagen nach dem Ende des Staatssozialismus

Erschöpfter und gestärkter Wohlfahrtsstaat: Systemtransformation und sozialstaatlicher Umbau seit den 1990er Jahren

Die deutsche Wiedervereinigung hat die Prioritäten in der Sozialpolitik ebenso kurzfristig wie grundlegend verschoben. Der enorme Zeitdruck unter dem die politischen Akteure des Vereinigungsprozesses im Frühjahr 1990 handelten, begünstigte pfadstabile Lösungen und führte bereits in einer Frühphase der Beratungen zu mehreren Grundentscheidungen, die die sozialpolitische Rahmung der deutschen Einigung prägten:[86] Erstens gelang es einer parteiübergreifenden Koalition von bundesdeutschen Sozialpolitikern und Vertretern der DDR durchzusetzen, dass die Wirtschafts- und Währungsunion auch von einer »Sozialunion« begleitet sein sollte. Dies war eine Entscheidung für eine sozialstaatlich fundierte Bewältigung der Diktaturfolgen, die sich in ähnlicher Weise nach dem Zweiten Weltkrieg bewährt hatte. Zweitens legten sich die politischen Akteure darauf fest, die Sozialunion als Übertragung westdeutscher Institutionen auf das Gebiet der neuen Bundesländer durchzuführen. Anstehende Reformen wurden daher nicht mit dem Einigungsprozess verknüpft, sondern zurückgestaut und erst eine Dekade später unter deutlich schwierigeren Rahmenbedingungen wieder aufgegriffen. Der sozialstaatliche Institutionentransfer war zugleich ein Votum gegen die Fortführung von sozialpolitischen Traditionen der DDR. Dieser Punkt war besonders umstritten, denn er berührte die Frage, welche sozialpolitischen Identitätskerne der DDR in das vereinigte Deutschland eingehen würden. Insbesondere das Recht auf Arbeit und die gut ausgebaute Kinderbetreuung waren hier Programmpunkte von hohem Symbolwert. Lediglich ein Teil des Gleichstellungsvorsprungs der DDR im Hinblick auf die wohlfahrtsstaatlich abgestützte Normalität der Erwerbsarbeit kindererziehender Frauen wurde in das vereinigte Deutschland übernommen. Hier entfaltete das Vorbild der DDR als Referenzrahmen eine langfristige Wirkung, auch weil es prospektiv kompatibler mit den Trends der gesamteuropäischen Entwicklung war, als der vom *strong male breadwinner* her konzipierte Entwicklungspfad der alten Bundesrepublik.

Bei der Entscheidung für die Sozialunion wurden die damit verbundenen Kosten dramatisch unterschätzt. Als besonders problematisch sollte sich in diesem Zusammenhang eine dritte Grundentscheidung erweisen: der Beschluss, die Wiedervereinigung in erster Linie über die Sozialkassen zu finanzieren. Be-

---

86 Zum Folgenden grundlegend: Ritter (Hg.), Geschichte der Sozialpolitik in Deutschland seit 1945, Bd. 11.

reits zeitgenössisch wurde dieser Finanzierungsmodus kritisch beurteilt, denn er lief im Grunde darauf hinaus, die Kosten der Deutschen Einheit zu erheblichen Teilen aus dem Sozialvermögen und den Beiträgen der Versicherten zu bestreiten, während Selbstständige und Beamte weitgehend außen vor blieben. Zudem ist in die Sozialversicherungsbeiträge kein Progressionselement eingebaut, so dass die finanziellen Lasten der deutschen Einheit überproportional von unteren und mittleren Einkommensschichten getragen wurden. Anders als bei den bundesdeutschen Lastenausgleichsgesetzen von 1949 und 1952 wurden Vermögende nach 1990 kaum durch besondere Abgaben zur Finanzierung der deutschen Einheit herangezogen. Im Unterschied zum bundesdeutschen Nachkriegsausgleich gegenüber Kriegsopfern und Vertriebenen wurden bestehende Ungleichheitsmuster nach 1990 durch verschiedene Regelungen eher verstärkt, etwa durch den Vorrang der Naturalrestitution von Betrieben und Immobilien an Alteigentümer und den Verzicht auf eine Vermögensabgabe.[87] Die durch die Erhöhung der Arbeitskosten auch ökonomisch sehr problematische Belastung der Sozialversicherungen mit den Kosten der Wiedervereinigung war keine notwendige Folge der deutschen Einheit, sondern Konsequenz einer aus sachfremden Gründen verfehlten Finanzierung. Sozialversicherungsbeiträge, so die Erwartung, ließen sich politisch leichter erhöhen als Steuern.[88]

Trotz solcher Probleme ist der Anteil des Sozialstaats am Gelingen des Einigungsprozesses bemerkenswert. Die schnelle und reibungslose Übertragung der sozialpolitischen Institutionen der Bundesrepublik auf die neuen Bundesländer trug entscheidend dazu bei, die Transformation der Planwirtschaft in eine Marktwirtschaft sozialverträglich zu gestalten und sie für die Bürger der neuen Bundesländer akzeptabel zu machen. Die Bedeutung der Sozialunion geht dabei weit über den engeren Aspekt sozialer Sicherheit hinaus. Sie half, Güter- und Geldkreisläufe in den neuen Bundesländern zu reorganisieren, trug dazu bei, eine institutionell geschützte (Arbeits-)Rechtssicherheit als Grundlage für Investitionen zu schaffen, und sie erlaubte es den Betrieben, viele Kosten der Systemtransformation zu vergesellschaften.[89]

Das soziale Hauptproblem der Transformationsperiode war die Bewältigung der Massenarbeitslosigkeit. Allein in den Jahren 1990 bis 1994 wurden rund drei Millionen Arbeitnehmer in den neuen Bundesländern entlassen. Die Älteren wurden durch Frühverrentungsregelungen aus dem aktiven Erwerbsleben herausgenommen, die Jüngeren zumeist in den öffentlich finanzierten »zweiten Arbeitsmarkt« verwiesen, aus dem nur wenigen der dauerhafte Wechsel in

---

87 Richard Hauser, Zwei deutsche Lastenausgleiche – Eine kritische Würdigung, in: Vierteljahrshefte zur Wirtschaftsforschung 80 (2011), S. 103–122, hier S. 121.
88 Gerhard A. Ritter, Gesamtbetrachtung, in: ders. (Hg.), Geschichte der Sozialpolitik in Deutschland seit 1945, Bd. 11, S. 1105–1122, hier S. 1110; ders., Denk- und Handlungsfelder, S. 290–294.
89 Ebenda, S. 281 f.

den regulären »ersten« Arbeitsmarkt gelang. Zur Abfederung der ökonomischen Transformation griff die Bundesregierung somit auf Maßnahmen zurück, die sich bei der Bewältigung sozialer Probleme in der alten Bundesrepublik zunächst bewährt hatten, die seit den 1980er Jahren jedoch in die Kritik geraten waren, weil sie allgemeine Lasten auf die Sozialversicherungssysteme abluden und so die Lohnkosten erhöhten.

Die Wirkung der Wiedervereinigung auf die sozialpolitische Institutionenordnung war ambivalent. Während die Bürger der neuen Bundesländer einen radikalen sozialstaatlichen Kontinuitätsbruch erlebten, erwiesen sich die sozialpolitischen Institutionen und Problemlösungskulturen der Bundesrepublik als elastisch genug, um die historisch einmalige Sondersituation der deutschen Einheit zu bewältigen. Sie gingen erstaunlich wenig verändert und in mancher Hinsicht sogar gestärkt aus der Transformationsperiode hervor. Der Sozialstaat stellte damit im Prozess der deutschen Einheit erneut seine erstaunliche Adaptionsfähigkeit an veränderte Rahmenbedingungen und sein Absorptionspotential auch für ein enormes Ausmaß sozialer Probleme unter Beweis. Allerdings verlor die Sozialpolitik viel von ihrer Autonomie, so dass der Eindruck eines »erschöpften Sozialstaats« entstand.[90]

Wie man die sozialpolitische Entwicklung seit der deutschen Einheit bewertet, hängt sehr vom Zeitpunkt der Betrachtung ab. Die Jahre bis 1994 waren durch eine keynesianische Transformationspolitik geprägt, in der die Bewältigung der sozialen Folgen der deutschen Einheit die entscheidende Zielgröße bildete. Die staatliche Ausgabenpolitik ging freilich mit einer massiv steigenden Staatsverschuldung, hohen Lohnkosten und einer stark rückläufigen wirtschaftlichen Leistung einher. Die Sozialleistungsquote wuchs in den ersten Jahren nach der Wiedervereinigung in den neuen Bundesländern auf über 55 Prozent, und zwischen 1990 und 1998 stieg der Gesamtbeitragssatz zur Sozialversicherung um 7,6 Prozentpunkte von 35,5 auf 42,1 Prozent. Dies schwächte die außenwirtschaftliche Konkurrenzfähigkeit der deutschen Wirtschaft erheblich. Seit den 1990er Jahren zählte die Bundesrepublik nicht mehr zu den Wachstumsmotoren, sondern zu den wachstumsschwächsten Ländern Europas. Damit geriet die Achillessehne des deutschen Sozialstaats, der enge Zusammenhang von Beschäftigungsstand und finanziellen Handlungsspielräumen der Sozialpolitik, unter zusätzliche Spannung.

Die Politik reagierte auf diese Entwicklung in den Jahren 1994 bis 1999 zunächst mit moderaten Versuchen der Gegensteuerung. Daran schloss sich in den Jahren 1999 bis 2007 die von der rot-grünen Regierung eingeleitete und von der zweiten Großen Koalition fortgeführte Phase der »Agenda-Politik« an. Sie verursachte zum Teil tiefe Kontinuitätsbrüche in den sozialpolitischen Zielsetzungen, in den Steuerungsformen und in den sozialpolitischen Hand-

---

90 Christine Trampusch, Der erschöpfte Sozialstaat. Transformation eines Politikfeldes, Frankfurt a. M. 2009, S. 107.

lungspraxen.⁹¹ Die Finanzmarktkrise von 2008 hat hier eine erstaunliche Gegenbewegung eingeleitet und eine Renaissance konsensorientierter Wege der Krisenpolitik ausgelöst, die von einer »Relegitimation«⁹² des seit der Agenda 2010 diskursiv unter Druck geratenen deutschen Sozialstaatsmodells begleitet wurde. Seither sind Teile der Agenda-Politik revidiert worden. Mithilfe eines sozialstaatlich geformten »Krisen-Keynesianismus« ist die Bundesrepublik deutlich besser durch die wirtschaftlichen Verwerfungen der letzten Jahre gekommen als die meisten ihrer europäischen Nachbarn.⁹³

Von den derzeit noch schwer zu überblickenden Leittendenzen gegenwartsnaher Sozialpolitik sollen hier fünf Aspekte hervorgehoben werden:

1. Durchbrechungen des nationalstaatlichen Zusammenhangs von Sozialpolitik: Globalisierung und europäische Integration haben die Wirkungsbedingungen, den Wirkungsraum und die Wirkungskontexte der Sozialpolitik tiefgreifend verändert. Die europäische Integration hat die ursprünglich enge Verkopplung von Sozialstaat und Nationalstaat ein Stück weit erodieren lassen, indem sie Zug um Zug einen staatenübergreifenden Sozialraum geschaffen hat, der nationale Solidarsysteme überwölbt und Zuständigkeiten auf die Ebene der Europäischen Union übertragen hat. Für die Sozialpolitik war diese Entwicklung ambivalent. Einerseits wurde soziale Sicherheit als eigenständiges Integrationsziel kontinuierlich aufgewertet, zuletzt im Vertrag von Maastricht (1992) und den Leitlinien von Nizza und Lissabon (2000). Andererseits kollidieren herkömmliche Formen nationaler Sozialpolitik häufig mit den wirtschaftlichen Grundfreiheiten des gemeinsamen Marktes. Und die Einbindung in die auf Wettbewerbsfähigkeit abzielende Lissabon-Strategie fördert besonders marktkompatible sozialpolitische Maßnahmen, während etablierte Sozialleistungsprogramme zunehmend unter Legitimationsdruck geraten.⁹⁴

2. Vermarktlichung und Finanzialisierung: Seit den 1990er Jahren haben sich die Gewichte zwischen Staat, Märkten und Familien ein gutes Stück weit zu Gunsten der Märkte verschoben. Da private Elemente im deutschen Sozialstaat bei der Finanzierung und Erbringung von Sozialleistungen immer eine gewisse Rolle gespielt haben, lassen sich diese Veränderungen besser als verän-

---

91 Zum Folgenden und zur Periodisierung Frank Nullmeier, Die Sozialstaatsentwicklung im vereinten Deutschland. Sozialpolitik der Jahre 1990 bis 2014, in: Ulrich Becker u. a. (Hg.), Grundlagen und Herausforderungen des Sozialstaats. Denkschrift 60 Jahre Bundessozialgericht. Eigenheiten und Zukunft von Sozialpolitik und Sozialrecht, Göttingen 2014, S. 181–199.
92 Ebenda, S. 190.
93 Manfred G. Schmidt, Noch immer auf dem »mittleren Weg«? Deutschland seit den 1990er Jahren, in: Ulrich Becker u. a. (Hg.), Grundlagen und Herausforderungen des Sozialstaats, S. 221–240, hier S. 225 f.
94 Exemplarisch: Hans F. Zacher, Sozialer Einschluss und Ausschluss im Zeichen von Nationalisierung und Internationalisierung, in: Hans Günter Hockerts (Hg.), Koordinaten deutscher Geschichte in der Epoche des Ost-West-Konflikts, München 2004, S. 103–152, hier S. 140–151.

derte Akzentsetzungen deuten, denn als struktureller Bruch. Bei der Einführung der Pflegeversicherung 1994 wurde die Finanzierung auf dem traditionellen Sozialversicherungspfad institutionalisiert, die Erbringung der Pflegeleistungen im Rahmen eines staatlich regulierten Wohlfahrtsmarktes aber bewusst für private Anbieter geöffnet. Deutlich spürbar sind Vermarktlichungstendenzen im Gesundheitswesen, wo die Kommunen ihre traditionelle Rolle als Träger von Krankenhäusern zu erheblichen Teilen an renditeorientierte Klinikkonzerne abgegeben haben. Zwar führt die Vermarktlichung nicht notwendig zu einer Stärkung privater Anbieter, weil die neu geschaffenen Wohlfahrtsmärkte zumeist stark reguliert sind. Die Handlungsautonomie privater Versicherer und Ärzteverbände wurde sogar geschwächt durch die Umstellung auf einen staatlich festgelegten einheitlichen Beitragssatz in der gesetzlichen Krankenversicherung, die Einführung eines Kontrahierungszwangs für private Krankenversicherer (zu den Konditionen der gesetzlichen Kassen) und die Umwandlung des traditionell feingegliederten Systems regionaler Kassen mit divergierenden Leistungen und Beiträgen und gewissen Sicherungslücken (z. B. bei Selbstständigen) in eine de facto-Einheitsversicherung mit umfassendem Sozialschutz.[95] Das Vordringen ökonomischer Mess- und Kontrollverfahren veränderte allerdings die Organisationslogik und die Arbeitsabläufe im Sozialbereich tiefgreifend. Zwar reduzierte es wirtschaftliche Fehlsteuerungen, es prägt den Sozialstaat aber gerade dort, wo er den Bürgern gegenübertritt, zunehmend durch betriebswirtschaftliche Effizienzkalküle. Diese verändern die Arbeitsbedingungen im Wohlfahrtssektor zum Nachteil der dort Beschäftigten (z. B. in der zunehmend taylorisierten Pflege)[96] und erzeugen eine wachsende Spannung zwischen klientenorientierten und kostenorientierten Berufsnormen, die das traditionelle Selbstverständnis von helfenden Berufen und Wohlfahrtsverbänden infrage stellt.

3. Entsicherung und Deregulierung: Mit der Teilprivatisierung der Alterssicherung durch die »Riester-Reform« 2002 tauschte eine Interessen-Koalition, die als treibende Kräfte Finanzdienstleister ebenso umfasste wie Teile der Gewerkschaften und Politiker der GRÜNEN, das Prinzip der Lebensstandardsicherung als Leitkriterium der Gesetzlichen Rentenversicherung gegen das Ziel der Beitragsstabilität. Damit sollte die Alterssicherung auf den Rückgang der Beitragszahler vorbereitet werden, der infolge des demografischen Umbruchs prognostiziert wird.[97] Dazu wurden die Leistungen soweit abgesenkt, dass für künftige Rentner ihr bisheriger Lebensstandard nicht mehr gewährleistet sein

---

95 Hans Günter Hockerts, Vom Wohlfahrtsstaat zum Wohlfahrtsmarkt? Privatisierungstendenzen im deutschen Sozialstaat, in: Norbert Frei/Dietmar Süß (Hg.), Privatisierung. Idee und Praxis seit den 1970er Jahren, Göttingen 2012, S. 70–87.
96 Vgl. den Beitrag von Rüdiger Hachtmann.
97 Hans Günter Hockerts, Abschied von der Dynamischen Rente. Über den Einzug der Demografie und der Finanzindustrie in die Politik der Alterssicherung, in: Becker/Hockerts/Tenfelde (Hg.), Sozialstaat Deutschland, S. 257–286.

wird. Diese Lücke sollte durch eine steuerlich geförderte kapitalgedeckte private Alterssicherung geschlossen werden, die aber für Arbeitnehmer mit geringem Einkommen und diskontinuierlichen Erwerbsbiografien kaum zu finanzieren ist, so dass die Gefahr der Altersarmut, die seit den Rentenreformen von 1957 und 1972 nahezu verschwunden war, im vereinigten Deutschland zukünftig in den Problemkreis der Alterssicherung zurückkehrt.

Nach der Alterssicherung war die Arbeitsmarktpolitik das zweite Hauptfeld sozialpolitischer Deregulierung. Vor dem Hintergrund der anhaltenden Massenarbeitslosigkeit setzte die Rot-Grüne Regierung mit Unterstützung des unionsgeführten Bundesrats in den Jahren 2002 bis 2004 eine Reihe von Reformen in Gang, die als Bruch mit der Tradition eines primär sichernden Sozialstaats und als Hinwendung zu einer arbeitsmarktorientierten Sozialpolitik inszeniert wurden wie sie *New Labour* seit 1997 in Großbritannien praktizierte.[98] Man hat die Agenda-Reformen oft als verspätete Reaktion auf die Veränderung der sozialpolitischen Rahmenbedingungen durch die deutsche Einheit interpretiert. Allerdings war die auf Dauer ökonomisch heikle Kombination von hoher Arbeitslosigkeit, hohem Sozialschutz und stark verrechtlichten Arbeitsverhältnissen bereits charakteristisch für die alte Bundesrepublik und damit viel älter als die sozialpolitischen Problemlagen der deutschen Einheit. Die Hartz-Reformen kombinierten eine Reihe von Maßnahmen aktivierender Arbeitsmarktpolitik, den Umbau der traditionellen Arbeitsverwaltung nach den Regeln des *New-Public-Management* sowie einschneidende Veränderungen im Leistungsrecht. Zu den aktivierenden Maßnahmen zählten die Öffnung der arbeitsmarktpolitischen Instrumente für die ehemaligen Bezieher von Sozialhilfe sowie die Verschärfung der Zumutbarkeitsregeln für die Arbeitsaufnahme. Beides sollte die Eigeninitiative der Arbeitslosen bei der Arbeitssuche erhöhen. Das veränderte Leistungsrecht führte nach einer begrenzten Übergangsphase, in der Arbeitslose weiterhin ein beitragsbezogenes Arbeitslosengeld erhielten, die Sozialhilfe und die früher de facto unbefristete lebensstandardbezogene Arbeitslosenhilfe in einem einheitlichen Arbeitslosengeld II zusammen. Letzteres ist als bedürfnisgeprägte existenzminimale Grundsicherung mit geringem Vermögensschutz und harten Regelungen für Bedarfsgemeinschaften konzipiert.[99] Damit wurde in einem Hauptfeld der Sozialpolitik ein tiefer Bruch mit zentralen Prinzipien des deutschen Sozialstaats vollzogen, dessen Lohnersatzleistungen durch die Leitideen der Beitragsäquivalenz und seit den späten 1950er Jahren auch der Lebensstandardsicherung geprägt gewesen waren.

Das Prinzip der Äquivalenz von Versicherungsbeitrag und Sozialleistungsanspruch hatte zusammen mit den qualifikationsorientierten Zumutbarkeitsregeln zur Arbeitsaufnahme bislang sichergestellt, dass die Lebensleistung von

---

98 So in der Agenda-Regierungserklärung Gerhard Schröders, Deutscher Bundestag, 15. Wahlperiode, Stenographischer Bericht der 32. Sitzung, 14.3.2003, S. 2479–2493.
99 Anke Hassel/Christof Schiller, Der Fall Hartz IV. Wie es zur Agenda 2010 kam und wie es weitergeht, Frankfurt a. M. 2010, S. 26–54.

Mittelschicht-Angehörigen bei einem Arbeitsplatzverlust langfristig abgesichert war. Es ist daher ein Missverständnis, die öffentlich sehr kontrovers diskutieren Hartz-Reformen primär als armutspolitische Maßnahmen zu sehen. Tatsächlich gehörten seither die verstärkt vom sozialen Abstieg durch Arbeitslosigkeit bedrohten Angehörigen der früher sozialstaatlich besonders gut geschützten Mittelschichten zu den Hauptverlierern der Reformen, während viele ehemalige Sozialhilfeempfänger infolge der Neuregelung erstmals die Chance auf arbeitsmarktpolitische Förderung erhielten.

Richtet man den Blick allein auf die Entwicklung der Arbeitslosigkeit, waren die Hartz-Reformen ein Erfolg. Gestützt auf eine anziehende Konjunktur gelang seit 2006 der stärkste Abbau der Arbeitslosigkeit seit dem Beginn des Wirtschaftswunders. Dabei lassen sich deutliche Mobilisierungseffekte sowohl bei Langzeit- als auch bei Kurzzeitarbeitslosen feststellen. Auf diese Weise sind bis 2009 rund 800.000 sozialversicherungspflichtige Beschäftigungsverhältnisse neu entstanden. Allerdings wurden die meisten davon als Teilzeitstellen besetzt. Dies verweist auf die höchst problematische Kehrseite des »deutschen Jobwunders«, die soziale Ungleichheitsverhältnisse weiter aufspreizt und langfristig erhebliche Probleme für die Sozialkassen mit sich bringt. Denn die Hartz-Reformen haben den Trend zu mehr Teilzeitarbeit und geringfügigen Beschäftigungsverhältnissen weiter verstärkt. Mit etwa 6,5 Millionen Arbeitnehmern (ca. 20 Prozent aller Beschäftigten) hat das vereinigte Deutschland einen der größten Niedriglohnsektoren in Europa, so dass sich das Problem der Armut trotz Arbeit auf neue Weise stellt.

4. Institutionelle Pfadstabilität: Trotz aller Umbauten blieb die Dominanz des Sozialversicherungspfads im deutschen Sozialstaatsmodell erhalten. In der gesetzlichen Krankenversicherung sind Versuche, den Solidarverbund der Beitragszahler durch die Einführung einer Kopfpauschale zu schwächen, bisher an der Angst vor Wahlniederlagen gescheitert. Auch nach der Teilprivatisierung durch die Riester-Reformen stützt sich die Alterssicherung in Deutschland in der Hauptsache weiterhin auf die Gesetzliche Rentenversicherung.

5. Veränderungen in den sozialpolitischen Leitideen: Die Abkehr vom Prinzip der Lebensstandardsicherung dürfte sich langfristig als eine der folgenschwersten sozialpolitischen Neujustierungen herausstellen. Bis 2005 wurden sozialpolitische Debatten in Deutschland zumeist als Debatten über die Ausstattung einzelner Zweige der Sozialversicherung geführt. Seit den Konflikten um die Hartz-Reformen wird Sozialpolitik zunehmend von der Grundsicherung her gedacht, so in den aktuellen Debatten um Altersarmut, Mindestlohn und den Zuzug von Migranten aus wirtschaftlich schwachen EU-Staaten. Zugespitzt gesagt: Die alte Sozialhilfe, die in der deutschen Sozialstaatstradition als Lückenfüller für andernorts nicht systematisch aufgegriffene Problemlagen gedacht war, ist aus ihrer Randlage ins Zentrum der Sozialpolitik gerückt.[100] So-

---

100 Nullmeier, Sozialstaatsentwicklung, S. 193.

fern sich dieser Trend als dauerhaft erweist, würde dies einen Kontinuitätsbruch in der deutschen Sozialstaatstradition bedeuten.

Evolutionär, aber gleichwohl deutlich verändert haben sich auch die geschlechterpolitischen Leitbilder der Sozialpolitik. Auch wenn der männliche Alleinernährer (oft in modifizierter Form als *male breadwinner* mit weiblicher Zuverdienerin) in der sozialen Wirklichkeit häufig vertreten bleibt, orientiert sich die gegenwärtige Sozial- und Familienpolitik zunehmend am *Adult-Worker-*Modell, das anstelle der Familie als sozialer Einheit das arbeitende Individuum in den Blick nimmt und von der Erwerbstätigkeit aller Erwachsenen ausgeht. So werden die Leistungen des 2007 eingeführten Elterngelds anders als beim älteren bundesdeutschen Erziehungsgeld einkommensbezogen berechnet und sind in ihrer maximalen Leistungsdauer daran gebunden, dass beide Elternteile ihre Erwerbstätigkeit reduzieren.

Zumindest auf der programmatischen Ebene zeichnet sich seit der rot-grünen Koalition eine Verlagerung vom sichernden zum investiven Sozialstaat ab, der seine aktivierende Arbeitsmarktpolitik durch Interventionen in die Humankapitalbildung ergänzt (so im Bildungs- und Teilhabepaket 2011). Damit werden unter anderen Vorzeichen, bei denen Ziele des Chancenausgleichs und der Bildungsteilhabe von Kindern aus sozial schwachen und migrantischen Familien im Vordergrund stehen, ältere Leitideen sozialliberaler Reformpolitik aus den 1970er Jahren reaktiviert, diesmal allerdings mit einem starken Akzent auf der Einpassung der Geförderten in den Arbeitsmarkt.

Im Zusammenspiel unterschiedlicher Ungleichheitsarenen hat der Wohlfahrtsstaat trotz solcher Neuorientierungen seine herausragende Bedeutung keineswegs eingebüßt, sondern tendenziell eher noch gestärkt. Neben die klassische Funktion der Risikoabsicherung treten in der Gegenwart allerdings zunehmend Programme, die auf eine Steigerung der Beschäftigungsfähigkeit zielen. In einem tiefgreifend veränderten wirtschaftlichen, sozialstrukturellen und sozialkulturellen Umfeld wandelt sich der sichernde Sozialstaat damit ein gutes Stück weit zum regulierenden und aktivierenden Sozialstaat.

Soziale Polarisierungen in einer fragmentierten Konkurrenzgesellschaft

Weit stärker als die sozialstaatlichen Institutionen haben sich seit 1990 die Relationen sozialer Ungleichheit verändert. Neben dem Generaltrend nachhaltig zu Lasten der Arbeitnehmer verschobener Machtrelationen zwischen Kapital und Arbeit, verdienen es fünf Tendenzen besonders hervorgehoben zu werden:

1. Die festgefügte Struktur wohlfahrtsstaatlich abgestützter »Normalarbeitsverhältnisse« stand bereits seit den 1970er Jahren unter zunehmendem Druck. Weniger durch Effekte der Wiedervereinigung als durch den Zwang, sich zu globalen Entwicklungen zu verhalten, ist die Arbeitswelt im vereinigten Deutschland in zunehmendem Maß durch ungleichheitsrelevante Prozesse der Deregu-

lierung, Flexibilisierung und Entformalisierung von Arbeitsverhältnissen sowie durch eine Aufspreizung der Qualifikationsprofile bestimmt. Durch diese Entwicklung werden die Konturen einer einheitlichen Arbeitnehmergesellschaft immer unschärfer.[101]

2. Im Kontext einer wissensbasierten Industriegesellschaft verstärkt sich die Bedeutung von Bildung als Faktor sozialer Ungleichheit. Die fortdauernde Tertiarisierung der Wirtschaft sowie die Automatisierung und Digitalisierung der Produktion erhöhen die Qualifikationsanforderungen für Erwerbstätige deutlich. Die Zahl der Arbeitsplätze für Geringqualifizierte ohne Berufsausbildung ist seit 1990 noch einmal substanziell zurückgegangen, zudem finden sich in diesem Segment besonders viele der schlecht entlohnten, sozialrechtlich prekären »atypischen« Beschäftigungsverhältnisse (Minijobber, Scheinselbstständige und Leiharbeiter) während sich der Anteil der hochqualifizierten Arbeitnehmer seit 1990 mehr als verdoppelt hat. In diesem Umfeld fungieren erworbene Bildungspatente nicht mehr als *entrée billet* in gesicherte berufliche Aufstiegsbahnen. Bildung wird zur unverzichtbaren Voraussetzung von Beschäftigungsfähigkeit in einer Arbeitswelt, in der berufliche Qualifikationen in immer kürzeren Taktzyklen erneuert werden müssen. Auf die Ungleichheitsstrukturen wirkt sich dieser Wandel in ambivalenter Weise aus. Einerseits gehören gerade hoch qualifizierte leistungsorientierte Erwerbstätige im Dienstleistungssektor und in den freien Berufen zu den Gewinnern der Ungleichheitsentwicklung seit den 1990er Jahren. Andererseits hat sich der Lohnabstand zwischen Berufen mit und solchen ohne Hochschulbildung verringert.

3. Die Entwicklung der Einkommen zeigt eine zunehmende Spreizung seit Mitte der 1990er Jahre. Sie beruht auf überdurchschnittlichen Zuwächsen des einkommensstärksten Zehntels der Bevölkerung zwischen 1998 und 2008, während die Position der einkommensschwächsten 40 Prozent der Bevölkerung stagnierte. Einbußen mussten vor allem Arbeitslose hinnehmen, ihre Einkommen verschlechterten sich absolut und relativ. Zu den relativen Absteigern gehörten weiterhin Auszubildende, Arbeiter und einfache Angestellte. Zu den relativen Gewinnern zählten Rentner, Beamte und qualifizierte Angestellte sowie die heterogene Gruppe der Freiberufler und Selbstständigen. In eine ähnliche Richtung wie die Einkommensverteilung weist auch die Entwicklung der Armutsquote. Im Jahr vor der Wiedervereinigung galten in der Bundesrepublik 11,8 Prozent der Bevölkerung als armutsgefährdet. Dieser Wert schoss seit der

---

101 Zum Folgenden: Dietmar Süß/Winfried Süß, Zeitgeschichte der Arbeit. Beobachtungen und Perspektiven, in: Knud Andresen/Ursula Bitzegeio/Jürgen Mittag (Hg.), Nach dem »Strukturbruch«. Kontinuität und Wandel von Arbeitsbeziehungen und Arbeitswelt(en) seit den 1970er Jahren, Bonn 2011, S. 345–368; Dietmar Süß, Stempeln, Stechen, Zeit erfassen. Überlegungen zu einer Ideen- und Sozialgeschichte der »Flexibilisierung« 1970–1990, in: Archiv für Sozialgeschichte 52 (2012), S. 139–162; Christoph Weischer, Soziale Ungleichheit 3.0. Soziale Differenzierungen in einer transformierten Industriegesellschaft, in: Archiv für Sozialgeschichte 54 (2014), S. 305–342.

Jahrtausendwende steil in die Höhe auf bis zu 15,1 Prozent im Jahr 2011.[102] Damit nähert sich die Einkommensungleichheit auf der Makroebene wieder den Verteilungsmustern der frühen 1960er Jahre an, mit dem Unterschied, dass die Armenhäuser jetzt nicht mehr, wie in der Bundesrepublik der 1950er Jahre, im Süden, sondern vornehmlich im Osten angesiedelt sind.

Noch deutlicher ist dieser Trend bei der Entwicklung der Vermögensungleichheit ausgeprägt. Hier zeigt das ärmste Viertel der Bevölkerung seit 1992 leichte Verluste, während das wohlhabendste Viertel bis zur Finanzmarktkrise von 2007 deutliche Zugewinne verzeichnen konnte. Auch hier gibt es neben den West-Ost-Disparitäten ausgeprägte Süd-Nord-Gefälle. Begünstigt wird die zunehmende Vermögensungleichheit durch die intergenerationelle Weitergabe von Vermögen, die in den Prosperitätsjahren nach dem Zweiten Weltkrieg gebildet wurden. Sie hat in den letzten 20 Jahren deutlich zugenommen. Zwischen 1990 und 2010 wurden in Deutschland mehr als drei Billionen Euro vererbt, und für die kommenden Jahre prognostizieren Ökonomen eine Welle weiterer Erbschaften. Für Akademiker ist die Wahrscheinlichkeit zu erben etwa dreimal so hoch wie für Arbeiter. Aufgrund der geringeren Möglichkeiten zur Vermögensbildung und der geringeren Bedeutung von Immobilienbesitz in der Vergangenheit haben Ostdeutsche deutlich geringere Erbschaftschancen als Westdeutsche. Damit verfestigen Erbschaften bereits bestehende Vermögensungleichheiten.[103]

4. Anders als in den übrigen Staaten des ehemaligen kommunistischen Machtbereichs konnten die neuen Bundesländer nach 1989/90 an ein funktionierendes sozialstaatliches Institutionensystem anknüpfen. Der enorme Zustrom von finanziellen Transfers und administrativem Expertenwissen trug dazu bei, dass die sozialen Folgen der Systemtransformation in den neuen Bundesländern zu deutlich weniger hart ausgeprägten Ungleichheitsstrukturen führten als in einem Großteil der osteuropäischen Staaten. Trotz hoher Arbeitslosigkeit und zunehmender Einkommensungleichheit sind die Einkommen in der Bundesrepublik immer noch weniger ungleich verteilt als in den meisten europäischen Staaten.[104] Man kann dies als Beleg für die nach wie vor wirksame Einhegung der Märkte durch Arbeitsbeziehungen, fiskalpolitisches Handeln und soziale Sicherungssysteme deuten. Gleichwohl war der soziale Transformationsprozess in den neuen Bundesländern radikal und er gestaltete sich deutlich »schwieriger und

---

102 60 % des Medianeinkommens, Bundesministerium für Arbeit und Sozialordnung, 1. Armuts- und Reichtumsbericht, Materialband, S. 50, Tabelle I.14; Bundesministerium für Arbeit und Sozialordnung, 4. Armuts- und Reichtumsbericht, Berlin 2013, S. 461.
103 Auf die Deutschen rollt eine Erbschafts-Welle zu, in: Die Welt-Online, 4.5.2011 (20.3.2013); Martin Kohli/Harald Künemund, Verschärfen oder verringern Erbschaften die soziale Ungleichheit? in: Sylke Nissen/Georg Vobruba (Hg.), Die Ökonomie der Gesellschaft, Wiesbaden 2009, S. 94–107.
104 Philip Ther, Die neue Ordnung auf dem alten Kontinent. Eine Geschichte des neoliberalen Europa, Frankfurt a.M. 2014, S. 136–173; United Nations, Human Development Report. Overcoming Barriers: Human Mobility and Development, New York 2009, S. 195–198.

langwieriger, als ursprünglich von vielen vermutet« wurde.[105] Seine Verflechtung mit weltweiten ökonomischen und sozialstrukturellen Transformationsschüben bewirkte zum Teil regional sehr unterschiedliche und kausal nicht immer eindeutig zurechenbare Veränderungen der sozialen Ungleichheitsverhältnisse im vereinigten Deutschland. Für die meisten Bürger der neuen Bundesländer war die Situation einerseits durch eine signifikant steigende Unsicherheit und Ungleichheit gekennzeichnet, andererseits aber auch durch substantielle Verbesserungen ihres Lebensstandards.

Am Ende dieses Umbaus, bei dem die ostdeutschen Länder rund vier Millionen Arbeitsplätze verloren, hat sich dort ein Gefüge von Soziallagen herausgebildet, das der westdeutschen Gesellschaft in den Ungleichheitsrelationen ähnlicher geworden ist, aber doch Besonderheiten aufweist. Trotz einiger Rückbautendenzen ist der geringere Grad geschlechtsspezifischer Ungleichheiten erhalten geblieben. Auch ist die materielle Ungleichheit, bei einem insgesamt ähnlichen Verteilungsmuster, schwächer ausgeprägt als in den alten Bundesländern. Nicht zu übersehen ist allerdings das insgesamt niedrigere Wohlfahrtsniveau, das in den neuen Bundesländern durch eine Arbeitslosenrate mitgeprägt wird, die 2013 mit durchschnittlich 11,6 Prozent knapp das Doppelte der alten Bundesländer erreichte. Dies wirkt sich auch auf die Armutsentwicklung aus. Der Großteil der Regionen mit besonders hohen Armutsquoten liegt in den neuen Bundesländern.[106]

Bei der Systemtransformation mussten die neuen Bundesländer in zeitlich extrem komprimierter Form Prozesse des ökonomischen Strukturwandels nachvollziehen, die in der Bundesrepublik bereits seit mehr als einem Vierteljahrhundert andauerten. Die Folge war eine Arbeitsmarktkrise, die sich auf der individuellen Ebene durch massiv steigende biografische Unsicherheit auswirkte. Weil infolge der Deindustrialisierung ein Großteil der Unternehmen entweder geschlossen wurde oder sich im Eiltempo an die Marktgesellschaft anzupassen hatte, brach in den schwierigen Übergangsjahren mit den Betrieben nicht nur ein vertrauter Zugang zu sozialen Diensten und Infrastrukturen weg. Sie waren auch ein Ort verdichteter Sozialbeziehungen, an dem die Gleichzeitigkeit von gesteigerter Unsicherheit, z. T. massiven Statuseinbußen und dem Zwang, sich in einer neuen Gesellschaft zu orientieren, kommunikativ hätte bearbeitet werden können.

Die biografischen Gewinn- und Verlustbilanzen der Transformationsphase waren generationell und sozialstrukturell sehr ungleich verteilt. Zu den Gewinnern zählten insbesondere Gruppen, die die produktionsorientierte Sozialordnung der DDR bisher benachteiligt hatte, wie die ostdeutschen Rentner. Ihre

---

105 Geißler, Sozialstruktur, S. 457; zum sozialstrukturellen Wandel in den neuen Bundesländern ebenda S. 466–474.
106 Paritätischer Wohlfahrtsverband (Hg.), Zwischen Wohlstand und Verarmung: Deutschland vor der Zerreißprobe. Bericht zur regionalen Armutsentwicklung in Deutschland 2013, Berlin 2013, S. 10.

soziale Lage verbesserte sich durch die Einführung der dynamischen Rente nach westlichem Vorbild signifikant. Einige Gruppen, die vom Sozialsystem der DDR bisher gut geschützt waren, zählen zu den Verlierern der Wende, etwa Alleinerziehende, die einem höheren Armutsrisiko ausgesetzt sind. Gleichwohl bleibt es in Ostdeutschland aufgrund der besseren Kinderbetreuung leichter als in den alten Bundesländern, Berufstätigkeit und die Erziehung von Kindern ohne Partner miteinander zu vereinbaren.[107] Jugendliche bezahlten die größere berufliche Optionsvielfalt mit steigender Unsicherheit in der Berufseintrittsphase, die durch innerdeutsche Arbeitsmigration ein Stück weit aufgefangen wurde. Zu den Verlierern zu rechnen sind ferner Arbeitnehmer, die unter den Bedingungen einer »älteren« Industriestruktur zum Kern der DDR-Arbeitsgesellschaft gezählt hatten, insbesondere un- und angelernte Arbeitskräfte, von denen sich viele nach 1990 in der Langzeitarbeitslosigkeit wiederfanden. Am härtesten von der Systemtransformation betroffen war die »verlorene Generation des späten Mittelalters«[108] der 45–55jährigen, deren Angehörige 1990 zu jung für die Rente, aber in den Augen ihrer Arbeitgeber oft schon zu alt für einen beruflichen Neuanfang waren. Auch wenn die Wandlungsprozesse in einen historisch einzigartigen Schub der Wohlstandssteigerung eingebettet waren und sozialstaatlich stark abgefedert wurden, blieben die sozialen Folgen der biografischen Unsicherheit in der Summe dramatisch und können in ihrer Bedeutung als erfahrungsgeschichtliche Zäsur kaum überschätzt werden, wie nicht zuletzt die zwischen 1990 und 1994 steil abstürzende Geburtenrate in den neuen Bundesländern zeigt.[109]

Aus der Perspektive sozialer Ungleichheit weist die Bilanz der deutschen Einheit damit mehrere problematische Aspekte aus. Zwar lassen sich manche Ungleichheitsmuster, etwa hohe Armutsrisiken von gering qualifizierten Arbeitnehmern und Ein-Eltern-Familien weniger als Ausdruck eines fortbestehenden Ost-West-Gegensatzes deuten, sondern als regional kumulierte gruppenspezifische Disparitäten, die aus der Transformation von Arbeitsverhältnissen und dem sozialstrukturellen Wandel entstehen und damit auf Prozessen basieren, wie sie auch in anderen Regionen Deutschlands und in den meisten europäischen Staaten stattfanden. Für viele Menschen in den neuen Bundesländern waren die Erfahrungen der Transformationszeit allerdings durch eine scharfe Diskrepanz zwischen ihren hohen Erwartungen und der Realität der eigenen sozialen Situation geprägt, so dass Enttäuschungen über den gesamtdeutschen Sozialstaat kaum ausbleiben konnten.[110] Vor dem Hintergrund der oft erheblichen biografischen Zumutungen der Transformationszeit kann es daher überraschen, dass

---

107 In den neuen Bundesländern lag die Quote der in Kindertageseinrichtungen betreuten Kinder unter drei Jahren 2009 im Durchschnitt bei 45 %, im Westdeutschland bei knapp 15 %. Statistisches Bundesamt, 20 Jahre Deutsche Einheit, Wiesbaden 2010, S. 23.
108 Geißler, Sozialstruktur, S. 470.
109 Statistisches Bundesamt, Fachserie 1, Reihe 1.1: Bevölkerung und Erwerbstätigkeit, Wiesbaden 2012, S. 31.
110 Grosser, Wagnis, S. 94.

die überwiegende Mehrheit der Ostdeutschen (mit stärkerer Tendenz als die Westdeutschen) ihre persönliche Bilanz der Wende positiv beurteilt. Gleichwohl gehören die sozialpolitischen Institutionen der DDR – insbesondere das Gesundheitswesen, die Kinderbetreuung und die hohe Arbeitsplatzsicherheit – immer noch zu den in der Rückschau besonders positiv besetzten Erinnerungsorten des untergegangenen Staatssozialismus.[111]

5. Ist bereits die Entwicklung der Einkommensverteilung und des Arbeitsplatzrisikos überaus komplex, gilt dies umso mehr für die Entstehungsgründe von Ungleichheit. Auch wenn ungleiche Lebenslagen in der Gegenwart stärker auf individuellen Entscheidungen basieren, hängt doch ein Großteil nach wie vor eng mit den Konstruktionsprinzipien der lohnarbeitszentrierten Erwerbsgesellschaft und der an sie angelagerten sozialen Sicherungssysteme zusammen. Arbeitslosigkeit war und ist das größte Armutsrisiko moderner Gesellschaften. Allerdings lässt sich soziale Ungleichheit immer seltener auf eine einzige bestimmende Ungleichheitsdimension zurückführen, sie ist im 21. Jahrhundert zunehmend »multipel strukturiert«.[112] Neben das Verteilungsergebnis des Arbeitsmarktes treten spezifische Soziallagen wie Familienformen und Ethnizität, zudem mit erneut wachsendem Gewicht altersbedingte Differenzen sowie seit 1990 stärker ausgeprägte regionale Unterschiede (sowohl in Gestalt eines langsam abnehmenden Ost-West- wie auch eines zunehmenden Nord-Süd-Gegensatzes). Gleichzeitig greift der Wohlfahrtsstaat weiterhin stark in das Ungleichheitsgefüge ein. Auch hier werden zunehmend Dimensionen von Ungleichheit wirksam, die nicht mehr direkt mit der Arbeitsmarktposition verkoppelt sind. Der Verlauf der sozialpolitischen Integration der neuen Bundesländer legt den Schluss nahe, dass Timing-Effekte, wie die generationsspezifische Lagerung im Arbeitsmarkt, oder die Möglichkeit, zu vorteilhaften Konditionen an wohlfahrtsstaatlichen Programmen zu partizipieren, wichtiger werden. Gleichzeitig lösen sich ungleichheitsrelevante Lebenslagen aus ihrer schichtspezifischen Bindung und beruhen stärker auf individuellen Entscheidungen. So ist das Armutsrisiko von Ein-Eltern-Familien heute über die meisten Einkommensgruppen gestreut.

Der Anstieg der weiblichen Erwerbsbeteiligung und die Erosion des Alleinernährermodells haben geschlechtsspezifische Ungleichheiten nicht vollständig eingeebnet. Immer noch bestehen markante Ungleichverteilungen aufgrund branchenspezifischer Entlohnungspraktiken und der Organisation der Familienarbeit. Allerdings sind diese Unterschiede seit 1990 geringer geworden. Der Wohlfahrtsstaat hat häusliche Ungleichheitsverhältnisse durch soziale Dienste zunehmend überformt und sie so »entprivatisiert«.[113] Die Bedeutung von Haushalten als Arenen der Ungleichheitsverteilung hat sich durch diesen Trend, mit

---

111 Infratest-dimap, Repräsentativbefragung 25 Jahre Mauerfall: Systemvergleich BRD/DDR im Auftrag des MDR, August/September 2014, S. 4f.
112 Weischer, Ungleichheit, S. 342.
113 Ebenda, S. 339.

dem sich das vereinigte Deutschland der Entwicklung anderer Staaten West- und Nordeuropas annähert, keineswegs verringert. Sie ist durch die größere Optionsvielfalt eher noch gewachsen.

Wie sind diese Veränderungen auf den Punkt zu bringen? Aus der Entwicklung der Einkommens- und Vermögensstruktur und mehr noch aus der zunehmenden Ungleichheit der Bildungschancen lassen sich in der Tat Argumente für die These einer zunehmenden Polarisierung der sozialen Ungleichheitsstrukturen gewinnen. Andererseits gibt es in der Bundesrepublik eine im Vergleich zu anderen europäischen Ländern nach wie vor breite Mittelschicht, die an den Wohlstandsgewinnen der vergangenen zwei Dekaden partizipieren konnte. Durch die Hartz-Reformen in der Armuts- und Arbeitsmarktpolitik und langfristig auch durch die Riester-Reformen der Alterssicherung wurde mit der Lebensstandardsicherung ein für die Sozialstaatlichkeit der Bonner Republik konstitutives Prinzip aufgegeben. Die kompensatorische Wirkung des Sozialstaats auf soziale Ungleichheitsverhältnisse hat sich dadurch abgeschwächt und in der Zielrichtung verändert. Sie bleibt aber auch in der Berliner Republik im Grundzug erhalten. In einigen Feldern wie der Familien- und Bildungspolitik wurde sie sogar leicht gestärkt. Daher scheint die Vorstellung einer zunehmend gespaltenen Gesellschaft insgesamt überzogen.[114] Dafür spricht auf paradoxe Weise auch, dass die soziale Verwundbarkeit durch beruflichen Abstieg inzwischen auch die Mittelschichten der Facharbeiter und akademisch gebildeten Dienstleistungsberufe erreicht hat. Dies bewirkt, zugespitzt gesagt, größere Gleichheit im Zeichen von Unsicherheit. Zu diskutieren bleibt, ob Begriffe wie »Prekarität« und »soziale Exklusion« als neue »Angstvokabel[n] für den Wandel des Arbeits- und Soziallebens«[115] solche Veränderungen angemessen beschreiben. Eher lassen sich eine wachsende soziale Durchlässigkeit nach unten und verschwimmende Trennlinien zwischen sicheren und unsicheren Positionen bei zunehmender Konkurrenz von Arbeitnehmern untereinander beobachten, so dass eindeutige Muster sozialer Ungleichheit schwerer zu identifizieren sind.[116]

---

114 So z. B. Heinz Bude, Die Ausgeschlossenen. Das Ende vom Traum einer gerechten Gesellschaft, München 2008.
115 Vogel, Sicher, Zitat S. 75, 89.
116 Stephan Lessenich/Frank Nullmeier, Einleitung: Deutschland zwischen Einheit und Spaltung, in: dies. (Hg.), Deutschland, S. 7–27, hier S. 15.

Rüdiger Hachtmann

Rationalisierung, Automatisierung, Digitalisierung
Arbeit im Wandel

Für zahlreiche ostdeutsche Arbeitnehmer war die unmittelbare Nach-Wendezeit ein Schock. Die »ganze Arbeitslosigkeit – daß einen das persönlich treffen kann – das zu begreifen« sei man 1990 »erst gar nicht« in der Lage gewesen. Denn Erwerbslosigkeit, so erinnerten Arbeiter etwa des VEB Leipziger Arzneimittelwerke, »war ja gar nicht vorhanden«. Zu DDR-Zeiten habe man »von der Arbeitslosigkeit nur über das Fernsehen erfahren«. Wenn »einen« im West-Fernsehen die Thematisierung von Erwerbslosigkeit in der Bundesrepublik – die seit Mitte der 1970er Jahre immer neue Rekordwerte erklomm und Ende der 1980er Jahre schließlich die Zwei-Millionen-Marke erreichte – »genervt hat, hat man einfach aufs DDR-Fernsehen geschaltet. Dort war keine Arbeitslosigkeit«.[1]

Diese garantierte Vollbeschäftigung markierte bis 1989 einen grundlegenden Unterschied zwischen Ost und West. Auch diejenigen, die sich ihren Arbeitsplatz erhalten konnten, sahen, dass im vereinigten Deutschland im Betrieb oft ganz »andere Fragen zentral im Mittelpunkt stehen«. Man sei, so stellten viele Ostdeutsche fest, seit 1990 ganz anders »im Stress« und habe lernen müssen, dass man »keine Fehler machen dürfe« und es »weniger gegenseitige persönliche Hilfe« gebe. Statt den Arbeitstag »erstmal gemütlich« zu beginnen, sei heute der Druck von Anbeginn groß. Im Vergleich mit den DDR-Zeiten werteten die im Westen angekommenen Werktätigen das Arbeitsklima als »kalt«.[2] Allerdings erinnerten sich auch viele westdeutsche Arbeitnehmer, dass ihr Berufsalltag in den 1970/80er Jahren weniger von Stress bestimmt worden sei. Denn auch im Westen veränderte sich die Arbeitswelt durch technologischen Wandel, Deregulierung und »Flexibilisierung« in den 1990er Jahren rasant. Während ein wachsender sozialer Druck im Osten vor allem als Folge der Einheit gewertet wurde, wurde dieser im Westen eher auf die Globalisierung zurückgeführt.

Die Arbeitswelten in Ost- und Westdeutschland standen in einem ähnlichen Rahmen und vor ähnlichen Herausforderungen – die sich in den Schlagworten

---

1 Francesca Weil, Herrschaftsanspruch und soziale Wirklichkeit. Zwei sächsische Betriebe in der DDR während der Honecker-Ära, Köln/Weimar/Wien 2000, S. 172 (Interview Kollege S.).
2 Zitate: Ebd., S. 179 f. bzw. 185 (Kollegen I. und G. bzw. Kolleginnen W. und Y.). Winfried Süß, Thomas Schaarschmidt, Mirko Winkelmann und weiteren Kollegen der Abteilung IV sowie Martin Schmitt, Marlene Gabriel-Kuhlmann, Heinz-Peter Kuhlmann und Axel-V. Jacquin danke ich für Anregungen und Kritik.

»Rationalisierung«, »Automatisierung« und »Digitalisierung« bündeln lassen –, entwickelten sich systembedingt bis 1989 jedoch sehr unterschiedlich. Auf dem Feld der Arbeitsorganisation und Fertigungstechnologie – als entscheidende Rahmenbedingungen für die einzelbetrieblichen Arbeitswelten – herrschte ein doppelter Blick nach Westen. In der Bundesrepublik orientierte man sich an den USA, in der DDR wiederum wesentlich an den bundesdeutschen Verhältnissen. Warum blieben der SED vergleichbare Erfolge auf dem Feld der industriellen Rationalisierung versagt? Warum wirkten die Arbeitswelten im ostdeutschen Staat merkwürdig erstarrt, auch und gerade in der Ära Honecker – während sich im Westen gleichzeitig die Rationalisierungsdynamik beschleunigte? Wie prägten Rationalisierung und Globalisierung in der »alten« Bundesrepublik die Strukturen der Erwerbsarbeit? Haben sich in der um die neuen Bundesländer vergrößerten Bundesrepublik ältere Trends bruchlos fortgesetzt, wurden sie nach der Wende 1989/90 vielleicht sogar beschleunigt oder haben sie sich möglicherweise in eine andere Richtung gedreht?

Blickt man auf grobe statistische Indikatoren, scheinen sich säkulare Trends scheinbar unberührt fortgesetzt zu haben. Die Zahl der in der Agrarwirtschaft Beschäftigten schrumpfte von 8,4 Prozent 1970 auf 1,6 Prozent 2010. Der Anteil der industriellen Arbeitnehmer an der Gesamtheit aller Erwerbstätigen sank gleichfalls beständig, von 46,5 Prozent auf 24,5 Prozent.[3] Den groben Daten nach zu urteilen, scheint der Weg der Bundesrepublik in die »Dienstleistungsgesellschaft« durch die Wiedervereinigung nicht tangiert worden zu sein. Fokussiert man das breite Feld der Dienstleistungen, scheint aus der Vogelperspektive hochaggregierter Daten die Diagnose einer gefrorenen Arbeitswelt auch für Ostdeutschland voreilig. Zu diskutieren ist die Vergleichbarkeit der Konstellationen in Ost und West nicht nur in dieser Hinsicht, sondern letztlich auf allen Ebenen, die die Erwerbsarbeit strukturierten. Sie sind hier ebenso zu thematisieren wie zentrale Trends, die sich in der um die neuen Bundesländer erweiterten Bundesrepublik beobachten lassen.

Im ersten Abschnitt der folgenden Ausführungen werden die politisch-rechtlichen Rahmenbedingungen skizziert sowie Schlaglichter auf grobe Trends geworfen. Der zweite Teil betrachtet die Rationalisierungsbewegungen und ihre Auswirkungen auf die Erwerbsarbeit in der Industrie im deutsch-deutschen Vergleich. Der dritte Abschnitt konzentriert sich auf die strukturellen Wandlungen der Erwerbsarbeit im Dienstleistungsbereich während des letzten Drittels des 20. Jahrhunderts sowie zu Beginn des neuen Jahrtausends – und damit auch auf prekäre Formen der Arbeitsverhältnisse.

---

3 Angaben nach: Statistisches Bundesamt (URL: https://www.destatis.de/DE/ZahlenFakten/Indikatoren/LangeReihen/Arbeitsmarkt/lrerw013.html). 1970: »alte Bundesrepublik« ohne DDR.

1. Rahmenbedingungen

Die Verfassungen beider deutscher Staaten setzten grundsätzlich unterschiedliche Rahmenbedingungen, bereits bei den Grundrechten: Während in der DDR das Recht auf Arbeit in der Verfassung festgeschrieben war, kennt das Grundgesetz ein solches Recht nicht. Stattdessen bauten die bundesdeutschen Regierungen seit 1949 die Sicherungssysteme für den Fall der Erwerbslosigkeit sowie die innerbetrieblichen Mitbestimmungsmöglichkeiten aus. Dass das Recht auf Arbeit in der DDR mit einer Pflicht zur Arbeit politisch-repressiv untersetzt wurde und politisch opponierende »Werktätige« zu niederen Tätigkeiten degradiert werden konnten, ändert nichts daran, dass die abhängig Beschäftigten praktisch unkündbar waren. Das in der DDR-Verfassung verankerte Recht auf Arbeit (Artikel 24) und das darauf fußende »Gesetz der Arbeit« (1950) bzw. »Gesetzbuch der Arbeit« (1962/1974) waren grundlegende politische Konzessionen an die terminologisch zu »Werktätigen« zusammengefassten Arbeiter und Angestellten. Sie waren die zentrale Legitimationsressource der sich als »Avantgarde der Arbeiterklasse« verstehenden SED und des von ihr gelenkten »Arbeiter- und Bauernstaates«. Die mit dem Recht auf Arbeit verbundene Unkündbarkeit verschaffte den Werktätigen in Ostdeutschland im betrieblichen Alltag erhebliche Handlungsräume.

Die von der SED implementierte Volkswirtschaft folgte dem Ideal einer spätstalinistischen zentralistischen Kommandowirtschaft. Dies und damit die Letztverantwortung der Staatspartei auch in allen politisch-gesellschaftlichen Fragen hatten zur Folge, dass ihr sämtliche Missstände, Materialmängel und Produktionsstockungen, aber auch schlechte Arbeitsorganisation und das Gefühl von Lohnungerechtigkeiten unmittelbar angelastet wurden. In den westlichen Marktwirtschaften dagegen blieb der Unternehmer als selbstverantwortliche, intermediäre Institution erhalten, die Unzufriedenheit »nach oben« auch politisch abpufferte. Auch wenn in der Bundesrepublik die Staatsquote bereits 1975 etwa 45 Prozent erreichte und weiter leicht anstieg, richteten sich Konflikte und Arbeitskämpfe in Ost und West also tendenziell gegen unterschiedliche Adressaten.

In der DDR entstanden entsprechend in den Betrieben dichte Überwachungsnetze sowie politisch-soziale Frühwarnsysteme (Betriebsgewerkschaftsleitungen/BGL usw.). Der Kontroll- und Repressionsapparat hatte gegenüber den »Werktätigen« freilich immer ins Kalkül zu ziehen, dass diese die Legitimationsgrundlage des SED-Staates bildeten. Zwar wurde derjenige stigmatisiert, der »sich aus Arbeitsscheu einer geregelten Arbeit hartnäckig entzieht, obwohl er arbeitsfähig ist«, und in der Strafrechtsordnung der DDR (§ 249) mit »Arbeitserziehung« sowie in vorgeblich schweren Fällen »mit einer Freiheitsstrafe bis zu zwei Jahren« bedroht. Gegen Arbeitsunlust, vermeintliches Krankfeiern und Bummelantentum blieb diese Waffe jedoch weitgehend stumpf. Kaum etwas illustriert dies besser als der Stoßseufzer der Leiterin eines der größten DDR-Kombinate: »Wir hatten natürlich [!] Fälle von Arbeitsbummelanten, die zwei Jahre den Betrieb überhaupt nicht gesehen hatten, und wir durften sie nicht entlassen«.⁴ Das war in der Bundesrepublik zwar ausgeschlossen. Aber auch hier waren Spielräume und Verhandlungspositionen für Arbeitnehmer lange Zeit groß – in den Zeiten der Vollbeschäftigung. Hier verengten sie sich mit der wachsenden Arbeitslosigkeit jedoch bereits seit Ende der 1970er Jahre.

Grundlegend unterschieden sich in beiden deutschen Staaten auch die tarifpolitischen Strukturen. Im SED-Staat wurden Rahmenkollektivverträge zwischen den Zentralvorständen der Einzelgewerkschaften des Freien Deutschen Gewerkschaftsbundes (FDGB) sowie den zuständigen staatlichen Funktionsträgern ausgehandelt (ergänzt durch Betriebskollektivverträge). Während in der DDR, ausgeprägter als z. B. in Polen oder Ungarn, Selbständige nur in Randbereichen existierten und die Tarifpolitik unmittelbar politisch überformt wurde, nahmen und nehmen im Westen Unternehmer – zu Arbeitgeberverbänden zusammengefasst – maßgeblichen Einfluss auf die in Tarifverhandlungen mit den Gewerkschaften ausgehandelten, regelmäßig erneuerten Tarifverträge. Sie erlauben eine elastische Anpassung an veränderte wirtschaftliche und politische Konstellationen und entlasten darüber hinaus den Staat von weitergehenden politisch-sozialen Ansprüchen und Erwartungen. Dieser ist nicht gezwungen, selbst einen Ausgleich oder eine wie auch immer geartete Lösung der betrieblichen Interessendivergenzen zu finden. Allerdings federt in der Bundesrepublik eine elaborierte staatliche Sozialpolitik Spannungen zwischen Kapital und Arbeit ab. Bund und Länder beeinflussen außerdem durch gesetzliche Rahmenbedingungen, aber auch Institutionen wie die Gewerbeaufsicht die Arbeitsbedingungen in erheblichem Maße.

Seit den 1990er Jahren wird die bundesdeutsche Sozialverfassung freilich dadurch erschüttert, dass Flächentarifverträge zunehmend an Bindekraft verlieren. Die Tarifflucht, d.h. der Ausstieg von Arbeitgebern aus bestehenden Tarifverträgen oder das Unterlaufen tariflicher (Mindest-)Bedingungen, nimmt seit 1989/90 erheblich zu, anfangs vor allem in den neuen Bundesländern, inzwischen bundesweit. 2006 lag der Prozentsatz der bundesdeutschen Unternehmen, die noch durch Flächen- oder Firmentarifverträge gebunden waren, nur mehr bei gut sechzig Prozent – und damit weit hinter Staaten wie Estland und Italien (80 Prozent) oder den skandinavischen und Benelux-Ländern (über 80 Prozent).⁵

---

4 Christa Bertag, seit 1986 Generaldirektorin des VEB Kosmetik-Kombinats/Berlin, nach: Theo Pirker u. a. (Hg.), Der Plan als Befehl und Fiktion. Wirtschaftsführung in der DDR. Gespräche und Analysen, Opladen 1995, S. 253.

5 Nach: Database on Institutional Characteristics of Trade Unions, Wage Setting, State Intervention and Social Pacts in 34 Countries between 1960 and 2007, Amsterdam 2007 (Amsterdam Institute for Advanced Labour Studies, University of Amsterdam): URL: http://www.uva-aias.net/208. Vgl. auch Steffen Lehndorff/Alexandra Wagner/Christine Franz, Arbeitszeitentwicklung in Europa, o. D. (2010), URL: http://www.iaq.uni-due.de/aktuell/veroeff/2010/lehndorff01, S. 32 (Abb. 2.1). Zum Hintergrund der Tarifflucht in der Bundesrepublik vgl. Wolfgang Schroeder/Stephen J. Silvia, Gewerkschaften und Arbeitgeberverbände, in: Wolfgang Schroeder (Hg.), Handbuch Gewerkschaften in Deutschland, 2. Aufl., Wiesbaden 2014, S. 535–578, bes. S. 354–361.

Unabhängig davon werden in zunehmendem Maße Öffnungsklauseln und »Korridorlösungen« in Tarifverträge aufgenommen oder ausgeweitet und diese außerdem durch betriebliche »Bündnisse für Arbeit« zunehmend durchlöchert.

Allerdings besitzt die bundesdeutsche Arbeitsverfassung ein weiteres Korrektiv, das soziale Konflikte abpuffert: die nach dem Zusammenbruch des NS-Regimes im Westen wieder aufgebaute, separate Arbeitsgerichtsbarkeit. In der DDR wurden dagegen Arbeitsgerichte auf der Kreis- und Bezirksebene im April 1961 aufgehoben und als »Kammern für Arbeitsrechtssachen« den Kreis- und Bezirksgerichten angegliedert. Wenn schon zuvor nur ein Bruchteil der Streitfälle vor Arbeitsgerichte kam, dann ist dies darauf zurückzuführen, dass mit den »betrieblichen Konfliktkommissionen« (seit April 1953) eine einzelbetriebliche Schlichtungsinstanz existierte, die über das Gros der Streitfälle entschied. Der Bedeutungsverlust der Arbeitsgerichtsbarkeit und der hohe Stellenwert außergerichtlicher Schlichtungsinstanzen erklären sich aus der ideologisch begründeten Leugnung sozialer Gegensätze. Auch in der Präambel der Arbeitsgerichtsordnung der DDR vom 29. Juni 1961 wurden Arbeitsstreitigkeiten als »Überreste bürgerlicher Denk- und Lebensgewohnheiten« denunziert. Unabhängig davon war der Stellenwert der Betriebe im Leben des einzelnen Arbeitnehmers in der DDR weit größer als in der Bundesrepublik, da über die Betriebe außerdem oft die Kinderbetreuung, die Urlaubsbedingungen oder auch die Freizeitmöglichkeiten geregelt wurden. Der Ausbau der betrieblichen Infrastruktur war freilich nicht nur politisch-ideologisch gewollt, sondern wurde außerdem durch eine hohe Frauenerwerbsquote begünstigt, die deutlich über der im Westen lag.

Zuständig für die Lenkung der Arbeitskräfte waren in der DDR seit 1973 die Ämter für Arbeit und Löhne (bis 1951: Arbeitsämter; 1951 bis 1961: Abteilungen für Arbeit; 1961 bis 1973: Ämter für Arbeit und Berufsberatung). Die Planungsbürokratie konnte zwar Auflagen zur Abgabe von Beschäftigten machen und, wenn diese nicht eingehalten wurden, Sanktionen verhängen. Trotzdem war das »Horten« von eigentlich überflüssigen Arbeitskräften nicht selten. Tatsächlich blieb die Vollbeschäftigungspolitik der DDR nur auf dem Papier erfolgreich. Zahlreiche Personen galten als beschäftigt, obwohl sie vom Arbeitsprozess her entbehrlich waren. Die im Vergleich zu westlichen Industriestaaten allgemein niedrige Arbeitsproduktivität kann gleichfalls als Ausdruck einer nicht sichtbaren Massenerwerbslosigkeit gelesen werden, ganz abgesehen davon, dass auch der übermäßig aufgeblähte Verwaltungs- und Sicherheitsapparat Arbeitskräfte absorbierte.

In der Bundesrepublik herrschte seit dem Korea-Boom für zwei Jahrzehnte dagegen auch de facto Vollbeschäftigung. Sie begünstigte die arbeitsorganisatorische wie fertigungstechnische Rationalisierung insbesondere in der Industrie und erklärt den bis in die 1970er Jahre staatlich geförderten Zustrom ausländischer »Gastarbeiter«. Nicht zuletzt die zunehmende Einbeziehung von Müttern in lohnabhängige Erwerbsverhältnisse sollte so hinausgezögert werden. Trotzdem stieg der Anteil von Frauen an sämtlichen Erwerbspersonen von 37,1 Prozent (1960) bis 2005 auf 44,4 Prozent (nur »West«) – mit deutlichen Schüben in den 1970er und

1980er Jahren sowie seit der Jahrtausendwende, also gerade in Phasen wachsender Arbeitslosigkeit.[6] Zurückzuführen ist die steigende Frauenerwerbsquote mithin nicht in erster Linie auf den Bedarf an zusätzlichen Arbeitskräften, sondern auf einen kulturellen Wandel – ein verändertes Selbstbild der Frauen und den Wunsch nach ökonomischer Unabhängigkeit – sowie auf die Bildungsexpansion.

Hatte die Erwerbslosigkeit 1970 mit etwa hunderttausend (Fluktuations-)-Arbeitslosen ein statistisches Minimum erreicht, wuchs sie seitdem kontinuierlich, bis 1989 schließlich auf gut 2,3 Millionen Erwerbsfähige. Nach der deutschen Vereinigung schnellte die vom Statistischen Bundesamt verzeichnete Arbeitslosigkeit auf rund fünf Millionen (2005), um danach nominell auf inzwischen etwa drei Millionen zurückzugehen (Tabelle 1). Diese Daten sagen freilich über die Qualität der Arbeitsplätze derjenigen nichts aus, die statistisch als »Beschäftigte« gelten. Darüber hinaus verweist die in der »alten Bundesrepublik« seit Mitte der 1970er Jahre entstandene und danach rasch wachsende strukturelle Arbeitslosigkeit auf grundlegende Umbruchprozesse in den hochindustriellen Gesellschaften des Westens, die auch in der Bundesrepublik alle Bereiche der Wirtschaft erfassten.

Tabelle 1: Erwerbspersonen und Arbeitslose in der Bundesrepublik 1970 bis 2010 (bis einschließlich 1990: nur »früheres Bundesgebiet«)

Jahr	Erwerbspersonen (in Mio.)	Erwerbsquote	Erwerbslose (in Mio.)	Erwerbslosenquote
1970	26,8	44,2 %	0,103	0,4 %
1975	26,9	43,6 %	0,613	2,3 %
1980	28,0	45,4 %	0,483	1,7 %
1985	29,7	48,6 %	1,976	6,7 %
1990	31,8	50,3 %	1,423	4,5 %
1995	41,1	50,3 %	3,205	7,8 %
2000	42,9	52,2 %	3,114	7,3 %
2005	43,7	53,0 %	4,506	10,3 %
2010	43,8	53,6 %	2,821	6,4 %

Quelle: Statistisches Bundesamt, Volkswirtschaftliche Gesamtrechnungen. Inlandsproduktsberechnung. Lange Reihen ab 1970 (Fachserie 18 Reihe 1.5), Wiesbaden 2014, S. 44 (aufgerufen unter URL: https://www.destatis.de/DE/Publikationen/Thematisch/Volkswirtschaftliche Gesamtrechnungen/Inlandsprodukt/InlandsproduktsberechnungLangeReihenPDF_2180150.pdf?__blob=publicationFile)

---

6 Nach: Institut der deutschen Wirtschaft Köln (Hg.), Deutschland in Zahlen 2014, Köln 2014, S. 11.

Unterschiedlich war in Ost und West außerdem die Bedeutung von Gewerkschaften. In der DDR gehörten die Arbeitnehmer de facto per Zwangsmitgliedschaft einem Arbeitnehmerverband an – dem FDGB, der bis 1989 ein Anhängsel der SED blieb. In demokratischen Gesellschaften ist die Mitgliedschaft dagegen bekanntlich freiwillig. Hier wird das soziale wie politische Gewicht einer Gewerkschaft maßgeblich durch die Konstellationen auf den Arbeitsmärkten bestimmt. Eine hohe Sockelarbeitslosigkeit führt in der Regel zu ihrer nachhaltigen Schwächung, während umgekehrt Vollbeschäftigung die Position der Arbeitnehmer stärkt. Das war in der Bundesrepublik nicht anders. Den Zenit ihres Einflusses erreichen die im Deutschen Gewerkschaftsbund (DGB) zusammengefassten Gewerkschaften auf dem Höhepunkt der Vollbeschäftigung. Von der Mitgliederstatistik her gesehen erreichen sie ihre Hochphase in den 1970/80er Jahren: Die Zahl der DGB-Mitglieder wuchs von 5,4 Millionen 1950 auf 8,0 Millionen 1981 (1989 7,9 Millionen). Mit der deutschen Einigung stieg die Zahl der DGB-Mitglieder noch einmal sprunghaft auf 11,8 Millionen (1991), um danach kontinuierlich abzusinken, auf zunächst 9,8 Millionen 1994/95 und 8,0 Millionen fünf Jahre später. Bis 2013 hatte sich die Zahl der DGB-Mitglieder mit 6,1 Millionen gegenüber 1991 fast halbiert.[7] Die Gründe für diesen Mitgliederschwund sind vielfältig. Neben den genannten und weiteren strukturellen Aspekten wie dem Aufkommen neuer Dienstleistungsbranchen bei gleichzeitigem Bedeutungsverlust überkommener Wirtschaftszweige und Berufsgruppen mit traditionell hohem Organisationsgrad spielen weitere Faktoren eine Rolle, namentlich eine zunehmende Entpolitisierung des gesellschaftlichen Lebens, die Probleme der Gewerkschaften, insbesondere jüngere Menschen anzusprechen, oder der wachsende Anteil von Frauen, die ihre Interessen in den zumeist traditionell von Männern dominierten Gewerkschaften nicht vertreten sehen, an der Gesamtheit der Beschäftigten.

Auch das grundlegend differierende Arbeitsrecht und eine fundamental unterschiedliche Stellung der Gewerkschaften in beiden deutschen Staaten verweisen auf unterschiedliche Konfliktstrukturen. In der DDR garantierte die Verfassung von 1949 zwar ein Streikrecht. Der von KPD und SED dominierte FDGB lehnte allerdings von Anfang an Arbeitskämpfe in den verstaatlichten, dem Namen nach »volkseigenen« Betrieben ab, da, so die Argumentation, jeder Streik der Arbeiter sich gegen sie selbst als die angeblichen Eigentümer der Betriebe richte. Diese politisch-rechtliche Fiktion wurde mit dem 17. Juni 1953 zwar gründlich widerlegt. Dennoch kannten weder das »Gesetzbuch der Arbeit« von 1961 bzw. 1978 noch die Verfassung von 1968 ein Streikrecht. Die Folge: Arbeitsniederlegungen trafen die SED politisch unmittelbar. Unabhängig davon entwickelten sich in der DDR zudem andere Konfliktlinien. Hier waren Betriebs-

---

7 Nach: Samuel Greef, Gewerkschaften im Spiegel von Zahlen, Daten und Fakten, in: Handbuch Gewerkschaften, S. 659–755, hier S. 687 (Tab. 4.1.3.), sowie URL: http://www.dgb.de/uber-uns/dgb-heute/mitgliederzahlen.

leitungen und Belegschaften samt BGL oft bestrebt, überzogenen Ansprüchen und Erwartungen sowie sonstigen Zumutungen von »Oben« durch einen informellen Pakt von »Unten« zu begegnen.[8]

In der Bundesrepublik ist das Streik- wie das Koalitionsrecht dagegen grundgesetzlich verbürgt.[9] Die Zahl der legalen Arbeitskämpfe blieb freilich aufgrund eines lange Zeit ausgeprägten Neokorporatismus inklusive eingespielter, auf der 1952 eingeführten Institution der Betriebsräte basierender Formen der innerbetrieblichen Konfliktregulierung – und einer daraus resultierenden relativ starken Beteiligung der Arbeitnehmer an Produktivitätszuwächsen – im Vergleich zu anderen westeuropäischen Staaten niedrig.[10] Seit den 1990er Jahren dämpft vor allem eine hohe Sockelarbeitslosigkeit die Streikbereitschaft.

Hohe strukturelle Erwerbslosigkeit, ein anhaltender Niedergang der Gewerkschaften und die zunehmende Tarifflucht der Unternehmer prägen seit 1990 auch die Lohn- und Einkommensentwicklung. In der DDR war die Aussagekraft der Nominallöhne vor dem Hintergrund der Bezuschussung von Grundnahrungsmitteln, häufiger Warenengpässe und der starken Bedeutung informeller »guter Beziehungen« immer beschränkt gewesen; daran änderte sich nur wenig, als verstärkt seit den 1970er Jahren die egalitäre Tarifstruktur durch verschiedenartige Lohnanreizsysteme aufgeweicht wurde. In der – »alten« wie wiedervereinigten – Bundesrepublik war und ist die Lohnentwicklung dagegen ein zentraler Indikator für die Lebenshaltung der Arbeitnehmerschaft. Hatte das Wachstum der (Jahres-)Bruttoverdienste noch 1980 bei durchschnittlich 8,5 Prozent gelegen, schrumpften die jährlichen Steigerungsraten seit Mitte der 1990er Jahre im Vergleich zu den vorherigen Jahrzehnten auf kleine Spannen (zwischen 0,5 Prozent und 4 Prozent, mit einem Null- oder Negativ-»Wachstum« 1997, 2003, 2005 und 2009). Die jährlichen (Netto-)Realeinkommen gingen phasenweise sogar deutlich zurück, bundesweit allein zwischen 1993 und 1998 um etwa sieben Prozent sowie noch einmal zwischen 2004 und 2009 und erneut seit 2011.[11] Mitverantwortlich dafür ist zweifellos ein deutlicher Anstieg der Teilzeitarbeit in den letzten beiden Jahrzehnten. Der folgt zwar einem langfristigen Trend und nahm in Deutschland bereits ab Mitte der 1930er Jahre signifikante

---

8 Vgl. als generellen Überblick Peter Hübner, Arbeit, Arbeiter und Technik in der DDR 1971 bis 1989. Zwischen Fordismus und digitaler Revolution, Bonn 2014.
9 Da in der Bundesrepublik ein Gesetz über Arbeitskämpfe nicht existiert, bilden die Urteile des Bundesarbeitsgerichts den Orientierungsrahmen. In anderen westeuropäischen Staaten ist das Streikrecht liberaler gestaltet (z. B. Italien); oder der juristische Umgang mit Arbeitskämpfen folgt liberaleren Grundsätzen (Frankreich u. a.). Vgl. als Überblick Friedhelm Boll/Viktoria Kalass, Streik und Aussperrung, in: Handbuch Gewerkschaften; außerdem vor allem Peter Birke, Wilde Streiks im Wirtschaftswunder. Arbeitskämpfe, Gewerkschaften und soziale Bewegungen in der Bundesrepublik und Dänemark, Frankfurt a. M. 2007.
10 Vgl. Boll/Kalass, Streik, bes. S. 544 f.
11 Vgl. Greef, Gewerkschaften, S. 673 (Tab. 1.1.1.).

Dimensionen an,[12] beschleunigte sich seit Anfang der 1990er Jahre jedoch deutlich. Die rapide Ausweitung von Halbtagsschichten und flexiblen Arbeitszeitmodellen ließ die Zahl der in Teilzeit beschäftigten Arbeitnehmer von 2,6 Millionen (1991) über 3,5 Millionen (1998) auf 5,0 Millionen (2011) anschwellen. Diese Zahl verweist auf die verbesserten Möglichkeiten von Müttern und Vätern, ihre Doppelrolle als Arbeitnehmer und Elternteil ausüben zu können. Gleichzeitig – und in zunehmendem Maße – ist sie jedoch auch Ausdruck einer voranschreitenden Prekarisierung der Arbeitsverhältnisse. Hohe Sockelarbeitslosigkeit und Angst vor Kündigung sind außerdem wesentliche Ursachen dafür, dass die reale durchschnittliche Wochenarbeitszeit von Vollzeitbeschäftigten, die in der Bundesrepublik und ebenso der DDR bis weit in die 1980er Jahre deutlich zurückgegangen war, nach der Wende wieder anstieg – von 39,7 Stunden (1995) auf 40,4 Stunden (2008).[13]

2. Die Industrie

Vom Fordismus zum Toyotismus – Rationalisierungsschub im Westen

Insbesondere je nach Erwerbslosenquote und Höhe der Personalkosten variiert der Druck auf die Unternehmensleitungen zu rationalisieren. Bereits in den 1950er und 1960er Jahren übten Vollbeschäftigung und steigende Lohnkosten einen erheblichen Druck in dieser Hinsicht aus. Seit den 1970er Jahren verschärfte er sich weiter, als sich Welthandel und Kapitalströme immer rasanter globalisierten, große Unternehmen zunehmend internationalisierten und sich die nationale Standortkonkurrenz verschärfte. Die Folge war eine kontinuierliche Erhöhung der Arbeitsproduktivität in allen Wirtschaftssektoren (Tabelle 2). Als hochaggregierter Indikator ist »Arbeitsproduktivität« freilich unscharf. Er verwischt Differenzen nach Branchen, Betriebsgrößen usw., schließt auch die bloße (rohe) Intensivierung der Arbeit ein und sagt zudem nichts über den Grad und die Tiefe fertigungs- und informationstechnologischer Umbrüche aus. Diese waren im letzten Drittel des 20. Jahrhunderts jedoch gravierend.

Im ökonomischen wie soziologischen Diskurs hat man die strukturellen Veränderungen in der Industrie mit Schlagworten wie »Krise« und »Ende des Fordismus« zu fassen versucht. Dies sind Formeln, die unfreiwillig auf die lange Zeit

---

12 Vgl. Rüdiger Hachtmann, Industriearbeiterinnen in der deutschen Kriegswirtschaft 1936–1944/45, in: GG 19/1993, S. 332–366, hier S. 338 f., S. 364 (Tab. 3).
13 Angaben nach: Lehndorff/Wagner/Franz, Arbeitszeitentwicklung Europa (2010), S. 115 bzw. S. 138 (Tab. 7.1 bzw. 7.30). Zu Prekarisierung und Arbeitszeitflexibilisierung vgl. auch unten unter 3. das Kapitel zur »Neo-Taylorisierung im Dienstleistungsgewerbe«. Deutlich niedriger lagen die durchschnittlichen Wochenarbeitszeiten in den skandinavischen Ländern sowie den Beneluxstaaten, Frankreich und Italien. Die Differenz zwischen tariflichen und effektiven Arbeitszeiten lag in Deutschland 2008 bei 2,8 Stunden – und damit weit über dem EU-Durchschnitt von 1,9 Stunden.

Tabelle 2: Arbeitsproduktivität in der Bundesrepublik
je Erwerbstätigen und je Arbeitsstunde 1970 bis 2010
(Index 2010=100,0 – bis einschließlich 1990: nur »früheres Bundesgebiet«)

Jahr	Arbeitsproduktivität je	
	Erwerbstätigen	Arbeitsstunde
1970	100,00	100,00
1975	114,19	124,32
1980	128,98	144,87
1985	137,09	161,38
1990	146,40	182,51
1995	160,88	206,42
2000	168,15	227,03
2005	175,59	243,91
2010	178,96	252,41

Quelle: Statistisches Bundesamt, Gesamtrechnungen, S. 50 (eigene Umrechnung).

herausragende Bedeutung von »Fordismus« (und »Taylorismus«) in industriellen Kernsektoren verweisen. Zentral für den »klassischen« Fordismus als Idealtypus ist das Prinzip der kontinuierlich fließenden, jedoch relativ starren Fertigung.[14] Sowohl tayloristische als auch fordistische Produktionsformate setzen Massenabsatz und eine weitgehende Standardisierung der Arbeitsabläufe wie des gefertigten Produkts voraus. Als Konzept ist dem betrieblichen Fordismus eine ausgeprägte Dynamik inhärent, nämlich (idealtypisch!) eine immer perfektere Abstimmung mit einer immer komplexeren maschinellen »Umgebung« und die Tendenz, die anfangs zahlreichen, auf wenige monotone Handgriffe reduzierten ungelernten Arbeitskräfte durch »Automaten« zu ersetzen. Die vollautomatisierte, nur mehr mit Robotern bestückte Fabrik steht idealtypisch am Ende dieser Entwicklung. Dem fordistischen Produktionsregime ist insofern die Tendenz zur Selbstaufhebung, eine *kalkulierte Obsoleszenz* inhärent.

---

14 Zur Definition von »Fordismus« und seiner Geschichte vgl. Rüdiger Hachtmann, Fordismus, Version 1.0, in: Docupedia-Zeitgeschichte, 27.10.2011, URL: http://docupedia.de/zg/fordismus?oldid=84605; ders./Adelheid v. Saldern »Gesellschaft am Fließband«. Fordistische Produktion und Herrschaftspraxis in Deutschland, bzw. dies., Das fordistische Jahrhundert. Eine Einleitung, in: Studies in Contemporary History/Zeithistorische Forschungen 6.2 (2009), S. 174–208.

Die im einzelbetrieblichen Fordismus angelegte Dynamik wiederum hat erhebliche Auswirkungen auf die Belegschaftsstrukturen: Die Facharbeiter schmelzen anfangs, idealtypisch, zu einer schmalen Schicht zusammen. Außerdem ändern sich ihre Berufs- und Aufgabenfelder grundlegend, hin zur Einrichtung und Überwachung fordistischer Fertigungsstrecken. Das Gros der Produktionsarbeiter, am Band, ist (idealtypisch) kurzfristig angelernt. In dem Maße, wie die fließende Fertigung perfektioniert und automatisiert wurde, wuchs dann der Anteil der qualifizierten (überwachenden) Arbeitskräfte, während derjenige der »Einfacharbeiter« in der unmittelbaren Produktion schrumpfte. Dies war in der Bundesrepublik und anderen hochindustrialisierten westlichen Ländern seit den 1960er Jahren der Fall.

Weitere, über den einzelnen Betrieb hinausreichende Elemente können als »fordistisch« qualifiziert werden. Dazu gehören erstens der Massenkonsum – der auf den drei Säulen Massenfertigung, hohe Einkommen und (damit) Massenabsatz sowie technologischen Entwicklungen fußt, die immer mehr Luxusgüter zu Massenwaren machen –, zweitens der Acht-Stunden-Tag und die eindeutige Trennung von Arbeits- und Freizeit, drittens eine relative Langfristigkeit und Sicherheit des Arbeitsverhältnisses sowie viertens eine »Work-Life-Balance«, bei der der Lebensmittelpunkt in Richtung Freizeit und Urlaub verschoben ist. Hinzu treten spezifische Formen der Unternehmensorganisation und -kultur, insbesondere eine starke externe Kontrolle der Belegschaften sowie eine ausgeprägte Fertigungstiefe – mit der Tendenz zum »Unternehmensautarkismus«.

Dieses Modell »Fordismus« wurde seit Mitte der 1970er vor dem Hintergrund globaler Entwicklungen zunehmend infrage gestellt. Nicht zuletzt das japanische Wirtschaftswunder setzte Westeuropa erheblich unter ökonomischen Druck. Vorbildgebend wurde insbesondere das zum Automobil-Giganten herangewachsene Unternehmen Toyota, das seit Anfang der 1950er Jahre Elemente eines (scheinbar) neuen Produktionsregimes ausbildete. Zentrales Element des Toyotismus ist das Just-in-Time-Prinzip. Es sieht vor, dass für jeden einzelnen Produktionsschritt die richtigen Teile in der exakt notwendigen Menge genau zu dem Zeitpunkt bereit stehen, zu dem sie benötigt werden. Zum Just-in-Time-Prinzip gehört außerdem eine gewisse Requalifizierung der (weiterhin) am fließenden Band beschäftigten Arbeiter, da diese bei Produktionsstockungen oder Maschinendefekten die eintretende Stockung beheben und unterschiedliche Maschinen bedienen können müssen, um den vorgegebenen Zeitfluss einzuhalten. Ergänzt wird das Just-in-Time-Prinzip durch das Kanban-System. Dieses weicht das klassische Fließfertigungsprinzip dadurch auf, dass sich die Arbeiter des nachgelagerten Produktionsschrittes die von ihnen benötigten Teile beim jeweils vorgelagerten Produktionsschritt holen. Dies läuft auf eine – begrenzte – Form der Gruppenarbeit hinaus. Trotz partieller Flexibilisierung bleibt der Toyotismus jedoch fordistisch basiert.[15]

---

15 Vgl. Steven Tolliday, Diffusion and Transformation of Fordism: Britain and Japan Compared, in: Robert Boyer u. a. (Hg.), Between Imitation and Innovation. The Transfer and Hybridization of productive Models in the international Automobil Industry, Oxford 1998,

Über ein, zwei Jahrzehnte prägte der Toyotismus den Diskurs; seine praktische Adaption in den Unternehmen blieb pragmatisch. Noch stärker auf der Diskurs-Ebene verblieb in den 1970er und 1980er Jahren ein Modell der Gruppenarbeit, das sich mit dem Namen des schwedischen Automobilunternehmens Volvo verbindet[16] und radikaler war: Weit umfassender als beim Toyotismus führten die Mitglieder der Fertigungsgruppen bei Volvo unterschiedlichste Tätigkeiten aus, so dass einseitige Belastungen tendenziell vermieden wurden und die Arbeiter innerhalb ihrer Gruppe (mindestens) teilautonom agierten.[17] Zu Fixpunkten des Industriediskurses avancierten Toyotismus und Volvo-Modell nicht zuletzt aufgrund einer auch politisch konnotierten Debatte über die »Krise des Fordismus«. Sie speiste sich aus mehreren Quellen. Vor dem Hintergrund einer bis in die 1970er Jahre anhaltenden Vollbeschäftigung nahmen Fluktuation und Krankenstände aus der Sicht der Unternehmensleitungen bedenkliche Ausmaße an. Sie galten als Ausdruck einer verbreiteten Unzufriedenheit mit monotoner Bandarbeit und waren ein Grund, nach Alternativen Ausschau zu halten. Hinzu traten weitere Faktoren, die das Diktum von der »Krise des Fordismus« befeuerten. Wichtig war die 68er Bewegung, die etwas zeitversetzt auch zahlreiche Lehrlinge und jüngere Arbeiter in den Bann zog. Davon wesentlich angestoßen brach sich ein auf den frühen Marx zurückgehender Entfremdungsdiskurs Bahn, der sich historisch-empirisch wesentlich am Fordismus abarbeitete und auch die Debatten der – in den 1970er Jahren relativ starken – Gewerkschaften beeinflusste. Teile der Neuen Frauenbewegung nahmen an der (von der Arbeitswissenschaft traditionell geschlechtsdiskriminierend legitimierten) Monotonie der Tätigkeit weiblicher Bandarbeiterinnen Anstoß.

Virulent wurde die Krise des Fordismus in den Zentren der westlichen Industrieregionen durch »Attacken gegen Vorgesetzte, Sabotage, Schlamperei, Go-slow-Aktionen und wilde Streiks«, die nach dem »Urteil der Experten« (so der SPIEGEL Anfang Juli 1973) durch die »Tretmühlen-Tortur« des Fließbandes ausgelöst worden waren.[18] Möglich war die »Revolte gegen das Fließband« freilich nur bei Vollbeschäftigung, ohne Angst vor Entlassung. Die seit Mitte der 1980er Jahre

S. 57–95, bes. S. 71 ff.; Volker Elis, Von Amerika nach Japan – und zurück. Die historischen Wurzeln und Transformationen des Toyotismus, in: Zeithistorische Forschungen/Studies in Contemporary History 6.2 (2009), S. 255–275, bes. S. 257 ff. Zur Rezeption: Christian Kleinschmidt, Der produktive Blick. Wahrnehmung amerikanischer und japanischer Management- und Produktionsmethoden durch deutsche Unternehmer 1950–1985, Berlin 2002. Weitere Elemente des Toyotismus sind u. a. in den Produktionsprozess integrierte Qualitätskontrollen sowie ein System kontinuierlicher Verbesserungen (Kaizen).

16 Zu Diskurs und Praxis des »Volvoismus« vgl. Peter Bickelmann/Hans-Joachim Braczyk/Rüdiger Seitz (Hg.), Entwicklung der Gruppenarbeit in Deutschland, Frankfurt a. M. 1993; Christian Berggren, Von Ford zu Volvo. Automobilherstellung in Schweden. Berlin 1991; ferner Martina Hessler, Kulturgeschichte der Technik, Frankfurt a. M. 2012, hier S. 66 f.

17 Dem Volvo-Modell ähnliche, auf den Psychologen Hellpach zurückgehende Varianten der Gruppenfabrikation wurden bereits Anfang der 1920er Jahre entworfen und kurzzeitig bei Daimler-Benz praktiziert. Vgl. Willy Hellpach/Richard Lang, Gruppenfabrikation, Berlin 1922.

18 Der Spiegel 27/1973, S. 98 ff.

bleibend hohe Arbeitslosigkeit ließ den offenen Protest verstummen, läutete in der Regel jedoch keine Wiederkehr des primitiven, »alten« Betriebsfordismus ein.

Flickschusterei und Improvisationskunst statt Produktionsfluss – die Industrie der DDR

Anders entwickelten sich Fordismusdiskurs und -praxis in der DDR. Zwar waren in der Sowjetunion die von Taylor und vor allem von Ford gepredigten Produktionsprinzipien seit den 1920er Jahren geradezu euphorisch rezipiert worden[19] und suchte der SED-Staat dem »großen Bruder« auch in dieser Hinsicht nachzueifern. Unter dem Strich scheiterte die Staatspartei des ostdeutschen Staates jedoch in ihrem Bemühen, ein entsprechendes Produktionsregime auch nur in Kernbereichen der verarbeitenden Industrie einzuführen. Verantwortlich dafür war ein ganzes Ursachenbündel, das sich verkettete und in seinen produktionsbremsenden Effekten potenzierte.

Erstens: Der zentralistisch gesteuerten Planwirtschaft war immanent, dass die einzelnen Betriebe grundlegendere fertigungstechnische Innovationen nicht – wie marktkapitalistische Industrieunternehmen – in eigener Regie einführen und durchsetzen konnten. Während im Westen Unternehmen einer globalen ökonomischen Konkurrenz ausgesetzt waren und auf diese Weise zu oft teuren Innovationen gezwungen wurden, existierte im Osten diese kapitalistische Stimulanz nicht. Weiterreichende Rationalisierungsprojekte mussten immer »politische Sanktion haben«, d.h. durch die vorgesetzten Organe und in letzter Instanz durch das SED-Politbüro politisch legitimiert werden. Das galt selbst für Vorhaben, die auf Anregungen von »Oben« zurückgingen: »Es war nicht möglich einfach zu sagen, jetzt macht ihr mal das und das«, stellte Claus Krömke, von 1962 bis 1989 persönlicher Referent Günter Mittags, retrospektiv fest. Der Sanktionszwang durch übergeordnete Gremien vergrößerte überdies den bürokratischen Aufwand erheblich. Die Dynamik, die dem Fordismus als betrieblichem Produktionsregime an sich zueigen ist, konnte sich in der DDR schon deshalb nicht entfalten. Unabhängig davon machte zweitens ein chronischer Kapitalmangel die Implementierung »einigermaßen moderner Produktionsmittel« zu einer »zentralen Schwachstelle der Kombinate«. »Sie können nicht mit alten Drehbänken moderne Fließstraßen bauen«, so der langjährige Generaldirektor von Carl Zeiss Jena, Wolfgang Biermann, lakonisch.[20]

Mindestens ebenso wichtig war drittens, dass Modernisierungen gleich welcher Art im polit-bürokratisch überformten ökonomischen System der DDR »nie in der Kette verwirklicht [wurden], sondern immer nur auf bestimmten Ab-

---

19 Vgl. Thomas P. Hughes, Die Erfindung Amerikas. Der technologische Aufstieg der USA seit 1870, München 1991, bes. S. 256ff., 274–281; Stephen Kotkin, Magnetic Mountain. Stalinism as a Civilization, Berkeley/Los Angeles/London 1995, bes. S. 364.
20 Zitate: Interviews Biermann und Krömke, in: Pirker u. a., Plan, S. 46, 214.

schnitten«.[21] Die VEB, die Endprodukte herstellten, waren auf externe Zulieferer angewiesen, denen gegenüber sie bei Vertragsverletzungen keine Sanktionsmöglichkeiten hatten. Infolgedessen hielten jene vereinbarte Lieferfristen häufig nicht ein, oder sie lieferten nicht die angeforderten Mengen, oder die Produkte wiesen qualitative Mängel auf.[22] Dies veranlasste insbesondere die großen, relativ selbständigen Kombinate, die Fertigung benötigter Halbprodukte etc. selbst zu übernehmen. Die Folge war eine Verlängerung der Fertigungstiefen mit einer Tendenz zum Kombinats-Autarkismus, während im Westen zur selben Zeit zahlreiche Großunternehmen umgekehrt erfolgreich daran gingen, mit einer Abflachung der Fertigungstiefen ihre Effizienz zu steigern.

Diese Tendenz zur Autarkisierung galt stärker noch für die Fertigungstechnik. Ein Grund für diesen Trend waren historische Vorbelastungen durch die deutsche Teilung. So kamen beispielsweise im Automobilbau bis 1945 fast alle der für eine entwickelte Fließbandfertigung notwendigen Spezial- und Sondermaschinen aus der westdeutschen Maschinenbauindustrie. In der DDR war lange Zeit kein Unternehmen dieser Branche in der Lage, diese Lücke zu füllen. Auch innerhalb des »Rats für gegenseitige Wirtschaftshilfe« (RGW) kam eine funktionsfähige Arbeitsteilung, die dieses Defizit hätte kompensieren können, zu keinem Zeitpunkt zustande.[23] Infolgedessen wurden im DDR-Fahrzeugbau für Fließbandfertigung nur begrenzt geeignete Universal-Werkzeugmaschinen eingesetzt, oder aber veraltete und entsprechend reparaturanfällige Spezialmaschinen. Um dennoch eine einigermaßen effiziente Fließfertigung – nach der Typenreduzierung auf die beiden Grundmodelle »Trabant« und »Wartburg« ab 1959 – möglich zu machen, begannen beide PKW-Werke schließlich mit der Eigenproduktion von fordismusadäquaten Maschinen. Abgesehen davon, dass dadurch zusätzliche »technische Intelligenz« absorbiert wurde, konnten die beiden PKW-VEB in Zwickau und Eisenach den eigenen Bedarf an entsprechenden Sondermaschinen zu keinem Zeitpunkt auch nur ansatzweise befriedigen; verschärft wurden die Konstellationen durch die unzureichenden, den Werken »von oben« zur Verfügung gestellten Ressourcen.

Zudem überalterten die Maschinen in der DDR in den 1970er und 1980er Jahren zusehends. Nach westlichen Maßstäben galt 1989/90 etwas mehr als die Hälfte sämtlicher industriellen Produktionsaggregate als »schrottreif«.[24] Feh-

---

21 Interview Krömke, in: ebd., S. 46.
22 Vgl. Reinhold Bauer, PKW-Bau in der DDR. Zur Innovationsschwäche von Zentralverwaltungswirtschaften, Frankfurt a. M. 1999, z. B. S. 210f. Allein an der Produktion des »Trabant« waren ungefähr dreihundert Betriebe als Zulieferer beteiligt.
23 Vgl. (für den PKW-Bau) im Einzelnen ebd., bes. S. 216–232. Zum folgenden ebd., bes. S. 76ff., 186–199, 203, 273f., 277f.
24 So Gernot Gutmann/Hannsjörg F. Buck, Die Zentralplanwirtschaft der DDR – Funktionsweise, Funktionsschwächen und Konjunkturbilanz, in: dies./Gunnar Holzweißig (Hg.), Die wirtschaftliche und ökologische Situation der DDR in den 80er Jahren, Opladen 1996, S. 7–54, hier S. 9. Vgl. außerdem als Überblick André Steiner, Von Plan zu Plan. Eine Wirtschaftsgeschichte der DDR, München 2004, bes. S. 179f., 213, 222f.

lendes Kapital und die Priorität, die der Wohnungsbau in der Honecker-Ära besaß, verhinderten überdies die Errichtung neuer Fabrikgebäude; in den beengten alten Werksanlagen ließen sich moderne Fertigungsstrecken jedoch bestenfalls eingeschränkt installieren. Infolgedessen blieben selbst die ohnehin meist fragmentarischen fordistischen Fertigungsstrecken holprig. Pläne, von westlichen Unternehmen ganze Produktionsanlagen oder fertigungstechnische Teilsysteme zu importieren, zerschlugen sich, von ganz wenigen Ausnahmen abgesehen.

Hinzu trat viertens das Problem der Arbeitskräftebeschaffung. Die Plankommissionen mochten den einzelnen Betrieben im Rahmen von Rationalisierungs- und Erweiterungsinvestitionen zwar weitere Plan-Stellen zuweisen. Ob diese die entsprechenden Arbeitskräfte dann aber auch tatsächlich einstellen konnten, war eine ganz andere Frage. Da die Konkurrenz um Arbeitskräfte in der DDR chronisch war und alle größeren Betriebe die Neigung hatten, eigentlich überflüssige Arbeitskräfte zu horten, um diese bei systemtypischen Störungen einsetzen zu können und so die Erfüllung der vorgegebenen Planzahlen zu sichern, scheiterten Modernisierungen oft an der Unmöglichkeit, die benötigten Arbeitskräfte zu mobilisieren.

Weil die Barrieren für substantielle fertigungstechnische Rationalisierungen unüberwindlich waren, lag es nahe, stattdessen auf eine Intensivierung der Arbeit mittels klassisch tayloristischer Methoden zu setzen. Aber auch in dieser Hinsicht türmten sich Hindernisse auf, die nicht zu überwinden waren. Seit den 1920er Jahren hafteten REFA – als der deutschen Version des Taylorismus – und Fließfertigungssystemen in breiten Schichten der Industriearbeiterschaft der scharfe Geruch kapitalistischer Ausbeutung an. Die Abneigung gegen »Arbeitshetze« tayloristischer und fordistischer Couleur überdauerte die NS-Diktatur und wurde in der SBZ/DDR erneut virulent. Die Aufstände des 17. Juni 1953, ausgelöst durch Normerhöhungen, d. h. administrativ angeordnete taylorismusähnliche Vorgaben, trafen die SED ins Mark und machten ein Grunddilemma sichtbar: Gegen den Willen der »Werktätigen« als der Hauptstütze des Regimes, deren »objektive« Interessen dieses ja zu vertreten beanspruchte, ließ sich die für eine forcierte Industrialisierung »eigentlich« notwendige Intensivierung nicht durchsetzen. Das Juni-Syndrom, die existentielle Angst vor einer erneuten Welle an Arbeiterprotesten wie Mitte 1953, ließ die SED in der Folgezeit bei allen betrieblichen Rationalisierungsmaßnahmen zurückhaltend agieren.

Als vergeblich erwiesen sich auch alle Bemühungen, »alten Wein in neuen Schläuchen« anzubieten – nämlich die Terminologie zu verändern, tatsächlich jedoch Formen betrieblicher Rationalisierung und Arbeitsintensivierung durchzusetzen, wie sie vor und nach 1945 »im Westen« entwickelten wurden. So wurde, mit dem Attribut »sozialistisch« versehen, der Begriff »Rationalisierung« seit den 1960er Jahren politisch kalkuliert aufgewertet. Einbeschlossen waren darin beispielsweise »Technisch-organisatorische Maßnahmen« (TOM), die den Rahmen für fordistische wie tayloristische Maßnahmen boten. Jene wiederum knüpften, anfangs kaum modifiziert, an die bis 1945 dominierenden Konzepte an. Die »Wissenschaftliche Arbeitsorganisation« (WAO) wies frappierende Ähnlichkeiten mit klassisch tayloristischen Methoden auf. Bei ihrer Implementierung griffen die SED-Ökonomen auf das US-amerikanische Methods-Time-Mesurement (MTM) zurück – eine elaborierte Variante des tayloristischen Zeitmessverfahrens.[25] Unter dem Strich nutzten Umcodierungen und der Rückgriff auf westliche Experten für moderne Formen sowohl der Fertigungstechnik als auch der Arbeitsorganisation wenig. Für den PKW-Bau ist resümierend festgestellt worden, dass die Zulieferer-Betriebe größere innerbetriebliche Rationalisierungsmaßnahmen »gar nicht« und die für die Endmontage zuständigen Werke in Zwickau und Eisenach diese »nur in wenigen Ausnahmefällen« realisierten.[26]

Auch in den meisten anderen Industriezweigen setzten sich selbst ältere »amerikanische« Produktionsweisen nur zögerlich und unvollständig durch. In den 1970er und 1980er Jahren, zu einem Zeitpunkt, als in der bundesdeutschen Industrie klassisch-fordistische Strukturen bereits zunehmend durch flexiblere Produktionsweisen abgelöst wurden, war die DDR-Industrie, wie Peter Hübner resümiert hat, »noch gar nicht an dieser Schwelle angelangt«.[27] Ende 1979 stellte die Partei- und Staatsführung faktisch alle Initiativen zu durchgreifenden produktionstechnischen Modernisierungen etwa des Automobilbaus ein.[28] Die Produktivität lag DDR-weit 1989 etwa zwei Drittel hinter der der Bundesrepublik zurück. Nur stete »Selbsthilfe« und ein ökonomisches wie politisches Jonglieren machten es möglich, wenigstens das Produktionsvolumen zu halten. Führende betriebliche Wirtschaftskader sahen sich in der Rolle von »Königen der Improvisation«.[29] Mindestens ebenso wurden deren »Untertanen« durch ständige Produktionsstockungen und Maschinenausfälle gezwungen, ein vielseitiges Improvisationsgeschick zu entwickeln. Zugute kamen der DDR-Industrie dabei das handwerkliche Können und überhaupt die hohe Qualifikation der Arbeitskräfte beiderlei Geschlechts: Der Anteil der Facharbeiter und Meister (ohne Hoch- und Fachschulkader) an der Gesamtheit der Beschäftigten erhöhte sich

---

25 Vgl. Der Spiegel 44/1973. Erste Zeitnehmer von MTM wurden 1965 ausgebildet. In den 1970er und auch in den 1980er Jahren war dieses Verfahren »ziemlich verbreitet«. Vgl. Axel Bust-Bartels, Herrschaft und Widerstand in DDR-Betrieben. Leistungsentlohnung, Arbeitsbedingungen, innerbetriebliche Konflikte und technologische Entwicklung, Frankfurt a. M./New York 1980, S. 75 f., 115 ff. Namentlich die »Technisch begründeten Arbeitsnormen« (TAN) knüpften wiederum an den 1942 eingeführten und auch in der Bundesrepublik bis weit in die 1960er Jahre weiter angewendeten »Lohnkatalog Eisen und Metall« an, mit dem Arbeitsbewertungsverfahren deutschlandweit eingeführt wurden.
26 Bauer, PKW-Bau, S. 273.
27 Vgl. Hübner, Arbeit, bes. S. 16 f., 273–276, 448 f., Zitate: S. 16, 276.
28 Bauer, PKW-Bau, S. 287 f. Dies schloss Erweiterungsinvestitionen auf Basis überkommener Produktionsformate nicht aus. Vgl. ebd., S. 305. Zur Produktivität der DDR: Steiner, Plan, S. 207.
29 So der Generaldirektor von Carl Zeiss Jena, Wolfgang Biermann, nach: Pirker u. a., Plan, S. 215.

zwischen 1975 und 1985 sogar von 53 auf 64 Prozent; der Anteil der An- und Ungelernten verringerte sich von 33 auf 15 Prozent.[30]

Geprägt waren die betrieblichen Arbeitswelten in der DDR außerdem durch fehlenden sozialen Druck und begrenzte materielle Anreize. Sie machten ein »gemütliches« Arbeiten für eine hohe Zahl der Werktätigen zur Gewohnheit. Namentlich die Fehlzeiten waren hoch.[31] Infolgedessen wurde in der DDR seit Ende der 1970er Jahre das Realität, was die DGB-Gewerkschaften auf der anderen Seite der innerdeutschen Grenze forderten: Während sich die gesetzliche Wochenarbeitszeit in Ostdeutschland von 48,0 (1949) über 43,5 (1972) auf 42,9 Wochenstunden im Jahre 1988 verringerte, bewegte sich die tatsächlich geleistete wöchentliche Arbeitszeit dort im letzten Jahrzehnt um die 36 Wochenstunden.[32]

Grenzen der Roboterisierung

Ungefähr zum selben Zeitpunkt begannen in der Bundesrepublik gewerkschaftliche Forderungen nach einer pauschalen Arbeitszeitverkürzung bereits wieder von der Agenda zu verschwinden. An ihre Stelle trat das Schlagwort von der »Flexibilisierung der Arbeitszeiten« und, parallel dazu, die These vom »Ende des Fordismus« sowie – grundsätzlicher – die Rede vom »Ende der Arbeitsgesellschaft« (eine Formel, die Ralf Dahrendorf 1982 auf dem Bamberger Soziologentag in die Welt setzte). Den Hintergrund dieses Diskurswechsels bildete – neben der Ausweitung des Dienstleistungssektors – die sog. Dritte Industrielle Revolution, ein Schlagwort, in dem die Trends der (Voll-)Automatisierung und Roboterisierung sowie der Digitalisierung zusammenfließen und das in der Utopie einer menschenleeren Fabrik kulminiert, eine Vision, die durchaus (auch) in der Dynamik der fordistischen Produktionsweise angelegt ist. Es ist kein Zufall, dass es ausgerechnet die Detroiter Ford-Werke waren, die 1961 als erste einen Industrieroboter in der Automobilfertigung einsetzten. Dort war außerdem bereits 1946, ebenfalls als erstem PKW-Unternehmen, eine eigenständige »Automatisierungsabteilung« eingerichtet worden.[33] In der Bundesrepublik

---

30 Nach: Oskar Anweiler, Bildungspolitik, in: Geschichte der Sozialpolitik in Deutschland, Bd. 10: 1971–1989. Deutsche Demokratische Republik, hg. vom BMAS, Baden-Baden 2008, S. 541–582, hier S. 567 (Tab. 2). Zur beruflichen Bildung in der DDR vgl. Hübner, Arbeit, S. 77 ff.
31 Der offizielle Krankenstand lag in der DDR mit durchschnittlich etwa sechs Prozent dagegen nur relativ geringfügig über dem der Bundesrepublik; der Krankenstand hier bewegte sich Anfang wie Ende der 1980er Jahre ungefähr um die fünf Prozent.
32 Vgl. ebd., S. 652 (Tab. V/18 bzw. V/19); ferner Statistische Übersichten zur Sozialpolitik in Deutschland seit 1945, zusammengestellt von André Steiner/Matthias Judt/Thomas Reichel (im Auftrag des BMAS), Berlin 2006, S. 127.
33 Vgl. David F. Noble, Forces of Production. A Social Study of Industrial Automation, New York 1984, S. 66 ff., sowie den vorzüglichen Überblick von Hessler, Kulturgeschichte S. 60.

entwickelte das Wolfsburger Volkswagen-Werk, die Inkarnation von Fordismus und Wirtschaftswunder in der frühen Bundesrepublik, besondere Präferenzen für den Robotereinsatz.

Eine durchgreifende Roboterisierung stieß freilich auf unerwartete Schwierigkeiten.[34] VW hatte, ähnlich wie z. B. FIAT, in den 1980er Jahren nach japanischem Vorbild Teile der Automobilproduktion unter dem Motto »Robby macht die Drecksarbeit« (so die VW-Werkszeitung 1982) weitgehend automatisiert und auf eine signifikante Beschleunigung sowie Verbilligung der Fertigung gehofft. Am Ende dieses Jahrzehnts mussten die Unternehmensleitungen allerdings überrascht feststellen, dass die Zeiten des Stillstands deutlich länger waren als zuvor. Der Grund: Die eingesetzten Roboter waren unfähig, mit Situationen, die vom normalen Verlauf abwichen, angemessen zurecht zu kommen. Sie waren lediglich in der Lage, auf ihnen programmierte, vorhersehbare Situationen sinnvoll zu reagieren. Ihnen fehlte das den Menschen eigene »Tacit Knowledge«, d. h. ein ansozialisiertes »selbstverständliches« Erfahrungswissen sowie das menschliche Vermögen, auch beim Eintritt unerwarteter Situationen angemessen handeln zu können, und nicht zuletzt die Fähigkeit zur Improvisation. Der Mensch, so mussten die führenden VW-Manager einsehen, kann »nicht ohne weiteres durch Maschinen ausgewechselt werden«. Auch deshalb zeigt der Toyotismus in großen Industrieunternehmen eine bemerkenswerte Beharrungskraft. Seit Mitte der 1990er Jahre gab es »im Stillen eine Rückkehr zu stark arbeitsteiliger und standardisierter Fertigung. Toyota ist das Vorbild, asiatische Disziplin.« Mit Einsetzen der Krise 2008 wurden »die Arbeitstakte am Fließband« bei Mercedes-Benz, bei Bosch und in der Zahnradfabrik Friedrichshafen »vielfach weiter gekürzt«. Die Folge (in den Worten einer Betriebsrätin der Zahnradfabrik Friedrichshafen): »Immer nur wenige Handgriffe, immer gleich – ›da verkümmert der Geist‹«. Abwechslungsreiche Arbeitsgänge habe die Betriebsleitung systematisch reduziert. »Alles, was nicht allzu eng zur Fließbandmontage gehört«, werde »gestrichen«, resümierte der Betriebsratsvorsitzende von Daimler-Benz Anfang 2009.[35]

Der unerwarteten Rehabilitation kreativ-menschlicher Arbeitskraft und der Fortexistenz toyotistischer Produktionsweisen ungeachtet hält der Trend einer Roboterisierung der unmittelbaren Fertigung freilich an; Roboterhersteller können sich, so titelte die FAZ am 12. Februar 2015, »vor Aufträgen kaum retten«. Auch deshalb werden in weltmarktorientierten, innovativen Großunternehmen bundesdeutscher Leitbranchen immer weniger ungelernte Arbeitskräfte in der eigentlichen Fertigung beschäftigt. Allein zwischen 1993 und 2000 sank die Zahl

---

34 Zum Folgenden (inkl. Zitate) Martina Heßler, Die Halle 54 bei Volkswagen und die Grenzen der Automatisierung: Überlegungen zum Mensch-Maschine-Verhältnis in der industriellen Produktion der 1980er-Jahre, in: Zeithistorische Forschungen/Studies in Contemporary History 11.1 (2014), S. 56–76, URL: http://www.zeithistorische-forschungen.de/1-2014/id%3D4996.
35 Zitate aus: Jonas Viering, Taylors stille Rückkehr, in: Die Zeit, 15.1.2009, S. 27.

der »Einfacharbeiter« in der Industrie bundesweit um fast dreißig Prozent, von 3,03 Millionen auf 2,15 Millionen[36] (während er in wachsenden Teilbereichen des Dienstleistungsgewerbes eine immer größere Rolle spielt[37]). Repetitive Teilarbeit, wie sie für den klassisch-fordistischen Bandarbeiter charakteristisch war, beschränkt sich auf die schrumpfenden »Lücken«, die die Tendenz zur Vollautomatisierung noch lässt – in den kapitalstarken Konzernen des Automobilbaus oder auch der elektrotechnischen Industrie. In anderen Zweigen der verarbeitenden Industrie wie der Holz- und Möbelindustrie spielen dagegen einfache Formen fordistischer Produktionsregime und mit ihnen ungelernte Arbeitskräfte auch in der Fertigung weiterhin eine wichtige Rolle.[38]

*

Die Faszination, die von Industrierobotern (IR) und der Perspektive einer vollautomatischen Fabrik ohne Arbeitskräfte ausging, war systemübergreifend. In der DDR scheiterte die Roboterisierung allerdings nicht erst an dem Problem, dass Automaten über kein »Tacit Knowledge« verfügten. Die dort um 1980 ausgerufene »Roboteroffensive« blieb bereits in ersten Ansätzen stecken, aufgehalten durch systemisch bedingte Grenzen. Zwar setzten der Fahrzeugbau 1976 und der Werkzeugmaschinenbau 1978 erste als »Roboter« bezeichnete Apparate ein.[39] Aber die meisten waren primitiv, »Beschickungsroboter«, die den Maschinen Werkstücke zuführten. Komplexere »technologische Roboter«, die z. B. Schweiß- und Montierarbeiten selbständig ausführten, blieben dagegen selten. Auch das Spektrum der Einsatzmöglichkeiten war zumeist kleiner als im Westen. Überdies waren sie technologisch oft veraltet. So wurden DDR-Roboter auch dann noch hydraulisch gesteuert, als auf der anderen Seite der innerdeutschen Grenze mikroelektronische Steuerungen längst üblich waren. Zudem entsprachen sie nicht den Kundenbedürfnissen, d. h. den Anforderungen der Betriebe, in denen sie eingesetzt werden sollten. Die Leitung des Werkzeugmaschinenkombinats »Fritz-Hecker« in Karl-Marx-Stadt/Chemnitz, des wichtigsten IR-Herstellers der DDR, musste eingestehen, dass aufgrund nicht ausgereifter Konstruktionen »die Funktionssicherheit der IR in überwiegender Anzahl der Anwenderbetriebe nicht gegeben« war. Die Forderung, statt komplexer Hightech-Roboter wenigstens »einfache Geräte der IR-T[echnologie] mit einer hohen Zuverlässigkeit und

---

36 Vgl. Hartmut Hirsch-Kreiensen, Industrielle Einfachstarbeit, in: Christian Schilcher/Mascha Will-Zocholl (Hg.), Arbeitswelten in Bewegung: Arbeit, Technik und Organisation in der »nachindustriellen Gesellschaft«, Wiesbaden 2012, S. 211–240, hier S. 218 bzw. 220.
37 Von den insgesamt 8,2 Mio. »Personen in Einfacharbeit« wurden gut zwei Drittel (5,5 Mio.) im Dienstleistungssektor beschäftigt, in der Industrie nur 27 % (2,2 Mio.). Vgl. ebd., S. 217.
38 Vgl. ebd., S. 213, ferner S. 219, 225–228.
39 Vgl. Bauer, PKW-Bau, S. 275 f.; Ralf Ahrens, Rationalisierungseuphorie und Innovationsschwäche. Industrieroboter im Werkzeugmaschinenkombinat »Fritz Heckert« um 1980, in: Technikgeschichte 79 (2012), S. 61–77, hier S. 65 f.

Verfügbarkeit zu entwickeln, herzustellen und einzusetzen«, wurde ebenfalls häufig nicht eingelöst.[40] Infolgedessen spielten sie z. B. im für eine Roboterisierung eigentlich recht gut geeigneten PKW-Bau lediglich eine marginale Rolle.

Eine »Potemkinsche Lösung« (Hübner) blieb die Roboteroffensive aber vor allem deshalb,[41] weil die Definition des Begriffes »Roboter« sehr weit gezogen wurde und für die Produktion der IR die Tonnenideologie Pate stand. Am Ende des Fünfjahresplans 1981–1985 wies man offiziell sage und schreibe 60.000 Industrieroboter aus, eine Zahl, mit der man die Vorgabe von 45.000 IR deutlich übererfüllt hatte. Nach eigener Zählung waren bereits Ende 1982 mehr als 17.000 Roboter in der DDR-Industrie im Einsatz. Diese Angaben waren jedoch blanke statistische Hochstapelei. In einer Notiz vom 6. Dezember 1982 für den Leiter der Staatlichen Zentralverwaltung für Statistik musste eingeräumt werden, dass die eindrucksvolle Zahl von fast zwanzigtausend IR auf knapp über tausend zusammengeschmolzen wäre, wenn man die offizielle Definition des Roboter-Begriffs durch die Internationale Organisation für Standardisierung (ISO) zugrunde gelegt hätte.[42] Das letzte Jahrbuch der DDR von 1990, das realistischere Daten enthält, nennt dann die recht bescheidene Zahl von 1.760 »prozeßflexiblen Industrierobotern«, die im Jahr zuvor hergestellt worden seien und den Kriterien der ISO entsprachen.[43]

Die Wirtschaftskader des SED-Regimes schauten zwar beständig nach Westen. Sie waren jedoch nicht in der Lage, das, was im Ausland faszinierte, für die eigene Industrie fruchtbar zu machen. Dies galt für viele Aspekte der Produktionsorganisation und -technologie. So besuchten Experten des Amtes für Standardisierung, Messwesen und Warenprüfung in den 1980er Jahren Japan, um vor Ort das toyotistische Produktionsregime zu studieren. Sichtbare Spuren hinterließ dieser Besuch in der Industrie der DDR jedoch nicht.[44] Und auch bei der »Jagd nach dem Chip«, also dem Versuch, bei der Digitalisierung mit dem Westen gleichzuziehen, stand das SED-Regime auf verlorenem Posten.

40 Vgl. ebd., bes. S. 67, 70–73, Zitate: S. 72 f.
41 Hübner, Arbeit, S. 205. Vgl. außerdem Reinhold Bauer, Ölpreiskrisen und Industrieroboter. Die siebziger Jahre als Umbruchphase für die Automobilindustrie in beiden deutschen Staaten, in: Konrad H. Jarausch (Hg.), Das Ende der Zuversicht? Die siebziger Jahre als Geschichte, Göttingen 2008, S. 68–83, bes. S. 77 f.; ders., PKW-Produktion, S. 179, 275 f.
42 Vgl. Peter v.d. Lippe, Die Gesamtwirtschaftlichen Leistungen der DDR-Wirtschaft in den offiziellen Darstellungen. Die amtliche Statistik der DDR als Instrument der Agitation und Propaganda der DDR, in: Materialien der Enquete-Kommission »Aufarbeitung von Geschichte und Folgen der SED-Diktatur in Deutschland«, Bd. II/3, Frankfurt a. M. 1995, S. 1973–2193, hier S. 2129; Ahrens, Rationalisierungseuphorie, S. 72.
43 Nach: Statistisches Jahrbuch der Deutschen Demokratischen Republik, hg. vom Statistischen Amt der DDR, 35/1990, S. 176. Für 1985 hatte das Statistische Jahrbuch von 1989 noch die Produktion von 14.938 »Stück Industrieroboter« ausgewiesen. 1990 war für dasselbe Jahr 1985 diese Zahl auf 1.043 »prozeßflexible« IR geschrumpft. Vgl. ebd. bzw. St.Jb. DDR 34/1989, S. 148.
44 Vgl. Hübner, Arbeit, S. 217; Bauer, PKW-Produktion, S. 178 f.

Ein ungleicher Wettlauf:
Digitalisierung der industriellen Produktion in West und Ost

In den westeuropäischen Ländern führte die seit den 1970er Jahren zunehmend flächendeckende Implementierung digitaler Informations- und Kommunikations(I+K)-Technologien dazu, dass ganze Berufsgruppen verschwanden – wie etwa die Schriftsetzer, die Jahrhunderte lang eine stolze Arbeiteraristokratie gewesen waren und nun durch den Lichtsatz obsolet geworden waren. Die Vernichtung einzelner Berufsgruppen aufgrund technischen Fortschritts hat die Geschichte der Industrie allerdings immer schon begleitet. Die digitale Revolution wälzte jedoch die Arbeitswelten auch aller anderen Arbeitnehmer grundsätzlich um. Zu den wichtigsten Elementen der digitalen Revolution zählt neben den immer größeren Speicher-, Informations- und Rechenkapazitäten der einzelnen Rechner deren Vernetzung, anfangs oft via externer Rechenzentren, später durch eigene »Server«.

Schon Ende der 1970er Jahre verfügten in der Bundesrepublik alle Großunternehmen, die mehr als fünfhundert Arbeitnehmer beschäftigten, über eigene Großrechenanlagen.[45] Im selben Jahrzehnt erreichten vernetzte I+K-Technologien auch den unmittelbaren Fertigungsprozess. Die Tätigkeit von Produktionsarbeitern, die zuvor in der Einzelfertigung oder im Rahmen der Produktion in kleinen Serien relativ autonom agiert hatten, wurde durch neue Abhängigkeiten geprägt. Die Arbeitsabläufe beispielsweise von Drehern wurden nach der Einführung von CNC-gesteuerten Werkzeugmaschinen (Computerized Numerical Control) in zunehmendem Maße durch mikroelektronische Programme gesteuert, die weitgehend von außen, von einer neuen, übergeordneten Berufsgruppe, den Programmierern, vorgegeben wurden. Qualifikation und Erfahrungswissen der Dreher verloren an Wert.[46]

Auch die Tätigkeitsfelder derjenigen, die für die Digitalisierung der Fertigung zuständig waren, veränderten sich. Seit den 1990er Jahren wurden bei Ingenieuren in Automobilunternehmen bzw. Zuliefererbetrieben kreative Entwicklungstätigkeiten, wie sie bis weit in die 1970er Jahre für die Tätigkeit der Ingenieure typisch waren, zunehmend durch Kommunikations- und Koordinationstätigkeiten verdrängt, sie selbst immer stärker in eine innerbetriebliche »Befehlskette« eingebunden. Das Anforderungsprofil veränderte sich ebenfalls. Prioritär wurden nun zunehmend betriebswirtschaftliche Fähigkeiten. Gleichzeitig

---

45 Vgl. hierzu und zum Folgenden Timo Leimbach, Die Geschichte der Softwarebranche in Deutschland. Entwicklung und Anwendung der Informations- und Kommunikationstechnologie zwischen den 1950ern und heute, München 2010, hier S. 88; Annette Schuhmann, Der Traum vom perfekten Unternehmen. Die Computerisierung der Arbeitswelt in der Bundesrepublik Deutschland (1950er- bis 1980er-Jahre), in: Zeithistorische Forschungen/Studies in Contemporary History 9.2 (2012), S. 231–256, hier S. 246f, URL: http://www.zeithistorische-forschungen.de/2-2012/id%3D4697.
46 Nach: ebd., S. 232.

wurden ihnen immer mehr Arbeitsschritte vorgegeben. Zum Leidwesen der betroffenen Ingenieure erodierte ihre bis in die 1970er Jahre hinein große Autonomie, auch wenn ihnen Freiräume erhalten blieben. Parallel erhöhte die Ausweitung der I+K-Technologie die Informationsflut und die Dokumentationspflichten. Hinzu trat bei den Betroffenen das Gefühl, angesichts andauernder »Rationalisierung« und der steten Forderung nach Kostensenkungen der eigenen Position nicht mehr sicher zu sein.[47] Die durch die digitale Revolution ausgelösten Folgen waren (und sind) allerdings keineswegs nur negativ. Die Wandlungen der Ingenieurstätigkeiten und stärker noch der Anforderungen, die an Facharbeiter gestellt wurden, münden nicht zwangsläufig in standardisierte Tätigkeiten und verstärkte Abhängigkeiten sowie Dequalifizierungsprozesse. Sie konnten Berufsfelder auch erweitern und z. B. aus klassischen Zerspannungsmechanikern »halbe Programmierer« machen. Auch der in den 1990er Jahren zum Lehrberuf avancierte »Mechatroniker« verweist auf eine neue Vielfalt der Berufsfelder.

*

Während die digitale Revolution und die von ihr ausgelösten Dynamiken im Westen die industriellen Arbeitswelten kräftig durcheinanderwirbelten, zeigten sich in der DDR weniger Veränderungen – allen Anstrengungen zum Trotz, auf den Zug der digitalen Revolution aufzuspringen. Die Wirtschaftskader wussten, dass die DDR nicht vom Weltmarkt abgekoppelt war und sie sich am jeweils modernsten Produktionsregime orientieren mussten, wollten sie international konkurrenzfähig bleiben. Diese abstrakte Einsicht kollidierte jedoch mit einer politisch-mentalen Inflexibilität. Veränderungsvorschläge von Wirtschaftskadern, die das westliche Europa oder auch Japan bereisten und dort die Modernisierungen von »Produktionsablauf und Arbeitsdisziplin« fasziniert betrachteten, wurden zu Hause, so die Direktorin des Berliner Kosmetik-Kombinats Christa Bertag, mit den Worten abgewiesen, »wir haben dich doch nicht dahin geschickt, damit du hier revolutionierst«. Man wollte nicht aus dem gewohnten Trott herausgerissen werden, so dass Bertag und vermutlich auch andere Reisekader in der Folgezeit »nie wieder« Vorschläge zur Optimierung betrieblicher Produktionsabläufe machten.[48]

Hinzu traten äußere Faktoren, die erklären, warum die Versuche der SED-Führung, den mikroelektronischen Rechen-, Speicher- und Steuerungstechniken in der industriellen Fertigung nach westlichem Vorbild zum Durchbruch zu verhelfen, nicht von Erfolg gekrönt waren: die anfängliche Beschränkung der Implementierung mikroelektronischer Systeme in den RGW-Staaten auf das Feld der Militärtechnologie, Devisenmangel, das westliche Technologieembargo sowie die unzureichende Qualität der Prozessoren, die im Rahmen der zwischen-

---

47 Vgl. Mascha Will-Zocholl, Globalisierte Wirtschaft? Ingenieure in der Automobilindustrie, in: Schilcher/Will-Zocholl (Hg.), Arbeitswelten, S. 159–184.
48 Interview Bertag, nach: Pirker u. a., Plan, S. 253.

staatlichen Arbeitsteilung insbesondere in der CSSR gefertigt wurden. Seit Ende der 1970er Jahre begann man zwar, erhebliche Investitionsmittel für das Kombinat Carl Zeiss Jena, das eine Schlüsselposition innerhalb der Forschung und Fertigung von Mikrochips erhielt, bereitzustellen. Die Effekte blieben jedoch überschaubar.[49] Hinzu trat, dass in vielen DDR-Großbetrieben zwar sogar »Datenverarbeitungszentren« mit »Rechenstationen« eingerichtet, diese aber anscheinend oft inadäquat eingesetzt wurden; oder aber sie erwiesen sich als stark störanfällig. Ähnliches gilt für CNC-gesteuerte Maschinen sowie CAD- bzw. CAM-Systeme (Computer Aided Design bzw. Manufacturing). Diese kamen zwar in einer Reihe von Betrieben zum Einsatz, blieben in der Anwendung jedoch peripher.

Ernüchternde Ankunft in der Marktwirtschaft

Bis 1989 hatte sich für die übergroße Mehrheit der ostdeutschen Arbeiter im betrieblichen Alltag kaum etwas oder gar nichts verändert. Die Ankunft im Westen war für viele deshalb ein Schock. Massenerwerbslosigkeit und Angst vor Entlassung kannte man bis dahin nur aus dem West-Fernsehen. Dass in der Umbruchphase 1990 der eigene Arbeitsplatz gefährdet sein könnte, kam zahllosen Ostdeutschen gar nicht in den Sinn. »Viele konnten gar nicht so schnell denken, da war schon Schluss«. Anfangs hätten auch diejenigen geglaubt, »die noch euphorisch für die Einheit waren, das kann doch nicht sein; [...] dann, nach den ersten Entlassungen, wurden die Gesichter immer länger und länger«.[50]

Bis heute unterscheiden sich die Arbeitslosenquoten zwischen alten und neuen Bundesländern deutlich; im Osten sanken sie von 14,8 Prozent (1994) auf 10,3 Prozent (2013), im Westen im selben Zeitraum von 8,1 auf 6,0 Prozent. Die Einkommensdifferenzen zwischen beiden Teilen Deutschlands wurden in den 1990er Jahren zwar reduziert, verschwanden jedoch nicht.[51] Der anfängliche Schock der Ostdeutschen machte Fatalismus und Resignation Platz. Es »stellte sich schon eine gewisse Traurigkeit [ein], daß es so enden muß«. Die soziale Welt schied sich in diejenigen, die noch einer geregelten Arbeit nachgingen, und solche, »die auf der Straße stehen« und »den anderen Weg gehen« mussten. Letztere wollten »die Kontakte [zu den noch beschäftigten ehemaligen Kollegen] nicht mehr, weil sie sich an den Rand gedrängt fühlten« und verbitterten. Viele derjenigen, die ihre Arbeitsplätze behielten, klagten wiederum darüber, dass die Atmosphäre im Betrieb »kälter« geworden sei. Zudem zerrissen die bis 1989

---

49 Ausführlich: Olaf Klenke, Kampfauftrag Mikrochip. Rationalisierung und sozialer Konflikt in der DDR, Hamburg 2008; Hübner, Arbeit, bes. S. 197–208, 215–218, 275, 443–449.
50 Zitate nach: Weil, Soziale Wirklichkeit, S. 172, 174 (Interview Kollege S.)
51 Vgl. z. B. Heiko Peters, Ausblick Deutschland. Stillstand der Lohnkonvergenz zwischen Ost- und Westdeutschland seit Anfang der 2000er Jahre (Deutsche Bank Research, April 2013). (URL: https://www.dbresearch.de/PROD/DBR_INTERNET_DE-PROD/PROD0000000000304180/Ausblick+Deutschland%3A+Stillstand+der+Lohnkonvergen.pdf).

dichten betrieblichen und nachbarschaftlichen Netzwerke weitgehend. Die Kollegen hätten seit der Wende oft »nur noch Autos und Reisen im Kopf« und würden es nach Arbeitsschluss »vorziehen, im privaten Kreis fernzusehen, statt im geselligen Kreis zu kommunizieren«.[52]

Auch für die Bundesrepublik blieb das Ende des SED-Regimes nicht ohne Folgen: Nach dem Zusammenbruch des Ostblocks entfiel für die Eliten des Westens die Notwendigkeit, ein im Vergleich zum Sozialpaternalismus im Osten attraktiveres eigenes Sozialmodell aufrechterhalten zu müssen. Die sich seit 1990 beschleunigende Globalisierung sowie die dadurch ausgelösten Standort-Debatten legitimierten den »Rückbau« der Sozialleistungen, dem die geschwächten Gewerkschaften nur wenig Widerstand entgegensetzten. Die veränderte demographische Zusammensetzung der Bevölkerung sowie die aufgrund einer wachsenden strukturellen Erwerbslosigkeit in die Höhe schnellenden Ausgaben für die Arbeitslosenversicherung zogen kräftige Umverteilungen innerhalb des Sozialbudgets nach sich. Parallel dazu veränderten sich Unternehmensformen und Eigentumsverhältnisse. Unternehmensentscheidungen orientierten sich zunehmend an den jeweils aktuellen Konstellationen auf den Finanzmärkten und an den Börsen; auf kurzfristige Rentabilitätssteigerungen ausgerichtete Hedgefonds gewannen als Großaktionäre auf die Unternehmenspolitiken einen wachsenden Einfluss.

All diese Faktoren, die forcierte Globalisierung, die Ablösung des »Stakeholders« durch den »Shareholder«, eine hohe Sockelarbeitslosigkeit, das Ende des Kalten Krieges und mit jenem der schwindende Druck, einen hohen Sozialstandard aufrechtzuerhalten, ließen den »Rheinischen Kapitalismus« als sozialstaatlich überformte, kooperationsorientierte Variante des Kapitalismus, der die Bundesrepublik seit den 1950er Jahren geprägt hatte, erodieren. Zwar verblieb ein hoher Prozentsatz der Arbeitnehmer in »fordistischen« Arbeitsverhältnissen, d.h. in gut bezahlten, unbefristeten Vollarbeitsstellen mit eindeutig geregelten Arbeitszeiten und strikt getrennter Arbeits- und Freizeitsphäre. Aber der Anteil unsicherer Arbeitsplätze wuchs. Stärker als zuvor legten Unternehmensleitungen ihren Fokus auf die Senkung der Personal- und Lohnkosten. Der Begriff »Lohnnebenkosten« statt »Sozialabgaben« steht für die neue soziale Kälte und wurde nicht zufällig Anfang der 1990er Jahre zu einem gängigen Terminus. Ungefähr gleichzeitig verstummte die Rede vom »Ende der Arbeitsgesellschaft«. Stattdessen etablierte sich seit Ende der 1990er Jahre das Schlagwort von der »neuen Unübersichtlichkeit«.[53]

---

52 Zitate nach: Weil, Soziale Wirklichkeit, S. 172 bzw. S. 180f. (Interviews Kollegen S., N., H., Kollegin B.).
53 Vgl. z.B. Michael Schumann, Industriearbeit zwischen Entfremdung und Entfaltung, in: SOFI-Mitteilungen Nr. 28/2000, S. 103–112, hier S. 111. Zurückgeht der Terminus »neue Unübersichtlichkeit« auf Jürgen Habermas, »Die Krise des Wohlfahrtsstaates und die Erschöpfung utopischer Energien«, in: ders., Die Neue Unübersichtlichkeit, Frankfurt a.M. 1985, S. 141–163, hier S. 147.

Die bundesdeutsche IT-Branche und ihre Vorreiterrolle für »neue« Unternehmenskulturen

Fluide und »unübersichtlich« waren die Arbeitswelten zwar immer schon. Aber Digitalisierung und eine ihrerseits im steten Fluss begriffene internationale Arbeitsteilung vervielfachten die Unübersichtlichkeiten in der Tat weiter. Schwer zu überschauen sind die Konstellationen bereits, wenn man lediglich den neuen Leitsektor, die IT-»Industrie«, betrachtet. In dieser seit den 1970er Jahren boomenden Branche mischten sich zudem die vormals leicht abgrenzbaren Bereiche »Industrie« und »Dienstleistung« zusehends.

Allein zwischen 1998 und 2001 wuchs die Zahl der Beschäftigten in allen Zweigen, die dieser Branche zugerechnet werden, in der Bundesrepublik um gut 15 Prozent, von 710.000 auf 819.000. Bemerkenswert sind die erheblich differierenden Trends in den Teilsegmenten der IT-Industrie. Überdurchschnittlich expandierten die Software-Entwicklung und (sonstigen) IT-Dienstleistungen; nur in diesem kurzen Zeitraum erhöhte sich deren Beschäftigtenzahl um fast 45 Prozent. Die »klassischen« Büromaschinenhersteller sowie die Produzenten von (sonstigen) Datenverarbeitungsgeräten verloren demgegenüber merklich an Gewicht; die Zahl der hier beschäftigten Arbeitnehmer ging von 128.000 (1998) auf 104.000 (2001) zurück, d. h. um knapp 19 Prozent. Die Telekommunikation (Herstellung von nachrichtendienstlichen Geräten und »Fernmeldedienste«) wiederum wuchs grob in den für die gesamte Branche geltenden Dimensionen. Vielfältig waren auch Betriebsgröße und Qualifikation in der IT-Branche: Während auf dem Sektor Software-Entwicklung/IT-Dienstleistungen sog. Start-up-Unternehmen und mit ihnen kleine Betriebsgrößenklassen dominierten und hier zudem der Anteil der Hochschulabsolventen mit 60 bis 90 Prozent vergleichsweise hoch lag, wurden die drei anderen Sektoren (nachrichtendienstliche Geräte, Fernmeldedienste und Büromaschinen/DV-Geräte) von Großunternehmen beherrscht. Dort betrug zudem der Anteil der Hochqualifizierten lediglich ein gutes Drittel, bei den Fernmeldediensten sogar nur 10 bis 20 Prozent.[54]

Zum Leitsektor wurde die IT-Branche nicht etwa aufgrund hoher Beschäftigtenzahlen (die in vielen etablierten Industriezweigen weiterhin deutlich höher liegt), sondern weil die inneren Strukturen besonders der Start-up-Unternehmen der Software-Entwicklung/IT-Dienstleistungen vorbildgebend wurden. Schon aufgrund der anfangs oft übersichtlichen Beschäftigtenzahl dieser Firmen sowie aufgrund der Spezifika der »Produkte« war es ausgeschlossen, dass die Ziele der Unternehmen durch tayloristische Arbeitszergliederung und gar fordistischen Zwang erreicht werden konnten. An deren Stelle traten in vielen Start-up-Unternehmen Teamarbeit, Projektorientierung, Zielvorgaben und flache Hierarchien sowie ein

---

54 Vgl. (inkl. Zahlen) Andreas Boes, Arbeit in der IT-Industrie: Durchbruch zu einem neuen Kontrollmodus? Auf der Suche nach den Konturen eines postfordistischen Produktionsmodells, in: Klaus Dörre/Bernd Röttger (Hg.), Das neue Marktregime. Konturen eines nachfordistischen Produktionsmodells, Hamburg 2003, S. 135–152, hier S. 137 f.

(vermeintlich) persönlicher Umgang des Chefs mit seinen Mitarbeitern. Eine hohe intrinsische Motivation und Selbstmobilisierung der Beschäftigten galten als maßgebliche Hebel, die Vorgaben zu erreichen – auf Seiten der Beschäftigten oft genährt durch die Illusion nicht-entfremdeten Arbeitens. Zusätzlich verklärt wurde die neue Unternehmenskultur durch die Aura des Hippie-Milieus des Silicon-Valleys und eine Garagenromantik, die manche Software-Unternehmen umgab.

Die Selbststilisierung vieler Start-up-Unternehmen der New Economy als Antipoden traditioneller Produktionsregime lässt übersehen, dass zentrale Elemente der vermeintlich »neuen« Unternehmenskultur so neu nicht sind. Ein familiärer Umgang miteinander und Mehrarbeit, wenn die Situation es erforderte, waren und sind in bäuerlichen Betrieben oder im Kleinhandel gang und gäbe. Im Handwerk waren je nach Auftrag flexible Arbeitszeiten sowie Kost und Logis im Haushalt des Meisters – und damit fließende Grenzen zwischen Arbeits- und Privatsphäre – bis ins 20. Jahrhundert üblich.

Mit dem Aufstieg der Software-Produzenten, ihrer Dynamik, ihren oft hohen Gewinnmargen und ihrem anfangs oft egalitären Anspruch gewann die in handwerklichen und ländlichen Kleinbetrieben oder auch bei Ärzten immer schon übliche »Flexibilität« neue Attraktivität. Die Faszination, die vom globalen Erfolg von Unternehmen wie Microsoft oder auch SAP in Deutschland ausging, führte dazu, dass auch in den eingesessenen Industrien klassische Formen fordistischer Organisation partiell aufgebrochen wurden. Das traditionelle autarkistische Unternehmensprinzip gab die etablierte (Groß-)Industrie seit Beginn der 1990er Jahre gleichfalls auf, zugunsten einer geringen Fertigungstiefe – bei gleichzeitigem Outsourcing – sowie dezentralen, elastischen und tendenziell globalen Unternehmensvernetzungen und einer oft extensiven Inanspruchnahme von Finanzdienstleistern, die ihrerseits auf kurzfristige, hohe Rentabilität insistierten. Darüber hinaus wurden weite Bereiche der New Economy zu »mitbestimmungsfreien Zonen«. Neue Kommunikationsstrukturen wie elektronische Foren und informelle Formen der Partizipation schienen institutionelle Arbeitnehmervertretungen überflüssig zu machen.

In dem Maße freilich, wie junge IT-Unternehmen in großindustrielle Dimensionen hineinwuchsen und sich ihrerseits »normalisierten«, schwanden die Illusionen in »alternative« Unternehmenskulturen. Es kam zu einer Konvergenz. Denn gleichzeitig überformten die neuen Möglichkeiten, welche die digitale Revolution bot, die Hierarchien und Machtverhältnisse auch innerhalb der etablierten Industrien. Mit der Digitalisierung verfügen die Unternehmensleitungen – und je abgestuft auch die mittleren Managementebenen – über einen riesigen (je nach Bedürfnis strukturierbaren) Informationsfundus, der auf den seit den 1990er Jahren installierten und seitdem sukzessive ausgebauten Berichts- und Controllingsystemen basiert, die den Geschäftsleitungen und selektiv den Hierarchieebenen darunter zur Verfügung stehen. Dieser Informationsfundus erleichtert den Unternehmensführungen nicht nur strategische Entscheidungsfindungen, sondern erlaubt ihnen auch, die Diskurse innerhalb des Betriebes zu lenken und neue Formen der Leistungssteuerung zu implementieren.

Handwerk, »Kreativindustrie« und Scheinselbständigkeit

Die Digitalisierung veränderte auch einen Wirtschaftszweig, der wie kein anderer Tradition und Beharrung zu verkörpern scheint – das Handwerk. Lange Zeit allerdings nur im Westen. Bis zur Wende 1989/90 vertiefte sich hier gleichfalls der Graben zwischen den Arbeitswelten auf beiden Seiten der innerdeutschen Grenze. In der DDR wurden selbständige Meister seit den 1950er Jahren zum Anschluss an die »Produktionsgenossenschaften« des Handwerks veranlasst. Seit 1976 räumte man dem verbliebenen selbständigen Handwerk zwar bessere Entfaltungsmöglichkeiten ein (günstigere Kredite, Zuweisung von Lehrlingen, neue Gewerbegenehmigungen), um die desolate Situation im Reparatur- und Dienstleistungsbereich zu verbessern. 1988 gehörte mit 165.000 Erwerbstätigen nur eine Minderheit aller Handwerker den Produktionsgenossenschaften an, während das Privathandwerk immerhin 265.000 Beschäftigte zählte. Ein Grundproblem war allerdings, dass die Produktivität niedrig und die Arbeitswelten des Handwerks antiquiert blieben. Sofern das Handwerk überhaupt über Maschinen verfügte, waren dies »Vorkriegsmodelle«, oder sie gehörten zur Marke Eigenbau.[55]

Im westdeutschen Handwerk vollzog sich dagegen seit Mitte der 1980er Jahre ein fundamentaler Wandel. Anfang dieses Jahrzehnts hatten z.B. noch 79 Prozent aller Tischler elektronische Datenverarbeitung für überflüssig gehalten. Um die Jahrtausendwende »grummelte« lediglich eine »verschwindende Minderheit« dieser Berufsgruppe noch über »die neuen Wunderdinge des Kommunikationszeitalters«. Seit Mitte der 1990er Jahre fanden digitale I+K-Technologien außerdem nicht allein in der Buchhaltung Anwendung. Als CNC-Maschinen und als rechnergestützte Konstruktions-Software hielten sie auch in die unmittelbare Produktion Einzug.[56] Die Folge war eine Umwälzung der Binnenstrukturen des Handwerks, die in ihrer Schärfe höchstens den Wandlungen dieses Wirtschaftszweiges während des letzten Drittels des 19. Jahrhunderts zu vergleichen ist. Der Kapitaleinsatz (Anschaffung der Maschinen, Umgestaltung der Arbeitsräume etc.) stieg drastisch. Der durch moderne Maschinen um ein Vielfaches erhöhte Produktionsausstoß zwang zur Markterweiterung und verschärfte die Konkurrenz unter den Handwerkern; Standardisierung und Typisierung begannen auch den handwerklichen Produktionsalltag zu prägen.

Diese »Verindustrialisierung« des Handwerks wurde durch ein »Outsourcing« von industrieller Seite verstärkt. Bautischlereien mutierten vielfach zum »letzten Kettenglied« (Christian F. Zander) eines von der Industrie dominierten Produktionsablaufes. Sie degenerierten zu Montagebetrieben und Service-Unternehmen, die industriell vorgefertigte Teile zusammenfügten, nicht mehr nur auf dem

---

55 Vgl. (inkl. Zitate) Christian F. Zander, Vom Hobel zum Computer. Zur Wirtschaftsgeschichte des modernen Tischler- und Schreinerhandwerks in Deutschland, Leinfelden-Echterdingen 2008, S. 115 f. Die folgende Darstellung zum Handwerk in der Bundesrepublik basiert wesentlich auf ebd., bes. S. 138–159, 163 ff.
56 Vgl. ebd., S. 138–143, Zitat: S. 139.

Bau, sondern zunehmend auch im Inneren, z. B. bei der Montage von Küchen. Oder sie spezialisierten sich auf die Produktion von Zulieferteilen.

Wenn die Zahl der Handwerksbetriebe seit den 1990er Jahren wuchs, dann ist dies nicht als Anbruch einer neuen Blütezeit des Handwerks zu werten. Der Gründungsboom ist vielmehr ein Krisenphänomen. Für Zeiten hoher Erwerbslosigkeit (gleichgültig ob strukturell oder konjunkturell bedingt) ist traditionell typisch, dass Erwerbslose oder prekär Beschäftigte kleine scheinselbständige Handwerksbetriebe aufmachen, um sich »über Wasser« zu halten.[57] Die Wandlung vieler Handwerksbetriebe zu Zulieferern bzw. Gliedern einer industriellen Fertigungskette weist im Übrigen bemerkenswerte Parallelen mit dem während des Vormärzes weit verbreiteten proto-industriellen Verlags-System und der klassischen Heimarbeit auf.

Die Folgen der Einführung von CNC-Maschinen und CAD- bzw. CAM-Systemen sind für die Betroffenen ambivalent. Auf der einen Seite reduziert sich mit dem Einzug quasi-industrieller Produktionsweisen in den Handwerksbetrieb die Autonomie der Produzenten. Die Trennung zwischen Hand- und Kopfarbeit erreicht auch das Handwerk. Wenn Gesellen und Meister entweder »von außen« programmierte CNC-Maschinen nur noch bedienen oder aber industriell vorgefertigte Teile lediglich montieren, entwertet dies deren Qualifikation und Erfahrungswissen.[58] Auf der anderen Seite werden aus Handwerkern Akteure der »Kreativindustrie«.[59] Der wachsende Anteil von Planung, Konstruktion und Programmierung sowie Buchhaltung markiert zudem eine Verschiebung der Tätigkeiten von der unmittelbar manuellen Produktion hin zu solchen, die eher dem Dienstleistungssektor zuzurechnen sind.

3. Der Dienstleistungssektor

Gräben zwischen Ost und West auch hier

Dieselbe Tendenz – eine Verschiebung der Tätigkeiten vom eigentlichen Produktionskern hin zu solchen Arbeiten, die eher unter »Dienstleistungen« zu subsumieren sind (Verkauf, Finanzdienstleistungen, Öffentlichkeitsarbeit/Werbung usw.) – charakterisiert auch die Industrie.[60] Infolgedessen ist der Dienstleis-

---

57 So erhöhte sich die Zahl der nominell selbständigen Handwerksbetriebe im Deutschen Reich während der Weltwirtschaftskrise von 1,38 (1931) auf 1,73 Mio. (1934), um bis April 1939 wieder auf 1,47 Mio. abzusinken. Vgl. Rüdiger Hachtmann, Arbeitsmarkt und Arbeitszeit in der deutschen Industrie 1929–1939, in: Archiv für Sozialgeschichte 27 (1987), S. 177–227, hier S. 202 ff.
58 Vgl. Zander, Hobel, S. 140, 146, 148.
59 Vgl. z. B. die instruktive Studie von Birgit Huber, Arbeiten in der Kreativindustrie, Frankfurt a. M. 2012.
60 Vgl. als Überblick Heiner Minssen, Arbeit in der modernen Gesellschaft. Eine Einführung, Wiesbaden 2012, S. 109 ff.

Tabelle 3.a: Erwerbstätige in der Bundesrepublik nach Wirtschaftsbereichen 1970 bis 2010 (in v. H. – bis einschließlich 1990: nur »früheres Bundesgebiet«)

Jahr	Primär (Agrarwirtschaft)	Sekundär (Industrie)	Tertiär (Dienstleistung)	Insgesamt
1970	8,4	46,5	45,1	100,0
1975	6,6	42,4	51,0	100,0
1980	5,1	41,1	53,8	100,0
1985	4,4	38,1	57,5	100,0
1990	3,5	36,6	59,9	100,0
1995	2,3	32,0	65,8	100,0
2000	1,9	28,5	69,6	100,0
2005	1,7	25,7	72,6	100,0
2010	1,6	24,5	73,9	100,0

Quelle: Statistisches Bundesamt, Gesamtrechnungen, S. 70.

Tabelle 3.b: Bruttowertschöpfung in der Bundesrepublik nach Wirtschaftsbereichen 1970 bis 2010 (in v. H. – bis einschließlich 1990: nur »früheres Bundesgebiet«)

Jahr	Primär (Agrarwirtschaft)	Sekundär (Industrie)	Tertiär (Dienstleistung)	Insgesamt
1970	3,3	48,3	48,3	100,0
1975	2,8	42,4	54,8	100,0
1980	2,2	41,3	56,6	100,0
1985	1,7	39,4	58,9	100,0
1990	1,3	37,6	61,0	100,0
1995	1,1	32,7	66,2	100,0
2000	1,1	30,8	68,2	100,0
2005	0,8	29,3	70,0	100,0
2010	0,7	30,0	69,3	100,0

Quelle: Statistisches Bundesamt, Gesamtrechnungen, S. 58

tungssektor in den westlichen Gesellschaften eigentlich noch viel stärker auf dem Vormarsch, als dies statistisch ausgewiesen wird (Tabelle 3). Zieht man Daten zur Verteilung des Bruttoinlandsprodukts sowie zur Stellung der Erwerbstätigen nach Wirtschaftsbereichen heran, scheint sich für die DDR abgeschwächt ein ähnliches

Tabelle 4: Berufstätige in der DDR nach Wirtschaftsbereichen 1950–1989 (in v. H.)

Jahr	Primär (Land- und Forstwirtschaft)	Sekundär (Industrie, Handwerk, Bauwirtschaft, sonstige produzierende Bereiche)	Tertiär (Dienstleistung)		Insgesamt
			Insgesamt	darunter: »nicht-produzierende Bereiche«	
1950	27,9	45,1	27,0	11,4	100,0
1960	17,0	49,0	34,0	15,5	100,0
1970	12,8	51,2	36,0	17,4	100,0
1975	11,3	51,5	37,2	19,0	100,0
1980	10,7	51,2	37,9	20,1	100,0
1985	10,8	50,7	38,5	21,0	100,0
1989	10,8	49,9	39,3	21,6	100,0

Quelle: Peter Hübner, Arbeit, Arbeiter und Technik in der DDR 1971 bis 1989. Zwischen Fordismus und digitaler Revolution, Bonn 2014, S. 622 f. (Tab. IV/2).

Bild zu ergeben (Tabelle 4).[61] Der Eindruck einer analogen Entwicklung täuscht freilich. Fragwürdig ist bereits die zentrale Kategorie »Dienstleistung«: Der Begriff ist diffus und interpretationsoffen. Der Dienstleistungssektor gleicht als Residualkategorie einer Resterampe, in die alles gepackt wird, was sich nicht unter »Agrarwirtschaft« und »Industrie« fassen lässt. Problematisch werden die Kategorien »Dienstleistung« und »Dienstleistungssektor« zudem, wenn sie vergleichend auf unterschiedliche politisch-ökonomische Systeme bezogen werden.[62]
In der DDR stagnierte oder sank der Anteil der Werktätigen an der Gesamtheit der Berufstätigen ausgerechnet in den Wirtschaftszweigen, die im Westen die Motoren der Expansion des tertiären Sektors waren und sind. Dies gilt namentlich für die im Post- und Fernmeldewesen Beschäftigten, die in den Ländern, in denen die digitale Revolution den Durchbruch schaffte, mindestens in der Anfangsphase für die flächendeckende Installierung der entsprechenden IT-Infrastruktur zuständig waren. Ihr Anteil ging in Ostdeutschland von 1,7 Prozent (1970) auf 1,5 Prozent (1989) sogar leicht zurück. Im »Verkehr«, einem weiteren wichtigen Dienstleistungs-Zweig, waren während der Ära Honecker durchgängig knapp sechs Prozent aller DDR-Werktätigen angestellt. Auch am Anteil des Handels an der Gesamtheit der Beschäftigten änderte sich erstaunlich wenig: Er lag 1950 bei 9,4 Prozent, 1970 bei 11,0 Prozent und sank danach leicht auf

---

61 Vgl. auch die etwas differierenden Schätzungen bei Doris Schwarzer, Arbeitsbeziehungen im Umbruch gesellschaftlicher Sektoren. Bundesrepublik Deutschland, DDR und neue Länder im Vergleich, Stuttgart 1995, S. 82.
62 Vgl. hierzu auch den Beitrag von André Steiner und Ralf Ahrens im vorliegenden Band.

schließlich 10,3 Prozent (1989). Ein spezifisches Teilsegment des DDR-Dienstleistungssektors wuchs freilich erheblich: der »nichtproduzierende Bereich«.[63] Dies bedeutet: Wenn der Anteil der im »Dienstleistungssektor« Beschäftigten an der Gesamtheit aller Werktätigen der DDR stieg, dann ist dies, neben dem Ausbau der Sozialversicherung, wesentlich der Aufblähung der politischen Verwaltung, der Staatssicherheit und ähnlicher Institutionen zuzuschreiben.

Die dem Wachstum des Dienstleistungssektors in beiden deutschen Staaten zugrunde liegenden Trends konnten mithin gegensätzlicher kaum sein: In der Bundesrepublik gewannen *private* Dienstleistungen gegenüber der Industrie und ebenso gegenüber der öffentlichen Hand an Gewicht.[64] In der DDR expandierte dagegen der *politisch-administrative* Bereich innerhalb des tertiären Sektors. Gleichfalls im Unterschied zum Westen wurde der nicht-staatliche Dienstleistungssektor in Ostdeutschland nur peripher von »Rationalisierungen« gleich welcher Couleur tangiert. Zwar wurden seit den 1960er Jahren größere Filialen der staatlichen Handelsorganisation (HO) und »Kaufhallen« der Konsumgenossenschaften nach dem Supermarktprinzip betrieben. Das Gros der HO-Läden verfügte freilich auch weiterhin nur über kleine Verkaufsflächen und blieb in seiner Betriebsorganisation antiquiert.[65]

In den westlichen Dienstleistungsbranchen ging die Einführung von Computertechniken in den 1970er Jahren nicht mit einem Stellenabbau einher, da sich zugleich die Nachfrage erhöhte; bei den Versicherungen etwa wuchs die Zahl der Versicherten oder bei den Banken die der Konteninhaber. Im Banken- und Sparkassenbereich der DDR kam es Anfang der 1970er Jahre zwar zur Implementierung von EDV-Verfahren auf breiter Basis, nicht zuletzt um den Übergang von der Auszahlung per Lohntüte zur Kontoführung zu erleichtern. Sie wurde allem Anschein nach jedoch nicht konsequent weitergeführt. Die Kosten der Produktion entsprechender Computer wären so hoch gewesen bzw. deren Import aus dem Westen (sofern dies angesichts des sukzessive verschärften Embargos überhaupt möglich gewesen wäre) hätte so viele Devisen verschlungen, dass es (trotz chronischen Arbeitskräftemangels) rentabler schien, weiterhin das vorhandene Personal einzusetzen.[66]

*

Ganz anders verlief die Entwicklung in der Bundesrepublik. Hier waren zu Beginn des digitalen Zeitalters zwar Stimmen, die der Einführung moderner I+K-

---

63 Vgl. auch die unter »Gebietskörperschaften und Sozialversicherung« subsumierten, geringfügig abweichenden Angaben bei Steiner, Übersicht, S. 145 f. (Tabelle 3.1.1.2.).
64 In den USA hatte dieselbe Entwicklung früher eingesetzt. Anteil des Dienstleistungssektors 1960: 58,7 %; 2003: 86,6 %.Vgl. OECD Economic Surveys 2006: United States, Paris 2007.
65 1989 hatte der Konsum mehr als 21.000 Verkaufsstellen unter seinen Fittichen, die Lebensmittel des täglichen Bedarfs anboten, davon 544 Supermarkt-ähnliche Verkaufsstellen und 399 Landwarenhäuser. Vgl. Jan Bösche, Die Konsumgenossenschaften in der Wende von 1989/90, Norderstedt o. D., S. 28 ff.
66 Vgl. das Dissertationsprojekt von Martin Schmitt (ZZF/Abt. II) unter dem Titel »Die Digitalisierung der Kreditwirtschaft«.

Technologien skeptisch gegenüber standen, zahlreich und auch lautstärker als in der DDR gewesen. Sie konnten sich aber dem strukturellen Trend zur Digitalisierung des tertiären Sektors auf Dauer nicht entgegenstemmen. Spätestens seit Ende der 1970er Jahre hielt die Digitalisierung im Westen auf breiter Front Einzug. Vorreiter waren etwa Banken und Sparkassen – mit den in der Bundesrepublik ab 1968 eingeführten Geldautomaten – oder auch Versicherungen und Versandhändler. Die Allianz AG schaffte sich bereits 1956 einen IBM-Großrechner an und bahnte damit einer umfassenden Büroautomatisierung den Weg.[67] Das Versandhaus Quelle nahm Ende 1957 eine gigantische automatische Auftragsbearbeitungs- und Lagerbuchhaltungsanlage in Betrieb, die täglich durchschnittlich 20.000 Bestellungen »verdaute«, welche zuvor von 1.200 überwiegend weiblichen Angestellten mühselig per Hand bearbeitet worden waren. Und die großen europäischen Fluggesellschaften führten nach dem Vorbild der amerikanischen Konkurrenz seit den 1960er Jahren elektronische Reservierungssysteme ein.[68]

Weit langsamer hielten IT- und EDV-Techniken bei öffentlichen Dienstleistern Einzug. Noch Ende 1989 galten z. B. lediglich 22,5 Prozent aller öffentlichen Bibliotheken in NRW als »EDV-Anwender«.[69] Die westdeutschen Bibliotheken waren auf dem Weg zu einer flächendeckenden Implementierung von IT und EDV zwar erheblich weiter als ihre ostdeutschen Pendants. Aber auch sie wurden erst nach der Wende flächendeckend »durchdigitalisiert«. Die Effekte der Implementierung und immer tiefer gehenden Anwendung von IT-Techniken überschnitten sich im Übrigen mit einer gleichzeitigen »Verbetriebswirtschaftlichung« der Bibliotheken. Für die Bibliothekare waren die Folgewirkungen zwiespältig. Aus ihrer Sicht überwogen die Schattenseiten: Angesichts der Krise der kommunalen Haushalte und ebenso der Etatkürzungen der Hochschulen wurde die Digitalisierung zum Einsparhebel.[70] Die Schließung von Zweigstellen und/oder Personalabbau, kürzere Öffnungszeiten, befristete Arbeitsverhältnisse sowie die Einführung von flexiblen Arbeitszeiten, angepasst an die Nutzerfrequenz, schufen unter den Bibliothekaren ein Gefühl der Unsicherheit; viele von ihnen klagten über »zunehmenden Stress« und »individuelle Leistungskontrolle« bis hin zu »Zeittaktbestimmungen«.[71]

---

67 Vgl. Leimbach, Softwarebranche, bes. S. 84 ff.
68 Vgl. Büro-Automation: Das Hirn, in: Der Spiegel 10/1958, sowie ausführlich Schuhmann, Traum.
69 Vgl. Siegfried Schmidt, Siegeszug der EDV – Revolutionierung der Bibliotheken, in: Peter Vodosek/Werner Arnhold (Hg.), Auf dem Weg in die Informationsgesellschaft. Bibliotheken in den 70er und 80er Jahren des 20. Jahrhunderts, Wiesbaden 2008, S. 257–284; ferner Norbert Cobabus, Betriebs-Atmosphären. Meine Erlebnisse in der Bibliothekswelt, Berlin 2012, bes. S. 87 f., 94, 98.
70 Vgl. Ulrich Thiem, ADV – nur für die Großen? In: BuB (Forum Bibliothek und Information) 33/1981, S. 29–38.
71 Vgl. Schmidt, Siegeszug, S. 280. Zu den Einschätzungen der Beschäftigten vgl. z. B. die Umfrage von Ver.di Anfang 2011 (URL: http://www.verdi-gute-arbeit.de/upload/m4ddb 5925991c6_verweis2.pdf).

»Freundlichkeit im Takt« und McJob – Neo-Taylorisierung im Dienstleistungsgewerbe

Die Digitalisierung konnte außerdem zur Entstehung gänzlich neuer Gewerbe führen, und mit jenen auch zu einer (Neo-)Taylorisierung von Dienstleistungstätigkeiten. Ein Beispiel sind die seit den 1990er Jahren entstehenden Call-Center. Die Zahl der dort – in aller Regel niedrig entlohnten, befristet und in Teilzeit arbeitenden – Beschäftigten vervielfachte sich von 45.000 (1995) über 225.000 (2000) und 330.000 (2005) auf etwa 500.000 Ende 2009.[72] Deren Tätigkeit variiert nach der Struktur der telefonischen Beratung – je nachdem, ob es sich um weitgehend individuelle Anfragen handelt, oder um solche, die sich schematisieren lassen. Die Bedeutung der Letzteren wächst. Vor allem sie eignen sich für eine quasi-tayloristische Arbeitszerlegung: Die Anrufe werden automatisch verteilt, die Arbeit ist im Takt organisiert. Im Unterschied zu den klassisch-fordistischen Produktionsarbeitern, die durch das fließende Band diszipliniert werden, dabei jedoch wenigstens ihren Gedanken nachhängen können, sind die Call-Center-Angestellten auch mental eingebunden und zu einem bestimmten Auftreten verpflichtet. Sie müssen ihre Gefühle disziplinieren. Affektkontrolle gehört zwar seit jeher für zahllose Angestellte im Dienstleistungssektor zum Berufsalltag; Geschäfte mit dauerhaft gelangweilten, mürrischen oder auch inkompetenten Verkäufern verlieren ihre Kunden schnell. Neu an Call-Centern – und ähnlich auch z. B. in Fast-Food-Ketten, Super- und Baumärkten – ist jedoch eine »Freundlichkeit im Takt« als Dauerzustand, die Affektkontrolle im Rahmen durchgeplanter Arbeitsabläufe, mit zeitlichen Vorgaben, begrenzten Verschnaufpausen sowie gleichfalls standardisierten Leistungskontrollen. In diesem Feld hatte sich nicht nur Ostdeutschland, sondern auch der Westen neu zu orientieren.

Die digitale Revolution ist lediglich einer von zahlreichen Faktoren, die die Arbeitswelten des Dienstleistungssektors grundlegend veränderten. Hinzu konnten langfristige sozialpolitische Trends treten, etwa die Ausweitung des Urlaubsanspruchs bei gleichzeitig steigenden Einkommen. Sie ließen wiederum die Bedeutung der »Tourismusindustrie« rapide wachsen.[73] Im Land der »Reiseweltmeister« vervielfachte sich die Zahl der Reisebüros von 3.120 (1970) auf 9.500 (1980) und 13.200 (1990). Ihren Zenit erreichte die Zahl der bundesdeutschen »Reisevermittlerbetriebe« (ohne Nebenerwerbsstellen) 1994 mit 17.500.[74] Wenn diese Zahl seitdem ähnlich rasant auf 14.235 (2002) und 9.729 (2013)[75] ab-

---

72 Angaben nach: Minssen, Einführung, S. 97.
73 Vgl. als Überblick Rüdiger Hachtmann, Tourismus-Geschichte, Göttingen 2007, bes. S. 140–172.
74 Vgl. Deutscher Bundestag (14. Wahlperiode), Drucksache 14/1100, S. 46. (Unter: http://dip21.bundestag.de/dip21/btd/14/011/1401100.pdf.)
75 Vgl. Deutscher Reiseverband, Fakten und Zahlen 2013 (Febr. 2014), S. 19. (URL: http://www.drv.de/fileadmin/user_upload/Fachbereiche/Statistik_und_Marktforschung/Fakten_und_Zahlen/14-03-17_DRV_Zahlen_Fakten2013_V2.pdf).

sank, dann steht dahinter wesentlich ein durch das Internet induzierter Trend: Reisekaufleute werden überflüssig, weil die Kunden einfacher und im Preis-/Leistungsvergleich systematischer ihre Reisen via »Datenautobahnen« zusammenstellen und dabei unmittelbar auf die Angebote der »Anbieter« (Pauschalveranstalter, Fluggesellschaften, Hotels etc.) zugreifen können.

Die Globalisierung mischte zahlreiche Felder des tertiären Sektors auf und zwang bundesdeutsche Unternehmen zu Anpassungsleistungen an die je marktdominierenden multinationalen Konzerne. Ein Beispiel ist die Industrialisierung des Restaurants durch Fast-Food-Ketten, namentlich durch McDonalds seit 1971. Der »mcdonaldistische« Gastronomie-Typus setzt zwar moderne Technologien voraus, nämlich groß dimensionierte und leicht zu bedienende Gefrier-, Kühl- und Erhitzungsgeräte sowie entsprechende Logistik, Fertigung, Transport, Lagerung und Aufbereitung. Kennzeichnend für die Selbstbedienungsrestaurants ist jedoch die »modifizierte Adaption des fordistischen Produktionsmodells an die besonderen Bedingungen interaktiver Dienstleistungsarbeit« (Stephan Voswinkel).[76]

Das mcdonaldistische Produktionsmodell basiert auf vier Säulen, vier »MACs« (ironische Abkürzung für: »minimal and calculable«). »McSkill« als der erste der Big MACs impliziert in klassisch-tayloristischer Manier die Trennung zwischen Planung sowie Anleitung der Arbeit und deren Ausführung. Dies schließt die externe Vorfertigung der Speisen außerhalb der Restaurants ein. In der Küche der Mac-Filialen wird der Produktionsablauf von Zubereitungsmaschinen dominiert und für die Beschäftigten derart in einzelne Arbeitsschritte zergliedert, dass ungelernte Arbeitskräfte ausreichen und ausgebildete Köche überflüssig sind. Ton- und Lichtsignale teilen den Arbeitskräften die einzelnen Aufwärm- und Grillprozeduren mit. Deren Anlernzeit wird minimiert; zugleich sind die Tätigkeiten so vereinfacht, dass sie von allen Arbeitskräften ausgeübt werden können. Daraus resultiert »McJob« als der zweite der Big MACs: Die meisten der bei McDonalds Beschäftigten sind Teilzeitkräfte, überwiegend jung sowie oft weiblich; viele haben einen migrantischen Hintergrund (mit oft unsicherem Arbeitsmarktstatus). Sie werden flexibel, je nach Kundenfrequenz und ohne Überstundenzuschläge o.ä. eingesetzt; die Fluktuation ist hoch. »McService« als dritter der Big MACs impliziert eine weitgehende Reduktion der Bedienung: Die Arbeitskräfte stehen hinter dem Counter, stellen – nach dem gleichfalls fordistischen Baukasten-Prinzip – die Mahlzeiten zusammen, kassieren, wischen die Tische ab usw. »McFun«, der vierte der Big MACs, nimmt, als Element der Kundenwerbung und -animation, vor allem die Kinder ins Visier. »Drive-In« und Ähnliches ergänzen das mcdonaldistische Produktionsprinzip. Modifiziert wird das tayloristische Grundkonzept bei McDonalds & Co. gegenüber den von

---

76 Vgl. Stephan Voswinkel, Das mcdonaldistische Produktionsmodell – Schnittstellenmanagement interaktiver Dienstleistungsarbeit, in: Heiner Minssen (Hg.), Begrenzte Entgrenzungen. Wandlungen von Organisation und Arbeit, Berlin 2000, S. 177–203, Zitat: S. 181. Danach das Folgende.

F. W. Taylor gepredigten Prinzipien vor allem in einer Hinsicht: durch die kalkulierte Schlangenbildung. Nicht Aufsichtspersonal, sondern die drängenden Kunden zwingen die Arbeitskräfte zu gleichbleibend hoher Arbeitsintensität.

Das »mcdonaldistische Produktionsmodell« reicht weit über die Namen gebende Fast-Food-Kette und die Massen-Gastronomie hinaus. Typisch für dieses Modell ist neben der Beschäftigung überwiegend unqualifizierter Arbeitskräfte und einer Neo-Taylorisierung des Arbeitsablaufs, dass der Kunde einen Teil der Dienstleistungsarbeit übernimmt und sich die gewünschten Waren selbst zusammenstellt – in Supermärkten oder Selbstbedienungs-Tankstellen eine seit den 1970er Jahren geübte Praxis. Die Tätigkeit der Arbeitskräfte reduziert sich auf Überwachungs- und Aufräumarbeiten sowie auf ein Abkassieren im Takt mit Kassen, die u. a. mit der Lagerhaltung digital vernetzt sind, so dass auch die Bestückung der Lager quasi automatisiert wird. Vor allem das Prinzip »McJob«, d. h. »a low-pay, low-prestige, low dignity, low-benefit, no-future job in the service sector«,[77] hat wesentlich dazu beigetragen, dass sich seit den 1990er Jahren neben dem »ersten« ein stetig wachsender »zweiter«, von prekären Arbeitsverhältnissen dominierter Arbeitsmarkt herausgebildet hat.

*

Grundlegende Veränderungen der Arbeitswelten im Dienstleistungsbereich können schließlich politisch induziert sein, durch Entscheidungen des Gesetzgebers. Ein Beispiel ist die Anfang 1995 eingeführte Pflegeversicherung. Sie ließ einen neuen und – angesichts der steigenden Lebenserwartung – rapide wachsenden Markt für private Unternehmen entstehen, nachdem die Altenpflege in der Bundesrepublik bis in die 1980er Jahre hinein im Wesentlichen die Sache karitativ-konfessioneller, teils auch ungebunden gemeinnütziger Wohlfahrtsverbände gewesen war. Unter dem SED-Regime, das seine Sozialpolitik vornehmlich auf Arbeitsfähige konzentrierte, hatte dagegen die Altenpflege überwiegend in staatlichen Händen gelegen; hier war sie dilatorisch behandelt worden. Die Zahl der Plätze in Altersheimen betrug im letzten Jahr der DDR etwa 115.000 – gegenüber 88.500 1960; der Anteil der stationären Plätze in den chronisch überbelegten staatlichen Pflegeheimen lag 1989 bei etwa 85 Prozent. Bereits angesichts des nicht adäquat qualifizierten Personals, eines Personalschlüssels, der (noch) weit schlechter war als in der Bundesrepublik, und überwiegend baufälliger Heime war an eine »aktivierende Pflege« und eine ernsthafte »geriatrische Rehabilitierung« nicht zu denken.[78]

---

77 Diese Formel geht zurück auf den Episoden-Roman von Douglas Coupland, »Generation X: Tales of Accelerated Culture« (1991).
78 Vgl. Gisela Hellwig, Altenpolitik, in: Geschichte der Sozialpolitik, Bd. 10, S. 535–540; Thomas Olk, Soziale Infrastruktur und soziale Dienste, in: Geschichte der Sozialpolitik seit 1945, Bd. 9: 1961–1971. Deutsche Demokratische Republik, Baden-Baden 2006, S. 671 ff.

Ost- wie westdeutsche Varianten der (Alten-)Pflege wurden durch das Gesetz von 1994 grundlegend verändert. Zwar waren schon zu Beginn der 1990er Jahre erste private Pflegedienste entstanden.[79] Erst die Einführung der Pflegeversicherung ließ jedoch einen Markt an privaten Pflegedienstleistern sprießen, die die im § 3 des SGB XI fixierte Präferenz für die ambulante Altenpflege sichern sollten. Bereits 1997 wurden in der Bundesrepublik 1,2 Millionen hilfsbedürftige, vor allem ältere Menschen durch Pflegedienste versorgt. 2009 hatte sich deren Zahl auf mehr als 2,3 Millionen Menschen fast verdoppelt. Mit welcher Dynamik sich der Pflegemarkt in den 1990er Jahren entwickelte, lässt sich u. a. daran ablesen, dass 1990 erst ca. 1.700 Pflegedienste existierten. Deren Zahl schnellte bereits 1993 auf 6.633 hoch und lag 2009 bei etwa 12.000.[80] Gut sechzig Prozent der Pflegedienste firmieren (2009) als private Unternehmen. Die Zahl der in der häuslichen Pflege beschäftigten Arbeitnehmer wuchs von 36.000 (1984) und 40.400 (1993) nach der Einführung der Pflegeversicherung auf 107.200 (1996) und 2009 schließlich 269.000.

Die Geschichte der Pflege ist eine Geschichte weiblicher Arbeitsverhältnisse. Seit der Einführung der Pflegeversicherung waren fast neunzig Prozent aller von den ambulanten Diensten Beschäftigten Frauen. Entsprechend hoch war der Anteil der Teilzeitbeschäftigten; er wuchs von knapp 50 Prozent 1994[81] auf 71 Prozent im Jahr 2009. So wie die privaten Dienstleistungsunternehmen der Teilzeitarbeit den Weg bahnten, spielten sie auch bei den »geringfügig Beschäftigten« den Vorreiter, mit 26 Prozent gegenüber 17 Prozent bei den gemeinnützigen Pflegediensten.

Ein positiver Effekt der Privatisierung der Altenpflege ist die Professionalisierung des Pflegeberufs. Selbst unter den in der »Grundpflege« beschäftigten, fast ausschließlich weiblichen Arbeitnehmern konnten 2009 immerhin knapp zwei Drittel (65 Prozent) einen Berufsabschluss (überwiegend als Kranken- oder Altenpfleger) vorweisen. Andere Aspekte sind ambivalenter. Wie alle Märkte wird auch der Pflegemarkt durch Konkurrenz bestimmt. Die Preise allerdings werden durch Quasi-Monopolisten festgelegt, nämlich durch die Kranken- und Pflegekassen, denen eine Vielzahl von meist kleinen Unternehmen gegenübersteht. Aus der entsprechend großen Verhandlungsmacht der Kassen resultieren »Vereinbarungen auf Unterwerfung« (Wilfried Kunstmann), die auch die Arbeitswelten prägen. Einsatzplanung und organisatorischer Ablauf werden »ver-

---

79 Vgl. vor allem Wilfried Kunstmann, Zur Entwicklung und Situation der häuslichen Alten- und Krankenpflege, in: Jahrbuch für kritische Medizin 30/1998, S. 85–101.
80 Angaben nach: Statistisches Bundesamt, Pflegestatistik 2009. Deutschlandergebnisse, Wiesbaden 2011, S. 6, 9, bzw. Kunstmann, Entwicklung, S. 88.
81 Der Anteil der Teilzeitbeschäftigten lag 1994 bei den privaten Pflegediensten 53 %, bei den gemeinnützigen bei 42 %. Diese und ebenso die folgenden Angaben nach: Kunstmann, Pflegemarkt, S. 94; Maik H.-J. Winter, Qualifikationsprofile und -anforderungen im Rahmen der professionellen pflegerischen Versorgung demenzieller Kranker, in: Jahrbuch für kritische Medizin 40/2008, S. 120–134, hier S. 124, bzw. Statistisches Bundesamt, Pflegestatistik 2009, S. 9. Daraus auch die folgenden Angaben.

gütungsorientiert« und nicht mehr »patientenorientiert« gestaltet. Dieser Trend verdichtet die Arbeit und engt die Handlungsräume des Pflegepersonals ein. Viele ohnehin niedrig bezahlte Pflegekräfte sind überfordert und wechseln die Stelle oder gar den Beruf. Bei etwa 30 Prozent von ihnen wurden mindestens einmal Burn-out-Syndrome diagnostiziert. Überdies drohen vergleichsweise teure examinierte Pflegekräfte zu einem finanziellen »Ballast« zu werden; ihr Anteil an der Gesamtbelegschaft sinkt oft bei einer Expansion des Pflegeunternehmens. Angesichts dessen wird seit Ende der 1990er Jahre von einer »schleichenden Deprofessionalisierung der Altenpflege« gesprochen.[82]

Angesichts knapper staatlicher und kommunaler Kassen und eines Kostendrucks »von oben« verstärkt sich die betriebswirtschaftliche Steuerung der Pflege. Unabhängig davon erleichtern Digitalisierung und Vernetzung der Informations- und Kommunikationsstrukturen die Ausdehnung der Dokumentationspflicht für die Pflegekräfte und Pflegedienstleitungen. Zeitbudgetierung (Soll-Zeit je Pflegehandlung) und eine zunehmende Schematisierung des Pflegeablaufs führen zu einer sukzessiven Taylorisierung der Pflegetätigkeiten. Die insbesondere für alte Menschen existenziellen, aktivierenden und kommunikativen Tätigkeiten sind nicht oder nur eingeschränkt »vergütungsrelevant« und gelten auf tayloristisch strukturierten Pflegefeldern als entbehrlich.

Amerikanisierung der Erwerbsarbeit?

»(Neo-)Taylorisierung«, »Flexibilisierung« und »Prekarisierung« sind verschiedene Elemente eines umfassenderen Prozesses, der seit Ende der 1980er Jahre die Erwerbsarbeit im Dienstleistungsbereich sowie der Industrie (und ebenso der Landwirtschaft) von Grund auf verändert und im neoliberalen Paradigma seinen ideologischen Ausdruck gefunden hat. Das klassisch-fordistische Modell eindeutig fixierter Grenzen zwischen Arbeits- und Freizeit erodiert. Die der Kapitalverwertung immanente Neigung, die Produktionskosten und damit auch die Personalkosten möglichst weitgehend zu senken, wurde durch die seit Mitte der 1980er Jahre chronische Massenerwerbslosigkeit und Unterbeschäftigung sowie das Ende des Kalten Kriegs zusätzlich begünstigt. Hinzu tritt eine sich beschleunigende Globalisierung.

Viele Staaten gingen in den letzten beiden Jahrzehnten des 20. Jahrhunderts aktiv daran, rechtliche, ökonomische und bürokratische Hindernisse für die Neuansiedlung von Betrieben niederzureißen. Die Folge ist seit den 1990er Jahren ein *Regime-Hopping*[83] international agierender Unternehmen, das Gegeneinander-Ausspielen der einzelnen »Standorte«, das immer weiter um sich greift:

---

82 Vgl. Winter, Qualifikationsprofile (mit Verweisen auf die ältere Forschung), Zitat: S. 127, Zahlen zum Burn-Out-Syndrom: S. 125.
83 Wolfgang Streeck (National diversity, regime competition and institutional deadlock, in: Journal of Public Policy 12/1992, S. 301–330) spricht von »Regime-Shopping«.

Die Unternehmen siedeln sich dort an, wo die arbeitsrechtlichen, sozialen, steuerlichen und politisch-administrativen Standards in ihren Augen »günstig« sind. Bereits die Drohung abzuwandern wird in Tarifverhandlungen und während betrieblicher Auseinandersetzungen zum »Joker, der in einem breiten Wirkungsfeld sticht«.[84] Die Standortkonkurrenz zieht eine »neue Verwundbarkeit« (Andreas Wirsching) der Arbeitnehmer nach sich, die vom bedeutungsoffenen Schlagwort »Flexibilisierung« nur schlecht übertüncht wird und in eine Negativ-Spirale mündet.

Bei der Flexibilisierung der Arbeitszeiten wurden die Gewerkschaften zu einer Art unfreiwilligem Schrittmacher. Im Rahmen ihrer Kampagne für eine allgemeine Arbeitszeitverkürzung hatten sie – noch in einer Position der relativen Stärke – den Unternehmern das Zugeständnis einer begrenzten Flexibilisierung der Arbeitszeiten gemacht, erstmals verbindlich fixiert Ende Juni 1984 in einem Tarifvertrag für den Bezirk Nord-Baden/Nord-Württemberg der Metallindustrie. Dieser Tarifvertrag schrieb nominell zwar die 38,5-Stundenwoche fest. Es war indessen seitdem möglich, durch Betriebsvereinbarungen Arbeitszeit-Sonderregelungen für ganze Belegschaften oder einzelne Arbeitnehmergruppen festzulegen; gleichzeitig wurde der Ausgleichszeitraum, für den die tarifliche Arbeitszeit vereinbart war, auf durchschnittlich zwei Monate verlängert, d. h. die Arbeitgeber konnten die konkreten Arbeitszeiten stärker den jeweiligen Produktionsbedürfnissen anpassen, ohne Überstundenzuschlag etc. zahlen zu müssen. Vom Gesetzgeber sanktioniert und über die Metallindustrie hinaus ausgeweitet wurden diese Regelungen zehn Jahre später durch das am 1. Juli 1994 in Kraft gesetzte bundesdeutsche Arbeitszeitgesetz, das ausdrücklich auch »die Rahmenbedingungen für flexible Arbeitszeiten verbessern« (§ 1) sollte. Zu diesem Zeitpunkt hatten sich die gesellschaftlichen Konstellationen allerdings grundsätzlich geändert; nicht zuletzt waren die Gewerkschaften – und mit ihnen die Betriebsräte – in eine anhaltende Schwächeperiode eingetreten. In der Folgezeit wurden die durchschnittlichen Wochenarbeitszeiten sowie die Sonntags-, Abend- und Nachtarbeit ausgedehnt. So erhöhte sich in der Bundesrepublik der Anteil der Beschäftigten, die über die üblichen Tagesarbeitszeiten hinaus auch abends ihrer Arbeit nachgehen mussten, von 26,8 Prozent (1995) auf 43,8 Prozent (2008) und der Anteil der (regelmäßigen wie gelegentlichen) Nachtarbeiter während dieses Zeitraumes von 13,1 auf 15,2 Prozent.[85]

Die mit »Flexibilität« gleichfalls assoziierte Teilzeitbeschäftigung war lange Zeit vornehmlich für Frauen durchaus attraktiv. Sie erlaubte es ihnen, Mutter-

---

84 Gert Schmidt, Arbeit und Globalisierung, in: Norbert Altmann/Fritz Böhle (Hg.), Nach dem »Kurzen Traum«. Neue Orientierungen in der Arbeitsforschung, Berlin 2010, S. 233–243, hier S. 234. Zur Flexibilisierung vgl. auch die ideologie-kritischen Bemerkungen von Andreas Wirsching, Der Preis der Freiheit. Geschichte Europas in unserer Zeit, München 2012, S. 253–258, Zitat: S. 258.
85 Vgl. Lehndorff/Wagner/Franz, Arbeitszeitentwicklung Europa (2010), S. 141 bzw. S. 143 (Tab. 7.38 bzw. 7.41).

rolle und Erwerbsarbeit miteinander zu vereinbaren. Hinter der Verdoppelung der Zahl der Teilzeitbeschäftigten in den zwanzig Jahren nach der Wende auf fünf Millionen Arbeitnehmer (2011) steht freilich noch ein weiterer Trend: Seit der Jahrtausendwende wuchs der Druck auf prekär Beschäftigte und Langzeitarbeitslose, »flexible« Teilzeit akzeptieren zu *müssen*, weil Arbeitsplätze zu anderen Konditionen häufig nicht zu haben waren. Seit der Jahrtausendwende wurden zudem »flexible« Arbeitszeitmodelle »populär«, die bis dahin in Deutschland unbekannt gewesen waren, etwa das aus den USA übernommene (und durch das Arbeitszeitgesetz nur unzureichend eingehegte) Konzept der KAPOVAZ (»Kapazitätsorientierte variable Arbeitszeit«) oder FREQUOVAZ, ein Modell, das die Koppelung der Arbeitszeit an die durch digitale Messungen ermittelte Kundenfrequenz im Einzelhandel und in Shopping-Centern vorsieht. »Flexibilität« impliziert also zunehmend auch die Ansprechbarkeit des Arbeitnehmers in der Freizeit.

Eine andere Folge von Globalisierung und Regime-Hopping ist, dass erkämpfte und durch Tarifverträge oder Gesetze verbriefte Rechte durchlöchert wurden und »Leiharbeiter« zu einem Alltagsphänomen geworden sind. Deren Zahl wuchs seit 1975 dramatisch (Tabelle 5). Nach Inkrafttreten der unter der Bezeichnung »Hartz IV« (2002) bekannt gewordenen gesetzlichen Regelun-

Tabelle 5: Leiharbeitnehmer 1970 bis 2013
(absolut – bis einschließlich 1990: nur »früheres Bundesgebiet«;
jeweils Dezember)

Jahr	absolut
1970	19.417
1975	8.920
1980	33.227
1985	46.946
1990	118.875
1995	162.275
2000	337.845
2005	464.539
2010	823.509
2013	814.580

Quelle: Bundesagentur für Arbeit (Hg.), Arbeitnehmerüberlassung/ Leiharbeitnehmer/Verleihbetriebe (2014) (aufgerufen unter: https:// statistik.arbeitsagentur.de/nn_31950/SiteGlobals/Forms/Rubriken suche/Rubrikensuche_Form.html?view=processForm&resourceId= 210368&input_=&pageLocale=de&topicId=17358&year_month= aktuell&year_month.GROUP=1&search=Suchen).

gen für das Arbeitslosengeld II verdoppelte sich die Zahl der Leiharbeiter. Ihren vorläufigen Zenit erreichte sie im August 2011 mit 927.103. Auch die Zahl der befristet Beschäftigten erhöhte sich von 1,8 Millionen (1991) auf 2,8 Millionen (2011) deutlich, die der »geringfügig Beschäftigten« vervierfachte sich zwischen 1991 und 2011 sogar von 652.000 auf 2,7 Millionen.[86] Mit anderen Worten: Die ehedem »atypische Beschäftigung« beginnt zu einem normalen Phänomen zu werden. Ob man diese Veränderungen national konnotiert und pejorativ von einer »Amerikanisierung der Arbeitspolitik und -kultur« oder einem »Downsizing des Modells Deutschland«[87] spricht, ist Geschmackssache und letztlich gleichgültig. Wichtig ist, dass sich die Konkurrenz zwischen den Besitzern von Vollzeit-Arbeitsplätzen und prekär Beschäftigten verschärft und – neben z. B. einem dramatischen Anwachsen von Burn-out-Syndromen – zu einer vielschichtigen »Entsolidarisierung der Belegschaften« führt, innerhalb eines Betriebes, aber auch z. B. zwischen verschiedenen Standorten eines Unternehmens usw.

4. Zusammenfassung und Ausblick

In den 1960er und 1970er Jahren standen Ost- und Westdeutschland vor ähnlichen Herausforderungen: Arbeitskräfte waren knapp, die Bedeutung des Weltmarktes wuchs und damit der Druck, Fertigungstechniken und Arbeitsorganisation fortzuentwickeln. Dieser Prozess verlief in den beiden deutschen Staaten allerdings sehr unterschiedlich. Während in der Bundesrepublik – mit dem Preis der Massenarbeitslosigkeit erkauft – die Rationalisierung bereits in den 1980er Jahren in Richtung Automatisierung vorangetrieben wurde und die Digitalisierung zunehmend flächendeckend Einzug hielt, gelang es der DDR nur sehr eingeschränkt, diese Herausforderungen zu bewältigen. Erst nach 1990 gewann diese Entwicklung in Ost- *und* Westdeutschland eine Dynamik, die unter dem Diktum der »Flexibilisierung« die Strukturen der Erwerbsarbeit und die konkreten Arbeitsverhältnisse grundlegend veränderte. Die Klage ostdeutscher Arbeitnehmer, dass man nach der Wende habe erfahren müssen, dass Arbeitswelten und überhaupt die neuen Lebensumstände »sehr sehr schnelllebig«[88] seien, charakterisiert einige Jahre später das Gefühl zahlloser Bundesdeutscher. Vergleichbar ist die – subjektive wie objektive – Beschleunigung der

---

86 Nach URL: http://www.bpb.de/nachschlagen/zahlen-und-fakten/soziale-situation-in-deutschland/61708/atypische-beschaeftigung. Zur sozialen Ungleichheit seit den 1980er Jahren vgl. als Überblick: Christoph Weischer, Soziale Differenzierungen in einer transformierten Industriegesellschaft, in: AfS VIV/2014, S. 315.
87 Vgl. Gert Schmidt, Arbeit und Globalisierung, in: Norbert Altmann/Fritz Böhle (Hg.), Nach dem »Kurzen Traum«. Neue Orientierungen in der Arbeitsforschung, Berlin 2010, S. 233–243, hier S. 235, bzw. ders., Arbeit und Gesellschaft, S. 138. Das folgende Zitat: ebd.
88 Weil, Soziale Wirklichkeit, S. 172, Anm. 509 (Interview Kollegin L.).

Zeit und ebenso die gefühlte Schrumpfung der Räume seit den 1990er Jahren lediglich mit den fundamentalen Umbrüchen auf dem europäischen Kontinent im zweiten Drittel des 19. Jahrhunderts, als Urbanisierung und Industrialisierung die Gesellschaft umstülpten. Damals waren es die das Zeit- und Raumgefühl grundlegend verändernde Eisenbahn und die Telegrafie, die den revolutionären Umbruch verkörperten und die Zeitgenossen zwangen, ihren Horizont im buchstäblichen wie übertragenen Sinne zu erweitern. Heute ist es das Internet.

Das vereinte Deutschland erlebt eine durch Globalisierung und Digitalisierung sowie das wirkungsmächtige neoliberale Paradigma einer möglichst weitgehenden Entfesselung der Märkte ausgelöste Dynamik, die die Arbeitswelten in einer je nach Wirtschaftszweig freilich sehr unterschiedlichen Weise durcheinanderwirbelt und der Formel von der »Neuen Unübersichtlichkeit« Plausibilität verleiht. Unübersichtlich waren die Arbeitswelten zwar immer schon. Selbst während des bundesdeutschen »Wirtschaftswunders«, in den Hoch-Zeiten des Fordismus, wurden in der verarbeitenden Industrie handwerkliche Produktionsweisen nie gänzlich verdrängt, von der Vielfalt der Erwerbstätigkeiten im primären und tertiären Sektor ganz zu schweigen. Seit den 1980er und 1990er Jahren sind die Konstellationen jedoch buntscheckiger denn je. Neue Märkte entstanden, nachdem Bund, Länder und Kommunen eine wachsende Zahl von Infrastruktureinrichtungen offen oder verdeckt privatisierten (Post, Bahn, Stadtwerke, Krankenhäuser, Bäder etc.), städtisches Wohneigentum verkauften usw. Die ehemals staatlichen Einrichtungen – auch die nominell noch im öffentlichen Besitz verbliebenen Betriebe – folgen in ihrem konkreten Handeln den auf »freien« Märkten üblichen Handlungslogiken mit entsprechend tiefgreifenden Auswirkungen auf Beschäftigtenverhältnisse, Arbeitsbedingungen und Handlungsmöglichkeiten der betroffenen Arbeitnehmer. Aber auch die Erwerbstätigen in den etablierten Wirtschaftszweigen sind fundamentalen Veränderungsprozessen ausgesetzt, die sich in der »alten« Bundesrepublik oft bereits in den 1970er Jahren oder früher abzeichneten. Die Landwirtschaft mutierte vielerorts sukzessive zu einer Agrarindustrie, die zunehmend teilautomatisiert wird und in der die Beschäftigen in Großbetrieben etwa der Fleischproduktion einem quasi-fordistischen Produktionsregime unterworfen sind. Für Teile der Industrie und des Dienstleistungssektors wurden Start-up-Unternehmen der New Economy und die dort ausgebildeten Unternehmenskulturen zu Vorbildern. Sie begünstigten die Etablierung neuer Formen flexibler Arbeitsorganisation, die mit dem starren fordistischen Fließ- und Kontrollsystem noch sehr viel stärker brachen als der Toyotismus. Begünstigt durch Tarifflucht und eine nachhaltige Schwächung der Gewerkschaften gehören in allen drei Wirtschaftssektoren seit Ende der 1980er Jahre zudem variable Arbeitszeiten und prekäre Arbeitsverhältnisse für immer mehr Arbeitnehmer zum Alltag. Wachsende Arbeitsplatzunsicherheit, oft freilich auch der Wunsch nach Selbstverwirklichung, zwingen den »Arbeitskraftunternehmer« – ein modischer Terminus, der neue Abhängigkeitsverhältnisse eher verbrämt als kategorial fasst – zu »Selbstvermarktung« und »Selbstoptimierung«. Gleichzeitig lassen sich insbesondere im tertiären Sektor ein Bedeutungszuwachs von Einfach-Arbeit sowie, etwa im Rahmen des mcdonaldistischen Produktionsmodells, starke Tendenzen einer (Neo-)Taylorisierung ausmachen.[89]

Unübersichtlich gestaltet sich das Bild weiter dadurch, dass neben den verschiedenen Wirtschaftszweigen und Branchen auch die verschiedenen Betriebssegmente (Größe, Absatzchancen usw.) je eigene Strukturen ausbildeten. So streben die großen Kernunternehmen namentlich der Automobilbranche seit den 1980er Jahren in der Endmontage einer – dem fordistischen Produktionsregime inhärenten – Vollautomatisierung zu; die Einsicht, dass einer vollständigen Roboterisierung vorerst Grenzen gesetzt bleiben, hat diesen Trend nur gedämpft. Gleichzeitig haben sich toyotistische Strukturen erhalten. Kleinere Unternehmen (Zulieferer, aber auch mittelständisch geprägte Branchen wie z. B. die holzverarbeitende Industrie) wiederum behielten aus Gründen des Kostendrucks oft Formen eines schlichten Fordismus oder handwerkliche Produktionsweisen bei. Die Beharrungskraft älterer Produktionsformen dürfte dazu beigetragen haben, dass der Wertewandel innerhalb der industriellen Arbeitnehmerschaft von den 1970er Jahren bis heute im Westen keineswegs so gravierend ist, wie viele Soziologen und auch manche Historiker annehmen, und sich ältere Vorstellungen von Arbeit weitgehend erhalten haben.[90]

Überhaupt blieben in weiten Bereichen aller drei großen Wirtschaftssektoren, allen gravierenden Änderungen vor allem im Osten zum Trotz, die Kontinuitätsstränge kräftig. Dies tritt stärker hervor, wenn man die Perspektiven nicht regional fokussiert, sondern über den deutschen oder auch europäischen Tellerrand hinausschaut. Dann zeigt sich, dass digitale Revolution und Automatisierung älteren Formen der Fertigung keineswegs gänzlich den Garaus gemacht haben. Gerade in der IT-Hardware-Produktion, also der Basis der digitalen Umwälzungen, kommen oft sogar vergleichsweise primitive Formen fordistischer Produktionsregime weiterhin zur Anwendung, mit »Massenarbeitern«, die überwiegend unqualifiziert, oft weiblich, hochgradig segmentiert und schlecht entlohnt sind. In den industriellen Kernregionen Europas sieht man sie freilich eher selten. Outsourcing und durch die Märkte »geregelte« internationale Arbeitsteilungen brachten im letzten Drittel des 20. Jahrhunderts globale Verschiebungen mit sich: Seit den 1980er Jahren findet die Produktion (auch) von Hardware

---

89 Nach den Untersuchungen von Gerhard Bosch (Entgrenzung der Erwerbsarbeit – Lösen sich die Grenzen zwischen Erwerbs- und Nichterwerbsarbeit auf? In: Minssen (Hg.), Entgrenzungen, S. 249–268, hier S. 253 ff.) ist der Anteil der fremdbestimmt-tayloristischen Arbeit in Deutschland allein zwischen 1993 und 1998 von 37,4 % auf 39,3 % gestiegen.

90 Vgl. (exemplarisch für Daimler-Benz) Jörg Neuheiser, Der »Wertewandel« zwischen Diskurs und Praxis. Die Untersuchung von Wertvorstellungen zur Arbeit mit Hilfe von betrieblichen Fallstudien, in: Bernhard Dietz/Christopher Neumaier/Andreas Rödder (Hg.), Gab es den Wertewandel? Neue Forschungen zum gesellschaftlich-kulturellen Wandel seit den 1960er Jahren, München 2014, S. 141–167, resümierend S. 165 ff.

in erster Linie in sog. Schwellenländern statt.[91] Aber auch in den Randregionen Europas (z. B. Rumänien oder Bulgarien) und selbst in manchen Zulieferer-Unternehmen der Bundesrepublik hat sich ein »schmutziger Fordismus« (Alain Liepitz) erhalten, wenn Niedriglöhne kostengünstiger sind als teure Fertigungstechnologien. Die Neigung vieler Soziologen und Historiker, sich auf Modernisierungs*vorreiter* zu konzentrieren und die »graue Masse« der mittleren und kleinen Betriebe im Schatten zu lassen, überschätzt möglicherweise die Tiefe und Breite der durch Rationalisierung, Automatisierung und Digitalisierung ausgelösten Veränderungen – und mit jenen den Strukturwandel der Erwerbsarbeit. Auch deshalb kann die vorliegende Skizze nur eine vorläufige Bestandsaufnahme sein.

---

91 Vgl. z. B. Boy Lühtje, Kehrt der Fordismus zurück? Globale Produktionsnetze und Industriearbeit in der »New Economy«, in: Berliner Debatte Initial 15 (2004) I, S. 62–73.

Christopher Neumaier / Andreas Ludwig

Individualisierung der Lebenswelten

Konsum, Wohnkultur und Familienstrukturen

Das letzte Drittel des 20. Jahrhunderts gilt als eine Phase der Individualisierung. Während vorher Klassen und Milieus sowie übergreifende Normen die individuelle Lebenswelt prägten, pluralisierten sich nun Wahlmöglichkeiten bei der eigenen Lebensgestaltung. Soziologen und Medien sprachen alarmistisch von der »Ich-Verwirklichung«[1] als Lebensziel in der »Ego-Gesellschaft«. Sicherlich sind derartige Interpretationen aufgrund ihrer kulturpessimistischen Lesart problematisch und bildeten wohl auch nicht die Mehrheitsmeinung in der Bundesrepublik in dieser Zeit ab. Gleichwohl verweisen sie auf eine stark rezipierte Selbstbeschreibung westlicher Gesellschaften der 1970/80er Jahre, wie etwa in Daniel Bells »nachindustrieller Gesellschaft«, Ronald Ingleharts und Helmut Klages' Arbeiten zum Wertewandel, Gerhard Schulzes »Erlebnisgesellschaft« sowie Ulrich Becks und Elisabeth Beck-Gernsheims Individualisierungsthese.[2] Diese Studien prägten nicht nur die wissenschaftliche, politische und öffentliche Debatte, sondern zeigten ebenfalls auf, dass sich in einem relativ kurzen Zeitraum von zehn bis 15 Jahren in der Bundesrepublik, wie auch in anderen westlichen Demokratien, umfassende gesellschaftlich-kulturelle Verschiebungen ereignet hatten. Die DDR und andere Länder Ost- und Mitteleuropas blieben bei diesen Analysen hingegen ausgespart. Lag das nur an der Kontrolle von Öffentlichkeit und sozialwissenschaftlicher Forschung oder finden sich auch hier veränderte Selbstbeschreibungen und soziale Praktiken? So ließe sich etwa das Aufkommen der Debatte um die »sozialistische Lebensweise« in den 1970er Jahren als Deutungsansatz einer sich differenzierenden Gesellschaft verstehen.

Unser Beitrag untersucht die These vom Umbruch der privaten Lebenswelten in der Bundesrepublik und erweitert den Blick zudem um eine ostdeutsche Perspektive. So wird analysiert, inwiefern sich die Veränderungen in beiden

---

1 Mit Verweis auf Ulrich Beck: Tanz ums goldene Selbst, in: Der Spiegel 22/1994, S. 58–74, hier S. 65.
2 Vgl. u.a. Daniel Bell, Die nachindustrielle Gesellschaft. Aus dem Amerikanischen von Siglinde Summerer und Gerda Kurz, Frankfurt a.M./New York 1985; Ronald Inglehart, The Silent Revolution. Changing Values and Political Styles Among Western Publics, Princeton, N.J. 1977; Helmut Klages, Wertorientierungen im Wandel. Rückblick, Gegenwartsanalyse, Prognosen, Frankfurt a.M./New York 1984; Gerhard Schulze, Die Erlebnisgesellschaft. Kultursoziologie der Gegenwart, Frankfurt a.M. 2000; Ulrich Beck/Elisabeth Beck-Gernsheim (Hg.), Riskante Freiheiten. Individualisierung in modernen Gesellschaften, Frankfurt a.M. 1994.

Teilen Deutschlands unterschieden, Parallelen aufwiesen, gegenseitige Bezüge zeigten oder gar miteinander verflochten waren. Untersucht wird dies anhand zweier Lebensbereiche, die bereits im Mittelpunkt der damaligen Debatten um die Individualisierung standen: erstens der individuellen Bedürfnisbefriedigung über Konsum, einschließlich der Wohnkultur, und zweitens dem Stellenwert von Familie, also dem Status von Kernfamilien, nichtehelichen Lebensgemeinschaften oder Alleinerziehenden.

Während der lebensweltliche Wandel in Familien und in privaten Lebensbereichen generell eher im Verborgenen stattfand (wenngleich vielfältig beobachtet) und Teil einer kontinuierlichen individuellen Abwendung von traditionellen Verhaltensmustern war, vollzog sich die Hinwendung zum Konsum in aller Öffentlichkeit, geradezu demonstrativ und symbolisch als Signum der Überwindung von Knappheit. In beiden Fällen geht es ebenfalls um private Wünsche, um die Veränderung von Lebensstilen und deren qualitativen Umschlag seit den 1970er Jahren.

Der Ausbruch aus traditionellen, normativen Lebenskontexten, wie er für die 1970er Jahre vielfach festgestellt wurde, steht für eine Pluralisierung, zugleich jedoch auch für eine Individualisierung. Der oft artikulierte Wunsch nach einer eigenständigeren Lebensgestaltung und die Debatten darüber zeigen eine Befreiung von den sozialen Zwängen und überkommenen kulturellen Normen, jedoch auch eine Auflösung von Gewissheiten. Gleichwohl ist nach den Grenzen von Pluralisierung zu fragen, da nicht jede Form des Zusammenlebens beliebig gewählt werden konnte und nicht jedem alle Konsummöglichkeiten offenstanden. Diese voranschreitende Differenzierung erfolgte nach sozialen, räumlichen und generationellen Schwerpunkten. Zugleich entstanden auch neue, homogenisierende Muster kultureller Vorstellungen und lebensweltlicher Handlungen innerhalb sozialer Gruppen wie auch in bestimmten Lebensabschnitten.

Die Pluralisierung entstand in beiden Teilstaaten unter Rahmenbedingungen, die eine jeweils eigene kulturelle Bedeutung und Praxis evozierten. Die DDR setzte einer Individualisierung politisch enge Grenzen, die ihre Wirkung vor allem im Vorfeld der Friedlichen Revolution von 1989 entfaltete. Mit den augenfälligen Veränderungen der Lebenswelten setzten sich westdeutsche zeitgenössische Beobachter wie Politiker, Kirchenvertreter, Sozialwissenschaftler und Medien schon Anfang der 1980er verstärkt auseinander, wie sich zunächst am Beispiel des Konsums und anschließend an den privaten Lebensformen zeigen lässt.

1. Konsummöglichkeiten und Konsumkulturen

Der vermehrte Wohlstand ermöglichte in beiden deutschen Staaten einen Konsum über den nötigsten Bedarf hinaus. Dadurch differenzierte er sich in allen sozialen Schichten aus und diente als individuell gestaltetes Distinktionsmerkmal. Konsumieren umfasste ab den 1970er Jahren sowohl das Kaufen wie auch das Nutzen von Gütern und Dienstleistungen. Eingeschlossen in dieses Verständnis sind, so der Historiker Hannes Siegrist, die damit in Zusammenhang stehenden Diskurse, Emotionen, Beziehungen, Rituale und Formen der Geselligkeit und Vergesellschaftung.³ Darüber hinaus gilt Konsum nicht als ein passiver Vorgang, sondern schreibt den Akteuren eine aktive Rolle in den Aushandlungsprozessen zu. Diesen Perspektivwechsel, der den Konsumenten als »Gravitationszentrum der ›modernen Konsumgesellschaft‹«⁴ in den Mittelpunkt rückte, bildete in der Bundesrepublik unter anderem die Marktforschung der 1970er Jahre ab. Konsumieren wurde zwar individuell von den Akteuren aus den jeweiligen sozialen Milieus und Generationen verwirklicht, gesamtgesellschaftlich wurden die Verhaltensmuster dann jedoch kollektiv reproduziert, woraus relativ homogene soziale Gruppen mit einem distinkten Habitus entstanden. Dies gilt auch für die DDR, wenngleich im hier engeren Rahmen der ökonomischen Möglichkeiten und vor allem einer politisch induzierten Konsumpolitik. Konsum als gesellschaftliche Praxis und seine distinktive Ausprägung lassen sich dort ebenso beobachten, wobei die Orientierung auf die Wohlstandsgesellschaft der Bundesrepublik augenfällig ist. Aufgrund der hohen Bürokratisierung und der Politisierung vieler Lebensbereiche sind Vergleiche zur Entwicklung in der Bundesrepublik jedoch schwierig. Die 1970er Jahre wurden in der Forschung als konsumhistorische »Umbruchzeit«⁵ charakterisiert. Allerdings wirft dieses von westlichen Industriegesellschaften ausgehende Szenario zugleich Fragen nach einer Vergleichbarkeit mit den östlichen Entwicklungen auf. Deshalb werden in den folgenden Ausführungen Gesellschaftsziele, Wirtschaftssystem, Periodisierungsfragen und Orientierungen an privaten und öffentlichen Konsumleitbildern vergleichend zwischen Bundesrepublik und DDR analysiert. In den Blick genommen werden Orte und Akteure des Konsums, also Geschäfte, Werbung und Käufer sowie exemplarische Konsumfelder wie Wohnung und Haushalte, Lebensmittel, Kleidung und Autos. Die Darstellung orientiert sich damit an den Konsumprioritäten der deutschen Nachkriegsgesellschaften, die durch die Rangfolge Nahrung – Kleidung – Wohnung – Auto gekennzeichnet waren.⁶

Konsum als soziale Praxis war in beiden Teilen Deutschlands in gemeinsame übergreifende Entwicklungen eingebettet, insbesondere in die Herausbildung einer sich beschleunigenden Konsumgesellschaft in den entwickelten Industrieländern und in den früheren RGW-Staaten während der Nachkriegsjahrzehnte.

---

3 Vgl. Hannes Siegrist, Konsum, Kultur und Gesellschaft im modernen Europa, in: ders./Hartmut Kaelble/Jürgen Kocka (Hg.), Europäische Konsumgeschichte. Zur Gesellschafts- und Kulturgeschichte des Konsums (18. bis 20. Jahrhundert), Frankfurt a. M. 1997, S. 13–48, hier S. 16.
4 Nepomuk Gasteiger, Der Konsument. Verbraucherbilder in Werbung, Konsumkritik und Verbraucherschutz 1945–1989, Frankfurt a. M. 2010, S. 10.
5 Alfred Reckendrees, Die bundesdeutsche Massenkonsumgesellschaft. Einführende Bemerkungen, in: Jahrbuch für Wirtschaftsgeschichte 48.2 (2007): Die bundesdeutsche Massenkonsumgesellschaft 1950–2000, S. 17–27, hier S. 27.
6 Vgl. Jörg Roesler, Privater Konsum in Ostdeutschland, 1950–1960, in: Axel Schildt/Arnold Sywottek (Hg.), Modernisierung im Wiederaufbau. Die westdeutsche Gesellschaft der 50er Jahre, Bonn 1993, S. 290–303, hier S. 301.

Auf wesentliche Unterschiede zwischen den Marktgesellschaften im Westen und planwirtschaftlichen Gesellschaften im Osten Europas wird punktuell eingegangen, wobei die deutschen Teilgesellschaften eine besondere Stellung innerhalb der jeweiligen Blöcke einnahmen. Insbesondere stellt sich das Problem des Vergleichs auch aus der Perspektive der gegenseitigen Wahrnehmung und der politischen Reaktionen auf den jeweils anderen deutschen Teilstaat. Die konsumpolitischen Entscheidungen und Entwicklungen beider deutscher Staaten zeigen deutlich asymmetrische Züge, während die Konsumpraxis auf ähnliche Weise an der Wohlstandsentwicklung orientiert war. Insbesondere seit Beginn der 1970er Jahre, als sich in der Bundesrepublik bereits der Durchbruch zur Massenkonsumgesellschaft vollzogen hatte, hob die DDR ihre Strategie eines konkurrierenden konsumorientierten »Systemvergleichs« auf und entwickelte ein von westlichen Entwicklungen stärker abgekoppeltes sozial- und konsumpolitisches Modell, das für die Honecker-Jahre unter dem Stichwort »Einheit von Wirtschafts- und Sozialpolitik« bekannt wurde. Mit dem Ende der DDR 1989/90 erfolgte im Osten Deutschlands dann eine nachholende distinktive Konsumentwicklung, jedoch verbunden mit kulturellen Besonderheiten.

Bei der Beschreibung der Herausbildung spezifischer Konsumgesellschaften und ihrer lebensweltlichen Aspekte ergeben sich methodische Probleme, die auf den unterschiedlichen gesellschaftspolitischen Interpretationen des Konsums beruhen. Während in der Bundesrepublik umstandslos von einer Konsumgesellschaft als Teilaspekt der Nachkriegsdemokratie gesprochen wurde und entsprechende sozialwissenschaftliche Gesellschaftsbeobachtungen unternommen wurden, ist das Verhältnis der DDR zum Konsum ebenso wechselhaft wie widersprüchlich, und vor allem fehlt es weitgehend an Analysen jenseits der Konsumpolitik. Man wird deshalb verstärkt auf indirekte Hinweise achten müssen, ohne die subkutane Konsumpraxis alternativer Lebensentwürfe damit wirklich erfassen zu können. Die nachfolgende Untersuchung muss daher aufgrund der unterschiedlichen Quellenlage auch methodisch »asymmetrisch« bleiben.

Veränderungen der Konsumwelt und ihrer Interpretation

Zwischen Mitte der 1960er und Anfang der 1980er Jahre individualisierten und pluralisierten sich die Konsummöglichkeiten und Konsumkulturen deutlich. Konsum wurde in dieser Zeit eine individualisierte Form gesellschaftsrelevanten Handelns, die verschiedenste distinktive Konsumoptionen umfasste. Unterschiedliche soziale Konsumentengruppen mit dezidierten Präferenzen wurden identifizierbar.[7] Allerdings war der Grundstein schon in der zweiten Hälfte der 1950er und Anfang der 1960er Jahre gelegt worden, als sich in der Bundesrepublik und anderen westeuropäischen Ländern der Übergang zur Massenkonsum-

---

7 Vgl. Axel Schildt/Detlef Siegfried, Deutsche Kulturgeschichte. Die Bundesrepublik – 1945 bis zur Gegenwart, München 2009, S. 246 f.

gesellschaft vollzogen hatte.⁸ Im Laufe der 1960er Jahre kam es zu einer quantitativen wie qualitativen Expansion des Konsums, zu einer Diversifizierung und zum Ende der Dekade zu einer deutlichen Marktdurchdringung.⁹ Ebenfalls im Verlauf der 1960er Jahre verbreiteten sich Massenkonsumgüter zunehmend auch in einkommensschwächeren Haushalten.¹⁰

Mit den RGW-Staaten lässt sich diese Entwicklung nur partiell vergleichen, da es dort nach dem Ende der Stalinschen Industrialisierungspolitik zwar ebenfalls zu einer deutlichen Konsumwelle kam, allerdings im Vergleich zur Bundesrepublik und anderen westeuropäischen Industriestaaten wie Großbritannien und Frankreich zeitlich verzögert.¹¹ Zunächst war die DDR eine »Bedarfsdeckungsgesellschaft«.¹² Als 1958 die letzten Rationierungen aufgehoben und Festpreise eingeführt wurden, setzte allmählich eine »nachholende Bedürfnisbefriedigung« ein und Massenkonsum verbreitete sich während der 1960er Jahre.¹³ Diese Verspätung resultierte unter anderem aus der zentralen Wirtschaftsplanung, die der Konsumgüterindustrie gegenüber der Schwer- und Investitionsgüterindustrie nur eine nachgeordnete Rolle einräumte. Grundsätzlich war die Gesellschafts- und damit die Konsumpolitik auf das Prinzip der Versorgung ausgerichtet, bis in der DDR Anfang der 1970er Jahre Bereiche eines distinktiven Konsums ausgebaut wurden. Ebenfalls ab den 1970er Jahren entstand schließlich in der DDR eine eigene Konsumpolitik, die mit der Entwicklung in der Bundesrepublik nur bedingt vergleichbar war. Jetzt stand die »Hebung des materiellen und kulturellen Lebensniveaus« als Kern der Honeckerschen Politikwende nach dem VIII. Parteitag der SED 1971 im Mittelpunkt politischer Entscheidungen, bezog sich aber nur zum Teil auf die Verfügbarkeit von Konsumgütern. Größere Bedeutung maßen die Entscheidungsträger der Steigerung der »gesellschaftlichen Konsumption«

---

8 Vgl. Christian Kleinschmidt, Konsumgesellschaft, Göttingen 2008, S. 32; Wolfgang König, Geschichte der Konsumgesellschaft, Stuttgart 2000, S. 8.
9 Vgl. Wolfgang Ruppert, Zur Konsumwelt der 60er Jahre, in: Axel Schildt/Detlef Siegfried/ Karl Christian Lammers (Hg.), Dynamische Zeiten. Die 60er Jahre in den beiden deutschen Gesellschaften, Hamburg 2000, S. 752–767, hier S. 754; Ursula A. J. Becher, Geschichte des modernen Lebensstils. Essen – Wohnen – Freizeit – Reisen, München 1990, S. 225 f.
10 Vgl. Kleinschmidt, Konsumgesellschaft, S. 140–143.
11 Anhand des Ausstattungsgrads mit langlebigen Konsumgütern zeigt sich ein erhebliches Gefälle und die Sonderstellung der ČSSR und der DDR, teils auch Ungarns. Generell standen die RGW-Länder, mit Ausnahme der Verbreitung von Radios, um 1960 erst am Beginn einer Konsumentwicklung, vgl. Zahlenmaterial bei Maria Elisabeth Ruban, Der Lebensstandard in der DDR und in Osteuropa, in: DDR und Osteuropa. Wirtschaftssystem, Wirtschaftspolitik, Lebensstandard. Ein Handbuch, Opladen 1980, S. 319–365, hier S. 350.
12 Ina Merkel, Im Widerspruch zum Ideal: Konsumpolitik in der DDR, in: Heinz-Gerhard Haupt/Claudius Torp (Hg.), Die Konsumgesellschaft in Deutschland 1890–1990. Ein Handbuch, Frankfurt a. M. 2009, S. 289–304, hier S. 290.
13 Vgl. ebd.; Kleinschmidt, Konsumgesellschaft, S. 167–170. Zur Periodisierung vgl. Ina Merkel, Utopie und Bedürfnis. Die Geschichte der Konsumkultur in der DDR, Köln/ Weimar/Wien 1999. Eine andere zeitliche Zuordnung, nämlich Konkurrenz, Konsolidierung, Kompensation, wählt Dirk Schindelbeck, Marken, Moden und Kampagnen. Illustrierte deutsche Konsumgeschichte, Darmstadt 2003, S. 119.

bei, d. h. Versorgungsleistungen wie dem forcierten Wohnungsbau oder familienbezogenen Sozialleistungen. Damit war als dritte Periode der DDR-Konsumentwicklung ab 1970/71 ein »Abschied von der Utopie« eingeleitet, der auf die politisch gewollte Aufgabe konsumpolitischer Paradigmen von Bedürfnisbefriedigung, Gebrauchswertorientierung und rationalem Konsum sowie die Forcierung distinktiver Konsummöglichkeiten verweist.[14] Hinzu kommt ein doppeltes Verweissystem der Wahrnehmung von Konsummöglichkeiten. Einerseits war das Konsumniveau in der DDR innerhalb des Rats für gegenseitige Wirtschaftshilfe (RGW) gemeinsam mit der ČSSR am höchsten,[15] andererseits bildete für die Bevölkerung der andere Teil Deutschlands, die Bundesrepublik, die Referenzgesellschaft. Innerhalb dieses Bedingungsgefüges entwickelte sich die DDR zu einer Wohlstandsgesellschaft, aber nicht zu einer Konsumgesellschaft westlichen Typs. Aufgrund dieser Veränderung hat die historische Forschung argumentiert, dass in Bezug auf die DDR eher von einer »Konsumkultur« im Sinne spezifischer Aneignungsformen gesprochen werden müsse als von einer »Konsumgesellschaft«, einem Begriff, der im deutsch-deutschen Vergleich eigentlich nur den Mangel konstatieren könne.[16] Dennoch hat der Konsum in der DDR sowohl in der Wirtschaftspolitik als auch aus der Sicht der Verbraucher eine wesentliche Rolle gespielt.

Die Bedeutung des Konsums und seine lebensweltliche Durchdringungskraft sowohl in westlichen wie in östlichen Gesellschaften wird am radikalen Wandel der Verkaufseinrichtungen und der Konsumorte deutlich. Der Übergang von der Bedienung zur Selbstbedienung in den Einzelhandelsgeschäften vollzog sich innerhalb weniger Jahre ab Mitte der 1950er Jahre. 1968 existierten in der Bundesrepublik erstmals mehr SB-Geschäfte als Bedienungsgeschäfte, zunächst als Umbauten existierender Ladengeschäfte. Supermärkte entwickelten sich dann binnen weniger Jahre zum zentralen Ort des Erwerbs von Nahrungs- und Genussmitteln und schließlich verbreiteten sich oftmals am Stadtrand gelegene Verbrauchermärkte und SB-Warenhäuser wie auch die Lebensmitteldiscounter zwischen der zweiten Hälfte der 1960er und Ende der 1980er Jahre.[17] Allein im Lebensmittelbereich steigerten sich die angebotenen Artikel pro Geschäft von knapp 4.500 Artikeln im Jahr 1968 auf knapp 8.500 im Jahr 1988.[18] Das Warenangebot in diesen Geschäften war normiert, die Produktanordnung standardi-

---

14 Vgl. Merkel, Utopie, S. 17–20, 327.
15 Vgl. Ruban, Lebensstandard; Frank Trentmann, The Long History of Contemporary Consumer Society, in: Archiv für Sozialgeschichte 49 (2009), S. 107–128, hier S. 124.
16 Vgl. Merkel, Utopie, S. 24–27.
17 Die Durchsetzung von Supermärkten verlief in verschiedenen Ländern höchst unterschiedlich. So kauften zu Beginn der 1980er Jahre 70 % der Amerikaner, aber nur 32 % der Franzosen und 14 % der Italiener in Supermärkten. Zahlenangaben bei Trentmann, Long History, S. 117.
18 Vgl. Matthias Nast, Die stummen Verkäufer. Lebensmittelverpackungen im Zeitalter der Konsumgesellschaft. Umwelthistorische Untersuchung über die Entwicklung der Warenpackung und den Wandel der Einkaufsgewohnheiten (1950er bis 1990er Jahre), Frankfurt a. M. 1997, S. 112.

siert. Konsumanreize für die unterschiedlichen Käufergruppen mussten deshalb über Marketingstrategien wie Produktpräsentation, Verpackungsgestaltung und Werbung geschaffen werden.[19]

In der DDR lässt sich eine vergleichbare Modernisierung der Verkaufseinrichtungen konstatieren. Der Einzelhandel untergliederte sich hier in Geschäfte der schon 1945 restituierten Konsumgenossenschaften, der staatlichen Handelsorganisation (HO, seit 1948) und des privaten Einzelhandels.[20] Das erste Selbstbedienungsgeschäft wurde in der DDR 1956 eröffnet und ihre Zahl im Verlauf der 1960er Jahre schnell gesteigert, zunächst ebenfalls durch Modernisierung der bestehenden, meist kleineren Geschäfte. 1965 bestanden allein im Bereich der Konsumgenossenschaften, die etwa 30 Prozent des Einzelhandelsumsatzes der DDR deckten, bereits 12.500 Selbstbedienungsgeschäfte. Ab Mitte der 1960er Jahre erfolgte die Einführung von Kaufhallen, wie die Supermärkte in der DDR bezeichnet wurden, vor allem auf Grundlage von Typenprojekten in den Neubaugebieten. Ihre Zahl stieg gerade in den 1970er Jahren stark an: 1971 existierten 100 Kaufhallen der Konsumgenossenschaften und 1982 bereits 371. Neben der Übernahme kultureller Leitbilder der Moderne versprachen sich die Wirtschaftsplaner durch die Einführung von Selbstbedienungsgeschäften und Kaufhallen eine bessere Steuerung des Warenangebots auf Grundlage eines feststehenden Typensortiments, das allerdings aufgrund des knappen Warenangebots nicht verlässlich war. Das gleiche gilt für die infrastrukturellen Voraussetzungen zur Einführung von Selbstbedienung. Verkaufsregale, Registrierkassen und vor allem Warenverpackungen wurden nicht in ausreichendem Maße produziert, so dass es vor allem in der Einführungsphase der Selbstbedienung zu Verzögerungen kam. Nur 74 Prozent des Sortiments bestanden 1966 aus abgepackter Ware, weshalb im gleichen Jahr zehn Prozent der Handelsmitarbeiter mit Packarbeiten beschäftigt waren. Die verzögert umgesetzte Rationalisierung beim Abpacken von Produkten ist typisch für die Abhängigkeit von den Voraussetzungen in der Planwirtschaft.[21] Zugleich wird deutlich, dass im Handel die Priorität auf der Rationalisierung lag. Eine distinktive Konsumorientierung war, abgesehen von Hochpreis- und Valutageschäften, nicht vorgesehen, die Innenausstattung war ebenso rein funktional wie die Warenpräsentation.[22] Diese Distinktion stand demgegenüber in der Bundesrepublik bereits während der 1970er Jahre im Mittelpunkt.

---

19 Vgl. Lydia Langer, Revolution im Einzelhandel. Die Einführung der Selbstbedienung in Lebensmittelgeschäften der Bundesrepublik Deutschland (1949–1973), Köln 2013.
20 Zum Folgenden vgl. Dokumentationszentrum Alltagskultur der DDR (Hg.), KONSUM. Konsumgenossenschaften in der DDR, Köln 2006, S. 25–61.
21 Vgl. Merkel, Utopie, S. 100.
22 Vgl. im Gegensatz dazu die Konsumorientierung osteuropäischer Kaufhäuser, die trotz aller politischer Slogans in Schaufenstern und Verkaufsflächen eindeutig westlichen Präsentationsmustern folgte, bei Patrick Hyder Patterson, Risky Business: What Was Really Being Sold in the Department Stores of Socialist Eastern Europe?, in: Paulina Bren/Mary Neuburger (Hg.), Communism Unwrapped. Consumption in Cold War Eastern Europe, Oxford 2012, S. 116–139.

Von Mitte der 1960er Jahre bis in die zweite Hälfte der folgenden Dekade dominierte in der westlichen Marktforschung ein Modell, nach dem Verbraucher über Konsum soziale Unterschiede kommunizierten. Demnach existierte kein einheitlicher Gesamtmarkt, der alle Konsumenten umfasste. Vielmehr sprachen Fachleute für Werbung und Marketing von einer Marktsegmentierung, die primär entlang der Variablen Region, Ortsgröße, Alter, Geschlecht, Einkommen, Berufsgruppen, Ausbildung, soziale Schicht und Lebensstil verlief. Die hier ausgemachte Pluralisierung und Individualisierung erfasste sowohl Konsumenten als auch Produzenten. Die Neuausrichtung der Marketingstrategien seitens der Produzenten war Anfang der 1970er Jahre durch mehrere parallele Prozesse initiiert worden: erstens durch eine zunehmende Marktsättigung, zweitens durch die Wirtschaftskrisen 1967/68 und 1973/74, die einen Absatzeinbruch mit sich brachten, sowie drittens durch pessimistische Zeitdiagnosen wie die *Club-of-Rome*-Studie *Limits to Growth*.[23] Die Konsumenten ihrerseits setzten ebenfalls neue Akzente. Jetzt sollte nicht mehr gezeigt werden, dass sich die sozialen Unterschiede abgeschliffen hatten, sondern mit individuellen Konsumkulturen »feine Unterschiede« (Pierre Bourdieu) zu anderen sozialen Gruppen zum Ausdruck gebracht werden, während gruppenintern die Verhaltensmuster weitgehend homogenisiert waren.[24] Parallel verbreitete sich Konsumkritik als Gesellschaftskritik[25] unter dem Begriff der Verschwendung und es entstand eine sich dezidiert als nicht profitorientiert verstehende eigene »linke«, später »alternative« Konsumstruktur.[26] Ebenso dynamisierte sich ein bereits seit den 1960er Jahren zu beobachtender, dezidiert generationenspezifischer Konsum unter Jugendlichen.[27] Das Ideal der 1950er Jahre, die »nivellierte kleinbürgerlich-mittelständische Gesellschaft« (Helmut Schelsky), war folglich seiner Prägekraft beraubt worden.

In Anlehnung an das Theorem des Wertewandels bildete sich in der zweiten Hälfte der 1970er Jahre und während der 1980er Jahre das Bild eines »postmodernen« Konsumenten heraus. Dieser Konsumententyp »konstruiere seine Identität [...] bewusst mit ihm geeignet erscheinenden Konsumgütern und reflektiere deshalb besonders die emotionalen und symbolischen Bestandteile von Produkten.«[28] Aus Sicht der Konsumforscher wurden Konsumenten jetzt als ak-

23 Vgl. Gasteiger, Konsument, S. 132, 137 ff.
24 Vgl. ebd., S. 208 f.; Helmut Schelsky, Wandlungen der deutschen Familie in der Gegenwart. Darstellung und Deutung einer empirisch-soziologischen Tatbestandsaufnahme, Stuttgart 1955, S. 218; Pierre Bourdieu, Die feinen Unterschiede. Kritik der gesellschaftlichen Urteilskraft, Frankfurt a. M. 1987.
25 Einflussreich Thorstein Veblens erst 1958 in deutscher Übersetzung erschienene Theorie der feinen Leute. Eine ökonomische Untersuchung der Institutionen, Köln/Berlin 1958 (engl. 1899).
26 Wolfgang F. Haug, Kritik der Warenästhetik, Frankfurt a. M. 1971; Sven Reichardt, Authentizität und Gemeinschaft. Linksalternatives Leben in den siebziger und frühen achtziger Jahren, Berlin 2014, S. 319–350.
27 Vgl. Detlef Siegfried, Time Is on My Side. Konsum und Politik in der westdeutschen Jugendkultur der 60er Jahre, Göttingen 2006.
28 Gasteiger, Konsument, S. 211.

tive und abwägende Nutzer der ihnen präsentierten Angebote gesehen. Dieser theoretische Ansatz relativierte den direkten Einfluss der Medien und Werbung auf den Konsumenten und betonte stärker dessen aktive Rolle.[29] Parallel definierte die Marktforschung in Anlehnung an den Wertewandel neue Konsumententypen wie Yuppies (Young Urban Professionals), Ultras (Ultra-Consumers) und Dinkies (Double Income No Kids). Die Sinus-Marktforschung orientierte sich an dieser auf Konsum zentrierten Sozialstruktur und etablierte in den 1980er Jahren die sogenannten »Sinus-Milieus«, eine soziologisch basierte Gesellschaftsstrukturanalyse, die Individuen als potentielle Konsumenten in den Blick nahm. Danach wies mehr als die Hälfte der Bevölkerung eine dezidiert »materielle« Grundausrichtung auf, eine »postmaterielle« Neuorientierung jedoch nur vier Prozent.

Diese Differenzierung der Gesellschaft adaptierten westdeutsche Unternehmen wie Sozialwissenschaftler für ihre Gesellschaftsanalysen in den 1980er Jahren. Nach 1990 übertrugen sie dieses Konzept auch auf Ostdeutschland und konstatierten signifikante Unterschiede. So wurde schichtübergreifend eine Tendenz zu »Privatismus« und »Selbsterfahrung« festgestellt, verbunden mit einer als Westorientierung etikettierten Präferenz für »Genuss« und »Konsum«. Auch seien die Mittelschichtmilieus, insbesondere das aufstiegsorientierte und individualisierte mit seinen »›neuen‹ Werthaltungen«,[30] im Osten weitaus weniger stark verbreitet. Während für die Bundesrepublik der 1980er Jahre durchaus auch ein postmaterielles Bevölkerungssegment konstatiert worden war, wurden für Ostdeutschland 1997 für eine »postsozialistische« Haltung die Begriffe »Leben« und »Ausprobieren« vorgeschlagen. Dass es sich hierbei um die Gesellschaftsbeschreibung eines Marktforschungsinstituts handelte, berücksichtigten hingegen sozialwissenschaftliche Analysen nur vereinzelt.[31]

Gemeinsam war diesen theoretischen Modellen, dass sie sich am Wertewandel-Theorem orientierten und versuchten, die Individualisierungs- und Pluralisierungsprozesse einzufangen.[32] Aus historiographischer Perspektive müssen diese Selbstwahrnehmungen und zeitgenössischen Differenzierungen freilich kritisch hinterfragt werden, weil hier ein konsumistisches Gesellschaftsmodell zugrunde gelegt wird, das andere Parameter wie Arbeit, Lebensalter und Geschlecht nicht abbildet. Dessen ungeachtet handelt es sich um »reflexive Beschreibungen eines erlebten Transformationsprozesses«.[33] Plastisch tritt die sich wandelnde Lebenswelt dann hervor, wenn der Umgang mit Konsumgütern

---

29 Vgl. ebd., S. 143, 208–216.
30 Stefan Hradil, Soziale Ungleichheit in Deutschland. Unter Mitarbeit von Jürgen Schiener, Opladen 2001, S. 432.
31 Vgl. ebd., S. 425–436.
32 Vgl. Gasteiger, Konsument, S. 226–229; Hradil, Ungleichheit, S. 428.
33 Maren Möhring, Veränderungen der bundesdeutschen (Ess-)Kultur durch Migration und Tourismus, in: Friedrich Kießling/Bernhard Rieger (Hg.), Mit dem Wandel leben. Neuorientierung und Tradition in der Bundesrepublik der 1950er und 60er Jahre, Köln/Weimar/Wien 2011, S. 157–183, hier S. 166.

im Lebensalltag betrachtet wird.[34] Diese Prozesse sollen im Folgenden an den menschlichen Grundbedürfnissen Wohnen, Ernährung und Kleidung nachgezeichnet werden, ehe anschließend das Massenkonsumgut Automobil exemplarisch vertieft in den Blick genommen wird.

Wohnung: Technisierung, Genuss und Ästhetik

Wachsender Wohlstand als Voraussetzung für die Verbreitung einer neuen Konsumkultur schlug sich im Anstieg der Wohnraumfläche von Neubauwohnungen nieder. Während den Bundesbürgern 1955 im Durchschnitt 55 m² zur Verfügung standen, waren es 1960 bereits 70 und 1970 sogar 86 m². Grundlage dieser enorm verbesserten Wohnraumversorgung war der massive Neubau bis in die 1970er Jahre. Mehr als 600.000 Wohnungen wurden zwischen Mitte der 1950er und Anfang der 1970er Jahre jährlich fertiggestellt.[35] Zudem wurde der Eigenheimbau staatlich gefördert.[36] Infolge des vergrößerten Wohnraums bekamen in diesem Zeitabschnitt auch Kinder aus der Mittel- und Unterschicht eigene Zimmer. Obwohl in der DDR ebenfalls ein Anstieg der verfügbaren Wohnfläche zu verzeichnen war, lag sie doch weit hinter der Bundesrepublik zurück, so dass noch bis 1990 von einer nachholenden Bedarfsdeckung auszugehen ist, begründet vor allem durch den geringen Wohnungsneubau bis Anfang der 1970er Jahre.[37] Distinktive Merkmale einer Individualisierung des Wohnens machten sich in der DDR ebenfalls durch den vermehrten Bau von Reihenhäusern sowie eine seit den 1980er Jahren wieder zunehmende Attraktivität des Wohnens in innerstädtischen Altbauwohnungen bemerkbar.

Wohnungseinrichtung und -ausstattung veränderten sich vor diesem Hintergrund erheblich. In den 1960er Jahren löste die separate Arbeitsküche als Norm im Sozialen Wohnungsbau die Wohnküche ab. Folglich kaufte eine wachsende

---

34 Vgl. Oliver Kühschelm/Franz X. Eder/Hannes Siegrist, Einleitung. Konsum und Nation, in: dies. (Hg.), Konsum und Nation. Zur Geschichte nationalisierender Inszenierungen in der Produktkommunikation, Bielefeld 2012, S. 7–44, hier S. 12.

35 Vgl. Lidwina Kühne-Brüning/Werner Plumpe/Jan-Otmar Hesse, Zwischen Angebot und Nachfrage, zwischen Regulierung und Konjunktur. Die Entwicklung der Wohnungsmärkte in der Bundesrepublik, 1949–1989/1990–1998, in: Ingeborg Flagge (Hg.), Geschichte des Wohnens, Bd. 5: 1945 bis heute. Aufbau, Neubau, Umbau, Stuttgart 1999, S. 153–232, hier S. 204.

36 Vgl. Clemens Zimmermann, Wohnungspolitik – Eigenheim für alle?, in: Tilman Harlander u. a. (Hg.), Villa und Eigenheim. Suburbaner Städtebau in Deutschland, Stuttgart/München 2001, S. 64–75; Werner Polster/Klaus Voy, Eigentum und Automobil – Materielle Fundamente der Lebensweise, in: dies./Claus Thomasberger (Hg.), Gesellschaftliche Transformationsprozesse und materielle Lebensweise, Marburg 1993, S. 203–356.

37 Die durchschnittliche Wohnfläche pro Einwohner betrug in der DDR 1971 20,6 m², 1981 24,9 m² und 1989 27,6 m²; vgl. Statistisches Jahrbuch der DDR 1990, S. 201.

Zahl von Konsumenten in Ost wie West Einbauküchen, die seit den 1960er Jahren aus standardisierten, kombinierbaren Modulen bestanden. Mit der Arbeitsküche verband sich zudem die Vorstellung erleichterter Hausarbeit durch die Integration technischer Ausstattungen.[38]

Dem Trend der Technisierung des Haushalts folgte auch die DDR.[39] In wesentlichen Warengruppen war Ende der 1970er Jahre statistisch eine Vollversorgung erreicht, auch wenn dies noch nichts über den technischen Standard der Geräte aussagt.[40] Die These von einer nachholenden Konsumorientierung der Honecker-Jahre lässt sich anhand der massiv steigenden Produktionszahlen einiger Konsumgüter ebenso belegen wie Stagnation oder Rückgang bei anderen: So stieg die Zahl der jährlich produzierten Staubsauger zwischen 1970 und 1985 von 236.000 auf 510.000, die der Waschmaschinen von 287.000 auf 400.000; dagegen stagnierte beispielsweise das Volumen der Tapetenproduktion.[41]

Mit der Technisierung der Küche war die Vorstellung der Erleichterung der Hausarbeit, einem Zugewinn an Freizeit für die Frauen sowie einem modernen Lebensstil verbunden. In der Realität sank zwar die physische Arbeitsbelastung in technisierten Haushalten, die Freizeit wurde jedoch nicht mehr, was unter anderem mit zunehmenden Anforderungen an Hygiene und Sauberkeit in Verbindung gebracht wird.[42] In der DDR finden sich ähnliche Argumente, nur dass hier die zeitgenössische Forderung nach der Freisetzung der weiblichen Arbeitskraft für eine bezahlte außerhäusliche Erwerbstätigkeit betont wurde.[43]

Der Fernseher als häusliches Konsumgut veränderte den Lebensalltag und die Wohnkultur aller Familienmitglieder seit den 1960er Jahren in westdeutschen Haushalten, wo 1970 schon 15 Millionen Geräte gezählt wurden.[44] In der DDR war eine Vollversorgung mit Radios bereits um 1960, mit Fernsehern dann Ende der 1970er Jahre erreicht. Der Ersatz der Schwarz-Weiß-Geräte durch Farbfernseher erfolgte hier in den 1980er Jahren, als deren Ausstattungsgrad von 16,8 Prozent 1980 auf 46,5 Prozent 1987 anstieg,[45] allerdings zu sehr hohen

---

38 Vgl. Axel Schildt, Die Sozialgeschichte der Bundesrepublik Deutschland bis 1989/90, München 2007, S. 39; Ruppert, Konsumwelt, S. 755, 760.
39 Über die Markteinführung technischer Geräte informierten verbraucherbezogene Zeitschriften wie »Guter Rat« oder »Kultur im Heim« regelmäßig im Vorfeld der Leipziger Messen.
40 Nur 2 % der Waschmaschinen im Jahr 1973 und 29 % 1985 waren Waschvollautomaten, vgl. Ministerium für innerdeutsche Beziehungen: Materialien zum Bericht zur Lage der Nation im geteilten Deutschland 1987, S. 528.
41 Vgl. Zahlenangaben in Statistisches Jahrbuch DDR 1988, S. 233.
42 Vgl. Schildt, Sozialgeschichte, S. 44; Martina Hessler, Kulturgeschichte der Technik, Frankfurt a. M. 2012, S. 88 f.
43 Umgekehrt argumentiert Donna Harsch, Revenge of the Domestic: Women, the Family, and Communism in the German Democratic Republic, Princeton 2007, S. 188: das »zweite Einkommen« sei für hochwertige Konsumgüter erstrebt gewesen.
44 Vgl. Schildt/Siegfried, Kulturgeschichte, S. 197.
45 Vgl. Ruban, Lebensstandard, S. 350; Statistisches Jahrbuch der DDR 1988, S. 291.

Preisen.⁴⁶ Andere neuere Entwicklungen in der Unterhaltungselektronik hat die DDR nur teilweise nachvollzogen. So kam zwar bereits 1969 der erste Kassettenrecorder auf den Markt (in der Bundesrepublik 1968),⁴⁷ Videorecorder produzierte die DDR dagegen gar nicht; in einer einmaligen Aktion wurden 50.000 Geräte aus Japan importiert und zu einem Preis von 7.300 Mark verkauft, also für mehrere Monatseinkommen.⁴⁸

Diese distinktive Diffusion zeigt sich auch am technischen Konsumgut Telefon, das sich 1970 erst ein Fünftel der Vier-Personen-Arbeitnehmerhaushalte in der Bundesrepublik leisten konnte, 1980 aber bereits 86 Prozent. Damit lag die Bundesrepublik jedoch noch hinter Schweden, der Schweiz und vor allem den USA zurück.⁴⁹ Die Kombination aus Radio, Fernsehen und Telefon beeinflusste Kommunikations- und Lebensformen: »Die Wohnung war zum Teil der Welt geworden – das Radio als ihr Ohr, Fernsehen als Auge und Telefon als interaktive Verbindung.«⁵⁰ Etwas später fanden auch Farbfernseher, Stereoanlagen, in den 1980er Jahren Videorekorder und schließlich Personal Computer (PC) Eingang in westdeutsche Haushalte. Die Wohnung entwickelte einen dualen Charakter als Rückzugsort ins Private und zugleich als Kommunikationsplattform mit der Umwelt.⁵¹

Die Verbreitung von Konsumelektronik führte dazu, dass sich das Wohnzimmer vom repräsentativen Raum zum Wohn-Raum entwickelte.⁵² Nach einer Phase provisorischen Wohnens bewirkten die Millionen Neubauwohnungen eine verstärkte Modernisierung der Wohnungsausstattungen und eine Dynamisierung der Wohnstile. Die in der Bundesrepublik als besonders modern geltenden skandinavischen Möbel der 1950er und frühen 1960er Jahre fanden in der

---

46 Schwarz-Weiß-Fernseher kosteten zwischen 1.400 und 2.000 Mark, Farbfernseher bis zu 7.000 Mark. 1969/70 brachte der DDR-Hersteller RFT noch den ersten volltransistorisierten Farbfernseher Europas auf den Markt, in den 1980er Jahren mussten Bildröhren mit japanischer Lizenz produziert werden. Angaben nach Thomas Beutelschmidt, Von »Robotron« bis »Colortron«, in: Heide Riedel (Hg.), Mit uns zieht die neue Zeit... 40 Jahre DDR-Medien, Berlin 1994, S. 165–173, hier S. 170 ff.
47 Das Verhältnis produzierter Radios zu Radiorecordern betrug 1980 280.000 zu 910.000, 1987 336.000 zu 1.240.000; auffallend ist die geringe Steigerungsrate dieses vergleichsweise »frischen« Produkts. Vgl. Statistisches Jahrbuch DDR 1988, S. 148.
48 Vgl. Peter Skyba, Konsumpolitik in der DDR 1971 bis 1989. Die Verbraucherpreise als Konfliktgegenstand, in: Rolf Walter (Hg.), Geschichte des Konsums. Erträge der 20. Arbeitstagung der Gesellschaft für Sozial- und Wirtschaftsgeschichte 23.–26. April 2003 in Greifswald, Stuttgart 2004, S. 343–366, hier S. 364.
49 Ein Vergleich zeigt einen Unterschied zwischen Bundesrepublik und DDR im Ausstattungsgrad privater Haushalte mit Telefonen von 51% zu 9% im Jahr 1973 und von 88% zu 13% im Jahr 1983, Zahlenangaben nach Materialien zum Bericht zur Lage der Nation 1987, S. 528.
50 Arne Andersen, Der Traum vom guten Leben. Alltags- und Konsumgeschichte vom Wirtschaftswunder bis heute, Frankfurt a. M. 1997, S. 125.
51 Vgl. Schildt/Siegfried, Kulturgeschichte, S. 337.
52 Vgl. Herlinde Koelbel/Manfred Sack (Hg.), Das deutsche Wohnzimmer, Luzern 1980.

DDR ihr Pendant in der »Möbelserie 602«, die 1957 als im skandinavischen Stil modernisiertes System der »komplettierungsfähigen Anbaumöbel« von 1930 auf den Markt kamen. Sie können ebenso als Generationenobjekte identifiziert werden wie die Schrankwand für die 1970er Jahre. Seit Beginn des Jahrzehnts wurden diese Möbel, deren Maße kompatibel mit den gängigen Wohnungsbautypen P 2 und WBS 70 waren, in großen Serien produziert. Was bei Küchenmöbeln schon in der zweiten Hälfte der 1960er Jahre zu einer sinnvollen Standardisierung und damit Kompatibilität führte, machte sich bei Wohnzimmermöbeln negativ bemerkbar, da sie sich weitgehend nur noch im Dekor unterschieden. Symptomatisch für den kulturell-politischen Hintergrund, vor dem die Produktion von Konsumgütern stattfand, ist die Entwicklung des Möbelbausystems MDW, das die Eigenmontage unterschiedlichster Möbel durch die Konsumenten ermöglichte und damit praktisch das IKEA-Konzept vorwegnahm.[53] Stilistisch sind in West und Ost vergleichbare Moden zu verzeichnen, in den 1960er Jahren ein eher »funktionaler« Stil, in den 1970ern der Umschwung zu warmen Holzimitaten, seit Ende des Jahrzehnts eine »neue Prächtigkeit« mit Zierleisten und Butzenscheiben. Der Übergang zur »post-modernen Ästhetik« wurde in der DDR-Möbelproduktion nur noch ansatzweise nachvollzogen.

Kunststoffe entwickelten sich in beiden deutschen Teilgesellschaften zu Insignien der Moderne, um 1970 auch in der Wohnausstattung. Exemplarisches Beispiel für die Bundesrepublik ist der aus einem Stück Vollkunststoff gefertigte Panton-Stuhl von 1967.[54] Eine Hinwendung zum Kunststoff fand in der DDR parallel ebenfalls statt. Hier stellte das Petrolchemische Kombinat Schwedt seit 1974 nach einem italienischen Entwurf Stühle und Tische im Rahmen des Konsumgüterprogramms aus Polyurethan her. Insbesondere der Stuhl des Kombinats setzte sich als Massenprodukt durch und findet sich noch heute in zahlreichen Gartengrundstücken. Eine direkte deutsch-deutsche Verflechtungsgeschichte ist die Produktion des aus Kunststoff bestehenden »Garteneis«, das als Lizenzfertigung für eine bundesdeutsche Firma hergestellt wurde[55] und heute als Designikone gilt. Die Konsumenten kauften jedoch weiterhin mehrheitlich traditionelle Stile.[56]

---

53 Vgl. Andreas Ludwig, »Hunderte von Varianten«. Das Möbelprogramm Deutsche Werkstätten (MDW) in der DDR, in: Zeithistorische Forschungen/Studies in Contemporary History 3.3 (2006), S. 449–459, URL: www.zeithistorische-forschungen.de/3-2006?q=node/4592 [Zugriff am 17. Juni 2015].
54 Vgl. Ruppert, Konsumwelt, S. 755f., 760ff.; URL: http://www.vitra.com/de-de/product/panton-chair [Zugriff am 8. August 2014]; Barbara Mundt, Produkt-Design 1900–1990. Eine Einführung, Berlin 1990, S. 184f.
55 Vgl. Jana Scholze, Shifting Narratives of Things: The East/West German Garden Egg Chair, in: Uta A. Balbier, Cristina Cuevas-Wolf, Joes Segal (Hg.): East German Material Culture and the Power of Memory, Washington DC 2011 (= Bulletin fo the German Historical Institute, Suppl. 7, 2011), S. 87–98.
56 Vgl. Schildt/Siegfried, Kulturgeschichte, S. 190; Ruppert, Konsumwelt, S. 755, 760f.

Links: PUR-Stuhl, VEB Petrolchemisches Kombinat Schwedt, 1974; *rechts:* Panton-Stuhl, Vitra AG, 1967 (Fotos: Südhoff, Dokumentationszentrum Alltagskultur der DDR; Werkbundarchiv/Museum der Dinge)

In der DDR gehörte die Versorgung mit Möbeln offiziell zum Grundbedarf, obschon gestaffelte Preisgruppen bestanden und günstige Basismodelle eher knapp waren. Dies lag an einer nicht bedarfsgerechten Produktion und der zunehmenden Uniformität des Angebots, bedingt durch die seit den 1970er Jahren eingeleitete Zentralisierung der Möbelproduktion auf zuletzt nur noch fünf Kombinate.[57]

Konsum im Wohnbereich ebnete soziale Unterschiede keinesfalls ein, sondern beförderte Pluralisierungs- und Individualisierungstendenzen, die aufgrund ihrer generationellen und milieubedingten Reproduktion zu neuen sozialen Trennlinien entlang der Kriterien der »feinen Unterschiede« führten. Geschmack und Lebensstile – soziale Praktiken also – machten konsumbezogene Sozialstrukturen sichtbar, unter anderem entlang von Marken, Produktqualität, Design, Symbolik und Prestige. Distinktiver wurde während der 1970er Jahre auch das Mobiliar. Nun standen Qualitätsmöbel wie Ledersessel und Massivholzmöbel hoch im Kurs. Zugleich wurde leitmotivisch die individualisierte Selbstverwirklichung des Konsumenten hervorgehoben.[58] Diese Ge-

57 Vgl. Andreas Lauber, Wohnkultur in der DDR. Dokumentation ihrer materiellen Sachkultur. Eine Untersuchung zu Gestaltung, Produktion und Bedingungen des Erwerbs von Wohnungseinrichtungen in der DDR, Ms. Eisenhüttenstadt 2003.
58 Vgl. u. a. Schildt/Siegfried, Kulturgeschichte, S. 245 f., 331.

gentendenz zum Funktionalen und Provisorischen zeigte sich im Erfolg des Möbelhauses IKEA, das 1974 seine erste deutsche Filiale eröffnete und das auf Identifikation mit dem Nichtrepräsentativen baute.[59] Das Regalsystem »Ivar« symbolisierte in den 1970er Jahren den Übergang zur »Sperrmüllkultur« sowie das »*Do-it-yourself*-Bedürfnis« einer jungen Konsumentengeneration, die sich damit vom generationenspezifischen Einrichtungsstil der Elterngeneration abhob.[60] Mit dem 1974 eingeführten Regalsystem »Billy« wiederum fand ein Wandel zur funktionalen Entmöblierung statt, eine »Art Mimikry-Effekt mit der weißen Wand«.[61] Damit entwickelten sich seit den 1970er Jahren in West wie Ost kontrastive, distinktive Wohnstile, deren sich wandelnde Moden generationsprägend waren und die, nicht nur aufgrund der hohen Möbelpreise, in Form von Konsumpräferenzen und einem zunehmenden Stilklektizismus erheblich zur Individualisierung des Wohnens beitrugen.

Ernährung und Kleidung jenseits der Grundbedürfnisse

Mit steigendem Wohlstand gewann Ernährung seit den 1970er Jahren eine über die Erfüllung notwendiger Grundbedürfnisse hinausgehende Funktion. Beispielhaft dafür ist in der Bundesrepublik die Internationalisierung der Essgewohnheiten. Für die Zunahme der italienischen, jugoslawischen, griechischen und türkischen Restaurants sind Migration und Tourismus die beiden entscheidenden, sich oft gegenseitig verstärkenden Einflussfaktoren.[62] Mit Blick auf seine soziale und symbolische Dimension wird dem Essen seitens der Forschung eine identitätsbildende Funktion zugeschrieben: Gemeint sind Übernahme und Transformation ausländischer Esskulturen, eine »(Selbst-)Ethnisierung«[63] über Nahrung und generell eine Pluralisierung der Esskulturen.[64]

Dem Zeitraum von den 1960er bis zu den 1980er Jahren kommt hier eine Scharnierfunktion zu. Die Besucher ausländischer Restaurants waren zunächst Migranten, dann zunehmend jüngere deutsche Städter mit höheren Bildungsabschlüssen, die gemäß der Adaptions- und Diffusionstheorien der Konsumforschung als »Innovatoren« agierten und die »Anpassung der bundesdeutschen Mehrheit an migrantische Ernährungsformen«[65] einleiteten. Durch diese Praktiken wurde eine dezidierte »Distanz zur bundesdeutschen Mehrheitsgesellschaft«

---

59 Vgl. Petra Eisele, Do-it-yourself-Design: Die IKEA-Regale IVAR und BILLY, in: Zeithistorische Forschungen/Studies in Contemporary History, Online-Ausgabe, 3.3 (2006), URL: http://www.zeithistorische-forschungen.de/3-2006/id%3D4458 [Zugriff am 10. November 2014].
60 Vgl. Schildt/Siegfried, Kulturgeschichte, S. 408; Eisele, Do-it-yourself-Design, S. 3 f.
61 Eisele, Do-it-yourself-Design, S. 4.
62 Vgl. König, Geschichte, S. 9, 136; Möhring, Essen, S. 11 ff.
63 Möhring, Essen, S. 29.
64 Vgl. ebd., S. 13 f., 29 ff.
65 Vgl. ebd., S. 148.

> Speiseplan vom 4. 7. bis 8. 7. 1966
>
> Montag: Setzei, Spinat, Salzkart.
> Dienstag: Kohlrabieintopf mit Fleisch
> Mittwoch: Goulasch, Kart. oder Nudeln, Krautsalat
> Donnerstag: Fischgericht, Salzkart.
> Freitag: Kotelett, Bayrisch-Kraut, Salzkart.
>
> Schonkost
>
> Montag: Rührei, Spinat, Salzkart.
> Dienstag: Möhreneintopf mit Fleisch
> Mittwoch: Goulasch, Kartoffeln o. Nudeln, Kompott
> Donnerstag: gekochter Fisch, Salzkart.
> Freitag: ged. Kotelett, Salzkart., Beilage
>
> Halbfabrikat am 8. 7. 66
> Herzragout, Rotkohl, Kartoffeln   MDN 1,60
>
> Änderungen vorbehalten !!!

Speiseplan einer Postkantine in Ost-Berlin, 1966 (Foto: Deutsches Technikmuseum Berlin)

kommuniziert. Aufgrund ihrer Preise, Familienfreundlichkeit und des Speiseangebots setzten sich ausländische Restaurants jedoch schnell in der Mehrheitsgesellschaft durch.[66]

Von einer Verbreitung einer neuen Konsumkultur beim Essen kann in der DDR keinesfalls gesprochen werden. Ausländische Küche beispielsweise wurde in der DDR nur in wenigen Spezialitätenrestaurants zumeist osteuropäischer, teils auch asiatischer Ausrichtung angeboten.[67] Überwiegend kann das Angebot in DDR-Gaststätten mit dem Begriff Versorgung charakterisiert werden, auch weil sie für einen erheblichen Teil der »Kollektivverpflegung« zuständig waren. Zudem nahm die Zahl der Gaststätten sukzessive ab.[68]

Deutliche Parallelen zeigten sich im häuslichen Lebensmittelkonsum: Nachkriegsmangel und »Fresswelle« betrafen West- wie Ostdeutschland, die Aufhebung der Lebensmittelrationierungen erfolgte in der DDR jedoch erst 1958. Die Unterschiede zeigten sich vor allem jenseits der Grundbedürfnisse, denn hier verfolgte die DDR eine von der Bundesrepublik deutlich verschiedene Konsumpolitik. Während einerseits eine Modernisierung der Lebensmittelindustrie nur

---

66 Vgl. ebd., S. 142 ff.
67 Vgl. die Parodie der Restaurantsituation in dem 2011 gezeigten Film »Sushi in Suhl«.
68 Von 38.600 im Jahr 1952 auf 33.900 1978, vgl. Statistisches Jahrbuch der DDR 1980, Berlin (DDR) 1980, S. 227.

Individualisierung der Lebenswelten

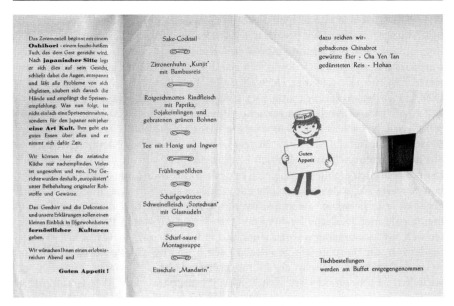

Speisekarte der privaten Gaststätte »Zur Post« in Groß-Kreutz, Auszug aus einem Brigadebuch, 1985 (Foto: Dokumentationszentrum Alltagskultur der DDR)

zögerlich voranging und damit modernere Lebensmittel wie konsumfertige Produkte knapp waren,[69] wurden andere dem Luxussegment zugeordnet und damit bewusst verteuert. Dieses Prinzip war bereits 1948 mit Gründung der HO-Läden eingeführt worden, und dem gleichen Prinzip folgten die seit 1966 bestehenden »Delikat«-Geschäfte, die Lebens- und Genussmittel des gehobenen Standards, auch Importe und Produkte der sogenannten Gestattungsproduktion gegen DDR-Mark anboten, jedoch zu ebenfalls hohen Preisen. Dennoch wurden diese Geschäfte immer häufiger genutzt.[70] Es entwickelte sich also seit den 1970er Jahren eine Art Parallelkonsumwelt, die vom Einkommen abhängig war und aufgrund des erheblichen Kaufkraftüberhangs in der DDR einen beträchtlichen Umfang erreichte. Trotz der festgesetzten Hochpreise gab es jedoch auch in diesem Konsumsegment immer wieder Engpässe, am bekanntesten wohl die sogenannte Kaffeekrise von 1977, als aufgrund gestiegner Weltmarktpreise der Verbrauch von Bohnenkaffee in der DDR eingeschränkt und verteuert werden sollte. Hier kam es zu einem signifikanten Protest, der Kaffee nicht als Luxusgut, sondern als Grundnahrungsmittel interpretierte.[71]

69 Vgl. Roesler, Konsum, S. 299.
70 Vgl. Merkel, Utopie, S. 274.
71 Vgl. Volker Wünderlich, Die »Kaffeekrise« von 1977. Genußmittel und Verbraucherprotest in der DDR, in: Historische Anthropologie 11 (2003), S. 240–262.

Kleidung ist der zweite hier diskutierte basale Konsumbereich, der im Untersuchungszeitraum eine distinktive Entfaltung erfuhr. Über ihre Schutzfunktion hinaus besitzt Kleidung eine symbolische Funktion, die über Mode und Marken kommuniziert wird und sich seit den späten 1960er Jahren ausdifferenzierte.[72] Minirock und lange Hose als weibliche Bekleidungsstücke waren sichtbare Träger dieser Veränderung. Der 1965 auf den Markt gekommene Minirock galt zunächst als »Symbol der sexuellen Revolution«,[73] setzte sich aber gesamtgesellschaftlich rasch durch: 1970 trug ihn mehr als die Hälfte der jungen Frauen in der Bundesrepublik. Lange Hosen waren ein weiteres Kleidungsstück mit ähnlicher Symbolwirkung, das sich Ende der 1960er Jahre als Hosenanzug auch in der Berufswelt etablierte, obgleich es deshalb Proteste und sogar Entlassungen von Frauen gab.[74] Kleidungsstücke entwickelten sich zum Medium des Protests gegen die elterlichen Ideale und konventionelle Stilvorgaben, das sowohl Konsumenten als auch Designer bewusst einsetzten. Ab den späten 1960er Jahren zeigten sich auf Akteursebene umfassende Individualisierungs- und Pluralisierungstendenzen, die dann gesamtgesellschaftlich millionenfach kopiert wurden und so immer auch ein Element der Homogenisierung in sich trugen. Zugleich entwickelten sich besonders seit den 1980er Jahren parallele und teils konkurrierende Jugendkulturen mit spezifischen Kleidungsstilen,[75] die mit erkennbaren Markenpräferenzen verbunden wurden.

Wie in vielen anderen Konsumbereichen ist die Situation des Bekleidungsangebots in der DDR von normativen Vorgaben sowie Produktions- und Versorgungsproblemen beeinflusst. Das Angebot im Konfektionssektor blieb defizitär, auch wenn punktuell Innovationen erfolgten. Am Beispiel der Versorgung mit Bekleidung können jedoch einige Entwicklungen beobachtet werden, die seit den 1970er Jahren auch Differenzierung und Individualisierung, das heißt eine lebensstilorientierte Konsumpolitik in der DDR zeigen. Individualisierte Konsumpräferenzen wurden offiziell anerkannt und im Kontext der Planwirtschaft berücksichtigt. Dies gilt für das Konzept der »Jugendmode«, bei dem ab Ende der 1960er Jahre in einer Kette von Geschäften ein Textilsortiment für Jugendliche konzentriert und zur Sicherung eines ausreichenden Warenangebots gesonderte Verträge mit Herstellern abgeschlossen wurden.[76] Für die Anerkennung spezieller Modebedürfnisse von Jugendlichen spricht, dass im

---

72 Vgl. König, Geschichte, S. 387 f.
73 Vgl. Sabine Weißler, Die Frau Die Mode Der Körper. Beweglichkeit und Bewegung, in: Wolfgang Ruppert (Hg.), Um 1968. Die Repräsentation der Dinge, Marburg 1998, S. 125–136.
74 Vgl. Petra Kipphoff, Mutprobe in Hosen, na und? Bei uns bleibt der Protest aus (Der Kampf der Frau, Teil III), in: Die Zeit, 22.5.1970, S. 57.
75 Vgl. Diana Weis (Hg.), Cool aussehen. Mode und Jugendkulturen, Berlin 2012.
76 Vgl. Philipp Heldmann, Konsumpolitik in der DDR. Jugendliche in den sechziger Jahren, in: Hartmut Berghoff (Hg.), Konsumpolitik. Die Regulierung des privaten Verbrauchs im 20. Jahrhundert, Göttingen 1999, S. 135–158.

Herbst 1971 einmalig 150.000 Paar westlicher Jeans in die DDR importiert wurden.[77] Distinktive Konsumangebote boten auch die bereits 1962 eingeführten »Exquisit«-Geschäfte für Bekleidung und Schuhe. Sie erfuhren in den Jahren nach 1971 eine erhebliche Ausweitung. Bei »Exquisit« gab es westliche und gehobene östliche Bekleidung und Schuhe zu hohen Preisen gegen DDR-Mark. Die Bedeutung dieses auf hohem Einkommen beruhenden distinktiven Konsums wird anhand des Umsatzes deutlich: Betrug der Anteil von »Exquisit«-Waren an Textilien und Schuhen 1970 noch drei Prozent, so waren es 1989 bereits 18 Prozent.[78] Zum Bereich des Distinktiven gehörte zunehmend auch selbstgenähte Kleidung, mit der Konsumenten einerseits auf Angebotsmängel reagierten und mit der sie andererseits eigenständige Kreationen schufen. 1973 war ein Fünftel der Damenoberbekleidung in der DDR selbstgenäht und ein Drittel selbstgestrickt, mit steigender Tendenz bis Ende der 1980er Jahre.[79]

Die bei Lebensmitteln und Kleidung beobachtete Herausbildung einer parallelen Konsumwelt in der DDR wurde durch die zunehmend verbreitete westliche Warenwelt noch gesteigert. Neben der Bedeutung von privaten »Westpaketen«, die bei Textilien 20 Prozent (1970er/80er Jahre) und bei Kaffee hohe Verbrauchsanteile privater Wareneinfuhr bedeuteten,[80] wird dies hier anhand der Einführung und des Ausbaus der Intershops und des Genex-Geschenkdienstes, die auf Zahlungen in westlicher Währung beruhen, noch einmal unterstrichen. Während der Genex-Geschenkdienst knappe Konsumgüter aus DDR-Produktion wie Autos, Waschmaschinen bis hin zu Einfamilienhäusern gegen D-Mark anbot, entwickelten sich die seit den 1950er Jahren bestehenden Intershops während der 1970er Jahre zu einem weit verbreiteten Phänomen in allen größeren Städten.[81] Ab 1974 war der Besitz von Westgeld für DDR-Bürger legal, so dass sich neben dem bereits bestehenden doppelten Konsumregime von

---

77 Vgl. ebd., S. 153.
78 Vgl. Merkel, Utopie, S. 250, 263, 269.
79 Zu selbstgefertigter Kleidung vgl. Judd Stitziel, Shopping, Sewing, Networking: Consumer Culture and the Relationship between State and Society in the GDR, in: Katherine Pence/Paul Betts (Hg.), Socialist Modern. East German Everyday Culture and Politics, Ann Arbor 2008, S. 253–286, hier S. 261.
80 Vgl. ebd., S. 264. 1986 wurden 5 Mio. Damenblusen in Westpaketen geschätzt, in der DDR aber nur 1,7 Mio. hergestellt, vgl. Annette Kaminsky, Wohlstand, Schönheit, Glück. Kleine Konsumgeschichte der DDR, München 2001, S. 158. Mitte der 1970er Jahre war 25 % des in der DDR verbrauchten Kaffees westlichen Ursprungs, 1989 bereits die Hälfte, vgl. Wünderich, Kaffeekrise, S. 243; Günter Manz, Armut in der DDR – Bevölkerung, Lebensstandard und Konsumniveau vor und nach der Wende, Augsburg 1992, S. 49.
81 Vgl. Armin Volze, Die Devisengeschäfte der DDR. Genex und Intershop, in: Deutschland Archiv 24.11 (1991), S. 1145–1159; 1974 bestanden 221 Intershops, 1988 416. Devisengeschäfte waren auch in anderen osteuropäischen Ländern verbreitet, zum Beispiel in Polen, wo 1983 650 Pewex-Läden bestanden, vgl. Jonathan R. Zatlin, Consuming Ideology: Socialist Consumerism and the Intershop, 1970–1989, in: Peter Hübner/Klaus Tenfelde (Hg.), Arbeiter in der SBZ/DDR, Essen 1999, S. 555–572, hier S. 565.

festpreisigen Waren und »Luxuswaren« noch eine auf dem Besitz von Devisen aufbauende Differenzierung der Konsumkultur entwickelte.[82]

Eine Betrachtung der Konsumkultur in der DDR offenbart eine zunehmende Differenzierung der Lebensstile, jedoch auch den partiell immer noch nachholenden Charakter einer konsumgesellschaftlichen Entwicklung. Zugleich zeigt die folgende Tabelle auch Einschätzungen zur Verwirklichung von Konsumwünschen und gibt damit indirekt bereits Anhaltspunkte für die Konsumschwerpunkte der Jahre ab 1990.

Tabelle: Haushaltsausstattung und geplante Anschaffung in der DDR, 1988

Austattungsgut	vorhanden	Anschaffung geplant	keine Möglichkeit	kein Bedarf
Farbfernseher	53,0	13,9	24,6	8,5
HiFi-Anlage	52,8	11,0	17,9	18,3
Video-Recorder	3,3	3,7	55,6	37,5
Heimcomputer	5,9	4,5	34,6	55,1
Telefon	29,5	18,9	40,0	11,6
Wochenendgrundstück	26,5	5,5	27,5	40,6

Quelle: Haushaltsausstattung und geplante Anschaffung in der DDR 1988, nach Gunnar Winkler (Hg.), Sozialreport DDR 1990. Daten und Fakten zur sozialen Lage in der DDR, Stuttgart/München/Landsberg 1990, S. 268.

In der Tat ist die Konsumentwicklung in Ostdeutschland nach 1990 von einem nunmehr umgekehrten, doppelten Referenzsystem gekennzeichnet: Nach einer Welle nachholender Anschaffungen hochwertiger Konsumgüter wie Autos und Möbeln kam es zur Wiederaufwertung von bereits in der DDR angeschafften Produkten.[83] Die in der DDR bestehende kulturelle Überhöhung von Westprodukten, die sowohl individuelle Bedürfnisbefriedigung wie auch soziale Distinktion in der Öffentlichkeit bedeuteten, löste sich nach 1990 durch deren sofortige Verfügbarkeit auf und bewirkte zugleich mit dem Wunsch nach Dauerhaftigkeit und Stabilität eine Gegentendenz.[84]

---

82 Dagegen referiert Skyba, Konsumpolitik, S. 360, eine 1977 vom MfS aufgestellte Differenzierung in 1. Rentner und niedrige Einkommensklassen, 2. höhere Einkommen mit Exquisit-Möglichkeit, 3. D-Markbesitzer mit Intershopmöglichkeit und 4. privilegierte Kader mit eigenen Läden.
83 Vgl. Patricia Hogwood, »Red is for Love ...«: Citizens as Consumers in East Germany, in: Jonathan Grix/Paul Cooke (Hg.), East German Distinctiveness in a Unified Germany, Birmingham 2002, S. 45–60.
84 Vgl. Milena Veenis, Consumption in East Germany. The Seduction and Betrayal of Things, in: Journal of Material Culture 4.1 (1999), S. 79–112, hier S. 96 f.

Der nachholende Konsum wird vor allem im Bereich des Automobilkaufs und, zeitlich im Anschluss, im Wohnbereich deutlich. Der Anteil der Ausgaben für Verkehr und Mobilität hat sich zwischen 1989 und 1991 nahezu verdreifacht, um dann im Jahr 1992 wieder leicht abzunehmen. Die Ausgaben für Möbel und Hausrat stiegen zwischen 1989 und 1992 ebenfalls signifikant auf nahezu das Doppelte. Auf anderen Konsumfeldern, zum Beispiel bei Bekleidung, bleiben die Konsumausgaben dagegen weitgehend stabil.[85]

Ein nachholender Wandel zeigte sich auch in den Wohnverhältnissen. Nach dem Ende des planwirtschaftlichen Wohnungsbaus schlugen sich die Wohnpräferenzen in Ostdeutschland im Bau von Eigenheimen nieder. Wurden 1993 noch ca. 10.000 Einfamilienhäuser fertiggestellt, verdoppelte sich deren Zahl bis 1995 und stieg bis 1998 noch einmal um gut die Hälfte.[86] Die Zahlen verweisen jedoch nicht nur auf Präferenzen von Konsum und privater Lebensgestaltung, sondern auch auf eine nach 1990 zunehmende soziale Segregation, denn zugleich verdoppelte sich der Wohnungsleerstand durch Migration zwischen 1995 und 1998.[87]

Ein eigensinniges Konsumverhalten zeigten ostdeutsche Haushalte nach 1990 nicht nur bei Anschaffungen von Konsumgütern wie zum Beispiel elektrischen Nähmaschinen oder Schmalfilmkameras anstelle von Videokameras, sondern auch im abrupten Wandel der Einstellungen gegenüber den sogenannten »Ostprodukten«. Diese Wiederaufwertung der 1990 völlig entwerteten Produktwelt der DDR erfolgte bereits ab 1991, bezog sich weitgehend auf – auch intensiv beworbene – Nahrungs- und Genussmittel und entwickelte sich seit Mitte der 1990er Jahre im Rahmen einer »Ostalgie«-Welle zu einem kulturell aufgeladenen Konsum.[88]

---

85 Unterrichtung durch die Bundesregierung: Materialien zur Deutschen Einheit und zum Aufbau in den neuen Bundesländern, Deutscher Bundestag, Drs. 12/6854 vom 8.2.1994, S. 442–444. Neben Pkw und Möbeln wurden unmittelbar ab der Währungsunion vor allem elektroakustische Geräte gekauft, vgl. Elvir Ebert, Einkommen und Konsum im Transformationsprozeß. Vom Plan zum Markt – vom Mangel zum Überfluß, Opladen 1997 (KSPW: Tranformationsprozesse, Bd. 24), S. 227 f.
86 1993: 10.479; 1995: 30.574; 1998: 42.251, vgl. Statistisches Bundesamt: 50 Jahre Wohnen in Deutschland. Ergebnisse aus Gebäude- und Wohnungszählungen, -stichproben, Mikrozensus-Ergänzungserhebungen und Bautätigkeitsstatistiken, Wiesbaden 2000, S. 51. Die Zahl der neu gebauten Eigentumswohnungen stieg von 3.125 (1993) auf 26.904 (1998) und verzehnfachte sich damit in diesem Zeitraum fast.
87 Von 456.000 auf 971.000 Wohnungen, ebd., S. 61.
88 Zu langlebigen Konsumgütern vgl. Ebert, Einkommen, S. 251; Martin Blum, Club Cola & Co.: Ostalgie, Material Culture and Identity, in: Ruth A. Starkman (Hg.), Transformations of the New Germany, New York 2006, S. 131–154.

Pluralisierung des Pkw-Markts und Individualisierung der Automobilkultur

Das Auto gehört zu den besonders stark mit individuellen Emotionen und sozialem Prestige belegten Konsumgütern. Nachdem es sich in der Bundesrepublik während der 1960er Jahre von einem Luxusgut zu einem Massenkonsumgut entwickelt hatte, erfuhr es zunächst besondere gesellschaftliche Wertschätzung und avancierte zum »Symbol der neuen demokratischen Freiheit«[89] sowie zum Ausdruck von individuellem Geschmack und sozialem Status.[90] Die Automobilisierung der Bundesrepublik führte auch zu Verkehrsproblemen in den Städten, und die »autogerechte Stadt« ist lediglich das massivste Beispiel der neuen automobilen Infrastruktur dieser Zeit und ihrer ambivalenten Folgen. Zugleich ist die fortschreitende Suburbanisierung ohne Automobilisierung nicht denkbar. Dennoch überwogen in der öffentlichen Wahrnehmung bis in die 1970er Jahre hinein die positiven Urteile. Das Auto blieb Statussymbol, Nutzgerät, Freizeit- und Hobbyobjekt in einem. Die Jahre ab 1970 markierten aber in der Bundesrepublik einen Umschlagpunkt des gesellschaftlichen wie individuellen Umgangs mit dem Automobil, indem seine Risiken in den Fokus rückten. Die Zahl der Verkehrstoten erreichte 1970 mit 20.000 einen traurigen Höchststand. Schadstoffemissionen und Lärmimmissionen wurden als Umwelt- und Gesundheitsrisiko erkannt und durch das Benzin-Blei-Gesetz von 1971 und das Bundesimmissionsschutzgesetz von 1974 bekämpft. Durch die *Club-of-Rome*-Studie von 1972 wie auch die Energiekrisen von 1973/74 und 1978/79 wurde das Auto auch wegen seines Ressourcenverbrauchs kritisiert. Symbolisch dafür stehen die damit verbundenen (wenigen) Sonntagsfahrverbote.[91]

In der DDR setzte eine vergleichbare Entwicklung erst sehr spät ein. Zwar hatte hier eines der Zentren der Autoindustrie bestanden, doch maß die Politik der Automobilproduktion wenig Bedeutung bei. Die Folgen waren geringe Produktion und fehlende technische Innovation. Einen Eindruck davon, wie stark die DDR beim Automobilbau gegenüber der Bundesrepublik zurückgefallen war, geben die Produktionszahlen des Jahres 1971: In der Bundesrepublik wur-

---

89 König, Geschichte, S. 306.
90 Vgl. Christopher Neumaier, Dieselautos in Deutschland und den USA: Zum Verhältnis von Technologie, Konsum und Politik, 1949–2005, Stuttgart 2010, S. 32; Kurt Möser, Geschichte des Autos, Frankfurt a. M./New York 2002, S. 193 f.
91 Vgl. Axel Schildt, Vom Wohlstandsbarometer zum Belastungsfaktor – Autovision und Autoängste in der westdeutschen Presse von den 50er bis zu den 70er Jahren, in: Hans-Liudger Dienel/Helmuth Trischler (Hg.), Geschichte der Zukunft des Verkehrs. Verkehrskonzepte von der frühen Neuzeit bis zum 21. Jahrhundert, Frankfurt a. M./New York 1997, S. 289–309, hier S. 302–307; Ingo Köhler, Marketing als Krisenstrategie. Die deutsche Automobilindustrie und die Herausforderungen der 1970er Jahre, in: Hartmut Berghoff (Hg.), Marketinggeschichte. Die Genese einer modernen Sozialtechnik, Frankfurt a. M. 2007, S. 259–295, hier S. 274 f.

den 3,6 Millionen Pkw gebaut, in der DDR lediglich 134.000.[92] Wartburg und Trabant waren die einzigen Pkw-Typen. Beide hatten zuletzt in den späten 1950er Jahren und Mitte der 1960er Jahre eine Produkterneuerung erfahren.[93] Die Folge waren lange Wartezeiten für Neuwagen von zuletzt mehr als zehn Jahren. Mit deutlicher Verspätung zur Bundesrepublik ist von einer Automobilisierung der DDR erst ab den 1970er Jahren auszugehen.[94]

Absatzkrisen, der Eintritt ausländischer Hersteller und eine veränderte Nachfragestruktur leiteten demgegenüber in der Bundesrepublik den Übergang vom Verkäufer- zum Käufermarkt ein. Die Industrie zielte nun darauf, die »Ersatzbeschaffung« von Pkws anzukurbeln, zumal in den 1970er Jahren der Trend zum Zweitwagen noch nicht ausgeprägt war. Produktstrategien wurden modifiziert, da Autos noch stärker Mittel der sozialen Distinktion geworden waren. Die Volumenhersteller erweiterten im Zuge der Neuausrichtung ihre Produktpalette horizontal und vertikal. Gerade zu einer Zeit, in der die Trennlinie nicht mehr zwischen Autobesitz und Nicht-Besitz verlief, entwickelten sich Marken, Modelle und Technik- sowie Komfortausstattung zu zentralen Unterscheidungskriterien. Auch hier vollzog sich damit erst der Übergang zum Konsum als Distinktionsmittel und später als Ausdruck individualisierter Konsumpräferenzen.[95]

Zudem transportierten die jeweiligen Marken und Modelle spezifische kulturelle Wertvorstellungen. Ford und Opel standen für »Spießigkeit«, wohingegen Mercedes-Modelle »als Signum völliger Saturiertheit« galten. Gebrauchte französische Kleinwagen wie Citroëns Ente (2CV) oder Renaults R4 wiederum galten als Symbole einer »automobilen Gegenkultur«.[96] Die Konsumpräferenzen wandelten sich insofern, als erstmals das Prinzip des *Trading-up* – der Neuwagen musste teurer und exklusiver sein als sein Vorgänger – Anfang der 1970er Jahre für kurze Zeit zugunsten des *Trading-down*-Prinzips unterbrochen wurde. Konsumenten wählten jetzt bewusst kleinere, preisgünstigere und sparsamere Modelle wie den VW Golf.[97]

Jedoch blieben rational-sachliche Kriterien weiterhin von symbolischen, sozialen und psychologischen Bedürfnissen begleitet, auf die auch die Werbung

---

92 Vgl. Reinhold Bauer, Ölpreiskrisen und Industrieroboter. Die siebziger Jahre als Umbruchphase für die Automobilindustrie, in: Konrad H. Jarausch (Hg.), Das Ende der Zuversicht? Die siebziger Jahre als Geschichte, Göttingen 2008, S. 68–83.
93 1957 Einführung des Kleinwagens Trabant mit Kunststoffkarosserie, 1966 Einführung des Wartburg-Modells 353.
94 Statistisches Jahrbuch der DDR 1988, S. 291.
95 Vgl. Köhler, Marketing, S. 259 ff., 266 ff., 270 f.; Stephanie Tilly/Dieter Ziegler, Einleitung, in: Jahrbuch für Wirtschaftsgeschichte 51.1 (2010): Automobilwirtschaft nach 1945: Vom Verkäufer- zum Käufermarkt?, S. 11–17, hier S. 13.
96 Möser, Geschichte, S. 231.
97 Vgl. Peter Borscheid, Agenten des Konsums: Werbung und Marketing, in: Haupt/Torp, Konsumgesellschaft, S. 79–96, hier S. 94.

Bezug nahm.[98] Die Botschaft der Produktinnovation durch Technik wurde durch vermittelnde Werbebotschaften auf der Basis »symbolisch überhöhte[r] Kerngrößen«[99] kommuniziert. Dies verweist auf den ökonomischen, kulturellen und gesellschaftlichen Stellenwert von Werbung, die sich an wandelnden Wunschvorstellungen genauso orientiert wie an gesellschaftlichen Veränderungsprozessen, wie hier am Beispiel der Automobilwerbung ausgeführt wird.

Der Pkw-Markt war in den 1970er Jahren zusehends gesättigt, die Ersatznachfrage entwickelte sich beim Autokauf zum dominierenden Motiv und parallel wandelten sich die gesellschaftlichen Rahmenbedingungen. Die Marketingabteilungen der Automobilhersteller in der Bundesrepublik reagierten auf die Veränderungen. Zum Beispiel griffen sie gezielt die pessimistische gesellschaftliche Grundstimmung auf und richteten daran ihre Strategien aus. Autowerbung sprach infolgedessen zugleich Fantasien wie Ängste der Konsumenten an. Emotionale Aussagen wichen Texten über Sicherheit, Wirtschaftlichkeit und Qualität. Bilder zeigten Detailaufnahmen von Innovationen und präsentierten parkende und verbrauchsgünstige Kompaktwagen. Die Merkmale »Fahrspaß« und »Individualität« wurden hingegen erst im Anschluss an die Energiekrisen der 1970er Jahre wieder als Distinktionsmerkmale in der Werbung verstärkt kommuniziert.[100] Bei seiner Markteinführung 1976 wurde der Golf Diesel in Autozeitschriften als »Sparbüchse«[101] mit ansprechenden Fahrleistungen beworben und ermöglichte dadurch eine positive Bewertung. Dieser verwissenschaftlichte Produktdiskurs zielte auf heterogene und pluralisierte Konsumentengruppen, deren individualisierte Wünsche angesprochen werden sollten. Allerdings verlor nach den Energiekrisen der 1970er Jahre das Verkaufsargument Sparsamkeit in der ersten Hälfte der 1980er Jahre wieder deutlich an Attraktivität, die Augen richteten sich stattdessen auf die Sportvariante Golf GTI. »Von 0 auf 50 in 3,3 Sekunden«, pries die Werbung dieses Modell an. Dem aufmerksamen Leser erklärte die Anzeige weiter, dass es sich beim GTI nicht nur um »einen heißen Ofen« handele, sondern um »ein robustes Gebrauchsauto Marke Volkswagen, das Tag für Tag unermüdlich und wirtschaftlich seinen Dienst tut«.[102] Gerade im städtischen Alltagsverkehr sei er somit das passende Auto, da zügig auf die Höchstgeschwindigkeit von 50 km/h beschleunigt werden konnte.

Mangelwaren wie Autos wurden in der DDR selten und nur bis in die 1960er Jahre hinein beworben und ab den 1970er Jahren lediglich als Lottogewinn angepriesen. Dies verweist auf die völlig unterschiedliche Rolle von Produkt-

---

98 Vgl. Christopher Neumaier, Von kulturellen Präferenzen und technologischen Fehlschlägen. Der Diesel-Pkw im transatlantischen Vergleich Deutschland – USA, 1976–1985, in: Technikgeschichte 77 (2010), S. 19–48, hier S. 24; König, Geschichte, S. 307–311.
99 Ulrich Wengenroth, Gute Gründe. Technisierung und Konsumentscheidung, in: Technikgeschichte 71 (2004), S. 3–18, hier S. 12.
100 Vgl. Köhler, Marketing, S. 290.
101 Helmut Eicker, Sparbüchse, in: Auto Motor und Sport, 20/1976, S. 58–60, hier S. 58.
102 Volkswagen-Anzeige in: Auto Motor und Sport, 8/1982, S. 31.

werbung in der DDR. Etwa zeitgleich mit dem Neuen Kurs von 1953 kam es zum Wiederaufleben von Werbeanzeigen in den Publikumszeitschriften der DDR, deren Zahl sich ab den späten 1950er Jahren stark vermehrte und in den 1960er Jahren ihren Höhepunkt erreichte, bevor Produktwerbung Mitte der 1970er Jahre verboten wurde. Da Werbung in der Planwirtschaft weniger die Funktion der Marktdurchsetzung von Produkten haben konnte, ist sie eher als Verkaufslenkung sowie als lebensstilorientierte Kommunikation zu lesen, die Auskunft über offizielle Ausstattungsleitbilder gibt.[103] Die Werbung der 1950er Jahre knüpfte stilistisch wie inhaltlich an die 1920er/30er Jahre an und bezog sich auf eine Normalisierung der Lebensverhältnisse, unter anderem auf eine Rückgewinnung von Eleganz. In den 1960er Jahren dominierte die gebrauchswertorientierte Verbraucherinformation sowie die In-Bild-Setzung einer Konsummoderne, bevor das Konsumprodukt in den 1970er Jahren allmählich verschwand. Produktwerbung wurde also just zu dem Zeitpunkt beendet, als Formen des distinktiven Konsums in der DDR offiziell anerkannt und teilweise auch ermöglicht wurden.

Vergleich der Konsumgesellschaften

Wenn hier Individualisierung, Pluralisierung und Homogenisierung als Kennzeichen des gesellschaftlichen Wandels seit den 1970er Jahren benannt werden, so bezieht sich dies zunächst auf eine historische Entwicklung der Konsumgesellschaft und ein Entwicklungsnarrativ, das Konsum als vielfältige Bedürfnisbefriedigung versteht. Die Maslowsche Bedürfnispyramide (Grundbedürfnisse, Sicherheitsbedürfnisse, Statusbedürfnisse, Selbstverwirklichungsbedürfnisse) wie auch die historiografisch interpretierbare Abfolge von Entwicklungsstufen[104] ermöglicht sowohl eine Verortung der hier verhandelten Zeitperiode als auch einen Vergleich unterschiedlicher Gesellschaften. Für die Entwicklung in der Bundesrepublik ständen die 1970er Jahre als »konsumgesellschaftliche Sattelzeit«[105] für einen Übergang zur Phase der Befriedigung von Selbstverwirklichungsbedürfnissen. Es wird jedoch schnell deutlich, dass zeitgleich ebenso auch eine Befriedigung von Statusbedürfnissen, ja selbst noch von Grundbedürfnissen stattgefunden hat. Mit Recht wird deshalb auf eine fortdauernde Wirkung sozialer Lagen auch in der entwickelten Konsumgesellschaft

---

103 Vgl. Rainer Gries, Produkte als Medien. Kulturgeschichte der Produktkommunikation in der Bundesrepublik und in der DDR, Leipzig 2003; Simone Tippach-Schneider, Messemännchen und Minol-Pirol. Werbung in der DDR, Berlin 1999; Helmut M. Bien/Ulrich Giersch (Hg.), Spurensicherung. 40 Jahre Werbung in der DDR, Frankfurt a. M. 1990.
104 Vgl. Rolf Walter, Geschichte des Konsums – Einführung, in: ders., Geschichte des Konsums, S. 7–13, hier S. 8.
105 Wolfgang König, Die siebziger Jahre als konsumgeschichtliche Wende in der Bundesrepublik, in: Jarausch (Hg.), Zuversicht?, S. 84–99, hier S. 85.

hingewiesen.[106] Dennoch ist die zeitliche Dynamik unabweisbar und zeigt gerade im Bereich des Konsums seit den 1970er Jahren eine Verdichtung, wie sie symbolisch in der Einführung von EC-Karten und Geldautomaten zum Ausdruck kommt.[107] Der konsumhistorische Übergang vom Bedarf zu den Bedürfnissen in der Bundesrepublik der 1960er Jahre beruhte auf ökonomischen wie sozialen Rahmenbedingungen und einer Trennung von persönlichen und sozialen Lagen, auch einer diskursiven Akzentverschiebung von sozialen auf individuelle Konnotationen von Konsum.[108] Für die Entwicklung in der DDR wäre mit Rückgriff auf die Maslowsche Bedürfnispyramide für die 1970er Jahre ein Übergang in die Phase der Statusbedürfnisse zu konstatieren, seit Ende des Jahrzehnts in abgegrenzten Milieus auch in die Phase der Selbstverwirklichungsbedürfnisse in Form von »Gegenidentitäten«.[109] Dabei bleibt die Bezeichnung der DDR als Konsumgesellschaft kontrovers. Merkels Plädoyer für die Verwendung des Begriffs »Konsumkultur« verweist sowohl auf eine Interpretation des Konsums als Praxis wie auch auf eine grundsätzlich andere Rolle des Konsums in der Gesellschaft.[110]

So zentral die Orientierung der DDR auf die Konsumwelt der Bundesrepublik war, so wenig kann die Konsumgesellschaft allein als Durchsetzung eines erfolgreichen Gesellschaftsmodells in den Jahrzehnten nach 1945 interpretiert werden. In der konsumhistorischen Diskussion wird einerseits auf die *longue durée* der Konsumgesellschaft verwiesen, andererseits auf die kulturellen Differenzierungen in unterschiedlichen Gesellschaften allgemein. Ebenso wie es nicht ein auf dem Modernisierungsparadigma beruhendes Modell der Konsumgesellschaft, sondern viele Konsumgesellschaften gibt, wird man ihre Differenzierungen und innere Dynamik noch genauer in den Blick nehmen müssen. Beispiele dafür sind die generationenbezogene Unterschiedlichkeit von Konsum, etwa vor dem Hintergrund, dass Rentner seit Mitte der 1990er Jahre mehr Geld zur Verfügung haben als junge Menschen und somit eine wichtige Käufergruppe darstellen. Hinzu kamen Wohlstandsdifferenzierungen, unterschiedliche Konsumleitbilder (nicht nur hedonistische) sowie Gleichzeitigkeiten von Internationalisierung und Schließung von Konsummärkten.[111] Auch wenn Konsumhandlungen eine maßgebliche ökonomische Grundlage darstellten,[112] waren sie weder uneingeschränkt homogen noch gesellschaftlich dominant.

---

106 Vgl. Claudius Torp/Heinz Gerhard Haupt, Einleitung: Die vielen Wege der deutschen Konsumgesellschaft, in: dies., Konsumgesellschaft, S. 9–24, hier S. 13.
107 Vgl. König, Wende, S. 90.
108 Vgl. Peter Lohauß, Marktgesellschaft und Individualisierungen – über den Wandel von Sozialstrukturen, Lebensstilen und Bewußtsein, in: Polster/Voy/Thomasberger, Gesellschaftliche Transformationsprozesse, S. 89–140, hier S. 131.
109 Iris Häuser, Gegenidentitäten. Zur Vorbereitung des politischen Umbruchs in der DDR. Lebensstile und politische Soziokultur in der DDR-Gesellschaft der achtziger Jahre, Münster 1996, S. 17, 70.
110 Vgl. Merkel, Utopie, S. 13.
111 Vgl. Trentmann, Long History, S. 109, 118, 121; Torp/Haupt, Einleitung, S. 11, 19 ff.
112 Vgl. König, Wende, S. 86.

2. Pluralisierung der Familienstruktur und Individualisierung des Familienalltags

Statistiken und Familie: leichte Pluralisierung privater Lebensformen

»Familie heute – dreimal anders« titelte die Frauenzeitschrift *Für Sie* im Juli 1980 und verglich die unterschiedlichen familialen Lebenswelten einer Großfamilie mit sechs Töchtern mit denjenigen eines kinderlosen Ehepaares und denen eines Ehepaares mit einem Adoptivkind. Zudem diskutierte die Zeitschrift die zunehmende Verbreitung von nichtehelichen Lebensgemeinschaften, Singles und »Ein-Eltern-Familien«, also Alleinerziehenden. Exemplarisch zeigt dieser Artikel, dass in der Bundesrepublik Anfang der 1980er Jahre unterschiedlichste familiale und nicht-familiale Lebensformen neben die traditionelle Kernfamilie – verheiratetes Ehepaar mit gemeinsamen minderjährigen Kindern – getreten waren. Trotz divergierender Lebenszusammenhänge und -wünsche einte alle Modelle, dass Paare bzw. Individuen nunmehr augenscheinlich selbst entscheiden konnten, wie sie ihr Leben ausgestalten und damit auch ob und wie viele Kinder sie bekommen wollten. Sicherlich haben verbesserte Kontrazeptiva wie die seit 1961 in der Bundesrepublik erhältliche Antibabypille diesen Wandel befördert, aber gleichwohl resultierte er aus einer geänderten Einstellung zur individuellen Lebensgestaltung, die sich differenziert und pluralisiert hatte.[113]

In dem Zeitschriftenartikel bündelte sich die wahrgenommene Veränderung privater Lebensformen, die Ende der 1960er Jahre eingesetzt hatte und sich spätestens Anfang der 1980er Jahre verstärkt zeigte. Deren Reichweite belegten bereits zeitgenössische Beobachter mit statistischen Erhebungen wie den zusammengefassten Heirats-, Geburten- und Scheidungszahlen. Sie zeigen, dass in Ost- und Westdeutschland die Geburtenrate und die Heiratsneigung zurückgingen, während die Scheidungshäufigkeit deutlich anstieg. Im Vergleich zur Bundesrepublik flachte jedoch in der DDR die Heiratsneigung langsamer ab und die Scheidungsziffern stiegen schneller an. Die Geburtenrate stieg zudem aufgrund sozialpolitischer Maßnahmen wie der finanziellen Unterstützung von Müttern in der zweiten Hälfte der 1970er Jahre für kurze Zeit an.[114] In den 1980er Jahren begann dann in beiden Teilen Deutschlands eine Phase relativer Stabilität.

Nach der Wiedervereinigung setzte abermals ein Veränderungsschub ein, der sich in den neuen Bundesländern insbesondere in einem markanten Rück-

---

113 Vgl. Archiv FFBIZ A Rep. 400 BRD 5, Familie heute – dreimal anders, in: Für Sie, 31.7.1980, S. 56–58; Eva-Maria Silies, Liebe, Lust und Last. Die Pille als weibliche Generationserfahrung in der Bundesrepublik 1960–1980, Göttingen 2010.
114 Vgl. Norbert F. Schneider, Grundlagen der sozialwissenschaftlichen Familienforschung – Einführende Betrachtungen, in: ders. (Hg.), Lehrbuch Moderne Familiensoziologie. Theorien, Methoden, empirische Befunde, Opladen/Farmington Hills 2008, S. 9–21, hier S. 15; Johannes Huinink/Dirk Konietzka, Familiensoziologie. Eine Einführung, Frankfurt a. M./New York 2007, S. 88–97.

Zusammengefasste Geburtenziffer in Ost- und Westdeutschland, 1960–2006

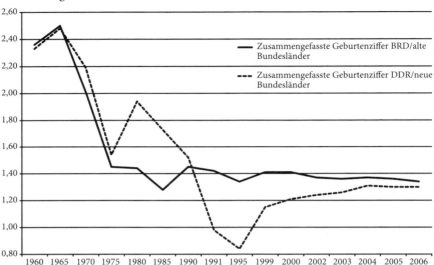

Quelle: Rüdiger Peuckert, Familienformen im sozialen Wandel, Wiesbaden 2008, S. 95.

gang der Heirats- und Geburtenziffern, aber auch in einem signifikanten Anstieg der Scheidungszahlen niederschlug. Dieser Trend resultierte aus den neuen gesellschaftlichen, politischen und wirtschaftlichen Rahmenbedingungen. So bescherte der Übergang von der Plan- zur Marktwirtschaft finanzielle Unwägbarkeiten für die private Lebensgestaltung und führte zu einem temporären Geburtenrückgang (»Geburtenschock«). Zudem zogen nach dem Mauerfall insbesondere besser gebildete junge ostdeutsche Frauen in die alten Bundesländer, um dort eine Arbeit zu finden. Damit brachen im Osten sowohl die Heirats- als auch die Geburtenziffern ein. Indizien deuten ebenfalls darauf hin, dass in den neuen Bundesländern während der 1990er Jahre das Gebäralter bei der Erstgeburt deutlich angestiegen ist. Da diese Entwicklung bei der zusammengefassten Geburtenziffer nicht in die Kalkulation einfließt, weisen die Statistiken einen Geburtenrückgang aus. Auch der Rückgang der Ehescheidungsziffern Anfang der 1990er Jahre muss relativiert werden, da er auch durch die rechtlichen Veränderungen bei der Übernahme des BGB in den neuen Bundesländern beeinflusst wurde und somit nicht allein auf einen kurzfristigen Einstellungswandel zur Ehe verweist.[115]

---

115 Vgl. Dirk Konietzka/Michaela Kreyenfeld, Nichteheliche Mutterschaft und soziale Ungleichheit im familialistischen Wohlfahrtsstaat. Zur sozioökonomischen Differenzierung der Familienformen in Ost- und Westdeutschland, in: Kölner Zeitschrift für Soziologie und Sozialpsychologie 57 (2005), S. 32–61; Rüdiger Peuckert, Familienformen im sozialen Wandel, Wiesbaden 2012, S. 166f., 175ff., 305.

Die statistisch gemessenen Veränderungen waren keine spezifisch deutsche Entwicklung, sie lassen sich in fast allen europäischen Ländern beobachten. Die Verlaufsmuster unterscheiden sich jedoch in Zeitpunkt, Geschwindigkeit und Umfang der Veränderung. Tendenziell zeichneten sich die Veränderungen in der zweiten Hälfte der 1960er Jahre zunächst im nördlichen Europa und wenige Jahre später in Mittel- und Westeuropa ab. In Südeuropa folgte der Umbruch zeitlich versetzt und war – abgesehen vom Geburtenrückgang – weniger weitreichend. In den ehemaligen sozialistischen ost- und mitteleuropäischen Ländern waren insbesondere nach dem Ende des Kommunismus Verschiebungen wie ein Anstieg der Scheidungsziffern zu erkennen.[116]

Eben diese demographischen Entwicklungen dienten bereits zeitgenössischen Beobachtern als Beleg für das Ende des »Golden Age of Marriage«[117] der 1950er und frühen 1960er Jahre. Vielfach wurden die Entwicklungen als »Krise der Familie« interpretiert, was insofern problematisch ist, als sich diese Deutung einseitig am Ideal der bürgerlichen Kernfamilie orientierte. Damit wurde diese Familienzusammensetzung implizit als »normal« und alle davon abweichenden Lebensformen als deviant begriffen. Folglich sind manche zeitgenössische Interpretationen der 1970er und 1980er Jahre kritisch zu beurteilen. Die aggregierten Datenreihen selbst können gleichwohl zur Analyse von Trendentwicklungen herangezogen werden. Sie zeigen eine Zunahme Alleinlebender (Singles), nichtehelicher Lebensgemeinschaften mit und ohne Kinder, kinderloser Ehepaare und Alleinerziehender sowie einen Rückgang verheirateter Paare mit Kindern. Darüber hinaus fällt die »*Polarisierung der Lebensformen* in einen Familien- und einen Nicht-Familien-Sektor«[118] auf, die ihren Niederschlag in der Zunahme kinderloser Lebensformen findet.[119]

Rückblickend können die Veränderungen zwischen den 1970er und 1990er Jahren als »Pluralisierung in Grenzen«[120] interpretiert werden, da nicht jede Form des Zusammenlebens beliebig gewählt werden konnte. Lediglich in der Altersgruppe der 20- bis 35-jährigen stand den meisten Menschen eine Vielzahl unterschiedlicher Lebensformen offen. Zu einer markanten Pluralisierung und Individualisierung kam es nur in einer relativ eng umrissenen sozialen Gruppe. Die Mehrheit der Bürgerinnen und Bürger – insbesondere bis zu einem Alter von 20 Jahren und ab 35 Jahren – lebte weiterhin in einer Familie traditionellen Zuschnitts. Gleichzeitig verweist die Entwicklung darauf, dass in dieser sozialen Gruppe Wünsche und Bedürfnisse zunächst auf individueller Ebene und schließlich im mittleren

---

116 Vgl. Huinink/Konietzka, Familiensoziologie, S. 75.
117 Hartmann Tyrell, Ehe und Familie – Institutionalisierung und Deinstiutionalisierung, in: Kurt Lüscher/Franz Schultheis/Michael Wehrspaun (Hg.), Die »postmoderne« Familie. Familiale Strategien und Familienpolitik in einer Übergangszeit, Konstanz 1988, S. 145–156, hier S. 151.
118 Peuckert, Familienformen (2012), S. 155 [Hervorhebung im Original; C.N./A.L.].
119 Vgl. ebd., S. 11, 20–23, 147, 151, 155.
120 Norbert F. Schneider, Pluralisierung der Lebensformen – Fakt oder Fiktion?, in: Zeitschrift für Familienforschung 13 (2001), S. 85–90, hier S. 88.

Lebensabschnitt in einer Familienform zu realisiert versucht wurden.[121] Der begrenzten Pluralisierung in der mittleren Lebensphase stand somit eine Homogenisierung der Verhaltensmuster in jungen Jahren und beim Übergang zur Familiengründung gegenüber.

Ein differenzierender Blick offenbart ebenfalls die Grenzen der Pluralisierung. Der Anstieg bei der Gruppe der »Singles« resultierte unter anderem aus der gestiegenen Lebenserwartung der Bevölkerung, denn zu dieser Gruppe zählten insbesondere ältere verwitwete Frauen. Obwohl bereits in den 1970er Jahren der Wandel der Familie in allen gesellschaftlichen Schichten diskutiert wurde, lebte zu diesem Zeitpunkt die Mehrzahl der Westdeutschen noch immer in einer traditionellen Familie (Ehepaar mit Kindern). Erst in den folgenden beiden Jahrzehnten ging ihre Verbreitung deutlich zurück und ihr relativer Anteil fiel bis 2004 auf 29 Prozent. Gleichzeitig muss jedoch berücksichtigt werden, dass in der Kategorie »Ehepaare ohne Kinder« alle Ehepaare mitgezählt werden, bei denen zum Erhebungszeitpunkt keine (minderjährigen) Kinder im Haushalt lebten. Die statistisch gemessene Veränderung liefert folglich lediglich eine »Momentaufnahme«,[122] denn der Lebenszyklus einer Familie wird nicht berücksichtigt. Wenn dieser mit in die Analyse einbezogen wird, dann lebten 2005 immerhin 53 Prozent der Westdeutschen in einer Kernfamilie mit Kindern.[123] Die statistischen Erhebungen verdeutlichen damit, wie sehr die bürgerliche Kernfamilie über die 1970er Jahre hinaus die dominante Familienform blieb, obwohl die öffentlichen Debatten zur Familie das Gegenteil suggerierten.

Der Wandel von Familienvorstellungen und Familienpolitik

In der Bundesrepublik deutete sich in der zweiten Hälfte der 1970er Jahre ein zentraler Einstellungswandel an: Die Ehe als zentrale Institution und Lebensziel wurde zusehends in Frage gestellt. 1985 hielt eine Allensbacher Studie fest, dass laut einer Umfrage aus dem Jahr 1978 nur 60 Prozent der befragten Männer und Frauen die Ehe als notwendig bezeichneten.[124] Zugleich konstatierte die Studie mit gewisser Verwunderung, dass die Familie andererseits weiterhin einen zentralen Stellenwert im Leben der Menschen einnahm. Daraus wiederum wurde ein prägnantes Urteil abgeleitet: »Nicht die Familie, wohl aber die Institution Ehe gilt heute als weniger wertvoll und weniger schutzbedürftig als noch in den fünfziger und sechziger Jahren.«[125] In der Tat erfasste die Ana-

---

121 Vgl. Schneider, Pluralisierung.
122 Günter Burkart, Familiensoziologie, Konstanz 2008, S. 29.
123 Vgl. ebd., S. 29f.
124 Vgl. Renate Köcher, Einstellungen zu Ehe und Familie im Wandel der Zeit. Eine Repräsentativuntersuchung im Auftrag des Ministeriums für Arbeit, Gesundheit, Familie und Sozialordnung Baden-Württemberg, Stuttgart 1985, S. 134, Tab. 73, Tab. 74.
125 Köcher, Einstellungen, S. 134.

lyse eine zentrale Veränderung, da eine wachsende Zahl von Bürgerinnen und Bürgern das Tandem Ehe – Familie bei ihrer Lebensgestaltung entkoppelten. Allerdings durchbrachen sie dieses sowohl diskursiv artikulierte als auch gelebte Familienverständnis in ihrer individuellen Lebenspraxis und heirateten mehrheitlich, sobald die Geburt eines Kindes anstand.[126] Diese Befunde deuten darauf hin, dass sich zwar insbesondere im Lebensabschnitt von 20 bis 35 Jahren bis zur Elternschaft die Handlungsoptionen vervielfältigten, die traditionelle Kernfamilie aber der Bezugspunkt blieb. Erst ein fokussierter Blick auf bestimmte Milieus oder Altersgruppen ermöglicht somit einen differenzierten Befund über den gesellschaftlichen Wandel, wenngleich die Zusammensetzung wie auch die sozialen Praktiken der jeweiligen Gruppen in sich relativ homogen waren.

Diese sich verschiebenden Einstellungen veränderten das Familienverständnis in der Bundesrepublik. Zum Beispiel setzten sich Sozialdemokraten in den 1970er Jahren dafür ein, dass Familie über die Eltern-Kind-Beziehung definiert wurde. Elternschaft galt demnach als eine notwendige Bedingung für »Familie«. Sie wollten mit diesem Familienbegriff die rechtliche Benachteiligung von alleinstehenden Frauen mit Kindern, aber in Ausnahmen auch von nichtehelichen Lebensgemeinschaften mit Kindern beseitigen. Die SPD reagierte damit auf die wahrgenommenen gesellschaftlichen Veränderungsprozesse, orientierte sich aber weiterhin am traditionellen Modell eines verheirateten Elternpaares mit gemeinsamen Kindern.[127] Zu diesem Zeitpunkt fand innerhalb der CDU ebenfalls eine Diskussion über die Frage der Familiendefinition statt. Während der Entwurf ihres Grundsatzprogramms von 1977 Alleinerziehende noch als Familien bezeichnete, entfiel dieser Passus in der 1978 verabschiedeten Version des Programms. Erst 1994 modifizierte die Union ihren offiziellen Standpunkt und bezeichnete alleinerziehende Frauen und Männer wie auch nichteheliche Lebensgemeinschaften als Familien.[128]

In der westdeutschen Gesellschaft zeichnete sich in der zweiten Hälfte der 1970er Jahre eine Verschiebung des Sagbaren ab. Politiker und Wissenschaftler problematisierten damals zusehends, dass die gebräuchlichen Familienbegriffe wie »Halbfamilie« und »unvollständige Familie« normativ aufgeladen und diskriminierend seien. Schon allein diese Verschiebung in wenigen Jahren deutet auf einen grundlegenden Einstellungswandel bei der gesellschaftlichen Akzeptanz unterschiedlicher familialer Lebensformen hin. Allerdings verschwanden die normativen Termini nicht vollständig aus dem Sprachgebrauch, da auch wis-

---

126 Vgl. Archiv FFBIZ A Rep. 400 BRD 5, Ehe. Hat sie ausgedient? Oder wird sie jetzt erst richtig gut?, in: Freundin, 31.8.1978.
127 Vgl. Elfriede Eilers, Einleitung, in: Sozialdemokratische Partei Deutschlands (Hg.), Familienpolitik der SPD. Zweiter Entwurf, vorgelegt vom Familienpolitischen Ausschuß der SPD, Bonn 1975, S. 3–4, hier S. 3.
128 Vgl. Frank Bösch, Macht und Machtverlust. Die Geschichte der CDU, Stuttgart, München 2002, S. 39, 61.

senschaftliche Publikationen noch immer von »unvollständigen Familien« und nicht konsequent von »Einelternfamilien« sprachen.[129] Im Zuge der Veränderungen diskutierten Soziologen auch über die zunehmende Verbreitung alternativer Formen des Zusammenlebens. Um sie methodisch erfassen zu können, führten sie schließlich Anfang der 1980er Jahre den Analysebegriff »Lebensform« ein. Er umfasste sowohl die sogenannten familialen Lebensformen (traditionelle Kernfamilie, Alleinerziehende und nichteheliche Lebensgemeinschaften mit Kindern) als auch nicht-familiale Lebensformen (Singles und nichteheliche Lebensgemeinschaften ohne Kinder).[130]

In der Summe mündeten diese Veränderungen zwischen den späten 1960er und frühen 1980er Jahren in einem erweiterten Familienbegriff, der Alleinerziehende, nichteheliche Lebensgemeinschaften mit Kindern und wiederverheiratet Geschiedene ebenfalls als »Familie« verstand, sich in den 1980er Jahren allmählich durchsetzte und heute mehrheitlich gesellschaftlich akzeptiert ist.[131] Parallel etablierte sich »Lebensform« als neuer Oberbegriff, der es ermöglichte, die begrenzte Pluralisierung familialer und nicht-familialer Lebensformen hinreichend zu erfassen. Obwohl sich also die »neuen Lebensformen« nicht zu einem statistisch gemessenen Massenphänomen entwickelten, beeinflussten sie dennoch das Reden, Denken und Handeln der Akteure erheblich.

In der DDR lassen sich ebenfalls in den 1960er und 1970er Jahren einsetzende Verschiebungen feststellen, wenngleich auch dort die traditionelle Kernfamilie der Fixpunkt blieb. Schließlich lag auch noch 1981 der Anteil der Ehepaare mit unverheirateten Kindern an allen Mehrpersonenhaushalten bei gut 52 Prozent. Andererseits erreichten Alleinerziehende zu diesem Zeitpunkt bereits einen Anteil von ca. elf Prozent, was auf eine gewisse Abkehr vom Ideal der bürgerlichen Kernfamilie insbesondere im städtischen Milieu hinweist. Bestärkt wird diese Annahme dadurch, dass nach zeitgenössischem Verständnis in der DDR Alleinerziehende als »unvollständige Kernfamilien« bezeichnet und damit unter der Rubrik »Familien« subsumiert wurden.[132] Gleichwohl wandelten sich die Lebensformen in Ostdeutschland weniger stark als in der Bundesrepublik, weil rechtliche und sozialpolitische Rahmenbedingungen anders gesetzt waren und zugleich Ressourcen zur Schaffung alternativer Lebensräume fehlten. Zurückzuführen ist dieser geringe Wandel zum Beispiel auf die Probleme bei der Wohnraumbeschaffung, die alternative Modelle der Lebensführung erheblich

---

129 Vgl. Alfons Cramer, Zur Lage der Familie und der Familienpolitik in der Bundesrepublik Deutschland, Opladen 1982, S. 76.
130 Vgl. Michael Wagner, Entwicklung und Vielfalt der Lebensformen, in: Norbert F. Schneider (Hg.), Lehrbuch Moderne Familiensoziologie. Theorien, Methoden, empirische Befunde, Opladen/Farmington Hills 2008, S. 99–120, hier S. 101.
131 Vgl. Sabine Gründler/Katrin Schiefer, Familienleitbilder unter dem Regenbogen – Akzeptanz von Regenbogenfamilien in Deutschland, in: Bevölkerungsforschung Aktuell 4/2013, S. 18–24, hier S. 20.
132 Vgl. Gunnar Winkler (Hg.), Sozialreport DDR 1990. Daten und Fakten zur sozialen Lage in der DDR, Stuttgart/München/Landsberg 1990, S. 264 f.

erschwerten: Vielmehr war die Ehe oft eine Voraussetzung, um eine gemeinsame Wohnung zu bekommen.

Noch bevor sich in Ostdeutschland die sozialen Praktiken zu verändern begannen, war mit der Einführung des Familiengesetzbuches bereits 1965 politisch und juristisch das Leitbild der »sozialistischen Familie« festgeschrieben worden. Sie wies mehrere signifikante Merkmale auf: die Grundinteressen von Familie und Gesellschaft würden übereinstimmen, Frau und Mann seien gleichberechtigt und ihnen stehe die Möglichkeit der Partizipation am Arbeitsleben wie auch der Teilhabe am gesellschaftlichen Leben offen. Vor allem wurde die Integration der Familie in außerfamiliale Sozialisationsinstanzen wie Arbeitsplatz, Schule und Kindergarten hervorgehoben und damit die erzieherische Dimension der Zweigenerationenfamilie relativiert. Sicherlich handelte es sich hierbei um Ideale, die zunächst wenig über das alltägliche Familienleben aussagen. Allerdings kann daraus abgeleitet werden, wie im deutsch-deutschen Vergleich Familie verhandelt wurde: Während sich in beiden Teilen Deutschlands in den 1960er und 1970er Jahren die sozialen Praktiken pluralisierten, nahmen die Unterschiede bei der gesellschaftlichen Verhandlung des Themas »Familie« zu. Als in Westdeutschland eine Pluralisierung der Debatte um Familie einsetzte, fand in Ostdeutschland im politischen Diskurs eine Fokussierung auf die »sozialistische Familie« statt.[133]

Bereits zeitgenössische ostdeutsche Sozialwissenschaftler setzten sich intensiv mit diesen Veränderungen auseinander und versuchten, die zentralen Unterschiede zur Entwicklung in der Bundesrepublik herauszuarbeiten. Sie sahen die sich verbreitenden neuen Lebensmodelle als »›Spielarten‹ der tradierten Kleinfamilie«[134] an, während in der Bundesrepublik die Pluralisierung auch nichtfamiliale Lebensformen erfasste habe.[135] Parallel zum Westen lässt sich aber auch in Ostdeutschland beobachten, wie sich das Familienverständnis pluralisierte und individualisierte. Die Veränderung wurde letztlich in den 1970er Jahren offiziell anerkannt und auch im Sinne einer modifizierten Gesellschaftskonzeption interpretiert. Nach der normativen Auslegung der Persönlichkeit durch Konzeptionen wie die »10 Gebote der sozialistischen Moral und Ethik«[136] kam es Ende

---

133 Vgl. Kanzlei des Staatsrates der DDR (Hg.), Ein glückliches Familienleben – Anliegen des Familiengesetzbuches der DDR, Berlin (Ost) 1965.

134 Jutta Gysi/Dagmar Meyer, Leitbild: berufstätige Mutter. DDR-Frauen in Familie, Partnerschaft und Ehe, in: Gisela Helwig/Hildegard Maria Nickel (Hg.), Frauen in Deutschland 1945–1992, Bonn 1993, S. 139–165, hier S. 150.

135 Vgl. Norbert F. Schneider, Familie und private Lebensführung in West- und Ostdeutschland. Eine vergleichende Analyse des Familienlebens 1970–1992, Stuttgart 1994, S. 16; Gesine Obertreis, Familienpolitik in der DDR 1945–1980, Opladen 1986, S. 286; Gisela Helwig, Familienpolitik, in: Christoph Kleßmann (Hg.), Deutsche Demokratische Republik 1961–1971. Politische Stabilisierung und wirtschaftliche Mobilisierung, Baden-Baden 2006, S. 496–522, hier S. 502–519.

136 Verkündet auf dem V. Parteitag der SED 1958. Mit Bezug auf die Familie: »9. Du sollst sauber und anständig leben und Deine Familie achten.«

der 1960er, Anfang der 1970er Jahre mit dem Konzept der »Sozialistischen Lebensweise«[137] zu einer Anerkennung der Individualität, die auch Lebensgewohnheiten und Familienbeziehungen einschloss.[138] Die Bedeutung dieses Konzepts liegt in seiner Inblicknahme von sozialen Realitäten. Seine Begrenztheit drückt sich jedoch darin aus, dass die tendenzielle Übereinstimmung von persönlicher und gesellschaftlicher Entwicklung das zentrale Paradigma blieb, Pluralisierungen also zwar anerkannt wurden, aber systemfunktional interpretiert werden mussten. Insofern kam es in der DDR während der 1970er Jahre zu einer politisch tolerierten Liberalisierung von persönlichkeitsbezogenen Leitbildern und einer Neufokussierung sozial- und familienpolitischer Schwerpunktsetzungen.

Die gesellschaftlichen und politischen Folgen dieser Haltung zu Ehe und Familie sollten in ihrer Bedeutung nicht unterschätzt werden. Denn aus der akzeptierten Familiendefinition wird immer auch abgeleitet, welche Lebensformen favorisiert – d. h. geschützt und gefördert – und welche diskriminiert werden.[139] Das Umdenken hatte damit Folgen für politische Entscheidungen. Zum Beispiel griff in der Bundesrepublik die sozial-liberale Koalition die Veränderungen auf und richtete daran ihre Familienpolitik aus, wie die Neufassung des Bundeskindergeldgesetzes zeigt: Ab dem 1. Januar 1975 bekamen Kinder erstmals unabhängig vom elterlichen Einkommen Kindergeld. Überdies fanden die gewandelten Familienvorstellungen ihren Niederschlag im reformierten Familien- und Ehescheidungsrecht, welches 1977 anstelle des Schuldprinzips das bis heute geltende Zerrüttungsprinzip einführte. Gleichzeitig löste das Reformgesetz das Leitbild der Hausfrauenehe ab und etablierte die juristische Gleichberechtigung von Mann und Frau. Sicherlich darf das Ideal der gleichberechtigt partnerschaftlichen Familie nicht mit einer Gleichberechtigung im gesellschaftlichen Leben gleichgesetzt werden, aber dennoch markierte das Reformgesetz eine deutliche Zäsur.[140]

---

137 Zur schrittweisen Justierung des Konzepts siehe vergleichend Günter Hoppe, Über Wesen und Entwicklung der sozialistischen Lebensweise, in: Einheit 24.4 (1969), S. 492–499; Bernd Bittighöfer, Sozialistische Lebensweise – Errungenschaften und Aufgaben, in: Einheit 32.1 (1977), S. 25–33.
138 Artikel »Lebensweise«, in: Kleines politisches Wörterbuch, Berlin (DDR), 1978, S. 529–531; Artikel »Lebensweise, sozialistische«, in: Bundesministerium für innerdeutsche Beziehungen (Hg.): DDR-Handbuch, Köln 1985, Bd. 1, S. 817 f.
139 Vgl. Schneider, Grundlagen, S. 13.
140 Vgl. Christiane Kuller, Familienpolitik im föderativen Sozialstaat. Die Formierung eines Politikfeldes in der Bundesrepublik 1949–1975, München 2004, S. 16–19; Ursula Münch, Familien-, Jugend- und Altenpolitik, in: Hans Günter Hockerts (Hg.), Bundesrepublik Deutschland 1966–1974. Eine Zeit vielfältigen Aufbruchs, Baden-Baden 2006, S. 636–707, hier S. 640 ff., 646, 660 f., 666; Ursula Münch, Familienpolitik, in: Martin H. Geyer (Hg.), Bundesrepublik Deutschland 1974–1982. Neue Herausforderungen, wachsende Unsicherheiten, Baden-Baden 2008, S. 640–666, hier S. 658 ff.; Christopher Neumaier, Ringen um Familienwerte. Die Reform des Ehescheidungsrechts in den 1960er/70er Jahren, in: Bernhard Dietz/Christopher Neumaier/Andreas Rödder (Hg.), Gab es den Wertewandel? Neue Forschungen zum gesellschaftlich-kulturellen Wandel seit den 1960er Jahren, München 2014, S. 201–225, hier S. 210–224.

Weitere markante juristische Einschnitte waren die Reformen des Nichtehelichenrechts 1969, des Abtreibungsrechts 1974 und des Sorgerechts 1979. Sie resultierten aus den veränderten Rahmenbedingungen und flankierten die Reform des Familienrechts. So stellte das neue Nichtehelichenrecht außerhalb einer Ehe geborene Kinder mit ehelichen Kindern gleich. Das reformierte Abtreibungsrecht etablierte die Fristenregelung, wonach ein Schwangerschaftsabbruch in den ersten zwölf Wochen und nach ärztlicher Beratung straffrei blieb. In Kraft trat dann jedoch aufgrund eines Urteils des Bundesverfassungsgerichts eine abgeschwächte Indikationsregelung, die in Ausnahmefällen eine Abtreibung tolerierte. Die Änderung des Sorgerechts fiel in eine Zeit, in der sich sowohl Erziehungsziele als auch Erziehungsmethoden grundlegend wandelten. Mit dem Reformgesetz wollte die sozial-liberale Koalition ebenfalls die rechtliche Lage an die gesellschaftlichen Veränderungen anpassen und löste den traditionellen Begriff von der »elterlichen Gewalt« durch die »elterliche Sorge« ab. Alle diese Reformvorhaben zielten darauf, neben der traditionellen Kernfamilie auch andere Familienformen zu fördern und zugleich den Emanzipationsgedanken zu verwirklichen.[141]

Vergleichbare öffentliche Auseinandersetzungen wie um die Ausgestaltung des Ehescheidungsrechts gab es in der DDR nicht. Bereits 1965 war mit dem Familiengesetzbuch eine Konsensregelung bei Scheidungen festgeschrieben worden und materielle Unterhaltsansprüche spielten kaum eine Rolle, da die Gerichte von einer Berufstätigkeit beider Ehepartner ausgingen.[142] In der Frauen- und Familienpolitik vollzog sich in der DDR während der 1970er Jahre hingegen ebenfalls ein »Paradigmenwechsel«.[143] Während früher die politischen Maßnahmen auf eine Steigerung der weiblichen Erwerbsquote und berufliche Qualifizierung der Frauen gerichtet gewesen waren, zielten sie nun zusätzlich auf eine Steigerung der Geburtenrate. Dies sollten mehrere familienpolitische Grundsatzentscheidungen fördern. Zum Beispiel wurde 1972 die Fristenregelung beim Schwangerschaftsabbruch Gesetz, zugleich aber die Zahlung des Schwangerschafts- und Wochengeldes von 14 auf 18 Wochen ausgedehnt oder die 40-Stunden-Woche für vollbeschäftigte Mütter von drei und mehr Kindern unter 16 Jahren eingeführt. Einen wichtigen Anreiz, Kinder zu bekommen, schuf die SED zudem 1986 mit der Erhöhung des »Ehekredits« auf 7.000 Mark und der Erweiterung der Anspruchsberechtigten.[144]

---

141 Vgl. Münch, Familien-, Jugend- und Altenpolitik (1966–1974), S. 646, 650–654, 660 f., 666, 682–685; Münch, Familienpolitik (1974–1982), S. 650 ff., 658 ff.; Sybille Buske, Fräulein Mutter und ihr Bastard. Eine Geschichte der Unehelichkeit in Deutschland 1900–1970, Göttingen 2004, S. 343 ff.

142 Im Vergleich Bundesrepublik – DDR kamen auf 10.000 Einwohner im Jahr 1965 10,0 bzw. 15,6 Ehescheidungen, 1970 12,6 bzw. 16,1, im Jahr 1975 17,3 bzw. 24,7 und 1980 15,6 bzw. 26,8, Zahlenangaben nach Artikel »Ehescheidungen«, in: DDR-Handbuch, Bd. 1, S. 314.

143 Gisela Helwig, Familienpolitik, in: Christoph Boyer/Klaus-Dietmar Henke/Peter Skyba (Hg.), Deutsche Demokratische Republik 1971–1989. Bewegung in der Sozialpolitik, Erstarrung und Niedergang, Baden-Baden 2008, S. 474–507, hier S. 475.

144 Vgl. ebd., S. 475, 494 f.

Wandel des Familienlebens

Von den 1960er bis zu den 1990er Jahren veränderten sich in beiden deutschen Staaten die Rollen und Praktiken in den Familien. Zum Beispiel wandelten sich die Erziehungsmethoden. Die bis in die 1960er Jahre üblichen körperlichen Strafen und autoritären Erziehungsstile wurden deutlich zurückgedrängt. Parallel verschoben sich die Erziehungsziele und leiteten die »Emanzipation des Kindes«[145] ein. Es entstand eine stärker emotional geprägte Eltern-Kind-Beziehung. In der Bundesrepublik verloren zwischen den 1960er und 1990er Jahren Normen wie Gehorsam, gute Manieren, Sauberkeit und Ordnung gegenüber den Erziehungszielen Selbstbestimmung, Selbstständigkeit und Verantwortungsbewusstsein an Bedeutung. Die Ziele »Ordnungsliebe und Fleiß« erfuhren demgegenüber durchweg eine hohe Wertschätzung. In der DDR ist nach sozialwissenschaftlichen Erhebungen eher von einer stärkeren Konstanz der Erziehungsziele auszugehen, die einerseits die traditionellen Primärtugenden einforderten, andererseits aber stark auf das Kollektiv als Handlungsrahmen abzielten. Als übergeordnetes Ziel firmierte für die Politik das Ideal der »sozialistischen Persönlichkeit«, das durch die programmatische Einbeziehung der Familie, genauer gesagt der Eltern, in die staatliche Erziehung mit ihren gesellschaftsbezogenen Vorgaben erreicht werden sollte. Zugleich hätten die Rahmenbedingungen, so die sozialwissenschaftlichen Befunde, im Unterschied zum Westen eine wesentlich weniger emotionale und stärker versachlichte Eltern-Kind-Beziehung gefördert.[146]

Sehr dezidiert argumentierte auch eine soziologische Studie unmittelbar nach dem Mauerfall, dass sich die Kindererziehung in Ost- und Westdeutschland bei der Gewichtung der Erziehungsziele deutlich unterscheide. In den alten Bundesländern würden demnach die Eltern die Ziele selbstbestimmte Entwicklung, Individualisierung und Eigenwert der Kindheit favorisieren. Demgegenüber orientiere sich in den neuen Bundesländern Kindererziehung auch nach dem Mauerfall stärker am Ideal der Konformität mit den Anforderungen in der Gesellschaft, und Kinder würden tendenziell als eine »›kindliche Miniatur‹ des Erwachsenen«[147] gesehen. Infolgedessen müsse das »Wunschkind« in der DDR vorrangig Eigenschaften wie Höflichkeit, Ordentlichkeit, Verantwortungsbewusstsein und Gehorsam auf sich vereinigen. Eltern würden folglich Selbstständigkeit, Aufgeschlossenheit und Fähigkeit zur Kritik weniger Bedeutung beimessen.[148]

Bei der innerfamilialen Rollenverteilung zwischen Mann und Frau blieben die Veränderungen geringer. Ein zentrales Thema in der Bundesrepublik wäh-

---

145 Peuckert, Familienformen (2012), S. 285.
146 Vgl. ebd., S. 285 ff.; Reichardt, Authentizität, S. 743.
147 Hans-Dieter Schmidt zit. n.: Dietmar Sturzbecher/Klaus Kalb, Vergleichende Analyse elterlicher Erziehungsziele in der ehemaligen DDR und der alten Bundesrepublik, in: Psychologie in Erziehung und Unterricht 40 (1993), S. 143–147, hier S. 146.
148 Vgl. ebd.

rend der 1970er Jahre war die Frage, ob Ehefrauen einer Erwerbstätigkeit nachgehen durften bzw. mussten oder ob sie lediglich Hausfrau sein sollten.[149] In der Tat stieg die Berufstätigkeit verheirateter Frauen zwischen den 1960er und späten 1970er Jahren an: 1950 waren 34,6 Prozent der verheirateten Frauen berufstätig. Die Erwerbsquote verharrte bis 1965 ungefähr auf diesem Niveau und erhöhte sich dann auf 60,9 Prozent im Jahr 1979.[150] Die Erwerbsquote von Frauen mit Kindern unter sechs Jahren änderte sich hingegen kaum und pendelte zwischen 1973 und 1988 um die 35 Prozent, wohingegen 54 Prozent der Frauen ohne Kinder einer außerhäuslichen Berufstätigkeit nachgingen.[151] Somit war die prognostizierte »Doppelverdienerehe«[152] nur für eine Minderheit der Familien in der Bundesrepublik der 1970er und 1980er Jahre typisch. Sie wurde von zeitgenössischen Studien lediglich bestimmten sozialen Gruppen zugeordnet: jüngeren Ehen, höheren sozialen Schichten sowie weniger durch Religion geprägten und in Städten lebenden Familien. Sie galten als Träger des gesellschaftlichen Wandels, da hier das patriarchalische Rollenverständnis einer partnerschaftlichen Beziehung gewichen sei. Schließlich würden in diesen Familien die Partner Verantwortung, Aufgaben, Pflichten sowie Rechte teilen und Männer seien bereit, »Hausfrauenpflichten«[153] wie Einkaufen, Kochen und Abspülen zu übernehmen. Demnach verlief der gesellschaftliche Wandel unterschiedlich schnell und stark entlang der vier Differenzierungsmerkmale Stadt–Land, soziales Milieu, Konfession und Alter. Andere Experten identifizierten männliche Selbstständige und Akademiker als »›Vorreiter‹ eines neuen gesellschaftlichen Selbstverständnisses«,[154] da sie eine Berufstätigkeit ihrer Ehefrauen befürworteten.[155] Insofern waren Beruf und Bildung zwei weitere wichtige Differenzierungsmerkmale. Damit deutete sich in einigen westdeutschen Milieus zumindest eine Verschiebung bei der innerfamilialen Rollenverteilung an. Gleichwohl blieb davon *eine* Rolle der Ehefrau unberührt: Kindererziehung galt weiterhin als Aufgabe der Mutter. Vaterschaft war für westdeutsche Männer allenfalls ein »Sonn-

---

149 Vgl. Sebastian Haffner, Die Ehe wird anders. Sebastian Haffners Meinung, in: Stern, 24.1.1971.
150 Vgl. Bericht der Bundesregierung über die Situation der Frauen in Beruf, Familie und Gesellschaft [1966], S. 61; Elisabeth Beck-Gernsheim, Vom »Dasein für andere« zum Anspruch auf ein Stück »eigenes Leben«: Individualisierungsprozesse im weiblichen Lebenszusammenhang, in: Soziale Welt 34 (1983), S. 307–341, hier S. 316.
151 Vgl. Schneider, Familie und private Lebensführung, S. 81 f.
152 Haffner, Ehe.
153 BArch 189/3184, Expertise Ursula Lehr, Betr.: Gutachtliche Stellungnahme zu dem Arbeitspapier »Die Aufgabe der Frau für die Gesundheit in Familie und Gesellschaft – Überlegungen zu einer Kampagne der gesundheitlichen Aufklärung«. Übersandt von der Bundeszentrale für Gesundheitliche Aufklärung mit Schreiben vom 16. August 1971, Bonn, 19. Oktober 1971, Bl. 220.
154 BArch 189/3184, Expertise von Barbara Schmitt-Wenkebach, Überlegungen und Beantwortung der Fragen zum Themenbereich »Die Aufgabe der Frau für die Gesundheit in Familie und Gesellschaft«, [Berlin, 24. November 1971], Bl. 132.
155 Vgl. ebd.

tagsberuf«.[156] Diesbezüglich zeigte sich folglich keine Pluralisierung der sozialen Praktiken, sondern vielmehr blieb ein relativ homogenes Verhaltensmuster bestehen.

In der DDR wurde bereits in den 1950er Jahren aufgrund des permanenten Arbeitskräftemangels und einer tendenziell rückläufigen Quote weiblicher Erwerbstätigkeit sowie aus ideologischen Gründen auf eine verstärkte Berufstätigkeit der Frau hingearbeitet. In den 1970er Jahren lag der Schwerpunkt politischer Maßnahmen auf der Verringerung der Quote für Teilzeitarbeit, die 1976 bei 32 Prozent lag.[157] Da Teilzeitarbeit insbesondere berufstätige Mütter betraf, wurden vor allem hier sozialpolitische Hebel angesetzt. Ausgebaut wurde besonders die Kinderbetreuung außer Haus, die seit den 1960er, vor allem aber seit den 1970er Jahren eine erhebliche Ausweitung erfuhr. So wurden 1970 erst 29 Prozent der Kinder im zweiten und dritten Lebensjahr in Kinderkrippen betreut, 1980 bereits 61 Prozent und schließlich 1989 80 Prozent. In Kinderhorten (6 bis 10 Jahre) lag der Betreuungsgrad zunächst mit 47 Prozent (1970) und 75 Prozent (1980) deutlich höher, erreichte dann aber 1989 mit 81 Prozent ein ähnliches Maximum. Somit verzichtete auch in den 1980er Jahren rund ein Fünftel der Eltern auf eine staatliche Betreuung in Krippe und Hort.[158] Demgegenüber besuchten schon 1970 65 Prozent der Kinder einen Kindergarten (Alter 4 bis 6 Jahre), 1970 und 1989 waren es sogar mehr als 90 Prozent.[159]

Gerade in diesen Bereichen waren die Unterschiede zur Bundesrepublik signifikant. Der Betreuungsgrad stagnierte hier bei den 1- bis 3-jährigen Kindern bei ein bis zwei Prozent und bei den 6- bis 10-jährigen bei ca. zwei bis vier Prozent. Lediglich bei den Kindergärten stieg der Betreuungsgrad von 39 Prozent im Jahr 1970 auf 78 Prozent 1980 an, verharrte dann jedoch bis 1989 auf diesem Niveau. Zudem waren in der DDR Kindergartenplätze im Regelfall als Ganztagesplätze, in der Bundesrepublik hingegen nach Darstellung des Zentralverbandes katholischer Kindergärten zu 88 Prozent als Halbtagsplätze konzipiert. Insofern wurde zumindest ein kleiner Anteil der Kinder auch im Westen ganztätig betreut.[160]

Deutliche Diskrepanzen zwischen propagierten Leitbildern und lebensweltlichem Alltag lassen sich auch in der Bundesrepublik bestimmen, denn bei der innerfamilialen Aufgabenverteilung setzte sich das Ideal der gleichberechtigtpartnerschaftlichen Ehe mehrheitlich nicht durch; die Last der Hausarbeit lag hauptsächlich bei der Ehefrau. Ein wichtiger Grund für die ausbleibende Mithilfe des Ehemannes war das niedrige Prestige der Hausarbeiten, wie zahlreiche

---

156 Helge Pross, Gleichberechtigung im Beruf? Eine Untersuchung mit 7000 Arbeitnehmerinnen in der EWG, Frankfurt a. M. 1973, S. 93.
157 Gabriele Gast, Art. Frauen, in: DDR-Handbuch, Bd. 1, S. 443–449, hier S. 446 f. Die Frauenerwerbsquote betrug 1964 66,5 %, 1973 81,7 %, 1976 82,6 %, 1982 82,8 %.
158 Damit lag der Betreuungsgrad deutlich hinter den politischen Vorgaben zurück, vgl. Schneider, Familie und private Lebensführung, S. 163 f.
159 Vgl. ebd.
160 Vgl. ebd.

zeitgenössische Aussagen belegen. »Man muß doch ehrlich sein, die Hausarbeit ist eine niedrige Arbeit, die einem nichts gibt«,[161] gab einer der Männer diesbezüglich zu Protokoll. Interessant ist in diesem Zusammenhang auch, dass zwischen den Antworten der Männer und ihren sozialen Praktiken unterschieden werden muss. Während sie größtenteils aufgeschlossen über die neuen Ideale sprachen und sich zu ihnen bekannten, richteten sie ihren lebensweltlichen Alltag nur selten daran aus. Diese Diskrepanz war keinesfalls eine Besonderheit der 1970er Jahre, sondern wurde auch noch in den 1980er Jahren beobachtet.[162] Auffallend ist noch eine weitere Besonderheit: Sozialwissenschaftliche Erhebungen von 1985 bis 2007 offenbarten, dass selbst Beziehungen, in denen zunächst beide Partner Hausarbeiten übernahmen, mit der Geburt des ersten Kindes auf eine traditionelle Rollenverteilung umschwenkten.[163]

Bei der Verteilung der Hausarbeit sind die Übereinstimmungen mit der DDR frappierend: 1985 verrichteten Frauen den weitaus größten Teil der Hausarbeiten, wohingegen sich Männer lediglich partiell einbrachten und dann vorrangig bestimmte Tätigkeiten wie Gartenarbeiten und Reparaturen übernahmen.[164] Diese Aufgabenverteilung führte letztlich auch dazu, dass viele Frauen in Teilzeit beschäftigt waren oder sich Arbeiten unter ihrem Qualifizierungsniveau suchten, möglichst nahe bei der Wohnung. Folglich trugen die Frauen auch in der DDR eine Dreifachbelastung – Berufstätigkeit, Haushaltsführung und Kindererziehung.[165] Die beobachtete »Traditionalisierung«[166] führte gesamtgesellschaftlich zu einer Homogenisierung der Rollenmuster. Zudem verdeutlichen die Abweichungen zwischen Ideal und Praxis, dass historische Studien zur Familie nicht ausschließlich die politischen Aushandlungsprozesse in den Blick nehmen dürfen. Vielmehr müssen die sozialen Praktiken stärker untersucht werden. Seit den späten 1980er Jahren haben sich aber die Leitbilder zu den Geschlechterrollen deutlich verschoben. Damals sagte in der Bundesrepublik noch ungefähr ein Drittel der Erwachsenen, die Frau sei für Haushalt und Familie, der Mann für die Erwerbsarbeit zuständig. 2012 hingegen gaben mehr als 90 Prozent der 20- bis 39-Jährigen Deutschen an, beide Eltern seien für die Kindererziehung verantwortlich. 81 Prozent erklärten, beide Partner sollten zum Familieneinkommen beitragen. Gleichzeitig lassen sich aber auch markante Ost-West-Unterschiede bestimmen. Während in den alten Bundesländern 21 Prozent der Befragten das *male-breadwinner*-Modell bevorzugten, sprachen sich in Ostdeutschland lediglich

---

161 Befragter zit. n.: Helge Pross, Die Männer. Eine repräsentative Untersuchung über die Selbstbilder von Männern und ihre Bilder von der Frau, Reinbek bei Hamburg 1987, S. 95.
162 Vgl. ebd., S. 93 ff.; Sigrid Metz-Göckel/Ursula Müller, Der Mann. Die BRIGITTE-Studie, Weinheim/Basel 1986, S. 16, 21, 24 ff., 45–48.
163 Vgl. Annika Jabsen/Harald Rost/Marina Rupp, Die innerfamiliale Aufgabenteilung beim Wiedereinstieg von Müttern in den Beruf. Expertise für das Bundesministerium für Familie, Senioren, Frauen und Jugend, Berlin 2008, S. 4, 22–28.
164 Vgl. Winkler (Hg.), Sozialreport, S. 268 f.
165 Vgl. Obertreis, Familienpolitik, S. 308; Gysi/Meyer, Leitbild, S. 157–161.
166 Jabsen/Rost/Rupp, Aufgabenteilung, S. 4.

neun Prozent hierfür aus.[167] Laut der *European Values Study* 2008 gaben zudem beinahe 60 Prozent der Westdeutschen an, das Kleinkind leide, wenn die Mutter berufstätig ist. In den neuen Bundesländern teilten lediglich gut 35 Prozent der Befragten diese Ansicht. Im Westen ist demnach der »Mythos Mutterliebe«, wonach lediglich die Mutter aufgrund ihrer biologischen Disposition eine intensive emotionale Verbindung zum Kind aufbauen könne, wesentlich weiter verbreitet. Folglich existieren bis heute deutliche Unterschiede zwischen Ost- und Westdeutschland hinsichtlich der Geschlechterrollen und der Ausgestaltung der Eltern-Kind-Beziehung. Gleichwohl haben sich die Diskrepanzen in den letzten 20 bis 25 Jahren abgeschliffen.[168]

Nichteheliche Lebensgemeinschaften

Am stärksten veränderten sich die Rollenmuster in Westdeutschland in nichtehelichen Lebensgemeinschaften.[169] Mehrere Faktoren begünstigten in den 1970er und 1980er Jahren ihre zunehmende Verbreitung: finanzielle Unabhängigkeit der Partner, Kinderlosigkeit, geringe Religiosität, großstädtisches Umfeld und niedriges Alter. Besonders berufstätige Frauen mit höherer Bildung favorisierten häufiger nichteheliche Lebensgemeinschaften gegenüber der traditionellen Ehe, und diese Gruppe nahm im Zuge des Universitätsausbaus der 1970er Jahre stärker zu. Bereits 1980 war erkennbar, dass sich vor allem berufstätige Frauen mit höherer Schulbildung bewusst gegen die Ehe entschieden und für die nichteheliche Lebensgemeinschaft, weil die in der Ehe praktizierte Rollenverteilung kaum Spielraum bot, Selbstverwirklichung jenseits von Mutterschaft und Hausarbeit zu realisieren. Welche Attraktivität die nichteheliche Lebensgemeinschaft als alternative Form des Zusammenlebens entwickelte, zeigt sich in den 1970er und 1980er Jahren nicht an ihrer gesamtgesellschaftlichen Verbreitung, sondern vielmehr an den Zuwachsraten. Von 1972 bis 1982 kam es nach Schätzungen in der Bundesrepublik zu einer 277-prozentigen Steigerung bzw. einer Verzehnfachung in der Altersgruppe unter 24 Jahren. Ihre Bedeutung erfuhr so zwischen den 1970er und 1980er Jahren einen enormen Schub.[170]

---

167 Vgl. Norbert F. Schneider/Sabine Diabaté/Detlev Lück, Gegenwärtige Familienleitbilder in Ost- und Westdeutschland im europäischen Vergleich, in: Christine Henry-Huthmacher/Konrad-Adenauer-Stiftung (Hg.), Familienleitbilder in Deutschland. Ihre Wirkung auf Familiengründung und Familienentwicklung, Paderborn 2014, S. 18–25, hier S. 20.
168 Vgl. ebd., S. 24 f.
169 Sie wurden definiert als Lebensform, in der zwei Erwachsene unterschiedlichen Geschlechts mit oder ohne Kinder in einer Haushaltsgemeinschaft leben, ohne verwandt oder verheiratet zu sein. Vgl. Peuckert, Familienformen (2012), S. 98.
170 Vgl. Sibylle Meyer/Eva Schulze, Frauen in der Modernisierungsfalle. Wandel von Ehe, Familie und Partnerschaft in der Bundesrepublik Deutschland, in: Gisela Helwig/Hildegard Maria Nickel (Hg.), Frauen in Deutschland 1945–1992, Bonn 1993, S. 166–189, hier S. 175.

In der DDR wurden 1981 150.000 unverheiratete Paare gezählt. Damit waren die nichtehelichen Lebensgemeinschaften ähnlich stark verbreitet wie in der Bundesrepublik. Die Zahl der Alleinerziehenden stieg ebenfalls deutlich an und wurde im Jahr 1989 auf 340.000 unverheiratete Mütter mit minderjährigen Kindern geschätzt. Dieser sozialstrukturell gemessene Wandel deckt sich mit der Einstellung der Bevölkerung. 1987 bejahten 70 Prozent der Frauen die außereheliche Geburt des ersten Kindes, erst beim zweiten Kind sollte dann das Paar verheiratet sein. Dieser Einstellungswandel wurde insbesondere von den familienpolitischen Rahmenbedingungen in der DDR befördert, denn unverheiratete Mütter erhielten bei der Geburt ihres ersten Kindes besondere familienpolitische Zuwendungen und bevorzugte Behandlung bei der Wohnraumvergabe. Die Einführung eines Babyjahres für ledige Mütter ab dem ersten Kind im Jahr 1976 beschleunigte die Verbreitung alternativer Lebensformen zusätzlich, da dieser bezahlte Mutterschaftsurlaub verheirateten Müttern erst ab dem zweiten Kind zustand.[171] Diese familienpolitischen Entscheidungen wirken bis heute nach, denn der Anteil der nichtehelichen Kinder stieg in Ostdeutschland bzw. den neuen Bundesländern von 13 Prozent 1970 auf 61 Prozent 2010. Demgegenüber lag die Nichtehelichenquote in Westdeutschland mit 27 Prozent 2010 deutlich unter dem ostdeutschen Wert. Ungeachtet dieser Unterschiede fällt auf, dass der Anteil der nichtehelich geborenen Kinder in Deutschland insgesamt angestiegen ist: von lediglich sieben Prozent 1970 auf 23 Prozent im Jahr 2000. In den folgenden zehn Jahren erfolgte dann ein Sprung auf 33 Prozent.[172]

Im frühen 21. Jahrhundert sind nichteheliche Lebensgemeinschaften weiterhin stärker in Gruppen mit hohen Bildungsabschlüssen verbreitet, wenngleich dieses Unterscheidungsmerkmal mittlerweile weniger markant zutage tritt. Zugleich hat sich aber seit den 1980er Jahren europaweit ein Wandel vollzogen. Auch in den Nachbarländern wählten vor allem Paare mit höherer Bildung nichteheliche Lebensgemeinschaften als Familienform, d.h. mit Kindern. Im frühen 21. Jahrhundert lebten jedoch eher Eltern mit niedrigen Bildungsabschlüssen in einer nichtehelichen familialen Lebensgemeinschaft.[173]

Motor(en) der Veränderung

Was waren die Motoren dieser Veränderungen? Zeitgenössische Sozialwissenschaftler fokussierten für die Bundesrepublik vor allem die Frauen. Sie hätten das Umdenken selbst initiiert und es so auf die politische Agenda gehoben. Soziologen

---

171 Vgl. Helwig, Familienpolitik (1971–1989), S. 491; Ina Merkel, Leitbilder und Lebensweisen von Frauen in der DDR, in: Hartmut Kaelble/Jürgen Kocka/Hartmut Zwahr (Hg.), Sozialgeschichte der DDR, Stuttgart 1994, S. 359–382, hier S. 373; Konietzka/Kreyenfeld, Mutterschaft, S. 33.
172 Vgl. Olga Pötzsch, Geburtenfolge und Geburtenabstand – neue Daten und Befunde, in: Wirtschaft und Statistik, Februar 2012, S. 89–102, hier S. 90.
173 Vgl. Peuckert, Familienformen (2012), S. 104f., 109.

interpretierten diesen Prozess als demokratische und öffentlich verhandelte »Emanzipation ›von unten‹«,[174] wodurch ihre gesellschaftliche Akzeptanz gewährleistet sei. In der DDR hingegen sei die Initiative von männlichen Politikern ausgegangen, die eine autoritäre und paternalistische »Emanzipation von oben« oktroyiert hätten.[175] Als Symbol hierfür steht die sogenannte »Muttipolitik«[176] der 1970er Jahre. Obwohl dadurch die Frauen insbesondere durch den Kita- und Hortausbau entlastet worden seien, festigten die politischen Entscheidungen traditionelle Rollenmuster und verhinderten so Emanzipation. Zugleich muss aber auch berücksichtigt werden, dass sich Frauen in den Privatraum Familie zurückziehen konnten, wo sich ihnen durchaus ein individueller Handlungsspielraum eröffnete.[177] Ein differenzierter Blick auf den lebensweltlichen Alltag im geteilten Deutschland für die 1970er bis 1980er Jahre steht jedoch weiterhin aus.

Obwohl sich die Motoren für soziale Prozesse wie Individualisierungs- und Pluralisierungstendenzen kaum exakt bestimmen lassen, wird stets Frauen und kleinen sozialen Gruppen mit alternativen Lebensmustern eine zentrale Bedeutung zugeschrieben. Sowohl soziologische als auch jüngste historiographische Arbeiten verweisen dabei auf die Bedeutung der Studenten- und Frauenbewegung respektive auf das linksalternative Milieu. Daneben müssen aber noch weitere entscheidende Faktoren benannt werden wie die Reform des Ehe- und Familienrechts bzw. des Scheidungsrechts, die verbesserte Geburtenkontrolle, der erleichterte Zugang zu Bildung und die steigende Frauenerwerbsquote v. a. in höher qualifizierten Berufen. In der Summe waren vor allem berufstätige Frauen mit höheren Bildungsabschlüssen ein zentraler Motor der Veränderung, weshalb sich diese in der DDR frühzeitiger abzeichnete.[178]

Andere zeitgenössische sozialwissenschaftliche Erklärungsmodelle stellen stärker einen geschlechterübergreifenden Normenwandel in den Vordergrund. Exemplarisch kann hier der von Ronald Inglehart postulierte Wandel von materialistischen zu postmaterialistischen Werten angeführt werden. Allerdings kann er die Veränderungen nur in Teilen erklären, gerade weil seine standardisierten Interviews auf einer schematischen vier Wert-Items-Skala[179] aufbauen, wodurch es

---

174 Rainer Geißler, Die Sozialstruktur Deutschlands. Die gesellschaftliche Entwicklung vor und nach der Vereinigung. Mit einem Beitrag von Thomas Meyer, Bonn 2002, S. 366.
175 Vgl. ebd., S. 365 f.
176 Vgl. Gunilla-Friederike Budde, Frauen der Intelligenz. Akademikerinnen in der DDR 1945 bis 1975, Göttingen 2003, S. 315; Gunilla-Friederike Budde, Alles bleibt anders. Die Institution »Familie« zwischen 1945 und 1975 im deutsch-deutschen Vergleich, in: Maria Oppen/Dagmar Simon (Hg.), Verharrender Wandel. Institutionen und Geschlechterverhältnisse, Berlin 2004, S. 69–98, hier S. 83 f.; Ute Schneider, Hausväteridylle oder sozialistische Utopie? Die Familie im Recht der DDR, Köln/Weimar/Wien 2004, S. 23.
177 Vgl. Budde, Alles bleibt anders, S. 94.
178 Vgl. Wagner, Entwicklung, S. 100; Reichardt, Authentizität, S. 351–360.
179 Es handelt sich dabei um: »Maintaining order in the nation«; »Giving the people more say in important political decisions«; »Fighting rising prices«; »Protecting freedom of speech«. Vgl. Inglehart, Revolution, S. 28.

nicht möglich war, komplexe gesellschaftliche Zusammenhänge hinreichend zu erfassen.[180] Dennoch wurden seine Befunde vielfach ohne kritische Überprüfung in andere Darstellungen integriert. Ungeachtet der Defizite war der Wertewandel für Zeitgenossen ein Erklärungsmodell mit beträchtlicher Reichweite, das auch auf andere Lebensbereiche wie die Konsummöglichkeiten und Konsumkulturen übertragen wurde.

3. Fazit

Konsum und Familie sind Teilbereiche der Lebenswelt, die sich ab den 1970er Jahren umfassend verändert haben. Die hier skizzierten massiven Umbrüche in den Lebenswelten fanden seit den 1970er Jahren parallel in beiden deutschen Teilgesellschaften statt. Verflochten waren sie dabei jedoch nicht, sondern vollzogen sich bis 1990 vielmehr in gegenseitiger Aufmerksamkeit und Kenntnisnahme. Zugleich zeigten sich grundlegende Unterschiede zwischen der Bundesrepublik und der DDR. Die Umbrüche führten in beiden Ländern tendenziell zu einer Pluralisierung, die aber aufgrund divergierender gesellschaftlicher Rahmenbedingungen in unterschiedlichen Maßen wirksam geworden ist.

In der Bundesrepublik erfolgte in dieser Zeit ein markant erkennbarer Umschlag in die Konsumgesellschaft – sowohl in quantitativ messbaren Absatzzahlen als auch in der gesellschaftlichen Wahrnehmung. In der DDR ist ebenfalls eine quantitative Ausweitung des privaten Konsums zu beobachten, jedoch bei einem gleichzeitigen Ausbau der Sozialpolitik, insbesondere des Wohnungsbaus und der familienbezogenen Sozialleistungen. Der Paradigmenwechsel von einer »Konsummoderne« der späten 1950er und 1960er Jahre zur »Einheit von Wirtschaft und Sozialpolitik« führte zu einer Stärkung der sogenannten gesellschaftlichen Konsumtion, so dass privater Konsum ermöglicht, aber nicht vorrangig gefördert wurde. Mithin bestanden erhebliche Unterschiede in der gesellschaftspolitischen und gesellschaftsstrukturierenden Bewertung des Konsums zwischen West und Ost.

Mit Bezug auf die Familie und private Lebensformen zeigten sich in der Bundesrepublik und der DDR ähnliche Tendenzen, riefen jedoch ganz unterschiedliche Reaktionen hervor. In der Bundesrepublik erfolgte eine Öffnung der Familienmodelle durch die private Praxis vieler Paare, die schrittweise gesellschaftliche Akzeptanz fand und schließlich in einem langwierigen Prozess durch die Politik aufgegriffen wurde. In der DDR setzten sich unterschiedliche Familienformen ebenfalls mehr und mehr durch, wurden jedoch nicht so konfliktreich kommuniziert und ausgehandelt wie in der Bundesrepublik. Politische Maßnahmen konzentrierten sich hier auf eine verstärkte Finanzierung sozial-

---

180 Für eine ausführliche Kritik vgl. u. a. Helmut Thome, Wandel gesellschaftlicher Wertvorstellungen aus der Sicht der empirischen Sozialforschung, in: Dietz/Neumaier/Rödder, Wertewandel, S. 41–67, hier S. 44–51, 54–57.

politischer Programme mit dem Ziel, die Geburtenziffern zu erhöhen. Zugleich sollten die Wohnsituation verbessert und die Vereinbarkeit von Beruf und Familie gefördert werden. Alternative Lebensformen jenseits dieses sozialstaatlichen Modells waren, vor allem in den 1980er Jahren, ebenfalls zu beobachten, wurden jedoch als oppositionell interpretiert und nicht integriert.

Die lebensweltlichen Umbrüche sind also in der Bundesrepublik wie in der DDR deutlich sichtbar, erfolgten aber in einem zeitlich unterschiedlichen Takt. In beiden Staaten reagierten staatliche Maßnahmen auf die Pluralisierung von individuellen Lebensentwürfen und Vorstellungen über die allgemeine Lebensgestaltung. In der Bundesrepublik wandelte sich die Förderung der traditionellen Kernfamilie hin zur kindzentrierten Familienförderung, die auch alleinerziehende Mütter und nichteheliche Lebensgemeinschaften mit Kindern erfasste. In der DDR schwenkte die Politik unter demographischen Gesichtspunkten von der sozialpolitischen Frauen- zur Familienförderung um, wobei normative Vorstellungen über die traditionelle Kernfamilie im Vergleich zur Bundesrepublik geringer ausgeprägt scheinen. Für den Konsumbereich ist in beiden Staaten eine erhebliche Ausweitung des privaten Konsums aufgrund verbesserter finanzieller Möglichkeiten zu beobachten, der jedoch unter entgegengesetzten ökonomischen Rahmenbedingungen stattfand. Die langfristige Entwicklung zur Konsumgesellschaft ist für die Bundesrepublik dieser Jahre vor allem als Beschleunigung zu interpretieren, für die DDR bedeutete sie eine Abkehr von konsumpolitischen Vorstellungen eines eigenen Wegs.

Die privaten lebensweltlichen Projekte setzten sich seit den 1970er Jahren gegen Widerstände durch, bis sie in der Bundesrepublik in den 1980er Jahren weitgehend gesellschaftlich akzeptiert waren. Infolge einer allgemeinen Tendenz zur Individualisierung nahmen sowohl der politische Regulierungswille wie auch die Deutungskraft normativer Vorgaben sukzessive ab. Individuelle Handlungsmöglichkeiten haben sich dadurch deutlich erweitert, und in den 1980er Jahren verbreitete sich eine Laisser-aller-Haltung, die sich in den 1990er Jahren weiter fortsetzte. Für den Konsum muss eine längerfristige Entwicklung anders formuliert werden, denn hier brach mit dem Ende der DDR eine eigene, wirtschaftspolitisch bedingte Entwicklung ab. Trotz gegensätzlicher Konsumhaltungen in den 1990er Jahren – nachholender Konsum versus spezifisch ostdeutscher Konsum – sowie anhaltender ökonomischer Ungleichheit zwischen West und Ost setzte sich hier schließlich das westliche Konsummodell durch.

Jürgen Danyel / Annette Schuhmann

Wege in die digitale Moderne

Computerisierung als gesellschaftlicher Wandel

Der Computer und die mit ihm verbundenen Informations- und Kommunikationstechnologien sind spätestens mit dem Aufkommen der Mikroelektronik Anfang der 1970er Jahre zu entscheidenden Faktoren der Entwicklung in den modernen Industriegesellschaften geworden. Im Verlauf der 1980er Jahre diffundierten die Computer und die mit ihnen verbundenen neuen Medien endgültig und irreversibel in nahezu alle Bereiche der Gesellschaft. Kaum ein Lebensbereich blieb von der digitalen Revolution unberührt – angefangen von der Arbeit über die Formen der sozialen Kommunikation, die politische Kultur, die Bildung, den Konsum und die Freizeit bis hinein in die individuellen Lebensstile. Die Phasen und Zäsuren dieser Entwicklung sowie der Stellenwert der Computerisierung im Kontext der wirtschaftlichen, sozialen und politischen Umbrüche im letzten Drittel des 20. Jahrhunderts sind bislang nur ansatzweise zum Gegenstand zeithistorischer Forschungen in Deutschland geworden.

Während sich die Internetrevolution, sieht man einmal von ihren Anfängen ab, erst in den 1990er Jahren und damit nach dem Ende des Staatssozialismus vollzog, war die Geschichte der Computerisierung eingebettet in die politischen und gesellschaftlichen Konstellationen des Kalten Krieges. Der technologische Fortschritt im Bereich der Mikroelektronik, der Computer- sowie der Software-Entwicklung wurde seit den späten 1960er Jahren zu einem der wichtigsten Felder der Konkurrenz zwischen den westlichen Industriegesellschaften und den Gesellschaften des Staatssozialismus. Dieser Wettbewerb erhielt neben der technischen auch eine gesellschaftspolitische und kulturelle Dimension. Während sich die technologischen Fortschritte im Bereich der elektronischen Datenverarbeitung in den 1950er und 1960er Jahren vor allem in den abgeschirmten Arkanbereichen des Militärs und der Wissenschaft vollzogen oder bestenfalls in den Rechenzentren von großen Unternehmen und Behörden erfahrbar waren, wurde die Computerisierung mit dem Umbruch in den 1970er Jahren für eine wachsende Zahl von Menschen in Westeuropa und den USA spürbar. Die massenhafte Verfügbarkeit von Computern in den 1980er Jahren und die Etablierung der mit dieser Technologie sich wandelnden Arbeitswelten sowie die neuen Möglichkeiten der Kommunikation entwickelten sich zu einem wichtigen Maßstab für die Leistungsfähigkeit der gegensätzlichen Wirtschaftsordnungen und Politiksysteme.

Eine Geschichte der Computerisierung in Ost und West kommt deshalb nicht ohne die Perspektive des historischen Vergleichs aus. Darüber hinaus sollte sie untersuchen, in welchen Bereichen es neben der Konkurrenz und Abgrenzung und trotz beträchtlicher Asymmetrien direkte Beziehungen und Elemente der Verflechtung gegeben hat. Dafür gibt es mehrere Gründe: Die Konkurrenz und der Wettbewerb der Systeme fanden nunmehr auf einem Feld statt, dessen Dynamik zunehmend von internationalen Verflechtungen geprägt wurde. Hinzu kommt, dass die Nutzung der Computertechnologie globale Vernetzung und Kommunikation ermöglichte. In den politischen Konstellationen des Kalten Krieges resultierten daraus für beide Systeme neue Probleme. In den westlichen Industriegesellschaften gerieten die Absatzinteressen der boomenden Computer- und Softwarebranche in Konflikt mit der insbesondere von den USA politisch verordneten Embargopolitik im Bereich der Hochtechnologien. Politische Strategien eines »Wandels durch Annäherung«, die auch auf wirtschaftliche Verflechtungen zwischen Ost und West zielten, standen im Konflikt mit den ideologisch aufgeladenen Abgrenzungsstrategien, wie sie ab 1980 nach dem sowjetischen Einmarsch in Afghanistan von der USA forciert wurden. Noch gravierender waren die Schwierigkeiten für die Gesellschaften des Staatssozialismus: Nationale Autarkiemodelle, wie sie im technologischen Bereich notgedrungen immer wieder versucht wurden, erwiesen sich als wenig erfolgversprechend.[1] Auf dem Gebiet der Computerisierung konnten sich die staatssozialistischen Regime dem Wettbewerb nicht durch ideologisch postulierte Alternativen entziehen. Im Gegenteil, angefangen von der Sowjetunion schrieben alle Länder des Ostblocks die Einführung der modernen Informationstechnologien seit den frühen 1970er Jahren ganz weit oben in die Programme und Beschlüsse der Staatsparteien. Sowohl technologisch als auch finanziell waren die maroden und technologisch in den Rückstand geratenen Volkswirtschaften des RGW auf Beziehungen zum Westen angewiesen. Sie sahen sich nicht in der Lage, die nötigen Investitionsmittel jenseits von politisch privilegierten Insellösungen für die angestrebte Computerisierung der Industrieproduktion aufzubringen, und waren daher auf den Transfer von Computertechnik, auf den Import der dafür notwendigen Produktionsanlagen sowie auf Kredite aus dem Westen angewiesen. Arbeitsteilige Lösungen innerhalb des RGW waren zwar vorgesehen und konkret geplant, kamen aber wegen fehlender Kapazitäten und des unterschiedlichen Entwicklungsniveaus der Mikroelektronik nur bedingt zum Zuge, obwohl sie angestrebt wurden.[2]

Das hochsubventionierte Sozialsystem und die Vollbeschäftigung ließen sich kaum anführen gegen die auf Rationalisierung zielende Computerisierung. Bis

---

1 Vgl. dazu: Ralf Ahrens, Spezialisierungsinteresse und Integrationsaversion im Rat für gegenseitige Wirtschaftshilfe: Der DDR-Werkzeugmaschinenbau in den 1970er Jahren, in: Jahrbuch für Wirtschaftsgeschichte 49.2 (2008), S. 73–92. Siehe auch: Olaf Klenke, Ist die DDR an der Globalisierung gescheitert? Autarke Wirtschaftspolitik versus internationale Weltwirtschaft – Das Beispiel Mikroelektronik, Frankfurt a. M. 2001.
2 Ahrens, Spezialisierungsinteressen; Peter Hübner, Arbeit, Arbeiter und Technik in der DDR, 1971 bis 1989, Bonn 2014, S. 45 ff.; Simon Donig, Vorbild und Klassenfeind. Die USA und die DDR-Informatik in den 1960er Jahren, in: Osteuropa 59.10 (2009), S. 89–100.

in die Parteinomenklatura hinein ahnte man, wie ruinös diese Politik auf Dauer sein würde. Zudem waren Rationalisierung und Intensivierung schon längst zum neuen Mantra der staatssozialistischen Wirtschaftspolitik geworden, allerdings ohne den Anspruch der Vollbeschäftigung aufzugeben.

Beide deutsche Staaten blieben bis zum Ende der DDR Referenzgesellschaften, wobei die DDR gerade auch bei der Computerisierung wesentlich stärker auf die Bundesrepublik fixiert war als umgekehrt. Ob und in welchem Maße die wirtschaftlichen und finanzpolitischen Sonderbeziehungen zwischen beiden deutschen Staaten auf dem Feld der Computerisierung einen begrenzten Verflechtungsrahmen bildeten, gilt es zu untersuchen. Neue Verflechtungen und Abhängigkeiten entstanden auch in den Grauzonen des illegalen Technologietransfers und durch die Industriespionage, mit denen der Osten seine Defizite auszugleichen suchte und zugleich seine Abhängigkeit vergrößerte.

Die Technologiepolitik gehörte für beide Seiten von Anfang an zu den wichtigen Feldern wechselseitiger Wahrnehmung. Die Leistungsfähigkeit beider Systeme auf dem Gebiet der Computertechnik und Informationstechnologie konnte jedoch bis in die 1970er Jahre lediglich von einer begrenzten Zahl von beteiligten und eingeweihten Experten als Indikator für die westliche Überlegenheit beurteilt werden. Dies änderte sich mit der Weiterentwicklung des Computers zu einem individuell nutzbaren Werkzeug und attraktiven Konsumgut. Spätestens seit Mitte der 1980er Jahre wurde die Leistungsfähigkeit der als Zukunftstechnologie gehandelten Computer für größere Gruppen der bundesdeutschen Gesellschaft, etwa im Arbeitsalltag aber auch in der Freizeit, praktisch erfahrbar, messbar und damit zwischen Ost und West vergleichbar. Wie bei anderen Feldern des Konsums spielten die Medien und die Werbung eine wichtige grenzüberschreitende Rolle. Hinzu kam, dass sich eine wachsende Zahl von Wirtschaftsfachleuten, Wissenschaftlern, Technikern und Privatpersonen durch die erweiterten Reise- und Begegnungsmöglichkeiten ein eigenes Bild vom Stand der Technik in Ost und West machen konnte. Allerdings wiederholten sich auch hier die traditionellen Asymmetrien in der Verflechtung zwischen Ost und West. Für den Westen bildete die Computerisierung in den staatssozialistischen Gesellschaften in den 1970er und 1980er Jahren schon längst keine technologische Herausforderung mehr. Hier orientierte man sich vor allem an der technologischen Entwicklung in den USA und in Japan. Ob die Länder des Ostblocks bei der Computerisierung mithalten können, interessierte eher die politischen Beobachter oder die Unternehmen der Branche, die sich dort neue Absatzmärkte beziehungsweise Standorte für Gestattungsproduktionen versprachen.

1. Computerisierung, Informationsgesellschaft und digitale Moderne

Die Computerisierung wurde in Ost und West mit unterschiedlichen Begriffen und Gesellschaftsentwürfen verbunden. Gemeinsam ist den klassischen Diagnosen von Daniel Bell[3], Alain Touraine oder Karl W. Deutsch[4] wie auch Manuel Castells' späterem »Das Informationszeitalter«[5], dass sie den durch die Computertechnologie bewirkten Umbruch in den Rang einer eigenen historischen Epoche heben. Das Aufkommen des Internet hat solchen Zeit- und Zukunftsdiagnosen neuen Auftrieb gegeben. Auch in den Gesellschaften des Staatssozialismus finden wir im Kontext der Reform- und Modernisierungsbemühungen in den 1960er Jahren eine auf den technologischen Fortschritt gestützte Revolutionsmetaphorik, die in einen inflationären Gebrauch des Terminus der »wissenschaftlich-technischen Revolution« in der politischen Propaganda mündete.[6] Die Idee der Freisetzung von Arbeitskräften durch Rationalisierung fungiert hierbei als eine aus dem technologischen Fortschritt resultierende neue Möglichkeit für eine kommunistische Zukunft. In dem vom Prager Frühling beflügelten sogenannten Richta-Report geht diese Wissenschafts- und Technikutopie mit einer grundlegenden Kritik an den Entfremdungstendenzen im Staatssozialismus einher.[7] Sie rückt im Rekurs auf den frühen Marx die Befreiung des Individuums in den Mittelpunkt einer erneuerten sozialistischen Utopie und sieht die Zivilisation an einem Scheideweg. Im Zuge der Kybernetikwelle, die in den 1960er Jahren die meisten staatssozialistischen Länder erfasste, wurde diese Utopie technokratisch auf die Ebene von datenbasierter Gesellschaftssteuerung und Prognostik abgeschliffen. Nach einer kurzen Blütezeit unterbanden jedoch die Parteiführungen im Ostblock derartige Visionen.[8]

---

3 Daniel Bell, The Coming of Postindustrial Society. A Venture in Social Forecasting, New York 1973 (dt.: Die nachindustrielle Gesellschaft, Frankfurt a. M. 1975). Siehe auch Ariane Leendertz, Schlagwort, Prognostik oder Utopie? Daniel Bell über Wissen und Politik in der »postindustriellen Gesellschaft«, in: Zeithistorische Forschungen/Studies in Contemporary History 9.1 (2012), S. 161–167.
4 Karl W. Deutsch, Politische Kybernetik. Modelle und Perspektiven, Freiburg 1963. Siehe dazu auch Benjamin Seibel, Berechnendes Regieren. Karl W. Deutschs Entwurf einer politischen Kybernetik, in: Zeithistorische Forschungen/Studies in Contemporary History 9.2 (2012), S. 334–339.
5 Vgl. Manuel Castells, Das Informationszeitalter, Opladen 2001.
6 Siehe dazu für die DDR André Steiner, Von Plan zu Plan. Eine Wirtschaftsgeschichte der DDR, München 2004, S. 123 ff.
7 Radovan Richta u. a. (Hg.), Richta-Report. Politische Ökonomie des 20. Jahrhunderts. Die Auswirkungen der technisch-wissenschaftlichen Revolution auf die Produktionsverhältnisse, Frankfurt a. M. 1971.
8 Siehe dazu Slava Gerovitsch, Die sowjetische Kybürokratie, in: Zeitschrift für Ideengeschichte 6.3 (2012), S. 19–25.

Bei allen Unterschieden ist diesen Ansätzen gemeinsam, dass sie von einer Überwindung der Industriegesellschaft durch eine sehr stark von den Informationstechnologien geprägte postindustrielle Gesellschaft ausgehen. Auch in der DDR und in den anderen Ostblockländern bestand die Erwartung, mit der computergestützten Intensivierung der Produktion bisherige Pfade der Industrieentwicklung verlassen zu können. Dabei handelt es sich durchaus um optimistische Deutungen, die im Kern von einer neuen Dynamik des Fortschritts beseelt sind. Der gesellschaftliche Umbruch an der Schwelle zu den 1980er Jahren ist aus dieser Perspektive in eine neue Fortschrittslogik eingebettet. Folgt man dieser Deutung, wären mit Blick auf die Computerisierung die Thesen von einem Ende der Moderne und der mit ihr verbundenen Fortschrittserwartungen zu relativieren.[9]

Den optimistischen Deutungen der Computerisierung als historischem Einstieg in eine Informationsgesellschaft stehen eine ganze Reihe von zeitgenössischen Interpretationen gegenüber, die die 1970er und frühen 1980er Jahre als eine gesellschaftliche Krisenzeit beschreiben.[10] Sie heben vor allem auf die Wahrnehmung der Ölkrisen von 1973 und 1979 ab, die zu einem tiefgreifenden wirtschaftlichen Strukturwandel und einer anhaltenden Rezession nach dem Boom der Nachkriegszeit führten. Die hohe Sockelarbeitslosigkeit, die Krise des Sozialstaats, die Umweltzerstörung, die negativen Folgen einer fortschreitenden Medialisierung der Gesellschaft und das Aufkommen des Terrorismus zählten dazu, was die Fortschrittsgläubigkeit der Moderne in Frage stellte. Eingebettet in diese Krisendeutung wurde auch die seit der zweiten Hälfte der 1970er Jahre raumgreifende Computerisierung, die als Jobkiller, Mittel der Entfremdung oder auch der Kontrolle und Überwachung mit Orwellschen Ausmaßen gesehen wurde.[11] Plausibel erscheint die Wirkungsmacht der Krisenperzeption auch für die Beschreibung der Situation in den staatssozialistischen Gesellschaften: Für sie wurde der Einstieg in die Informationsgesellschaft zu einem politisch privilegierten Projekt, das nicht zu einer zweiten sozialistischen Moderne, sondern in den wirtschaftlichen Ruin führen sollte.

Die Geschichte der Computerisierung wird insofern in ganz unterschiedliche, ja völlig gegensätzliche Deutungen des Umbruchs an der Schwelle von den 1970er zu den 1980er Jahren integriert. Um diesen Widerspruch aufzulösen, bedarf es weiterer empirischer Untersuchungen, die versuchen, die einzelnen

---

9 Vgl. zu Entwürfen wie »Postmoderne«, »reflexive Moderne« oder »neue Moderne«: Thomas Raithel/Andreas Rödder/Andreas Wirsching (Hg.), Auf dem Weg in eine neue Moderne? Die Bundesrepublik Deutschland in den siebziger und achtziger Jahren, München 2009.

10 Zur historischen Verortung der Selbst- und Fremdwahrnehmung von Krisen siehe Konrad H. Jarausch, Krise oder Aufbruch? Historische Annäherungen an die 1970er-Jahre, in: Zeithistorische Forschungen/Studies in Contemporary History 3.3 (2006), S. 334–341; Frank Bösch, Umbrüche in die Gegenwart. Globale Ereignisse und Krisenreaktionen um 1979, in: Zeithistorische Forschungen/Studies in Contemporary History 9.1 (2012), S. 8–32.

11 Marcel Berlinghoff, Computerisierung und Privatheit – Historische Perspektiven, in: Aus Politik und Zeitgeschichte 15–16/2013, S. 14–19.

Phasen des digitalen Wandels in einer Langzeitperspektive zu beschreiben und hinsichtlich ihrer gesellschaftlichen Bedeutung zu gewichten. Dabei fällt auf, dass sich nach wie vor mit dem Fortschritt der Informations- und Kommunikationstechnologien positive Zukunftserwartungen verbinden und viele der aus der Anfangszeit der Computerisierung resultierenden Ängste und Bedrohungsszenarien relativ schnell verblasst sind. So spielten in den öffentlichen Debatten über die Folgen der Computerisierung in der Bundesrepublik in den 1980er Jahren noch die negativen Folgen der Rationalisierung und die durch die Automatisierung bewirkte Entfremdung und Beschleunigung der Arbeit eine entscheidende Rolle. Diese Effekte werden auch in den folgenden Jahrzehnten weiter kritisch reflektiert, allerdings kaum noch direkt an den Computer als Technologie adressiert. Eine Ausnahme bildet hier lediglich das gesamte Feld von Kontrolle und Überwachung, in dem die unkontrollierbare Macht der Computer bis heute beschworen wird. Aber auch hier richtet sich die Kritik inzwischen in erster Linie gegen die Geheimdienste, das Militär oder große Wirtschaftsunternehmen, seltener gegen den Computer oder moderne Kommunikationstechnologien an sich. In der DDR wurde die Kritik an der Überwachung durch die Staatssicherheit dagegen kaum mit der Computertechnik in Verbindung gebracht, sondern zielte auf die Omnipräsenz des riesigen Apparates des Ministeriums für Staatssicherheit.

Die erfolgreiche Etablierung und globale Verbreitung des Internet hat vielleicht noch stärker als der Vormarsch der Computer neue Fortschritts- und Zukunftsphantasien beflügelt. Hinzugekommen ist inzwischen auch, dass den digitalen Kommunikationstechnologien und den sozialen Netzwerken eine mobilisierende Funktion für gesellschaftliche Umbruchsituationen und Protestbewegungen zugeschrieben wird, deren begrenzte Reichweite sich aber nach dem »Arabischen Frühling« zeigte.

Diese Revitalisierung von technologisch grundierten Fortschrittsmodellen legt es nahe, den Begriff der Moderne als mögliche Klammer für die mit der Computerisierung einsetzende und mit dem Durchbruch des Internet forcierte gesellschaftliche Entwicklung zu verwenden. Mit einem hierfür noch weiter zu präzisierenden Begriff der »digitalen Moderne« lassen sich verschiedene Aspekte und Dimensionen der seit Mitte der 1970er Jahre einsetzenden technologischen und soziokulturellen Wandlungsprozesse bündeln und als ein epochemachender Umbruch fassen: die Computerisierung der Gesellschaft, die digitale Fertigung von Gütern und Verarbeitung von Dienstleistungen, die Verlagerung von wirtschaftlichen, politischen und sozialen Kommunikations- und Entscheidungsprozessen in die virtuellen Räume des Internet, die Digitalisierung und elektronische Verfügbarkeit von Wissensbeständen und eines wachsenden Teils der kulturellen Überlieferung sowie die mit der Vernetzung einhergehenden Globalisierungseffekte. Hierfür sprechen auch zwei weitere Argumente: Der politische Umbruch von 1989 und der Niedergang des Staatssozialismus bildeten zumindest für den Westen keine Zäsur dieser Entwicklung, und in den postkommunistischen Ländern beschleunigte sich der Trend in Richtung Informationsgesellschaft. Für eine Reformulierung des Moderne-Begriffs mit Blick auf das digitale Zeitalter spricht auch, dass sich diese Entwicklung nach wie vor in den Bahnen der kapitalistischen Wirtschaftsordnung vollzieht.

Der seit der Einführung der elektronischen Datenverarbeitung in den 1950er Jahren gebräuchliche Begriff der »Computerisierung« wird demgegenüber in einem engeren Sinne benutzt, um die ab Mitte der 1970er Jahre einsetzende Phase der Durchsetzung der Mikroelektronik und des Personal Computers sowie der auf ihnen basierenden Informations- und Kommunikationstechnologien in verschiedenen gesellschaftlichen Bereichen zu beschreiben. Insofern bezeichnet der Begriff eine historisch eingrenzbare Phase der digitalen Moderne, in der sich ein bestimmter Typ der Technik durchgesetzt hat.

Als ausdehnungsfähig in eine Geschichte der Gegenwart hat sich bisher auch der Begriff »Informationsgesellschaft« erwiesen, der als ein mögliches Dach für verschiedene, miteinander verwobene technologische und gesellschaftliche Entwicklungen fungieren kann. Ursprünglich reflektierte der Begriff die wachsende Rolle der Verarbeitung von Informationen (elektronische Datenverarbeitung) im Zusammenhang mit einer zunehmenden Tertiarisierung der Wirtschaft (Dienstleistungsgesellschaft) und hob auf die Notwendigkeit eines Wandels von beruflichen Qualifikationen ab. In diesem engeren Sinne kann der Begriff durchaus für die Untersuchung des in der DDR und der Bundesrepublik mit der Computerisierung verbundenen gesellschaftlichen Wandels benutzt werden. Inzwischen hat der Terminus allerdings eine deutliche Ausweitung erfahren und bezeichnet eine Gesellschaftsform, die in allen ihren Bereichen von Informations- und Kommunikationstechnologien durchdrungen ist. Als relativ offener Begriff eignet er sich ebenfalls, um den technologischen und kulturellen Übergang der Computergesellschaft in die Ära des Internet als Leitmedium der Netzwerk- und Wissensgesellschaft zu erfassen. Auch dieser Begriff muss jedoch immer wieder durch kritische Historisierung auf seine Halbwertzeit überprüft werden.

Anders noch als die vor allem durch technische Innovationen geprägten Anfänge dieser Entwicklung in den 1960er und 1970er Jahren lässt sich die Geschichte der Computerisierung spätestens seit der Mitte der 1980er Jahre nicht mehr als eine bloße Technik- und Technologiegeschichte schreiben, sondern muss als eine Gesellschaftsgeschichte des Informationszeitalters konzipiert werden. Die politischen, sozialen und kulturellen Modi der Durchsetzung des Computers sind nur zu erklären, wenn sie vor dem Hintergrund der Krisenbewältigung in den westlichen Industriegesellschaften, der funktionalen Ausdifferenzierung dieser Gesellschaften als moderne Konsum- und Freizeitgesellschaften sowie der damit verbundenen Individualisierungs- und Pluralisierungsprozesse betrachtet werden.

Fragt man nach einer möglichen Periodisierung und markanten Zäsuren in der Geschichte der digitalen Moderne, so bietet sich folgende Unterteilung an: Eine erste Phase setzt Ende der 1950er Jahre ein, als der Einsatz der ersten Großrechenanlagen im Bankwesen, in staatlichen Verwaltungen, Unternehmen,

Großforschungseinrichtungen und vor allem im Militär beginnt. Die Entwicklung und Nutzung der Computertechnik ist sektoral begrenzt und stark in die politische Logik des Kalten Krieges eingebettet. Es dominieren Leitbilder eines social engineering, die auf die effektive Steuerung von Prozessen und die Vermeidung von Konfliktlagen durch die Aggregation von Massendaten und deren elektronische Verarbeitung setzen. Angetrieben wird diese Entwicklung durch aufwendige staatliche Förderprogramme.[12] Der dominierende Techniktyp sind riesige, anfangs noch auf der Röhren- und Relaistechnik basierende Rechenanlagen.

Die zweite Phase wäre Anfang, vielleicht Mitte der 1980er Jahre anzusetzen. Ihre technischen Ikonen sind der Personal Computer und die Mikroprozessoren. Ihre entscheidende soziale und kulturelle Prägung erhält diese Phase durch die raumgreifende Rationalisierung der Arbeitswelt und die anfangs, zumindest im Westen, durch den kommerziellen Erfolg der Computerspiele vorangetriebene Diffusion des Computers in die privaten Lebenswelten. Für die modernen, pluralisierten und inzwischen als Konsum- und Freizeitgesellschaften ausdifferenzierten Gesellschaften erweist sich der Personal Computer, sei es als Heimcomputer oder als Spielkonsole, als Dammbruch in die Informationsgesellschaft. Ab Mitte der 1990er Jahre lässt sich mit dem Siegeszug des Internets und der Verbreitung mobiler digitaler Kommunikation durchaus eine neue Phase ausmachen.

2. Die Durchsetzung des Computers in den modernen Industriegesellschaften

Wenn es einen zentralen Zukunftsmythos im 20. Jahrhundert gab, dann war es der, dass alle Probleme einer Gesellschaft durch Technik lösbar wären. Vor allem in den Jahren nach 1945 – im beginnenden Atom- und Weltraumzeitalter – sorgte dieser Mythos für die Vision eines vollautomatischen Jahres 2000. Zu allen Zeiten hat der jeweilige Stand der Technologie vornehmlich den Bereich der Arbeit beeinflusst und wiederholt vollkommen neu definiert. Immer dann, wenn sich eine neue Technologiewelle durchsetzte, kam es zu dramatischen Umwälzungen. Schaut man jedoch zurück auf historische technologische Revolutionen, so sind es stets einige wiederkehrende Faktoren, die bestimmten, in welcher Form und Heftigkeit sich technische Neuerungen auf die Gesellschaften auswirkten.[13] Insbesondere die Geschwindigkeit ihrer Umsetzung und die

---

12 Für den westdeutschen Fall: Hartmut Petzold: Rechnende Maschinen. Eine historische Untersuchung ihrer Herstellung und Anwendung vom Kaiserreich bis zur Bundesrepublik, Düsseldorf 1985; Annette Schuhmann, Der Traum vom perfekten Unternehmen. Die Computerisierung der Arbeitswelt in der Bundesrepublik Deutschland (1950er- bis 1980er-Jahre), in: Zeithistorische Forschungen/Studies in Contemporary History 9.2 (2012), S. 231–256, URL: http://www.zeithistorische-forschungen.de/2-2012/id=4697.
13 Dirk Baecker, Studien zur nächsten Gesellschaft, Frankfurt/M. 2007, S. 10 und S. 16 ff.

Zahl der betroffenen Menschen waren ausschlaggebend dafür, wie drastisch die Veränderungen waren.[14]

Die Folgen der Computerisierung waren in allen Lebensbereichen, vor allem jedoch im Bereich der Arbeit, spürbar und unterschieden sich in ihrer Durchsetzungsgeschwindigkeit signifikant etwa vom Prozess der Elektrifizierung oder der Erfindung und Produktion synthetischer Stoffe durch die chemische Industrie. Die Vision von Maschinen (oder auch Ersatzstoffen), die uns die Arbeit abnehmen beziehungsweise erleichtern, ist jedoch historisch konstant und war immer begleitet von Erwartungen und Ängsten auf der einen Seite und euphorischen Szenarien auf der anderen.[15]

Wiederkehrende Metaphern für die Zukunft der Arbeit in der Bundesrepublik bildeten seit den 1960er Jahren die Ideen vom papierlosen Büro und der menschenleeren Fabrik.[16] Technikexperten und Unternehmer entwarfen euphorisch Szenarien, die die Fehlerquelle Mensch im Produktionsprozess ausschalten sollten. Insbesondere VW erprobte die Umsetzung einer vollautomatisierten Fertigung in der berühmten »Halle 54« in Wolfsburg.[17] Sichtbar wurde der Technologieschub zunächst in der industriellen Fertigung. Am Beispiel der Geschichte der Automobilbranche in den USA, Japan und Westeuropa lassen sich Idee und Durchsetzungsversuche der vollautomatisierten menschenleeren Fabrik der Zukunft, oft auch unter dem Titel »Fabrik 2000« angepriesen, sehr gut nachvollziehen.[18]

Im Verlauf der Computerisierung wurden und werden die Diskurse in Ost und West von der Idee perfekter störungsfreier Produktionsabläufe beherrscht. Zudem wurde die Einführung der Computertechnik in beiden Lagern, zum Teil

---

14 Ebd., siehe auch Jürgen Kocka, Mehr Last als Lust. Arbeit und Arbeitsgesellschaft in der europäischen Geschichte (Reprint), in: Zeitgeschichte-online, Januar 2010, URL: http://www.zeitgeschichte-online.de/thema/mehr-last-als-lust; Peter Hertner/Dieter Schott, Zukunftstechnologien der (letzten) Jahrhundertwende: Intentionen – Visionen – Wirklichkeiten, in: Jahrbuch für Wirtschaftsgeschichte 40.2 (1999), S. 9–16.
15 Dieter Schott, Das Zeitalter der Elektrizität: Visionen – Potentiale – Realitäten, in: Jahrbuch für Wirtschaftsgeschichte 40.2 (1999), S. 31–49; Peter Hertner, Die Stoffe, aus denen die Träume wurden: Zukunftstechnologien der Jahrhundertwende. Aluminium und Kunstseide als Beispiele, in: Jahrbuch für Wirtschaftsgeschichte 40.2 (1999), S. 17–29.
16 Margret Schwarte-Amedick, Von papierlosen Büros und menschenleeren Fabriken, in: Claus Pias (Hg.), Zukünfte des Computers, Zürich 2005.
17 Martina Heßler, Die Halle 54 bei Volkswagen und die Grenzen der Automatisierung. Überlegungen zum Mensch-Maschine-Verhältnis in der industriellen Produktion der 1980er-Jahre, in: Zeithistorische Forschungen/Studies in Contemporary History 11.1 (2014), S. 56–76; URL: http://www.zeithistorische-forschungen.de/1-2014/id=4996.
18 Peter Brödner, Fabrik 2000. Alternative Entwicklungspfade in die Zukunft der Fabrik, Berlin 1985; Richard Vahrenkamp, Von Taylor zu Toyota. Rationalisierungsdebatten im 20. Jahrhundert, Lohmar-Köln 2010; Ulrich Jürgens/Thomas Malsch, Moderne Zeiten in der Automobilindustrie. Strategien der Produktionsmodernisierung im Länder- und Konzernvergleich, Berlin 1989; Thomas Malsch/Knuth Dohse/Ulrich Jürgens, Industrieroboter im Automobilbau. Auf dem Sprung zum »automatisierten Fordismus«? Herausgegeben vom Wissenschaftszentrum Berlin, 1984.

mit Rückgriff auf dieselben Theoretiker wie Marx oder Bernal, mit dem Argument der »Humanisierung der Arbeit« geradezu gefeiert.

Der technologische Innovationsschub fand seit den 1960er Jahren seinen Niederschlag sowohl in den Theorien der postindustriellen Gesellschaft als auch in ideologisch gefärbter Politikberatung, wie Herman Kahn sie am rechtskonservativen Hudson Institute betrieb. Hinzu kamen euphorische bis warnende Zukunftsbeschreibungen aus allen Lagern.[19] In der Bundesrepublik mahnte etwa der Zukunftsforscher und Kybernetiker Karl Steinbuch, durch die von ihm beobachtete Vernachlässigung der Naturwissenschaften drohe der Anschluss an die Entwicklung neuer Technologien verpasst zu werden.[20] In den frühen 1970er Jahren wurde zudem auf die »Kosten« hingewiesen, die eine Gesellschaft angesichts der Konzentration auf die Entwicklung und die Nutzung der Hochtechnologien zahlen müsse.[21]

Warnende Stimmen vor einer »technologischen Lücke«, oder besser davor, dass die Potenziale der Hochtechnologien nicht ausgeschöpft würden, gab es auch in der DDR. Spätestens seit den frühen 1970er Jahren registrierten die Experten der Ulbricht-Ära einen Rückstand auf dem Gebiet der elektronischen Datenverarbeitung. Offenbar herrschte jedoch auch zu Beginn der 1970er Jahre noch große Unsicherheit, wie und in welchem Maße mit der neuen Technologie umzugehen sei. So war man sich innerhalb der politischen Führung über die Bedeutung des Industriezweigs Elektronik für eine forcierte Rationalisierung zwar durchaus einig, von einer konzertierten Förderung der Mikroelektronik-Industrie konnte man um 1970 jedoch noch nicht sprechen.[22]

Erst auf der ZK-Tagung im September 1976 wurden Vertreter des Politbüros konkreter. Der technologische Rückstand zum Westen wurde auf vier (analoge Schaltkreise) bis neun Jahre (Mikroprozessoren) geschätzt. Gleichzeitig war man sich darüber im Klaren, dass dieser Rückstand auch in den nächsten Jahren nicht aufzuholen sei, und diskutierte die Möglichkeiten von Kompensationsgeschäften und Lizenznahmen, wofür es bereits Vorbilder in anderen staatssozialistischen Ländern gab.[23] Dabei waren sich die kommunistischen Machteliten, vor allem in der Sowjetunion, der Tatsache bewusst, dass der technische Fortschritt den Systemwettstreit entscheiden würde.

---

19 Vgl. dazu auch: Jochen Steinbicker, Zur Theorie der Informationsgesellschaft. Ein Vergleich der Ansätze von Peter Drucker, Daniel Bell und Manuel Castells, Opladen 2001.
20 Karl Steinbuch, Mensch – Technik – Zukunft. Probleme von morgen, Stuttgart 1971.
21 Ein interessantes Beispiel für das Dilemma zwischen Zukunftserwartungen und Zukunftsangst, an dem sich aber vor allem ungelöste Probleme der Gegenwart (Verkehr, Rüstung, Umweltverschmutzung u. a.) ablesen lassen, ist die dreiteilige Serie des ZDF: Richtung 2000. Vorschau auf die Welt von morgen, aus dem Jahr 1972 (Regie: Arno Schmuckler): Teil 1: http://www.youtube.com/watch?v=kaGnBNhE2xI (zuletzt aufgerufen am 9.11.2014)
22 Peter Hübner, Arbeit, Arbeiter und Technik in der DDR, Bonn 2014, S. 197.
23 Ebd. S. 199 f.

Jenseits der Systemkonfrontation erscheint die in den zeitgenössischen Feuilletons geschürte Angst vor dem verpassten Anschluss an den abwechselnd amerikanischen respektive sowjetischen (Sputnikschock), den japanischen (Automobilindustrie, Unterhaltungselektronik, Schiffbau), südostasiatischen (Kommunikationstechnologien) und später dann auch chinesischen (alle Bereiche) Technologieboom wie eine endlose rhetorische Schleife, bis sie nach ersten Krisen in den sogenannten Tigerstaaten an Wirkung einbüßte.

Das sozialistische Pendant zur westlichen Chiffre der »Dritten industriellen Revolution« war der Begriff der »Wissenschaftlich-technischen Revolution« (WTR). Im gesamten Ostblock wurde er zu einem Schlüsselbegriff im Systemwettstreit. Ein Blick auf dessen Genese und Metamorphosen offenbart, welche strategische Sicht die Politik und die Funktionseliten im Staatssozialismus auf das Technologieproblem entwickelt haben. Der Begriff der wissenschaftlich-technischen Revolution wurde von dem irisch-stämmigen Physiker John Desmond Bernal eingeführt, dessen Werk »Science in History« 1961 in der DDR, später auch in anderen staatssozialistischen Ländern, erschien und dort bald zum Kanon der wissenschaftlichen Literatur gehörte. Bernal wollte mit dem Begriff einen revolutionären Prozess im 20. Jahrhundert beschreiben, der wesentliche Lebensbereiche der Industriegesellschaften einer Verwissenschaftlichung unterzog. Im Kern, so prognostizierte er bereits in den 1950er Jahren, würde die Handarbeit des Arbeiters durch Maschinen und elektronengesteuerte Vorrichtungen ersetzt, wodurch schwere und monotone Arbeit verschwinden würde.[24] Als wesentliches Merkmal der WTR galt der Einsatz elektronischer Steuerungssysteme in der Produktion. Der erfolgreiche Revolutionsverlauf »werde es ermöglichen, den Produktivitätsrückstand der DDR-Wirtschaft gegenüber der Bundesrepublik wettzumachen«, so Walter Ulbricht im Jahr 1970 in einem Beschlussentwurf für das Politbüro.[25]

Trotz Systemkonkurrenz und unterschiedlichen Entwicklungspfaden der Technologiepolitik in beiden Systemen ähnelten sich die Zukunftsprojektionen in Ost und West etwa bis zum Ende der 1960er Jahre. So galt der Traum von der *menschenleeren Fabrik* und der Befreiung des Menschen von schwerer körperlicher Arbeit in den theoretischen Schriften sozialistischer Technikvisionäre ebenso als erstrebenswert wie in den Theorien westeuropäischer Marxisten.[26] Unübersehbar ist jedoch die Tatsache, dass spätestens zu Beginn der 1970er Jahre die optimistischen Zukunftsvisionen im Westen ihre Attraktivität verloren hatten. Zwar kam es mit der Einführung des Studienfaches Informatik im Umfeld

---

24 John Desmond Bernal, Die Wissenschaft in der Geschichte, Berlin 1961; Uwe Fraunholz, »Revolutionäres Ringen für den gesellschaftlichen Fortschritt«. Automatisierungsvisionen in der DDR, in: ders., (Hg.), Technology Fiction. Technische Visionen und Utopien in der Hochmoderne, Bielefeld 2012, 196, S. 197 f.
25 Hübner, Arbeiter und Technik, S. 47.
26 Ebd., S. 197.

der Universitäten zu einer gemäßigt positiven Einstellung gegenüber der elektronischen Datenverarbeitung. In der populärwissenschaftlichen Literatur und in der Presse kamen Computer und Mikroelektronik jedoch bis Ende der 1970er Jahre vergleichsweise selten vor, und die meisten Anwendungen von Computern galten der Mehrheit der Bevölkerung eher als uninteressant. Bei den DDR-Bürgern ließ der optimistische Glaube an die sozialistische Zukunft zwar ebenfalls nach, aber die Computerisierung war dafür kein Maßstab.

In den staatssozialistischen Ländern hieß es indes in offiziellen Erklärungen, dass die »sozialistische Automatisierung« in Einheit mit der Planwirtschaft den Sieg des Kommunismus herbeiführen würde, während ein solcher Prozess im Westen aufgrund der diskontinuierlichen, marktflexiblen Produktion quasi den Untergang der kapitalistischen Wirtschaftsweise verursachen würde. In den 1980er Jahren herrschte bereits ein eher pragmatischer Umgang mit solcherart Kampfrhetorik, doch schon seit den 1970er Jahren kann sie kaum noch als gesellschaftlicher *common sense* gelten.

In der Bundesrepublik hatten fehlgeleitete Rationalisierungsstrategien der 1980er Jahre und eine Subventionspolitik des Staates, die stark an Lobbyinteressen ausgerichtet war, zu einer enormen Überschätzung der Automatisierungsfrage und damit zu Krisen in einigen Wirtschaftszweigen geführt. Die Konkurrenten, vor allem aus Asien, rückten seit den späten 1960er Jahren auf dem Gebiet der Automobilindustrie, der Unterhaltungselektronik und dem Schiffbau in bedrohliche Nähe. Der Blick sowohl staatlicher als auch unternehmerischer Institutionen richtete sich nun folgerichtig vor allem nach Japan.[27] Zu den wichtigen Erkenntnissen der Japan-Rezeption gehörte jedoch die Einsicht, dass technische Erklärungsfaktoren eine sekundäre Rolle spielten, während Faktoren der Personalführung, der industriellen Beziehungen, der Arbeitsorganisation und des Arbeitseinsatzes als eine weitaus wichtigere Ursache der japanischen Überlegenheit galten. Diese Erkenntnis stärkten jene, vor allem von Unternehmensberatungen vertretenen Managementphilosophien, die auf neue Formen der Arbeitsorganisation und des Umgangs mit den »Humanressourcen« drängten.

Im Verlauf der 1950er und 1960er Jahre waren die visionären Vorstellungen zukünftiger Automatisierungsprozesse in Ost und West also durchaus ähnlich. Trotz Systemkonkurrenz und unterschiedlicher Entwicklungspfade galt die Computerisierung der Wissenschaft und der Arbeit zumindest den Eliten in beiden Systemen als revolutionärer und notwendiger Prozess. Grundlage für ein hohes Maß an Optimismus bot in beiden Ländern der erste Einsatz von

---

27 »DAI ICHI«, in: Der Spiegel 9/1968, S. 92; »Grausam aber gut«, in: Der Spiegel 22/1969, S. 118–137; »Number one«, in: Der Spiegel 41/1980, S. 174–176; Klaus von Dohnanyi, Japanische Strategien oder Das deutsche Führungsdefizit, München 1969; Christian Kleinschmidt, Der produktive Blick: Wahrnehmung amerikanischer und japanischer Management- und Produktionsmethoden durch deutsche Unternehmer 1950–1985, Berlin 2002.

Computern in der Produktion. Auf beiden Seiten wurde die Entwicklung der Mikroelektronik als maßgeblicher Faktor im Wettstreit der Systeme anerkannt. Besonders im Bereich der Hochtechnologie war die Konstellation asymmetrisch: Der Ostblock wurde im Westen kaum noch als konkurrenzfähiger Wettbewerbspartner, vielmehr vielleicht noch als zukünftiger Absatzmarkt wahrgenommen. Die Bundesrepublik jedoch blieb bis zum Jahr 1989 Referenzgesellschaft, Bezugssystem und Konkurrent für die DDR-Führung.

3. Computerisierung in Ost und West

Vom Großrechner zum Personal Computer

Bis zu Beginn der 1970er Jahre dominierten im Westen die seit den 1950er Jahren beim Militär, in wissenschaftlichen Einrichtungen, bei Behörden, Versicherungen und in der Industrie im Einsatz befindlichen teuren Großrechenanlagen. Die Szenarien für deren Nutzungen waren begrenzt. Die daraus resultierenden Fehldeutungen der künftigen technologischen Entwicklung etwa in den Führungsetagen des Branchenriesen IBM sind bekannt: Reale Chancen am Markt erwartete man zunächst lediglich für eine geringe Zahl von Großrechnern. Die Anfänge der neuen Informationstechnologien wie später Anfang der 1970er Jahre auch des Internet waren noch fest in die Konstellationen der militärischen Konkurrenz und des Wettrüstens zwischen Ost und West eingebettet, sieht man einmal von der Tradition der Nutzung dieser Technologien für die Optimierung von Rechenprozessen in der Mathematik und den Naturwissenschaften oder bei der Erhebung statistischer Massendaten ab.[28] Umso mehr überrascht schließlich jene Durchschlagskraft, mit der der Computer und andere auf Mikroprozessoren basierende technische Innovationen aus dem Dunstkreis geheimer Regierungsprogramme und Militäranlagen wenig später in alle Bereiche der Gesellschaft diffundierten.

Die industrielle Produktion und massenhafte Einführung von Mikroprozessoren, ohne die der gesellschaftliche Siegeszug des PCs nicht denkbar gewesen wäre, begann Anfang der 1970er Jahre auch in der Bundesrepublik mit der sukzessiven Miniaturisierung der Verarbeitungs- und Speichereinheiten, die vor allem den Fortschritten in der Halbleiterindustrie und der Verbilligung von Bauelementen zu verdanken war.

Während die Entwicklung der elektronischen Datenverarbeitung (EDV) bis dahin durch eine Konzentration der Datenverarbeitungsprozesse in zentralen EDV-Anlagen gekennzeichnet war, begannen in den 1970er Jahren verstärkt Prozesse der Dezentralisierung – ein Trend, der mit dem Übergang von der Lochkarte zur Datenerfassung mit Datensichtgeräten (DSG) in der Bundes-

---

28 Vgl. z. B. Klaus Gestwa/Stefan Rodewald, Verflechtungsstudien. Naturwissenschaft und Technik im Kalten Krieg, in: Osteuropa 59.10 (2009), S. 5–15.

republik bereits zuvor eingesetzt hatte.[29] Zwar gab es integrierte Schaltkreise im Westen schon seit 1960, sie waren jedoch aufgrund ihrer sehr hohen Herstellungskosten kaum beziehungsweise ausschließlich in der militärischen Raumfahrtforschung verwendet worden.[30] Am Ende der 1970er Jahre wurden die Mikrochips weniger störanfällig. Zudem sank der Energieverbrauch bei der Chipproduktion enorm. Einzig ihr immer noch hoher Preis stand einer raschen Ausbreitung dieser Technologie noch im Wege. Vor allem die Standardisierung der Hardware machte die Produktion von Mikroprozessoren in großem Umfang in den USA und Westeuropa möglich und preisgünstiger.[31] Damit stieg das Entwicklungstempo in der Computerbranche ab Ende der 1960er Jahre in einem Maße, das die inflationär verwendete Vokabel von einer *Revolution* angebracht erscheinen lässt. In der DDR dagegen wurden die Mikroelektronik und die mit ihr möglichen Rationalisierungseffekte erst seit dem Ende der 1970er Jahre zu einem Kernbereich der wissenschaftlich-technischen Revolution erhoben.[32]

Dennoch blieben die Kosten für die sogenannte mittlere Datentechnik im Westen hoch und waren für die Mehrzahl der in der Bundesrepublik produzierenden kleinen und mittleren Unternehmen kaum erschwinglich. Zwar sanken die Preise für Mikroprozessoren bis 1980 stark, doch die Kosten für ein sogenanntes Microcomputer-Stand-Alone-System blieben vor allem durch die extrem teuren peripheren Geräte auf einem hohen Niveau. Nur 0,5 Prozent der Kosten für einen Computer waren 1980 für den Mikroprozessor zu zahlen, den Großteil der Gesamtkosten machten die Peripheriegeräte und die Software aus.[33]

Die Geburtsstunde des Personal Computers wird rückblickend gern wie ein modernes Märchen erzählt. Demnach spielte sich diese technologische Revolution zunächst im Stillen ab: In einer Garage im Silicon Valley begannen Steve Wozniak und Steve Jobs 1976 ihren auf dem »Altair« basierenden Computer zusammenzubauen und verkauften ihn an einen lokalen Computerhändler.[34] Nicht viel anders klingt die Gründungsgeschichte des Unternehmens Microsoft,

---

29 Vgl. Michael Hartmann, Rationalisierung der Verwaltungsarbeit im privatwirtschaftlichen Bereich. Auswirkungen der elektronischen Datenverarbeitung auf die Angestellten, Frankfurt a. M./New York 1981, S. 163.
30 Die erste Anwendung eines Mikroprozessors fand laut Hartmann im Navigationscomputer der Interkontinentalrakete Minuteman II statt. Vgl. Hartmann, Rationalisierung, S. 157.
31 Ebd.
32 Hübner, Arbeiter und Technik, S. 197.
33 Hartmann, Rationalisierung, S. 157.
34 Zur Geschichte der Firma Apple siehe etwa Andy Hertzfeld, Revolution in the Valley. The Insanely Great Story of How the Mac Was Made, Sebastopol 2005; Jeffrey S. Young/ William L. Simon, iCon. Steve Jobs, the Greatest Second Act in the History of Business, Hoboken 2005; Joachim Garz, Die Apple-Story. Aufstieg, Niedergang und »Wieder-Auferstehung« des Unternehmens rund um Steve Jobs, Kilchberg 2005; Steve Wozniak/ Gina Smith, iWoz. Wie ich den Personal Computer erfand und Apple mitbegründete, München 2008; Michael Moritz, Return to the Little Kingdom. Steve Jobs, the Creation of

mit dem ein neuer Wirtschaftszweig in Gestalt der Softwareindustrie entstand.[35] Auch Bill Gates und Paul Allen, die die Software BASIC zu einem Betriebssystem für die neuen Mikrocomputer umschrieben, waren wie die Apple-Gründer eher kreative Außenseiter. Den Namen »Personal Computer« erhielt die neue Rechnergeneration von IBM, die auf den Zug der Entwicklung aufsprang und diesen Gerätetyp zu einem neuen Standard machte und vermarktete.

Jenseits von Legendenbildungen verdeutlichen diese populären Geschichten vom Ursprung der digitalen Moderne, wie schnell sich die neuen Technologien in ganz unterschiedlichen Bereichen und Milieus der Gesellschaft verankern konnten. Am Beispiel der Computer-Hippies, Nerds und Hacker aus der kalifornischen Gründerzeit lässt sich zeigen, dass sich diese Technologien in ganz bestimmten sozialen und kulturellen Kontexten durchsetzen und verbreiten konnten. Entsprechend sind die verschiedenen Akteure und deren Einfluss auf die Dynamik der technologischen Entwicklung zu betrachten. Neben dem Militär, der High-Tech-Industrie oder staatlichen Förderprogrammen zur Einführung der EDV waren es immer wieder Sub- und Gegenkulturen, die sich der Mikroelektronik und des Computers bemächtigten, sie für ihre Ziele nutzten, technisch weiterentwickelten und gleichzeitig neue Anwendungsfelder generierten. Gerade dies fehlte der DDR, die kaum Spielräume für eine kreative Aneignung der digitalen Technik ließ. »Hacker« im westlichen Sinne gab es hier kaum, auch wenn in einigen Betrieben und bei Schulcomputern Bastler die Computer kreativ nutzten.

Die Konstellationen, in denen sich diese unterschiedlichen Akteure im Westen begegneten, waren und sind durchaus ungewöhnlich: Große Technologiekonzerne und kreative Außenseiter gingen nicht selten symbiotische Beziehungen ein, kündigten diese aber genauso häufig wieder auf.[36]

Ende der 1970er Jahre wurde in der Bundesrepublik mit dem großflächigen Ausbau der Infrastruktur für die gesamte Telekommunikation begonnen. Ohne diese Entwicklung wäre die rasche Etablierung des Internet seit den 1990er Jahren nicht möglich gewesen. Der erste Schritt in diese Richtung war der Bildschirmtext (BTX), der in der Bundesrepublik 1977 auf der Internationalen Funkausstellung in Berlin vorgestellt und nach ersten Feldversuchen ab 1983

Apple, and How it Changed the World, New York 2009; Walter Isaacson, Steve Jobs. Die autorisierte Biografie des Apple-Gründers, München 2011. Zum Kult um die Marke siehe Leander Kahney, The Cult of the Mac, San Francisco 2004.

35 Siehe Paul Allen, Idea Man. A Memoir By the Cofounder of Microsoft, New York 2011; Bill Gates, Der Weg nach vorn. Die Zukunft der Informationsgesellschaft, Hamburg 1995. Bei der umfangreichen biographischen und unternehmensgeschichtlichen Literatur zu Bill Gates und Microsoft handelt es sich überwiegend um journalistische Arbeiten. Siehe exemplarisch: Jim Wallace/James Erickson, Hard Drive. Bill Gates and the Making of the Microsoft Empire, New York 1992.

36 Ein besonders ergiebiges Feld für die Untersuchung solcher symbiotischer Beziehungen wäre die Mitte der 1990er Jahre einsetzende Phase der so genannten Dotcom-Blase mit ihrer Flut an Startup-Gründungen, Börsenspekulationen und Unternehmensaufkäufen.

flächendeckend eingeführt wurde. Der neue Dienst blieb zwar hinsichtlich der Nutzerzahlen vor allem bei den Privatanschlüssen weit hinter den euphorischen Erwartungen zurück, wurde aber durch die Zusammenführung unterschiedlicher Medien bahnbrechend. Er kombinierte die Kommunikation über das Telefonnetz mit der Bildschirmausgabe des Computers beziehungsweise Fernsehers, war interaktiv angelegt und machte eine Fülle von Informationen zugänglich. Mit der dafür weiterentwickelten Modemtechnik war es nun möglich, unterschiedliche Endgeräte (BTX-Terminals oder das um einen BTX-Decoder erweiterte Fernsehgerät) über das Telefonnetz zu verbinden.[37]

Der Dienst wurde erst im Dezember 2001 offiziell beendet und war damit fast 20 Jahre in Betrieb. Im Hinblick auf die Multimedialität kann BTX als eine Vorwegnahme der Kommunikation über das Internet betrachtet werden. Vor allem Firmen, Behörden und Institutionen nutzten den Dienst. Eine private Nutzung war möglich, aber im Unterschied zum französischen Pendant »Minitel« scheiterte sie in erster Linie an den hohen Preisen des Monopolisten Bundespost. Trotz dieser Schwierigkeiten trug der Dienst dazu bei, dass computer- und netzwerkgestützte Formen der Kommunikation in den Alltag der bundesrepublikanischen Gesellschaft einzogen. Langfristig wirkten Bildschirmtext und der ungefähr zeitgleich eingeführte Videotext wie auch das Kabelfernsehen als Motoren für den Ausbau und die Modernisierung der Infrastruktur im Bereich der Netzwerke und der Telekommunikation. Um Inhalte für den Dienst bereitzustellen, entstanden völlig neue Dienstleister, die Daten und Inhalte für die neuen Medien lieferten. Wurde der Computer am Büroarbeitsplatz oder in der industriellen Produktion anfangs trotz seiner Vorzüge eher skeptisch beurteilt oder sogar als Bedrohung wahrgenommen, fanden seine neuen medialen und kommunikativen Möglichkeiten im privaten Alltag relativ schnell Anklang. Damit unterscheidet sich der Computer deutlich von anderen in den 1970er und 1980er Jahren öffentlich diskutierten neuen Technologien. Gegenüber der Kernenergie setzte sich in der Bundesrepublik in der breiten Öffentlichkeit und auch in weiten Teilen der Politik zunehmend eine eher skeptische, nach den Reaktorunfällen von Harrisburg 1979 und Tschernobyl 1986 gar ablehnende Haltung durch.[38]

---

37 Die Preise für die Nutzung der neuen Kommunikationswelt waren relativ hoch: Ein Decoder schlug mit 500 bis 800 DM zu Buche; die Bundespost verlangte für den Anschluss samt Modem knapp über 50 DM und eine monatliche Gebühr von 8 DM. Hinzu kamen die laufenden Kosten für die Nutzung des Informationsdienstes. In einem Werbespot der Bundespost aus dem Jahr 1986 wurde der neue Dienst mit dem Slogan »Jeder kann teilnehmen« angepriesen. Siehe dazu: Stefan M. Gergely, Mikroelektronik. Computer, Roboter und Neue Medien erobern die Welt, München 1983, S. 145 ff.
38 Vgl. etwa Thomas Raithel, Neue Technologien: Produktionsprozesse und Diskurse, in: ders./Andreas Rödder/Andreas Wirsching (Hg.), Auf dem Weg in eine neue Moderne? Die Bundesrepublik Deutschland in den siebziger und achtziger Jahren, München 2009, S. 31–44.

Die Gesellschaften des Staatssozialismus versuchten in den 1970er und 1980er Jahren ebenfalls unter Aufwendung enormer finanzieller und personeller Ressourcen den Einstieg in das Informationszeitalter zu vollziehen. Die Entwicklung von Rechentechnik und Datenverarbeitung erfolgte in den Ländern des Ostblocks – allen voran in der UdSSR – seit den 1950er Jahren mit ähnlich ambitionierten wissenschaftlichen Programmen und anfangs durchaus vergleichbaren Zyklen der Innovation wie im Westen. In der DDR erlebten im Zuge der technokratischen Reformen in den 1960er Jahren die Informatik und die Entwicklung der »elektronischen Rechentechnik« eine gewisse Blüte, die durch den Kybernetik-Boom zusätzlich gefördert wurde. Das auf Rationalität und Effektivierung zielende technikfreundliche gesellschaftliche Klima und die in ihm entstehenden Expertenkulturen wurden von der SED jedoch bald wieder politisch eingehegt. Dass es innerhalb der zentralistisch und planwirtschaftlich organisierten Wirtschaftssysteme einfacher und schneller gelingen könne, die für die technologische Entwicklung und deren Implementierung notwendigen Ressourcen zu mobilisieren, erwies sich rasch als Trugschluss. Politische Konjunkturen und Fehlentscheidungen, bürokratische Planungsmechanismen, die Gegenmächte lokaler und regionaler Instanzen, die Schwierigkeiten der Kooperation und Arbeitsteilung innerhalb des RGW sowie schlicht fehlende Investitionsmittel prägten vielmehr den Alltag der Computerisierung im Ostblock.[39]

Um die eigene Entwicklung der Computertechnik und Software voranzutreiben, waren alle staatssozialistischen Länder auf den Technologietransfer aus dem Westen angewiesen.[40] Unter den Bedingungen der amerikanischen Embargopolitik auf dem Feld der Hochtechnologie und einer politisch motivierten Abschottung gegenüber dem Westen gestaltete sich dies äußerst schwierig. Ohne die Sonderbedingungen des innerdeutschen Handels, die Beschaffungsaktivitäten und die Industriespionage der Hauptverwaltung Aufklärung (HVA) des Ministeriums für Staatssicherheit (MfS) hätte die DDR ihr vollmundiges Programm zur Entwicklung der Mikroelektronik mit dem Prestigeprojekt des 1-Megabit-Speicherchips nicht realisieren können.[41] Es war ein offenes Geheimnis, dass in den privilegierten Schlüsselbetrieben der Mikroelektronik der DDR wie dem VEB Carl Zeiss Jena nicht selten aus dem Westen beschaffte Technik von

---

39 Siehe etwa Gerhard Merkel, Computerentwicklungen in der DDR. Rahmenbedingungen und Ergebnisse, in: Friedrich Naumann/Gabrielle Schade (Hg.), Informatik in der DDR – eine Bilanz, Bonn 2006, S. 40–54.
40 Siehe dazu Felix Herrmann, Zwischen Planwirtschaft und IBM. Die sowjetische Computerindustrie im Kalten Krieg, in: Zeithistorische Forschungen/Studies in Contemporary History 9.2 (2012), S. 212–230; ferner Donig, Vorbild.
41 Einen Einblick in das Ausmaß dieses illegalen Technologietransfers bietet eine Publikation ehemaliger Mitarbeiter des Sektors Wissenschaft und Technik der HV A des MfS: Horst Müller/Manfred Süß/Horst Vogel (Hg.), Die Industriespionage der DDR. Die wissenschaftlich-technische Aufklärung der HV A, Berlin 2008.

IBM nachgebaut oder einfach nur umetikettiert wurde.⁴² Die DDR versuchte zudem, in mehreren Anläufen unter Umgehung der Embargobestimmungen im Westen Produktionsunterlagen und Lizenzen für die Herstellung von Speicherschaltkreisen sowie ganze Leiterplattenwerke zu beschaffen. Ein geplantes und in langwierigen Verhandlungen mit dem japanischen Toshiba-Konzern 1986 eingefädeltes Geschäft scheiterte 1987, bevor es richtig begonnen hatte. Die japanische Seite brach die Verhandlungen auf Druck der amerikanischen Regierung ab.⁴³

Als der 1-Megabit-Speicherchip, den das Zentrum für Mikroelektronik in Dresden entwickelt hatte, 1988 im Rahmen einer öffentlichen Inszenierung an Erich Honecker übergeben wurde, war er bereits veraltet. Die DDR habe den »ersten begehbaren Mikrochip der Welt« entwickelt, kommentierte dies mit gehörigem Sarkasmus ein populärer Witz. An eine Massenfertigung des lediglich in einer begrenzten Zahl an Musterexemplaren vorliegenden Speicherchips war wegen der fehlenden Produktionsanlagen nicht zu denken. Die Einführung der neuen Technologien in der Wirtschaft, in der wissenschaftlichen Forschung oder im Staats- und Behördenapparat beschränkte sich insofern auf wenige hochsubventionierte Insellösungen. Weite Teile der Industrie waren wegen ihres maroden Zustands und ihrer überalterten Herstellungsverfahren überhaupt nicht vorbereitet auf eine umfassende Computerisierung. Obwohl die Entwicklung der Mikroelektronik spätestens seit Ende der 1970er Jahre von nahezu allen kommunistischen Parteien des Ostblocks in den Rang einer politisch vorrangigen Aufgabe erhoben und entsprechend lautstark propagiert wurde, betrug der technologische Rückstand zum Westen Anfang der 1980er Jahre bereits rund ein Jahrzehnt.

Der Übergang in das Computerzeitalter überforderte die DDR-Wirtschaft seit Beginn der 1970er Jahre in jeder Hinsicht.⁴⁴ Zu den Faktoren, die eine Computerisierung nachhaltig behinderten, gehörte, neben dem Technologie-Embargo des Westens, die lange Zeit beibehaltene Beschränkung der mikroelektronischen Anwendungen und Entwicklungskapazitäten auf den militärischen Bereich. Erschwerend hinzu kamen die Vernachlässigung der industriellen Grundlagenforschung und schließlich die enorm wachsenden Ausgaben für Konsum und Sozialleistungen in der Ära Honecker.⁴⁵

Die Einführung der Computertechnik beschränkte sich auf ausgewählte Bereiche des Militärs, der Wirtschaft, der Verwaltung und der Wissenschaft. Vor-

---

42 Zur Absicherung des Mikroelektronikprogramms durch die Staatssicherheit im VEB Carl Zeiss Jena siehe Reinhard Buthmann, Kadersicherung im Kombinat VEB Carls Zeiss Jena. Die Staatssicherheit und das Scheitern des Mikroelektronikprogramms, Berlin 1997.
43 Siehe dazu Gerhard Barkleit, Mikroelektronik in der DDR. SED, Staatsapparat und Staatssicherheit im Wettstreit der Systeme, Dresden 2000, S. 97 ff.; Matthias Judt, Der Bereich Kommerzielle Koordinierung. Das DDR-Wirtschaftsimperium des Alexander Schalck-Golodkowski – Mythos und Realität, Berlin 2013.
44 Ahrens, Spezialisierungsinteresse, S. 78.
45 Ebd., S. 78 f. und Hübner, Arbeiter und Technik, S. 198 f.

rang hatte zudem der forcierte Einsatz der Informationstechnologie bei der Überwachung der Bevölkerung durch das MfS.[46] Eine breite Diffusion der Computer in die Gesellschaft und die damit verbundene kulturelle Prägung durch eine massenhafte individuelle Aneignung der Computertechnik im Alltag waren unter diesen Bedingungen kaum möglich. Die Betriebe der Mikroelektronik waren nicht in der Lage, die dazu benötigten Personal Computer in ausreichenden Mengen und zu halbwegs akzeptablen Preisen zur Verfügung zu stellen. Erst ab 1984 wurden in der DDR die ersten sogenannten Heimcomputer bei Robotron in Dresden und im VEB Mikroelektronik Mühlhausen für den heimischen Markt produziert. Dies bedeutet jedoch nicht, dass sie auch schon zu kaufen waren. Die meisten der produzierten Geräte waren für den »gesellschaftlichen Bedarf« bestimmt, also den Bildungs- und Wissenschaftssektor, die Armee oder die Wirtschaft. Folgerichtig verbannte man die Bezeichnung »Heimcomputer« sehr schnell wieder aus dem offiziellen Sprachgebrauch. Für einen privaten Käufer schlug ein solcher Kleincomputer, als er einige Jahre danach erstmals in den Rundfunkläden der großen Städte auftauchte, mit einem Preis von anfangs 4.000 und später ca. 2.000 DDR-Mark zu Buche. Zusätzlich benötigte der Nutzer einen Kleinfernseher zum Beispiel der sowjetischen Marke »Junost« und weitere Peripheriegeräte. Von den verschiedenen Serien dieser wenig leistungsfähigen Kleinrechner wurden in der DDR von 1984 bis 1989 nicht mehr als insgesamt 30.000 Stück produziert.[47] Wie viele davon überhaupt in den Handel gelangten, ist nicht genau überliefert. Sie wurden vor allem für Schulen angeschafft, weshalb zumindest viele Jugendliche in den 1980er Jahren auch in der DDR mit Computern in Kontakt kamen. Und ebenso wie im Westen erschienen in der DDR auch Computersendungen im Radio und Fernsehen sowie Computerzeitschriften, um das Interesse der Bastler zu fördern.

Angesichts dieser Situation ist es erstaunlich, dass sich in der DDR und den anderen Ländern des Ostblocks trotzdem eine eigene, durchaus lebendige Computerszene herausbildete, die häufig mit elektronischen Bausätzen improvisieren musste oder sich mit den wenigen aus dem Westen beschafften und dadurch um so wertvolleren Geräten behalf. Die geschätzten, aber kaum belegbaren 200.000 Heimcomputer[48], die als Geschenke von Verwandten im Westen oder über die Intershops in die DDR gelangten, wurden zu horrenden Preisen im Gegenwert eines PKW gehandelt. Während diese Computerisierung über die innerdeutsche Grenze mehr oder weniger toleriert wurde, blieb die Einfuhr von

---

46 Siehe Christian Booß, Der Sonnenstaat des Erich Mielke. Die Informationsverarbeitung des MfS. Entwicklung und Aufbau, in: Zeitschrift für Geschichtswissenschaft 60.5 (2012), S. 441–457.
47 Vgl. Klaus-Dieter Weise, Erzeugnislinie Heimcomputer, Kleincomputer und Bildungscomputer des VEB Kombinat Robotron, Dresden 2005, S. 13; online unter URL: http://robotron.foerderverein-tsd.de/322/robotron322a.pdf (zuletzt aufgerufen am 10.11.2014).
48 Vgl. Sven Stillich, Mit Kilobytes gegen den Klassenfeind, URL: http://www.spiegel.de/einestages/ddr-computer-mit-kilobytes-gegen-den-klassenfeind-a-948669.html. Zuverlässige Angaben zu diesem privaten Technologietransfer fehlen bislang.

Software strikt verboten. Staat und Partei versuchten auf verschiedenen Wegen, solche subkulturellen Tendenzen unter Kontrolle zu behalten. Als Hebel dafür diente der Zugang zur Technik. Er war in der Regel nur über die Computerklubs und -kabinette der »gesellschaftlichen Organisationen« wie der Gesellschaft für Sport und Technik (GST) möglich; in ihren Händen befand sich die Verfügungsgewalt über die wenigen Computer außerhalb von Industrie und Behörden.

Als ein potenzielles Werkzeug für den freien Zugang zu Informationen und deren Verbreitung blieben die Computer im privaten Besitz stets suspekt für die kommunistischen Regime, in deren Wahrnehmung bereits der Besitz einer Schreibmaschine die technischen Voraussetzungen für mögliche oppositionelle Aktivitäten bot. Für die Durchsetzung der Informationsgesellschaft im späten Staatssozialismus fehlte somit ein entscheidender Impuls – die Computerisierung als massenkulturelle Aneignung der Technologie »von unten«. Den Eintritt in das Zeitalter des Internets haben die ost- und ostmitteleuropäischen Staaten erst nach dem Untergang des Kommunismus erlebt. Die Dynamik der Netzwerkgesellschaft hätte sie im Vergleich zur Anfangsphase der Computerisierung vor noch größere technische, kulturelle und vor allem politische Probleme gestellt. Im Geflecht der Ursachen für das Ende des Staatssozialismus wird man dem Scheitern an den Herausforderungen der modernen Kommunikations- und Informationstechnologien deshalb einen vorderen Platz einräumen müssen.

Computerisierung der Arbeitswelt in beiden deutschen Staaten

Die Computerisierung der Arbeitswelt hatte in der Bundesrepublik bereits in den 1950er Jahren begonnen und erfasste seitdem immer mehr Arbeitsbereiche in Industrie und Verwaltung. In der DDR wurde zwar die kleinste technisch begründete Rationalisierungsmaßnahme medial gefeiert, und man wurde nicht müde, die gewünschte Automatisierung der Produktion mit propagandistischen Bildern zu beschwören, jedoch stand dies in eklatantem Gegensatz zur realen Arbeitswelt.[49] Im Verlauf der 1970er und 1980er Jahre galt es in vielen Produktionsbereichen zunächst, die Voraussetzungen für eine Automatisierung der Produktion zu schaffen und Produktionsabläufe vielerorts überhaupt erst zu mechanisieren. Dennoch rechnete die SED-Spitze damit, dass zumindest die Sowjetunion die Computerisierung ihrer Volkswirtschaft bis zur Jahrtausendwende erreicht haben würde.

---

49 In den visionären Vorstellungen von der Zukunft der Arbeit nahm die menschenleere Fabrik einen prominenten Platz ein. Siehe dazu: Uwe Fraunholz, »Revolutionäres Ringen für den gesellschaftlichen Fortschritt«. Automatisierungsvisionen in der DDR, in: ders. (Hg.), Technology Fiction. Technische Visionen und Utopien in der Hochmoderne, Bielefeld 2012, hier S. 196.

Während der Diskurs im Westen seit Beginn der 1970er Jahre von der Frage bestimmt war, ob Mikroelektronik am Arbeitsplatz ein Fluch oder Segen sei, erlitt die Fortschritts-Rhetorik der SED kaum Blessuren. Allerdings hielten sich hier die spürbaren Folgen der technologischen Neuerungen in engen Grenzen.

Seit Mitte der 1970er Jahre wurden die industrielle Produktion, viele Verwaltungsbereiche und der Dienstleistungssektor in den westlichen Industrieländern durch den massenhaften Einsatz der immer leistungsfähigeren und fast überall einsetzbaren Mikrochips revolutioniert. Immer häufiger redeten zeitgenössische Beobachter von einer »dritten industriellen Revolution« und verbanden dies mit Lobgesängen auf die »kolossalen Winzlinge«.[50] Der Wandel der Arbeitswelt vollzog sich in einer Art Domino-Effekt: Zu den ersten Branchen, die die Folgen der Rationalisierung und Umstrukturierung zu spüren bekamen, gehörte die Uhrenindustrie, deren traditionsreiche Standorte in Süddeutschland und in der Schweiz durch den Import quarzgesteuerter Digitaluhren aus Fernost besonders hart getroffen wurden. Ein ähnliches Schicksal erlitten die Hersteller von Registrierkassen und Büromaschinen, die die Entwicklung zum Teil verpasst hatten.[51] Besonders rasant wurde auch die gesamte Druckindustrie einem technologischen Wandel unterworfen, bei dem die ehemals mächtige Berufsgruppe der Setzer durch den Fotosatz überflüssig wurde. Die ersten großen Protestaktionen und Arbeitsniederlegungen im Zusammenhang mit der Computerisierung fanden in Zeitungsverlagen und großen Druckereibetrieben statt. Ebenso raumgreifend veränderte der Einsatz von Mikroelektronik die gesamte metallverarbeitende Industrie und dort besonders die Automobilherstellung, in der CNC-Maschinen (*Computerized Numerical Control*) und Industrieroboter ganze Produktionsabläufe automatisierten und die bisherigen Arbeitskräfte verdrängten. Die Aufzählung ließe sich beliebig fortführen – von der gesamten Büroarbeit und der öffentlichen Verwaltung bis hin zum Banken- und Versicherungssektor.[52]

Im Westen galt »wegrationalisiert« als neues Schlagwort des Jahrzehnts. Dabei hatte die in den OECD-Ländern einsetzende Beschäftigungskrise der frühen 1970er Jahre nicht nur mit dem Einsatz neuer Technologien zu tun, sondern stärker noch mit einem einschneidenden Strukturwandel. Dieses Bedrohungsgefühl drückte der öffentlichen Diskussion über die Computerrevolution ihren unverwechselbaren Stempel auf. Die Medien lieferten seit Ende der 1970er Jahre für die anhaltenden Debatten über die wachsende Macht der Computer wirkmächtige Bilder und Schlagzeilen; so fungierten sie als Verstärker für die mit der Einführung dieser Technologien verbundenen Ängste und Gefahren. In den Debatten

---

50 Vgl. u. a. Dieter Balkhausen, Die dritte industrielle Revolution. Wie die Mikroelektronik unser Leben verändert, Düsseldorf 1978, S. 11.
51 Vgl. dazu das Beispiel des »AEG Olympia Büromaschinenwerkes«, in: Meinolf Dierkes/Lutz Marz, Leitbildzentriertes Organisationslernen und technischer Wandel, Berlin 1998, S. 20 ff.
52 Ausführlicher dazu: Annette Schuhmann, Der Traum vom perfekten Unternehmen. Die Computerisierung der Arbeitswelt in der Bundesrepublik Deutschland (1950er- bis 1980er-Jahre), in: Zeithistorische Forschungen/Studies in Contemporary History 9.2 (2012), S. 231–256.

und Prognosen der bundesdeutschen »Leitmedien« ging es in erster Linie um die Effekte der Computertechnologien für die Industriearbeit. So erklärte *Der Spiegel* 1978: »Winzige elektronische Bausteine bedrohen Millionen von Arbeitsplätzen in Industrie und Dienstleistungsgewerbe. Weder Regierung noch Gewerkschaften wissen, wie sie die Folgen des Fortschritts unter Kontrolle bringen können.«[53]

Wenig Beachtung fand dagegen die »Revolution« oder besser »Evolution« der Arbeitswelt im Büro, die, schaut man etwa auf die Büroarbeit in den westdeutschen Sozialverwaltungen in den 1970er Jahren, längst stattfand.[54] In den 1980er Jahren wurden schließlich in den den westdeutschen Industriebetrieben angegliederten Verwaltungen in großem Umfang sogenannte »Terminals« eingesetzt. Das betraf vor allem die Lohnbuchhaltung, die Buchhaltungen allgemein sowie Ein- und Verkaufsabteilungen und so gut wie alle anderen Verwaltungsabteilungen. Der Einsatz der neuen »intelligenten« EDV-Anlagen betraf grundsätzlich alle Arbeitsprozesse, die auf immer wiederkehrenden, logischen Regeln gehorchenden Abläufen beruhten. Das hatte zur Folge, dass in den Verwaltungen der Bundesrepublik eine enorme Rationalisierungswelle begann. Schließlich konnten die Computer inzwischen nicht nur Daten verarbeiten, speichern und vor allem kombinieren, sondern seit den späten 1970er Jahren bereits viele Tätigkeitsbereiche übernehmen, die bisher die Buchhaltungen vollzogen. In der Folge kam es hier zu einem enormen Abbau von Arbeitsplätzen; viele Verwaltungsberufe wurden fast vollständig vernichtet. Im Verlauf der 1980er Jahre waren erstmals Teile der mittleren Führungsebene bedroht.[55] Zugleich expandierte in anderen Dienstleistungs- und Verwaltungsbereichen trotz Computereinsatz die Mitarbeiterzahl (wie in Banken, Versicherungen oder staatlichen Verwaltungen), weil die Anforderungen und die Nachfrage stiegen.

Schließlich sahen sich auch die Länder des sowjetischen Blocks mit Fragen nach der Zukunft der Arbeit und deren sozialen Konsequenzen vor dem Hintergrund der »wissenschaftlich-technischen Revolution« konfrontiert. In der DDR war man, bedingt durch eine schwierige demographische Situation, bereits seit langem mit einem enormen Arbeitskräftemangel konfrontiert. Daher erschienen Rationalisierungsmaßnahmen und Automation als probate Lösungsstrategien. Von einer Beschäftigungskrise konnte in der DDR dagegen kaum die Rede sein.[56] Die Erwartungen an eine Überwindung des Arbeitskräftemangels durch Rationalisierung erfüllten sich jedoch nicht. Zwar gab es auch hier, etwa in der Stahl- und Chemieindustrie, nicht zu vergessen bei Carl-Zeiss Jena, automatisierte und computerisierte Produktionsstrecken, jedoch stand der Einsparung an Arbeitskräften ein wachsender Bedarf an Reparatur- und Instandhaltungspersonal gegenüber. Die notwendige Aufrechterhaltung der Produktion in den

---

53 »Uns steht eine Katastrophe bevor«, in: Der Spiegel 16/1978, S. 80–100, hier S. 80. »Mikroelektronik – Fluch oder Segen?« In: Der Spiegel 5/1982, S. 126–129. Vgl. auch Dierkes/Marz, Technikakzeptanz, S. 18 f.
54 Schuhmann, Der Traum vom perfekten Unternehmen, S. 252 f.
55 Hartmann, Rationalisierung, S. 115.
56 Hübner, Arbeiter und Technik, S. 494 ff.

völlig veralteten Anlagen erforderte von Jahr zu Jahr mehr Personal.[57] Für den Werkzeugmaschinenbau wurde nachgewiesen, dass bereits der Übergang zu NC-Steuerungen, die Befehle von Datenträgern ablasen, auf erhebliche Schwierigkeiten stieß, während die nächste Phase der automatischen CNC-gesteuerten industriellen Verarbeitungs- und Produktionsprozesse nie erreicht wurde.[58]

Als Indikator dafür, welchen Entwicklungsvorsprung die Bundesrepublik auf diesem Gebiet schon sehr früh hatte, kann die Einführung des Quelle-Systems im Jahr 1957 gelten.[59] Das von der deutschen Firma Standard Elektrik Lorenz (SEL) entwickelte »Informatik-System-Quelle« – den Namen »Informatik« ließ sich das Unternehmen schützen – markiert den Einstieg in das Gebiet der Informationsverarbeitung.[60] Das System fand vor allem deshalb weltweit Beachtung, weil es bewies, dass der Computer eben nicht nur rechnen, sondern »Prozesse steuern« konnte. Mit dieser Erfahrung eröffneten sich vollkommen neue Möglichkeiten für den Einsatz der Computer in Industrie und Verwaltung. Etwa zeitgleich mit dem Quelle-System wurden in Frankfurt am Main mit dem Aufbau des Univac-Rechners von Remington Rand die Grundlagen für die Datenverarbeitung außerhalb der Universitäten geschaffen. In 35 Lehrgängen des Jahres 1957 wurden 500 »Operatoren« ausgebildet.[61] Kurz darauf wurde bei der Allianz-Versicherung der erste IBM-Rechner in Betrieb genommen.

Ab Mitte der 1960er Jahre nahm die Zahl der in Unternehmen installierten Computer stark zu. Dabei bildete sich eine Kluft zwischen wenigen Großanwendern einerseits sowie einer wachsenden Gruppe der Nutzer Mittlerer Datentechnik andererseits. Für die Phase bis zum Beginn der 1980er Jahre gilt: Je größer ein Unternehmen, umso eher verfügte es über eine eigene Rechenanlage. Kleinere Unternehmen nutzten die Mittlere Datentechnik oder Rechenzentren außerhalb des Betriebs. Banken und Versicherungen dagegen waren oft Anwender von Großrechenanlagen, da die Branche insgesamt stark zentralisiert war.

Mit Beginn der 1980er Jahre starteten die großen Automobilkonzerne Investitionsoffensiven. Sie forcierten zum Teil aggressiv die computerisierte Fertigung. Der Einzug der Industrieroboter in die Werkhallen des Fahrzeugbaus wurde zum Symbol dieser Entwicklung. Die Vorstellungen von einer perfekten Produktionsanlage hatten viele Namen. Einer der gebräuchlichsten war das *»Computer Integrated Manufactoring«*, kurz CIM. CIM war für die einen ein Schreckgespenst, für die anderen das Ideal; in jedem Fall war es mit der Vorstellung einer fast menschenleeren Fabrik verbunden. In der CIM-Fabrik, so die Idee, könnten alle technischen Rationalisierungschancen ausgeschöpft werden, selbst Bereiche der bisherigen Kopfarbeit wie der Konstruktionsbüros würden in den Automatisierungsvorgang involviert sein. In Zukunft, so die Theorie, wür-

---

57 Hübner, Arbeiter und Technik, S. 189f.
58 Ahrens, Spezialisierungsinteresse, S. 88.
59 Schuhmann, Der Traum vom perfekten Unternehmen, S. 244f.
60 Petzold, Rechnende Maschinen, S. 459ff.
61 Detlef Borchers, Vor 50 Jahren: Beginn der DV-Ausbildung in Frankfurt/Main, in: c't, 19.10.2006.

den sämtliche Produktions- und Verwaltungsabläufe vernetzt und zentral gesteuert werden. Zum Musterbeispiel für den Aufbau einer CIM-gesteuerten Produktionsstätte wurde die mit der Produktion des Golf II im Jahr 1983 in Betrieb genommene legendäre *Halle 54* des Volkswagenwerkes.[62]

Die Installation solcher Systeme wie dem der vollautomatisierten Fabrik erforderte sehr hohe Investitionen, wobei sich deren Wirtschaftlichkeit mittels Kostenrechnung nur schlecht nachweisen ließ. Der extrem hohe Entwicklungsaufwand der benötigten Software führte zu langen Projektlaufzeiten, während derer sich die Informationstechnik beständig weiterentwickelte. Anfangs rentabel erscheinende Projekte waren zum Beginn ihres Einsatzes bereits überholt. Trotz der im Verlauf der 1980er Jahre gewonnenen Erkenntnisse über die Unzulänglichkeiten der CIM-Projekte förderte die Bundesregierung diese in den Jahren 1987 bis 1992 mit 580 Millionen DM. Darüber hinaus unterstützte sie Pilotprojekte sowie fortgeschrittene Vorhaben dieser Art in 1.200 Unternehmen mit über 300 Millionen DM.[63]

Trotz des verspäteten Starts hielt die Mikroelektronik ab Anfang der 1970er Jahre auch in den DDR-Betrieben und -Verwaltungen Einzug. Rechenzentren und Bürocomputer veränderten in erster Linie den Arbeitsalltag der Angestellten. Aber auch Produktionsarbeiter sahen sich zunehmend mit der neuen Technik konfrontiert, insbesondere die Beschäftigten aus den am Mikroelektronikprogramm beteiligten Hersteller- und Zulieferbetrieben. Andere Teile der Arbeiterschaft kamen im Zuge der Rationalisierung erstmals mit Industrierobotern in Berührung. Ende der 1970er Jahre wurden in DDR-Betrieben ca. 130 Industrieroboter eingesetzt, von denen 25 aus Westimporten stammten. Im Mikroelektronikprogramm von 1977 hatten die Produktion und der Einsatz von Industrierobotern hohe Priorität. Bis zum Jahr 1980 wurde gar eine Roboteroffensive anvisiert: 7.000 Roboter sollten bis dahin produziert werden. Die amtliche Statistik meldete für 1980 2.189 Industrieroboter.[64]

Im Gegensatz zur Skepsis und zu den Befürchtungen in der bundesdeutschen Öffentlichkeit war der Einsatz der neuen Technologie in der DDR im offiziellen Sprachgebrauch ausschließlich von positiven Erwartungen begleitet. In der Praxis kam es jedoch aufgrund der mit der Einführung verbundenen Probleme zu nicht unerheblichen sozialen Konflikten, und die betroffenen Arbeiter reagierten darauf mit subtilen Formen der Resistenz.[65]

---

62 Heßler, Die Halle 54.
63 Timo Leimbach, Die Softwarebranche in Deutschland. Entwicklung eines Innovationssystems zwischen Forschung, Markt, Anwendung und Politik 1950 bis heute, Stuttgart 2011. Richard Vahrenkamp, Von Taylor zu Toyota. Rationalisierungsdebatten im 20. Jahrhundert, Lohmar-Köln 2010, S. 122.
64 Peter Hübner, Arbeit, Arbeiten und Technik in der DDR, S. 203 f.
65 Siehe dazu Olaf Klenke, Kampfauftrag Mikrochip. Rationalisierung und sozialer Konflikt in der DDR, Hamburg 2008.

In der Bundesrepublik ergaben sich durch eine forcierte Automatisierungswelle in den Unternehmen bereits ganz andere Probleme: So verengte sich durch die starke Fixierung auf Technik und Automation im Verlauf der 1970er und frühen 1980er Jahre das grundlegende Verständnis von Fabrikorganisation. Andere Quellen von Produktivität und Effizienz wurden zunehmend ausgeblendet. Damit wurde nicht nur das Expertenwissen der Mitarbeiter zu einer vernachlässigbaren Restgröße herabgestuft – auch für Flexibilität, Verantwortung und Initiative gab es in einem derart organisierten Produktionsprozess wenig Anreize. Die Qualifikation der Facharbeiter und der Wert ihrer Erfahrungen verkümmerten, und schließlich ging damit auch Innovationsfähigkeit verloren. Auf der anderen Seite führte das allgemein hohe technische Niveau der Produktion aber auch zu einer gewissen Renaissance des Facharbeiterberufs seit den 1970er Jahren, und es mangelte an gut ausgebildeten und erfahrenen Kräften. Viele Arbeiter sahen in der Bedienung von komplexen Maschinen auch eine Aufwertung ihrer Tätigkeit gegenüber der stärker körperlichen Tätigkeit.

Die Hochphase der Computerisierung spielte sich vor dem Hintergrund einer wachsenden (welt-)wirtschaftlichen Krisensituation ab. Es gehört zu den erklärungsbedürftigen Entwicklungen, dass dieser Umstand den Vormarsch des Computers und der mit ihm verbundenen Kommunikationstechnologien keineswegs behindert, sondern eher befördert hat. Der Prozess der Computerisierung hat sich nicht nur in der industriellen Produktion, der Verwaltung oder dem Bankwesen vollzogen, sondern zeitgleich beziehungsweise leicht zeitversetzt in vielen anderen gesellschaftlichen Bereichen – mit jeweils spezifischen Effekten und Akzeptanzbedingungen. Zudem entstanden im Zuge der Computerisierung im Westen bald auch neue Wirtschaftszweige wie die Softwareindustrie[66] und mit ihnen neue Arbeitsplätze. Inwieweit es in den staatssozialistischen Gesellschaften vergleichbare Effekte gegeben hat und wie die dortigen staatlichen Institutionen der Berufslenkung und Arbeitsvermittlung damit umgegangen sind, bedarf noch der genaueren Untersuchung.

4. Kulturelle Dimensionen des digitalen Wandels

Die kulturelle Dimension des mit der Computerisierung in den 1980er Jahren verbundenen gesellschaftlichen Umbruchs lässt sich am deutlichsten an der in dieser Zeit beginnenden Ära der Heimcomputer und Computerspiele festmachen.[67] Wie auch bei vorangegangenen Medienwechseln sind es vor allem gesellschaftliche Bedürfnislagen, die die weitere technische Entwicklung stimuliert haben. Der als kreatives und individualisierbares Werkzeug und Spielgerät nutzbare

---

66 Siehe dazu für Westdeutschland: Leimbach, Die Softwarebranche.
67 Vgl. Werner Faulstich, Die Anfänge einer neuen Kulturperiode: Der Computer und die digitalen Medien, in: ders. (Hg.), Die Kultur der 80er Jahre, Paderborn 2005, S. 231–245, hier S. 231 f.

Personal Computer wurde zu einem willkommenen Objekt der Begierde in einer zunehmend ausdifferenzierten und individualisierten Konsum- und Freizeitgesellschaft. Es ist deshalb kein Zufall, dass die Klein- und Spielecomputer in der ersten Hälfte der 1980erJahre die Privathaushalte und dort vor allem die Kinderzimmer eroberten. Mit dem von der Firma Commodore entwickelten C 64 löste ab 1982 eine neue Generation von Heimcomputern die bis dahin den Markt beherrschenden Spielekonsolen und Spielhallenautomaten ab. Die neuen Geräte punkteten mit drei entscheidenden Vorteilen: Auf ihnen konnte man eine unbegrenzte Zahl von Spielen laufen lassen, sie boten eine ganze Reihe von Ausbau- und Erweiterungsmöglichkeiten, und sie konnten außer für das Spielen noch für viele weitere Zwecke eingesetzt werden – vom Programmieren über die Textverarbeitung bis hin zum Lernen oder Musikmachen. Die seit 1978 erscheinende Computerzeitschrift »Chip« nannte den im »Brotkastendesign« daherkommenden und für ca. 1.400 DM erhältlichen C 64 im Jahr 1983 einen »ganz starken Typen« und attestierte ihm hohe Leistungsfähigkeit und Vielseitigkeit.[68] Hersteller, Kaufhäuser und Elektronikmärkte reagierten mit immer neuen Angeboten auf diese Entwicklung. Die Kommerzialisierung des Computers wurde so zu einem wichtigen Hebel seiner gesellschaftlichen Durchsetzung. Allein von dem bis 1994 produzierten und inzwischen zur Legende gewordenen C 64 wurden weltweit schätzungsweise 17 Millionen Exemplare verkauft.[69] Weitere Modelle wie der ebenfalls von Commodore stammende Amiga oder die Geräte von Atari waren ähnlich erfolgreich und erlangten ebenfalls Kultstatus.

Mit dem Boom der Computershops, eigenen Ratgebersendungen im Fernsehen und speziellen Zeitschriften waren Computer plötzlich auch im Alltag omnipräsent. Titel-Stories der Medien über die Invasion der Computer in die privaten Haushalte befeuerten den allgemeinen Hype. Die Videospiele seien die »Einstiegsdroge« der Kinder und Jugendlichen in die Computerwelt und die Industrie habe sich »voll auf diese Zielgruppe eingeschossen«, schrieb *Der Spiegel* 1983.[70] Öffentliche Debatten über den neuen Trend und seine Gefahren ließen nicht lange auf sich warten. Sie spiegelten die in der Gesellschaft vorhandenen divergierenden Erfahrungswelten im Umgang mit Computern und ihre Frontlinien verliefen meist entlang der Generationen. Ein deutliches Indiz für diese Entwicklung ist, dass sich die Bundesprüfstelle für jugendgefährdende Schriften verstärkt mit Computerspielen beschäftigte. Mit »River Raid« geriet 1984 erstmals ein Computerspiel auf den Index der Prüfstelle. Während positive Erfahrungen mit der neuen digitalen Welt nunmehr bei Kindern und Jugendlichen zu einem festen Bestandteil ihrer Sozialisation wurden, blieb die Elterngeneration, die den Computer vor allem als Bedrohung für ihren Arbeitsplatz kennenlernte und von den Horrorszenarien der elektronischen Überwachungsmöglichkeiten

---

68 Ein ganz starker Typ, in: Chip 6/1983, S. 48.
69 Zu den unterschiedlichen Schätzungen der Absatzzahlen für den C 64 siehe http://www.pagetable.com/?p=547 (zuletzt aufgerufen am 15.5.2015).
70 »Computer – das ist wie eine Sucht«, in: Der Spiegel 50/1983, S. 172–183, hier S. 177.

beunruhigt war, zunächst eher skeptisch. Ungeachtet dieser Stimmungsschwankungen zwischen Euphorie und Angst war der Damm jedoch längst gebrochen. In der DDR blieb der Gebrauch des Computers zum Spielen marginal: Mitunter, so berichten Zeitzeugen, nutzten Mitarbeiter in Betrieben die Computer zum Spielen und liehen sie heimlich am Wochenende für die Familie aus. Ebenso kopierten sich Jugendliche auch in der DDR Spiele auf Kassetten, mit denen sie an Schulcomputern spielten.

Wie weit die Durchsetzung der Computer und der EDV in den westlichen Industriegesellschaften Anfang der 1980er Jahre bereits fortgeschritten war, lässt sich daran erkennen, dass es kaum noch einen Bereich der Gesellschaft gab, in dem nicht heftig und mit großer medialer Aufmerksamkeit über die Folgen dieser Entwicklung diskutiert wurde. Während Eltern, Pädagogen, Psychologen und Politiker noch über die von den Computerspielen ausgehenden Gefahren für Kinder und Jugendliche stritten, sammelten die Schulen gleichzeitig erste Erfahrungen mit dem Einsatz des Computers im Unterricht. In der Bundesrepublik wurde bereits Mitte der 1980er Jahre über die Einführung eines obligatorischen Informatikunterrichts debattiert. Begleitet war dies von Bildern der an vielen Schulen neu eingerichteten Computerräume. Hinzu kamen Meldungen über computerbegeisterte Wunderkinder, die spielerisch Programmiercodes in die noch klobigen Maschinen eintippten.[71] Plötzlich wollte niemand diesen Zug der Zeit verpassen, und es verbreitete sich fast schon eine Art Torschlusspanik in den Kultusministerien und unter den Pädagogen. Das Thema lieferte den Stoff für eine allgemeine Bildungsdebatte, von der ein zusätzlicher Handlungsdruck ausging.[72] Euphorische Befürworter eines digital gestützten Unterrichts erhoben den Umgang mit dem Computer in den Rang einer unverzichtbaren Kulturtechnik, die Kinder und Jugendliche ebenso erlernen müssten wie das Lesen, Schreiben und Rechnen. Die Bundesministerien für Bildung unter Dorothee Wilms und für Forschung unter Heinz Riesenhuber starteten 1984 eine großangelegte Aktion »Computer und Bildung«, mit der Unternehmen, Verbände und Forschungseinrichtungen dazu aufgefordert wurden, die Computerisierung der Schulen zu fördern.[73] Unter den Herstellern entbrannte ein regelrechter Wettstreit, da sie sich von den publicityträchtigen Technikspenden den Zugang zu einem wichtigen neuen Absatzmarkt versprachen.

Auch in der DDR begann Mitte der 1980er Jahre eine Diskussion, in der Informatiker, Mathematiker und Pädagogen Vorschläge zu einer stärkeren Integration der Informatik in die schulische Bildung unterbreiteten. Während in den anderen Ostblockstaaten bereits ab 1983 die ersten Computer in den Schulen installiert wurden, blieb die Computerisierung des Unterrichts in der DDR

---

71 Vgl. »Alarm in den Schulen: Die Computer kommen«, in: Der Spiegel 47/1984, S. 97–129.
72 Siehe dazu Klaus Haefner, Die neue Bildungskrise. Lernen im Computerzeitalter, Reinbek bei Hamburg 1985.
73 Vgl. Heinz Riesenhuber, Computer und Bildung, in: Wissenschaft und Erziehung 36.5 (1984), S. 153 ff.

zunächst auf Spezialschulen mit mathematischer und naturwissenschaftlich-technischer Ausrichtung und Spezialklassen beschränkt. Darüber hinaus wurde der Anteil von Mathematik und Informatik in fakultativen Angeboten besonders an den Erweiterten Oberschulen verstärkt. Im Bereich der Polytechnischen Oberschulen sollte die Auseinandersetzung mit der Computertechnik durch eine stärkere Einbeziehung von Fragen der EDV im Lehrfach »Einführung in die sozialistische Produktion« gefördert werden. 1986 beschloss das Ministerium für Volksbildung die Einführung des Faches »Informatik«, dessen flächendeckende Einführung jedoch erst zu Beginn der 1990er Jahre für möglich gehalten wurde. Die Erklärung war einfach: Die Betriebe der DDR-Mikroelektronik waren schlichtweg nicht in der Lage, die für die Umsetzung benötigten Computer bereitzustellen.[74]

In diesem Kontext der Veränderungen im Bildungsbereich ist auch die Entstehung und Durchsetzung der »Informatik« als Studienfach an den Universitäten zu nennen, die in den USA bereits in den 1960er Jahren begann und in der Bundesrepublik während der 1970er Jahre im Rahmen von Förderprogrammen des Bundesforschungsministeriums erfolgte. Anfang der 1980er Jahre war diese Aufbauphase weitgehend abgeschlossen.[75] In der DDR ersetzte 1986/87 das neue Studienfach »Informatik« die bisherige Ausbildung in der »Informationsverarbeitung«. Auf der Grundlage entsprechender Partei- und Ministerratsbeschlüsse wurde es fortan als Hauptfach an mehreren ostdeutschen Universitäten mit dem Abschluss »Ingenieur für Informatik« angeboten.

Das Maß, in dem die Computertechnik die industrielle Arbeit und die Bürotätigkeiten revolutionieren würde, und dass ganze Industriezweige nach völlig neuen Verfahren produzieren oder in ihrer traditionellen Form nicht mehr existieren würden – das sprengte nicht nur die Vorstellungskraft vieler Menschen, sondern produzierte anfangs auch Ängste gegenüber dem rasanten Tempo des Fortschritts.

In der bundesrepublikanischen Gesellschaft war der Prozess der Computerisierung seit den 1960er Jahren immer auch von kritischen Selbstreflexionen begleitet, während der offizielle Fortschrittsdiskurs in der DDR ungeachtet der eigenen Defizite bis zu ihrem Ende relativ stabil blieb. In den Diskursen über die Mikroelektronik trafen in beiden deutschen Staaten Erwartungen und Befürchtungen hinsichtlich der wirtschaftlichen und sozialstrukturellen Folgen dieser Entwicklung aufeinander. Dabei wurden an die Technik konkrete Erwartungen hinsichtlich der Lösung von gegenwärtigen Problemen in der Gesellschaft ge-

---

74 Siehe dazu Tom Schnabel, Lars Leppin, Informatik und Rechentechnik in der DDR, Studienarbeit, Berlin 1999, http://waste.informatik.hu-berlin.de/diplom/robotron/studienarbeit/files/frames.html.
75 Vgl. Wolfgang Coy, Was ist Informatik? Zur Entstehung des Faches an den deutschen Universitäten, in: Hans-Dieter Hellige (Hg.), Geschichten der Informatik. Visionen, Paradigmen, Leitmotive, Berlin 2004, S. 473–498.

knüpft.⁷⁶ Zu Beginn der 1970er Jahre begann in der Bundesrepublik eine Debatte über die »Grenzen des Wachstums«. Der amerikanische Informatiker Joseph Weizenbaum veröffentlichte 1976 unter dem Titel »Computer Power and Human Reason. From Judgement to Calculation« seine Kritik an den Forschungen zur künstlichen Intelligenz.⁷⁷

Ein weit verbreitetes Gefühl der Unsicherheit angesichts der neuen Technologien bedeutete jedoch nicht, dass der wissenschaftlich-technische Fortschritt insgesamt abgelehnt wurde. Auch wenn eingehende Untersuchungen dazu noch fehlen, gibt es deutliche Anhaltspunkte, dass in allen westlichen Ländern ein relativ breiter Konsens über ein mit der Computerisierung verbundenes Fortschrittsparadigma herrschte. Bei der genannten Unsicherheit handelt es sich also vielmehr um einen »Vertrauensverlust« in jene politischen Strukturen, die diese Technologien steuern und sie in gesamtgesellschaftlich akzeptable Bahnen lenken sollten.⁷⁸

In der DDR bestanden ebenfalls Zweifel an der Realisierbarkeit des technologischen Fortschritts. Diese gründeten jedoch keineswegs in einem Technikpessimismus. Vielmehr konterkarierte die wirtschaftliche und technische Stagnation mehr und mehr die offizielle politische Fortschrittsrhetorik.⁷⁹ Letztlich gab es in der DDR keine Anhaltspunkte dafür, dass die Mikroelektronik in eine Existenzbedrohung für die Arbeiter münden könnte. Im Gegenteil, die Schwierigkeiten bei der Bewältigung des technischen Fortschritts und der durch den Investitionsmangel bedingte Verschleiß der Produktionsanlagen glichen einer Garantie für die klassischen Arbeiterberufe. Das Recht auf Arbeit wurde nie und von niemandem in Frage gestellt. Auch die damit verbundene Bestandsgarantie für den eigenen Arbeitsplatz vermittelte Sicherheit. Das war ein nicht zu unterschätzender Stabilitätsfaktor.⁸⁰

Die Computerisierung und die damit verbundenen Fortschritte in der elektronischen Datenverarbeitung riefen aber auch jenseits der Arbeitswelt neue Ängste hervor. Mitte der 1980er Jahre wurden diese Bedrohungsszenarien zum Auslöser heftiger Debatten in der bundesrepublikanischen Öffentlichkeit. In den westdeutschen Kinos startete im April 1983 der Film »Alles unter Kontrolle. Notizen

---

76 Interessantes Beispiel für die Kopplung von Zukunftsvisionen und Gegenwartsproblemen ist eine Produktion des ZDF aus dem Jahr 1972: Teil 1–3 aus der Serie Richtung 2000. Vorschau auf die Welt von morgen, Deutschland 1972, Regie: Arno Schmuckler. URL: http://www.youtube.com/watch?v=kaGnBNhE2xI (zuletzt aufgerufen am 9.11.2014).
77 Joseph Weizenbaum, Computer Power and Human Reason. From Judgement to Calculation, San Francisco 1976; dt.: Die Macht der Computer und die Ohnmacht der Vernunft, Frankfurt a. M. 1978.
78 Dierkes/Marz, Technikakzeptanz, S. 19f. Vgl. auch Ernst Kistler, Die Technikfeindlichkeitsdebatte – Zum politischen Missbrauch von Umfrageergebnissen, in: Technikfolgenabschätzung. Theorie und Praxis 14.3 (2005), S. 13–19.
79 Hübner, Arbeiter und Technik, S. 27.
80 Ebd., S. 28.

auf dem Weg in den Überwachungsstaat«.[81] Die Filmemacher breiteten darin in einer Mischung aus Dokumentation und gespielten Szenen ein schockierendes Panorama der vom Bundeskriminalamt (BKA), der Polizei und staatlichen Behörden praktizierten Methoden der elektronischen Überwachung der Bürger und der Sammlung personenbezogener Daten aus. Im Vorfeld des Filmstarts hatten bereits die Enthüllungen des ehemaligen BKA-Ingenieurs Bernd Rainer Schmidt in der Presse und im Fernsehen für Furore gesorgt. Schmidt legte die von ihm entwickelten und vom BKA an gefährdeten Objekten und öffentlichen Brennpunkten eingesetzten Methoden der computergestützten Videoüberwachung offen. Der Film traf einen Nerv der Zeit, indem er das wachsende Unbehagen vieler Menschen aufgriff. Im Kontext des bevorstehenden Orwell-Jahrs 1984 geriet in den Blick der Öffentlichkeit, in welchem Ausmaß Polizei, Behörden und Unternehmen Daten über Einzelpersonen und Gruppen sammelten und für ihre Zwecke auswerteten. Hinzu kamen die technisch weiter perfektionierten Methoden der Videoüberwachung, die die Polizei bei Demonstrationen etwa gegen Atomkraftgegner einsetzte. Die Richtung vorgegeben hatte hier die von BKA-Chef Horst Herold bei der Suche nach den Terroristen der RAF entwickelte Methode der Rasterfahndung.[82]

Zur Projektionsfläche für das sich in der bundesdeutschen Gesellschaft ausbreitende Misstrauen gegenüber dem wachsenden Hunger des Staates nach Daten wurde die für April 1983 anberaumte Volkszählung.[83] Innerhalb der Friedens- und Umweltbewegung sowie ausgehend von Bürgerinitiativen gegen Großprojekte wie den Bau der Startbahn West des Flughafens Frankfurt am Main formierte sich schnell eine breite Bewegung zum Boykott der Volkszählung. Die besondere Sensibilisierung dieser alternativen Gruppen und kritischen Bürger gegenüber dem Missbrauch elektronisch gespeicherter Daten und neuer Überwachungsmethoden lag auf der Hand. Sie waren die ersten, die direkte Erfahrungen mit den neuen, in der polizeilichen und behördlichen Praxis erprobten Techniken machten. Man befürchtete, dass die gespeicherten Daten auch zur Identifizierung und Kontrolle politisch missliebiger Personen und Gruppen benutzt werden könnten. Die Boykottbewegung gipfelte in hunderten Verfassungsbeschwerden.[84] Im Mittelpunkt der Kritik standen der Umfang der Erhebung

---

81 »Alles unter Kontrolle. Notizen auf dem Weg in den Überwachungsstaat«, Regie: Nils Bolbrinker, Klaus Dzuck und Barbara Etz, Deutschland 1983.
82 Siehe dazu ausführlicher: Achim Saupe, Von »Ruhe und Ordnung« zur »inneren Sicherheit«. Eine Historisierung gesellschaftlicher Dispositive, in: Zeithistorische Forschungen/ Studies in Contemporary History 7.2 (2010), S. 170–187; Lea Hartung, Kommissar Computer. Horst Herold und die Virtualisierung des polizeilichen Wissens, Berlin 2010.
83 Vgl. zum Folgenden: Larry Frohman, »Only Sheep Let Themselves Be Counted«. Privacy, Political Culture, and the 1983/87 West German Census Boycotts, in: Archiv für Sozialgeschichte 52 (2012), S. 335–378.
84 Siehe auch Andreas Wirsching, Abschied vom Provisorium. Geschichte der Bundesrepublik Deutschland 1982–1990, München 2006, S. 393 ff.; Peter Schaar, Das Ende der Privatsphäre. Der Weg in die Überwachungsgesellschaft, München 2009, S. 99 ff.

und der geplante Abgleich der bei der Volkszählung erhobenen Daten mit den Melderegistern. Befürchtet wurde eine elektronische Totalerfassung der Bürger mit ungeahnten Möglichkeiten, verschiedene Datenbestände zu kombinieren und damit jeglichen Schutz der Privatheit aufzuheben. Die wachsende Macht der Computer in den Händen des Staates wurde als eine Bedrohung für elementare Persönlichkeitsrechte wahrgenommen.[85]

Das Bundesverfassungsgericht stoppte mit seinem Urteil vom 15. Dezember 1983 die Durchführung des Volkszählungsgesetzes, da es in der geplanten Form massiv in die Grundrechte der Bürger eingegriffen hätte. Die Protestaktionen gegen die Volkszählung brachten die erste soziale Bewegung hervor, die sich direkt auf die mit der Computerisierung der Gesellschaft verbundenen Entwicklungen bezog. Mit dem Datenschutz und dem Recht auf informationelle Selbstbestimmung führte sie ein neues Thema in die politische Auseinandersetzung ein, dessen Brisanz sich in den kommenden Jahrzehnten immer wieder zeigte. Die Tatsache, dass die Proteste gegen die Volkszählung erfolgreich waren und zu einer Rekodifizierung der Bürger- und Persönlichkeitsrechte unter den Bedingungen der digitalen Revolution führten, kann kaum überschätzt werden. Für die Zivilgesellschaft verband sich dies mit der positiven Erfahrung, dass die Modi des politischen Gebrauchs der Computer und der Informationstechnologie einer demokratischen Kontrolle unterworfen werden konnten. Im Ergebnis wurde der Datenschutz in der Bundesrepublik auf Bundes- und Länderebene deutlich gestärkt und rechtlich immer differenzierter geregelt. Zugleich formierten sich in der Zivilgesellschaft Kräfte, die als *watch-groups* die weitere Entwicklung der elektronischen Datenverarbeitung kritisch begleiteten. Die Geschichte des 1981 in West-Berlin gegründeten Chaos Computer Clubs (CCC) lässt sich in diesen Kontext einordnen. Mit seinen spektakulären Aktionen, bei denen immer wieder gravierende Sicherheitslücken in Computernetzen aufgedeckt wurden, trug der CCC dazu bei, das öffentliche Bewusstsein für die Probleme der Datensicherheit und des Datenschutzes zu schärfen. Die Geschichte des Clubs und seines Funktionswandels gehört zu den Desiderata der ansonsten bereits sehr detaillierten Forschung über die Neuen Sozialen Bewegungen.[86]

Auch in den Gesellschaften des Staatssozialismus versuchten die jeweiligen Staatssicherheitsdienste die von ihnen angestrebte flächendeckende Überwachung der Bevölkerung durch den Einsatz der elektronischen Datenverarbeitung zu perfektionieren. Entsprechende Bemühungen des MfS rücken inzwischen in den Blickpunkt der Forschung. In der kontrollierten Öffentlichkeit der DDR war dies kein Thema, wohl aber in der Gesellschaft, erst recht in den Kreisen der da-

---

85 Vgl. dazu Beate Rössler, Der Wert des Privaten, Frankfurt a. M. 2001.
86 Eine aufschlussreiche Quelle für die Entwicklung des CCC ist dessen Zeitschrift »Datenschleuder« (http://ds.ccc.de). Siehe auch Daniel Kulau, Der Phrasenprüfer. Szenen aus dem Leben von Wau Holland, Mitbegründer des Chaos Computer Clubs, Löhrbach 2003; Jürgen Wieckmann, Das Chaos Computer Buch. Hacking made in Germany, Reinbek bei Hamburg 1988. .

von betroffenen oppositionellen Milieus, Jugendkulturen und Künstlerszenen. Im Unterschied zum Westen spielten dabei die Einsatzmöglichkeiten der modernen Computertechnologie etwa durch die Erhebung von Massendaten keine Rolle. Offenbar dominierte hier eine Wahrnehmung, die von der technologischen Rückständigkeit des Ostens in diesem Bereich ausging. Tatsächlich setzte das MfS jedoch seit den 1970er Jahren umfassend Computertechnik zur Überwachung ein, u. a. auch Computertechnik von Siemens.[87] Zudem gelang es ihr, in die Datenfernübertragung vieler sensibler westlicher Computernetze einzudringen, von INPOL über Firmen wie Siemens bis hin zum Bundespatentamt.[88]

Große Probleme bereitete die Zusammenführung der sehr unterschiedlichen Datenbestände im Zuge der deutschen Einheit. So waren etwa die Versicherungsleistungen für die Rente in der DDR in einem zentralen Rechenzentrum in Leipzig abgespeichert. Diese mit den ganz anders gearteten westdeutschen Datensätzen zu verbinden, war eine Herausforderung, die sehr konkrete materielle Konsequenzen für die Bürger im Osten haben konnte. Zudem mussten allein für die DDR-Rentner in kurzer Zeit vier Millionen Versicherungsnummern vergeben werden.[89] Wie diese digitale Neuvermessung der Ostdeutschen und die Zusammenführung von Datensätzen verlief – von den Einwohnermeldeämtern über die Sparguthaben bis hin zu den Geheimdiensten –, ist bisher nicht erforscht.

5. Die Anfänge des Internets in Deutschland

Seit Mitte der 1990er Jahre erfolgte die Ausbreitung des Internets als eines globalisierten Informations- und Kommunikationsmediums. Die Entwicklung und Einführung des globalen Netzes erfolgte wie bei der Mikroprozessortechnik und dem Personal Computer über mehrere parallele Pfade.[90] Ausgangspunkt der

---

87 Roger Engelmann u. a. (Hg.), Das MfS-Lexikon: Begriffe, Personen und Strukturen der Staatssicherheit der DDR, Berlin 2012, S. 27. Erste Überlegungen zur Nutzung von personenbezogenen Massendaten durch das MfS liefert Christian Booß, Der Sonnenstaat des Erich Mielke. Die Informationsverarbeitung des MfS, in: Zeitschrift für Geschichtswissenschaft 60.5 (2012), S. 441–457. Die Computernutzung des MfS im Vergleich zu westlichen Nachrichtendiensten untersucht derzeit Rüdiger Bergien am ZZF Potsdam.
88 Klaus Marxen/Gerhard Werle (Hg.), Strafjustiz und DDR-Unrecht: Bd. 4: Spionage, Berlin 2004, S. 740.
89 Vgl. Gerhard Ritter, Der Preis der deutschen Einheit. Die Wiedervereinigung und die Krise des deutschen Sozialstaats, München 2007, S. 324. Als Zeitzeugen-Erinnerung: Herbert Mrotzek/Herbert Püschel, Krankenversicherung und Alterssicherung, Opladen 1997, S. 240.
90 Zur Geschichte des Internet siehe: Kathrin Rothemund, Internet. Verbreitung und Aneignung in den 1990ern, in: Werner Faulstich (Hg.), Die Kultur der 90er Jahre. München 2010, S. 119–136; Torsten Braun, Geschichte und Entwicklung des Internets, in: Informatik-Spektrum 33.2 (2010), S. 201–207; Michael Friedewald, Vom Experimentierfeld zum Massenmedium: Gestaltende Kräfte in der Entwicklung des Internet, in: Technikgeschichte 67.4 (2000), S. 331–362.

Entwicklung sind auch hier die USA, wo seit Beginn der 1970er Jahre die Idee einer weitreichenden Vernetzung von militärischen Forschungseinrichtungen, führenden amerikanischen Universitäten und Technologieunternehmen vorangetrieben wurde. Die technischen Innovationen, auf denen das Internet basierte – der TCP/IP Standard, die Auszeichnungssprache HTML und die Verknüpfung lokaler Computernetze (LAN) – waren dank einer großzügigen Förderung durch den Staat und einer hochentwickelten Forschungsinfrastruktur möglich. Für die weitere Ausdifferenzierung des mit dem Internet verbundenen Vernetzungsgedankens waren neben den technologischen vor allem auch soziale und kulturelle Bedingungen ausschlaggebend. Das Internet als Konzept und Technologie nahm seinen Anfang in einem innovativen Netzwerk-Milieu, »dessen Dynamik und Zielsetzungen weitgehend unabhängig wurden von den speziellen Zwecken von Militärstrategie oder der Verknüpfung von Supercomputern«[91]. Aufgrund dieser liberalen Idee einer vernetzten Kommunikation ohne Hierarchien war das Internet bereits in einem sehr frühen Stadium gesellschaftlich akzeptanzfähig. Seine Dynamik resultierte häufig aus zunächst gar nicht eingeplanten Nutzungen, die sich – wie etwa die E-Mail – durchsetzten und die weitere Richtung der technologischen Entwicklung stimulierten.

Wie bereits in den USA gingen auch in der Bundesrepublik Deutschland wichtige Impulse für die Etablierung des Internets aus dem universitären Milieu jenseits der großen Technologiekonzerne aus.[92] Am Computerzentrum der Universität Karlsruhe wurde bereits Mitte der 1980er Jahre ein erster Netzwerkknoten eingerichtet, über den eine Kommunikation per E-Mail mit Einrichtungen in den USA und weiteren angeschlossenen Ländern möglich wurde. In Dortmund ging man einen etwas anderen Weg und konzipierte ein auf die Vernetzung in Richtung Europa zielendes IP-Netz. In beiden Projekten kamen die ersten stabilen Standleitungen nach New York beziehungsweise Amsterdam zustande. In Baden-Württemberg wurden Ende der 1980er Jahre mit Fördermitteln umfangreiche Anstrengungen unternommen, die Universitäten und Forschungseinrichtungen des Landes miteinander zu vernetzen. Auf diese Weise entstand ein erstes regionales IP-basiertes Netz außerhalb der USA.

Anfang der 1990er Jahre wurden im Deutschen Forschungsnetz (DFN) die Weichen für einen eigenen IP-Dienst gestellt. Mit der Entscheidung für TCP/IP Dienste gegenüber konkurrierenden Entwicklungen folgte Deutschland dem internationalen Trend. Aus Drittmittelprojekten im universitären Kontext entwickelten sich in der ersten Hälfte der 1990er Jahre auch die ersten kommerziellen Internet-Anbieter. Vor allem kleinere, unabhängige Provider wurden in Deutschland zum Motor für die Verbreitung von Internetzugängen.

---

91 Vgl. Manuel Castells, Das Informationszeitalter, Teil 1: Der Aufstieg der Netzwerkgesellschaft, Opladen 2001, S. 53.
92 Siehe dazu die Überblicksdarstellung von Besim Karadeniz, Das Internet in Deutschland URL: http://www.netplanet.org/geschichte/deutschland.shtml (zuletzt aufgerufen am 15.05.2015).

Die Kosten für die Internetnutzung waren zu dieser Zeit sehr hoch, und anfangs war nur der Monopolist Telekom in der Lage, die für den Betrieb notwendigen Standleitungen bereitzustellen. Die Kunden zahlten doppelt, zum einen an den Provider, zum anderen waren die Telefongebühren an die Telekom zu entrichten. Die Mitte der 1990er Jahre einsetzende Liberalisierung des Telefonmarktes änderte daran wenig. Die Telekom behielt im Bereich der Ortsgespräche, über die die Einwahl zu den Providern lief, auf Dauer eine marktbeherrschende Stellung. Aufgrund dieser Preispolitik riefen 1998 in Deutschland verschiedene Initiativen zu einem Internet-Streik auf, dem sich laut Telekom jedoch wenige Nutzer anschlossen.[93] Konkurrierende Betreiber mussten entweder eine eigene Infrastruktur zu ihren Kunden aufbauen oder die Leitungen der Telekom mieten. Ende der 1990er Jahre setzte auf diesem Gebiet eine Marktbereinigung ein, bei der vor allem die kleineren Provider auf der Strecke blieben.

Mit der Übernahme der Verwaltung der deutschen Internet-Adressen durch das DE-NIC wurde in der ersten Hälfte der 1990er Jahre eine weitere wichtige Voraussetzung für die Durchsetzung des Internets in Deutschland geschaffen. Nach jahrelangen Übergangslösungen, bei denen diese Aufgabe anfangs von der Universität Dortmund und später der Uni Karlsruhe übernommen wurde, bildeten die wichtigsten deutschen Internet-Provider 1996 eine Genossenschaft, die den technischen Vertrieb und die Verwaltung der DE-Domains übernahm.

Den Einstieg in das Zeitalter des Internets hat die DDR nicht mehr erlebt. Damit erübrigt sich die Frage, wie die SED-Führung mit dieser Entwicklung umgegangen wäre. Selbst wenn sie diese Entwicklung in kontrollierten Bahnen zugelassen hätte, fehlte es in der DDR an grundlegenden infrastrukturellen Voraussetzungen für den Betrieb. Der Rest fällt eher in den Bereich des Anekdotischen: An einigen ostdeutschen Universitäten gab es lokale IP-fähige Netzwerke, und zwischen der Humboldt-Universität und der Freien Universität Berlin gab es ab Ende der 1980er Jahre die einzige wissenschaftlich genutzte Standleitung zwischen den beiden deutschen Staaten. Die für die DDR reservierte Top-Level-Domain ».dd« wurde nie genutzt, eine DDR-Internetadresse hat es also nie gegeben. In der DDR beschränkte sich die Kommunikation mit Computern auf die DFÜ (Datenfernübertragung) über die wenigen und fragilen Telefonverbindungen. Im Zuge der Vereinigung wurden die ostdeutschen Einrichtungen an die bestehenden Netzwerkinfrastrukturen des Westens angeschlossen. Die Erneuerung der Infrastruktur für die Telekommunikation gehörte zu den wichtigsten und teuersten Programmen des Aufbaus Ost.

Insgesamt verlieh die Durchsetzung des Internets der Entwicklung in Richtung einer digitalen Moderne noch einmal kräftige Impulse. In wirtschaftlicher Hinsicht bescherte die Tendenz zur Vernetzung der Computer- und Softwareindustrie erneut starken Auftrieb, bevor sich erste Anzeichen einer Krise dieses klassischen Zweigs der digitalen Wirtschaft abzeichneten. Die durch das Internet bewirkten Veränderungen in der Arbeitswelt, in den Formen sozialer Kommu-

---

93 Computerwoche, 10.11.1998.

nikation, für die Bereitstellung und Aneignung von Wissen können hier ebenso wenig ausführlicher behandelt werden wie die damit verbundene neue Runde des Konflikts zwischen kommerziellen und demokratischen Interessen bei der Nutzung dieses Mediums. Ohnehin hat die mit dem Einzug des Internets verbundene gesellschaftliche Entwicklung die Bahnen der Systemkonkurrenz und der deutschen Teilung verlassen. Für die digitale Moderne relativiert sich zudem die Zäsur von 1989, sie markiert lediglich das Ende des staatssozialistischen Versuchs, die Computerisierung in den Bahnen einer staatlich gelenkten Zentralwirtschaft und einer geschlossenen Gesellschaft zu bewältigen. Mit Blick auf das Internet muss man noch einen Schritt weitergehen: Mehr als eine Episode wird von der DDR und den anderen Ostblockstaaten auf diesem Feld nicht übrig bleiben.

6. Fazit

Der Weg der westlichen Industriegesellschaften und der Gesellschaften des Ostblocks in die digitale Moderne lässt sich als eine bis zum Zusammenbruch des Kommunismus weitestgehend parallel verlaufende Geschichte beschreiben. Sowohl im Westen wie im Osten rückten die Computerisierung und der mit ihr verbundene gesellschaftliche Wandel in den Mittelpunkt von Zukunftserwartungen und konkreten wirtschaftspolitischen Strategien. Bis hinein in die 1970er Jahre versuchten sich die DDR und die anderen Länder des Ostblocks in vielen gesellschaftlichen Bereichen offensiv durch alternative politische, soziale und kulturelle Ordnungsvorstellungen gegenüber dem Westen abzugrenzen und so ihre Rückständigkeit auf vielen Gebieten umzudeuten. Auf dem Feld der Computerisierung funktionierte dieser Mechanismus spätestens seit dem Scheitern der Bemühungen um eine Reformierung der Zentralwirtschaft und der gewaltsamen Niederschlagung des Prager Frühlings nicht mehr. Obwohl die politische Erwartungsrhetorik in Bezug auf den technologischen Fortschritt aufrechterhalten wurde, entwickelte sich der Einstieg in die digitale Revolution zu einer Frage des nackten wirtschaftlichen und schließlich auch politischen Überlebens. Auch wenn in der DDR spätestens seit Mitte der 1970er Jahre die ideologischen Sinnstrukturen erodierten, mit denen der technologische Fortschritt verkoppelt war, folgte die Politik weiterhin einem ungebrochenen Leitbild von Modernität. Die Normen für ein besseres Arbeiten und Leben wurden allerdings längst vom Westen gesetzt, besonders in der sich rasant entwickelten Computerwelt: Den mit dieser Technologie beschäftigten Funktionseliten und den am Konsumprodukt Computer interessierten Bevölkerungsgruppen ging es um Teilhabe am westlichen Fortschritt. Skepsis wurde im Osten nicht so sehr gegenüber der Technologie laut, sondern lediglich gegenüber den Fähigkeiten des eigenen Systems, den digitalen Wandel zu meistern. Zugleich bremsten die in der DDR-Wirtschaft etablierten Normen der Vollbeschäftigung die Rationalisierungseffekte der Computerisierung ab, so dass eine dem Westen vergleichbare gesellschaftliche Debatte über den »Jobkiller« Computer erst gar nicht aufkam.

Im Gegenteil: Da die Computerisierung in vielen Bereichen der ostdeutschen Wirtschaft auf eine überalterte industrielle Infrastruktur traf, produzierte sie neue Beschäftigungsfelder.

Die Unterlegenheit des Ostens auf dem Feld des digitalen Wandels bestärkte den Westen in seinem Selbstbild von Modernität. Obwohl in der Bundesrepublik und anderen westlichen Ländern seit den 1970er Jahren in vielen Bereichen eine breite gesellschaftliche Debatte über den Preis des Fortschritts und über mögliche Alternativen dazu einsetzte, blieb die positive Grundeinstellung zum digitalen Wandel bei Politikern, Wirtschaftsexperten, Managern und auch in weiten Teilen der Bevölkerung davon unberührt. Daran änderten auch die regelmäßigen Mediendebatten über digitale Überwachung nichts. Der von vielen Menschen im Alltag erfahrbare Nutzen von Computern und das mit ihrem Einzug in die Freizeit verbundene spielerische Vergnügen verstärkten in den 1980er Jahren den Hunger nach immer neuen und besseren Anwendungen und stimulierten den technologischen Fortschritt mit. Im Osten kamen solche zusätzlichen Triebkräfte für den digitalen Wandel nur bedingt zum Zuge. In der DDR war die Diffusion von Computern in die Gesellschaft zwar gewünscht, aber scheiterte an den chronisch knappen Ressourcen. Hinzu kamen politische Ängste der SED-Führung vor gegenkulturellen Aneignungen, die sich als Bremse einer Vergesellschaftung und Veralltäglichung des Computers und der mit ihm verbundenen Formen der Kommunikation erwiesen.

Insgesamt hat sich der Entwicklungspfad des durch die Computerisierung bewirkten gesellschaftlichen Wandels im Westen bislang als irreversibel gezeigt. Im Gegensatz zu anderen Feldern, wo die Existenz einer sozialistischen Alternative durchaus politische und soziale Wirkungen im Westen ausgelöst hat, bleibt die digitale Revolution von östlichen Entwicklungen unberührt. Die Computerisierung wäre ohne die Systemkonkurrenz und den Kalten Krieg nicht in grundsätzlich anderen Bahnen verlaufen, sieht man einmal von der lange anhaltenden und durch das Wettrüsten bedingten Dominanz militärischer Nutzungsszenarien ab. Umgekehrt bedeutet dies, dass der Osten mit seinen Anstrengungen zur Computerisierung von Wirtschaft und Gesellschaft einer weitestgehend westlichen Logik der Entwicklung folgte. Das erklärt auch, warum der Umbruch von 1989 und die darauffolgende Transformation der ehemaligen staatssozialistischen Gesellschaften keine nennenswerte Zäsur in der Geschichte der digitalen Moderne bilden. Hinzu kommt, dass der enorme Nachholbedarf der betroffenen Länder sowohl hinsichtlich des Ausbaus der Kommunikationsinfrastrukturen als auch hinsichtlich der Computer- und Softwareentwicklung stimulierend für die weitere Entwicklung in Richtung Digitalisierung und globale Vernetzung wirkte. Die eigenen bis 1989 im Ostblock vorhandenen wissenschaftlichen Kapazitäten, technologischen Kompetenzen und Produktionsstandorte überlebten dort, wo sie anschlussfähig an die Entwicklung im Westen waren, wie in Dresden oder Jena.

Welchen Platz hat die Computerisierung nun in einer »asymmetrisch verflochtenen Parallelgeschichte« beider deutschen Staaten? Die Entwicklungen in der DDR und der Bundesrepublik sind auch auf dem Feld des digitalen Wandels aufeinander bezogen. Dies gilt in erster Linie dahingehend, dass sich die Bundesrepublik und die DDR auch hier in einem permanenten Zusammenhang der Konkurrenz und wechselseitigen Wahrnehmung befanden, wenngleich mit einer zunehmenden Tendenz zur Asymmetrie. Technologisch orientierte sich der Westen immer weniger am Osten, dafür umso mehr an den USA und Japan. Umgekehrt blieb aber die DDR bis zu ihrem Ende auf die Bundesrepublik fixiert. Insofern bestätigt die Geschichte der Computerisierung die historiographischen Befunde zu diesem Trend in anderen Bereichen der gesellschaftlichen Entwicklung.[94]

Neben der wechselseitigen Wahrnehmung bestanden besonders im Bereich der Wirtschaft, aber auch in der Wissenschaft und Technologieentwicklung enge Beziehungen zwischen beiden deutschen Staaten, deren Effekte für die Computerisierung im Einzelnen noch näher zu untersuchen wären. Vermutlich wird man die Gleichzeitigkeit von Verflechtungs- und Entflechtungstendenzen feststellen: Mit ihrer Beteiligung an den Bemühungen des RGW zur Entwicklung gemeinsamer Standards im Bereich der elektronischen Datenverarbeitung etwa koppelte sich die DDR teilweise von der internationalen Entwicklung ab, gleichzeitig blieb sie über die wirtschaftlichen Sonderbeziehungen zur Bundesrepublik an die Entwicklung im Westen angebunden.

Der in den 1980er Jahren noch einmal dramatisch wachsende Abstand zwischen Ost und West auf dem Gebiet der Computertechnik führte ebenfalls zu einer teilweisen Entkopplung der Bedürfnis- und Problemlagen bei der Technologieentwicklung und ihrer Umsetzung in der Industrie und Verwaltung. Die praktischen Probleme bei der Computerisierung waren dadurch schlichtweg anders gelagert. Obwohl sich die Bundesrepublik technologisch längst anderswo orientierte, gab es weiterhin ein politisches Interesse, sich mit den Problemen des Ostens auf dem Feld der Computerisierung zu beschäftigen. Von Fortschritten bei der Modernisierung der in die Krise geratenen DDR-Wirtschaft versprach man sich auch im Westen positive Effekte im Hinblick auf eine gewünschte Annäherung. Von Verflechtungen im engeren Sinne wird man teilweise sprechen können, wenn man sich mit den wirtschaftlichen Aktivitäten des Bereichs »Kommerzielle Koordinierung« im Westen beschäftigt, dessen Bedeutung bei der Beschaffung von westlicher Computertechnik für die DDR in den 1980er Jahren stetig wuchs. Hinzu kommt der illegale Technologietransfer zur Umgehung der Embargobestimmungen, mit dem die Staatssicherheit unter Mithilfe von westlichen Firmen ungewollt dafür sorgte, dass die Abhängigkeit der DDR vom Westen noch größer wurde. Der Beginn der digitalen Moderne war somit eine »geteilte Geschichte« im doppelten Sinne, mit Verflechtungs- und Abkopplungstendenzen.

---

94 Siehe dazu Konrad H. Jarausch, »Die Teile als Ganzes erkennen«. Zur Integration der beiden deutschen Nachkriegsgeschichten, in: Zeithistorische Forschungen/Studies in Contemporary History 1.1 (2004), S. 10–30; Christoph Kleßmann, Verflechtung und Abgrenzung. Aspekte der geteilten und zusammengehörigen deutschen Nachkriegsgeschichte, in: Aus Politik und Zeitgeschichte 29–30/1993, S. 30–41; Hermann Wentker, Zwischen Abgrenzung und Verflechtung. Deutsch-deutsche Geschichte nach 1945, in: Aus Politik und Zeitgeschichte 1–2/2005, S. 10–17.

Emmanuel Droit / Wilfried Rudloff

Vom deutsch-deutschen »Bildungswettlauf« zum internationalen »Bildungswettbewerb«

Seit dem 18. Jahrhundert hatte sich »Bildung« als unübersetzbarer Begriff für eine »im Kern deutsche Erfindung und Institution« etabliert.[1] Im Zeitalter der Hochmoderne und der Nationalstaaten fungierten Bildungsinstitutionen nicht nur als Orte des Erwerbs von Wissen. Als Erziehungsanstalten vermittelten sie auch politisch-kulturelle Identitäten und zielten darauf ab, den politischen Systemen – demokratischen ebenso wie autoritären oder diktatorischen – loyale Bürger heranzuziehen.

Systematisch betrachtet kann man vier zentrale gesellschaftliche Funktionen von Bildungseinrichtungen unterscheiden.[2] Erstens dienen Bildungseinrichtungen, indem sie in den Horizont bedeutsamer kultureller Sinnsysteme, Wertemuster und Überlieferungsbestände einführen, der kulturellen Reproduktion der Gesellschaft und der kulturellen Sozialisation der Individuen. Bildungssysteme vermitteln zweitens Kenntnisse und Fertigkeiten, die von den Individuen zur Integration in das Arbeits- und Wirtschaftsleben benötigt werden: Indem sie das Potential an Qualifikationen bereitstellen, das von Seiten des Beschäftigungssystems benötigt wird, erfüllen Bildungssysteme eine unabdingbare Funktion für die Leistungsfähigkeit von Wirtschaft und Verwaltung. Die unterschiedlichen Bildungsabschlüsse, die auf den einzelnen Stufen des Bildungssystems erlangt werden können, bilden drittens wesentliche Determinanten sozialer Lebenschancen und beeinflussen die Aufstiegs- und Abstiegsprozesse der Individuen im sozialen Statusgefüge; Bildungsbeteiligung und Bildungskarrieren sind mithin als bedeutsame Bedingungsfaktoren sowohl der individuellen Lebensplanung und sozialen Platzierung wie auch der Reproduktion der Sozialstruktur zu verstehen. Schließlich dienen die Bildungssysteme viertens – je nach politischer Verfasstheit der Gesellschaften auf sehr unterschiedliche Weise – der politischen Integration und der Stabilisierung der politischen Ordnung. Bildungssysteme besitzen mithin jeweils im kulturellen, ökonomischen, sozialen und politischen System ein zentrales Bezugsfeld. Die vier zentralen Funktionen von Bildungsprozessen lassen sich dabei sowohl auf demokratische wie auch auf autoritäre oder diktatorische Ordnungen beziehen. Sie bilden die theoretische Hintergrundfolie für die nach-

---

1 Aleida Assmann, Arbeit am nationalen Gedächtnis. Eine kurze Geschichte der deutschen Bildungsidee, Frankfurt a. M. 1993, S. 9.
2 Helmut Fend, Neue Theorie der Schule. Einführung in das Verstehen von Bildungssystemen, 2., durchges. Aufl., Wiesbaden 2008, S. 49 ff.

folgende Untersuchung Ost- und Westdeutschlands, bei der sich zwei Bildungssysteme mit stark divergierenden Grundkoordinaten gegenüberstanden.

Die Entwicklung der Bildungssysteme in beiden deutschen Staaten hatte nach 1945 schon bald sehr unterschiedliche Richtungen eingeschlagen. Im Kontext des Kalten Krieges und der deutschen Teilung entstanden trotz des gemeinsamen Erbes und trotz mancher fortbestehender Berührungspunkte zwei Bildungssysteme von grundverschiedener Prägung. Dieser Prozess zunehmender Entflechtung war bereits in den fünfziger Jahren weit vorangeschritten. In der Bundesrepublik war das Bildungswesen zu einem festen Ankerpunkt des nach 1945 neu zum Leben erweckten Föderalismus gemacht worden. Ihre »Kulturhoheit« gehörte von Anbeginn zu den wichtigsten Prärogativen der Bundesländer. Auch nachdem eine Grundgesetzänderung dem Bund 1969 erstmals Kompetenzen in der Bildungspolitik zugestanden hatte und ein eigenes Bildungsministerium auf Bundesebene errichtet worden war, blieben die Gestaltungschancen des Bundes begrenzt.[3] Im Gegensatz dazu wurde in der DDR das Bildungssystem zentralstaatlich geregelt und dem machtpolitischen Lenkungsanspruch des SED-Herrschaftsapparats unterworfen; die Länder wurden 1952 aufgelöst. Seit 1963 stand an der Spitze des Ministeriums für Volksbildung Margot Honecker, die Ehefrau Erich Honeckers; das Ministerium besaß dadurch gegenüber der Abteilung Volksbildung des Parteiapparats eine vergleichsweise starke und unantastbare Stellung.[4]

Während die DDR-Schule von Anfang an in den Dienst der ideologischen Herrschaftsabsicherung der SED gestellt worden war, war das Bildungswesen im Westen in die pluralistische Grundordnung der Bundesrepublik eingebunden und die Bildungspolitik eine Arena des durch die Konsenszwänge des »kooperativen Föderalismus« abgeschwächten Parteiwettbewerbs. Weit mehr als die Bundesrepublik war die DDR nicht nur eine Bildungs-, sondern auch eine ideologisch geprägte »Erziehungsdiktatur«[5], die das prometheische Ziel verfolgte, eine

---

3 Jürgen Raschert, Bildungspolitik im kooperativen Föderalismus. Die Entwicklung der länderübergreifenden Planung und Koordination des Bildungswesens in der Bundesrepublik Deutschland, in: Max-Planck-Institut für Bildungsforschung (Hg.), Bildung in der Bundesrepublik Deutschland. Bd. 2, Stuttgart 1980, S. 103–215; für die grundlegenden Entwicklungslinien in der Bundesrepublik vgl. Ludwig von Friedeburg, Bildungsreform in Deutschland. Geschichte und gesellschaftlicher Widerspruch, Frankfurt a. M. 1992; Klaus Hüfner/Jens Naumann, Konjunkturen der Bildungspolitik in der Bundesrepublik Deutschland, Bd. 1: Der Aufschwung (1960–1967), Stuttgart 1977; Klaus Hüfner u. a., Hochkonjunktur und Flaute: Bildungspolitik in der Bundesrepublik Deutschland 1967–1980. Stuttgart 1986.

4 Gert Geißler, Schulreform von oben. Bemerkungen zum schulpolitischen Herrschaftssystem in der SBZ/DDR, in: Erinnerung für die Zukunft II. Das DDR-Bildungssystem als Geschichte und Gegenwart, Ludwigsfelde-Struveshof 1997, S. 49–60; ders./Ulrich Wiegmann, Pädagogik und Herrschaft in der DDR. Die parteilichen, geheimdienstlichen und vormilitärischen Erziehungsverhältnisse, Frankfurt a. M. u. a. 1996, S. 152 ff.

5 Dorothee Wierling, Die Jugend als innerer Feind. Konflikte in der Erziehungsdiktatur der sechziger Jahre, in: Hartmut Kaelble/Jürgen Kocka/Hartmut Zwahr (Hg.), Sozialgeschichte der DDR, Stuttgart 1994, S. 404–425.

»allseitig entwickelte sozialistische Persönlichkeit«[6] hervorzubringen[7]. In der Schulpolitik der Bundesrepublik wurde nach 1945 an die institutionellen Traditionslinien der Zeit vor 1933 angeknüpft, auf Seiten der DDR hingegen mit zahlreichen Traditionsbeständen gebrochen: Der Gegensatz zwischen dem vertikal gegliederten Schulsystem im Westen, das in den ersten beiden Jahrzehnten nach 1949 weiter gefestigt und ausgebaut worden war, und der im Osten neu errichteten Einheitsschule für alle Kinder zunächst bis zur achten, dann bis zur zehnten Jahrgangsklasse war nur der markanteste Ausdruck dieser zunehmend auseinanderlaufenden Pfadlinien, auch wenn der neue Schultyp in der DDR aus dem bildungsprogrammatischen Traditionsfundus der sozialistischen Arbeiterbewegung schöpfen konnte. Der Rekonstruktion des bildungselitären Gymnasiums in der Bundesrepublik stand in der DDR in den fünfziger Jahren der Anspruch auf »Brechung des bürgerlichen Bildungsmonopols« gegenüber, ein Ziel, das mithilfe einer Politik aktiver Gegenprivilegierung der Arbeiter- und Bauernkinder erreicht werden sollte. Die Kontrastbezüge zwischen beiden Systemen ließen sich noch in vielerlei Hinsicht ergänzen und vermehren; in den sechziger Jahren hatten die Strukturkoordinaten beider Bildungssysteme jedenfalls, dauerhaft sichtbar, gegensätzliche Konturen angenommen, und auf beiden Seiten der innerdeutschen Grenze pflegte die Bildungspolitik eine Rhetorik der Abgrenzung, welche die Gegensätze noch zusätzlich unterstrich. Erst jetzt sollte sich zumindest auf bundesdeutscher Seite allmählich eine differenziertere Betrachtungsweise durchsetzen, die sich, bei aller Distanz, auch für die Fortschritte und Errungenschaften der DDR-Bildungspolitik interessierte.

Allerdings gab es auch Teilbereiche des Bildungswesens, in denen in Fortschreibung älterer Traditionslinien des deutschen Bildungswesens weiterhin analoge Strukturen bestanden. Sie sind leichter zu fassen, wenn man sie mit den andersartigen Ordnungskonzepten des eigenen »Lagers« auf beiden Seiten des Eisernen Vorhangs vergleicht. Dazu gehörte, um ein wichtiges Beispiel zu nennen, etwa die Tradition der »dualen« Berufsbildung, auch wenn der Begriff »dual« in der DDR gemieden wurde.[8] Dass in der Bundesrepublik und in der DDR sowohl die Betriebe wie auch die Berufsschulen am beruflichen Ausbildungsprozess beteiligt waren, hob sich, ungeachtet der auch hier bestehenden Unterschiede im Einzelnen, von den sonstigen Strukturen des Ausbildungswesens in West und Ost vielfach ab. In den sozialistischen Bruderstaaten des Rats für gegenseitige Wirtschaftshilfe (RGW) beispielsweise war die Berufsausbildung durchgängig schulisch organisiert. Das Abitur als schulisches

---

6 Gerhart Neuner, Sozialistische Persönlichkeit – ihr Werden, ihre Erziehung, Berlin(-Ost) 1975.
7 Emmanuel Droit, Vers un homme nouveau? L'éducation socialiste en RDA (1949–1989), Rennes 2009, dt. Übersetzung: ders. Vorwärts zum neuen Menschen? Die sozialistische Erziehung in der DDR, Köln 2014.
8 Dietmar Waterkamp, Berufsbildung, in: Christoph Führ/Carl-Ludwig Furck (Hg.), Handbuch der deutschen Bildungsgeschichte. Bd. VI: 1945 bis zur Gegenwart. Zweiter Teilband: Deutsche Demokratische Republik und neue Bundesländer, München 1998, S. 257–279, hier S. 257.

Abschlusszeugnis in beiden Staaten unterschied sich – ein weiteres Beispiel – in seiner Funktion als Zugangsberechtigung zum Hochschulstudium sowohl von den angelsächsischen wie auch von den sowjetischen und anderen östlichen Zugangssystemen, bei denen Eignungsprüfungen an den Hochschulen die entscheidende Hürde darstellten.[9] Überdies ist zu bedenken, dass weder der Gegensatz Föderalismus – Zentralismus, noch der zwischen gegliedertem und integrierten Schulsystemen für sich genommen als Merkmal der weltanschaulichen Systemzugehörigkeit verstanden werden konnten: Beispiele für zentralistische und integrierte Schulsysteme finden sich nach 1945 auch in den westlichen Industriestaaten in großer Zahl. Die wesentliche Unterscheidungsdimension bildeten vielmehr der weltanschauliche Monismus und das Ziel der ideologischen Homogenisierung der DDR-Gesellschaft, in deren Dienst das ostdeutsche Bildungssystem gestellt werden sollte.

Der Ansatz der Abgrenzung diente auch der Historiographie vielfach als Kompass, jedenfalls insofern, als statt einer im doppelten Wortsinn »geteilten« häufig eine getrennte deutsch-deutsche Bildungsgeschichte geschrieben worden ist.[10] Im Folgenden soll eine stärker integrierte Zugangsweise gewählt werden.[11]

9 Vgl. hierzu mit weiteren Beispielen: Wolfgang Mitter, Wandel und Kontinuität im Bildungswesen der beiden deutschen Staaten, in: ders., Schulen zwischen Reform und Krise. Zu Theorie und Praxis der vergleichenden Bildungsforschung, Köln/Wien 1987, S. 277–294, hier S. 283 ff.; vgl. auch Heinz-Elmar Tenorth, Die Bildungsgeschichte der DDR – Teil der deutschen Bildungsgeschichte? in: Sonja Häder/ders. (Hg.), Bildungsgeschichte einer Diktatur. Bildung und Erziehung in SBZ und DDR im historisch-gesellschaftlichen Kontext, Weinheim 1997, S. 69–96, bes. S. 80 f.; gegen die These vom Traditionsbruch und gegen die Programmverlautbarungen der amtlichen Schulpolitik betont grundsätzlich ein in der Schulrealität der DDR anzutreffendes Moment stärkerer Einbettung in die Entwicklungslogik des deutschen Schulsystems im 20. Jahrhundert: Bernd Zymek, Die DDR – ein Sonderfall in der deutschen Bildungsgeschichte? in: Erinnerung für die Zukunft II, S. 29–35; ders., Die Schulentwicklung in der DDR im Kontext einer Sozialgeschichte des deutschen Schulsystems im 20. Jahrhundert, in: Häder/Tenorth (Hg.), Bildungsgeschichte, S. 25–53.
10 In den letzten Jahren wurde nur selten der Versuch unternommen, eine integrierte Geschichte der beiden Bildungssysteme zu schreiben; Führ/Furck (Hg.), Handbuch Bd. VI; vgl. auch Gert Geißler, Schulgeschichte in Deutschland. Von den Anfängen bis in die Gegenwart, Frankfurt a. M. 2013. Für das Thema »Jugend« bleibt der Aufsatz von Konrad Jarausch eine Ausnahme: Jarausch, Jugendkulturen und Generationskonflikte 1945 bis 1990. Zugänge zu einer deutsch-deutschen Nachkriegsgeschichte, in: Christoph Kleßmann/Peter Lautzas (Hg.), Teilung und Integration. Die doppelte deutsche Nachkriegsgeschichte als wissenschaftliches und didaktisches Problem, Bonn 2005, S. 216–231.
11 Vgl. etwa Oskar Anweiler, Grundzüge der Bildungspolitik und der Entwicklung des Bildungswesens seit 1945, in: ders. (Hg.) Vergleich von Bildung und Erziehung in der Bundesrepublik Deutschland und in der Deutschen Demokratischen Republik, Köln 1990, S. 11–33; ders., Ergebnisse und offene Fragen, in: ebd., S. 685–706; Anne Rohstock, Ist Bildung Bürgerrecht? Wege zur Bildungsexpansion im doppelten Deutschland, in: Udo Wengst/Hermann Wentker (Hg.), Das doppelte Deutschland. 40 Jahre Systemkonkurrenz, Bonn 2008, S. 135–159; Gert Geißler, Bildungs- und Schulpolitik, in: Clemens Burrichter/Detlef Nakath/Gerd-Rüdiger Stephan (Hg.), Deutsche Zeitgeschichte von 1945 bis 2000.

Es wird dabei allerdings weniger um eine Verflechtungsgeschichte im Sinne einer histoire croisée[12] zu gehen haben, d.h. um eine Geschichte, die sich den überaus rar gebliebenen Dimensionen eines deutsch-deutschen Erfahrungsaustauschs widmet. Vielmehr soll die Frage erörtert werden, vor welche systemübergreifenden Problemlagen sich beide Gesellschaften vor der Wiedervereinigung gestellt sahen. Die Zeit »nach dem Boom« war zwar weder im Osten noch gar im Westen eine Epoche, in der die Bildungspolitik hohen politischen Stellenwert erlangt und im Mittelpunkt des öffentlichen Interesses gestanden hätte. Zwischen den beiden großen bildungspolitischen Aufmerksamkeitszyklen angesiedelt, für die im Westen die beiden Kürzel »Picht« und »PISA« stehen, durchschritt die Bildungspolitik in den anderthalb Jahrzehnten zwischen der Mitte der siebziger Jahre und dem Jahr 1989 eher die flachen Ebenen einer Politik »zweiter Ordnung«[13], der es nicht so sehr um neue Ordnungsideen und grundsätzliche Reformen ging, sondern primär darum, die Funktionstüchtigkeit der in ihren Strukturkoordinaten jeweils stabilisierten Systeme zu erhalten und nach Möglichkeit zu steigern. Dennoch lohnt es sich auch für die beiden Bildungssysteme, die Frage nach den systemübergreifenden, vornehmlich exogenen Herausforderungen zu stellen.

Solche systemübergreifende Problemstellungen, die für beide Bildungssysteme relevant wurden – und auf die sich das Augenmerk im Folgenden konzentrieren wird –, lassen sich vor allem in vier Bereichen ausmachen. Sie lagen erstens in der sozialen Eigendynamik wachsender gesellschaftlicher Bildungsaspirationen und der Förderung oder aber Begrenzung des Prozesses expandierender Bildungsbeteiligung, insbesondere unter dem Gesichtspunkt der Koordination von Bildungs- und Beschäftigungssystem (Kap. 1); zweitens in den jeweiligen Ermöglichungsbedingungen der Nutzung von Bildungschancen, welche die beiden Bildungssysteme gewährleisteten, also dem Maß von Gleichheit und Ungleichheit im Bildungssystem (Kap. 2); drittens in der Wirksamkeit von Prozessen der Verwissenschaftlichung des schulischen Bildungshorizonts und der Frage nach einer Ausweitung des Unterrichtskanons in neue Wissensgebiete

---

Gesellschaft – Staat – Politik. Ein Handbuch, Berlin 2006, S. 911–946; Mitter, Wandel und Kontinuität; Ingrid Miethe/Birthe Kleber, »Bildungswettlauf zwischen West und Ost« – Ein retrospektiver Vergleich, in: Rita Braches-Chyrek u.a. (Hg.), Bildung, Gesellschaftstheorie und soziale Arbeit, Opladen 2013, S. 155–174; vgl. auch Ralph Jessen, Massenausbildung, Unterfinanzierung und Stagnation. Ost- und Westdeutsche Universitäten in den siebziger und achtziger Jahren, in: Michael Grüttner u.a. (Hg.), Gebrochene Wissenschaftskulturen. Universitäten und Politik im 20. Jahrhundert, Göttingen 2010, S. 261–278.

12 Michael Werner/Bénédicte Zimmermann, Vergleich, Transfer, Verflechtung. Der Ansatz der Histoire croisée und die Herausforderung des Transnationalen, in: Geschichte und Gesellschaft 28 (2002), S. 607–636.

13 Der Begriff wird hier in Anlehnung an F.X. Kaufmann verstanden, vgl. Franz-Xaver Kaufmann, Der Sozialstaat als Prozeß – für eine Sozialpolitik zweiter Ordnung, in: Franz Ruland/Bernd Baron von Maydell/Hans-Jürgen Papier (Hg.), Verfassung, Theorie und Praxis des Sozialstaats. Festschrift für Hans F. Zacher zum 70. Geburtstag, Heidelberg 1997, S. 307–322.

(etwa die der informationstechnischen Bildung oder der Umwelterziehung) (Kap. 3), sowie viertens schließlich in der Optimierung der Lernprozesse und der Ausrichtung der politischen Bildung (Kap. 4). Damit sind zugleich jeweils auch Teildimensionen der vier Funktionsbezüge von Bildungssystemen angesprochen, von denen eingangs die Rede war.

Der Blick auf die bildungspolitischen Transformationsprozesse nach der Wiedervereinigung verfolgt abschließend das Ziel, für einen Zeitraum von zwei Jahrzehnten die komplexen Wirkungsketten einer Entwicklung nachzuzeichnen, bei denen sich strukturelle Angleichungsprozesse zwischen neuen und alten Bundesländern mit anschließenden Ansätzen einer Kotransformation auch in den alten Ländern verbanden, um dann schließlich in einen neuen Reformzyklus einzumünden, dessen Dynamik nun nicht mehr aus dem deutsch-deutschen Bezugsfeld, sondern dem internationalen, insbesondere dem europäischen Raum genährt wurde.

1. Bildungsexpansion und Koordination von Bildungs- und Beschäftigungssystem

Die enorme Ausweitung der Bildungsbeteiligung, die beide deutsche Staaten phasenverschoben erlebten, gehörte zu den tiefgreifenden Erscheinungen gesellschaftlichen Wandels nach 1949. In beiden Teilstaaten verschob sich das Richtmaß der allgemeinen Grundbildung hin zu einem mittleren Abschluss, der den Hauptschulabschluss als Standardqualifikation des Großteils der Schulabgänger ersetzte. Im Westen geschah dies im Zuge des Ausbaus der weiterführenden Sekundarbildung innerhalb des gegliederten Systems, in der DDR unter dem Dach der einheitlichen Polytechnischen Oberschule. Was ebenso sehr ins Auge sticht wie die Expansion der Bildungsbeteiligung ist allerdings die gegenläufige Periodisierung dieser Entwicklung.[14] Während in den sechziger Jahren nicht wenige bundesdeutsche Beobachter der DDR in puncto Chancengleichheit und Durchlässigkeit, Landschulreform und Mobilisierung der Begabungsreserven einen Vorsprung attestierten, kehrten sich Anfang der siebziger Jahre die Vorzeichen schnell um: Während die Hochschulexpansion in der DDR nun abrupt abgebrochen und in der Folge auch die Abiturientenquote weitgehend eingefroren wurde, setzte sich die aufsteigende Linie der Bildungsbeteiligung in der Bundesrepublik, gemessen an Hochschulreife und Hochschulbesuch, auch dann noch fort, als Geburtenrückgang, klamme Haushalte und sich verschärfende Arbeitsmarktkrise die Rahmenbedingungen erheblich verändert hatten.

---

14 Gero Lenhardt/Manfred Stock, Bildung, Bürger, Arbeitskraft. Schulentwicklung und Sozialstruktur in der BRD und der DDR, Frankfurt a. M. 1997, S. 202 ff.; Arbeitsgruppe Bildungsbericht am Max-Planck-Institut für Bildungsforschung, Das Bildungswesen in der Bundesrepublik Deutschland. Strukturen und Entwicklungen im Überblick, Reinbek bei Hamburg 1994, S. 207 ff.

Die Expansion der Bildungsbeteiligung in der Bundesrepublik lässt sich am relativen Schulbesuch der Jugendlichen ablesen. 1960 hatten 27 Prozent der bundesdeutschen Jugendlichen die Schule mit mindestens einem mittleren Abschluss verlassen: Bis zum Jahr 1980 hatte sich der Anteil auf 56,2 Prozent der Schulabgänger verdoppelt, 1987 besaßen dann zwei Drittel der Schulabgänger zumindest einen mittleren Abschluss.[15] Allerdings flachte die seit den fünfziger Jahren aufsteigende Linie für den Realschulbesuch und den Erwerb der mittleren Reife seit den achtziger Jahren deutlich ab. Die Zunahme im Gymnasialbesuch und im Erwerb der Hochschulreife hielt hingegen auch weiterhin noch an: 1960 hatten gerade einmal sechs Prozent eines Altersjahrgangs die Allgemeine Hochschulreife erworben, 1990 waren es 24 Prozent (plus neun Prozent mit Fachhochschulreife).[16] Mochte dabei die Entschärfung der Übergangsauslese den Andrang auf die weiterführenden Schulen auch begünstigt haben: Die Bildungsexpansion, so zeigte sich insgesamt, war nicht primär das Ergebnis politischer Steuerungsbemühungen, sondern in hohem Maße ein eigendynamischer sozialer Prozess, der sich aus den gestiegenen Bildungsaspirationen der Eltern und Schüler nährte.

In der DDR verhielt es sich in vielerlei Hinsicht umgekehrt. Entwicklung und Verlauf der Bildungsbeteiligung waren hier ungleich stärker Ergebnis politischer Steuerung: zunächst einer gezielten Ausbaupolitik, dann eines drastischen Abbremsens der Bildungsexpansion. Die Einführung der zehnklassigen Polytechnischen Oberschule als Regelschule wurde zu einem Zeitpunkt beschlossen, als in den bundesdeutschen Ländern nicht einmal überall ein neuntes Hauptschuljahr eingeführt worden war. Auch wenn dann die flächendeckende Umsetzung nicht ohne Schwierigkeiten und Verzögerungen verlief und Anfang der sechziger Jahre nur 60 Prozent der Schüler in die neue 9. Klasse versetzt wurden, besuchten seit den achtziger Jahren immerhin 90 Prozent der Schüler die 9. und 10. Klassen der POS.[17] Enteilt schien die DDR der Bundesrepublik eine Zeit lang auch bei der Expansion der höheren Bildung. Die Quote der Schulabgänger mit Hochschulreife lag 1965 bei 15 Prozent und damit doppelt so hoch wie in der Bundesrepublik, wobei in der DDR die alternativen Wege zur Hochschulreife, besonders in Gestalt der 1959 eingeführten doppelqualifizierenden Berufsausbildung mit Abitur, stärker ausgebaut waren als in der Bundesrepublik.[18] Auch dies war kein auf die beiden deutschen Teilstaaten begrenztes Phänomen: Allgemein war, bei Abweichungen im Einzelnen, die Zahl der Studenten in den Staaten östlich des Eisernen Vorhangs bis in die sechziger Jahre stärker gestiegen

---

15 Helmut Köhler/Gerhard Schreier, Statistische Grunddaten zum Bildungswesen, in: Anweiler, Vergleich, S. 112–155, hier S. 132.
16 Helmut Köhler/Peter Lundgreen, Datenhandbuch zur deutschen Bildungsgeschichte, Bd. VII: Allgemein bildende Schulen in der Bundesrepublik Deutschland 1949–2010, Göttingen 2014, S. 81, 306 f., 328; Isabell von Ackeren/Klaus Klemm, Entstehung, Struktur und Steuerung des deutschen Schulsystems, Wiesbaden 2009, S. 81.
17 Geißler, Schulgeschichte in Deutschland, S. 991.
18 Arbeitsgruppe Bildungsbericht, Das Bildungswesen, S. 212 ff., 487 f. und 494 ff.

als in den westeuropäischen Staaten; 1960 lag in der Mehrzahl der Länder des kommunistischen Lagers die Studentenrate über dem Durchschnitt in den westeuropäischen Staaten.[19] Der Osten schien im »Bildungswettlauf der Systeme« die Nase vorn zu haben.

Dann allerdings, im Übergang von Ulbricht zu Honecker, brach in der DDR die Expansionsentwicklung mit einem Mal ab. Der Anstieg der Studentenquote wurde 1971 abrupt abgestoppt, die Quote zurückgefahren und bei 12–14 Prozent stabilisiert. Der bildungsökonomische Optimismus der Ära Ulbricht, der von einem stetigen Wachstum des Bedarfs an wissenschaftlichen Qualifikationen ausgegangen war, war verflogen. Ausbildung und Bedarf an hochqualifizierten Arbeitskräften schienen zunehmend auseinanderzulaufen.[20] Zwar hatte Ulbricht noch auf dem 9. ZK-Plenum im Oktober 1968 verkündet, die DDR müsse bis 1975 den Welthöchststand an wissenschaftlich-technischen Kadern erreichen.[21] Nun aber forderte die Ministerin für Volksbildung Margot Honecker, statt auf die Vorbereitung zum Studium an den Hoch- und Fachschulen müsse die Schule in erster Linie der Vorbereitung des Nachwuchses an hochqualifizierten Facharbeitern dienen.[22] Der gesellschaftlich induzierten Expansionsdynamik im Westen standen in der DDR fortan staatlich weitgehend eingefrorene Proportionen der Bildungsbeteiligung gegenüber. Diese wurde den Imperativen einer staatlichen Planung untergeordnet, für die ein weitgehend als stabil angesehener Qualifikationsbedarf das maßgebliche Eckdatum war. Da die individuellen Bildungsbedürfnisse nicht mehr mit dem wirtschaftlichen Arbeitskräftebedarf im Einklang zu stehen schienen, wurde der Zugang zur Erweiterten Oberstufe und zum Studium empfindlich verengt und der Prozess der Bildungsexpansion abgebrochen.

Eine dirigistische Bedarfsplanung dieser Art war mit den vorherrschenden staatlichen und gesellschaftspolitischen Ordnungsvorstellungen in der Bundesrepublik nicht vereinbar. So erklärte ein Urteil des Bundesverfassungsgerichts zum Numerus Clausus 1972 mit Verweis auf Art. 12 Abs. 1 des Grundgesetzes (freie Wahl des Berufs und der Ausbildungsstätte) eine Begrenzung der Hochschulkapazitäten unter reinen Bedarfsgesichtspunkten für unzulässig.[23] Hinzu kam, dass die bundesdeutschen Bildungsplaner gerade für diejenigen Teilsektoren des Beschäftigungssystems, in denen Personalentwicklung und Qualifikationsanforderungen weitgehend auf komplexen Marktprozessen beruhten, wenig Vertrauen in die Prognosefähigkeit der Bildungsökonomen gewonnen hatten. Im hessischen Kultusministerium befand man Mitte der siebziger Jahre, »daß beim

---

19 Hartmut Kaelble, Sozialgeschichte Europas. 1945 bis zur Gegenwart, München 2007, S. 392 und 403.
20 Dietmar Waterkamp, Handbuch zum Bildungswesen der DDR, Berlin 1987, S. 40 ff.
21 Roland Köhler u. a., Geschichte des Hochschulwesens der DDR (1961–1980), Berlin (Ost) 1987, S. 79.
22 Helmut Köhler/Manfred Stock, Bildung nach Plan? Bildungs- und Beschäftigungssystem in der DDR 1949 bis 1989, Opladen 2004, S. 61.
23 Christoph Oehler, Hochschulentwicklung in der Bundesrepublik Deutschland seit 1945, Frankfurt a. M./New York 1989, S. 36.

gegenwärtigen unzureichenden Stand der bildungsökonomischen wissenschaftlichen Methodik globale Bedarfsprognosen für Absolventen von Hochschuleinrichtungen zu so ungesicherten Ergebnissen führen, daß sie für die Planungen der Landesregierung unbrauchbar sind.«[24] Die sich fortsetzende Bildungsexpansion blieb im Kern auch weiterhin auf dem »social-demand«-Ansatz gegründet, der gesellschaftlichen Nachfrage nach Bildung, nicht auf einem prognostizierten Arbeitskräftebedarf, wie es die Bildungsplanung als Alternativmethode diskutierte. Die bundesdeutschen Planer setzten auf flexible Anpassungs- und Ausgleichsprozesse am Arbeitsmarkt, bei denen die vorhandenen Qualifikationen ihre Nachfrage selbst erzeugen und Berufsgrenzen überschreitende Mobilitätsprozesse ihnen neue Teilarbeitsmärkte erschließen würden.[25] Ziel der Planer in der DDR war es hingegen, solche Unschärfen in der Zuordnung von Bildungs- und Beschäftigungssystem nach Möglichkeit gerade auszuschalten.

Diskrepanzen zwischen dem Angebot an Bildungsabschlüssen und der Nachfrage nach qualifizierten Arbeitskräften konnten im Planungssystem der DDR nicht wie in Marktgesellschaften zum Problem der Einzelnen herabgestuft werden – sie waren Probleme des Planungssystems selbst. Indem die SED die Bildungsexpansion, um solche Disproportionen zu vermeiden, zurückführ, widersprach sie allerdings immer mehr den individuellen Bildungserwartungen der Familien, die sich *peu à peu* auf Abitur und Studium ausgerichtet hatten. 1971 besuchten 11 Prozent einer Altersklasse die Erweiterte Oberschule (EOS), 1973 17 Prozent, aber dann schon 1975 nur noch neun Prozent und 1980 acht Prozent[26]. Im Durchschnitt wurden nur zwei bis drei Schüler jeder 10. Klasse für den Zugang zu einer EOS ausgewählt, was die Konkurrenz und den Druck erheblich verstärkte, zumal die Auswahl auch nach politischen Kriterien erfolgte und einige junge Schüler das Versprechen, sich als Berufssoldat zu verpflichten, als Zauberformel nutzten, um unabhängig von den schulischen Leistungen in die EOS aufgenommen zu werden.[27]

---

24 Gerhard Moos an den Hessischen Minister für Wirtschaft und Technik, 28.2.1974, Hessisches Hauptstaatsarchiv Wiesbaden NL 1200/15.
25 Manfred Kaiser, Zur Flexibilität von Hochschulausbildungen. Ein Überblick über den Stand der empirischen Substitutionsforschung, in: Mitteilungen aus der Arbeitsmarkt- und Berufsforschung 8 (1975), S. 203–221; vgl. im Übrigen Ralph Jessen, Zwischen Bildungsökonomie und zivilgesellschaftlicher Mobilisierung. Die doppelte deutsche Bildungsdebatte der sechziger Jahre, in: Hans-Gerhard Haupt/Jörg Requate (Hg.), Aufbruch in die Zukunft. Die 1960er Jahre zwischen Planungseuphorie und kulturellem Wandel. DDR, CSSR und Bundesrepublik Deutschland im Vergleich, Weilerswist 2004, S. 209–231.
26 Siegfried Baske, Die Erweiterte Oberschule in der DDR, in: Anweiler, Vergleich, S. 210–217, hier S. 215.
27 Diese Praxis verbreitete sich so allgemein, dass die Ministerin für Volksbildung Margot Honecker 1975 die Auswahlkommissionen daran erinnerte, dass sie diejenigen Schüler, die sich für die NVA melden wollten, nicht automatisch für die EOS qualifizieren sollten. Siehe Landesarchiv Berlin C REP 902/3676, BL Berlin, Sozialistische Wehrerziehung. Sicherung des militärischen Berufsnachwuchses, Informationen, Einschätzungen, Protokolle, 1975, unpag.

Etwa zur gleichen Zeit, als in der DDR der Zugang zur Hochschule deutlich verengt und der »Ausstoß« an Hochschulabsolventen den ökonomischen Planungskennziffern untergeordnet wurde, setzte allerdings auch in der Bundesrepublik, wiewohl unter grundverschiedenen Vorzeichen, eine Diskussion über die Frage ein, ob und wie weitgehend das Maß an qualifizierten Abschlüssen, die das Bildungssystem hervorbrachte, genauer auf den Bedarf des Beschäftigungssystems hin abgestimmt werden müsste.[28] Während die bundesdeutschen Bildungspolitiker in den sechziger Jahren den Mangel an Absolventen mit höheren Qualifikationen beklagt hatten, schien sich das Missverhältnis zwischen Bildungs- und Beschäftigungssystem nun umzukehren. Auch hier kam es damit auf der Vergleichsebene zu einer gegenläufigen Entwicklung: Wurde in der DDR das Bildungs- immer enger an das Beschäftigungssystem angekoppelt, gehörte zu den zentralen Themen der bildungspolitischen Debatte im Westen fortan die Frage, ob das eine nicht im Begriff stand, sich von dem anderen mehr und mehr abzukoppeln. Bereits 1972 hielt das Schreckwort des »Akademikerproletariats«[29] Einzug in die Bildungsdebatte, seit Mitte des Jahrzehnts mehrten sich die Stimmen, die vor einer anschwellenden Akademikerarbeitslosigkeit warnten. Auf der politischen Ebene griff die CDU die Kritik an der beständigen Ausweitung der Bildungsbeteiligung auf und forderte, statt der Fixierung auf die akademischen Bildungswege die berufliche Bildung zu stärken.

Immerhin zeichnete sich in den achtziger Jahren ab, dass sich die »Proletarisierungsthese«, nach der eine Massenarbeitslosigkeit von Akademikern bedrohlichen Ausmaßes zu erwarten stand, nicht in dem Maße bewahrheiten würde, wie von manchen vorhergesagt worden war.[30] Nach wie vor galt, dass die Beschäftigungssicherheit mit dem Ausbildungsniveau stieg.[31] Sektoral konnte es allerdings zu erheblichen Ungleichgewichten kommen, wobei das Risiko der Arbeitslosigkeit für Hochschulabsolventen umso mehr wuchs, je mehr die Absolventen auf eine Beschäftigung im öffentlichen Dienst angewiesen waren. In den siebziger Jahren sank der Anteil der Hochschulabsolventen, der im öffentlichen Dienst Beschäftigung fand, von 68 auf nur noch 26 Prozent (1971 bis 1978).[32] Der

---

28 Vgl. Hedwig Rudolph/Rudolf Husemann, Hochschulpolitik zwischen Expansion und Restriktion. Ein Vergleich der Entwicklung in der Bundesrepublik Deutschland und der Deutschen Demokratischen Republik, Frankfurt a. M. 1984.
29 Winfried Schlaffke, Akademisches Proletariat?, Osnabrück 1972.
30 Das Folgende vor allem nach Hans-Peter Blossfeld, Bildungsexpansion und Berufschancen. Empirische Analysen zur Lage der Berufsanfänger in der Bundesrepublik, Frankfurt a. M./New York 1985, bes. 98 ff.
31 Bundesministerium für Bildung und Wissenschaft, Bericht der Bundesregierung zur Sicherung der Zukunftschancen der Jugend in Ausbildung und Beruf, Bad Honnef 1984, S. 57; Manfred Tessaring, Beschäftigungssituation und -perspektiven für Hochschulabsolventen, in: APuZ 50 (1989), S. 14–24; Arbeitsgruppe Bildungsbericht, Das Bildungswesen, S. 661.
32 Jens Naumann, Entwicklungstendenzen des Bildungswesens der Bundesrepublik Deutschland im Rahmen wirtschaftlicher und demographischer Veränderungen, in: Projektgruppe Bildungsbericht, Bildung in der Bundesrepublik Deutschland, Bd. 1: Entwicklungen seit 1950, Reinbek bei Hamburg 1980, S. 21–102, hier S. 88.

Rückgang hing vor allem mit den drastisch reduzierten Einstellungschancen der Lehramtsstudenten zusammen.[33] So wie der Zustrom der Babyboom-Generationen in den sechziger Jahren zunächst den Lehrermangel verschärft hatte, drohte jetzt umgekehrt der aufgrund des Geburtenrückgangs absehbar sinkende Bedarf den Lehrerüberschuss zusätzlich zu verstärken. Immerhin, Ende der siebziger Jahre waren auch ein Fünftel der arbeitslosen Akademiker Ingenieure, ein Anteilswert, der in den achtziger Jahren dann deutlich zurückging.[34]

Alle westeuropäischen Länder sahen sich in den achtziger Jahren vor das Problem der gestiegenen Beschäftigungsprobleme von Hochschulabsolventen gestellt. Sie zogen daraus jedoch unterschiedliche Konsequenzen. In Großbritannien war die Hochschulpolitik am stärksten bemüht, die Zahl der Hochschulabsolventen zu begrenzen, in Frankreich setzte man hingegen auf eine deutliche Expansion der Hochschulen.[35] Das Bundesministerium für Bildung und Wissenschaft war seit dem Regierungswechsel in Bonn 1982 bestrebt, den Zustrom zu den akademischen Berufen abzubremsen und stattdessen auf die berufliche Bildung umzulenken. Es sei absehbar nicht zu erwarten, hieß es etwa in einem Bericht der Bundesregierung zu den Zukunftschancen von Jugendlichen in Ausbildung und Beruf 1984, dass der auf dem Arbeitsmarkt bestehende Qualifikationsbedarf die wachsende Zahl an Hochschulabsolventen ausbildungsgerecht werde absorbieren können. »Der Ausbildungsweg über die berufliche Bildung und Fortbildung kann daher sehr viel zweckmäßiger sein und breitere Aufstiegschancen eröffnen (...).«[36] Für eine solche Umlenkung standen, anders als in der DDR, jedoch nur »weiche« Steuerungsinstrumente zur Verfügung (Bafög-Gestaltung, Numerus clausus, Unterfinanzierung der Hochschulen, Berufsberatung etc.). Die Umstellung des Bafög auf Volldarlehen 1982 und die gestiegenen Beschäftigungsrisiken auch für Hochschulabsolventen führten zu sozialen Schließungstendenzen an den Hochschulen.[37] Gegenläufig zur – allerdings auf erzwungener Verknappung beruhenden – Entwicklung in der DDR sank der Anteil der Hochschulzugangsberechtigten, die ein Studium

---

33 Beate Pieper, Vom Lehrermangel zur Lehrerarbeitslosigkeit. Bildungspolitik als geschichtliches Dilemma, Münster 1984, S. 135 ff.
34 Dirk Hartung/Beate Krais, Studium und Beruf, in: Ulrich Teichler (Hg.), Das Hochschulwesen in der Bundesrepublik Deutschland, Weinheim 1990, S. 179–209, hier S. 191; Friedemann Stooß, Der Akademiker – Arbeitsmarkt bis zum Jahr 2000, in: Egbert Kahle/Hermann J. Weihe (Hg.), Studium – und danach?, Frankfurt a. M. 1988, S. 5–27, hier S. 7.
35 Ulrich Teichler, Hochschulen in Europa. Studiengänge, Studiendauer, Übergänge in den Beruf, in: APuZ 1989 B 50, S. 25–39, hier S. 36.
36 Bundesministerium für Bildung und Wissenschaft, Bericht der Bundesregierung zur Sicherung der Zukunftschancen der Jugend in Ausbildung und Beruf, Bad Honnef 1984, S. 63.
37 Oskar Anweiler, Bildungspolitik, in: Geschichte der Sozialpolitik in Deutschland seit 1945, Bd. 7: 1982–1989: Bundesrepublik Deutschland. Finanzielle Konsolidierung und institutionelle Reform, hrsg. von Manfred G. Schmidt, Baden-Baden 2005, S. 563–600, hier S. 592 ff.

aufnahmen, in den achtziger Jahren von über 90 Prozent auf zwischen 70 und 80 Prozent, gerade bei Kindern aus bildungsfernen Elternhäusern.[38]

In absoluten Zahlen stiegen die Studentenzahlen im Unterschied zur DDR aber weiter an. Die geburtenstarken Jahrgänge waren an den Hochschulen angelangt. In Erwartung eines anschließenden Rückgangs der Studentenzahlen hatte der »Öffnungsbeschluss« der Ministerpräsidenten den Hochschulen 1977 eine vorübergehende »Überlast« aufgeladen, bis dann als Folge des nun die Universitäten erreichenden Geburtenrückgangs der »Studentenberg« »untertunnelt« sein würde. Das Bild vom »doppelten Flachenhals«, das schon in der zweiten Hälfte der 1970er Jahre aufkam, beschrieb das zweifache Problem der ungenügenden Absorptionsfähigkeit des Arbeitsmarktes gegenüber wachsenden Absolventenzahlen wie auch der Hochschulen gegenüber dem anhaltenden Massenandrang.[39] Die Studienbedingungen verschlechterten sich, zumal die Kapazitäten dem tatsächlichen Andrang auch zuvor schon nicht mehr hinreichend angepasst worden waren. Erst Ende der achtziger Jahre sollten Bund und Länder in Gestalt von gemeinsamen »Hochschulsonderprogrammen« auf die Unterfinanzierung der bundesdeutschen Hochschulen reagieren. In der DDR hingegen verbesserten sich die Betreuungsrelationen an den Hochschulen aufgrund eines beträchtlichen Ausbaus des Lehrpersonals bei zugleich stabilen Studentenzahlen deutlich. Da das Studium überdies straffer organisiert war, kürzere Studienzeiten und weniger Studienwechsel und -abbrüche hervorbrachte, war die Differenz zwischen den Absolventenzahlen der ost- und der westdeutschen Hochschulen in den achtziger Jahren weitaus geringer als die zwischen den Gesamtzahlen der Studierenden.[40] Die höheren Quoten der Studienberechtigten und Studierenden in der Bundesrepublik gegenüber der DDR seit den siebziger Jahren, so haben Berechnungen ergeben, wurden besonders durch die hohen Misserfolgsquoten der Studierenden an den bundesdeutschen Universitäten zu guten Teilen wieder ausgeglichen.[41]

Zur Expansion der Bildungsbeteiligung gehörte im Übrigen nicht nur die Ausweitung der höheren Bildungswege und -abschlüsse, sondern auch der Rück-

---

38 Hartung/Krais, Studium, S. 205; vgl. auch Steffen Schindler, Öffnungsprozesse im Sekundarbereich und die Entwicklung sozialer Disparitäten in den Studierquoten, in: Die Deutsche Schule 105 (2013), S. 364–381.
39 Gerhard E. Ortner, Gestaltung und Steuerung der Tertiären Bildung: Problemeinführung und Problemstrukturierung, in: Ulrich Lohmar/ders. (Hg.), Die deutsche Hochschule zwischen Numerus clausus und Akademikerarbeitslosigkeit. Der doppelte Flaschenhals, Hannover u. a. 1975, S. 18–40, hier S. 18 f.; Hansgert Peisert, Das Hochschulsystem in der Bundesrepublik Deutschland. Funktionsweise und Leistungsfähigkeit, Stuttgart 1979, S. 70 und 118.
40 Helmut Köhler, Qualifikationsstruktur und Hochschulentwicklung in der Deutschen Demokratischen Republik und der Bundesrepublik Deutschland, in: Mitteilungen aus der Arbeitsmarkt- und Berufsforschung 28 (1995), S. 96–108, hier S. 104.
41 Klaus Klemm/Michael Weegen, Wie gewonnen, so zerronnen. Einige Anmerkungen zum Zusammenhang von Bildungsexpansion und Akademikerangebot, in: Jahrbuch der Schulentwicklung Bd. 11, Weinheim und München 2000, S. 129–150.

gang des Anteils der Jugendlichen, die das Bildungssystem ohne schulischen oder beruflichen Ausbildungsabschluss verließen. Zu Beginn der 1970er Jahre gingen in der DDR so gut wie alle Abgänger von der POS, für die sich kein Besuch einer weiterführenden Bildungseinrichtung anschloss, in ein Lehrverhältnis über (und sei es auch für die sehr begrenzte Zahl vorzeitiger Abgänger der POS ohne Abschluss nur eine Teilausbildung); in den 1980er Jahren waren dies immerhin drei Viertel aller Jugendlichen.[42] In der Bundesrepublik tat sich zwar in der ersten Hälfte der achtziger Jahre eine vor allem demographisch bedingte Ausbildungslücke auf,[43] über deren genaue Ausmaße gestritten wurde; sie konnte in der zweiten Hälfte des Jahrzehnts aber wieder geschlossen werden.[44] Immerhin, im Gesamtbild des Qualifikationsniveaus der Erwerbstätigen ergaben sich die stärksten Unterschiede zwischen beiden Gesellschaften auf der niedrigsten Qualifikationsstufe. Während in der DDR 1988 nur noch 13 Prozent aller Erwerbstätigen keinen beruflichen Ausbildungsabschluss besaßen, war es in der Bundesrepublik noch fast ein Viertel.[45] Auch bei den gescheiterten Schulkarrieren bestanden – bei ähnlicher Trendentwicklung – deutlich erkennbare Unterschiede. In der DDR machte der Anteil der Abgänger von der POS, die keinen Abschluss vorweisen konnten, Mitte der achtziger Jahre weniger als zwei Prozent aus.[46] In der Bundesrepublik hatte sich der Anteil der Abgänger aus allgemeinbildenden Schulen, die ohne Abschluss geblieben waren, von 19 Prozent 1965 bis zu Beginn der achtziger Jahre halbiert und lag 1987 schließlich nur noch bei sieben Prozent.[47] Zu der schwächeren Bilanz im Westen trug allerdings auch das wachsende Problem der schulischen Integration von Schülern ausländischer Herkunft bei, von denen in der Bundesrepublik ein Drittel 1983 die Schule ohne Abschluss verließen.[48] Eine vergleichbare Problematik war in der DDR nicht anzutreffen. Während also die Bundesrepublik die DDR bei der »Produktion« hoher Qualifikationen überholte, hatte das ostdeutsche Bildungs- und Ausbildungssystem beim Abbau der niedrigen Qualifikationsstufen einen Vorsprung vorzuweisen.

42 Arbeitsgruppe Bildungsbericht, Das Bildungswesen, S. 578.
43 1986/87 konnte nur 59% der bei den Arbeitsämtern nachfragenden jugendlichen Bewerber ein betrieblicher Ausbildungsplatz vermittelt werden; Hans-Peter Schäfer, Berufsorientierung und Berufsberatung, in: Anweiler, Vergleich, S. 299–306, hier S. 304.
44 Thomas Raithel, Jugendarbeitslosigkeit in der Bundesrepublik. Entwicklung und Auseinandersetzung während der 1970er und 1980er Jahre, München 2012, S. 29 ff. und 117 ff.; Marius R. Busemeyer, Wandel trotz Reformstau. Die Politik der beruflichen Bildung seit 1970, Frankfurt a. M. 2009, S. 17 f. und 106 ff.
45 Köhler/Stock, Bildung, S. 50; Rainer Geißler, Die Sozialstruktur Deutschlands, 2. Aufl., Opladen 1996, S. 251 f.
46 Helmut Köhler, Datenhandbuch zur deutschen Bildungsgeschichte, Bd. IX: Schulen und Hochschulen in der Deutschen Demokratischen Republik 1949–1989, Göttingen 2008, S. 37.
47 Heike Solga, Jugendliche ohne Schulabschluss und ihre Wege in den Arbeitsmarkt, in: Kai S. Cortina u. a., Das Bildungswesen in der Bundesrepublik Deutschland. Strukturen und Entwicklungen im Überblick, Reinbek bei Hamburg 2003, S. 712 f.
48 Solga, Jugendliche, S. 722.

Was sich in der Bundesrepublik als Folge der Bildungsexpansion zunehmend abzeichnete, war ein kaskadenhafter Verdrängungsprozess auf dem Arbeitsmarkt. Höherqualifizierte verdrängten schlechter Qualifizierte zunehmend aus ihnen bisher zugänglichen Berufspositionen. Die Bildungsexpansion baute so nicht nur alte Bildungshürden ab, sondern auch neue auf. Zwar stellte das Beschäftigungssystem eine höhere Aufnahmefähigkeit für die wachsende Zahl der Hoch- und Höherqualifizierten unter Beweis als vielfach angenommen worden war, und das anhaltende Wachstum des Dienstleistungssektors begünstigte vor allem die Hochschulabsolventen. Aber der berufsstrukturelle Wandel hinkte gleichwohl hinter der Dynamik der Bildungsexpansion hinterher, und der Konkurrenzdruck der Bewerber auf den Arbeitsmärkten setzte sich von oben nach unten auf allen Stufen des Ausbildungs- und Beschäftigungssystems weiter fort.[49] Hingegen wurden die Proportionen zwischen den Qualifikationsstufen für das Bildungs- wie das Beschäftigungssystem in der DDR auf dem zu Beginn der achtziger Jahre erreichten Stand eingefroren; Angebot und Bedarf an Qualifikationen wurden durch die staatliche Bildungs- und Beschäftigungsplanung formal stabilisiert und ausgeglichen. Widersprüche zwischen Arbeitsplatzklassifizierung und tatsächlichen Anforderungen, besonders ein unterqualifizierter Einsatz, waren in der DDR dennoch weiter verbreitet.[50] Insofern ging auch im Osten die enge formale Kopplung von Bildung und Beschäftigung mit einer informellen Entkopplung einher.

2. Chancengleichheit

In beiden deutschen Staaten nahm die Bildungspolitik, wenn auch in unterschiedlichen Zeitperioden, einen betont gesellschaftspolitischen Anstrich an. In der DDR wurde sie insbesondere in ihrer Frühphase als eine Politik der entschiedenen Umverteilung von Bildungschancen verstanden. Im Kontext eines gezielten Austausches der alten Eliten durch loyale sozialistische Kader und infolge der massiven Westmigration bis zum Mauerbau war es für Arbeiter- und Bauernkinder möglich geworden, herkunftsbedingte Bildungsdefizite durch die Loyalität zum neuen System zu kompensieren.[51] In der Phase der Etablierung der SED-Diktatur wurde die »Brechung des Bildungsmonopols« u. a. durch die Gründung der Arbeiter-und-Bauern-Fakultäten[52] und eine Politik der positi-

---

49 Rudolf Tippelt/Bernd von Cleve, Verfehlte Bildung? Bildungsexpansion und Qualifikationsbedarf, Darmstadt 1995, S. 150 ff.
50 Köhler/Stock, Bildung, S. 74 ff.; Geißler, Sozialstruktur, S. 252; Fred Klinger, Wirtschaftsentwicklung, Beschäftigungssystem und Bildungswesen, in: Anweiler, Vergleich, S. 57–82, hier S. 68; Waterkamp, Handbuch, S. 190.
51 Heike Solga, Auf dem Weg in eine klassenlose Gesellschaft? Klassenlagen und Mobilität zwischen Generationen in der DDR, Berlin 1995.
52 Ingrid Miethe/Martina Schiebel, Bildung – Biografie – Institution. Die Arbeiter-und-Bauern-Fakultäten der DDR, Frankfurt a. M. 2008.

ven Diskriminierung an den Oberschulen erreicht. An den Universitäten hatte sich die Entbürgerlichung der Hochschullehrerschaft und der Studentenschaft im Zusammenhang mit dem Generationswechsel in den späten sechziger Jahren beschleunigt. 1958 lag der Anteil der Arbeiterkinder an den Studierenden der Hochschulen nach der offiziellen Statistik bei 52,7 Prozent.[53] Auch wenn der Begriff des »Arbeiters« als statistische Kategorie hier außerordentlich weit gefasst wurde und etwa auch Kinder von Angestellten, Sicherheitsorganen und allen Parteifunktionären umschloss, kann man doch annehmen, dass sich die DDR zu diesem Zeitpunkt dem Ziel einer »proportionalen Chancengleichheit«, einer Bildungsbeteiligung der sozialen Klassen gemäß dem Bevölkerungsanteil, ein ganzes Stück genähert hatte.[54] Bei der Sektion Philosophie und Wissenschaftlicher Sozialismus der Leipziger Karl-Marx-Universität bildeten in den spätsechziger Jahren die Produktionsarbeiterkinder fast 60 Prozent der Studentenschaft.[55] Hier ist aber genau nach Studienfach zu differenzieren, denn bei der Philosophie hat man es mit einem partei- und weltanschauungsnahen Fach zu tun, in dem die soziale Mobilität ausgeprägt war, im Gegensatz zu anderen Gebieten wie Medizin, Naturwissenschaften und Theologie, die noch durch die Kontinuität des bürgerlichen Milieus und Habitus geprägt wurden.

Verglichen mit der DDR, aber auch mit anderen westeuropäischen Staaten, wurde die Frage der Ungleichheit der Bildungschancen in der Bundesrepublik nur mit einiger Verzögerung aufgegriffen. Die Ungleichheitsfrage, im Bildungsdiskurs der fünfziger Jahre noch weitgehend abwesend, entwickelte sich hier erst im Laufe der sechziger Jahre zu einem bildungspolitischen Leitthema. Die Suche nach »ungenutzten Begabungsreserven«, die auszuschöpfen nun sowohl zu einem Gebot der ökonomischen Vernunft wie auch der sozialen Gerechtigkeit erklärt wurde, schärfte das Bewusstsein für die markanten Bildungsungleichheiten entlang sozialer, regionaler, geschlechterbezogener und konfessioneller Zugehörigkeitskategorien. In der öffentlichen Wahrnehmung am anstößigsten erschien dabei die soziale Benachteiligung. Der besonders wirksam durch Ralf Dahrendorfs Schrift »Arbeiterkinder an den deutschen Universitäten« (1965)[56] verbreitete Befund, dass Arbeiterkinder nur fünf Prozent der deutschen Studentenschaft stellten, ihre Familien aber die Hälfte der Bevölkerung ausmachten, erlangte Signalcharakter und strahlte weit in die öffentlichen Debatten aus. In der Tat hatte sich der Anteil der Arbeiterkinder an den Gymnasiasten, verglichen mit den Werten gegen Ende der Weimarer Republik, kaum nennenswert

---

53 Oskar Anweiler, Bildungspolitik, in: Dierk Hoffmann/Michael Schwartz (Hg.), Geschichte der Sozialpolitik seit 1945, Bd. 8: 1949–1961: Deutsche Demokratische Republik. Im Zeichen des Aufbaus des Sozialismus, Baden-Baden 2004, S. 553–588, hier S. 585.
54 Rainer Geißler, Entwicklung der Sozialstruktur und Bildungswesen, in: Anweiler, Vergleich, S. 83–111, hier S. 91. Nimmt man nur die Produktionsarbeiter, lag deren Anteil an den Oberschülern in Ostberlin 1957 bei einem Viertel; Droit, Vorwärts, S. 141.
55 GESIS, B 6 146, Student 69, 1969, unpag.
56 Ralf Dahrendorf, Arbeiterkinder an deutschen Universitäten, Tübingen 1965, S. 35.

erhöht.⁵⁷ Wie die Mikrozensusdaten von 1972 ergaben, lag der Anteil der Schüler im Alter von 15 und mehr Jahren, die aus Beamtenfamilien stammten, unter den Gymnasiasten bei 18 Prozent, während sie nur sieben Prozent der Gleichaltrigen insgesamt ausmachten (Angestelltenkinder: 35 gegenüber 19 Prozent). Facharbeiterkinder stellten zwar 23 Prozent aller Gleichaltrigen, aber nur elf Prozent der Gymnasiasten, Kinder ungelernter Arbeiter bei gleichem Anteil an den Gleichaltrigen nur sechs Prozent der Gymnasiasten.⁵⁸ Auch 1975/76 noch, auf dem Höhepunkt der Bildungsexpansion, wechselten in Baden-Württemberg 80 Prozent der Akademikerkinder nach der Grundschule auf das Gymnasium, jedoch nur 12 Prozent der Arbeiterkinder.⁵⁹ Zahlreiche Reformschritte und Umbauprojekte, die in der Ära von Bildungsboom und Bildungsreformen die Debatten beherrschten, wurden von ihren Verfechtern vor allem mit der Erwartung begründet, sie dienten dem Abbau all dieser sozialen Schieflagen – gleichviel ob es sich um die Entschärfung der Übergangsauslese, den Ausbau der Studienförderung, die Einführung der Förder- bzw. Orientierungsstufe oder schließlich das große schulpolitische Reizthema dieser Jahre handelte, die Einführung der Gesamtschule. Bildungspolitik war nun auch in der Bundesrepublik zu guten Teilen zur Gesellschaftspolitik geworden: ein Instrument, um die sozialen Chancenstrukturen zu verändern.

Unterdessen funktionierte das Bildungssystem in der DDR jedoch immer weniger als eine Schleuse sozialer Mobilität und immer mehr als eine differenzierte politisch-soziale Reproduktions- und Platzierungsmaschine. Im Gegensatz zur Ära der Bildungsoffensive, als die Ausprägung einer neuen breiten sozialistischen Intelligenz die oberste Priorität besessen hatte, ging es seit den siebziger Jahren um die Ausbildung einer umfangreichen, gut qualifizierten Produktionsarbeiterklasse und einer begrenzten, aber politisch zuverlässigen Elite. Das DDR-Bildungssystem bestimmte den sozialen Platz, den die Jugendlichen durch das Erreichen eines bestimmten Bildungsniveaus einnehmen würden. Für die DDR-Entscheidungsträger bestand dabei kein Widerspruch zwischen individuellen Bedürfnissen und Kompetenzen einerseits und den gesellschaftlich-wirtschaftlichen Notwendigkeiten der Planwirtschaft andererseits. Diese Planungskultur im Hinblick auf bestimmte Berufsbranchen und Berufsgruppen hat die quantitative wie qualitative Bildungsexpansion abgebremst. Die Jugend war auf ein »soziales Wesen« reduziert, das heißt auf ein Wesen im Dienste der Gesellschaft.

Das ostdeutsche Schulsystem produzierte soziale Differenz: Die POS war sozial gemischt, vor allem aber für die Kinder der Arbeiterklasse bestimmt, während die EOS weitgehend einer politischen, ökonomischen und wissenschaftlichen Elite

---

57 Helmut Köhler, Bildungsbeteiligung und Sozialstruktur in der Bundesrepublik. Zu Stabilität und Wandel der Ungleichheit von Bildungschancen, Berlin 1992, S. 78.
58 Luitgard Trommer-Krug, Soziale Herkunft und Schulbesuch, in: Projektgruppe Bildungsbericht, Bildung in der Bundesrepublik Deutschland, Bd. 1: Entwicklungen seit 1950, Reinbek bei Hamburg 1980, Bd. 1, S. 217–281, hier S. 229 und 256.
59 Ebd., S. 232.

vorbehalten blieb, d. h. den »Bildungserben«[60] bzw. den Kindern von Hochschulabsolventen und Angehörigen der Dienstklasse – kurz denen, die über die legitime Kultur verfügten. Die EOS wurde zur sicheren Hochburg der sozialistischen Intelligenz und Dienstklasse. Durch sehr gute Schulleistungen und die Beherrschung eines sozialistischen Habitus (d. h. die Internalisierung von Verhaltensformen, Sprache, Urteilsvermögen und Weltanschauung, das aktive Engagement in den Jugendorganisationen) erlangten deren Kinder den Zugang zum Hochschulstudium. An die Stelle des »bürgerlichen Bildungsmonopols« war das »sozialistische Bildungsprivileg« getreten.[61] Die wichtigsten Zugangskriterien zur EOS waren Leistung und Systemloyalität. Von der wachsenden Bedeutung dieser Kriterien profitierten die Kinder aus den Dienstklassen am meisten. Trotz des offiziellen Diskurses über die gleichen Bildungsmöglichkeiten war das Thema »Chancengleichheit« nicht mehr die oberste Priorität des Regimes. Diese Realität trat in Widerspruch zu den Erwartungen der Mehrheit der Familien, auch wenn sie die ostdeutsche Schule weitgehend als Ort eines sozialen Aufstiegs vorgestellt bekamen. Einerseits schlossen immer mehr Jugendliche die zehnklassige POS mit Erfolg ab, andererseits aber verschlossen sich die EOS zunehmend den Kindern von Produktionsarbeitern. Soziale Reproduktionsprozesse spielten trotz der offiziellen Propaganda eine zunehmende Rolle. In dieser Hinsicht unterschied sich die DDR kaum von westeuropäischen Ländern wie der Bundesrepublik oder auch Frankreich, wo die republikanische Schule kaum anders als in der DDR auf dem »Mythos der Chancengleichheit« aufbaute.[62]

Auch im Westen büßte die Politik der Chancengleichheit seit Mitte der siebziger Jahre an Strahlkraft ein. Der wichtigste Grund hierfür lag in der zunehmenden Erkenntnis, dass der Faktor der sozialen Herkunft auch im Prozess der Bildungsexpansion nur wenig an Durchschlagskraft im Hinblick auf die Bildungschancen eingebüßt hatte. In den internationalen Debatten gaben nun zunehmend Deutungen den Ton an, nach denen die Schulen an den bestehenden sozialen Ungleichheitsmustern nur wenig zu ändern vermochten (James Coleman, Christopher Jencks, Pierre Bourdieu/Jean-Claude Passeron etc.).[63] Dieser Umschlag von Reformoptimismus in Reformskepsis war auch in der Bundesrepublik nicht ohne Widerhall geblieben. Der anfänglich noch erkennbare Reformkonsens der Parteien ging immer mehr verloren, und der Übergang von den

---

60 Pierre Bourdieu, Les héritiers. Les étudiants et la culture, Paris 1964.
61 Heike Solga, Bildungschancen in der DDR, in: Sonja Häder/Heinz-Elmar Tenorth (Hg.), Bildungsgeschichte einer Diktatur. Bildung und Erziehung in der SBZ und der DDR im historisch-gesellschaftlichen Kontext, Weinheim 1997, S. 275–294, hier S. 293.
62 Pierre Bourdieu/Jean-Claude Passeron, La reproduction. Eléments pour une théorie du système d'enseignement, Paris 1970; vgl. auch François Dubet, Les places et les chances. Repenser la justice sociale, Paris 2010.
63 James Coleman u. a., Equality of Educational Opportunity, Washington 1966; Christopher Jencks, Chancengleichheit, Reinbek bei Hamburg 1973; Pierre Bourdieu/Jean-Claude Passeron, Die Illusion der Chancengleichheit. Untersuchungen zur Soziologie des Bildungswesens am Beispiel Frankreichs, Stuttgart 1971.

bislang expansiven zu den nunmehr kontraktiven Randbedingungen der siebziger Jahre sollte den Stellenwert und die Erfolgschancen der Bildungsreform noch zusätzlich mindern. Die parteipolitischen Fronten in der Bildungspolitik verhärteten sich seit etwa 1973, gesellschaftspolitisch begründete Bildungsreformmaßnahmen waren im komplizierten Verhandlungsgeflecht der Bildungspolitik nun immer schwerer durchzusetzen. Anläufe sozialliberaler Landesregierungen – insbesondere in Hessen oder Nordrhein-Westfalen –, den sozialselektiven Charakter des bestehenden Schulsystems durch einen forcierten Umbau in Richtung Gesamtschule entgegenzutreten, feuerten die politische Polarisierung an und stießen auch auf wachsenden Widerstand bei den Eltern. In Kreisen sozialdemokratischer Bildungspolitiker wurde schon 1974 ernüchtert eine »verbreitete bildungspolitische Reformmüdigkeit« registriert.[64] Auf der politischen Gegenseite verabschiedeten sich die Christdemokraten in ihrem kulturpolitischen Programm von 1976 vom Begriff der Chancengleichheit und zogen es fortan vor, als Zielsetzung stattdessen von »Chancengerechtigkeit« zu sprechen. Der Austausch der Begriffe wurde von einer programmatischen Akzentverschiebung begleitet, bei der statt des Ziels, ungleiche Verwirklichungschancen abzumildern, wieder stärker die Unterschiede der menschlichen Anlagen und Begabungen betont wurden, denen die Schule gerecht werden müsse.[65] Der Begriff der Chancengleichheit, so wurde geargwöhnt, ziele auf eine Nivellierung der individuellen Begabungen ab; die damit begründeten Reformmaßnahmen gerieten in den Verdacht, die Schule für ihr fremde und schädliche Zwecke der Gesellschaftsveränderung zu funktionalisieren.[66]

Unterm Strich hatte die Bildungsexpansion in der Bundesrepublik bis Ende der achtziger Jahre zwar für alle Sozialgruppen die Chancen verbessert, ihre Kinder auf weiterführende Schulen schicken zu können, allerdings ungleichgewichtig und ohne tiefgreifende Struktureffekte. Der Anteil der Studienanfänger an den Gleichaltrigen der jeweiligen Herkunftsgruppe stieg bei den Beamtenkindern zwischen 1969 und 1989 um 16 Prozentpunkte (auf 43 Prozent), bei den Angestelltenkindern um 9 Prozentpunkte (auf 24 Prozent), bei den Arbeiterkindern nur um 2 Prozentpunkte (auf fünf Prozent).[67] Auch vom Zuwachs an den Gymnasien hatten stärker die Mittelschichten profitiert. Am deutlichsten waren bei den Realschulen Umverteilungseffekte in den Chancenstrukturen zugunsten der

---

64 SPD-Parteivorstand, Abt. Kulturpolitik, Protokoll über die Besprechung am 9.9.1974, Hessisches Hauptstaatsarchiv Abt. 504, Nr. 4407.
65 »Freiheit, Solidarität, Gerechtigkeit«. Grundsatzprogramm 1978, in: Jörg-Dieter Gauger, Kontinuität und Wandel – Bildungsbegriff und Bildungssystem in den Grundsatzerklärungen der CDU zwischen 1945 und 2011, St. Augustin/Berlin 2011, S. 219–255 (Anhang 13), hier S. 223.
66 Vgl. auch Lutz-Rainer Reuter/Bernhard Muszynski, Bildungspolitik. Dokumente und Analysen. Opladen 1980, S. 22.
67 Rainer Geißler, Die Sozialstruktur Deutschlands. Zur gesellschaftlichen Entwicklung mit einer Zwischenbilanz zur Vereinigung, 2., neubearb. und erw. Aufl., Opladen 1996, S. 261.

unteren Schichten zu vermerken. Auf Hochschulebene waren es die seit Anfang der siebziger Jahre in großer Zahl errichteten Fachhochschulen, die als soziale Aufstiegsschleuse dienten. Auch wenn sich die Ungleichheit abschwächte, deutet doch einiges darauf hin, dass der Abbau gerade in den siebziger und achtziger Jahren nachgelassen hatte.[68] Mehr noch als der berufliche Familienhintergrund bewahrte im Übrigen das kulturelle Kapital der Eltern, der familiäre Bildungshintergrund, seine konstitutive Bedeutung für die sozialen Ungleichheitsstrukturen in der Bildungsbeteiligung.[69] Von den vier Ungleichheitsdimensionen der Bildungsbeteiligung Schichtzugehörigkeit, Geschlecht, Konfession und Region war jedenfalls die soziale Herkunft diejenige mit der stärksten Persistenz.

Angeglichen, ja umgekehrt hatten sich in beiden Staaten die Bildungschancen von Jungen und Mädchen, wenn auch bei unterschiedlicher Periodisierung. Hier handelte es sich um eine »stille Revolution« im Bildungswesen, um eine hochbedeutsame Veränderung. Auf den bundesdeutschen Gymnasien waren die Mädchen lange Zeit noch deutlich in der Minderzahl geblieben. Anfang der siebziger Jahre noch immer unterrepräsentiert, überholten sie erst ein Jahrzehnt später die Jungen und stellten 1990 schließlich 52,1 Prozent der gymnasialen Schülerschaft.[70] Anders an den Realschulen, wo die Schülerinnen schon seit den Nachkriegsjahren ein Übergewicht besessen hatten – hieran sollte sich bis über die Jahrtausendwende hinaus nichts mehr ändern. Noch deutlicher war bald der Vorsprung bei den erreichten Abschlüssen: 1981 verließen 44,4 Prozent der weiblichen Schulabgänger die Schule mit einem Realschulabschluss, aber nur 27 Prozent der männlichen. 21,9 Prozent der Mädchen beendeten ihre Schullaufbahn mit der Hochschulreife, aber nur 16,3 Prozent der Jungen.[71] Die Hochschule freilich bewahrte einstweilen noch den Charakter einer Geschlechterschwelle: Noch gegen Ende der achtziger Jahre waren drei Fünftel der Studienanfänger an den bundesdeutschen Hochschulen männlich.[72]

In der DDR hatten die Frauen weit früher von der Förderungspolitik des SED-Staates profitiert. Während der gemeinsame Unterricht von Jungen und Mädchen

---

68 Walter Müller, Erwartete und unerwartete Folgen der Bildungsexpansion, in: Jürgen Friedrichs/M. Rainer Lepsius/Karl Ulrich Mayer (Hg.), Die Diagnosefähigkeit der Soziologie (KZSS Sonderheft 38), Opladen 1998, S. 81–112, S. 91; ders./Dietmar Haun, Bildungsungleichheit im sozialen Wandel, in: Kölner Zeitschrift für Soziologie und Sozialpsychologie 46 (1994), S. 1–42; dies., Bildungsexpansion und Bildungsungleichheit, in: Wolfgang Glatzer (Hg.), Einstellungen und Lebensbedingungen in Europa, Frankfurt a. M./New York 1993, S. 225–268.
69 Bernhard Schimpl-Neimanns, Soziale Herkunft und Bildungsbeteiligung. Empirische Analysen zu herkunftsspezifischen Bildungsungleichheiten zwischen 1950 und 1989, in: Kölner Zeitschrift für Soziologie und Sozialpsychologie 52 (2000), S. 636–669, hier S. 659 ff. und 664.
70 Helmut Köhler/Peter Lundgreen, Allgemein bildende Schulen in der Bundesrepublik Deutschland 1949–2010 (Datenhandbuch zur deutschen Bildungsgeschichte, Bd. VII), Göttingen 2014, S. 242–244.
71 Köhler/Lundgreen, Allgemein bildende Schulen, S. 314.
72 Köhler/Schreier, Statistische Grunddaten, S. 140.

in den Gymnasien in der Bundesrepublik erst seit den sechziger Jahren selbstverständlich wurde,[73] war die Koedukation mit der Durchsetzung der Einheitsschule in der DDR bereits in den 1950er-Jahren eingeführt worden; auch die geschlechtsspezifischen Unterschiede der Curricula wurden dabei abgebaut. An der EOS waren die Mädchen bereits in den sechziger Jahren überrepräsentiert, laut Perspektivplan der frühen sechziger Jahre sollten Mädchen bis 1970 sogar 65 Prozent der gesamten EOS-Schülerschaft stellen.[74] Der Frauenanteil an den Hochschulen wuchs bereits zwischen 1965 und 1975 von 27 auf 48 Prozent, an den Fachschulen von 31 auf 57 Prozent;[75] seither ging die Ausweitung des Akademikerbestandes vollends auf das Konto der erhöhten Frauenquote.[76] Stärker als in der Bundesrepublik gelang es in der DDR überdies, Frauen für die Technikberufe zu gewinnen. Die Etablierung der Polytechnischen Oberschule (POS) als Kernstück des Bildungssystems führte dazu, dass gerade die für technische Studien notwendigen Kenntnisse angehoben wurden. Außerdem führte die III. Hochschulreform zu einem Aufbrechen der geschlechtshomogenen männlichen Kultur höherer technischer Bildung.[77] Wenn die Planerfüllung für den erwünschten Anteil der Frauen an den Ingenieurschulen trotz intensiver Werbekampagnen dennoch nicht gelang, lag dies vor allem an den eigensinnigen Vorstellungen der Familien und auch manchmal an der negativen Erfahrung der Mädchen während des Unterrichtstages in der Produktion.[78] Immerhin: Waren 1965 fünf von hundert Frauen an technischen Fachrichtungen immatrikuliert, so waren es 19 im Jahre 1974. 1987 lag der Frauenanteil an den Studierenden der Fächergruppen Mathematik und Naturwissenschaften in der Bundesrepublik bei 31 Prozent, in der DDR bei 51 Prozent, der Anteil an den Ingenieurwissenschaften im Westen bei 12 Prozent, an den Technischen Wissenschaften im Osten bei 29 Prozent.[79]

Für den Wandel der bildungspolitischen Leitperspektiven war im Übrigen bezeichnend, dass in den achtziger Jahren in beiden Staaten die Frage der Hochbegabtenförderung – nicht mehr die Suche nach »ungenutzten Begabungs-

---

73 Rita Wirrer, Koedukation im Rückblick. Die Entwicklung der rheinland-pfälzischen Gymnasien vor dem Hintergrund pädagogischer und bildungspolitischer Kontroversen, Essen 1996.
74 Dorothee Wierling, Geboren im Jahr Eins. Der Jahrgang 1949 in der DDR. Versuch einer Kollektivbiographie, Berlin 2002, S. 269.
75 Köhler/Stock, Bildung, S. 46.
76 Köhler, Qualifikationsstruktur und Hochschulentwicklung, S. 99.
77 Karin Zachmann, Frauen für die technische Revolution. Studentinnen und Absolventinnen Technischer Hochschulen in der SBZ/DDR, in: Gunilla-Friederike Budde (Hg.), Frauen arbeiten. Weibliche Erwerbstätigkeit in Ost- und Westdeutschland nach 1945, Göttingen, 1997, S. 121–156.
78 Emmanuel Droit, Die »Arbeiterklasse« als Erzieher? Die Beziehung zwischen Schulen und Betrieben in der DDR (1949–1989), in: ders./Sandrine Kott (Hg.), Die ostdeutsche Gesellschaft. Eine transnationale Perspektive, Berlin 2006, S. 35–52.
79 Köhler/Schreier, Statistische Grunddaten, S. 140 f.

reserven« – zunehmend ins Zentrum des Begabungsdiskurses rückte.[80] Die Hochbegabtenförderung wurde zu einem der ganz wenigen erziehungswissenschaftlichen Felder, auf dem noch vor dem Zusammenbruch der DDR eine gewisse Zusammenarbeit zwischen östlichen und westlichen Experten angebahnt werden konnte.[81] Die elite-orientierte Begabungsförderung in der DDR besaß dabei durchaus konsequentere Züge, wie vor allem am Ausbau der Spezialschulen und Spezialklassen seit den sechziger Jahren zu erkennen war. Aufgabe der Spezialschulen sollte es sein, den »besonderen Erfordernissen der Nachwuchsentwicklung für die Wirtschaft, die Wissenschaft, den Sport und die Kultur (zu) dienen« und »Schüler mit hohen Leistungen und besonderen Begabungen auf(zu)nehmen«.[82] Ihre Zahl erhöhte sich von 1978 bis 1988 von 16 auf 27 und die Zahl der Spezialklassen im gleichen Zeitraum von 10 auf 75. Dabei führte die Unterstützung von begabten Schülern auch zu einer Relativierung der politisch-ideologischen Dimension als Auswahlkriterium. Trotz der unterschiedlichen Systeme und bildungspolitischen Ideologien, so ließe sich resümieren, gab es in der gesellschaftlichen und pädagogischen Entwicklung vom Ergebnis her somit durchaus auch Ähnlichkeiten.

3. Verwissenschaftlichung und neue Anforderungen an die Wissenskanons

Auf beiden Seiten des Eisernen Vorhangs galt Wissenschaft als treibende Kraft des sozio-ökonomischen Wandels. 1971 wurde in der Einleitung der westdeutschen Materialien zum Bericht zur Lage der Nation festgestellt, dass die beiden Wirtschafts- und Gesellschaftssysteme »durch die steigende Bedeutung von Wissenschaft, Forschung, Bildung und Ausbildung charakterisiert« waren.[83] Im Einklang mit der Tradition des wissenschaftlichen Sozialismus waren Wissenschaft und Wissenschaftlichkeit von Anfang an ein bedeutsamer Bezugspunkt der ostdeutschen Bildungsstrategie und -philosophie gewesen. Schon in den 1950er Jahren hatte das Unterrichtsgeschehen in der DDR dabei einen stark mathematisch-naturwissenschaftlichen Akzent erhalten.[84] Angesichts des Sputnik-

---

80 Klaus K. Urban, Zur Situation hochbegabter Kinder und Jugendlicher in der Bundesrepublik Deutschland. Eine Bestandsaufnahme, in: ders., Hochbegabungen. Aufgaben und Chancen für Erziehung, Schule und Gesellschaft, Münster 2004, S. 59–86; ders., Zur Förderung besonders Begabter in der Bundesrepublik Deutschland (1989), in: ebd., S. 87–99.
81 Klaus K. Urban, Begabungsförderung in der Bundesrepublik Deutschland, in: Anweiler, Vergleich, S. 539–550, hier S. 542.
82 Gesetz 1965, § 18.
83 Deutscher Bundestag (Hg.), Materialien zum Bericht der Lage der Nation 1971, Drucksache VI/1690, S. 26.
84 So hatte sich der Anteil der naturwissenschaftlichen Fächer für die Oberstufe von 26 % im Jahre 1946 auf 32 % in 1955 gesteigert und stabilisierte sich ab 1959 auf 41 %.

Erfolgs von 1957 und unter dem Eindruck der systemübergreifend wirksamen Dynamik der technischen Entwicklung teilten die SED-Entscheidungsträger (u. a. Walter Ulbricht) die Überzeugung, in eine neue Phase sozio-ökonomischer und technologischer Entwicklungen eingetreten zu sein. In der DDR wurde die »Meisterung der wissenschaftlich-technischen Revolution« (WTR) als Zauberformel angesehen, die den Übergang vom Sozialismus zum Kommunismus und die prognostizierbare Modernisierung der DDR ermöglichen sollte.[85] Das westdeutsche Pendant dazu war die »zweite industrielle Revolution«; ihr entsprach die Erwartung, dass das Wirtschaftswachstum mit wissenschaftlichen Mitteln planbar und sozial ausgewogen gestaltet werden konnte.

Die Herausforderungen einer wissensbasierten Gesellschaft förderten bei den west- und ostdeutschen Entscheidungsträgern die Überzeugung, dass ein weiterer Ausbau der Bildungssysteme nötig war. In der DDR stand die Einführung der polytechnischen Ausbildung, wie das 1959 erlassene Schulgesetz deutlich machte,[86] unter dem Zeichen der wissenschaftlich-technischen Revolution. Damit diese Revolution vollständig gelingen konnte, mussten sich die ostdeutschen Schulen und Hochschulen den Zeitumständen anpassen, zumal eine 1963 durch die SED gegründete Kommission eine Reihe von Schwächen des Bildungswesens feststellte, die die kommunistische Führung alarmierten.[87] Nach dem Bericht der Kommission wurden Mängel im Bereich der mathematischen und naturwissenschaftlichen Kenntnisse konstatiert, was zu einer Verstärkung dieser Fächer an den POS führte. Die neu eingeführten Lehrpläne sahen gar die Einführung in die Astronomie als Pflichtfach in der 10. Klasse vor. Da die Schulpolitik in der Bundesrepublik Länderangelegenheit war, ist es schwierig, sie mit den zentralen Lehrplänen der DDR zu vergleichen.[88] Insgesamt waren im Westen die Anforderungen in der Mathematik jedoch niedriger. Ebenso erhielten in den achtziger Jahren die ostdeutschen Schüler der Primarstufe (Klassen 1–4) im Vergleich zu den westdeutschen Schülern mehr Unterrichtsstunden in Mathematik: 821 Stunden in der DDR standen etwa 753 in Bayern und 618 in Nordrhein-Westfalen gegenüber. Außerdem waren sie auch im Lehrplan ihren westdeutschen Schulkameraden voraus. Zum Beispiel wurde an der POS die Division und Multiplikation bereits ab dem ersten Schuljahr erlernt.[89]

---

85 Hubert Laitko, Produktivkraft, Wissenschaft, wissenschaftlich-technische Revolution und wissenschaftliches Erkennen. Diskurse im Vorfeld der Wissenschaftswissenschaft, in: Hans Christoph Raul/Peter Ruben (Hg.), Denkversuche. DDR-Philosophie in den 60er Jahren, Berlin 2005, S. 459–540.
86 Gesetz über die Entwicklung des Schulwesens in der Deutschen Demokratischen Republik, in: Gesetzblatt der DDR, Berlin 1959, S. 859 ff.
87 Oskar Anweiler, Bildungspolitik, in: Geschichte der Sozialpolitik in Deutschland seit 1945, Bd. 9: 1961–1971: Politische Stabilisierung und wirtschaftliche Mobilisierung, hrsg. von Christoph Kleßmann, Baden-Baden 2006, S. 561–608.
88 Vgl. die Beiträge in: Oskar Anweiler (Hg.), Vergleich.
89 Heinz Griesel, Vergleich grundlegender Konzeptionen der Mathematikdidaktik in der BRD und in der DDR, in: Zentralblatt für Didaktik und Mathematik 35.4 (2003), S. 166–171.

Mit dem Machtwechsel von Walter Ulbricht zu Erich Honecker 1971 wurde die Herausforderung der wissenschaftlich-technischen Revolution immer weniger in den Vordergrund gestellt. Aufgrund des zunehmenden wirtschaftlichen Zurückbleibens der DDR wurde immer mehr die technische Dimension des Bildungsprojekts betont, wie die Entwicklung des 1958 eingeführten Jugendwettbewerbs »Messe der Meister von Morgen« es in den 1970er und 1980er Jahren illustrierte. Unter Honecker verlor die Formel der WTR definitiv an Bedeutung. Das SED-Regime verfolgte vorrangig das Ziel, »einen Stamm von Arbeitskräften planmäßig aufzubauen«[90] und vor allem hochqualifizierte Facharbeiter auszubilden.[91]

Schule und Wissenschaft auf allen Ebenen und stärker noch als bisher aufeinander zu beziehen, war Anfang der siebziger Jahre auch die Absicht vieler bundesdeutscher Bildungsreformer. »Die Bedingungen des Lebens in modernen Gesellschaften erfordern, daß die Lehr- und Lernprozesse wissenschaftsorientiert sind«, las man im »Strukturplan« des Deutschen Bildungsrates von 1970, einem zentralen Dokument der Bildungsreformdebatte.[92] Dem lag die Annahme zugrunde, »daß mit der zunehmenden Verwissenschaftlichung der Welt die Wissenschaft einen neuen Stellenwert bekommt und daß von da aus Denkformen und Lebensformen der modernen Gesellschaft entwickelt werden müssen, die diesen Tatsachen Rechnung tragen.«[93] Die Wissenschaftsbestimmtheit der Gesellschaft erforderte demnach ein »wissenschaftsorientiertes Lernen«, wie es in den bundesdeutschen Debatten jetzt vielfach hieß – auch wenn sich hierzu schon bald Gegenstimmen erhoben, die neben dem dominanten Wissenschaftswieder den Erfahrungsbezug des Unterrichts stärker betont sehen wollten.[94]

Die »Verwissenschaftlichung« der Bildung war auch eines der Leitziele, die der Reform der gymnasialen Oberstufe 1976 zugrunde lag.[95] Die Entwicklungslinien des west- und des ostdeutschen Schulsystems liefen hier weit auseinander.

---

90 Wierling, Geboren im Jahr Eins, S. 119.
91 Peter Hübner, Proletarisierende Mimesis? Anmerkungen zur Polytechnisierung des Bildungswesens in der DDR aus sozialhistorischer Sicht, in: Häder/Tenorth (Hg.), Bildungsgeschichte, S. 205–230.
92 Deutscher Bildungsrat: Strukturplan für das Bildungswesen. Stuttgart 1970 (Empfehlungen der Bildungskommission), S. 33.
93 Arbeitspapier Prof. Dahrendorf: »Die Verbindung von Gleichheit und Qualität« und Ergebnis der Erörterungen über den Entwurf auf der 4. Sitzung des Strukturausschusses am 16./17.12.1966, S. 42, Bundesarchiv Koblenz N 1393.
94 Klaus Klemm/Hans-Günter Rolff/Klaus-Jürgen Tillmann, Bildung für das Jahr 2000. Bilanz der Reform, Zukunft der Schule, Reinbek bei Hamburg 1985, S. 39–44; vgl. für die Gegenstimmen insbesondere: Mut zur Erziehung. Beiträge zu einem Forum am 9./10. Januar 1978 im Wissenschaftszentrum Bonn-Bad Godesberg/Stuttgart 1978, S. 163–165 (These 8).
95 Werner Zimmermann/Jörg Hoffmann, Die gymnasiale Oberstufe. Grundzüge – Reformkonzepte – Problemfelder, Stuttgart 1985. Hans-Werner Fuchs, Gymnasialbildung im Widerstreit. Die Entwicklung des Gymnasiums seit 1945 und die Rolle der Kultusministerkonferenz, Frankfurt a. M. 2004.

Während die innere Differenzierung des Unterrichts in der DDR, einschließlich größerer Wahlmöglichkeiten für die Schüler, trotz interner Diskussion kaum umgesetzt wurde, stellte die 1976 eingeführte westdeutsche Oberstufenreform eine tiefgreifende Zäsur dar. Die Kultusministerkonferenz hatte sich nach langem Verhandlungsvorlauf 1972 auf eine bundesweite Neuordnung geeinigt. Traditionelle Vorstellungen eines festen Fächer- und Wissenskanons und bisherige Hierarchien von Haupt- und Nebenfächern wurden obsolet, und die Einführung in wissenschaftliche Grundfertigkeiten, exemplarisches Lernen und individuelle Schwerpunktbildung sollten an deren Stelle treten. Die Idee eines festen Korpus verbindlicher Wissensbestände wurde aufgeweicht. Dafür war nun immer öfter von Lernzielen die Rede. Insgesamt erhoffte man sich von der Oberstufenreform eine neue, stärker selbstbestimmte, wissenschaftspropädeutisch geprägte Lernkultur. Strittig war – und blieb – das Spannungsverhältnis von Individualisierung, Wahlfreiheit und Pflichtbereich.

Die »Wissenschaftsorientiertheit«, wie sie in den Gegenständen und Methoden des Lernens wirksam werden sollte, hatte indes »auf jeder Altersstufe« und für jeden »geistigen Entwicklungsstand« als Leitgröße zu dienen.[96] Sie sollte auch für die Hauptschule gelten. Die bisherigen Vorstellungen von einer »volkstümlichen Bildung«, wie sie die Hauptschule vermitteln sollte, galten seit den sechziger Jahren als überholt. Praktisches Tun und lebensnahe Anschaulichkeit wurden nicht mehr als ausreichend angesehen, um den Anforderungen des technisch-wissenschaftlichen Zeitalters gerecht zu werden.[97] Der Bildungsanspruch der Hauptschule wurde beträchtlich gesteigert. Der nordrhein-westfälische Kultusminister Holthoff erklärte 1968 bei der Veröffentlichung der neuen Richtlinien und Lehrpläne für die Hauptschule, es »wäre gefährlich, wenn auf die Dauer die heutigen Leistungen der Kultur und ihres abstrakten zivilisatorischen Instrumentariums in weiten Schichten der Bevölkerung unverstanden blieben«. Im privaten, beruflichen und öffentlichen Leben würden »Ansprüche gestellt, deren Erfüllung und Bewältigung ein hohes Maß an Sachwissen und Menschenbildung voraussetzt«. Daraus ergäben sich auch für die Hauptschule Bildungsansprüche, »die früher nur für Eliten galten«.[98] Fachlehrer ersetzten den *allround* unterrichtenden Klassenlehrer, ebenso wurden der Fachunterricht aufgewertet und die Hauptschule mit Fachräumen ausgestattet. Das Fach »Geschichte und Politik« wurde in den Fächerkanon aufgenommen, der naturwissenschaftliche Unterricht wurde ausgebaut und setzte ebenso wie der fortan obligatorische Englisch-Unterricht früher ein. Die Neuausrichtung brach

---

96 Deutscher Bildungsrat, Strukturplan, S. 33.
97 Sabine Engelhardt, Von der Volkstümlichen Bildung zum Wissenschaftsorientierten Lernen. Untersuchungen zum Wandel des Bildungsbegriffs. Diss. phil. Göttingen 1988; Hans Göckel, Volkstümliche Bildung? Versuch einer Klärung, Weinheim 1964.
98 Fritz Holthoff, Von der Volksschuloberstufe zur Hauptschule, in: Richtlinien und Lehrpläne für die Hauptschule in Nordrhein-Westfalen. Loseblattausgabe, Rattingen u. a. 1968 ff., A 1/1–6, hier A 1/1 f.

sich indes an dem Umstand, dass der Hauptschulabschluss als Bildungsziel den Eltern immer weniger genügte und die »Hauptschule« eine solche bald nur noch für Schüler mit Migrationshintergrund blieb.[99]

Auch das Hochschulsystem stand vor neuen Anforderungen. Die Universitäten und insbesondere die Humboldt-Universität als Universität der Hauptstadt der DDR rückten als »Forschungsstätten« zunehmend in das Zentrum der politischen Aufmerksamkeit und bekamen als zentrale Elemente der Strategie der gelenkten ökonomischen Modernisierung eine Schlüsselrolle.[100] Zusammen mit dem in den sechziger Jahren eingeführten »Reformpaket« (u. a. die 3. Hochschulreform 1968) wurde die Verstärkung der ideologischen Erziehung aller Akteure an der Universität – trotz der Existenz eines restbürgerlichen Milieus in Studienwegen wie Medizin oder Theologie[101] – gefordert und vorangetrieben. Zum Beispiel wurde im Bildungsgesetz von 1965 in dem speziellen Teil »Universitäten und Hochschulen« formuliert, dass die Studierenden zu wissenschaftlich hochqualifizierten und sozialistisch bewussten Persönlichkeiten zu bilden und zu erziehen waren.

Die Universitäten wurden als wichtige Forschungsstätten gesehen und sollten jeweils ein spezifisches Forschungsprofil erarbeiten. Dabei sollte die Forschung unter dem Primat der Ökonomie stehen und so organisiert sein, dass sie »volkswirtschaftliche Schwerpunktaufgaben« lösen und den technologischen Rückstand gegenüber der Bundesrepublik nachholen sollte. Gefordert wurde außerdem, die Studierenden verstärkt in den Forschungsprozess einzubeziehen. Ein weiteres wichtiges Element des Modernisierungsprojekts der SED war die Ausweitung der zu Beginn der sechziger Jahre eingeführten auftragsgebundenen Forschung auf externe Partner aus der sozialistischen Industrie in Form von Wirtschaftsverträgen.[102] Zusammen mit der gezielten Ökonomisierung und der Profilierung der Universitäten in Schwerpunkten sollte diese Form der auftragsfinanzierten Forschung einerseits das Innovationspotential der Universität an die konkreten Bedürfnisse der sozialistischen Industrie anschließen (wie zum Beispiel bei der oft als »vorbildlich« vorgestellten Kooperation zwischen

---

99 Fritz Kraft, Die Hauptschule in Nordrhein-Westfalen, in: Udo Franz/Michael Hoffmann (Hg.), Die Hauptschule. Erfahrungen – Prozesse – Bilanz, Kronberg/Ts. 1975, S. 95–119; Jürgen Bennack, Der Lehrplan der Volks- und Hauptschule in der Bundesrepublik Deutschland nach 1945 – aufgezeigt am Beispiel Nordrhein-Westfalen, in: Rudolf W. Keck/Christian Ritzi, Geschichte und Gegenwart des Lehrplans, Baltmannsweiler 2000, S. 317–341; Arbeitsgruppe Bildungsbericht, Bildung, S. 418–455.
100 Tobias Schulz, Sozialistische Wissenschaft. Die Berliner Humboldt-Universität (1960–1975), Köln 2010. Siehe auch das sechsbändige Werk von Rüdiger von Bruch/Heinz-Elmat Tenorth (Hg.), Geschichte der Universität Unter den Linden 1810–2010, Berlin 2010–2013.
101 Christoph Kleßmann, Die Beharrungskraft traditioneller Milieus in der DDR, in: Manfred Hettling (Hg.), Was ist Gesellschaftsgeschichte?, München 1991, S. 254–270.
102 Autorenkollektiv (Hg.), Geschichte des Hochschulwesens der DDR (1961–1980). Teile I, Berlin(-Ost) 1987.

der Friedrich-Schiller-Universität Jena und der Zeiss-Werke[103]) und andererseits die so im Staatshaushalt frei werdenden Mittel für gelenkte industrienahe Forschungsprojekte im Rahmen der »sozialistischen Großforschung« verwenden.[104] Diese klare produktionsorientierte Wissenschaftsorganisation betraf nicht nur die Universitäten, sondern auch die außeruniversitäre Forschung an der Deutschen Akademie der Wissenschaften (DAW) und an den Industrie-Instituten.[105] Da die industriellen Kombinate eher an kurzfristigen anwendungsorientierten Kooperationen interessiert waren, führte dies eine Zeit lang zur systematischen Vernachlässigung der universitären Grundlagenforschung, während sich die DAW als zentraler Ort der Grundlagenforschung (vor allem im Bereich der Physik und der Chemie) profilieren konnte. Sehr früh in den 1970er Jahren wurde das Scheitern der industrienahen Forschungsorganisation bzw. der auftragsgebundenen Forschung aufgrund ihrer Komplexität erkannt. Schon 1972 standen wieder die Grundlagenforschung an den DDR-Universitäten und ihre Finanzierung über den Staatshaushalt im Zentrum der politischen Priorität. Trotz des ambitionierten Modernisierungsprojekts der sozialistischen Wissenschaft im Sinne einer Koppelung an die zunehmende Verwissenschaftlichung der Industrie häuften sich die Probleme und die Defizite des DDR-Wissenschaftssystems in den achtziger Jahren, und bis zu seinem Zusammenbruch wurden keine grundlegenden Veränderungen vorgesehen.[106]

In der Bundesrepublik verlief die Diskussion über eine Neuordnung des Studiums an den Hochschulen kaum weniger intensiv als die zur Oberstufenreform, wobei sie im Ergebnis allerdings deutlich geringere Durchschlagskraft entwickelte. Mit der Verabschiedung des Hochschulrahmengesetzes schien 1976 ein neues Kapitel in der mühsamen Geschichte der Studienreform aufgeschlagen worden zu sein – seitdem der Wissenschaftsrat 1966 den Vorschlag eines konsekutiven Studiensystems gemacht hatte, war dies ein Dauerthema der bundesdeutschen Hochschulreformdebatte gewesen.[107] Indem die Reform jetzt erstmals in die Hände gemischt zusammengesetzter Studienreformkommissionen auf Bundes- und Länderebene gelegt wurde, war die Grundlage für eine weitaus stärkere Beteiligung des Staates geschaffen worden. Ziel sollte es sein, die Effizienz der Lehre zu erhöhen, die Studiengänge stofflich zu entlasten, die Ausbildung zu straffen, den Praxisbezug der Studienangebote zu stärken und so zur Bewältigung des längst vollzogenen Übergangs von der Eliten- zu einer Massen-

---

103 Uwe Hoßfeld/Tobias Kaiser/Heinz Mestrip (Hg.), Hochschule im Sozialismus. Studien zur Geschichte der Friedrich-Schiller-Universität Jena (1945–1990), Köln 2007.
104 Schulz, Sozialistische Wissenschaft, S. 274.
105 Ebd., S. 273.
106 Hans-Joachim Böhme, Ziele und Aufgaben des Hochschulwesens auf dem Weg zum XI. Parteitag der SED, in: Das Hochschulwesen 33 (1985), S. 254–266.
107 Wilfried Rudloff, Die Studienreform in der Hochphase der Hochschulexpansion: Zwischen Effektivierung und Projektstudium in: Rainer Pöppinghege/Dietmar Klenke (Hg.), Hochschulreform früher und heute. Zwischen Autonomie und gesellschaftlichem Gestaltungsanspruch, Köln 2011, S. 186–216.

universität beizutragen.¹⁰⁸ Mit Hilfe des neuen Verfahrens sollten die Weichen überdies in Richtung einer überregionalen Vereinheitlichung der Studienordnungen gestellt werden. Trotz großen Aufwands blieb der Ertrag indes bescheiden, so dass die Kommissionen in den achtziger Jahren bereits wieder aufgelöst wurden. Die 1970 errichtete Bund-Länder-Kommission für Bildungsplanung finanzierte zwar in den siebziger Jahren eine beträchtliche Zahl von Modellversuchen zur Studienreform, insbesondere zur Entwicklung integrierter und praxisorientierter Studiengänge, zur Reform der Lehrer- und Juristenausbildung oder zum Kontaktstudium.¹⁰⁹ Auch hier blieb aber die Ausstrahlungskraft begrenzt. In den achtziger Jahren wurde es dann deutlich ruhiger um das Thema, auch wenn angesichts des anhaltenden Zustroms an Studenten das Bestreben wach blieb, die Durchlaufzeiten mittels Studienreform zu verringern. 1986 legte der Wissenschaftsrat »Empfehlungen zur Struktur des Studiums« vor, die an die Empfehlungen von 1966 anknüpften, ergänzt durch die Forderungen nach einer »Planstudienzeit« und der Einführung von Graduiertenkollegs. Im Unterschied zu den übrigen Empfehlungsbestandteilen erlangte die Forderung nach Einführung der neuen postgradualen Förderungseinrichtung unmittelbare Anstoßwirkung. 1990 startete ein entsprechendes Finanzierungsprogramm der DFG.¹¹⁰

Als Wissenssysteme gefordert wurden sowohl die ostdeutschen als auch die westdeutschen Bildungseinrichtungen nicht zuletzt durch die Frage, wie sie auf eine Reihe neuer technischer und wissenschaftlicher Herausforderungen reagieren sollten. Auch hierbei handelte es sich um systemübergreifende Entwicklungen, auf die jeweils systemspezifische Antworten gegeben werden mussten. In beiden deutschen Staaten wurde seit den siebziger Jahren darüber nachgedacht, welchen Stellenwert die Umwelterziehung und die »informationstechnische Bildung« im schulischen Unterricht einnehmen sollten und welche Änderungen in der Lehrplan- und Unterrichtsgestaltung daraus zu folgen hatten.¹¹¹ In der DDR wurde dem sozialistischen Bildungswesen die Aufgabe gestellt, die »Entwicklung von Überzeugungen und verantwortungsbewussten Haltungen gegenüber der Umwelt und dem Umweltschutz« zu fördern.¹¹² 1975 rief die Akademie der Pädagogischen Wissenschaften (APW) der DDR eine Forschungsgruppe »Um-

---

108 George Turner, Hochschule zwischen Vorstellung und Wirklichkeit. Zur Geschichte der Hochschulreform im letzten Drittel des 20. Jahrhunderts, Berlin 2001, S. 116 f.; Ulrich Schreiterer, Politische Steuerung des Hochschulsystems. Programm und Wirklichkeit der staatlichen Studienreform 1975–1986, Frankfurt a. M. 1989.
109 Geschäftsstelle der BLK: Modellversuche im Hochschulbereich, 8.10.1973. Gesamtübersicht über die von Bund und Ländern gemeinschaftlich finanzierten Modellversuche (Stand 30.6.1973), Hessisches Hauptstaatsarchiv (HHStAW) 504, Nr. 5517; Ulrich Meindl, Zur Situation der Studienreform. Eine kommentierte Dokumentation, München 1977.
110 Barz, Der Wissenschaftsrat, S. 153.
111 Wolfgang Hörner, Informationstechnische Bildung, in: Anweiler (Hg.), Vergleich, S. 620–637.
112 Rudolf Hundt, Pädagogische Aspekte des Umweltschutzes, in: Hercynia N. F., 13/2 (1976), S. 193.

welterziehung an den allgemeinbildenden Schulen« ins Leben. Allerdings verlor das Thema, ebenso wie in der Politik, dann doch an Bedeutung. Auch wenn in den spätsiebziger Jahren »ökologische« Arbeitsgemeinschaften nach einem Rahmenprogramm eingerichtet wurden und das Thema »Umwelt« in dem vom SED-Regime verteilten Buch »Vom Sinn unseres Lebens« thematisiert wurde, waren in den Lehrplänen Ende der 1980er Jahre erst bescheidene Ansätze zur Umwelterziehung zu erkennen.

In den bundesdeutschen Lehrplänen hatte die Umwelterziehung dagegen in den achtziger Jahren relativ breiten Einzug gehalten. 1980 hatte eine Empfehlung der KMK den Schulen die Erziehung zu umweltbewusstem Verhalten zur Aufgabe gemacht. Themenstellungen wie »Ökosysteme« in der Biologie, »Luft« in der Chemie und »Energie« in der Physik gehörten Mitte der achtziger Jahre zum Kernbereich der auf Umweltprobleme ausgerichteten Lehrplanelemente. Umweltthemen erstreckten sich aber auch auf die Lehrpläne anderer Fächer, bei allerdings nur geringem Anteil des Faches Politik und Wirtschaft. Eine umfassende empirische Erhebung gelangte für 1985 jedoch zu dem Ergebnis, dass die Umwelterziehung pro Schuljahr nicht mehr als 20–24 Stunden, verteilt über acht Fächer, in Anspruch nahm, und die Autoren der Untersuchungen gaben weiter zu Bedenken, dass der Unterricht in seiner didaktischen Ausrichtung zwar häufig problemorientiert ausgerichtet sei, dabei aber meist zu abstrakt bleibe und zu wenig auf Handlungsorientierung beruhe.[113]

Seit den siebziger Jahren standen beide deutsche Staaten zugleich vor der Herausforderung der Computerisierung der Gesellschaft. In der DDR stellte der Beschluss des Politbüros des ZK der SED über Standpunkte zu Konsequenzen aus der Entwicklung der Informatik und informationsverarbeitenden Technik für das Bildungswesen vom November 1985 die umfassendste Reaktion der DDR-Führung auf die Herausforderung der Computer-Revolution dar.[114] 1985/86 wurde das neue Fach »Informatik« – mit der Einführung eines Grundkurses in Klasse 9 – beschlossen, das eng mit der Mathematik verbunden sein sollte. Ein Problem blieb die unzureichende Zahl an Computern.[115] Beratungen

---

113 Dieter Bolscho, Umwelterziehung in den Lehrplänen der allgemeinbildenden Schulen, in: Die Deutsche Schule 71 (1979), S. 663–670; ders., Umwelterziehung in der Schule. Ergebnisse einer empirischen Studie, in: Die Deutsche Schule 81 (1989), S. 61–72; Reinhold E. Lob, Umwelterziehung in deutschen Schulen. Eine Bilanz nach 20 Jahren, in: Die Deutsche Schule 91 (1999), S. 102–113; ausführlich: Günter Eulefeld/Dietmar Bolscho/Jürgen Rost, Praxis der Umwelterziehung in der Bundesrepublik Deutschland. Eine empirische Untersuchung, Kiel 1988; als Nachfolgeuntersuchung mit dem Ergebnis, dass die Intensität der Umwelterziehung zugenommen habe: Günter Eulefeld u. a., Entwicklung und Praxis schulischer Umwelterziehung in Deutschland. Ergebnisse empirischer Studien, Kiel 1993.
114 Hans-Jürgen Fuchs/Eberhard Petermann (Hg.), Bildungspolitik in der DDR 1966–1990. Dokumente, Berlin 1991, S. 251–263.
115 Informatik und Allgemeinbildung. Materialien der 6. Plenartagung der APW am 28. März 1988. Info APW 2/1988.

mit der Staatlichen Plankommission und den Ministerien der Volkswirtschaftszweige ergaben, dass der Versuch einer flächendeckenden Einführung den Informatikunterricht bis ins Jahr 1992 verzögert hätte. Es fiel der Beschluss, den Erweiterten Oberschulen Priorität einzuräumen, während in den Polytechnischen Oberschulen Informatik als Teillehrgang »Rechen- und Informationstechnik« im Fach »Einführung in die sozialistische Produktion« stattfinden sollte.

Im Westen sagte 1982 der Mahnruf eines bundesdeutschen Experten eine »neue Bildungskrise« voraus, da die Schulen es versäumten, die Schüler angemessen auf die Beherrschung der Informationstechnik vorzubereiten, die doch ihr Leben bald beherrschen werde.[116] Warnungen dieser Art blieben nicht ohne Wirkung. Die Bund-Länder-Kommission für Bildungsplanung und Forschungsförderung entwickelte Mitte der achtziger Jahre ein »Gesamtkonzept für die Informationstechnische Bildung«, dessen Empfehlungen den Kultusministerien als Orientierungslinie dienten.[117] Unterschieden wurde zwischen einer »informationstechnischen Grundbildung« für alle Schüler, integriert in das Lernangebot der bestehenden Fächer, einem eigenen Lernbereich »Informatik« vor allem an der gymnasialen Oberstufe, einer berufsbezogenen informationstechnischen Bildung an den Berufsschulen, ausgerichtet auf die jeweiligen Berufsfelder, und einem Studienangebot zur Informatik an den Hochschulen.[118] Punktuell hatte die informationstechnische Bildung schon vorher Einzug in den schulischen Unterricht gehalten. Die KMK hatte 1972 erstmals beschlossen, Informatik als Unterrichtsangebot für die gymnasiale Oberstufe zuzulassen. In nennenswerter Weise gelangte die nötige Hardware, unterstützt durch Gerätespenden der Computerindustrie, im Laufe der achtziger Jahre in die Schule. In der Bundesrepublik verfügten 1989 etwa 72 Prozent aller Schulen über einen Klassensatz an Computern, meist untergebracht in speziellen Computerräumen, wobei sich in der Regel zwei bis drei Kinder einen Computer teilen mussten.[119] Die Verfügbarkeit bedeutete allerdings nicht, dass die Computer auch regelmäßig genutzt wurden.[120] Für die einzelnen Schulfächer fehlte es an den Schulen vielfach noch an der entsprechenden Software. Ein Gutachten für die Enquete-Kommission »Zukünftige Bildungspolitik« des Deutschen Bundestages gelangte Ende der achtziger Jahre immerhin zu dem Ergebnis, dass die Bundesrepublik anders als beim Einsatz moderner Medien und Übertragungssysteme auf dem Feld der infor-

---

116 Klaus Haefner, Die neue Bildungskrise. Herausforderungen der Informationstechnik an Bildung und Ausbildung, Basel u. a. 1982.
117 Bund-Länder-Kommission für Bildungsplanung und Forschungsförderung, Gesamtkonzept für die informationstechnische Bildung, Bonn 1987.
118 Wolfgang Hörner, Informationstechnische Bildung, in: Anweiler (Hg.), Vergleich, S. 620–637.
119 Manfred Lang, Computer in Schule und Lehrerbildung. IEA-Studie 1992 in Westdeutschen Bundesländern, Kiel 1995, S. 24 f.; vgl. auch Klaus-Henning Hansen/Manfred Lang, Computer in der Schule. Ergebnisse der deutschen IEA-Studie Phase I, 1989, Kiel 1993.
120 Oskar Anweiler, Bildungspolitik, in: Geschichte der Sozialpolitik, Bd. 7: 1982–1989, S. 583.

mationstechnischen Bildung »einen Standard erreicht hat, der dem Vergleich mit anderen fortgeschrittenen Industriegesellschaften in Westeuropa durchaus standhalten kann.«[121]

4. Optimierung der Lernprozesse und politische Bildung

Nachdem die Strukturfrage in beiden Systemen auf sehr unterschiedliche Weise entschieden worden war, wandte sich die Aufmerksamkeit von Bildungsforschung und Bildungspolitik alsbald stärker der Effizienz des Unterrichts zu. Die wissenschaftliche Begleitforschung zu den bundesdeutschen Gesamtschul-Modellversuchen zum Beispiel war zu dem Ergebnis gelangt, dass die Leistungsunterschiede von Schülern zwischen einzelnen Schulen bedeutend größer waren als die zwischen den Schulformen.[122] Das ließ den Blick von der Makroebene der äußeren Strukturen zur Mikroebene der einzelnen Schule und des Unterrichts wandern.[123] Schulqualität wurde seit den späten achtziger Jahren zu einem neuen Leitbegriff des bundesdeutschen Bildungsdiskurses, und auch die DDR-Pädagogik richtete ihr Augenmerk verstärkt auf das Ziel aus, die Effizienz des Unterrichts – und ebenso der ideologischen Erziehung – zu steigern.

In der Bundesrepublik entstanden im Zuge des Bildungsbooms neue Schulgebäude, die in ihrer strengen Funktionalität einen scharfen Kontrast zu jener bürgerlich-historisierenden Repräsentationsarchitektur des Kaiserreichs bildeten, welche das Bild der Schulen bis dahin beherrscht hatte: schnörkellose Mammutschulen mit Waschbetonfassade, Fertigteilbauweise, Flachdach, Klimaanlagen, mitunter leuchtenden Bunttönen im Anstrich.[124] Die in den 1970er Jahren errichteten Neubauschulen in der DDR folgten einem ähnlichen Muster. 1985 besuchte jeder dritte ostdeutsche Schüler ein nach 1970 errichtetes Schulgebäude. Im Unterschied zur DDR wurden in den bundesdeutschen Klassenzimmern die in parallelen Reihen gestaffelten Bänke nun häufig durch aufgelockerte Tischgruppen oder durch Tischanordnungen in U-Form abgelöst, was als weni-

---

121 Winfried Sommer, Neue Medien/Informations- und Kommunikationssysteme und Bildungswesen – für die Bildungspolitik des Bundes nutzbare internationale Erfahrungen und Informationen, in: Zukünftige Bildungspolitik – Bildung 2000. Schlußbericht der Enquete-Kommission des 11. Deutschen Bundestages und parlamentarische Beratung am 26. Oktober 1990, Bonn 1990, S. 431–444, hier S. 439.
122 Helmut Fend, Gesamtschule im Vergleich. Bilanz der Ergebnisse des Gesamtschulversuchs, Weinheim/Basel 1982.
123 Helmut Fend, »Gute Schulen – schlechte Schulen«. Die einzelne Schule als pädagogische Handlungseinheit, in: Die Deutsche Schule 78 (1986), S. 275–293; Ulrich Steffen/Tino Bargel, Erkundungen zu Qualität von Schule, Neuwied/Kriftel/Berlin 1993.
124 Zur Schularchitektur der siebziger Jahre vgl. Alfred Bruno Schmucker, Schulbau in Bayern 1945–1975. Von der Zwergschule zum Schulzentrum, vom Pavillon zur Großstruktur, Frankfurt a. M. 2012, S. 229 ff.; Michael Lully, Eine kleine Geschichte des deutschen Schulbaus. Vom späten 18. Jahrhundert bis zur Gegenwart, Frankfurt a. M. 2000, S. 77 ff. und 91 ff.

ger hierarchisch galt. Im Gegensatz zum ostdeutschen Modell der oktroyierten Partizipation im Rahmen der Jugendorganisationen wurden die Mitwirkungsrechte der westdeutschen Schüler gestärkt. In einigen Ländern wurden Vollversammlungen geschaffen, Schülersprecher mussten von der Schulleitung nicht mehr bestätigt und konnten von ihnen auch nicht abgesetzt werden.[125] Schülerzeitungen wurden frecher, aufmüpfiger, politischer; ihre Vorzensur durch die Schulleitung wurde abgeschafft; die Stellungnahmen zu Schule, Politik und Gesellschaft waren in der Regel überaus kritisch.[126] Die Ende der sechziger Jahre als Ableger der Studentenbewegung aufkommende linke Schülerbewegung ebbte bald wieder ab.[127] In den siebziger Jahren hingen überall in den Schulen Aufklärungsplakate, die vor dem Rauschgiftkonsum warnten. Das traditionelle Abiturfest durchlebte vielerorts eine Krise (der Abiball jedoch später eine glanzvolle Renaissance). Auf den Schulfesten rockten nun die Garagenbands der Schüler.[128]

Trotz der Beibehaltung des kognitiv anspruchsvollen Frontalunterrichts als methodischer Grundform und trotz einer offiziell negativen Perzeption von Begabungstheorien und Differenzierung (die als Ausdruck »bürgerlicher Pädagogik« abgetan wurden) wurden auch im pädagogischen Konzept der DDR Aspekte eines schülerorientierten Unterrichts schrittweise berücksichtigt. Diskutiert wurden nun Dimensionen wie die individuellen Neigungen oder die vielfältigen Fähigkeiten und Interessen der Schüler. Vor allem ab den spätsiebziger Jahren entwickelte sich an der Akademie der Pädagogischen Wissenschaften (APW) eine interne Diskussion über eine differenzierte pädagogische Arbeit mit den Schülern und über eine Differenzierung der Bildungswege. 1988/89 entstand ein Thesenpapier des Wissenschaftlichen Rats für Didaktik und des Instituts für Didaktik der APW zum »Verhältnis von Einheitlichkeit und Differenziertheit im Bildungswesen«, das allerdings auf dem 9. (und letzten) Pädagogischen Kongress der DDR im Juni 1989 nicht mehr offiziell thematisiert wurde.[129] Diese Debatte erschien

---

125 Torsten Gass-Bolm, Das Gymnasium 1945–1980. Bildungsreform und gesellschaftlicher Wandel in Westdeutschland, Göttingen 2005, S. 319 ff.
126 Gass-Bolm, Das Gymnasium, S. 393; Frithjof Rendtel, Politische Bildung durch Schülerpresse. Wandlungen von 1969 auf 1976, München 1979.
127 Torsten Gass-Bolm, Revolte im Klassenzimmer. Die Schülerbewegung 1967–1970 und der Wandel der deutschen Schule, in: Christina von Hodenberg/Detlef Siegfried (Hg.), Wo »1968« liegt. Reform und Revolte in der Geschichte der Bundesrepublik, Göttingen 2006, S. 113–138; Axel Schildt, Nachwuchs für die Rebellion – die Schülerbewegung der späten 60er Jahre, in: Jürgen Reulecke (Hg.), Generationalität und Lebensgeschichte im 20. Jahrhundert, München 2003, S. 229–251.
128 Gass-Bolm, Das Gymnasium, S. 397 ff.
129 Hans-Jürgen Fuchs/Eberhard Petermann, Bildungspolitik in der DDR 1966–1990. Dokumente, Wiesbaden, 1991, S. 315–322; Margot Honecker, Unser sozialistisches Bildungssystem – Wandlungen, Erfolge, neue Horizonte. Referat auf dem IX. Pädagogischen Kongress der DDR, 13.–15. Juni 1989, Berlin(-Ost) 1989. Siehe auch Heike Knaack, Reform im Wartestand. Die Bildungspolitik der DDR vor der Wende, in: Peter Dudek/Heinz-Elmar Tenorth (Hg.), Transformationen der deutschen Bildungslandschaft. Lernprozess mit ungewissem Ausgang, Weinheim 1993, S. 89–101.

als ein indirektes Produkt der Expansion der höheren Bildung der letzten Jahrzehnte und brachte die Notwendigkeit zur Differenzierung hervor. Von Anfang an besaß die politische Bildung bzw. staatsbürgerliche Erziehung in beiden Schulsystemen hohe Priorität. In den siebziger Jahren wurde sie in der bundesdeutschen Politik und Öffentlichkeit zum Schauplatz heftiger Auseinandersetzungen. Mit der Hinwendung einiger Protagonisten zu einem stark von Konflikttheorien unterfütterten Begriff von politischer Bildung, der Leitkonzepte wie Emanzipation, Selbstbestimmung und Kritikfähigkeit in den Mittelpunkt rückte, gewann die Auseinandersetzung eine bislang unbekannte Schärfe. Besonders in Hessen wirbelten seit 1972 die »Rahmenrichtlinien Gesellschaftslehre« der Sekundarstufe I[130] politisch mächtig Staub auf – für ein Fach also, welches die bisherigen Fächer Sozialkunde, Geschichte und Geographie vereinen sollte. Kritiker wie Hermann Lübbe und Thomas Nipperdey warfen den Autoren der Rahmenrichtlinien eine einseitige Ausrichtung vor, die sich allein für die Aufdeckung partikularer Macht-, Klassen- und Herrschaftsinteressen und für die Offenlegung gesellschaftlicher Ungleichheits- und Konfliktlagen interessiere, die tragenden Basiskonsense der politischen Ordnung, die Gewährleistung von Freiheit, Recht und Toleranz aber ignoriere.[131] Besonders anstößig erschien ihnen die vergleichsweise kritiklose Gegenüberstellung der DDR als neutrale Systemalternative. Der in zahllosen Zeitungsartikeln, Diskussionsveranstaltungen,[132] Leserbriefen, Parlamentsdebatten und Broschüren ausgetragene Streit trug zu schweren Einbußen der SPD im hessischen Wahlkampf 1974 bei, zur Ablösung von Kultusminister Ludwig von Friedeburg und schließlich auch dazu, dass die Rahmenrichtlinien zuletzt nur in einer deutlich entschärften Fassung in Kraft traten.[133]

Ähnlich wie in Hessen gerieten 1973/74 in Nordrhein-Westfalen die »Richtlinien« für den Politikunterricht in den Strudel der politischen Auseinandersetzung. Verglichen mit den hessischen waren die nordrhein-westfälischen Richtlinien, verfasst von einer politisch plural zusammengesetzten Sachverständigenkommission, zwar weniger vom Geist einer neo-marxistischen Gesellschaftskritik durchweht. Das verhinderte aber nicht, dass die Richtlinien von der CDU-Opposition, von Teilen der Medien und von Seiten namhafter Wissenschaftler vehement angegriffen wurden. Der Vorwurf lautete erneut, hier feiere

---

130 Der Hessische Kultusminister, Rahmenrichtlinien Sekundarstufe I Gesellschaftslehre, Wiesbaden 1972; vgl. Gerd Köhler/Ernst Reuter (Hg.), Was sollen Schüler lernen? Die Kontroverse um die hessischen Rahmenrichtlinien für die Unterrichtsfächer Deutsch und Gesellschaftslehre, Frankfurt a. M. 1973.
131 Thomas Nipperdey/Hermann Lübbe, Gutachten zu den Rahmenrichtlinien Sekundarstufe I Gesellschaftslehre des Hessischen Kultusministers, Bad Homburg 1973.
132 Vgl. zum Beispiel (mit guten Einblicken in die aufgeheizte Atmosphäre): Eugen Kogon (Hg.), Rahmenrichtlinien Gesellschaftslehre. Konflikt und Konsens in der Gesellschaft der Gegensätze. Protokoll der Veranstaltung in der Reihe Hessenforum, Frankfurt a. M. 1974.
133 Waltraud Schreiber, Schulreform in Hessen zwischen 1967 und 1982. Die curriculare Reform der Sekundarstufe I. Schwerpunkt Geschichte in der Gesellschaftslehre, Neuried 2005.

ein auf die Kritik und Emanzipation von gesellschaftlichen Zwängen und Herrschaftsverhältnissen verengtes Politikverständnis Triumphe, ein Begriff von Politik, der die Legitimität der verfassungsmäßigen Institutionen und Spielregeln des demokratischen Rechtsstaats ignoriere. Unter dem Eindruck des politischen und medialen Gegenwinds – und aufgeschreckt durch die parallelen hessischen Erfahrungen – veranlasste Ministerpräsident Kühn das Kultusministerium, die Richtlinien rechtzeitig vor der anstehenden Wahl überarbeiten und sprachlich wie politisch entschärfen zu lassen. In der neuen Fassung dominierte dann nicht mehr so sehr die reizworthaltige Begriffswelt der »gesellschaftlichen Zwänge«, der »Emanzipation« und der »Konfliktfähigkeit«, sondern es war auch von Toleranz, Kompromissbereitschaft und von der Bedeutung der verfassungsmäßigen Normen und rechtsstaatlichen Institutionen die Rede.[134] In der Folge war auf dem Feld der Politischen Bildung eine gewisse Konfliktentschärfung zu bemerken. Der »Beutelsberger Konsens«, den die Didaktiker der Politischen Bildung 1976 formulierten und der vor allem die Forderung nach einem »Überwältigungsverbot« und der Beachtung kontroverser Positionen enthielt, deutete dann eine pragmatische Wende in der Politischen Bildung an, die in den achtziger Jahren weniger turbulente Jahre durchleben sollte.

In der DDR war die weitere Effizienz der gesamten Erziehungsarbeit, d. h. die Intensivierung der ideologischen Erziehung und die Disziplinierung durch die Jugendarbeit der FDJ[135] und der Pionierorganisationen[136], ein zentrales Anliegen der Bildungspolitik. Allerdings hatte die politische Führung schon seit langem eingesehen, dass die reale Entwicklung der ostdeutschen Gesellschaft nicht mit ihren ideologischen Vorstellungen übereinstimmte.[137] Aus diesem Grund wurde auch nach dem VIII. Parteitag der SED 1971 die Ideologisierung im Bil-

---

134 Hans-Helmuth Knütter/Klaus Dieter Ziehmann, Die Richtlinien für den Politik-Unterricht in Nordrhein-Westfalen, in: Peter Gutjahr-Löser/Hans-Helmuth Knütter (Hg.), Der Streit um die politische Bildung, München/Wien 1975, S. 123–152; Pädagogische und politische Funktionen von Richtlinien. Eine Diskussion über die neuen nordrhein-westfälischen »Richtlinien für den politischen Unterricht«, in: Neue Sammlung 14 (1974), S. 84–132; Gisbert Gemein/Hartmut Kiensel (Hg.), Politik und Unterricht. Wer bestimmt, was Schüler lernen? Richtlinien für den Politik-Unterricht in der Diskussion, Essen 1975; Walter Gerschler, Reaktionen der Öffentlichkeit. Dokumentation der Presseberichte über die Richtlinien für den Politikunterricht, in: Walter Gagel/Rolf Schörken (Hg.), Zwischen Politik und Wissenschaft. Politik in der öffentlichen Diskussion, Opladen 1975, S. 105–132.
135 Zur Frühgeschichte der FDJ: Peter Skyba, Vom Hoffnungsträger zum Sicherheitsrisiko. Jugend in der DDR und Jugendpolitik der SED 1949–1961, Köln 2000.
136 Zur Frühgeschichte der Pionierorganisation: Leonore Ansorg, Kinder im Klassenkampf. Die Geschichte der Pionierorganisation von 1948 bis Ende der 1950er Jahre, Berlin 1997. Vgl. auch Heinz-Elmar Tenorth/Sonja Kudella/Andreas Paetz (Hg.), Politisierung im Schulalltag der DDR. Durchsetzung und Scheitern einer Erziehungsambition, Weinheim 1996.
137 Mark Fenemore, Sex, Thugs and Rock'n'Roll: Teenage Rebels in Cold-War East Germany, New York 2007. Siehe auch Marc-Dietrich Ohse, Jugend nach dem Mauerbau. Anpassung, Protest und Eigensinn (DDR 1961–1974), Berlin 2003.

dungssystem weiter vorangetrieben[138], welche u. a. 1978 in der Einführung des Wehrunterrichts[139] an den POS gipfelte. Sowohl an den Schulen als auch an den Universitäten und Hochschulen verlangte die SED ideologische Indoktrination. Diese Forderung tauchte ständig in den Beschlüssen des Politbüros der SED, in den offiziellen Reden und Beiträgen auf den pädagogischen Kongressen auf. Dieser omnipräsente Diskurs sollte indes nicht als reine Floskel interpretiert werden, sondern als Ausdruck einer ständigen paternalistischen Sorge der SED-Führung, die nicht in der Lage war, die Jugend als autonome und spezifische Gruppe zu denken.[140] Die Jugend sollte im Dienste des politischen Projektes der Gründergeneration stehen. Anhand Studien des Zentralinstituts für Jugendforschung in Leipzig und Arbeitsmaterialen der APW registrierte das Ministerium für Volksbildung regelmäßig ernsthafte und längerfristige Defizite in der sozialistischen Erziehung; vor allem das Entwicklungsniveau des gesellschaftlichen Engagements der Jugendlichen (insbesondere aus dem Arbeitermilieu[141]) in den Jugendorganisationen wurde als schwach erkannt und als Problem thematisiert. Die extreme Politisierung des Lerninhaltes und die ständig erwartete Mobilisierung der Jugend produzierten gegensätzliche Effekte – vor allem eine Art Entpolitisierung bzw. ideologische Demobilisierung, was wiederum als politische Reaktion gegenüber dem Regime interpretiert werden kann. Anhand der Ergebnisse einer Untersuchung der Abteilung Kultur- und Medienforschung des Leipziger Zentralinstituts für Jugend berichtete etwa 1987 ein MfS-Offizier der Bezirksverwaltung Leipzig in einer handschriftlichen Notiz: »*Jugendliche werden zunehmend kritischer gegenüber dem Staat, sind politisch interessiert, lehnen DDR-Politikvermittlung ab; Jugendliche fühlen sich zu wenig in die realen und alltäglichen Entscheidungs- und Planungsprozesse einbezogen und finden diesbezüglich keine Unterstützung bei der FDJ.*«[142]

Die Tatsache, dass eine politische Jugendorganisation wie die FDJ in den siebziger und achtziger Jahren große Schwierigkeiten hatte, Jugendliche für den Sozialismus zu mobilisieren, ergab sich aber auch aus dem endgültigen Vertrauensverlust in die offiziellen Institutionen des Regimes. Diese verloren in den siebziger Jahren endgültig an ideologischer Bindekraft – ungeachtet aller noch notwendigen Anpassung der Jugendlichen an die Erwartungen des SED-Regimes, etwa in Gestalt der Teilnahme an den ritualisierten Fahnenappellen,

---

138 Bericht des ZK der SED an den VIII. Parteitag der SED, Dietz 1971.
139 Gert Geißler/Ulrich Wiegmann, Pädagogik und Herrschaft in der DDR. Die parteilichen, geheimdienstlichen und vormilitärischen Erziehungsverhältnisse, Frankfurt a. M. 1996; Christian Sachse, Aktive Jugend – wohlerzogen und diszipliniert. Wehrerziehung in der DDR als Sozialisations- und Herrschaftsinstrument (1960–1973), Münster 2000.
140 Walter Friedrich/Peter Förster/Kurt Starke (Hg.), Das Zentralinstitut für Jugendforschung Leipzig 1966–1990. Geschichte, Methoden, Erkenntnisse, Berlin 1999.
141 Wiebke Janssen, Halbstarke in der DDR. Verfolgung und Kriminalisierung einer Jugendkultur, Berlin 2010.
142 BStU, BV Leipzig, Abt. XX 01008, handschriftliche Notiz zur Untersuchung »Jugend 90«, Juni 1987, pag. 40.

an antifaschistischen Gedenkfeiern oder am 1. Mai. Die DDR-Jugend war mehrheitlich konformistisch, strebte aber immer mehr auf individuelle und kollektive Erfahrung außerhalb des offiziellen Rahmens. In den siebziger Jahren erkannten die Soziologen und die Psychologen in der DDR die Rolle der »peer groups« als positive sekundäre Sozialisationsinstanz.[143] Zur selben Zeit betonte auch die westdeutsche Soziologie die Bedeutung solcher Freundschaftsgruppen für die persönliche Entwicklung des Individuums.[144]

In solchen stark politisierten Institutionen wie Schulen und Universitäten war das Erlernen des »Tun als ob« in der DDR eine praktische Notwendigkeit. Schüler wie Studenten nahmen es an, eine genau bestimmte soziale Rolle zu spielen, d. h. das zu sein, was man von ihnen erwartete. Die Jugendlichen haben dabei gelernt, die Grenzen ihrer politischen Ausdrucksfähigkeit zu testen, ohne die rote Linie zu überschreiten. Zudem blieb die Bundesrepublik ihre Referenzgesellschaft.[145]

5. Asymmetrische Umbrüche, Kotransformation und Europäisierung (1989–2002)

Zweifelsohne war das Jahr 1989/90 eine Zäsur für die bildungspolitischen Strukturen, die Fächer, die Schüler, die Lehrenden und alle Erziehungsfunktionäre der DDR.[146] Da sich das westdeutsche Bildungswesen kaum veränderte, kann man nur von asymmetrischen Umbrüchen sprechen. Schon im Herbst 1989 fegte eine »friedliche Schulrevolution« in der DDR eine ganze Reihe konstitutiver Elemente des sozialistischen Schulsystems hinweg, wie z. B. den Wehrunterricht, die Staatsbürgerkunde, den schulpflichtigen Samstag und die Jugendorganisationen.[147] Sie stellte für die ostdeutschen Erziehungsakteure auf (hoch)schulischer Ebene eine entscheidende Erfahrungszäsur dar (als Karriereknick) und für das DDR-Bildungswesen eine wichtige Deutungszäsur.[148] Trotz aller Kritik an der »Erziehungsdiktatur« wollten neu gegründete unabhängige Interessenverbände wie »Demokratische Bildung und Erziehung« in diesem Umbruchkon-

---

143 Emmanuel Droit, Les »peer groups« dans l'espace public en RDA: de la stigmatisation à la reconnaissance? (1960–1980), in: Histoire@Politique. Politique, culture, société 7 (2009), S. 9.
144 Sabine Hoffmann, »Freundschaftsgruppen«, Elternhaus und Schule 4/1982, S. 18–19.
145 GESIS, ZA 6159, Intervallstudie. Entwicklungsfaktoren und Entwicklungsfaktoren von Jugendlichen in der DDR (1968–1980), S. 53, URL: http://info1.gesis.org/dbksearch/file.asp?file=ZA6159_cod.pdf; GESIS, ZA 6045, Einstellungen zum Leben und zum Alltag bei Schülern 1988, pag. 29, URL: info1.gesis.org/dbksearch/file.asp?file=ZA6045_cod.pdf.
146 Heike Knaack, Schule im Umbruch. Unterrichtende und Unterricht in den neuen Bundesländern während und nach der Wiedervereinigung, in: Deutschland Archiv 36. 2 (2003), S. 296–304.
147 Droit, Vorwärts, S. 339–360.
148 Über die Typologie von Zäsuren vgl. Martin Sabrow, Zäsuren in der Zeitgeschichte, Version: 1.0, in: Docupedia-Zeitgeschichte, 03.06.2013, URL: https://docupedia.de/zg/Zaesuren.

text gleichzeitig einige strukturelle Elemente des DDR-Schulsystems bewahren, so auch das Prinzip der Einheitsschule.[149] Im Prozess der Transformation blieb jedoch von den Ergebnissen dieser *at the grass root* und auch an den Runden Tischen in Berlin, Erfurt, Leipzig oder Rostock geführten Diskussionen (Chancengleichheit, Reform des pädagogischen Denkens, Einheitsschule) wenig übrig. Die Wiedervereinigung öffnete schließlich den Weg zu einem wechselseitigen Ko-Transformationsprozess[150] in den nächsten fünfzehn Jahren, der stark vom internationalen Referenzrahmen und europäischen Einflüssen geprägt wurde.[151]

»Bauen Sie ein neues Schulsystem auf,
aber machen sie nicht alles so wie im Westen« (K. Biederkopf)

Mit der Wiedervereinigung 1990 wurde das DDR-Bildungssystem weitgehend diskreditiert und demontiert. Die DDR war als politisches Projekt gescheitert und ihre Errungenschaften im Bildungsbereich besaßen als potentielle Ressourcen sowohl in West- als auch in Ostdeutschland kaum eine Legitimation mehr. Schon im Mai 1990 wurde die »Gemeinsame Bildungskommission BRD/DDR« als Beratungs- und Koordinierungsorgan für die Zusammenarbeit und Zusammenführung der beiden Bildungssysteme eingerichtet. Anhand der Beratungsprotokolle dieser Kommission lässt sich zeigen, dass beim Transfer der Institution Schule keine »Kolonialisierung« der DDR durch die Bundesrepublik stattgefunden hat. Vielmehr war auch für die DDR-Verhandlungsführer »die Angleichung der Schulsysteme an die Länder der Bundesrepublik«[152] schon frühzeitig das Verhandlungsziel. Für die meisten ostdeutschen Bürger galt die Bundesrepublik bis zum Systemzusammenbruch als Referenzgesellschaft und konnte nun als Modell im Bildungsbereich dienen. Berechtigte Kritik an der Ideologisierung und der Militarisierung des Erziehungssystems der DDR führte zu einer globalen Disqualifizierung, die die Darstellung feiner Unterschiede kaum zuließ. Die DDR-Einheitsschule wurde, bei allerdings bedeutsamen Abweichungen im Einzelnen, durch das westdeutsche gegliederte Schulsystem ersetzt, was zur Überführung der etwa 5000 POS in neue Strukturen führte (also in Gymnasien, Haupt- und Realschulen, aber auch Gesamtschulen). Zahlreiche Kinderkrippen, die zur DDR-Zeit von fast 80 Prozent der Kinder zwischen einem und drei Jahren besucht wurden[153] (gegenüber 1,6 Prozent in der Bundes-

---

149 Matthias-Domaschk-Archiv, unpag.
150 Philipp Ther, Die neue Ordnung auf dem alten Kontinent: Eine Geschichte des neoliberalen Europa, Berlin 2014.
151 Für die ehemaligen Ostblockländer vgl. Dorota Dakowska (mit Ioana Cîrstocea/Carole Sigman), Les transformation des espaces académiques centre est-européens depuis 1989, in: Revue d'études comparatives Est-Ouest 45.1 (2014).
152 Gabriele Köhler, Anders sollte es werden. Bildungspolitische Visionen und Realitäten der Runden Tische, Köln 1999, S. 24.
153 Karl Zwierner, Kinderkrippen in der DDR, München 1994.

republik), wurden aufgelöst[154]. Die neuen Bundesländer orientierten sich weitgehend, keineswegs aber durchweg am Schulsystem der Bundesrepublik bzw. an dem der jeweiligen Partner-Bundesländer. Es entstanden keine simplen Kopien westdeutscher Schulsysteme, sondern neue, manchmal sich deutlich unterscheidende Strukturen, die sich zudem an die neuen strukturellen Bedingungen Ostdeutschlands anpassten (wie die demographische Entwicklung bzw. den Geburtenrückgang). Die neuen Bundesländer nutzten vorsichtig die im Rahmen des Bildungsföderalismus bestehenden Freiräume, um sich eigenständige Lösungswege und Reformmodelle zu erschließen. Zwischen 1991 und 1993 wurden die Bildungs- und Schulgesetze der ostdeutschen Bundesländer neu gestaltet. Die Haupt- und Realschule wurden in Sachsen in der Mittelschule, in Sachsen-Anhalt in der Sekundarschule und in Thüringen in der Regelschule zusammengefasst. In Ostdeutschland wurde neben den Kopfnoten wieder das Abitur nach 12 Jahren und in Sachsen das Unterrichtsfach »WTH« (Wirtschaft-Technik-Haushalt) eingeführt, welches an das DDR-Fach »Praktische Arbeit« erinnert. Es entstanden so »sehr unterschiedliche, den regionalen Gegebenheiten angepasste Schulsysteme, die nur in Bezug auf die Abkehr von der Einheitsschule miteinander vergleichbar«[155] waren. Die Landesgesetzgeber legten den rechtlichen Rahmen fest, aber die eigentliche Umsetzung der Erneuerung des Bildungssystems musste in den Schulen selbst geschehen, was in den frühen neunziger Jahren zu beispiellosen Experimenten mit neuen verwaltungsrechtlichen Normen, neuen Bildungsinhalten und -methoden führte.

Auf dem Gebiet des Hochschulwesens wurden die Institute für Lehrerbildung aufgelöst und die pädagogischen Hochschulen mussten teilweise ihre Arbeit einstellen bzw. wurden an andere Hochschulen angegliedert. Viele Forschungsinstitute beendeten ihre Tätigkeit und einige ihrer Mitarbeiter gründeten private Firmen wie zum Beispiel im Bereich der Informatik oder Verkehrsautomatisierung. Andere wurden umbenannt und konnten ihre Aktivität fortsetzen wie im Bereich der Krebsforschung, der Herz-Kreislauf-Forschung und der Molekularbiologie im Rahmen des 1992 gegründeten Max-Delbrück-Zentrums für molekulare Medizin in Berlin, allerdings mit einer Reduzierung von drei Vierteln der Mitarbeiter. Generell wurde die personelle Infrastruktur abgebaut, sowohl an den Schulen (auf 80 Prozent der vorherigen Lehrer) als auch an den Hochschulen mit einer umfangreichen Liquidierung des DDR-Hochschulwesens. Der Einigungsvertrag sah für die Bauakademie, die Landwirtschaftsakademie und vor allem die Akademie der Wissenschaften (mit ihren sechzig Instituten und zuletzt etwa 24.000 Mitarbeitern) allesamt die Abwicklung vor.

---

154 Sandrine Kott, Die Kinderkrippe, in: Martin Sabrow (Hg.), DDR-Erinnerungsorte, München 2009, S. 281–290.
155 Axel Gehrmann, Gewandelte Lehrerrolle in Ost und West? Erste Ergebnisse aus vier Befragungen (1994–1996–1998–1999), in: Hans Döbert/Hans-Werner Fuchs/Horst Weishaupt (Hg.), Transformation in der ostdeutschen Bildungslandschaft, Opladen 2002, S. 63–83, hier S. 64.

Mit der Wende befanden sich die meisten ostdeutschen Lehrenden in einer unsicheren Lage. Das Koordinatensystem, an dem viele ostdeutsche Lehrer ihr Leben ausgerichtet hatten, brach zusammen. Viele waren gezwungen, sich neu zu qualifizieren (z. B. vom Russisch- zum Französischlehrer), alle hatten sich neuen Lehrplänen anzupassen. Einige mussten aufgrund ihres vormaligen ideologischen Engagements gehen oder wurden »entstasifiziert«.[156] Allerdings nur ein Prozent, 224 der rund 20.000 Lehrer in Ostberlin, wurden 1995 durch die Bildungsräte der Bezirke wegen Stasi-Mitarbeit entlassen.

In den neunziger Jahren haben aber die ostdeutschen Lehrenden ihr Selbstverständnis als Berufsgruppe neu begründet und demzufolge ihre Legitimität bekräftigt.[157] Ihr pädagogisches Engagement und die hohe fachliche Kompetenz wurden als wertvolle Ressourcen genutzt, um den Umbruch in den Griff zu bekommen. Dieser Transformationsprozess war je nach Schulfach mal schwieriger, mal weniger schwer. Für die Bewältigung des Systemwechsels und der biographischen Zäsur spielte im beruflichen Selbstverständnis der Lehrer insgesamt die Wissens- und Normenvermittlung die zentrale Rolle. Erziehung hatte aus Sicht der Lehrenden keine »parteiische« Dimension mehr, sondern bestand in der Vermittlung allgemeiner Normen und Werte des Zusammenlebens.

Der Abwicklungsprozess des Hochschulsystems in den neuen Bundesländern

Die »friedliche Revolution« stellte auch für die ostdeutsche Hochschullandschaft eine tiefgreifende, manchmal dramatische Zäsur dar. Bereits im Frühjahr 1990 kam es wie auf schulischer Ebene zu ersten Begegnungen und Gesprächen zwischen Vertretern ost- und westdeutscher Universitäten. Schon während des akademischen Jahres 1991/92 übernahmen zahlreiche namhafte Wissenschaftler aus dem alten Bundesgebiet als Gastprofessoren zur Sicherung und Neustrukturierung des Lehrangebots Lehraufträge an ostdeutschen Universitäten. Trotz aller Probleme der inhaltlichen Umgestaltung hatten die Studenten die Möglichkeit, ihr Studium ordnungsgemäß abzuschließen. Dies erforderte von allen Beteiligten einen enormen Einsatz, zumal die lokalen Infrastrukturen an den ostdeutschen Universitäten viele Wünsche offen ließen, mehr noch als an den damals auch schon unter der enormen Unterfinanzierung leidenden westlichen Hochschulen.

---

156 Alexander von Plato, Entstasifizierung im Öffentlichen Dienst der neuen Bundesländer nach 1989, in: Jahrbuch für historische Bildungsforschung 5 (1999), S. 313–342.
157 Doris Köhler, Professionelle Pädagogen? Zur Rekonstruktion beruflicher Orientierungs- und Handlungsmuster ostdeutscher Lehrer der Kriegsgeneration, in: Martin Brussig/Frank Ettrich/Raj Kollmorgen (Hg.), Konflikt und Konsens: Transformationsprozesse in Ostdeutschland, Opladen 2003, S. 169–192.

Bereits zu einem frühen Zeitpunkt wurde an den ostdeutschen Universitäten ein interner Evaluierungs- und Auswahlprozess begonnen. Zur strukturellen und personellen Erneuerung wurden auf der Basis einer Empfehlung des Wissenschaftsrates Struktur- und Berufungskommissionen (SBK) ins Leben gerufen. Diese setzten sich aus drei Professoren aus den alten Bundesländern, drei Hochschullehrern sowie je einem akademischen Mitarbeiter und einem Studierenden aus der neu zu strukturierenden Universität bzw. Fakultät zusammen. Den Vorsitz dieser Kommissionen übernahmen erfahrene und renommierte westdeutsche Professorinnen oder Professoren. In vielen Fachrichtungen – besonders betroffen waren die Geistes- und Sozialwissenschaften – wurde ein Abwicklungsprozess in Gang gesetzt. Es war eine der schmerzvollen Dimensionen des Erneuerungsprozesses, denn die Evaluierung bedeutete für viele Wissenschaftler das Ende der akademischen Karriere. Wer zu diesem Zeitpunkt über 40 war, dem gelang es nur in seltenen Fällen, in den Folgejahren an den internationalen Forschungsstand anzuschließen und dann auch selbst in den relevanten Foren zu publizieren.[158] So führte diese Abwicklung zu einem neuen radikalen Elitenaustausch: Die ostdeutschen Lehrstühle wurden im Zuge des Neuaufbaus überwiegend von westdeutschen jungen Wissenschaftlern besetzt, und die Ostdeutschen bekamen erst in der Folgegeneration wieder reale Chancen auf eine Berufung.[159] So waren z. B. von den 1989 insgesamt 33 Professoren und Dozenten der Sektion Wirtschaftswissenschaften der Humboldt-Universität zu Berlin fünf Jahre später nur noch zwei an der Fakultät tätig.[160] Die relevanten Leistungskriterien und Leistungsnachweise konnten von den ostdeutschen Bewerbern teils aufgrund der völlig neuen Evaluierungskriterien, teils aufgrund ihrer »politisch-ideologischen Belastung« oft nicht erbracht werden.

Infolgedessen sah sich die Mehrzahl der DDR-Hochschuldozenten mit einem abrupten Ende ihrer akademischen Laufbahn konfrontiert. Auch die Beschäftigungsverhältnisse des weiterhin an den Fakultäten verbleibenden akademischen Mittelbaus wurden überwiegend befristet. An der Humboldt-Universität hatten nach Ablauf der befristeten Arbeitsverträge (1998) insgesamt nur noch etwa zehn Prozent des 1993 im wissenschaftlichen Mittelbau beschäftigten Personals eine Stelle.[161] Dieser Umstand veranlasste vor allem die jüngeren Angehörigen des Mittelbaus, die Universität zu verlassen und sich in der privaten Wirtschaft eine neue Existenz aufzubauen.

---

158 Dieter Zimmer, Sag mir, wo die Forscher sind, in: Die Zeit, 31.7.1992, Nr. 32.
159 Roland Bloch/Peer Pasternack, Die Ost-Berliner Wissenschaft im vereinigten Berlin. Eine Transformationsfolgenanalyse, Halle-Wittenberg 2004.
160 Oliver Günther/Sibylle Schmerbach, Deutsche Universitäten im Umbruch – 20 Jahre nach der Wende, in: Frank Keuper/Dieter Puchta (Hg.), Deutschland 20 Jahre nach dem Mauerfall: Rückblick und Ausblick, Wiesbaden 2009, S. 399–417.
161 Günther/Schmerbach, Deutsche Universitäten im Umbruch, S. 410.

Kotransformation der Schulsysteme in den alten Bundesländern

Indem die neuen Bundesländer auf ein zweigliedriges Schulsystem umsattelten, statt das gegliederte System der alten Bundesländer maßstabsgetreu zu kopieren, entpuppten sie sich nicht lediglich als Nachahmer, sondern auch als Vorreiter. Die Fusion von Haupt- und Realschule war dort, wo die beiden Bildungsgänge als separate Schulformen noch gar nicht bestanden, naturgemäß weit leichter zu verwirklichen als im Westen, wo ein ungleich höheres Maß an struktureller Beharrungskraft und an politischen Widerständen zu überwinden war. In den neuen Bundesländern fiel dabei auch die nachwirkende Prägekraft des integrierten DDR-Schulsystems ins Gewicht. Wo 80 Prozent der Jugendlichen in der POS einen der Mittleren Reife äquivalenten Abschluss erreicht hatten, besaß die Hauptschule bei der Neuordnung des Schulsystems wenig Aussicht auf Akzeptanz.[162] Das Modell der Zweigliedrigkeit war vor allem aber als Antwort auf zwei in Ost wie West wirksame soziale Basisprozesse zu verstehen: zum einen auf den demographischen Wandel, also den Geburtenrückgang (der sich nach 1989 in den neuen Bundesländern eine Zeit lang außerordentlich zuspitzte), zum anderen auf die durch die Bildungsexpansion selbst hochgeschraubte Erwartungsspirale, bei der mit dem Bildungsniveau der Elterngeneration immer auch die Bildungsaspirationen für die Nachfolgegeneration steigen (so wie sie den elterlichen Schulwahlentscheidungen für ihre Kinder zugrunde liegen). Der erste Umstand ließ erwarten, dass die Aufrechterhaltung eines in Haupt- und Realschule gegliederten Angebots gerade auf dem Lande immer schwieriger werden würde, der zweite trieb insbesondere die Flucht aus der Hauptschule weiter an, die mehr und mehr zur Restschule für »Bildungsverlierer« zu werden drohte.[163] Nimmt man zur Zweigliedrigkeit noch die zwölfjährige Schulzeit, das Zentralabitur, die Erweiterung der Ganztagsangebote, den Ruf nach einem Ausbau der vorschulischen Bildungseinrichtungen und die Forderung nach einer verstärkten Begabungsförderung hinzu, rückten für die alten Bundesländer nunmehr Reformaspekte auf die Agenda, die den Bildungspolitikern der Ostländer aufgrund ihrer Vertrautheit mit den Pfadlinien der DDR-Bildungspolitik noch durchaus geläufig waren.

Beim Zwei-Säulen-Modell lässt sich von einem Prozess behutsamer Kotransformation sprechen: Im ersten Jahrzehnt nach 2000 gerieten auch in den west-

---

162 Benjamin Edelstein/Rita Nikolai, Strukturwandel im Sekundarbereich. Determinanten schulpolitischer Reformprozesse in Sachsen und Hamburg, in: Zeitschrift für Pädagogik 59 (2013), S. 482–495, hier S. 488.
163 Zu Thüringen: Köhler, Diskurs, S. 409f.; Markus Weilandt, Schule der Frühaufsteher. 20 Jahre Bildungspolitik in Sachsen-Anhalt, Köln/Weimar/Wien 2011, S. 36ff.; Edelstein/Nikolai, Strukturwandel (zu Sachsen); Hans-Werner Fuchs, Bildung und Wissenschaft seit der Wende. Zur Transformation des ostdeutschen Bildungssystems, Opladen 1997, S. 173ff.

lichen Bundesländern die Schulstrukturen zunehmend in Fluss.[164] Neben der Säule des inzwischen unantastbaren Gymnasiums, der einzigen unverrückbaren Gemeinsamkeit im föderalen Schulstrukturdschungel, wurde in der Mehrzahl der alten Bundesländer für die Sekundarstufe I, ähnlich wie zuvor in den neuen Ländern, eine zweite schulische Hauptsäule errichtet, die an die Stelle der separaten Bildungsgänge der Haupt- und Realschule trat und als Schulart mit mehreren Bildungsgängen unter einem Dach den Weg zu unterschiedlichen Abschlüssen eröffnete. Das erfolgte indes nicht nach einem einheitlichen Muster, sondern von Land zu Land in unterschiedlichen Varianten und Namensgebungen. Die »Zweigliedrigkeit« galt als probate Kompromiss- und Friedensformel, auf welche sich die bis dahin in heftigen Grabenkämpfen verstrickten Befürworter und Gegner integrierter bzw. gegliederter Schulsysteme verständigen konnten. Eigenständige Hauptschulen gab es zwei Jahrzehnte nach der Wiedervereinigung nur noch in fünf Bundesländern (Stand: 2012). Freilich verbirgt sich hinter dem Begriff der Zweigliedrigkeit recht Unterschiedliches: Mal bestanden tatsächlich nur noch zwei Schulformen fort (z. B. in Sachsen und Hamburg), mal existierte daneben als weiteres Angebot eine integrierte Schulform (z. B. in Berlin oder Rheinland-Pfalz), mal wurde in der neuen zweiten Schulform in gemeinsamen Klassen gemeinsam unterrichtet (z. B. in Berlin und Hamburg), mal in Haupt- und Realschulklassen getrennt (z. B. in Sachsen und Sachsen-Anhalt).[165] Der Umbauprozess ist noch nicht abgeschlossen; der Trend jedoch weist in Richtung des Zwei-Säulen-Modells.

Europäisierung:
Der Bolognaprozess und der Wandel der Hochschulen

Die Transformation der Hochschullandschaft in den neuen Bundesländern wurde nicht als eine Gelegenheit verstanden, in einem großen Wurf zugleich auch die Reform der Hochschulen in der Bundesrepublik in Angriff zu nehmen. Der Ruf nach einer Reform an Haupt und Gliedern wurde in den neunziger Jahren jedoch immer lauter.[166] Der wichtigste Anstoß zu tiefgreifenden Veränderungen ging schließlich von der europäischen Ebene aus. 1998 erklärten die Bildungsminister von Frankreich, England, Deutschland und Italien die Schaffung eines euro-

---

164 Klaus Hurrelmann, Das Schulsystem in Deutschland: Das »Zwei-Wege-Modell« setzt sich durch, in: Zeitschrift für Pädagogik 69 (2013), S. 455–468; ders., Thesen zur Entwicklung des Bildungssystems in den nächsten 20 Jahren, in: Die Deutsche Schule 105 (2013), S. 305–321.
165 Klaus-Jürgen Tillmann, Das Sekundarschulsystem auf dem Weg in die Zweigliedrigkeit, in: Pädagogik 64.5 (2012) S. 8–12.
166 George Turner, Hochschule zwischen Vorstellung und Wirklichkeit. Zur Geschichte der Hochschulreform im letzten Drittel des 20. Jahrhunderts, Berlin 2001; ders., Von der Universität zur university. Sackgassen und Umwege der Hochschulpolitik seit 1945, Berlin 2013.

päischen Hochschulraums zum gemeinsamen Ziel; im Jahr darauf verpflichteten sich die Bildungsminister von 29 europäischen Staaten in Bologna, bis zum Jahr 2010 vergleichbare Studienabschlüsse in Europa zu schaffen. Das war der Auftakt zu dem sogenannten »Bologna-Prozess«, der in der Bundesrepublik zur Einführung eines Studiensystems nach angelsächsischem Vorbild führte, bestehend aus zwei gestuften berufsqualifizierenden Abschlüssen, einem drei- bis vierjährigen Bachelor- und einem anschließenden Master-Studiengang, samt neuartiger Akkreditierungsverfahren für die Studiengänge und einer grundlegend veränderten Studienorganisation (Modularisierung, credit points, studienbegleitende Prüfungen etc.). Wie etwa zur gleichen Zeit in der Schulpolitik weitete sich auch der Horizont der Hochschulpolitik, unter den Vorzeichen von Globalisierungs-, Standort- und Wettbewerbsdebatten, im internationalen Bezugsfeld beträchtlich aus.[167]

Die Einführung eines gestuften Studiums mit Kurz- und Langstudiengang war allerdings alles andere als eine neue Idee. Ähnliche Vorschläge waren seit langem schon wiederholt unterbreitet worden.[168] 1998 hatte eine Änderung des Hochschulrahmengesetzes bereits die Voraussetzung für die probeweise Einführung eines solchen Studiengangmodells geschaffen. Durch den Bologna-Prozess wurde nun in kurzer Zeit realisiert, wogegen sich die innneruniversitären Widerstände zuvor noch immer als zu stark erwiesen hatten. Den Hochschulpolitikern ging es dabei vor allem auch um die Verkürzung der Studienzeiten: Die deutschen Hochschulabsolventen, so wurde seit langem geklagt, benötigten zu viel Zeit, um ihr Studium abzuschließen, und sie traten im internationalen Vergleich erst in einem vorgerückten Alter in den Arbeitsmarkt ein. Mit dem Bologna-Prozess sollte aus Sicht seiner Verfechter endlich die Konsequenz daraus gezogen werden, dass die Hochschulen im Zuge der Bildungsexpansion längst zu einem Massenstudium übergegangen waren. Insofern diente das neue europäische Argument tatsächlich der Durchsetzung eines alten Lösungsmodells für ein noch älteres Problem.

Der Charakter des Studiums sollte sich durch die Bologna-Reformen auf grundlegende Weise verändern. Aber auch darüber hinaus befanden sich die deutschen Hochschulen seit den späten neunziger Jahren in einem tiefgreifenden Umbruch, einem Transformationsprozess, zu dem eine Vielzahl von Veränderungen beitrug, die hier nur angedeutet werden können.[169] Neu geregelt wurde etwa der Hochschulzugang, indem die Auswahl und Zulassung der Studienplatzbewerber nunmehr größtenteils in die Hände der Hochschule gelegt wurden, ebenso das Hochschulmanagement, indem die Präsidenten oder Rek-

---

167 Thomas Walter, Der Bologna-Prozess. Ein Wendepunkt europäischer Hochschulpolitik?, Wiesbaden 2006; Philipp Eckardt, Der Bologna-Prozess. Entstehung, Strukturen und Ziele der europäischen Hochschulreformpolitik, Norderstedt 2005, Johanna Witte, Die deutsche Umsetzung des Bologna-Prozesses, in: APuZ 48 (2006), S. 21–27.
168 Vgl. Bartz, Der Wissenschaftsrat, S. 81 ff. und 145 ff.; Turner, Hochschule, S. 129 ff.
169 Christine Burtscheidt, Humboldts falsche Erben. Eine Bilanz deutscher Hochschulreform, Frankfurt a. M. 2011.

toren gestärkt, die überkommenen Selbstverwaltungsgremien geschwächt und neue »Hochschulräte« mit externen Mitgliedern als Kontrollgremien geschaffen wurden. Der Bund wurde im Zuge der Föderalismusreform zu erheblichen Teilen aus der Hochschulbaufinanzierung und Hochschulgesetzgebung herausgedrängt und die Ressourcenverantwortung durch die partielle Einführung von Globalhaushalten gestärkt.[170] Schließlich wurde mit der 2005 von Bund und Ländern ausgerufenen Exzellenzinitiative ein staatlich regulierter Wettbewerb um den Status einer Eliteuniversität eröffnet, bei dem universitäre Spitzenforschung durch zusätzliche Finanzmittel gefördert und belohnt werden sollte. Autonomie, Wettbewerb und Differenzierung waren nun die neuen Leitsterne am Firmament der bundesdeutschen Hochschulpolitik.

Internationalisierung: PISA und die Folgen

Das mediale Aufsehen um den »PISA-Schock« zu Beginn des neuen Jahrtausends erinnerte an den Sputnik-Schock 1957 und an die Debatte über die »Bildungskatastrophe« Mitte der sechziger Jahre. In der vergleichenden Schülerleistungserhebung der OECD-Länder lag Deutschland in der Lesekompetenz auf Platz 21 (von 31 untersuchten Ländern) und im Bereich der Mathematik und der Naturwissenschaften im unteren Drittel.[171] Der Soziologe Wolf Lepenies kommentierte die PISA-Befunde in der »Süddeutschen Zeitung« ironisch: »Schade, dass es die DDR nicht mehr gibt. Im Schultest der OECD-Länder, der so genannten Pisa-Studie, hätte sie wohl besser abgeschnitten als die Bundesrepublik.«[172] Die Ergebnisse der PISA-Ergänzungsstudien zum innerdeutschen Ländervergleich, die ein beträchtliches Leistungsgefälle zwischen den Bundesländern und insbesondere zwischen dem Süden und dem Norden offenbarten, ließen Sachsen und Thüringen dabei unter den Bundesländern vergleichsweise gut dastehen, die übrigen Ostländer schnitten schlecht ab.[173] Neben dem geringen durchschnittlichen Kompetenzniveau der Schüler förderte die Pisa-Studie für die Bundesrepublik insgesamt vor allem die enge Koppelung zwischen sozialer Herkunft und Kompetenzerwerb zutage.[174]

Nachdem es um die Schulpolitik zwei Jahrzehnte eher still geworden war, katapultierte PISA die Bildungspolitik mit einem Mal ins Rampenlicht der Öffentlichkeit. In keinem anderen Teilnehmerland wirbelten die PISA-Ergebnisse so

---

170 Vgl. auch Gerd F. Hepp, Bildungspolitik in Deutschland. Eine Einführung, Wiesbaden 2011, S. 226–264.
171 Jürgen Baumert u.a., PISA 2000. Basiskompetenzen von Schülerinnen und Schülern im internationalen Vergleich, Opladen 2001.
172 Wolf Lepenies, Mittelmass in Europas Mitte, in: Süddeutsche Zeitung, 8./9.12.2001, S. 4.
173 Jürgen Baumert u.a. (Hg.), PISA 2000 – Die Länder der Bundesrepublik Deutschland im Vergleich, Opladen 2002.
174 Jürgen Baumert/Gundel Schümer, Familiäre Lebensverhältnisse, Bildungsbeteiligung und Kompetenzerwerb, in: Baumert (Hg.), PISA 2000, S. 323–407.

viel Staub auf wie in Deutschland.[175] Den Schulpolitikern der Länder wehte massive Kritik entgegen; die KMK sah sich unter Zugzwang gesetzt. Mit dem plötzlich neu erwachten Interesse an der Bildungspolitik öffnete sich damit zugleich auch ein Gelegenheitsfenster für Reformen. Die Kultusminister wussten diese Situation zu nutzen, und es war vor allem die KMK, die den dabei in Gang gesetzten Reformprozess moderierte und kanalisierte. PISA weckte ein starkes Interesse an der Frage, welche Faktoren des Schulsystems der »Siegerstaaten« des Ländervergleichs zu deren Erfolg beigetragen hatten. Das Bundesministerium für Bildung und Forschung (BMBF) gab entsprechende Untersuchungen in Auftrag.[176] Bildungsforscher und -politiker pilgerten in großer Schar in die skandinavischen Länder, insbesondere nach Finnland, dem viel bewunderten »PISA-Sieger«, um die Besonderheiten der dortigen Schulsysteme in Augenschein zu nehmen. Die vormals eher introspektive Blickrichtung der deutschen Bildungspolitik kehrte sich nach außen. Sehr schnell schälte sich so ein Katalog von Reformmaßnahmen heraus, dessen Umsetzung in den Bundesländern alsbald in Angriff genommen wurde.[177] Im Zentrum stand die Einführung bundesweiter »Bildungsstandards«. Von den Kultusministern verabschiedet, sollten die neuen Bildungsstandards verbindlich für alle Länder die Kompetenzen formulieren, welche die Schüler in einem Fach bis zum Ende einer Jahrgangsstufe erreicht haben sollten.[178] So wie nun das gesamte Schulsystem unter kontinuierliche Beobachtung und Evaluation gestellt wurde, sollte jeweils landesweit der Leistungsstand der einzelnen Schulen und Schüler durch an den »Bildungsstandards« orientierte Vergleichsarbeiten überprüft werden. Ein höheres Maß an Selbstständigkeit sollte zugleich die Eigeninitiative der Schulen stärken. »Qualitätssicherung« wurde zum neuen Leitbegriff der Schulpolitik; Bildungsstandards und Leistungsevaluation wurden als zwei Seiten einer Medaille verstanden.

Auch der Bund ergriff die Gelegenheit, um auf dem Gebiet der Schulpolitik, auf dem ihn die Länder an sich nur ungern größeren Aktivitätsdrang entfalten sahen, initiativ zu werden; die rot-grüne Bundesregierung stellte vier Milliarden Euro für die Neueinrichtung und den Ausbau der Ganztagsschule bereit. Hinzu traten weitere Reformmaßnahmen wie die Einführung des Zentralabiturs (außer in Rheinland-Pfalz), das in vier der fünf neuen Bundesländern, aber auch in Bayern, im Saarland und in Baden-Württemberg schon zuvor bestanden hatte,

---

175 Dennis Niemann, Deutschland – Im Zentrum des PISA-Sturms, in: Philipp Knodel u. a. (Hg.), Das PISA-Echo. Internationale Reaktionen auf die Bildungsstudie, Frankfurt a. M. 2010, S. 59–90.
176 Arbeitsgruppe Internationale Vergleichsstudie, Vertiefender Vergleich der Schulsysteme ausgewählter PISA-Teilnehmerstaaten. Hrsg. vom Bundesministerium für Bildung und Forschung, Berlin 2003.
177 Klaus-Jürgen Tillmann u. a., PISA als bildungspolitisches Ereignis. Fallstudien in vier Bundesländern, Wiesbaden 2008.
178 Hubert Ertl, Educational Standards and the Changing Discourse on Education. The Reception and Consequences of the PISA Study in Germany, in: Oxford Review of Education 32 (2006), S. 619–634.

und die Verkürzung der Gymnasialzeit auf acht Jahre. Im dem einen Fall ging es um die Vergleichbarkeit der Abschlüsse, hier wechselten nun auch die SPD-Länder aus dem Lager der Gegner in das der Befürworter. Im anderen Fall gehörten die Finanzminister zu den treibenden Kräften, die dadurch finanzielle Einsparungschancen nutzen wollten; beliebt war »G 8«, das nur noch achtjährige Gymnasium, im Westen allerdings nicht und wurde mancherorts entsprechend rasch wieder revidiert.[179] All das waren jedenfalls in kurzer Zeit deutlich mehr Veränderungen als in den beiden Jahrzehnten zuvor zusammen. Die nachfolgenden PISA-Erhebungen sahen die deutschen Schüler langsam auf höhere Rangplätze vorrücken, und auch die sozialen Disparitäten haben sich abgeschwächt.[180] Abgeblockt worden waren jedoch alle Versuche, im Lichte von PISA auch die Schulstrukturfrage neu aufzurollen; das – so wurde befürchtet – hätte nur die geschlossene Haltung der KMK aufgesprengt und alte Grabenkämpfe neu entfacht.

6. Bilanz

Die deutsch-deutsche Bildungsgeschichte nach 1945 war eine Geschichte zunehmender Entflechtung. Während im westlichen Deutschland in der Zeit nach 1945 die Grundkoordinaten des Weimarer Bildungssystems wiederhergestellt wurden, löste sich das Bildungswesen der SBZ/DDR zunehmend und auf einigen Gebieten sehr schnell aus dem geteilten Erbe. Dennoch blieb die deutsch-deutsche Bildungsgeschichte zugleich eine – wie asymmetrisch auch immer – verflochtene Geschichte, und dies auf sehr unterschiedlichen Ebenen: durch geteilte Restbestände in der Zusammensetzung des schulischen Kanons, durch die Flucht hochqualifizierter Arbeitskräfte in den Westen bis zum Mauerbau 1961 oder durch den Fortbestand eines Residuums an institutionellen Gemeinsamkeiten. Verflochten waren beide Bildungssysteme darüber hinaus durch wechselseitige Beobachtung wie auch gegenseitige Abgrenzung, und verflochten blieben sie durch systemübergreifend wirksame Herausforderungen, auf die beide Bildungssysteme in den folgenden Jahrzehnten eine jeweils systemspezifische Antwort geben mussten. Solche gemeinsamen Herausforderungen lagen etwa in der Frage nach der Gewährleistung gleicher Bildungschancen und der Bewältigung der erwarteten und unerwarteten Folgen der Bildungsexpansion oder auch in der Frage nach dem Spannungsverhältnis von Begabungsdifferenzierung und Einheitlichkeit, der Herausbildung einer zukünftigen Elite sowie der Koordination von Bildung und Arbeitsmarkt.

179 Rainer Bölling, Kleine Geschichte des Abiturs, Paderborn u. a. 2010, S. 119–131.
180 Eckhard Klieme/Nina Jude/Jürgen Baumert/Manfred Prenzel, PISA 2000–2009: Bilanz der Veränderungen im Schulsystem, in: Eckhard Klieme u. a. (Hg.), PISA 2009. Bilanz nach einem Jahrzehnt, Münster u. a. 2010, S. 277–300; Timo Ehmke/Nina Jude, Soziale Herkunft und Kompetenzerwerb, in: ebd., S. 231–253.

Politischen Stellenwert erlangte die deutsch-deutsche Vergleichs- und Konkurrenzkonstellation vor allem im Bildungsdiskurs der späten fünfziger und frühen sechziger Jahre, als im Rahmen des globalen und zugleich innerdeutschen Systemkonflikts das Wort vom »Bildungswettlauf«[181] zwischen Ost und West die Runde machte. Stärkere Impulse noch gingen jedoch, was jedenfalls den bundesdeutschen Bildungsboom der sechziger und frühen siebziger Jahre anbelangte, von dem Vergleich mit den Bildungssystemen der westlichen Industriestaaten aus; namentlich die von der OECD verbreiteten quantitativen Parameter der Bildungsexpansion erlangten hier, als wirtschaftliche Wachstumsfaktoren interpretiert, beträchtliches Gewicht.

In den siebziger Jahren gelangten beide deutsche Bildungssysteme auf jeweils spezifische Weise an einen Wendepunkt. In beiden Staaten büßte die Bildungspolitik einen Gutteil ihres gesellschaftspolitischen Reformelans ein. Das galt für das Bildungssystem der DDR, das ja gerade unter dem Gesichtspunkt der »Brechung des Bildungsmonopols« ein überlegenes Gegenmodell zum westdeutschen hatte liefern wollen, noch stärker als für das westliche. Hier wie dort wurde das Bildungswesen nicht mehr wie noch kurz zuvor als ein maßgeblicher Hebel gesellschaftlicher Veränderungen begriffen, immer weniger auch als Ort der Neu- und Umverteilung sozialer Chancen. In der DDR trat an die Stelle der Gegenprivilegierung von Arbeiter- und Bauernkindern die Selbstrekrutierung der sozialistischen Intelligenz. Während sich die Ausweitung der Bildungsbeteiligung in der Bundesrepublik immerhin fortsetzte, wurde die Bildungsexpansion in der DDR, nimmt man die Chancen zum Erwerb des Abiturs und zum Hochschulbesuch zum Maßstab, nunmehr scharf abgebremst; die DDR koppelte sich von der internationalen Entwicklung ein Stück weit ab. Deutlich zu erkennen war nun, dass beide Systeme unterschiedlichen Steuerungsrationalitäten folgten: im Osten der Unterordnung der individuellen Bildungschancen unter die ökonomische Planungsarithmetik des Beschäftigungssystems, im Westen dem Vorrang der gesellschaftlichen Nachfrage nach Bildung vor etwaigen Bedarfsprognosen, deren Koordination mit dem Beschäftigungssystem dann den Ausgleichs- und Anpassungsprozessen auf dem Arbeitsmarkt überlassen bleiben sollte. Bis zuletzt behielt die DDR allerdings einen Vorsprung bei der Bildungsbeteiligung der Frauen.

In beiden deutschen Staaten verschoben sich durch die veränderten wirtschaftlichen und demographischen Rahmendaten die Grundkoordinaten der Bildungspolitik; in beiden büßte die Bildungspolitik vor allem gegenüber der Sozialpolitik an Stellenwert ein.[182] Das Bildungswesen hatte unterdessen auch

---

181 Hermann Gross, Internationaler Wettbewerb in Wissenschaft und Bildungswesen zwischen West und Ost, Essen-Bredeney 1960; Leonhard Froese/Rudolf Haas/Oskar Anweiler, Bildungswettlauf zwischen West und Ost, Freiburg i. Br./Basel/Wien 1961; Hartmut Vogt, Bildung für die Zukunft. Entwicklungstendenzen im deutschen Bildungswesen in West und Ost, Göttingen 1967; vgl. auch Oskar Anweiler, Bildungswettstreit zwischen West und Ost – Schlagwort und Realität, in: Die Deutsche Schule 58 (1966), S. 721–729.
182 Vgl. Jessen, Massenausbildung, S. 271 f.

als Medium wechselseitiger Abgrenzung beträchtlich an Bedeutung verloren; die in den sechziger Jahren noch als Modernisierungsvorsprung wahrgenommenen Erfolge der expansiven DDR-Bildungspolitik verloren mit der anhaltenden Bildungsexpansion in der Bundesrepublik ihren Stachel. Wer im Westen, wo der partielle Reformkonsens in der Bildungspolitik der späteren sechziger Jahre durch heftige parteipolitische Glaubenskämpfe abgelöst wurde, für ein Gesamtschulsystem eintrat, war unter politischen Gesichtspunkten gut beraten, als internationale Referenz nicht auf die als ideologisch kontaminiert angesehene DDR-Einheitsschule zu verweisen, sondern auf die zahlreichen Modelle integrierter Schulsysteme, die inzwischen auch im Westen zur Verfügung standen. Die Aufmerksamkeit der Bildungsforschung und Bildungspolitik wandte sich jedoch mehr und mehr von den Schulstrukturen ab und den schulischen Mikroprozessen zu, etwa der Frage der Optimierung des Lernens. Insgesamt erwiesen sich die achtziger Jahre auf beiden Seiten der Mauer – im Kontrast zu den nachhaltigen Modernisierungsbemühungen einer Reihe angelsächsischer, nord- und westeuropäischer Staaten – als »eine Phase der Unbeweglichkeit und Auskühlung«.[183] Die bildungspolitische Windstille schloss jedoch nicht aus, dass beide Systeme, wenn auch bisweilen höchst ungleichgewichtig, neue Kenntnisse und Kompetenzen in den schulischen Bildungshorizont integrierten – so etwa auch die Umwelterziehung und die informationstechnische Bildung.

Der bildungspolitische Wettstreit fand 1989 mit der friedlichen Revolution in der DDR sein endgültiges Ende. Das ostdeutsche Bildungswesen lag am Boden und verfiel im öffentlichen Diskurs der *damnatio memoriae*. Jenseits des manchmal schmerzhaften Umbaus des DDR-Bildungswesens ist es den ostdeutschen Lehrern jedoch mehrheitlich gelungen, die biographische Zäsur mithilfe ihres Berufsethos zu überwinden.

Für die beiden Jahrzehnte nach der Wiedervereinigung lassen sich drei Transformationsprozesse von unterschiedlicher Tragweite und mit unterschiedlichen Richtungskoordinaten unterscheiden. Zunächst erfolgte ein radikaler Umbau des DDR-Bildungssystems nach westlichem Vorbild, bei gleichzeitiger Ausnutzung kulturföderalistischer Spielräume zur Entwicklung eigenständiger institutioneller Ordnungskonzepte. Dem Transformationsprozess im Osten folgten nach einem Jahrzehnt Ansätze eines Umbauprozesses auch in einer ganzen Reihe von westlichen Bundesländern, eine partielle Neuordnung der Schulstrukturen, bei der sich die Vorbildwirkung nun auch in einer Ost-West-Richtung umkehren konnte. Am deutlichsten war dies bei der Ausbreitung des schulischen Zwei-Säulen-Modells der Fall. Seit der Jahrtausendwende erlangte vor allem aber der europäische bzw. internationale Referenzrahmen gesteigerte Bedeutung. Der 1999 initiierte Bologna-Prozess, an dem die Bundesregierung von Anfang an aktiv mitgewirkt hat, hat zu weitreichenden strukturellen Verän-

---

183 Jürgen Baumert/Kai S. Cortina/Achim Leschinsky, Grundlegende Entwicklungen und Strukturprobleme im allgemeinbildenden Schulwesen, in: Cortina u. a., Das Bildungswesen, S. 52–147, hier S. 53.

derungen des Hochschulsystems geführt. In der Berufsbildungspolitik besitzt er ein Gegenstück im sog. »Kopenhagen-Prozess«, der angestrebten Errichtung eines europäischen Berufsbildungsraums. Der neue Stellenwert, den der internationale Bezugsrahmen der Bildungspolitik erlangte, fand seinen wohl markantesten Ausdruck im PISA-Schock und dessen Folgen, einem schulpolitischen Reformprogramm, das in hohem Maße auf einer Sichtung ausländischer Erfolgsmodelle beruhte. Bildungspolitik hing immer auch von demographischen Entwicklungen ab. Besonders in den ländlichen Bereichen und Teilen Ostdeutschlands dürfte das Sinken der Bevölkerung die Schulen weiter verändern, während in den Städten die wachsende soziale Vielfalt die Ausbildungsformen heterogener machen wird – von exklusiven Privatschulen über kirchliche Einrichtungen bis hin zu randständigen Hauptschulen.

Maren Möhring

Mobilität und Migration
in und zwischen Ost und West

Migration und Mobilität, aber auch der Wunsch danach haben entscheidend zu den einschneidenden politischen, sozialen und kulturellen Transformationen des letzten Drittels des 20. Jahrhunderts beigetragen. Die Forderung nach Reisefreiheit etwa stellte einen wichtigen Auslöser und Beschleuniger für den Umbruch in Osteuropa dar. Zugleich gehörten umfassende Migrationsbewegungen zu den in der Öffentlichkeit besonders stark wahrgenommenen Folgen des Umbruchs. Darüber hinaus sind die Wanderungsbewegungen zwischen Ost und West eine »Verflechtungsthematik par excellence«, wenn auch die Verflechtung stark asymmetrisch blieb.[1] Mein Beitrag verbindet deshalb die vielfältigen Mobilitätsformen, die Ost und West verbanden, aber auch trennten. Er thematisiert dabei zum einen die Wanderungsbewegungen zwischen Ost- und Westdeutschland und zum anderen die Migration aus anderen Ländern in die Bundesrepublik und die DDR bzw. ins wiedervereinigte Deutschland. Zudem kontextualisiert er beides mit anderen Formen der Mobilität, wie dem Reisen.[2] Wenngleich die Ausländerzahlen in Ostdeutschland bis heute gering blieben, ist darüber hinaus vergleichend nach dem Umgang mit nicht-deutschen (Arbeits-)MigrantInnen zu fragen und auf die nationalen Selbstverständigungsdebatten angesichts einer wachsenden Zahl Nicht-Deutscher einzugehen. Neben den sozioökonomischen Motiven und Effekten der Migrationsbewegungen sollen auch die kulturellen Auswirkungen, der Wandel der Gesellschaft sowie die Semantik in den Migrationsdebatten analysiert werden.

Nach Ende des Zweiten Weltkriegs stellte Nachkriegsdeutschland mit knapp sieben Millionen Displaced Persons und etwa 12 Millionen deutschen Flüchtlingen und Vertriebenen eine »Drehscheibe«[3] internationaler Migrationsströme dar. Während ein großer Teil der ehemaligen ZwangsarbeiterInnen und KZ-Häftlinge von Deutschland aus nach Großbritannien, in die USA oder Israel aus-

---

1 Detlev Brunner/Udo Grashoff/Andreas Kötzing, Asymmetrisch verflochten? Einleitung, in: dies. (Hg.), Asymmetrisch verflochten? Neue Forschungen zur gesamtdeutschen Nachkriegsgeschichte, Berlin 2013, S. 11–17, hier S. 15.
2 Ich konzentriere mich ausschließlich auf räumliche Mobilität; soziale Mobilität wird nicht eigens behandelt. Siehe dazu den Beitrag von Winfried Süß in diesem Band.
3 Johannes-Dieter Steinert, Drehscheibe Westdeutschland. Wanderungspolitik im Nachkriegsjahrzehnt, in: Klaus J. Bade (Hg.), Deutsche im Ausland – Fremde in Deutschland. Migration in Geschichte und Gegenwart, 2. Aufl., München 1992, S. 386–392.

wanderte, blieb das Gros der deutschen Flüchtlinge auf dem Territorium der späteren Bundesrepublik und DDR und stellte beide Staaten vor große Herausforderungen. Bis 1952 wanderten immerhin auch mehr als 180.000 Deutsche nach Frankreich und Großbritannien und bis 1961 insgesamt 780.000 Deutsche nach Übersee aus.[4] Unter denjenigen BewohnerInnen der SBZ/DDR, die Ostdeutschland bis zum Mauerbau gen Westen verließen, war ein überproportional großer Anteil an »Übersiedlern«, wie die deutschen Flüchtlinge und Umgesiedelten in der DDR genannt wurden. Von den ca. 4,3 Millionen Vertriebenen in der SBZ 1949 migrierten bis zum Mauerbau ca. 900.000 in die Bundesrepublik.[5] Die Migrations- und Fluchtbewegungen von Ost- nach Westdeutschland stellten ein dauerhaftes Konfliktfeld zwischen beiden Staaten dar und sind ein aussagekräftiges Beispiel für das zugleich gewaltförmige wie hilflose Reagieren der DDR-Führung auf eine zwar verbotene, aber dennoch anhaltende Praxis, die immer auch als Kritik am System verstanden wurde. Migration, auch in die umgekehrte Richtung, stellte in Zeiten des Kalten Krieges ein Politikum sondergleichen dar (Kapitel 2.1).

Auch der Tourismus und insbesondere die Reisefreiheit waren angesichts der Systemkonkurrenz ein politisch aufgeladenes Thema. Ost- wie Westdeutsche reisten und reisen nach wie vor ausgesprochen gerne. Waren die Deutschen mit Ausnahme der ersten Nachkriegsjahre, als die »ganze Gesellschaft ›in Bewegung‹« war,[6] bis in die 1990er Jahre hinein relativ immobil, was Arbeitsplatzwechsel oder anders motivierte Umzüge betrifft, so zeigten sie sich beim kurzfristigen Wechsel des Aufenthaltsortes sehr aktiv. Neben dem jeweiligen Inlands- und Auslandstourismus soll vor allem der touristische Austausch zwischen BRD und DDR, insbesondere in Form des Verwandtenbesuchs, thematisiert werden (Kapitel 2.2).

Wurde in der Bundesrepublik die mangelnde Mobilität der BundesbürgerInnen von Arbeitgeberseite immer wieder kritisiert, war eine andere Gruppe zunächst hoch mobil und flexibel: die ausländischen ArbeitsmigrantInnen.[7] Schon bevor mit dem Mauerbau der Zustrom ostdeutscher Arbeitskräfte in die Bundesrepublik zum Erliegen kam, hatte die Bundesregierung mit der Anwerbung ausländischer ArbeiterInnen begonnen, um die im Zuge des ökonomi-

---

4 Zum *resettlement* der DPs in Übersee siehe Angelika Eder, Displaced Persons/»Heimatlose Ausländer« als Arbeitskräfte in Westdeutschland, in: AfS 42 (2002), S. 1–17; Steinert, Drehscheibe, S. 386.
5 Helge Heidemeyer, Vertriebene als Sowjetflüchtlinge, in: Dirk Hoffmann/Marita Krauss/Michael Schwartz (Hg.), Vertriebene in Deutschland. Interdisziplinäre Ergebnisse und Forschungsperspektiven, München 2000, S. 237–249.
6 So Ulrich Herbert/Karin Hunn, Gastarbeiter und Gastarbeiterpolitik in der Bundesrepublik. Vom Beginn der offiziellen Anwerbung bis zum Anwerbestopp (1955–1973), in: Axel Schildt u. a. (Hg.), Dynamische Zeiten. Die 60er Jahre in den beiden deutschen Gesellschaften, Hamburg 2000, S. 273–310, hier S. 274.
7 Das sollte sich erst mit dem verstärkten Familiennachzug ändern; Herbert/Hunn, Gastarbeiter, S. 286, 293.

schen Aufschwungs sich beständig erhöhende Nachfrage nach Arbeitskräften zu decken. Zwar warb auch die DDR ausländische ArbeitnehmerInnen an; ihr Einfluss auf die ostdeutsche Gesellschaft und Kultur aber blieb sehr beschränkt. In vergleichender Perspektive lässt sich das westdeutsche »Gastarbeiter«-System und das ostdeutsche »Vertragsarbeiter«-System mit Blick auf wechselseitige Abgrenzungsversuche, aber auch auf Gemeinsamkeiten im Umgang mit Nicht-Deutschen untersuchen (Kapitel 2.3). Anschließend wird die ost- und westdeutsche Asylpolitik, die als Reaktion auf gemeinsame globale Herausforderungen gelesen werden kann, in komparativer Perspektive betrachtet (Kapitel 2.4).

Ausgeblendet bleiben zwei sehr spezifische Formen der (Arbeits-)Migration, nämlich zum einen das Auslandsstudium[8] und zum anderen die Stationierung ausländischer Truppen in Deutschland. Die Bedeutung, die die Anwesenheit ausländischer Studierender bzw. eigene Auslandserfahrungen für West- und Ostdeutsche hatten, und vor allem auch die Rolle, die russische bzw. französische, britische und US-amerikanische Soldaten und ihre Familien in der ost- und westdeutschen Gesellschaft spielten, soll damit nicht in Abrede gestellt werden. Immerhin rund zehn Millionen sowjetische Soldaten waren bis 1994 in Ostdeutschland stationiert,[9] und US-amerikanische GIs spielten eine nicht zu unterschätzende Rolle bei der Neuformulierung von (demokratischen) Männlichkeitskonzepten und damit letztlich auch für die Pluralisierung der Gesellschaft.[10] Aus migrationshistorischer Sicht sind die ausländischen Truppen auch insofern von großer Relevanz, als sie zu einer nicht zu vernachlässigenden Heiratsmigration beitrugen, im Zuge derer ca. 20.000 Frauen aus Deutschland in die USA und weitere knapp 10.000 nach Großbritannien zogen.[11]

Migrationshistorisch lassen sich die späten 1980er Jahre als Zäsur verstehen. Die durch die Umbrüche in der Sowjetunion ausgelösten neuen Wanderungsbewegungen stellen eine Form sehr direkter Konfrontation mit den Transformationen in Osteuropa dar. Neben der Ausreisewelle aus der DDR 1989 und der in den folgenden Jahren massiven Zuwanderung von Ostdeutschen in die westlichen Regionen des wiedervereinigten Deutschlands (Kapitel 3.1) sollen sowohl die Diskussionen um die AussiedlerInnen als auch die Asyldebatte der frü-

---

8 Zu seiner Verortung an der Grenze zwischen Migration und Tourismus siehe Whitney Walton, Study Abroad and Tourism: US American Students in France, 1945–1970, in: Comparativ 24/2 (2014), S. 52–66.
9 Die sowjetischen Soldaten mit ihren Familienangehörigen bildeten die größte Gruppe unter den in der DDR lebenden AusländerInnen. Siehe Silke Satjukow, Besatzer. »Die Russen« in Deutschland 1945–1994, Göttingen 2008.
10 Für Österreich: Ingrid Bauer, Die Ami-Braut – Platzhalterin für das Abgespaltene? Zur (De-)Konstruktion eines Stereotyps der österreichischen Nachkriegsgeschichte 1945–1955, in: L'Homme 7/1 (1996), S. 107–121.
11 Sylvia Hahn, Historische Migrationsforschung, Frankfurt a. M. 2012, S. 182 f. Hinzu kamen 323 deutsche Ehemänner weiblicher Angehöriger der US-Armee; Jan Philipp Sternberg, Auswanderungsland Bundesrepublik. Denkmuster und Debatten in Politik und Medien 1945–2010, Paderborn 2012, S. 163.

hen 1990er Jahre beleuchtet werden, die eine wichtige Rolle für die nationale Neuverortung in Zeiten des Umbruchs in Osteuropa sowie neuer globaler Herausforderungen gespielt haben und u. a. im Kontext einer zunehmenden Europäisierung der Migrationspolitik zu betrachten sind (Kapitel 3.2). Im Zuge der Wiedervereinigung fungierten die nicht-deutschen MigrantInnen, so die These, als Figuren des Dritten, über die sich die deutsch-deutsche Annäherung vollzog und eine neue deutsche Identität ausgehandelt wurde. Schon länger ansässige MigrantInnen erlebten die Zeit der Wiedervereinigung vielfach als Verunsicherung und Statusverlust; zunehmende Ausgrenzung bis hin zu den gewalttätigen Pogromen Anfang der 1990er Jahre haben das Verhältnis Deutscher und Nicht-Deutscher im vereinigten Deutschland neu justiert (Kapitel 3.3). In diesem Sinne versteht sich vorliegender Text auch als Beitrag zu einer zeithistorischen Analyse der Gleichzeitigkeit von Pluralisierung und Homogenisierung und gegenwärtiger Politiken der Differenz.

1. Migration und Mobilität: aktuelle Forschungsansätze

Die Migrationsforschung hat in den letzten Jahrzehnten einen massiven Schub erfahren, so dass heute eine Vielzahl an Theorien und empirischen Studien zur Erklärung von Migration vorliegen.[12] Seit den 1990er Jahren ist der auf Ein- und Auswanderung beschränkte und damit Migration als einmaligen Übergang zwischen eindeutig definierten Herkunfts- und Zielorten beschreibende Rahmen zunehmend zugunsten transnationaler Ansätze ersetzt worden.[13] Haben sich derartige Rekonzeptualisierungen als überaus produktiv für die Forschungen im Bereich internationaler Migration erwiesen, so muss die Migration zwischen Ost und West doch als besonderer Fall behandelt werden. Aufgrund des Ausreiseverbots bzw. der stark eingeschränkten Ausreisemöglichkeiten in Osteuropa erwies sich die Entscheidung zur Übersiedlung in den Westen für die MigrantInnen oft als endgültig; das Aufrechterhalten grenzüberschreitender Kontakte war erschwert, Besuche in der vormaligen Heimat nahezu unmöglich. Wir haben es im Falle Osteuropas nach 1945 also mit einem ganz eigenen Migrationsregime zu tun, das durch die strikten Ausreisebeschränkungen von den übrigen Migrationssystemen separiert war.[14] Transnationalität ist darüber hin-

---

12 Klaus J. Bade/Pieter C. Emmer/Leo Lucassen/Jochen Oltmer (Hg.), Enzyklopädie Migration in Europa. Vom 17. Jahrhundert bis zur Gegenwart, Paderborn et al. 2007. Für einen Überblick über verschiedene Ansätze der Migrationsforschung siehe Christiane Harzig/Dirk Hoerder, What Is Migration History?, Cambridge/Malden, MA, 2009.

13 Nina Glick-Schiller/Linda Basch/Cristina Blanc-Szanton, Transnationalismus. Ein neuer analytischer Rahmen zum Verständnis von Migration, in: Heinz Kleger (Hg.), Transnationale Staatsbürgerschaft, Frankfurt a. M./New York 1997, S. 81–107.

14 Eine Ausnahme bildete Jugoslawien, das als einziger sozialistischer Staat Arbeitsmigration in westliche Länder zuließ.

aus für die in diesem Beitrag untersuchten Migrationsbewegungen insofern ein problematischer Terminus, als die Flucht oder Ausreise von DDR-BürgerInnen in die Bundesrepublik zwar das Überschreiten einer Staatsgrenze implizierte, die Neuankömmlinge aber als zur deutschen Nation Zugehörige betrachtet und entsprechend sofort als deutsche StaatsbürgerInnen behandelt wurden. Auch die (Spät-)AussiedlerInnen aus Osteuropa galten als Deutschstämmige, so dass es sich zwar de facto um eine Wanderungsbewegung (z. B.) von Russland in die Bundesrepublik handelte, die zur Ausbildung neuer russisch-deutscher Identitäten führte. Sie bildet aber trotzdem einen Sonderfall transnationaler Migration, weil AussiedlerInnen nicht unter die Kategorie »AusländerInnen« fielen. Transnationalität kann also für diese Wanderungsbewegungen nicht vorausgesetzt, sondern muss als Problem bereits der zeitgenössischen Debatten über Zugehörigkeit behandelt werden.

Zwei andere aktuell diskutierte Ansätze der Migrationsforschung waren für den vorliegenden Beitrag leitend: *Erstens* ermöglicht ein Ansatz wie die »Autonomie der Migration«, der die staatliche Migrationspolitik nicht als zentralen Ausgangspunkt der Analyse wählt, sondern stattdessen diese (auch) als Antwort auf migrantische Praktiken versteht,[15] einen neuen Blick auf Migrationsbewegungen. Staatliches Handeln – wie das Abriegeln der Grenzen – lässt sich dann deutlicher auch als Reaktion auf die eigensinnige Praxis z. B. von DDR-BürgerInnen lesen, die sich gen Westen absetzten. Damit geraten die trotz massiver Hindernisse zu beobachtende »Beharrlichkeit der Migrationsbewegungen« und ihre Praktiken und Materialität in den Blick.[16] Sie zwingen zur permanenten Neumodellierung staatlicher Migrationspolitik[17] oder tragen gar zu seiner Auflösung bei, wie im Falle der massenhaften Ausreise/Flucht aus der DDR im Sommer 1989. Migrantische Praxis ist also als Movens der Geschichte zu konzeptualisieren.

Zweitens kann die Migrationsforschung von den *mobility studies* profitieren, die verschiedene Formen der Mobilität gemeinsam untersuchen.[18] Sie fragen beispielsweise nach den Übergängen und Verflechtungen zwischen Tourismus und Migration, erforschen das Reisen als übergreifende Praxis und stellen die scheinbar so klare Klassifizierung, die TouristInnen und MigrantInnen kategorisch trennt, in Frage.[19] Das bedeutet nicht, alle Formen von Mobilität gleichzusetzen, aber Kontinuitäten zwischen verschiedenen Arten von Mobilität in den Blick zu

---

15 Serhat Karakayalı/Tsianos Vassilis, Movements that Matter. Eine Einleitung, in: Transit Migration Forschungsgruppe (Hg.), Turbulente Ränder. Neue Perspektiven auf Migration an den Grenzen Europas, 2. Aufl., Bielefeld 2007, S. 7–17, hier S. 13.
16 Manuela Bojadžijev/Serhat Karakayalı, Autonomie der Migration. 10 Thesen zu einer Methode, in: Transit Migration Forschungsgruppe (Hg.), Turbulente Ränder, S. 203–209, hier S. 204, 209.
17 Ebd., S. 207 f.
18 John Urry, Mobilities and Social Theory, in: Bryan S. Turner (Hg.), The New Blackwell Companion to Social Theory, Malden, MA/Oxford 2009, S. 477–495.
19 Maren Möhring, Tourism and Migration: Interrelated Forms of Mobility, in: Comparativ 24/2 (2014), S. 116–123.

nehmen. So konnte bei einem Besuch bei Westverwandten der Entschluss gefasst werden, in der Bundesrepublik zu bleiben, so dass aus einer touristischen Reise eine dauerhafte Migration wurde. Ähnliche Übergänge bestanden bei nichtdeutschen ArbeitsmigrantInnen in der Bundesrepublik, die oftmals mit einem Touristenvisum einreisten, sich Arbeit suchten und dann als (häufig illegalisierte) MigrantInnen im Land blieben. Politisch-rechtliche Klassifizierungen, die zwischen Tourismus und Migration, aber auch zwischen Arbeitsmigration und Flucht, freiwilliger und erzwungener Mobilität[20] unterscheiden, müssen berücksichtigt, dürfen aber nicht unhinterfragt übernommen werden.

2. Migration und Mobilität in und zwischen Ost und West, 1950er bis 1980er Jahre

Der Verlust der ehemals deutschen Ostgebiete und die Neuaufteilung Deutschlands führten nach 1945 zu einer massiven (Binnen-)Migration über die neuen Grenzen. Während sich in der Bundesrepublik für die Millionen Menschen, die 1945 und in den Folgejahren ihre osteuropäischen Wohnorte verlassen mussten, die Benennung »(Heimat-)Vertriebene« durchsetzte, sprach man in der DDR von »Übersiedlern« und bereits ab 1950 von »ehemaligen Übersiedlern« und suggerierte damit, dass das Problem der Integration gelöst sei. Auch ihre Integration wurde auf je eigene Weise und in Abgrenzung voneinander betrieben. In der DDR sollten die »Neubürger« möglichst zügig über Arbeit und Wohnen integriert bzw. assimiliert werden. Während die DDR nur kurzzeitig sozialpolitische Unterstützung gewährte, aber dank der politisch bedingten Umstrukturierung der Gesellschaft bis in die 1960er Jahre größere soziale Aufstiegschancen bot, legte die Bundesrepublik im Rahmen des 1952 verabschiedeten Lastenausgleichsgesetzes umfangreiche Hilfsprogramme auf.[21] Diese führten jedoch nicht zwangsläufig zu einer »schnellen Integration«.[22] Im Laufe der 1970er Jahre war im Grunde nur die jüngere Vertriebenengeneration bezüglich Arbeitsplatz, Verdienst und Wohnraum »integriert« worden.[23] Wie bei anderen MigrantInnen auch

---

20 Für eine gemeinsame Untersuchung von Zwangsmigration und anderen Formen der Migration plädiert auch Rainer Ohliger, Menschenrechtsverletzung oder Migration? Zum historischen Ort von Flucht und Vertreibung der Deutschen nach 1945, in: Zeithistorische Forschungen/Studies in Contemporary History, Online-Ausgabe, 2.3 (2005), URL: http://www.zeithistorische-forschungen.de/site/40208471/default.aspx (27.2.2012).
21 Michael Schwartz, Vertreibung und Vergangenheitspolitik: ein Versuch über geteilte deutsche Nachkriegsidentitäten, in: Deutschland Archiv 30 (1997), S. 177–195, hier S. 195.
22 Paul Lüttinger, Der Mythos der schnellen Integration. Eine empirische Untersuchung zur Integration der Vertriebenen und Flüchtlinge in der Bundesrepublik Deutschland bis 1971, in: Zeitschrift für Soziologie 15 (1986), S. 20–36.
23 Michael Schwartz, Vertriebene im doppelten Deutschland. Integrations- und Erinnerungspolitik in der DDR und der Bundesrepublik, in: Vierteljahrshefte für Zeitgeschichte 56.1 (2008), S. 101–151, hier S. 122.

spielte das Alter der Zugezogenen eine zentrale Rolle im Hinblick auf die Möglichkeiten und Fähigkeiten, sich erfolgreich in einen neuen Kontext einzufinden.

Migrationsbewegungen zwischen Ost- und Westdeutschland

Viele der Flüchtlinge aus den ehemals deutschen Ostgebieten blieben nicht an ihrem Erstaufnahmeort, sondern zogen innerhalb der Bundesrepublik und der DDR (mehrfach) um. Sie stellten einen großen Teil derjenigen Menschen, die in den 1950er Jahren jährlich in sechsstelliger Zahl aus der DDR in die Bundesrepublik auswanderten; in umgekehrte Richtung waren Abwanderungen von Zehntausenden zu verzeichnen. Insgesamt verließen zwischen 1951 bis zum Mauerbau gut 2,6 Millionen Ostdeutsche die DDR; 550.000 wählten zwischen 1949 und 1989 die umgekehrte Richtung.[24] Diese Zuwanderungen waren anfangs keineswegs erwünscht. Die Bundesrepublik sah sich angesichts der Eingliederung der Flüchtlinge und Vertriebenen kaum in der Lage, weitere Menschen aufzunehmen, und die Angst vor kommunistischen AgentInnen grassierte. Zum anderen sollte verhindert werden, dass die DDR entvölkert würde bzw. nur noch regimefreundliche Menschen dort blieben und eine Wiedervereinigung damit immer unwahrscheinlicher würde.[25]

Aufgrund der Systemkonkurrenz schwenkte die Bundesrepublik 1952 auf eine zuwanderungsfreundliche Haltung um: Die Ablehnungsquote ostdeutscher MigrantInnen sank auf gut 21 Prozent.[26] Von nun an verstand die BRD die Auswanderung aus der DDR in den Westen Deutschlands als eine »Abstimmung mit den Füßen«[27] und nutzte die Zuwanderung explizit und unter großem medialen Einsatz als Bestätigung des eigenen politischen Systems. Die Bundesrepublik beanspruchte die alleinige Vertretung aller Deutschen – ein Anspruch, den sie mit der Fürsorge für die MigrantInnen aus der SBZ/DDR öffentlichkeitswirksam behauptete.[28] Zwar wurde im Rahmen des Notaufnahmeverfahrens weiter-

---

24 Jörg Roesler: »Rübermachen«. Politische Zwänge, ökonomisches Kalkül und verwandtschaftliche Bindungen als häufigste Motive der deutsch-deutschen Wanderungen zwischen 1953 und 1961, Berlin 2004, S. 9; Bernd Stöver, Zuflucht DDR. Spione und andere Übersiedler, München 2009, S. 9. Trotz der Schließung der innerdeutschen Grenze im Sommer 1952 war über Berlin nach wie vor eine Ausreise relativ einfach möglich.
25 Volker Ackermann, Der »echte« Flüchtling. Deutsche Vertriebene und Flüchtlinge aus der DDR 1945–1961, Osnabrück 2005, S. 282.
26 Die Zuwanderungskriterien wurden erweitert und umfassten nun auch die Familienzusammenführung sowie eine Zuwanderungsoption bei gesicherter Existenz (Roesler, »Rübermachen«, S. 16).
27 Zur Geschichte dieser Formulierung siehe Henrik Bispinck, »Republikflucht«. Flucht und Ausreise als Problem für die DDR-Führung, in: Dierk Hoffmann/Michael Schwartz/Hermann Wentker (Hg.), Vor dem Mauerbau. Politik und Gesellschaft in der DDR der fünfziger Jahre, München 2003, S. 285–309, hier S. 285.
28 So Helge Heidemeyer (Tagungsbericht: Flüchtlingslager im Nachkriegsdeutschland, URL: http://hsozkult.geschichte.hu-berlin.de/tagungsberichte/id=4900, 3.11.2014).

hin überprüft, ob jemand aufgrund einer »Gefahr für Leib und Leben oder die persönliche Freiheit« in den Westen gekommen war.[29] Die Aufspaltung in politische Flüchtlinge und solche, die vornehmlich aus sozioökonomischen Gründen in die Bundesrepublik kamen, ließ sich aber angesichts der Massenflucht 1952/53 nicht mehr aufrechterhalten; die Klassifizierung und die Zuordnungskriterien mussten daher (immer wieder) neu ausgehandelt werden. Nicht explizit politische Motive der ZuwandererInnen gewannen sukzessive an Legitimität bzw. wurden als politisch gewertet, konnten sie doch als Beweis für die Überlegenheit des westlichen Systems interpretiert werden.[30]

Die DDR-Führung hingegen nannte die Ost-West-Migration »Republikflucht« und betonte damit die mangelnde Loyalität der »Abtrünnigen«.[31] Mit dem »Republikfluchtgesetz« stand diese Wanderungsbewegung ab 1957 unter Strafe. Zudem wurde die Abwanderung nach Westen als Folge gezielter Abwerbungsversuche seitens westdeutscher Unternehmen verstanden. »Humankapital« stellte eine umkämpfte Ressource dar, wurde sie doch zunehmend als zentraler Faktor des wirtschaftlichen Aufschwungs verstanden. Da überproportional viele junge Menschen (und Kinder) gen Osten migrierten, konterte das *Neue Deutschland* 1956: »Jugend stimmt mit den Füßen ab«.[32] Die Bundesrepublik wiederum versuchte, nur die Ost-West-Wanderung als politisch motivierte Migration, die West-Ost-Wanderung hingegen als »normale« Binnenmigration darzustellen.[33]

Viele deutsche MigrantInnen – in beide Richtungen – handelten nicht oder kaum aus explizit politischen, sondern aus familiären Motiven oder suchten ein besseres Auskommen zu erlangen.[34] So befanden sich unter den West-Ost-MigrantInnen zwei Drittel bis zu 75 Prozent RückwandererInnen, die ihre mit der

---

29 Notaufnahmegesetz vom 22.8.1950, zit. nach Helge Heidemeyer, Das Notaufnahmeverfahren für die Zuwanderer aus der SBZ/DDR 1945/49–1961, in: Jochen Oltmer (Hg.), Migration steuern und verwalten. Deutschland vom späten 19. Jahrhundert bis zur Gegenwart, Göttingen 2003, S. 323–341, hier S. 323.
30 Helge Heidemeyer, Flucht und Zuwanderung aus der SBZ/DDR 1945/1949–1961. Die Flüchtlingspolitik der Bundesrepublik Deutschland bis zum Bau der Berliner Mauer, Düsseldorf 1994, S. 336.
31 Zur Nähe der Begriffe »Republikflucht« und »Fahnenflucht« siehe Bispinck, »Republikflucht«, S. 288.
32 Neues Deutschland v. 17.7.1956, zit. nach Jörg Roesler, »Abgehauen«. Innerdeutsche Wanderungen in den fünfziger und neunziger Jahren und deren Motive, in: Deutschland Archiv 4/2003, S. 562–574, hier S. 566.
33 Andrea Schmelz, Migration und Politik im geteilten Deutschland während des Kalten Krieges. Die West-Ost-Migration in die DDR in den 1950er und 1960er Jahren, Opladen 2002, S. 21; Heidemeyer, Flucht, S. 192.
34 Während Jörg Roesler v. a. die sozioökonomische Motivation hervorhebt, betont Bernd Eisenfeld die politische Dimension der Ost-West-Migration: Eisenfeld, Gründe und Motive von Flüchtlingen und Ausreiseantragstellern aus der DDR, in: Deutschland Archiv 1/2004, S. 89–105. Zu familiär bedingten Kettenmigrationen siehe Manfred Gehrmann, Die Überwindung des »Eisernen Vorhangs«. Die Abwanderung aus der DDR in die BRD und nach West-Berlin als innerdeutsches Migranten-Netzwerk, Berlin 2009.

Migration nach Westen verbundenen Ziele nicht erreicht hatten und (auch) aus diesem Grund zurückkehrten.[35] Unter ihnen befanden sich in zunehmendem Maße ungelernte ArbeiterInnen, die am Wirtschaftsaufschwung in der Bundesrepublik nicht hatten teilhaben können.[36] Eine gesicherte Existenz und die niedrigeren Lebenshaltungskosten in der DDR wurden besonders häufig als Gründe für die Remigration genannt.[37] Daneben aber gab es auch im engeren Sinne politische Gründe wie den offiziell proklamierten Antifaschismus, die Menschen veranlassten, in die DDR zu gehen.[38]

Wie in der Bundesrepublik durchliefen Zuwanderungswillige auch in der DDR eigens eingerichtete Aufnahmestellen, in denen sie geheimdienstlich nach ihren Motiven befragt wurden.[39] Trotz der nach der Abwanderungskrise 1952/53 verstärkt einsetzenden Werbung der SED für einen Zuzug bzw. eine Rückkehr nach Ostdeutschland legte die DDR die Einreisebestimmungen teils sehr eng aus und versuchte von ihr als Kriminelle oder »Asoziale« eingestufte Aufnahmesuchende vom Zuzug auszuschließen.[40] Sehr willkommen hingegen waren linke KünstlerInnen und Intellektuelle, die sich für die DDR entschieden.[41]

Die ZuwandererInnen, die sich in der DDR niederließen, hatten mit diversen Problemen zu kämpfen; ihnen wurde oft mit Argwohn begegnet. Aus Sicherheitsgründen wurden sie in vielen Betrieben nicht eingestellt und mussten vielfach eine nicht ihrer Qualifikation entsprechende Arbeit v. a. in Landwirtschaft, Baugewerbe oder Bergbau annehmen.[42] Auch auf dem Wohnungsmarkt wurden sie benachteiligt. Viele derjenigen BürgerInnen, die in den 50er Jahren von West nach Ost, aber auch von Ost nach West migrierten, fühlten sich im anderen Teil Deutschlands noch lange Zeit fremd – ein Zeichen für die frühzeitig ein-

---

35 Nur bei einem Drittel handelte es sich folglich um sog. Erstzuziehende. Fast die Hälfte der West-Ost-MigrantInnen verließ die DDR erneut (Schmelz, Migration, S. 14, 321).
36 Umgekehrt verließen überproportional viele FacharbeiterInnen die DDR (Roesler, »Rübermachen«, S. 29, 39).
37 Gerhard Neumeier, »Rückkehrer« in die DDR. Das Beispiel des Bezirks Suhl 1961 bis 1972, in: Vierteljahrshefte für Zeitgeschichte 58.1 (2010), S. 69–91, hier S. 89.
38 Stöver, Zuflucht. Doch auch die Flucht vor Strafverfolgung oder Schulden konnte eine Rolle spielen.
39 Zu Spionagetätigkeiten von DDR-Flüchtlingen in der DDR siehe Keith R. Allen, Befragung – Überprüfung – Kontrolle. Die Aufnahme von DDR-Flüchtlingen in West-Berlin bis 1961, Berlin 2013.
40 Zur Perzeption der ZuwandererInnen als »Agenten, Arbeitsbummelanten oder zumindest lästiger Zuwachs« siehe Schmelz, Migration, S. 290 ff.
41 Anna-Katharina Jung, »Das bessere Deutschland«. Motive westdeutscher Künstler zur Übersiedlung in die DDR, in: Klopfzeichen. Kunst und Kultur der 80er Jahre in Deutschland, Leipzig 1999, S. 145–159.
42 Tobias Wunschik, Migrationspolitische Hypertrophien: Aufnahme und Überwachung von Zuwanderern aus der Bundesrepublik Deutschland in der DDR, in: IMIS-Beiträge Heft 32/2007, S. 33–60, hier S. 39; Cornelia Röhlke, Entscheidung für den Osten. Die West-Ost-Migration, in: Bettina Effner/Helge Heidemeyer (Hg.), Flucht im geteilten Deutschland. Erinnerungsstätte Notaufnahmelager Marienfelde, Berlin 2005, S. 97–113, hier S. 103.

setzende Auseinanderentwicklung beider Staaten und das damit einhergehende Misstrauen.[43] Diese Entwicklung sollte sich in den 70er und 80er Jahren noch verschärfen.[44]

Mit dem Mauerbau im August 1961 wurde die Massenabwanderung aus der DDR, die das SED-Regime trotz Repression und bestimmter Zugeständnisse nicht hatte bremsen können, abrupt unterbrochen. Mit dem Mauerbau signalisierte die DDR-Führung, dass sie willens war, ein Grenz- und Migrationsregime der totalen Kontrolle durchzusetzen. Bei der Zuwanderung in den folgenden Jahren und Jahrzehnten handelte es sich nur mehr um genehmigte Ausreisen, um – seit der Biermann-Ausweisung 1976 stark zunehmende – Ausbürgerungen von DissidentInnen, um Freikäufe von politischen Häftlingen durch die Bundesregierung oder um Menschen, die die Gefahr einer Flucht über die Grenze auf sich genommen oder auf einer Reise in den Westen beschlossen hatten, nicht mehr in die DDR zurückzukehren (sog. Verbleiber). Auch die Zuwanderungszahlen von West nach Ost sanken rapide: Kamen 1962/63 immerhin noch rund 21.000 ZuwandererInnen in die DDR, waren es zwischen 1964 und 1975 nur noch gut 33.500 Personen.[45]

Hatte die DDR-Verfassung von 1949 noch das Recht auf Auswanderung garantiert, so wurde es in der zweiten Verfassung 1968 eliminiert. Eine Ausreise war nur noch in Form eines Antrages auf Entlassung aus der DDR-Staatsbürgerschaft möglich, der bei den örtlichen oder übergeordneten Behörden zu stellen war.[46] Ein Antrag auf Ausreise wurde mit Berufsverbot, Verhaftung, Ausgrenzung der Kinder und anderen Diskriminierungen beantwortet.[47] Insofern es – anders als bei vielen anderen Formen der Migration – keine Option auf Rückkehr gab, mussten sich die AntragstellerInnen ihrer Sache ganz sicher sein.

Die genannten Formen stark reglementierter Ost-West-Migration wurden von Seiten der DDR-Führung und in (zähen) Verhandlungen mit der Bundesrepublik entwickelt und ausgestaltet. Doch wirkten neben den MigrantInnen auch andere AkteurInnen mit. So griff fast die Hälfte der sog. Sperrbrecher auf die Unterstützung westlicher FluchthelferInnen zurück, die im SED-Jargon als »staatsfeind-

---

43 Andrea Schmelz, West-Ost-Migranten im geteilten Deutschland der fünfziger und sechziger Jahre, in: Jan Motte/Rainer Ohliger/Anne von Oswald (Hg.), 50 Jahre Bundesrepublik – 50 Jahre Einwanderung. Nachkriegsgeschichte als Migrationsgeschichte, Frankfurt a. M./New York 1999, S. 88–108, hier S. 91, 105.
44 Christine Brecht, Integration in der Bundesrepublik: Der schwierige Neuanfang, in: Effner/Heidemeyer (Hg.), Flucht, S. 83–95, hier S. 95.
45 Wunschik, Migrationspolitische Hypertrophien, S. 33.
46 Melanie List, Ahnungslose Bürger? Die Ausreiseantragsteller aus den Bezirken Dresden und Rostock in den 1980er Jahren. Zwischenergebnisse eines Forschungsprojektes und ein Zeitzeugenaufruf, in: Zeitgeschichte regional. Mitteilungen aus Mecklenburg-Vorpommern 17/1 (2013), S. 60–67, hier S. 60.
47 Zu den Beeinträchtigungen der sozialen Beziehungen der AusreiseantragstellerInnen siehe Renate Hürtgen, Ausreise per Antrag. Der lange Weg nach drüben: Eine Studie über Herrschaft und Alltag in der DDR-Provinz, Göttingen 2014.

liche Menschenhändlerbanden« firmierten.[48] Seit 1963 kaufte die BRD jährlich zwischen 500 und 1.500 politische Häftlinge frei, für die sie bis zu 200.000 DM pro Kopf zahlte (bei »gravierenden Fällen«); die übliche Fallpauschale lag bei (gut) 40.000 DM und ab 1977 dann regulär bei knapp 96.000 DM.[49] Insgesamt wurden zwischen 1963 und 1989 mehr als 33.000 politische Häftlinge freigekauft, und auch für die Ausreise von über 200.000 Personen zahlte die Bundesregierung. Die gesamte Summe belief sich auf ca. 3,4 Milliarden DM.[50] Unter den politischen Häftlingen war ein hoher Prozentsatz an Menschen, die vergeblich versucht hatten, die DDR-Grenze zu überwinden. Zwischen Mauerbau und Wiedervereinigung misslangen ca. 75.000 Fluchtversuche, wobei von etwa 1.000 Todesopfern an der Grenze auszugehen ist. Ca. 57.000 Menschen wurden nach einem missglückten, teils auch nur angedachten Fluchtversuch inhaftiert, was fast zwei Dritteln aller politischen Häftlinge in der DDR zwischen 1965 und 1988 entspricht.[51]

Mit Unterzeichnung der KSZE-Schlussakte von Helsinki 1975 geriet die ostdeutsche Abschottungspolitik mit ihrer Verweigerung der Ausreise immer mehr unter Rechtfertigungsdruck. Ostdeutsche BürgerInnen nutzten dieses Dokument, um ihre Ausreise zu erwirken, und obgleich die DDR-Regierung die Schlussakte als eine »Kann- und keine Mußbestimmung« interpretierte, konnte sie sich insbesondere den Beschlüssen zur Familienzusammenführung kaum mehr entziehen.[52] Mit der *Verordnung zur Regelung von Fragen der Familienzusammenführung und der Eheschließung zwischen Bürgern der Deutschen Demokratischen Republik und Ausländern* von 1983 wurde erstmals die offizielle Möglichkeit der Antragstellung auf Familienzusammenführung geschaffen. 1984 wurden 32.000 Ausreiseanträge genehmigt.[53] Die Zahl der Anträge aber nahm weiter zu und überschritt 1987 die Schallgrenze von 100.000.[54] Nicht zuletzt die sowjetische Reformpolitik unter Gorbatschow ermutigte viele DDR-BürgerInnen, auch jenseits von Familienzusammenführungen ihr Recht auf persönliche Freiheit geltend zu machen.[55] Betrachtet man die für eine Ausreise vorgebrachten

---

48 Marion Detjen, Permanente Existenzbedrohung: Abwanderung, Flucht, Ausreise, in: Klaus-Dietmar Henke (Hg.), Revolution und Vereinigung 1989/90. Als in Deutschland die Realität die Phantasie überholte, München 2009, S. 67–80, hier S. 72.
49 Jan Philipp Wölbern, Der Häftlingsfreikauf aus der DDR 1962/63–1989. Zwischen Menschenhandel und humanitären Aktionen, Göttingen 2014, S. 295, 302.
50 Detjen, Existenzbedrohung, S. 73; Elke-Ursel Hammer (Bearb.), »Besondere Bemühungen« der Bundesregierung, Bd. 1: 1962 bis 1969. Häftlingsfreikauf, Familienzusammenführung, Agentenaustausch, München 2012.
51 Eisenfeld, Gründe, S. 93.
52 Anja Hanisch, Die DDR im KSZE-Prozess 1972–1985. Zwischen Ostabhängigkeit, Westabgrenzung und Ausreisebewegung, München 2012, S. 147 f.
53 Helge Heidemeyer, Deutsche Flüchtlinge und Zuwanderer aus der Sowjetischen Besatzungszone bzw. der DDR in den westlichen Besatzungszonen bzw. in der Bundesrepublik Deutschland, in: Bade u. a. (Hg.), Enzyklopädie Migration, S. 485–488, hier S. 485.
54 1985 stellten 53.000, 1986 bereits 78.000 und 1987 dann 105.000 DDR-BürgerInnen einen Ausreiseantrag (Hanisch, DDR, S. 374).
55 So Detjen, Existenzbedrohung, S. 73.

Gründe, so spielten spätestens ab Mitte der 1980er Jahre die fehlenden Reisemöglichkeiten eine zentrale Rolle.[56]

Besuchsreisen und Tourismus Ost/West

Reisefreiheit bestand für DDR-BürgerInnen nur innerhalb der DDR. Ab 1954 konnten mit einem Visum auch die anderen sozialistischen Staaten Osteuropas besucht werden, mit Ausnahme Jugoslawiens und Albaniens.[57] Diese beschränkte Reisefreiheit wurde intensiv genutzt. Waren die Westdeutschen bis vor kurzem »Reiseweltmeister«, so lassen sich die Ostdeutschen als »›Reiseweltmeister‹ des Ostens« beschreiben.[58] Beide Länder wiesen eine etwa gleiche und im internationalen Vergleich sehr hohe Reiseintensität auf.

Seit den 1970er Jahren nahm nicht nur die Zahl der Reisen an sich, sondern auch die Zahl der Auslandsreisen in Ost- wie Westdeutschland deutlich zu. Zwischen 1975 und 1989 vermittelte das »Reisebüro der DDR« pro Jahr mehr als eine Million Auslandsreisen.[59] Auch im Westen, wo die Schwelle zum Massentourismus ebenfalls im Laufe der 60er Jahre überschritten wurde[60], lagen seit den späten 60er Jahren nicht-deutsche Reiseziele vorn. Außereuropäische Ziele, die bei den Bundesdeutschen seit den 80er Jahren immer beliebter wurden, waren nur für sehr wenige DDR-BürgerInnen erschwinglich.[61] Reisen ins westliche Ausland standen – wie auch in anderen sozialistischen Staaten[62] – nur einer sehr kleinen, für politisch zuverlässig erachteten Elite offen.

Dem Tourismus von DDR-BürgerInnen in die sozialistischen Nachbarländer kam eine besondere Rolle zu. Hier konnten sie ihre in die Bundesrepublik über-

---

56 In Dresden wurden ab 1985 Ausreiseanträge am häufigsten mit der mangelnden Reisefreiheit begründet (List, Ahnungslose Bürger?, S. 64).
57 Ohne Visum und Einladung konnten DDR-BürgerInnen ab 1967 (mit Unterbrechungen) in die Tschechoslowakei, zwischen 1972 und 1980 auch nach Polen reisen.
58 Rüdiger Hachtmann, Tourismusgeschichte – ein Mauerblümchen mit Zukunft! Ein Forschungsüberblick, in: H-Soz-Kult, 06.10.2011, URL: http://www.hsozkult.de/literature review/id/forschungsberichte-1119, 3.11.2014, S. 28.
59 Rüdiger Hachtmann, Tourismus-Geschichte, Göttingen 2007, S. 149.
60 Für die DDR: Christopher Görlich: Urlaub vom Staat. Tourismus in der DDR, Wien/Köln/Weimar 2012, S. 260; für die BRD: Axel Schildt, »Die kostbarsten Wochen des Jahres«. Urlaubstourismus der Westdeutschen (1945–1970), in: Hasso Spode (Hg.), Goldstrand und Teutonengrill. Kultur- und Sozialgeschichte des Tourismus in Deutschland 1945 bis 1989, Berlin 1996, S. 69–85.
61 Gerlinde Irmscher, Alltägliche Fremde. Auslandsreisen in der DDR, in: Spode (Hg.), Goldstrand, S. 51–67, hier S. 57.
62 Zu den zwischen 1.000 und 8.000 Westreisen von SowjetbürgerInnen pro Jahr, bei denen es trotz aller Kontrollversuche zu teils intensiven Westkontakten kam, siehe Benedikt Tondera, Der sowjetische Tourismus in den Westen unter Nikita Chruščev 1955–1964, in: Zeitschrift für Geschichtswissenschaft 61.1 (2013), S. 43–64. Ost- und westdeutsche BesucherInnen in der UdSSR wurden strikt voneinander getrennt.

gewechselten Verwandten und Bekannten treffen.[63] Das sozialistische Ausland war damit gleichsam ein dritter Ort für verwehrte Kontakte. Geht man mit Hall und Williams davon aus, dass »return travel« in die alte Heimat ein integrales Element von Migrationsbewegungen darstellt[64], lässt sich die Bedeutung solcher Ersatzorte bei mangelnder Reisefreiheit ermessen, die Migration und Tourismus verbanden. Beide Formen der Mobilität haben sich auch insofern auf symptomatische Art und Weise verschränkt, als ein »Verbleiben« im Westen für Reisende aus den Ostblockstaaten eine mögliche Form des Reiseabschlusses darstellte.

Zum offiziellen Reiseverkehr zwischen Ost- und Westdeutschland gehörten organisierte Reisen zum Zwecke deutsch-deutscher Jugendbegegnung[65] sowie zum Austausch auf wissenschaftlichem, kulturellem oder sportlichem Gebiet. 1982 reisten 11.000 Jugendliche aus der BRD in die DDR, 1984 waren es bereits 36.500. Einen Großteil der Reisen aber machten Verwandtenbesuche aus. Sie stellten ein andauerndes Verhandlungsthema sowie eine zentrale Praxis deutsch-deutscher Interaktion dar.

1963 wurde das erste Passierscheinabkommen geschlossen, das es West-BerlinerInnen erstmals nach dem Mauerbau erlaubte, Familienangehörige im Ostteil der Stadt zu besuchen. Für Reisen in die DDR führte die SED 1964 den Mindestumtausch für BundesbürgerInnen ein; ab 1968 war ein gebührenpflichtiges Visum für Reisen nach West-Berlin erforderlich. Anträge auf Urlaubsreisen waren selten erfolgreich. Genehmigungen wurden erteilt, wenn Verwandte in der DDR eine Einladung schickten oder die Reise zur Leipziger Messe gehen sollte. Im Zuge des Berliner »Viermächteabkommens« 1971 arbeiteten die beiden deutschen Staaten dann ein Transitabkommen aus, das den ungehinderten Güter- und Personenverkehr regeln sollte und u. a. zum Bau der Transitstrecke Hamburg-Berlin führte. Dieses größte deutsch-deutsche Infrastrukturprojekt, das der »Anbahnung beziehungsweise Abschottung – je nach Perspektive« diente und in jedem Fall einen sehr spezifischen deutsch-deutschen Erfahrungsraum schuf, wurde 1982 dem Verkehr übergeben und verhalf der DDR qua pauschaler Transitgebühren zu dringend benötigten Devisen.[66] Mit dem Grundlagenvertrag von 1972 wurden Besuchserleichterungen beschlossen: Nahe Verwandte konnten nun bei dringenden Familienangelegenheiten in die Bundesrepublik einreisen, auch wenn sie noch im arbeitsfähigen Alter waren – RentnerInnen (und damit eine Gruppe, deren potentiellen Verlust die DDR glaubte verschmerzen zu können) war ein solcher Verwandtenbesuch bereits seit 1964 gestattet. Im Rah-

---

63 Brecht, Integration, S. 93.
64 C. Michael Hall/Allan M. Williams, Tourism and Migration. New Relationships between Production and Consumption, Dordrecht/Boston/London 2002, S. 32.
65 Norbert Ropers: Tourismus zwischen West und Ost: Ein Beitrag zum Frieden? Frankfurt a. M. 1986, S. 80, Tab. 2.5.
66 Sylvia Necker, Die A 24 zwischen Hamburg und Berlin in den deutsch-deutschen Beziehungen der 1980er Jahre, in: Brunner/Grashoff/Kötzing (Hg.), Asymmetrisch verflochten?, S. 183–194, hier S. 185, 189 und 194. Trotz Verbots verabredeten sich Ost- und Westdeutsche auf den Parkplätzen (ebd., S. 193).

men des sog. kleinen Grenzverkehrs konnten BundesbürgerInnen, die in Grenznähe lebten, für 30 Tage pro Jahr in ebenfalls grenznahe Gebiete der DDR reisen. Im Zuge der 1983 gewährten Milliardenkredite durch die Bundesregierung willigte die DDR schließlich in weitere Besuchserleichterungen ein, die u. a. die Ermäßigung des Mindestumtauschs bzw. seinen Wegfall für Jugendliche sowie eine weniger schikanöse Grenzabfertigung einschlossen. Ab 1984 konnten zudem RentnerInnen nicht nur zu Verwandten, sondern auch zu FreundInnen und Bekannten in die Bundesrepublik reisen. Einige der ostdeutschen RentnerInnen nutzten die Option, sich in der BRD einen bundesdeutschen Pass ausstellen zu lassen, mit dem sie dann weiter in andere Länder reisten – eine von der DDR-Führung streng untersagte Form des Tourismus.[67]

Aufgrund der gewährten Reiseerleichterungen stiegen die Besucherzahlen deutlich an. Waren 1962 ca. 600.000 BundesbürgerInnen in die DDR gereist, waren es 1970 1,25 Millionen und 1980 dann bereits 3,5 Millionen.[68] In umgekehrter Richtung nahmen die Zahlen von gut einer Million im Jahre 1970 auf 1,4 Millionen 1979 und 1,6 Millionen 1985 zu. Auch über Deutschland hinaus hat sich die Reiseintensität in und zwischen West und Ost seit den 60er Jahren deutlich erhöht. 1960 stammte von den gut zwei Millionen Einreisenden in RGW-Länder eine halbe Million aus westlichen Ländern. 1980 stellten die WesttouristInnen zwar immer noch lediglich ein knappes Viertel der Reisenden; ihre Zahl aber war auf 17 Millionen gestiegen (bei insgesamt gut 72 Millionen Einreisen). Der Ost-West-Reiseverkehr umfasste 1970 2,4 Millionen Personen (von denen der Besuchsverkehr von der DDR in die BRD also einen großen Teil ausmachte); 1980 waren es bereits knapp sieben Millionen, die aus RGW-Ländern in den Westen fuhren.[69] Dabei hat die Veralltäglichung des Tourismus, die systemstabilisierend wirken sollte, den Wunsch nach Reisefreiheit befördert – und damit letztlich zum Niedergang insbesondere der DDR beigetragen.

Reisen in sozialistische Länder waren für BundesbürgerInnen u. a. wegen der eigenen hohen Kaufkraft attraktiv. Das galt auch für andere Auslandsreiseziele, vor allem in Südeuropa. Ein enger Konnex von Migration und Tourismus besteht im Falle der Bundesrepublik auch dahingehend, dass die beliebtesten Reiseziele der Westdeutschen mit den hauptsächlichen Herkunftsländern der »Gastarbeiter« übereinstimmten. So unterschiedlich Migration und Tourismus hinsichtlich ihrer Dauer und den ihnen zugrunde liegenden Motivationen sein mögen, implizieren beide Mobilitätsformen doch einen Transfer von Menschen, Produkten und Bildern und stellen neue Verflechtungen her – während des Kalten Krieges vor allem innerhalb des Ostblocks respektive zwischen Nordwesteuropa und Südeuropa.

---

67 Heike Wolter, »Ich harre aus im Land und geh, ihm fremd«. Die Geschichte des Tourismus in der DDR, Frankfurt a. M. 2009, S. 179.
68 Ropers, Tourismus, S. 196, Tab. 4.1. Nicht eingerechnet sind die jährlich gut eine Million Tagesaufenthalte von BundesbürgerInnen in Ost-Berlin.
69 Ebd., S. 29, Tab. 1.4.; S. 17, Tab. 1.2.; S. 18, Tab. 1.3.

Ausländische Arbeitsmigration in die Bundesrepublik und die DDR

Bis zum Zweiten Weltkrieg waren Ost- und Westeuropa durch unterschiedliche Formen der Arbeitsmigration auf vielfältige Weise miteinander verwoben.[70] Italienische Arbeiter suchten nördlich der Alpen nach Arbeit (»Transalpini«[71]), und zahlreiche polnische LandarbeiterInnen wanderten in die östlichen Provinzen Preußens, um dort auf einem Gutshof eine Anstellung zu finden.[72] Viele Arbeitskräfte aus Polen und Masuren zog es ins Ruhrgebiet, wo sie als sog. Ruhrpolen bereits um 1900 einen signifikanten Teil der dortigen Bevölkerung stellten.[73] Mit den Wanderungsabkommen, die Frankreich mit Italien und Polen 1919 abschloss, begann sich im Laufe der 1920er Jahre ein System zwischenstaatlicher Vereinbarungen zu entwickeln, das für die Arbeitskräfteanwerbung in Westeuropa nach dem Zweiten Weltkrieg – das sog. »Gastarbeiter«-System – wegweisend sein sollte und zu engen Verflechtungen der europäischen Anwerbe- und Entsendeländer führte.[74] Osteuropa bildete nach 1945 ein eigenständiges Migrationsregime aus, das aber ebenfalls auf den in einigen RGW-Staaten seit den späten 1950er Jahren zu spürenden Arbeitskräftemangel mit der Anwerbung ausländischer Arbeitskräfte reagierte. Diese wurden allerdings ausschließlich aus anderen osteuropäischen Ländern oder sozialistisch regierten bzw. orientierten außereuropäischen Staaten rekrutiert.

Bereits in den frühen 1950er Jahren prognostizierten bundesdeutsche Arbeitsmarktexperten einen Arbeitskräftemangel in bestimmten Branchen. Die Bundesregierung begann, ihre Auswanderungspolitik immer restriktiver zu handhaben und die Anwerbung ausländischer Arbeitskräfte anzubahnen. 1955 wurde ein erstes bilaterales Abkommen mit Italien geschlossen, das für die übrigen Anwerbeabkommen Vorbildcharakter haben sollte.[75] 1960 folgten die Abkommen mit

---

70 Für eine Problematisierung des Begriffs »Arbeitsmigration« siehe Thomas Geisen, Migration als Vergesellschaftungsprozess. Zur Konstruktion von Arbeitsmigration als Sonderfall, in: ders. (Hg.), Arbeitsmigration. WanderarbeiterInnen auf dem Weltmarkt für Arbeitskraft, Frankfurt a. M./London 2005, S. 19–35, der zu Recht darauf hinweist, dass in modernen Gesellschaften fast jede Form der Migration (mit Ausnahme derer von Kindern und Alten) eine Arbeitsmigration ist.
71 René del Fabbro, Transalpini. Italienische Arbeitswanderung nach Süddeutschland im Kaiserreich 1870–1918, Osnabrück 1996.
72 Ulrich Herbert, Geschichte der Ausländerpolitik. Saisonarbeiter, Zwangsarbeiter, Gastarbeiter, Flüchtlinge, München 2001, Kap. I.1.
73 Christoph Kleßmann, Polnische Bergarbeiter im Ruhrgebiet 1870–1945. Soziale Integration und nationale Subkultur einer Minderheit in der deutschen Industriegesellschaft, Göttingen 1978.
74 Christoph Rass, Institutionalisierungsprozesse auf einem internationalen Arbeitsmarkt: Bilaterale Wanderungsverträge in Europa zwischen 1919 und 1974, Paderborn 2010.
75 Das Abkommen orientierte sich an dem 1938 vereinbarten Arbeitskräfteaustausch zwischen dem nationalsozialistischen Deutschland und dem faschistischen Italien (Roberto Sala, Vom »Fremdarbeiter« zum »Gastarbeiter«. Die Anwerbung italienischer Arbeitskräfte für die deutsche Wirtschaft (1938–1973), in: Vierteljahrshefte für Zeitgeschichte 50 (2007), S. 93–120.

Spanien und Griechenland, 1964 mit Portugal. Die Anwerbevereinbarung mit der Türkei 1961 war der erste Vertrag mit einem größtenteils außerhalb des europäischen Kontinents liegenden Staat und unterschied sich insofern von den übrigen Verträgen, als die Rekrutierung auf zwei Jahre befristet sein sollte und ein Familiennachzug ausgeschlossen wurde. Nicht als offizieller Vertrag, sondern lediglich als Notenwechsel formuliert, sollte die Vereinbarung (andere) außereuropäische Länder nicht dazu verleiten, sich ebenfalls um die Entsendung von Arbeitskräften in die BRD zu bemühen.[76] Zwar schloss die Bundesrepublik 1963 ein Abkommen mit Marokko und 1965 eines mit Tunesien; aber auch in diesen Vereinbarungen war die Möglichkeit des Familiennachzugs ausgeschlossen, so dass man von »Anwerbeabkommen erster und zweiter Klasse« sprechen kann.[77]

Trotz eines Frauenanteils von ca. einem Drittel war in der Öffentlichkeit das Bild des männlichen »Gastarbeiters« bestimmend.[78] Die Bezeichnung »Gastarbeiter« löste den in den ersten Jahren der Anwerbung durchaus noch verwendeten, aber durch die NS-Zwangsarbeit diskreditierten Begriff des »Fremdarbeiters« ab, wurde aber bereits zeitgenössisch kritisiert und beispielsweise von Seiten der Gewerkschaften durch die Bezeichnung »ausländischer Arbeitnehmer« ersetzt.[79] »Gastarbeit« brachte zum Ausdruck, was zunächst das Kalkül der Anwerbepolitik gewesen war, nämlich Arbeitskräfte für kurze Zeit in die BRD zu holen, bei sinkendem Bedarf aber wieder nach Hause zu schicken. Mit dem Versiegen der Zuwanderung aus der DDR wurden sie nach dem Mauerbau in immer höherer Zahl angeworben. Anfang der 70er Jahre wurde dieses auf bilateralen Verträgen basierende Migrationsregime nicht nur in der Bundesrepublik, sondern auch in allen anderen nord- und westeuropäischen Anwerbeländern beendet. Die entscheidende Bedeutung der Ölkrise 1973 für diesen abrupten Anwerbestopp wird in der Forschung mittlerweile angezweifelt; sie war nicht mehr als ein »letzter Anlaß«.[80] Bereits in den späten 1960er Jahren war deutlich geworden, dass sich die zeitlich befristet angelegte Arbeitsmigration in eine faktische Einwanderung zu verwandeln begann. Das führte zu intensiven Debatten über Integration bzw.

---

76 Herbert/Hunn, Gastarbeiter, S. 283.
77 Mathilde Jamin, Die deutsch-türkische Anwerbevereinbarung von 1961 und 1964, in: dies./Aytaç Eryılmaz (Hg.), Fremde Heimat/Yaban, Silan olur. Eine Geschichte der Einwanderung aus der Türkei. Katalog zur Ausstellung, 15.2.–2.8.1998, im Ruhrlandmuseum, Essen 1998, S. 69–83, hier S. 75. 1964 wurden die türkischen ArbeitsmigrantInnen auf Druck der türkischen Regierung denen aus Griechenland und Spanien gleichgestellt.
78 Monika Mattes, Migration und Geschlecht in der Bundesrepublik Deutschland. Ein historischer Rückblick auf die »Gastarbeiterinnen« der 1960/70er Jahre, in: Zeitgeschichte-online, Januar 2010, URL: http://www.zeitgeschichte-online.de/thema/migration-und-geschlecht-der-bundesrepublik-deutschland.
79 Der WDR hatte Anfang der 70er Jahre eine Umfrage gestartet, deren Ziel es war, eine »schönere« Bezeichnung für »Gastarbeiter« zu finden. Die eingereichten Vorschläge reichten von »Konjunkturschwalbe« über »Pioniere Europas« bis hin zu »Gaskammermaterial«; Horst Kammrad, »Gast«-Arbeiter-Report, München 1971, S. 7f.
80 Klaus J. Bade, Europa in Bewegung. Migration vom späten 18. Jh. bis zur Gegenwart, München 2002, S. 319.

Assimilation, die von den Anwerbeländern nur dann als umsetzbar betrachtet wurde, wenn eine weitere Zuwanderung verhindert würde.[81] Das dem Anwerbestopp zugrunde liegende Ziel, den Zuzug von Nicht-EWG-AusländerInnen zu beenden, sollte sich jedoch nicht erfüllen. Gerade weil der Anwerbestopp die Aussicht auf eine abermalige Einreise in die BRD zunichtemachte, beförderte er das Verbleiben bereits im Land ansässiger MigrantInnen und führte darüber hinaus zu einem ausgedehnten Familiennachzug. Allein die italienischen ArbeiterInnen konnten aufgrund ihrer Zugehörigkeit zur Europäischen Gemeinschaft Freizügigkeit beanspruchen.

Das westliche Modell der »Gastarbeit« wurde in der DDR scharf kritisiert und als Beispiel kapitalistisch-imperialistischer Ausbeutung und Zeugnis des nationalsozialistischen Erbes in der Bundesrepublik angeführt.[82] Nichtsdestotrotz begann die DDR Anfang der 60er Jahre, sich angesichts des Arbeitskräftemangels im eigenen Land ebenfalls um ausländische ArbeiterInnen zu bemühen. Bereits 1957 hatten die Sowjetunion und die Tschechoslowakei bulgarische Arbeitskräfte ins Land geholt, und ab Mitte der 60er Jahre wurde verstärkt über eine Umverteilung von ArbeiterInnen aus sozialistischen Staaten mit Arbeitskräfteüberschuss in solche mit Arbeitskräftebedarf nachgedacht.[83] Die DDR schloss 1963 mit Polen einen sog. Qualifizierungsvertrag ab, dem 1966 ein Pendlerabkommen folgte, in dessen Rahmen Arbeitskräfte aus den polnischen Grenzgebieten täglich in die DDR kamen, um in der verarbeitenden Industrie oder im Gastgewerbe tätig zu sein.[84] 1967 folgte ein Abkommen mit Ungarn, das eine »Beschäftigung bei gleichzeitiger Qualifizierung« vorsah, darin Modellcharakter hatte und ungarische ArbeiterInnen für drei Jahre in die DDR bringen sollte. In den 70er Jahren arbeiteten durchschnittlich ca. 10.000 UngarInnen in der DDR.[85] Qualifizierung und »Internationale Solidarität« waren die Schlagworte, mit denen die DDR ihre bilateralen Verträge legitimierte.[86] Von Arbeitskräftemangel und -transfer war offiziell nicht die Rede, und die Verträge wurden geheim gehalten.

---

81 Zur europäischen Dimension dieser Debatte siehe Marcel Berlinghoff, Der europäisierte Anwerbestopp, in: Jochen Oltmer/Axel Kreienbrink/Carlos Sanz Díaz (Hg.), Das »Gastarbeiter«-System. Arbeitsmigration und ihre Folgen in der Bundesrepublik Deutschland und Westeuropa, München 2012, S. 149–164.

82 Konstantin Pritzel, Gastarbeiter in der DDR, in: Deutschland Archiv 1/1 (1970), S. 92–96, hier S. 93.

83 Ebd., S. 92, 94.

84 Rita Röhr, Hoffnung – Hilfe – Heuchelei. Geschichte des Einsatzes polnischer Arbeitskräfte in Betrieben des DDR-Grenzbezirks Frankfurt/Oder 1966–1991, Berlin 2001.

85 Sandra Gruner-Domić, Beschäftigung statt Ausbildung. Ausländische Arbeiter und Arbeiterinnen in der DDR (1961 bis 1989), in: Motte/Ohliger/Oswald (Hg.), 50 Jahre Bundesrepublik, S. 215–240, hier S. 218; Dirk Jasper, Ausländerbeschäftigung in der DDR, in: Marianne Krüger-Potratz (Hg.), Anderssein gab es nicht. Ausländer und Minderheiten in der DDR, Münster/New York 1991, S. 151–189, hier S. 157.

86 Die Bundesregierung sprach von Qualifizierung als »Entwicklungshilfe für die südeuropäischen Länder« (Herbert/Hunn, Gastarbeiter, S. 287). Die Ausbildung ungelernter ArbeiterInnen erhofften sich auch die Entsendeländer: Axel Kreienbrink, Aus-

Bis Mitte der 70er Jahre rekrutierte die DDR vornehmlich ArbeiterInnen aus anderen europäischen RGW-Staaten. Da die Nachbarn zunehmend Ansprüche an die DDR stellten, kamen ab Mitte der 70er Jahre außereuropäische sozialistische bzw. blockfreie Länder als Vertragspartner hinzu, deren entsandte Arbeitskräfte ebenfalls nur mittelfristig im Land bleiben sollten. Mit Algerien schloss die DDR 1974 ein Abkommen, das allerdings mit dem Verbot der Auslandsbeschäftigung durch die algerische Regierung in den 1980er Jahren endete.[87] 1978 folgte ein Abkommen mit Kuba,[88] 1979 mit Mosambik. Angesichts der sich verschlechternden ökonomischen Situation und der wachsenden Abhängigkeit von ausländischen Arbeitskräften zur Aufrechterhaltung der Produktion fand ab den 1980er Jahren ein »Massenimport« von Arbeitskräften statt, der die Zahl der ArbeitsmigrantInnen auf ca. 94.000 im Jahre 1989 ansteigen ließ.[89] Ein Großteil dieser Arbeitskräfte kam aus Vietnam, mit dem bereits seit 1973 Verträge zur (Schul-)Ausbildung existierten und seit 1976 ein Abkommen bestand, das Qualifizierung allein im Produktionsprozess vorsah. Ab 1980 wurden dann erstmals auch (Fach-)ArbeiterInnen bis zu einem Alter von 50 Jahren angeworben.[90] Vietnam gehörte im sozialistischen Block zu den großen Arbeitskräfteexporteuren. VietnamesInnen stellten 1989 das Gros der ausländischen ArbeiterInnen in der DDR, i. e. 59.000 von knapp 94.000.[91] 1982 und 1984 folgten noch Abkommen mit der Mongolei und Angola und 1986 mit China und Nordkorea. Die ursprünglich vorgebrachte Begründung, Ausbildungs- bzw. Entwicklungshilfe zu leisten, wurde spätestens in den 1980er Jahren zur Makulatur.

Im Vergleich zur Bundesrepublik setzte die Arbeitsmigration in die DDR deutlich später ein – zu einem Zeitpunkt, als die Anwerbestopps das sog. »Gastarbeiter«-System in Westeuropa bereits beendet hatten. Auch quantitativ unterschieden sich die Arbeitsmigrationsbewegungen erheblich: Während in der BRD

wanderungslenkung und »asistencia al emigrante«: das Instituto Espanol de Emigración im franquistischen Spanien, in: Oltmer/ders./Sanz Díaz (Hg.), »Gastarbeiter«-System, S. 103–117.
87 Gruner-Domić, Beschäftigung, S. 219f. Siehe auch Almut Riedel: »Hatten och Chancen ehrlich«. Erfahrungen algerischer Arbeitsmigranten in der DDR, Opladen 1994.
88 1989 waren ca. 10.000 Kubaner v. a. im Fahrzeugbau tätig (Jasper, Ausländerbeschäftigung, S. 162). Siehe auch Sandra Gruner-Domić, Kubanische Arbeitsmigration in die DDR 1978–1989: das Arbeitskräfteabkommen Kuba-DDR und dessen Realisierung, Berlin 1997.
89 Mirjam Schulz, Migrationspolitik in der DDR. Bilaterale Anwerbungsverträge von Vertragsarbeitnehmern, in: Kim Priemel (Hg.), Transit/Transfer. Politik und Praxis der Einwanderung in der DDR 1945–1990, Berlin 2011, S. 143–168, hier S. 147.
90 Gruner-Domić, Beschäftigung, S. 221.
91 Vietnam ging außer mit der DDR Anfang der 80er Jahre Verträge mit der UdSSR, Bulgarien und der Tschechoslowakei ein; 1988/89 waren ca. 200.000 VietnamesInnen in diesen Ländern beschäftigt. Mit 0,65% war ihr Anteil an der Bevölkerung in der DDR am höchsten. Vgl. Klaus Fritsche: Vietnamesische Gastarbeiter in den europäischen RGW-Ländern, in: Berichte des Bundesinstituts für ostwissenschaftliche und internationale Studien 6/1991, S 1f.

1973 etwa 2,6 Millionen AusländerInnen arbeiteten, waren es in der DDR 1970 12.200, 1980 dann 26.000, 1986 61.000 und 1989 schließlich knapp 94.000.[92] Der Ausländeranteil in der DDR betrug damit Ende 1989 1,1 Prozent gegenüber 7,7 Prozent in der BRD.[93]

Trotz aller Verlautbarungen, dass der Einsatz ausländischer Arbeitskräfte in der DDR nichts mit der Anwerbepolitik im Westen zu tun habe, lassen sich diverse Parallelen feststellen. In beiden Ländern stellte die Arbeitskräfterekrutierung einen letztlich einseitigen Transfer in ein Land mit einer stärker entwickelten Industrie dar, der auf der Basis bilateraler Verträge zwischen zwar in Blöcke eingebundenen, aber nichtsdestotrotz selbstständigen Nationalstaaten erfolgte. Ähnlich waren auch die Interessen der Entsendeländer, die neben der Reduktion ihrer Arbeitslosenzahlen darauf hofften, über Lohntransfers ihre Schulden abzubauen oder Devisenquellen zu erschließen.[94] In Ost wie West wurden die ArbeitsmigrantInnen v. a. für relativ schlecht bezahlte, oft gesundheitsgefährdende und physisch belastende Arbeitsplätze, vielfach im Schichtsystem, angeworben, die von den deutschen Arbeitskräften gemieden wurden, wie der Fahrzeugbau, die Chemische Industrie oder die Gastronomie. Auf ein ähnliches Problem fanden also beide Staaten eine ähnliche Antwort; in beiden Fällen lässt sich mit einer gewissen Berechtigung von einer Unterschichtung qua ausländischer Arbeitsmigration sprechen.[95] Doch spielten außenpolitische und außenwirtschaftliche Überlegungen ebenfalls eine Rolle; so dienten die bilateralen Verträge auch dazu, den westeuropäischen Integrationsprozess und analog die Integration des RGW-Raumes zu befördern.[96]

In Ost wie West erhielten die MigrantInnen zunächst nur eine Arbeitserlaubnis für einen bestimmten Betrieb, waren den deutschen ArbeiterInnen tarif- und sozialrechtlich aber ansonsten weitgehend gleichgestellt. Westdeutscher Wohlfahrtsstaat wie ostdeutsche »Fürsorgediktatur« prägten die Migrationspolitik in dieser Hinsicht maßgeblich. Während die MigrantInnen in der DDR am zugewiesenen Arbeitsplatz bleiben mussten und kein Kündigungsrecht besaßen[97], versuchten viele ArbeiterInnen in der Bundesrepublik, auf eigene Faust einen

---

92 Gruner-Domić, Beschäftigung, S. 224.
93 Eva-Maria Elsner/Lothar Elsner, Ausländerpolitik und Ausländerfeindschaft in der DDR (1949–1990), Leipzig 1994, S. 13. Sowjetische Armeeangehörige und DiplomatInnen sind nicht mit eingerechnet.
94 Im Unterschied zur BRD war die DDR selbst stark daran interessiert, dass große Teile des Lohns in die Herkunftsländer transferiert wurden. Die migrantische Kaufkraft sollte verringert werden, um die Nachfrage nach Konsumgütern nicht noch weiter zu verschärfen (Gruner-Domić, Beschäftigung, S. 229).
95 Herbert/Hunn, Gastarbeiter, S. 301, die hier für die BRD eine Kontinuität vom Kaiserreich bis in die Gegenwart ausmachen.
96 Jasper, Ausländerbeschäftigung, S. 152; Herbert/Hunn, Gastarbeiter, S. 287.
97 Christiane Mende, Migration in die DDR. Über staatliche Pläne, migrantische Kämpfe und den real-existierenden Rassismus, in: Duygu Gürsel/Zülfukar Çetin & Allmende e. V. (Hg.), Wer MACHT Demo_kratie? Kritische Beiträge zu Migration und Machtverhältnissen, Münster 2013, S. 151–164, hier S. 157.

besseren Arbeitsplatz zu finden. Proteste gegen die teils schlechten Arbeits- und Wohnbedingungen gab es in Ost und West. In der DDR etwa fanden Mitte der 70er Jahre – trotz Streikverbots – mehrere Streiks algerischer Arbeiter statt; zeitgleich machten der vor allem von türkischen Arbeitern getragene Ford-Streik in Köln und die Arbeitsniederlegung migrantischer und deutscher Frauen in Pierburg-Neuss Schlagzeilen.[98] Bundesregierung wie DDR-Führung reagierten auf diese Streiks auf sehr ähnliche Weise: Die vermeintlichen RädelsführerInnen wurden ausfindig gemacht und in ihre Herkunftsländer zurückgeschickt.[99]

Eine weitere Gemeinsamkeit beider Arbeitsmigrationsregime bestand darin, dass die ausländischen Arbeitskräfte nach ihrer Anreise, die vom westdeutschen Arbeitgeber bzw. vom ostdeutschen Staat gezahlt wurde, in von den Betrieben eingerichteten Wohnheimen untergebracht wurden, in denen ihnen pro Kopf eine bestimmte Quadratmeterzahl zustand; in der Bundesrepublik 10 qm für bis zu sechs Personen in einem Zimmer, in der DDR mindestens 5 qm bei einer Belegung von maximal vier Personen. In den Wohnheimen unterstanden sie Wohnheimordnungen, die u. a. recht rigide Besuchskontrollen beinhalteten. In Ost wie West aber fanden die BewohnerInnen Wege, Einlasskontrollen und das Verbot auswärtigen Übernachtens zu umgehen. Auch wenn das Leben im Wohnheim ein überwachtes war, bot es vielen MigrantInnen doch auch einen Ort freundschaftlicher Kontakte, der gerade in der DDR, in die Gründung von migrantischen Vereinen nicht erlaubt war, von nicht zu unterschätzender Bedeutung war. Freie Religionsausübung war den AusländerInnen in der DDR nicht gestattet und auch eine migrantische Presse konnte sich nicht entwickeln. In der Bundesrepublik begannen MigrantInnen relativ schnell und verstärkt dann im Zuge der Familienzusammenführung, eigenständig Wohnungen anzumieten (was in der DDR nicht möglich war), aber hatten auf dem Wohnungsmarkt häufig mit Diskriminierung zu kämpfen. Auch der Besuch von Diskotheken oder Gaststätten wurde MigrantInnen oft verwehrt – in Ost und West.[100] Rassistische Bilder vom »hitzköpfigen, messerstechenden Südländer« oder vom »kulturlosen« Osteuropäer respektive Afrikaner »aus dem Busch«[101] blieben in beiden deutschen Staaten virulent und deuten auf die Wirkmächtigkeit kolonialer, aber auch na-

---

98 Vgl. Manuela Bojadžijev, Die windige Internationale. Rassismus und Kämpfe der Migration, Münster 2008.
99 Gruner-Domić, Beschäftigung, S. 229.
100 Annegret Schüle, »Proletarischer Internationalismus« oder »ökonomischer Vorteil für die DDR«? Mosambikanische, angolanische und vietnamesische Arbeitskräfte im VEB Leipziger Baumwollspinnerei (1980–1989), in: AfS 42 (2002), S. 191–210, hier S. 205; Maren Möhring, Fremdes Essen. Die Geschichte der ausländischen Gastronomie in der Bundesrepublik Deutschland, München 2012, S. 80.
101 Annegret Schüle, »Die ham se sozusagen aus dem Busch geholt.« Die Wahrnehmung der Vertragsarbeitskräfte aus Schwarzafrika und Vietnam durch Deutsche im VEB Leipziger Baumwollspinnerei, in: Jan Behrends/Thomas Lindenberger/Patrice Poutrus (Hg.), Fremde und Fremd-Sein in der DDR. Zu den historischen Ursachen der Fremdenfeindlichkeit in Ostdeutschland, Berlin 2003, S. 309–324, hier S. 317.

tionalsozialistischer Traditionen und rassistischer Exklusionsmechanismen hin. Wenngleich in der DDR – anders als in der Bundesrepublik – Rassismus einen Straftatbestand darstellte, kam es auch in Ostdeutschland zu tätlichen Übergriffen auf MigrantInnen, verstärkt seit den 1980er Jahren, die ein Erstarken rechtsextremer Gruppen in Ost und West mit sich brachten. In der Presse allerdings blieb der internationalistische, freundlich-paternalistische Ton bis zum Ende der DDR bestimmend, und Konflikte wurden tabuisiert.[102] Im Westen hingegen wurde Migration spätestens seit den 1970er Jahren in hitzigen Debatten vorrangig als ein Problem behandelt.

Trotz der aufgezeigten Parallelen unterschied sich die Situation der ArbeitsmigrantInnen in Ost und West aber in vielerlei Hinsicht deutlich voneinander. Die Anwerbung in die DDR erfolgte stets kollektiv, und die eingereisten Gruppen blieben oft während ihres gesamten Aufenthalts zusammen. Eine individuelle oder namentliche Anwerbung, wie sie von westdeutschen Unternehmen (auch) praktiziert wurde, und damit die individuelle Einreise mit vorher beim deutschen Konsulat beantragter Arbeitserlaubnis (sog. 2. Weg) oder aber mit Touristenvisum (sog. 3. Weg) und nachfolgender Arbeitssuche (und nachträglicher Legalisierung) gab es in der DDR nicht. Diese inoffizielle(re)n Wege der Einreise wurden in der Bundesrepublik durchaus bewusst offen gehalten, um unabhängig vom Entsendeland zu bleiben und Anwerbekosten zu sparen.[103] Die Freiheit der MigrantInnen bei der Entscheidung zur Migration sowie bei der Ausgestaltung des Aufenthalts war in der DDR also deutlich eingeschränkter als in der BRD, zumal die ausländischen MigrantInnen vom MfS überwacht wurden.[104] Die Isolation in den Wohnheimen, die oft am Stadtrand lagen, verhinderte einen intensiveren Kontakt zur DDR-Bevölkerung.[105] Zudem setzte die

102 Jessika Haack, Ausländer in der DDR im Spiegel der überregionalen DDR-Tagespresse. Eine Analyse der Berichterstattung von den Anfängen der DDR bis zur Wiedervereinigung, in: Priemel (Hg.), Transit/Transfer, S. 247–271; Jan C. Behrends/Dennis Kuck/Patrice G. Poutrus, Thesenpapier: Historische Ursachen der Fremdenfeindlichkeit in den Neuen Bundesländern, in: Behrends/Lindenberger/Poutrus (Hg.), Fremde, S. 327–333, hier S. 332.

103 Carlos Sanz Díaz, Umstrittene Wege. Die irreguläre Migration spanischer Arbeitnehmer in die Bundesrepublik Deutschland, in: Oltmer/Kreienbrink/ders. (Hg.), »Gastarbeiter«-System, S. 119–132.

104 Michael Feige, Vietnamesische Studenten und Arbeiter in der DDR und ihre Beobachtung durch das MfS, Magdeburg 1999. Die politischen Aktivitäten der ausländischen ArbeiterInnen wurden aber auch in der BRD sehr genau beobachtet, befürchtete man doch kommunistische Unterwanderung (Yvonne Rieker, »Südländer«, »Ostagenten« oder »Westeuropäer«? Die Politik der Bundesregierung und das Bild italienischer »Gastarbeiter«, in: AfS 40 (2000), S. 231–259). Ebenso suchten die Entsendeländer, allen voran das franquistische Spanien und Griechenland während der Militärdiktatur, die MigrantInnen zu überwachen.

105 Almuth Berger, Vertragsarbeiter: Arbeiter der Freundschaft? Die Verhandlungen in Maputo 1990, in: Matthias Voß (Hg.), Wir haben Spuren hinterlassen! Die DDR in Mosambik. Erlebnisse, Erfahrungen und Erkenntnisse aus drei Jahrzehnten, Münster 2005, S. 512–528, hier S. 520.

DDR das Rotationsprinzip konsequent um; Familiennachzug war nicht vorgesehen. Verlängerungen des Aufenthalts auf bis zu zehn Jahre wurden erst im Laufe der 1980er Jahre möglich, implizierten aber keineswegs ein dauerhaftes Bleiberecht.[106] Lediglich mit DDR-BürgerInnen verheiratete AusländerInnen konnten ihren ständigen Wohnsitz in der DDR einnehmen. Binationale Eheschließungen aber bedurften der staatlichen Genehmigung und waren nicht erwünscht. Zudem wurden Arbeitsmigrantinnen, die schwanger wurden, nach Hause geschickt.[107] Allerdings machte die DDR-Führung einen klaren Unterschied zwischen Frauen aus Mosambik oder Vietnam und z. B. Polinnen, für die diese diskriminierenden Regelungen nicht galten.[108] Für die DDR lässt sich demnach ebenfalls von einem Zwei-Klassen-System bei der Beschäftigung von AusländerInnen sprechen. Die Zugehörigkeit zu Europa spielte auch hier eine maßgebliche Rolle und definierte die Verhandlungsposition der Entsendeländer (mit).

Auch wenn Ost- und Westdeutschland sich gleichermaßen nicht als Einwanderungsländer verstanden, war die Bundesrepublik aufgrund sozialrechtlicher und humanitärer Verpflichtungen gezwungen, einen Familiennachzug zuzulassen und eine Verfestigung des Aufenthaltsstatus nicht grundsätzlich auszuschließen. Deshalb und aufgrund der signifikant höheren Arbeitsmigration nach Westdeutschland hat sich die Bundesrepublik im Laufe der 1970er Jahre zu einem De-facto-Einwanderungsland entwickelt, in dem migrantisch geprägte Stadtviertel mit ihren Geschäften, Lokalen und Moscheen deutlich machten, dass die vermeintlich nur kurzfristig im Land lebenden ArbeitsmigrantInnen vor Ort bleiben und die bundesdeutsche Gesellschaft nachhaltig verändern würden. Eine auch nur annähernd vergleichbare Transformation des städtischen Raumes, der Gesellschaft und eine Pluralisierung qua Migration hat in der DDR nicht stattgefunden.

Flüchtlings- und Asylpolitik in der Bundesrepublik und der DDR

Hatte der Erste Weltkrieg die Flüchtlingsfrage auf die internationale politische Bühne gebracht, so führten Nationalsozialismus und Zweiter Weltkrieg zur Festschreibung des Asylrechts im Rahmen der UN-Menschenrechtskonvention von 1948. In Westdeutschland bewirkten die Erfahrungen der politisch und »rassisch« Verfolgten zwischen 1933 und 1945 die Festschreibung eines im internationalen Vergleich sehr liberalen Asylrechts im Grundgesetz.[109] Asyl wurde

---

106 Mende, Migration, S. 156.
107 Oder zur Abtreibung gedrängt: Berger, Vertragsarbeiter, S. 520.
108 Rita Röhr, Ideologie, Planwirtschaft und Akzeptanz. Die Beschäftigung polnischer Arbeitskräfte in Betrieben des Bezirkes Frankfurt/Oder, in: Behrends/Lindenberger/Poutrus (Hg.), Fremde, S. 283–307, hier S. 305.
109 Zur Entstehungsgeschichte siehe Hans-Peter Schneider, Das Asylrecht zwischen Generosität und Xenophobie. Zur Entstehung des Artikels 16 Absatz 2 Satz 2 Grundgesetz im Parlamentarischen Rat, in: Jahrbuch für Antisemitismusforschung 1 (1992), S. 217–236, hier S. 219.

in der Bundesrepublik nicht nur, wie in anderen westeuropäischen Ländern, auf Grundlage der Genfer Flüchtlingskonvention, sondern bis 1993 auch auf Basis des Artikels 16 Abs. 2 Satz 2 des Grundgesetzes (»Politisch Verfolgte genießen Asylrecht«) gewährt und umfasste ein individuell einklagbares Recht auf Schutz vor politischer Verfolgung, das Verfassungsrang besaß.

Die DDR-Verfassung von 1949 gewährte denjenigen AusländerInnen Asyl, die »wegen ihres Kampfes für die in der Verfassung niedergelegten Grundsätze im Ausland verfolgt werden« (Art. 10 Abs. 2). Der Genfer Flüchtlingskonvention war die DDR, die ihren BürgerInnen kein Recht auf Ausreise gewährte, nicht beigetreten.[110] In der DDR-Verfassung von 1968 war das Asylrecht dann nur noch als Kann-Bestimmung formuliert, wobei die Entscheidung über die Aufnahme von Flüchtlingen beim Politbüro respektive dem Sekretariat des ZK der SED lag.[111]

Für beide deutsche Staaten besaßen Asylrecht und Flüchtlingspolitik eine eminent politische Bedeutung. Die DDR richtete ihre Asyl- und Flüchtlingspolitik eindeutig an außenpolitischen Interessen aus: Einerseits wurden, im Sinne der internationalen Solidarität, ausländische kommunistische Parteien bzw. ihre Mitglieder unterstützt; andererseits wurden EmigrantInnen aus den sog. Jungen Nationalstaaten aufgenommen.[112] Beispiele für den ersten Fall stellen die griechischen Bürgerkriegsflüchtlinge sowie die aus Frankreich ausgewiesenen spanischen KommunistInnen dar, die 1949 bzw. 1950 in die DDR kamen. Zu denjenigen, die wegen ihrer Teilnahme an nationalen Befreiungskämpfen aufgenommen wurden, gehörten einzelne Funktionäre der algerischen FLN, der palästinensischen PLO, des südafrikanischen ANC sowie der namibischen SWAPO.[113]

In der Bundesrepublik wiederum galten als »echte« politische Flüchtlinge vor allem diejenigen, die aus dem Ostblock in den Westen flohen.[114] Ihnen wurde während des Kalten Krieges auch dann ein gesicherter Aufenthalt garantiert, wenn keine asylrelevanten Gründe vorlagen.[115] Die Flüchtlinge, die nach dem Ungarn-Aufstand 1956 und nach dem Prager Frühling 1968/69 in die Bundesrepublik kamen, wurden größtenteils willkommen geheißen, und zwar von den zuständigen Behörden wie von der Bevölkerung. Doch auch Flüchtlinge aus dem von China annektierten Tibet wurden bereitwillig nicht nur in der Bundesrepublik, sondern in großer Zahl auch in der Schweiz, Frankreich und Schweden

---

110 Patrice P. Poutrus, Mit strengem Blick. Die sogenannten »Polit. Emigranten« in den Berichten des MfS, in: Behrends/Lindenberger/ders. (Hg.), Fremde, S. 231–250, hier S. 238.
111 Patrice G. Poutrus, Asyl im Kalten Krieg – Eine Parallelgeschichte aus dem geteilten Nachkriegsdeutschland, in: Totalitarismus und Demokratie 2 (2005), S. 273–288, hier S. 275.
112 Poutrus, Asyl, S. 276, verweist auf die Spannung zwischen beiden Leitlinien. So erhielten vom Nasser-Regime verfolgte kommunistische ÄgypterInnen kein Asyl.
113 Poutrus, Blick, S. 233. Zum SWAPO-Kinderheim in der DDR siehe Uta Rüchel, Zwischen Paternalismus und Solidarität: das SWAPO-Kinderheim in Berlin, in: Behrends/Lindenberger/Poutrus (Hg.), Fremde, S. 251–269.
114 Ackermann, Flüchtling, S. 13.
115 Tobias Pieper, Die Gegenwart der Lager. Zur Mikrophysik der Herrschaft in der deutschen Flüchtlingspolitik, Münster 2008, S. 43.

akzeptiert. Die »Axiomatik des Kalten Krieges« bestimmte die Asyl- und Flüchtlingspolitik.[116] Das sollte sich erst zu Beginn der 80er Jahre ändern, als sich in der Bundesrepublik gegenüber den Flüchtlingen aus Osteuropa zunehmend eine defensivere Haltung durchzusetzen begann. So wurden die ca. 250.000 Polen, die vor dem im Dezember 1981 verhängten Kriegsrecht in Polen nach Westen flohen, nicht mehr uneingeschränkt als politische Flüchtlinge betrachtet.[117] Die bis dahin gültige Legitimation der Flüchtlingsaufnahme erodierte zusehends. Gegenüber Asylsuchenden aus der sog. Dritten Welt war die Aufnahmebereitschaft auch in den Jahrzehnten zuvor bereits sehr begrenzt gewesen, und zwar in ganz Europa.

Bestimmte weltpolitische Ereignisse wie der Militärputsch gegen die sozialistische Regierung Allendes 1973 führten in Ost- wie Westdeutschland zur Aufnahme politischer Flüchtlinge. Die DDR ließ zügig ca. 2.000 Mitglieder und AnhängerInnen der linken »Unidad Popular« einreisen und nutzte diese Aktion als Ausweis ihrer internationalistischen Solidarität und zur moralischen Legitimierung.[118] In der Bundesrepublik hingegen entfachte eine heftige Debatte zwischen sozialliberaler Regierung und den Unionsparteien, ob dieser Gruppe von ChilenInnen Asyl gewährt werden solle oder nicht.[119] Trotz der christdemokratischen Warnungen vor kommunistischer Unterwanderung wurde die Aufnahme beschlossen.[120] Bundesweit – mit Ausnahme Bayerns – fand also keine Selektion der Flüchtlinge nach ihrer politischen Haltung statt, so dass für den bundesdeutschen Fall von einer »Universalisierung des Schutzes politisch Verfolgter« jenseits der Axiomatik des Kalten Krieges gesprochen werden kann.[121]

Auf dasselbe Ereignis reagierten beide deutschen Staaten also mit der Aufnahme von Flüchtlingen, die auf unterschiedlicher rechtlicher Basis erfolgte und mit differenten politischen Zielen verknüpft war, in der gewährten humanitären Hilfe aber eine Gemeinsamkeit aufwies. Riefen die Flüchtlinge im Westen wegen ihrer linken politischen Einstellung bei Teilen der Bevölkerung ambivalente Gefühle hervor, so erschienen sie im Osten vielen als »privilegierte Sendboten der Staatspartei«, deren vermeintliche und tatsächliche Privilegien bei Teilen der DDR-Bevölkerung Ablehnung oder Neidgefühle auslösten.[122]

---

116 Bade, Europa, S. 366.
117 Ebd.
118 Verfolgte ChristdemokratInnen aus Chile hingegen wurden nicht aufgenommen. Anfang der 80er Jahre kehrte das Gros der EmigrantInnen nach Chile zurück, so dass 1989 nur noch 334 ChilenInnen in der DDR lebten. Vgl. Jost Maurin, Die DDR als Asylland. Flüchtlinge aus Chile 1973–1989, in: Zeitschrift für Geschichtswissenschaft 51.9 (2003), S. 814–831, hier S. 814, 818.
119 Bade, Europa, S. 370.
120 Poutrus, Asyl, S. 285.
121 Patrice Poutrus, Zuflucht im Nachkriegsdeutschland. Politik und Praxis der Flüchtlingsaufnahme in Bundesrepublik und DDR von den späten 1940er bis zu den 1970er Jahren, in: Geschichte und Gesellschaft 35 (2009), S. 135–175, hier S. 168.
122 Poutrus, Mit strengem Blick, 244.

Die chilenischen EmigrantInnen erhielten ein Startgeld von 2.500 bis 3.000 Mark, zinslose Kredite und v. a. begehrte Neubauwohnungen.[123] Insbesondere die (eingeschränkte) Möglichkeit, in den Westen zu reisen, stellte eine deutlich wahrgenommene Bevorzugung dar, die mitunter auch zum Verbleib in der Bundesrepublik oder anderen westlichen Ländern genutzt wurde.[124] Viele der chilenischen EmigrantInnen, die meist weit unter ihrer Qualifikation in der Produktion eingesetzt wurden, stellten zudem Anträge auf Ausreise in die BRD.[125] Bereits 1968 waren aufgrund der einsetzenden Repression gegen diejenigen griechischen Bürgerkriegsflüchtlinge, die vom Ministerium für Staatssicherheit für eurokommunistisch erachtet wurden, mehrere Hundert GriechInnen in die Bundesrepublik Deutschland übergesiedelt.[126]

Angesichts der argwöhnischen Überwachung der Flüchtlinge durch das MfS und des Misstrauens auf Seiten der Bevölkerung lassen sich die politischen Flüchtlinge in der DDR keinesfalls als »gleichberechtigte Mitglieder eines transnational gedachten, sozialistischen Kollektivs«, sondern lediglich als »geduldete Gäste einer national definierten deutschen Gemeinschaft« verstehen.[127] Im Gegensatz zu den sog. VertragsarbeiterInnen aber durften sie ihre Familien mitbringen und waren nicht in isolierten Unterkünften untergebracht; eine Teilhabe am DDR-Alltag war also prinzipiell möglich. Letztlich waren es aber nur sehr wenige Menschen, die als politische EmigrantInnen in die DDR kamen; sie stellten die kleinste Gruppe unter den AusländerInnen in der DDR.[128]

Auch in der Bundesrepublik spielte die Asylmigration bis zum Anwerbestopp 1974 eine eher zu vernachlässigende Rolle. Jährlich kamen nur wenige Tausend Menschen nach Westdeutschland: 1960 waren es etwa 2.000; 1973 ca. 5.500. Der weitaus größte Teil – 1968 fast 90 Prozent – kam aus Osteuropa.[129] Im Laufe der 1970er Jahre aber nahm die Zahl der Asylsuchenden wie überall in Westeuropa deutlich zu, und die Herkunftsländer der AntragstellerInnen diversifizierten sich. Neben dem Militärputsch in Chile führten auch das Ende des Vietnamkriegs und Chomeinis Machtergreifung im Iran dazu, dass bereits in den späten 1970er Jahren das Gros der Flüchtlinge und Asylsuchenden nicht-europäischer

---

123 Maurin, DDR, 819.
124 Zahlreiche Ausnahmen von der prinzipiellen Reisefreiheit aber waren an der Tagesordnung; nur die chilenischen Kader konnten frei ein- und ausreisen (Maurin, DDR, S. 824 f.). Auch den sog. VertragsarbeiterInnen wurden Privilegien wie Westreisen oder die Bezahlung in Devisen nachgesagt (Dennis Kuck: »Für den sozialistischen Aufbau ihrer Heimat«? Ausländische Vertragsarbeitskräfte in der DDR. In: Behrends/Lindenberger/Poutrus (Hg.), Fremde, S. 271–281, hier S. 279); AusländerInnen waren von dieser Art von Gerüchten also in besonderem Maße betroffen.
125 Maurin, DDR, S. 815, 822.
126 Stefan Troebst, »Grieche ohne Heimat«. Hellenische Bürgerkriegsflüchtlinge in der DDR 1949–1989. In: Totalitarismus und Demokratie 2/2 (2005), S. 245–271. Zahlreiche ausländische RegimekritikerInnen wurden aus der DDR ausgewiesen.
127 Poutrus, Zuflucht, S. 160.
128 Poutrus, Blick, S. 231.
129 Poutrus, Asyl, S. 284 f.

Herkunft war.[130] Das sollte bis in die späten 80er Jahre so bleiben, als die Mehrheit der Asylsuchenden wieder aus (Süd-)Osteuropa stammte, erst aus Polen, dann besonders aus dem zerfallenden Jugoslawien.[131] Die Bundesrepublik und Österreich wurden wegen ihrer geographischen Lage, aber auch aufgrund der während der »Gastarbeiter«-Ära entstandenen Migrationsnetzwerke zu Hauptzielländern dieser Fluchtmigration.

Die Anzahl der Asylsuchenden in der BRD stieg seit den 70er Jahren kontinuierlich an und erreichte 1980 erstmals die 100.000er-Marke. Von den 1,7 Millionen Asylanträgen, die zwischen 1983 und 1990 in Europa gestellt wurden, entfielen über 700.000 auf die BRD. Gemessen an der Bevölkerungszahl kam 1985 ein Asylsuchender auf 827 BundesbürgerInnen, während in Schweden ein Asylsuchender auf 567 (in der Schweiz: 666) EinwohnerInnen entfiel.[132]

Neben der Zunahme der Asylgesuche war aus migrationshistorischer Sicht entscheidend, dass mit dem Anwerbestopp 1973 nur noch der Familiennachzug, die Einwanderung von sog. deutschstämmigen AussiedlerInnen und der Antrag auf Asyl als legale Wege der Einreise verblieben waren. In Folge dessen dienten Asylanträge fortan, so Klaus Bade, auch als partieller »Ersatz für fehlende reguläre Einwanderungsmöglichkeiten«.[133] Das bedeutet jedoch keineswegs, dass das Gros der AsylbewerberInnen ausschließlich ökonomische Motive hatte, wie es die polemische Rede vom »Wirtschaftsflüchtling« nahelegt – ein Schlagwort, das die Asyldebatten (nicht nur) in der BRD bald zu dominieren begann, um legitime von vermeintlich illegitimen Antragstellenden zu unterscheiden.[134] Ökonomische, soziale und politische Beweggründe verbanden sich oft. So reisen die politisch verfolgten KurdInnen während der Anwerbephase meist als sog. GastarbeiterInnen in die Bundesrepublik ein, wählten ab 1974 aber den einzig noch verbliebenen Weg des Asylgesuchs.[135] Zuwanderung war für Menschen ohne Verwandte in der Bundesrepublik oder ohne deutsche Vorfahren legal nur noch als Flucht vor Verfolgung möglich, so dass dieser Migrationskanal sich rasch

---

130 Kamen im Jahre 1966 die Flüchtlinge aus 39 verschiedenen Ländern, so waren es 1980 bereits 101 unterschiedliche Herkunftsländer (Serhat Karakayalı, Gespenster der Migration. Zur Genealogie illegaler Einwanderung in der Bundesrepublik Deutschland, Bielefeld 2008, S. 169).
131 Pieper, Lager, S. 43.
132 Bade, Europa, S. 363–369. Dort auch zu den innerhalb Europas stark schwankenden Anerkennungsquoten.
133 Ebd., S. 325.
134 »Wirtschaftsflüchtling« ist eine Bezeichnung, die erstmals für Flüchtlinge aus der SBZ bzw. der DDR nach Westdeutschland verwendet wurde und somit ein Beleg für die je nach (politischer) Konjunktur wechselnde Kategorisierung bestimmter Migrantengruppen ist.
135 Die »Deklarationen Flucht, Arbeitsmigration und Familiennachzug [können also] nicht per se als unterschiedliche Migrationstypen angesehen werden, sondern als Zugangstickets, die Migranten unter spezifischen Bedingungen von Seiten der Einwanderungsländer zugestanden wurden« (Jenny Pleinen, Die Migrationsregime Belgiens und der Bundesrepublik seit dem Zweiten Weltkrieg, Göttingen 2012, S. 318).

ausweitete.[136] Mit den steigenden Zahlen wurde zunehmend Politik gemacht; die niedrigen Anerkennungsquoten etwa wurden als Beweis für den vermeintlichen Missbrauch des Asylrechts verkauft – auch wenn die Asylsuchenden im Widerspruchsverfahren doch noch eine Anerkennung erwirken oder als De-facto-Flüchtlinge nicht abgeschoben werden konnten.[137]

Zusammenfassend lässt sich festhalten, dass die Zahl der Flüchtlinge in der DDR durchweg sehr niedrig war. In der Bundesrepublik änderte sich das im Laufe der 70er und 80er Jahre, als sich das Asylverfahren in einem gewissen Rahmen zu einem »irregulären Weg der Arbeitsmigration« entwickelte.[138] Das 1975 ausgesetzte Inländerprimat für Asylsuchende macht in Kombination mit der bis 1980 bestehenden Arbeitserlaubnis für Asylsuchende deutlich, dass nicht nur auf Seiten der MigrantInnen, sondern auch im Bundesarbeitsministerium nach Beendigung des »Gastarbeiter«-Regimes das Interesse an ausländischen Arbeitskräften nicht verschwunden war.[139] Angesichts der zunehmenden Flüchtlingszahlen aber wurden im Laufe der 80er Jahre immer restriktivere Maßnahmen ergriffen, um diese Migrationsbewegung einzudämmen. 1980 wurde für die wichtigsten Herkunftsländer ein – den Grundsätzen der Genfer Konvention widersprechender – Visumszwang eingeführt. Ab 1982 wurde die aufgrund eines nunmehr zweijährigen Arbeitsverbotes notwendige Sozialhilfe vornehmlich als Sachleistung ausgezahlt, und Lagerunterbringung wie Residenzpflicht wurden bundesweit eingeführt.[140] Mitte der 1980er Jahre verengte sich die immer hitziger geführte Debatte um Asyl auf die von CDU und CSU geforderte Änderung des Asylrechts. Wie die zeitlich befristete Arbeitsmigration sollte auch die Asylpolitik Zuwanderung als Ausnahme festschreiben – in West- wie Ostdeutschland. Für die Asylpolitik gilt das insofern in besonderem Maße, als Asyl auf der »Logik der Ausnahme« basiert: »Die Betonung der Schutzbedürftigkeit Weniger legitimiert die Abwehr Vieler.«[141]

---

136 Zum »Verfolgungsparadigma«, das den politischen Aushandlungsspielraum ausschließlich auf humanitäre Positionen festlegt, siehe Karakayalı, Gespenster, S. 174 f.
137 Pieper, Lager, S. 45.
138 Karakayalı, Gespenster, S. 171.
139 Ebd.
140 Zum »Abschreckungswettbewerb zwischen den Bundesländern« mit dem Ziel, die Zahl der Asylsuchenden im eigenen Land zu senken, siehe Pieper, Lager, S. 47.
141 Elias Steinhilper, Die Norm Asyl und die politische Funktion der Ausnahme. In: Powision. Neue Räume für Politik VIII/16 (2014), S. 31–33, hier S. 31.

3. Migration, Migrationspolitik und die Neudefinition der Nation: die späten 1980er und 1990er Jahre

Migrationshistorisch stellte das Ende des Kalten Krieges »eine wichtige Zäsur« dar.[142] Die aufgrund von Ausreiseverboten minimalen Wanderungen zwischen Ost- und Westeuropa wandelten sich seit den späten 80er Jahren in kurzer Zeit zu Massenmigrationen, die teilweise an die Zeit vor dem Zweiten Weltkrieg erinnerten und anknüpften.[143] Zugleich spielte Migration für die Überwindung des »Eisernen Vorhangs« eine zentrale Rolle. Im deutschen Fall besiegelte die massenhafte Ausreise von DDR-BürgerInnen 1989 über Ungarn und die Prager Botschaft letztlich das Ende der DDR und führte zum Wiederaufleben der Massenabwanderung von Ost- nach Westdeutschland (Kapitel 3.1).

Zwei weitere Migrationsbewegungen dominierten das Wanderungsgeschehen der späten 80er und frühen 90er Jahre: die Asylmigration und die Zuwanderung von AussiedlerInnen, die aufgrund der sowjetischen Reformpolitik seit Mitte der 80er Jahre in schnell wachsender Zahl in die Bundesrepublik kamen und – anders als die ebenfalls aus der (ehemaligen) Sowjetunion einreisenden jüdischen Kontingentflüchtlinge, AsylbewerberInnen oder die bereits im Land lebenden ausländischen ArbeitsmigrantInnen – sofort nach ihrer Ankunft in der Bundesrepublik mit den deutschen StaatsbürgerInnen gleichgestellt wurden. Diese aus dem westdeutschen Verständnis von Nation, aber auch aus der Systemkonkurrenz während des Kalten Krieges resultierende Privilegierung der AussiedlerInnen geriet zunehmend in die Kritik. Die politisch bedingte Klassifizierung unterschiedlicher Migrantengruppen wurde auch im Kontext der Asyldebatte der frühen 90er Jahre äußerst kontrovers diskutiert (Kapitel 3.2).

Mit der Wiedervereinigung war zum einen die restriktive Migrationspolitik der Bundesrepublik auch auf die neuen Bundesländer ausgedehnt worden, ohne die besondere Situation der dort lebenden AusländerInnen zu berücksichtigen. Für das Gros der ausländischen ArbeitsmigrantInnen bedeutete das Ende der DDR den Verlust ihres Arbeitsplatzes und ihrer Aufenthaltsgenehmigung; der größte Teil der ehemaligen »Vertragsarbeiter« musste ausreisen. Zum anderen wurden AusländerInnen im Zuge der Wiedervereinigung und der mit ihr einhergehenden Suche nach einer neuen gesamtdeutschen Identität nicht nur diskursiv zunehmend ausgegrenzt; sie waren nun auch massiv mit rassistischer Gewalt konfrontiert. Die gegen AusländerInnen gerichteten Pogrome der frühen 90er Jahre machten auch den in Westdeutschland lebenden MigrantInnen überdeutlich, dass die in der Bundesrepublik im Laufe der 70er und 80er Jahre mühsam erkämpfte Teilhabe an der deutschen Gesellschaft zur Disposition stand. Aus Sicht vieler MigrantInnen stellt die Wiedervereinigung daher eine markante Zäsur dar, die Selbst- und Fremdentwürfe drastisch veränderte (Kapitel 3.3).

142 Bade, Europa, S. 378.
143 Jochen Oltmer, Globale Migration. Geschichte und Gegenwart, München 2012, S. 108.

Die massenhafte Ausreise von DDR-BürgerInnen 1989 und die Abwanderung gen Westen nach der Wiedervereinigung

Die Bedeutung der ostdeutschen Ausreisebewegung für das Ende der DDR ist oft betont worden. Reisewunsch und Migrationsentscheidung standen hier in einem besonders engen Zusammenhang, der für die Situation in der DDR spezifisch zu sein scheint. Zwar existierte der Konnex von Besuchsreisen im Westen und Ausreise (bzw. dem sog. Verbleiben im Westen) auch in anderen sozialistischen Staaten. Dass die Forderung nach Reisefreiheit in der DDR aber zu einer solch zentralen Forderung wurde, unterscheidet sie zumindest der Tendenz nach z. B. von der Sowjetunion, wo der generelle Kampf für die Einhaltung der Menschenrechte während der Reform- und Umbruchsphase eine weit größere Rolle spielte.[144]

Anfang 1989 unterschrieb die DDR unter sowjetischem Druck das Wiener KSZE-Abkommen und verpflichtete sich damit, ihren BürgerInnen das Ausreiserecht zu garantieren. Umgesetzt wurde diese Selbstverpflichtung hingegen nicht; noch im Februar 1989 wurde Chris Gueffroy an der Berliner Mauer erschossen. Im Sommer 1989 nutzten schließlich Zehntausende DDR-BürgerInnen, v. a. junge und gut ausgebildete Menschen, ihren Urlaub in Ungarn, um durch eine Flucht über die österreichisch-ungarische Grenze in den Westen zu gelangen. Am 10. September kündigte Ungarn die Zusammenarbeit mit der DDR bei der Grenzbewachung auf, woraufhin nur noch in Ausnahmefällen Reisegenehmigungen nach Ungarn erteilt wurden. Anfang Oktober konnten die 14.000 DDR-BürgerInnen, die die bundesdeutsche Botschaft in Prag besetzt hatten, in versiegelten Sonderzügen über das Gebiet der DDR in die BRD einreisen. Die sowjetische Reformpolitik und die Ausreise- und Oppositionsbewegung der DDR mit ihren Massendemonstrationen hatten die Krise des SED-Staates offenbar werden lassen. Am 9. November 1989 schließlich informierte Günter Schabowski über die neuen Reiseregelungen, die eigentlich für Ausreisewillige gelten sollten, aber zur Verkündigung der sofortigen Reisefreiheit wurden.[145]

Aus migrations- und tourismushistorischer Perspektive gilt es, die hohe symbolische Bedeutung der Reisefreiheit zu betonen. Alon Confino hat das Recht zu reisen treffend als »an entitlement that reflects on the ability of the system to keep the promise of a better life« umschrieben.[146] Das begrenzte Verständnis der SED vom Urlaub, das wesentlich auf die Einbindung in das Kollektiv oder die Regeneration ausgerichtet war, ging an den touristischen Bedürfnissen der DDR-BürgerInnen je-

---

144 So Veronika Heyde (Tagungsbericht »Welt im Wandel: 1989 als globales Epochenjahr?«, URL: http://h-net.msu.edu/cgi-bin/logbrowse.pl?trx=vx&list=H-Soz-u-Kult&month=1410&week=b&msg=Kih%2BQxqQ4U1A3w6MwUVeUg&user=&pw=, 23.3.2015).
145 Zum Mauerfall siehe Hans-Hermann Hertle, Chronik des Mauerfalls. Die dramatischen Ereignisse um den 9. November 1989, 11., erw. Aufl., Berlin 2009.
146 Alon Confino, Germany as a Culture of Remembrance. Promises and Limits of Writing History, Chapel Hill 2006, S. 223. Confino zitiert in diesem Zusammenhang DemonstrantInnen in der DDR 1989, die »Visafrei nach Hawaii« skandierten.

doch vorbei[147] und konnte den Überschuss, den das touristische Versprechen nach Erlebnissen und einem anderen (besseren) Leben produzierte, nicht einhegen.

Eine Besonderheit der deutsch-deutschen Geschichte, die für die starke Ausreisebewegung in der DDR entscheidend und damit letztlich auch für das Ende der DDR mit verantwortlich war, stellte das westdeutsche Staatsangehörigkeitsrecht und die daraus resultierende, von der Bundesrepublik beanspruchte Fürsorgepflicht für DDR-BürgerInnen dar. Anders als die DDR, die mit ihrem Staatsbürgerschaftsrecht von 1967 das bis dato gültige gesamtdeutsche Reichs- und Staatsangehörigkeitsrecht von 1913 außer Kraft gesetzt hatte, hielt die BRD, wie bereits geschildert, an einer einheitlichen deutschen Staatsbürgerschaft fest. Dadurch bot sie für DDR-BürgerInnen eine – für die BewohnerInnen der anderen Ostblockstaaten in dieser Form nicht vorhandene – Anlaufstelle und wurde 1989 zum Ziel einer neuerlichen Massenmigration aus Ostdeutschland, die auch in den 90er Jahren noch anhielt.

1989 verließen 360.000 Menschen die DDR in Richtung Bundesrepublik, wobei fast 80 Prozent jünger als 40 Jahre waren.[148] Eine solch massenhafte Wanderung von Ost nach West hatte es seit den 50er Jahren nicht mehr gegeben.[149] Mit der Währungsunion am 1. Juli 1990 zählten die Ostdeutschen nicht mehr als Übersiedler, sondern wurden statistisch der Binnenmigration zugeschlagen. Parallel setzte mit der Wiedervereinigung eine entgegengesetzte Migrationsbewegung ein, in deren Zuge u. a. mehrere Zehntausend Verwaltungsbeamte von West- nach Ostdeutschland kamen.[150] Von den insgesamt 1,5 Millionen BundesbürgerInnen, die zwischen 1989 und 2001 aus den alten in die neuen Bundesländer gingen, suchten einige den schnellen Gewinn für ihre Unternehmen, andere erhielten materielle Anreize, um sich in Ostdeutschland niederzulassen.[151] Diese Zahlungen, die als »Buschzulage« firmierten, verweisen zum einen auf das klare Hierarchiegefälle zwischen West und Ost und zum anderen auf den Aspekt der Fremdheit. Der Topos »Busch«, der (nicht nur) von DDR-BürgerInnen gegenüber afrikanischen ArbeitsmigrantInnen bemüht wurde, fand nun Verwendung für Ostdeutschland, das damit einem *othering* anheimfiel. Auch wenn es keine oder nur wenige Sprachprobleme gab, hatten sich die beiden deutschen Staaten doch so weit voneinander entfernt, dass die vermeintliche »Herkunft aus der gleichen Kultur« sich als sehr brüchig erwies.[152]

---

147 So Heike Wolter, DDR-Bürger auf Reisen. Zwischen Privatsache und Staatsangelegenheiten, in: Ulrike Häußler/Marcus Merkel (Hg.), Vergnügen in der DDR, Berlin 2009, S. 425–443, hier S. 428.
148 Jürgen Dorbritz/Wulfram Speigner, Die Deutsche Demokratische Republik – ein Ein- und Auswanderungsland?, in: Zeitschrift für Bevölkerungswissenschaft 16.1 (1990), S. 67–85, hier S. 67, 69, 72.
149 Für einen Vergleich beider Massenwanderungen siehe Roesler, »Abgehauen«.
150 Zu diesem »Elitenimport« siehe Hans-Ulrich Derlien, Elitenzirkulation in Ostdeutschland 1989–1995, in: APuZ B 5/1998, S. 3–17, hier S. 3.
151 Roesler, »Abgehauen«, S. 571.
152 Gehrmann, Überwindung, S. 232.

AussiedlerInnen, Flüchtlinge und die Asyldebatte der frühen 90er Jahre

Neben der Zuwanderung von Ostdeutschen nach Westdeutschland waren die späten 1980er und die 1990er Jahre in der Bundesrepublik durch eine weitere bedeutende Ost-West-Migration geprägt, nämlich die Zuwanderung der sog. AussiedlerInnen (ab 1993 SpätaussiedlerInnen). Bei dieser Gruppe von MigrantInnen handelte es sich um deutsche Staatsangehörige bzw. »Volkszugehörige« (samt ihrer Kinder und EhepartnerInnen), die vor dem 8. Mai 1945 ihren Wohnsitz in den ehemaligen deutschen Ostgebieten oder anderen (süd)osteuropäischen Gebieten gehabt hatten, dort zunächst geblieben waren und erst später in die Bundesrepublik zuwanderten. (Spät-)AussiedlerInnen fallen unter das Bundesvertriebenengesetz und genießen besondere Privilegien wie z. B. umfassende Eingliederungshilfen sowie das Anrecht auf sofortige Einbürgerung und sozialstaatliche Inklusion. Grundlage ihrer Anerkennung als Deutsche bildet das bis 1999 einseitig am *ius sanguinis* und damit der ethnischen Abstammung orientierte Staatsangehörigkeitsrecht der Bundesrepublik.

Bereits in den ersten Nachkriegsjahrzehnten waren fortlaufend AussiedlerInnen bzw. ÜbersiedlerInnen, vor allem aus Polen, nach Westdeutschland gekommen, in weit geringerer Zahl auch nach Ostdeutschland. Beim Versuch, die Ausreise deutscher Familienangehöriger aus Polen zu bewirken, hatte die DDR deutlich vorsichtiger als die Bundesrepublik agiert; offiziell existierten für sie keine deutschen Minderheiten mehr im Ausland.[153] So kamen in den 1950er Jahren einige Tausend ÜbersiedlerInnen zum Zwecke der Familienzusammenführung in die DDR, während rund 250.000 Personen aus Polen in die Bundesrepublik zuwanderten.[154] Auf Seiten der DDR nahm man die ÜbersiedlerInnen nicht allein durch die ethnische Brille wahr, sondern nutzte diese Migrationsform auch als Instrument der Arbeitskräfterekrutierung, so dass sich Überschneidungen mit der bereits thematisierten polnischen Arbeitsmigration ergaben.

Dass die Aussiedlerpolitik der Bundesrepublik durch die Systemkonkurrenz geprägt wurde, zeigt sich an den zu Aussiedlungsgebieten erklärten Herkunftsländern: So konnten Angehörige deutscher Minderheiten in der westlichen Welt keine Eingliederungshilfe beim Zuzug in die Bundesrepublik erhalten, da sie nicht als unterdrückt galten. Dagegen wurde 1957 auch China zum Aussiedlungsgebiet erklärt, obwohl hier keinerlei Kriegsfolgenrecht bestand. Es ging also darum, Deutsche unter kommunistischer Herrschaft möglichst problemfrei aufnehmen zu können.[155]

---

153 Claudia Schneider, Als Deutsche unter Deutschen? »Übersiedler aus der VR Polen« in der DDR ab 1964, in: Priemel (Hg.), Transit/Transfer, S. 51–74, hier S. 54.
154 Nicole Hirschler-Horáková, »Neue Arbeitskräfte aus dem Osten«. »Repatriierung« und Familienzusammenführung von Personen deutscher Herkunft aus der UdSSR in die DDR 1957, in: Oltmer (Hg.), Migration steuern, S. 377–397, hier S. 378.
155 Silke Delfs, Heimatvertriebene, Aussiedler Spätaussiedler. Rechtliche und politische Aspekte der Aufnahme von Deutschstämmigen aus Osteuropa in der Bundesrepublik Deutschland, in: APuZ B 48/1993, S. 3–11, hier S. 6.

1989 stellt bezüglich der Aussiedlerzuwanderung also keine scharfe Zäsur dar, wohl aber nahm diese Migrationsbewegung im Zuge der Transformationen in Osteuropa seit Mitte der 1980er Jahre massiv zu.[156] Bis 1990 kamen die AussiedlerInnen vor allem aus Polen, danach größtenteils aus der Sowjetunion bzw. ihren Nachfolgestaaten. Zwischen 1988 und 1998 wanderten insgesamt fast 1,6 Millionen AussiedlerInnen nach (West-)Deutschland ein.[157] Zwei Drittel stammten aus der Sowjetunion. Zwischen 1950 bis 1986 waren insgesamt nur gut 95.000 AussiedlerInnen in die Bundesrepublik gekommen.[158]

Administrativ als Deutsche geltend, waren polnische wie russische (Spät-)AussiedlerInnen doch mit zahlreichen Diskriminierungen im Alltag konfrontiert; von der einheimischen Bevölkerung wurden sie mehrheitlich als AusländerInnen wahrgenommen und nur 31 Prozent sahen sie laut einer Umfrage von 1989 als Deutsche.[159] Auf Seiten der bereits länger ansässigen Bevölkerung regte sich zudem nicht selten Neid – etwa gegenüber den russlanddeutschen RentnerInnen, die ihre Rente bezogen, ohne jemals in die deutsche Rentenkasse eingezahlt zu haben.[160] Trotz bzw. gerade wegen dieser Spannungen wollte die Bundesregierung die Zuwanderung von (Spät-)AussiedlerInnen dezidiert nicht öffentlich verhandeln, auch wenn der Vertreibungsdruck in den Herkunftsländern und damit eine der »Grundannahmen der Aussiedleraufnahme« kaum noch gegeben war.[161] Die Vorschläge von SPD und FDP, das Bundesvertriebenengesetz, das die freizügige Aufnahme der AussiedlerInnen regelte, mittels Quotierungen neu zu fassen, wurde von der Union abgelehnt. Allerdings musste die CDU/CSU im Rahmen des sog. Asylkompromisses 1992/93 einer Neufassung zustimmen. Mit dem Kriegsfolgenbereinigungsgesetz, das Anfang 1993 in Kraft trat, wurden nur noch sog. Deutschstämmige aus der ehemaligen Sowjetunion als AussiedlerInnen anerkannt, weil hier noch vom Nachwirken des Vertreibungsdrucks ausgegangen wurde.[162] Die

---

156 Delfs, Heimatvertriebene, S. 7.
157 Klaus J. Bade/Jochen Oltmer, Einführung: Aussiedlerwanderung und Aussiedlerintegration. Historische Entwicklung und aktuelle Probleme, in: dies. (Hg.), Aussiedler. Deutsche Einwanderer aus Osteuropa, Osnabrück 1999, S. 9–53, hier S. 21.
158 Nicole Hirschler-Horáková, Deutsche aus der Sowjetunion in der Bundesrepublik und der DDR. Aspekte des Vertretungsanspruches in den 1950er Jahren, in: Behrends/Lindenberger/Poutrus (Hg.), Fremde, S. 141–156, hier S. 142.
159 Karen Schönwälder, Invited But Unwanted? Migrants from the East in Germany, 1890–1990, in: Roger Bartlett/dies. (Hg.), The German Lands and Eastern Europe. Essays on the History of their Social, Cultural and Political Relations, Houndmills, Basingstoke 1999, S. 198–216, hier S. 211.
160 Scott McCormack, »Für mich sind das keine Deutschen«, in: Die Zeit, 8.11.1996 (URL: http://www.zeit.de/1996/11/Fuer_mich_sind_das_keine_Deutschen; 8.3.2015).
161 Delfs, Heimatvertriebene, S. 8.
162 Amanda Klekowski von Koppenfels, Willkommene Deutsche oder tolerierte Fremde? Aussiedlerpolitik und -verwaltung in der Bundesrepublik Deutschland seit den 1950er Jahren, in: Oltmer (Hg.), Migration steuern, S. 399–419, hier S. 410 f. Sog. Deutschstämmige aus anderen Ländern mussten nun individuell glaubhaft machen, dass sie als deutsche »Volksangehörige« verfolgt würden.

Praxis der Aussiedleraufnahme hatte sich bereits seit 1989 sukzessive verändert: Das Wohnortzuweisungsgesetz von 1989 sah eine gleichmäßigere Verteilung der AussiedlerInnen über das Bundesgebiet vor, schränkte also ihre Wohnortwahl ein. Die Antragstellung musste seit dem Aussiedleraufnahmegesetz von 1990 bereits im Herkunftsland erfolgen. 1996 kam dann noch der obligatorische Sprachtest hinzu.[163] Um diese Verschärfungen bei der Aufnahmepraxis wurde zwischen Regierung und Opposition hart gerungen.

Einigkeit herrschte zwischen den Parteien lediglich in Bezug auf eine weitere Gruppe von MigrantInnen aus (den Nachfolgestaaten) der Sowjetunion, die ab 1991 in die Bundesrepublik einwandern konnte: die »jüdischen Kontingentflüchtlinge«. In diesem Falle basierte die Migrationspolitik auf der historischen Verantwortung für die Vertreibung und Ermordung der europäischen Juden und Jüdinnen und wurde öffentlich nicht angezweifelt, zumal die jüdische Migration als Beleg für die Überwindung der NS-Vergangenheit und die Integrität und Vertrauenswürdigkeit des neuen Deutschlands galt.[164] Auf Basis des Kontingentflüchtlingsgesetzes, das 1980 zur schnellen Aufnahme vietnamesischer *boat people* erlassen worden war, kamen zwischen 1989 und 2005 insgesamt gut 200.000 russische Juden und Jüdinnen in die Bundesrepublik, immerhin fast ein Viertel der damaligen jüdischen EmigrantInnen.[165]

Statt der Aussiedlermigration machten die Unionsparteien die Asylpolitik zum zentralen Thema. Das gelang ihnen in hohem Maße, so dass die Migrationspolitik der 1990er Jahre vor allem als Asylpolitik wahrgenommen und betrieben wurde. Dabei ist die Asyldebatte, die auf der Gegenüberstellung der von außen kommenden Asylsuchenden einerseits und der deutschen Nation andererseits basierte, als zentraler Teil des deutschen Selbstverständigungsprozesses nach der Wiedervereinigung zu verstehen. Denn was implizit stets mitverhandelt wurde – auch in der Diskussion um die AussiedlerInnen – war die Frage, was unter einem/r Deutschen zu verstehen sei und wer in Deutschland welche Rechte beanspruchen könne.

Hauptthema der frühen 1990er Jahre war nicht etwa die Wiedervereinigung, sondern der sog. Asylmissbrauch. Im Sommer 1991 sahen laut Umfragen fast 80 Prozent das Thema »Asyl/Ausländer« als wichtigstes Problem.[166] Bereits vor 1989/90 waren in der westdeutschen Presse Horrorszenarien eines von Asylsuchenden überschwemmten Europas kolportiert worden – und das obwohl die Flüchtlingsbewegungen zwar weltweit stark zunahmen, aber Europa im Ver-

---

163 Ebd., S. 408 f., 413 f.
164 Franziska Becker, Migration and Recognition: Russian Jews in Germany, in: East European Jewish Affairs 33/2 (2008), S. 20–34, hier S. 22.
165 Von den 1989 in der Sowjetunion lebenden 1,5 Mio. Juden und Jüdinnen waren 2005 bereits 900.000 emigriert, insbes. in die USA, nach Israel und – seit 1991 – v. a. nach Deutschland; Sonja Haug/Michael Wolf, Jüdische Zuwanderung nach Deutschland, in: Frank Swiaczny/dies. (Hg.), Neue Zuwanderergruppen in Deutschland, in: Materialien zur Bevölkerungswissenschaft, Heft 118/2006, S. 65–82, hier S. 66.
166 Ulrich Herbert, Geschichte Deutschlands im 20. Jahrhundert, München 2014, S. 1174.

gleich wenig berührten. Denn das Gros dieser Armuts- und Fluchtmigration spielte sich innerhalb des Globalen Südens ab.[167] Die bewusst geschürte Debatte um Asyl nahm schnell populistischen Charakter an. Bereits die Bezeichnung »Asylant« statt »Asylbewerber« besaß denunziatorische Kraft. Begriffe wie »Asylschmarotzer« oder »Scheinasylanten« stellten eine weitere Steigerung dar, und ihre Verwendung blieb nicht auf die »Republikaner« und andere rechtsradikale Parteien beschränkt; vom »Missbrauch des Asylrechts« sprachen mitunter auch die PolitikerInnen der Unionsparteien. Die Rede vom »Asylanten« war dabei eng verbunden mit der Flut-Metaphorik, die zu einem entscheidenden Element der Debatte wurde. Sie implizierte eine Entindividualisierung der zuwandernden Menschen und wies die Aufnahmekapazität Deutschlands als erschöpft aus: »Das Boot ist voll!« – so ließen nicht nur die nunmehr erfolgreichen »Republikaner« im Wahlkampf 1991 verlauten. Entsprechend drastische Maßnahmen wie eine Grundgesetzänderung wurden dadurch mehrheitsfähig.

Bereits zeitgenössisch wurde der Zusammenhang zwischen der Asyldebatte und den in den frühen 1990er Jahren in hoher Zahl auftretenden rassistischen Gewalttaten erkannt.[168] Sowohl in Hoyerswerda 1991 als auch in Rostock-Lichtenhagen 1992 ereigneten sich die pogromartigen Angriffe auf AusländerInnen – Asylsuchende wie »Vertragsarbeiter« – unter den Augen einer applaudierenden Menge und ohne entschiedenes Eingreifen staatlicher Organe.[169] Die Gewalt war nicht auf Ostdeutschland beschränkt; in der Öffentlichkeit aber wurde der Rassismus als vornehmlich ostdeutsches Problem wahrgenommen. Ostdeutsche wurden dadurch in den Medien als »tendenziell rückständig, rechtsextrem und gewalttätig« dargestellt,[170] wodurch sich der Westen als fortschrittlich(er) und tolerant(er) gerieren konnte. Während die Asyldebatte durch rassistische Spaltung zur gesamtdeutschen Integration beitrug, »reproduziert die Debatte über [die vermeintlich ostdeutschen] Ursachen rassistischer Angriffe die Entgegensetzung von West- und Ostdeutschland«.[171] Die Anschläge von Mölln 1992 und Solingen 1993 machten aber schließlich deutlich, dass auch im Westen AusländerInnen ermordet wurden und sich rassistische Gewalt nicht nur gegen Flüchtlinge und Asylsuchende richtete, sondern auch gegen schon lange im Land lebende (türkische) MigrantInnen. Insgesamt wurden in den Jahren 1990 bis 1993 mindestens 49 Nicht-Deutsche in der Bundesrepublik getötet, wobei die Dunkelziffer sehr hoch ist.

---

167 Bade, Europa, S. 367.
168 Die Rede war von »sprachlichen Brandsätzen« (Siegfried Jäger, BrandSätze. Rassismus im Alltag, Duisburg 1993).
169 Panikos Panayi, Racial Violence in the New Germany 1990–93, in: CEH 3/3 (1994), S. 265–288, hier S. 280.
170 Pieper, Lager, S. 64.
171 Nora Räthzel, Zur Bedeutung von Asylpolitik und neuen Rassismen bei der Reorganisation der nationalen Identität im vereinigten Deutschland, in: Christoph Butterwege/Siegfried Jäger (Hg.), Rassismus in Europa, Köln 1992, S. 218.

Am harten Ton der Asyldebatte änderten die Gewalttaten nichts. Ganz im Gegenteil: Nach dem Pogrom in Rostock-Lichtenhagen äußerte ein Unions-Politiker, dass sich hier nicht Rassismus, sondern »der vollauf berechtigte Unmut über den Massenmissbrauch des Asylrechts« geäußert habe.[172] Kanzleramtsminister Friedrich Bohl ließ verlauten, dass nur mit Hilfe einer Einschränkung des Asylrechts die Überforderung der Menschen beendet werden könne.[173] Bundeskanzler Helmut Kohl drohte schließlich mit dem Staatsnotstand und griff damit zum äußersten Mittel, um die innenpolitischen Auseinandersetzungen zu einem (von der Union gewünschten) Ende zu bringen und die SPD von einer Grundgesetzänderung zu überzeugen. Im November 1992 wurde auf einem SPD-Sonderparteitag der »Asylkompromiss« angenommen. Er beinhaltete u. a. das Prinzip der sicheren Drittstaaten, der sicheren Herkunftsstaaten sowie das Asyl-Schnellverfahren am Frankfurter Flughafen. Im Asylbewerberleistungsgesetz wurden zudem ein Absenken der Versorgungssätze für Asylsuchende unter das Sozialhilfeniveau sowie das Sachleistungsprinzip (Warengutscheine statt Bargeld) festgelegt. Tatsächlich sank in Folge der Grundgesetzesänderung die Zahl der AsylbewerberInnen deutlich. Die aufgeheizte Stimmung und die rassistische Gewalt jedoch waren mit der Asylrechtsänderung nicht beendet, wie der Anschlag in Solingen, nur einen Tag nach der Abstimmung im Bundestag, deutlich machte.

Mit der Grundgesetzänderung, mit der das liberale bundesdeutsche Asylrecht abgeschafft wurde, näherte sich die Bundesrepublik ihren europäischen Nachbarn an. In einigen Ländern Europas war die Drittstaatenregelung bereits früher praktiziert worden. Zu den auf europäischer Ebene neu ausgehandelten Regelungen zählte die Erstaufnahme-Klausel, die besagt, dass ein Antrag auf Asyl nur noch in dem ersten sicheren Land, das innerhalb Europas betreten wird, gestellt werden kann. Aufgrund ihrer geographischen Lage sind seit einigen Jahren daher die Mittelmeerländer zu den hauptsächlichen Zielen der Asylmigration geworden.[174]

Die Asylrechtsänderung in der Bundesrepublik ist also nicht nur im Rahmen der deutsch-deutschen Annäherung, die sich u. a. über die Ausgrenzung von Nicht-Deutschen vollzog, sondern auch im Kontext einer Europäisierung der Migrationspolitik zu betrachten. Seit den späten 70er Jahren hat sich in ganz Europa eine immer restriktivere Handhabung des Rechts auf Asyl durchgesetzt, wobei die Asylpolitik zunehmend als Sicherheitspolitik begriffen wird, die zwischen den Innenministerien der einzelnen europäischen Länder ausgehandelt wird.[175] Europäisierung der Migrationspolitik meint zum einen also, dass Teile nationalstaatlicher Souveränität auf supranationale AkteurInnen übergehen – was aber keineswegs heißt, dass von einer einheitlichen Migrationspolitik der EU

---

172 Zit. nach Herbert, Geschichte Deutschlands, S. 1176.
173 Karakayalı, Gespenster, S. 176.
174 Bade, Europa, S. 376.
175 Ebd., S. 382.

gesprochen werden kann. Europäisierung meint zum anderen aber auch, dass die europäische Migrationspolitik sich nicht auf das Gebiet der EU beschränkt. Rücknahmeabkommen wie dasjenige zwischen der BRD und Polen (vor dem polnischen Beitritt zur EU) haben immer mehr Staaten Europas, weit über den Schengen-Raum hinaus, in das neue europäische Migrationsregime einbezogen. Zu diesem gehören auch andere Formen der Vorverlagerung der Grenzkontrollen, oft mehrere hundert Kilometer über Europas Grenzen hinaus, sowie die Verschiebung der Grenze ins Innere, wie das Beispiel der extraterritorialen Zone am Frankfurter Flughafen zeigt.[176] Unter anderem aus diesen Gründen betrachten manche AutorInnen die Jahrtausendwende als Übergang zu einem neuen Migrationsregime.[177] Dieses ist weniger durch völlige Abschottung, wie die Rede von der »Festung Europas« nahelegt, als vielmehr durch ein neues Migrationsmanagement charakterisiert, das für bestimmte Menschen – z.B. Hochqualifizierte – die Grenzen durchlässig hält und zugleich eine immer größere Zahl illegalisierter MigrantInnen produziert, ohne deren (unterbezahlte) Arbeitskraft mittlerweile große Teile der europäischen Wirtschaft nicht mehr auskämen.

Das wiedervereinigte Deutschland aus Sicht ausländischer MigrantInnen

Viele Darstellungen fokussierten nach 1990 die Konflikte und Differenzen zwischen Ost- und Westdeutschen. Nur sehr selten wurde hingegen nach der Wahrnehmung der Wiedervereinigung durch in Deutschland lebende AusländerInnen bzw. Menschen mit Migrationshintergrund gefragt. Ein nicht unerheblicher Teil der in der Bundesrepublik ansässigen MigrantInnen hatte sich im Laufe der 1980er Jahre zunehmend als Teil der Gesellschaft empfunden – besonders in der Retrospektive nach 1990. Noch gibt es kaum wissenschaftliche Untersuchungen über migrantische Reaktionen auf die Migrationsdebatte nach der »Wende«, die ihre Zugehörigkeit in Frage stellte. Erste Studien deuten darauf hin, dass viele MigrantInnen die Wiedervereinigung und insbesondere die anschließenden rassistischen Pogrome der frühen 1990er Jahre als »Schockerlebnis«[178] und markante Zäsur in der eigenen Biografie empfunden haben. Die meisten der in dem Dokumentarfilm *Duvarlar Mauern Walls* des amerikanisch-türkischen Regisseurs Can Candan interviewten TürkInnen etwa betonen, dass sie sich zunächst über den Mauerfall sehr gefreut hätten, angesichts des aufkommenden gewalttätigen Rassismus aber die von ihnen geleistete Arbeit sowie von

---

176 Rutvica Andrijašević u. a., Turbulente Ränder. Konturen eines neuen Migrationsregimes im Südosten Europas, in: Prokla 35/140 (2005), S. 345–362, hier S. 359.
177 Dirk Hoerder/Jan Lucassen/Leo Lucassen, Terminologien und Konzepte in der Migrationsforschung, in: Bade u. a. (Hg.), Enzyklopädie Migration, S. 28–53, hier S. 45.
178 Nevim Çil, Der andere und der fremde Außenseiter: Türkische Nachkommen im wiedervereinigten Deutschland, in: IFADE (Hg.), Insider – Outsider. Bilder, ethnisierte Räume und Partizipation im Migrationsprozess, Bielefeld 2005, S. 57–79, hier S. 71.

ihnen erkämpfte Rechte in Frage gestellt sähen.[179] Beruflicher Erfolg als Weg in die Mehrheitsgesellschaft schien keine Bedeutung mehr zu haben, so dass bei einigen ein Rückzug in die türkische *community* erfolgte.[180] Eine Ausnahme unter Candans InterviewpartnerInnen bildet ein strenggläubiger Muslim, für den die Zugehörigkeit zur deutschen Nation und damit auch die Wiedervereinigung und ihre Folgen nicht weiter von Interesse waren.

Nicht nur Ostdeutsche, sondern auch viele MigrantInnen sahen sich angesichts der Wiedervereinigung mit einem Statusverlust konfrontiert, dem sie mit unterschiedlichen Strategien begegneten. Eine Möglichkeit bestand darin, sich gegenüber den Ostdeutschen zu profilieren, indem sich westdeutsche MigrantInnen als »gut ausgebildete, hoch motivierte und verlässliche Arbeitskräfte sowie als anspruchsvolle und kaufkräftige Konsumenten«, präsentierten, also als im Vergleich zu den Ostdeutschen tüchtigere ArbeiterInnen und kompetentere KonsumentInnen.[181] Damit legitimierten viele MigrantInnen ihr Recht auf Aufenthalt und stellten zugleich die selbstverständliche Zugehörigkeit der Ostdeutschen, aber auch der AussiedlerInnen in Frage. Im Appell an die gemeinsame West-Erfahrung und den Hinweis auf die eigene Integriertheit versuchten MigrantInnen, ihre Position in der Gesellschaft zu verteidigen.[182] Es war also mit der Wiedervereinigung eine Situation entstanden, in der Westdeutsche ohne Migrationshintergrund, lange vor 1989 in die Bundesrepublik gekommene MigrantInnen und »Neuankömmlinge« aus der ehemaligen DDR, aber auch AussiedlerInnen um ihre Zugehörigkeit zur vereinten Nation konkurrierten – mit sehr unterschiedlichen, auch rechtlich differierenden Ausgangsbedingungen.[183] Denn auch die Zugehörigkeit der BürgerInnen der ehemaligen DDR war nicht so klar, wie offizielle Verlautbarungen es erscheinen lassen. Die vierzigjährige Zweistaatlichkeit hatte sich sehr wohl auch auf das nationale Selbstverständnis ausgewirkt.

Die Ausgrenzung von AusländerInnen durch die Betonung einer gemeinsamen deutschen Identität zeichnete sich in Ost und West vielfach ab. Die nicht ausschließlich, aber in den frühen 90er Jahren doch in hohem Maße besonders in Ostdeutschland zu beobachtenden rassistischen Übergriffe auf Nicht-Deutsche lassen sich dabei als Weitergabe einer erfahrenen Abwertung verste-

---

179 Duvarlar Mauern Walls (R: Can Candan, USA/TR 2000).
180 So Çil, Außenseiter, S. 71, 69, 74.
181 Andrea Klimt, Transnationale Zugehörigkeit. Portugiesen in Hamburg, in: Angelika Eder (Hg.), »Wir sind auch da!« Über das Leben von und mit Migranten in europäischen Großstädten, München/Hamburg 2003, S. 211–232, hier S. 219.
182 Sabine Mannitz, »West Side Stories«. Warum Jugendliche aus Migrantenfamilien das wiedervereinigte Berlin als geteilte Stadt erleben. In: Frank Gesemann (Hg.): Migration und Integration in Berlin. Wissenschaftliche Analysen und politische Perspektiven, Opladen 2001, S. 273–291, hier S. 286.
183 Die Westdeutschen stellen die »unmarkierte[.] Norm« dar, deren Privilegien u. a. in einer »selbstverständliche[n] Kontinuität der eigenen Geschichte, des Systems, in dem man lebt«, bestehen, so Urmila Goel, Westprivilegien im vereinten Deutschland, in: telegraph #120/121 (URL: http://www.telegraph.ostbuero.de/120_121/goel.html, 12.3.2015).

hen.[184] Die Feststellung, dass es hier zu einer Art Verschiebung gekommen ist, die einen Konflikt »an einem fremden Körper oder einem zu diesem Zweck fremd gemachten Körper« austrägt[185], darf weder bedeuten, die rassistische Gewalt mit den potentiellen Ausgrenzungserfahrungen der Täter(Innen) in irgendeiner Form zu rechtfertigen, noch Rassismus als allein ostdeutsches Problem zu begreifen.

In der Konkurrenz um Teilhabe an der bundesdeutschen Gesellschaft wurde neben der deutschen Staatsangehörigkeit bald auch ein weiteres Differenzkriterium bedeutsam: Während z. B. portugiesische MigrantInnen sich als EuropäerInnen fühlen konnten und zunehmend als solche wahr- und angenommen wurden[186], wurde »der« türkische Migrant, zusammen mit außereuropäischen Asylsuchenden, zum bedrohlichen Anderen stilisiert. Die Außenseiterposition verfestigte sich gerade im Falle türkischer MigrantInnen, die nun immer häufiger als muslimische Gefahr, unabhängig von ihrer tatsächlichen Religionszugehörigkeit, konstruiert wurden.[187] Die seit den 1970er Jahren zu beobachtende Kulturalisierung der »Ausländerfrage« nahm in den folgenden Jahrzehnten noch zu, so dass Etienne Balibar 1990 einen kulturalistischen Rassismus diagnostizieren konnte[188], der ohne einen Begriff von »Rasse« auskommt und nach dem Ende der Ost-West-Konfrontation und insbesondere seit 9/11 zunehmend antimuslimisch ausgerichtet ist.

Eine symptomatische Leerstelle der Migrationsforschung ist die Perspektive der in Ostdeutschland die Wende erlebenden AusländerInnen. 1990 kündigte die Bundesregierung die bilateralen Verträge der DDR bzw. versuchte, sie über Abfindungen und Rückkehrhilfen abzulösen.[189] Eine Gleichstellung der ostdeutschen mit den westdeutschen ArbeitsmigrantInnen war zunächst nicht vorgesehen und wurde erst 1997 eingeführt. Die nach 1989 erfolgte Umbenennung der in der DDR als »ausländische Werktätige« firmierenden ArbeiterInnen in sog. VertragsarbeiterInnen markiert in seinem starken Bezug auf zeitlich befristete Verträge (»Werkvertragsarbeiter«) das Temporäre des Aufenthalts dieser AusländerInnen,[190] für die kein Platz im wiedervereinigten Deutschland vorgesehen war.

---

184 So Ina Dietzsch, Deutsch-Sein in einem geteilten Land. Das Problem kultureller Zugehörigkeiten, in: Behrends/Lindenberger/Poutrus (Hg.), Fremde, S. 127–139, hier S. 138.
185 Jenny B. White, Turks in the New Germany, in: American Anthropologist 99/4 (1997), S. 754–769, hier S. 763 (eigene Übersetzung).
186 Klimt, Transnationale Zugehörigkeit, S. 221, Anm. 23.
187 Çil, Außenseiter, S. 57, 59.
188 Etienne Balibar, Gibt es einen »Neo-Rassismus«?, in: ders./Immanuel Wallerstein, Rasse Klasse Nation. Ambivalente Identitäten, Hamburg 1990, S. 23–38.
189 Schulz, Migrationspolitik, S. 161; Gruner-Domić, Beschäftigung, S. 215.
190 Christiane Mende, Lebensrealitäten der DDR-ArbeitsmigrantInnen nach 1989 zwischen Hochkonjunktur des Rassismus und dem Kampf um Rechte, in: Netzwerk MiRA (Hg.), Kritische Migrationsforschung? Da kann ja jedeR kommen, 2012, http://edoc.hu-berlin. de/miscellanies/netzwerkmira-38541/all/PDF/mira.pdf, S. 103–122, hier S. 104.

Einige der ausländischen ArbeitsmigrantInnen wurden sofort nach dem Mauerfall in ihr Herkunftsland zurückbeordert, so von Nordkorea, China oder Kuba. Diejenigen, die in Ostdeutschland blieben, waren in einer rechtlich wie sozioökonomisch äußerst prekären Situation, setzten doch schon vor der Wiedervereinigung (vertragswidrige) Entlassungen in großer Zahl ein. Der Vorrang deutscher ArbeiterInnen, der wegen des permanenten Mangels an Arbeitskräften in der DDR bis dato kein Thema gewesen war, wurde nun vehement, in einigen Betrieben unter Streik-, teils sogar unter Gewaltandrohung eingefordert und umgesetzt.[191] Bereits im Mai 1990 war weit über die Hälfte der ausländischen ArbeiterInnen in Ostdeutschland ohne Arbeit. Sehr viele gingen in ihre Herkunftsländer zurück bzw. wurden abgeschoben. Ende 1990 waren nur noch 28.000 der ehemaligen »Vertragsarbeiter« im Land.[192] Sie waren vor die Wahl gestellt worden, entweder auszureisen oder bis zum Ende der eigentlichen Vertragsdauer in Deutschland zu bleiben, wenn sie einen Arbeitsplatz und einen festen Wohnsitz vorweisen konnten. Ein Großteil dieser im Land verbliebenen ArbeitsmigrantInnen stammte aus Vietnam und hielt sich mit verschiedenen Formen des Kleinhandels über Wasser; denn bei Bleibewunsch war es möglich, eine Gewerbeerlaubnis zu erhalten. Einige von ihnen gingen in angrenzende Länder wie Tschechien; es setzte also nach 1989/90 eine Wanderungsbewegung vietnamesischer ArbeiterInnen zwischen verschiedenen Staaten des ehemaligen Ostblocks ein, in denen VietnamesInnen ebenfalls ihre Arbeitsplätze verloren.[193] Noch heute sind VietnamesInnen zu großen Teilen selbstständig erwerbstätig.[194] Gegenwärtige Großhandelsmärkte wie der »Dong Xuan Center«/»Asiatown« im Osten Berlins gehen auf ehemalige »Vertragsarbeiter« aus Vietnam zurück. Dass dabei auch auf alte, bereits zu DDR-Zeiten etablierte Kontakte zurückgegriffen wird, macht deutlich, dass trotz aller Abschottung VietnamesInnen und Deutsche nicht gänzlich getrennt voneinander lebten.[195]

Im wiedervereinigten Deutschland stießen die ostdeutschen ehemaligen ArbeitsmigrantInnen auf die in Westdeutschland ansässigen *boat people*; zwischen beiden Gruppen besteht jedoch kaum Kontakt. Die Spaltung innerhalb der vietnamesischen Minderheit in der heutigen Bundesrepublik resultiert unter anderem – und das zeigt sich besonders deutlich im unterschiedlichen sozialen Status beider Gruppen – aus ihrer differenten rechtlichen Stellung. Während die zwischen 1979 und 1982 in die BRD gekommenen rund 23.000 *boat people* als Kontingentflüchtlinge die Aussicht auf einen Daueraufenthalt hat-

---

191 Berger, Vertragsarbeiter, S. 522.
192 Mende, Migration, S. 141.
193 Fritsche, Vietnamesische Gastarbeiter, S. 4.
194 Karin Weiss/Mike Dennis (Hg.), Erfolg in der Nische? Die Vietnamesen in der DDR und in Ostdeutschland, Münster 2005.
195 Gertrud Hüwelmeier, »Asiatown« – A Postsocialist Bazaar in the Eastern Part of Berlin (URL: http://www.mmg.mpg.de/fileadmin/user_upload/documents/wp/WP_13-08_Huewelmeier_Asiatown.pdf, 12.3.2015).

ten¹⁹⁶, finden sich unter den ehemaligen »Vertragsarbeitern« aus Vietnam viele ohne gültige Aufenthaltsdokumente. Es zeigt sich somit zum einen, dass sog. Integrationsprobleme sich nicht mit »der Kultur« der MigrantInnen, sondern zu einem ganz erheblichen Teil mit dem rechtlichen Status und damit einhergehenden Zukunftsperspektiven in Deutschland erklären lassen.¹⁹⁷ Zum anderen wird die Persistenz der Ost-West-Differenz deutlich, die mit den unterschiedlichen Lebensgeschichten in Ost- und Westdeutschland zusammenhängt. Der Kalte Krieg findet insofern eine Fortführung, als die *boat people* aus Südvietnam kamen, während die meisten »Vertragsarbeiter« aus dem Norden stammten – und von vielen der in der BRD ansässigen, oftmals antikommunistisch engagierten VietnamesInnen als »Gefolgsleute der Hanoier Kommunisten« betrachtet wurden und werden.¹⁹⁸ Die Differenz und die Fremdheit zwischen Ost und West sind nicht nur ein Thema der deutsch-deutschen Annäherung, sondern betrafen (und betreffen) ebenso die MigrantInnen im Land – nicht zuletzt weil sie als in Deutschland lebende und teils die deutsche Staatsangehörigkeit besitzende Menschen integral zu diesem Vereinigungsprozess gehörten bzw. hätten gehören müssen.

4. Fazit und Ausblick

Im Zuge der Wiedervereinigung ist die Frage nach der deutschen Nation, die in Ost- wie Westdeutschland spätestens seit den 1970er Jahren zunehmend in den Hintergrund getreten war, wieder virulent geworden; Zugehörigkeit musste neu ausgehandelt werden. Zum einen vollzog sich die Annäherung zwischen Ost- und Westdeutschen, so die These dieses Textes, in nicht unerheblichem Maße über die Ausgrenzung von MigrantInnen, allen voran von Asylsuchenden. Zum anderen aber wurde in den Migrationsdebatten der frühen 1990er Jahre eine Unterscheidung zwischen vermeintlich toleranten Westdeutschen und in Migrationsfragen unerfahrenen und rassistischen Ostdeutschen getroffen. Tatsächlich hat eine deutliche Pluralisierung der Gesellschaft durch MigrantInnen und ihre Lebensstile, wie sie für Westdeutschland seit den 1960er Jahren zu beobachten ist, in der DDR nicht stattgefunden. Stattdessen erfuhren Ostdeutsche nach 1990 insofern ein für Migrationsprozesse typisches *displacement*, als sie sich in einem ihnen unbekannten Gesellschaftssystem zurechtfinden mussten – ohne

---

196 Nach 1982 blieb die Aufnahme auf Familienzusammenführungen beschränkt; später eintreffende Flüchtlinge aus Vietnam mussten ein Asylverfahren durchlaufen (Olaf Beuchling, Vietnamesische Flüchtlinge in West-, Mittel- und Nordeuropa seit den 1970er Jahren, in: Bade u. a. (Hg.), Enzyklopädie Migration, S. 1072–1076, hier S. 1074).
197 Peter Widmann, Gerettet und geduldet. Berliner Vietnamesen und die deutsche Flüchtlings- und Migrationspolitik, in: Wolfgang Benz (Hg.), Umgang mit Flüchtlingen. Ein humanitäres Problem, München, 2006, S. 111–131, hier S. 112.
198 Ebd., S. 113.

sich räumlich bewegt zu haben. Angesichts der bestehenden Ost-West-Differenzen wurden nun die »innere Einheit« respektive ein (organizistisches) Zusammenwachsen beschworen, das letztlich als »Projekt der Herstellung kollektiver Identität der Deutschen« konzipiert war.[199] MigrantInnen kamen in diesem Szenario nicht vor, obwohl sich die Frage nach dem Umgang mit interner Heterogenität und Pluralität und nach konkurrierenden oder auch ergänzenden Formen der Zugehörigkeit jenseits der Nation eigentlich hätte aufdrängen müssen – nicht zuletzt, weil Europäisierung und Globalisierung immer größeren Einfluss auf die Selbstverständigungsprozesse der neuen Bundesrepublik nahmen. Wie bereits mit der drastischen Einschränkung des Asylrechts vollzog die Bundesrepublik auch mit der Änderung des Staatsangehörigkeitsrechts 1999 eine Angleichung an europäische Standards. Mit dem Zuwanderungsgesetz von 2005 schließlich erfolgte das Eingeständnis, dass Deutschland ein Einwanderungsland und Migration nicht zu verhindern ist. Aus staatlicher Sicht galt es folglich nun, die eigensinnigen Wanderungsbewegungen zu kanalisieren und zu regulieren. Seitdem bestimmen ökonomische und demographische Faktoren (nicht nur) das deutsche Migrationsmanagement, zu dem auch die erneute Zulassung von Saison- und Pendelmigration gehört. Dabei stellt der schnell wachsende Sektor der haushaltsnahen Dienstleistungen, die immer häufiger von Osteuropäerinnen übernommen werden, ein Beispiel für die global zu beobachtende Feminisierung der Migration dar. Zudem machen diese neuen Wanderungsbewegungen deutlich, dass Deutschland seine zentrale Rolle für Ost-West-Migrationen seit 1989 wiedererlangt hat. Die Bundesrepublik ist aber auch ein beliebtes Zielland von Süd-Nord-Wanderungsbewegungen, die angesichts der Wirtschafts- und Finanzkrise mittlerweile nicht nur in außereuropäischen Regionen, sondern zunehmend auch in den europäischen Mittelmeerländern ihren Ausgangspunkt haben.

Während zu Zeiten der Systemkonkurrenz Migration von Ost und West politisch gedeutet und instrumentalisiert wurde, dominieren heute Kosten-Nutzen-Erwägungen. Diese allerdings waren auch den Debatten um Vertriebene, ausländische »Gast-« und »Vertragsarbeiter«, AussiedlerInnen und Asylsuchende keineswegs fremd. Sie stellen eine historische Konstante im Umgang mit Migration dar, die sich mindestens bis ins späte 19. Jahrhundert zurückverfolgen lässt, als Deutschland von einem Auswanderungs- zu einem Einwanderungsland wurde. Auch dass AusländerInnen bzw. ihre Ausgrenzung für Nationalisierungsprozesse eine konstitutive Rolle spielen, ist selbstverständlich kein Novum, sondern ein generelles Kennzeichen moderner Staaten. Dass Nicht-Deutsche aber im Zuge der Wiedervereinigung massiven rassistischen Angriffen aus-

---

199 Mannitz, »West Side Stories«, S. 287. Dass die – fortlaufende – Neukonstitution der deutschen Nation nicht als eindimensionale Nationalisierung zu verstehen ist, sondern »plurale Formen der Re- und Denationalisierung« zu beobachten sind, zeigt Irene Götz, Deutsche Identitäten. Die Wiederentdeckung des Nationalen nach 1989, Köln 2011, S. 20.

gesetzt waren, macht zum einen die Gewaltförmigkeit von Exklusionsprozessen sichtbar. Zum anderen drückt sich darin das historische Versäumnis aus, die Realität einer bundesdeutschen Einwanderungsgesellschaft anzuerkennen und entsprechend zu handeln. Nicht nur die – auch und gerade für die deutsch-deutsche Geschichte bedeutsame – Reise- und Bewegungsfreiheit steht damit auf der Agenda. Bei aller aktuellen Faszination für Mobilität, welche die Migrationsforschung und die *mobility studies* gleichermaßen charakterisiert, sollte das Recht, an einen Ort zu kommen und dort zu *bleiben*, nicht aus den Augen verloren werden.

Jutta Braun

Wettkampf zwischen Ost und West

Sport und Gesellschaft

In seiner ersten Rede nach den freien Volkskammerwahlen in der DDR am 18. März 1990 erklärte der für den Sport zuständige bundesdeutsche Innenminister Wolfgang Schäuble, die Erfolge des DDR-Sports müssten auch für das vereinte Deutschland »gerettet« werden.[1] Mit dieser Forderung befand sich Schäuble in völligem Einklang mit bundesdeutschen Sportorganisationen, die nach dem Mauerfall endlich Einblicke in die Geheimnisse des »Sportwunderlandes« DDR sowie die Adaption einiger seiner Bausteine erhofften.[2] Die Sicht der bundesdeutschen Sportpolitik war in der Einigungseuphorie auf die olympischen Erfolge fixiert, mit denen die DDR jahrzehntelang öffentlichkeitswirksam hatte reüssieren können. Erst viel später – in den Augen vieler sachkundiger Beobachter zu spät – erkannten die verantwortlichen Akteure in Politik und Sportverbänden, dass ein prägendes »Erbe« der DDR im Sport vor allem in der Herausforderung lag, den weitgehend maroden Breitensport in Ostdeutschland zu sanieren.[3]

Der deutsch-deutsche Sport war von Verflechtungen und Differenzen geprägt, die über die olympische Konkurrenz weit hinaus reichten. Besonders in der Welt des Fußballs lassen sich markante Unterschiede, aber eben auch gesellschaftsgeschichtlich relevante Verbindungen und Wechselspiele zwischen Ost und West ausmachen.[4] Und auch im Bereich des Breitensports folgten die Sporttreibenden in Ost und West durchaus ähnlichen Moden und Trends, die systembedingt jedoch unterschiedliche Ausprägungen und Entfaltungsmöglichkeiten besaßen.

---

1 »Schäuble will Erfolg des DDR-Sports retten«, Frankfurter Allgemeine Zeitung, 22.3.1990.
2 »Hauptausschuss des DSB diskutiert Einigungsprozess«, Frankfurter Rundschau, 25.6.1990.
3 Hans Joachim Teichler, Sportentwicklung in Ostdeutschland nach der Wende, in: Horch und Guck 14.3 (2005), (Gesamtheft 51), S. 40–43.
4 Braun, Jutta/Wiese, René, DDR-Fußball und gesamtdeutsche Identität im Kalten Krieg, in: Historical Social Research/Historische Sozialforschung 30.4 (2005), S. 191–210.

1. Konkurrenz im Spitzensport der 1970er und 1980er Jahre

Olympischer Wettkampf und »Sportwunder« DDR

Die Olympischen Spiele galten, anders als jegliches andere sportliche Großereignis, in der Zeit des Kalten Krieges als Schauplatz des Systemkampfes par excellence. Dass das sozialistische Weltlager sich nach dem Zweiten Weltkrieg der olympischen Bewegung überhaupt angeschlossen hatte, stellte zunächst eine Überraschung dar. Schließlich hatte die Sowjetführung bis dahin das Internationale Olympische Komitee (IOC) als Clique von reaktionären Adligen, Militärs und Industriellen verachtet und eine Gegenbewegung von Spartakiaden und machtvollen Paraden der sozialistischen Körperkultur zelebriert. Stalin jedoch erkannte in seinen letzten Jahren die enorme Öffentlichkeitswirkung, die von dem sportlichen Spektakel unter den olympischen Ringen ausging.[5] Von Beginn an betrat die Sowjetunion deshalb die olympische Arena unter der Maßgabe, hier einen sportlichen Stellvertreterkrieg gegen den »Imperialismus« zu führen und auch gewinnen zu müssen – wie in ihrem Gefolge auch die DDR. Der zweite Grund für die hohe politische Aufladung der Olympischen Spiele lag in dem Vorteil, den die sozialistischen Staaten hier aufgrund des olympischen Amateurstatus besaßen: Da per definitionem alle Sportler des Ostblocks »Staatsamateure« waren, während der Profisport ideologisch abgelehnt wurde, konnte man hier in zahlreichen Sportarten mit seiner Leistungselite antreten und dementsprechend überragend abschneiden.[6]

Der Wettbewerb mit dem »anderen Deutschland« bildete, wenngleich mit höchst unterschiedlicher politischer Relevanz, für beide Teile Deutschlands einen zusätzlichen Antrieb des Erfolgsstrebens. Für die DDR, die im Systemvergleich mit der Bundesrepublik ansonsten als der notorische Verlierer dastand und nicht zuletzt deshalb die eigene Bevölkerung hatte einsperren müssen, bot dies eine außergewöhnliche Chance der Selbstdarstellung, sowohl hinsichtlich der Leistungskraft des sozialistischen Systems, als auch bei der Profilierung als eigenständiger Staat: 755 olympische Medaillen, 768 Weltmeister- und 747 Europameistertitel vermochte das vergleichsweise kleine Land mit nur 17 Millionen Einwohnern in vierzig Jahren Sportgeschichte aufzuhäufen. Nach den Olympischen Spielen von 1972 in München war mithin der Kalte Krieg im Sport zwischen Bundesrepublik und DDR keineswegs beendet,[7] sondern entwickelte sich

---

5 Jenifer Parks, Verbal Gymnastics: Sports, Bureaucracy and the Soviet Union's Entrance into the Olympic Games, 1946–1952, in: Stephen Wagg/David L. Andrews (Hg.), East plays West. Sport and the Cold War, New York 2007, S. 27–44; Mike O'Mahony, Sport in the USSR. Physical Culture – Visual Culture, London 2006, S. 151 ff.
6 Allen Guttmann, The Olympics. A History of the Modern Games, Illinois 2002; Arnd Krüger, Sport und Politik. Von Turnvater Jahn zum Staatsamateur, Hannover 1975.
7 Die von der Forschung bislang gesetzte Zäsur des Jahres 1972 ist in dieser Hinsicht nicht relevant. Vgl. Uta Andrea Balbier, Kalter Krieg auf der Aschenbahn. Der deutsch-deutsche

mit zunehmender Konsequenz und Brutalität. Die DDR imponierte bald darauf bei den Olympischen Spielen von Montreal 1976, als sie nicht nur erneut die Bundesrepublik, sondern erstmals auch die Vereinigten Staaten von Amerika in der Medaillenbilanz hinter sich ließ. Die internationale Sportszene zeigte sich tief beeindruckt, vor allem von der Leistung des Schwimmteams. Und obgleich parallel durchaus spöttische Kommentare über das auffällig männliche Äußere der ostdeutschen Athletinnen kursierten, geriet die DDR doch nicht in die Ecke eines Doping-Schmuddelkindes, denn pharmakologische Unterstützung galt im internationalen Sport noch als ein durchaus probates Mittel der Leistungssteigerung. Das galt auch für die Bundesrepublik, so dass im Jahr 1977 der CDU-Abgeordnete Wolfgang Schäuble in einem seitdem vielzitierten und vieldiskutierten Ausspruch vor dem Sportausschuss des Deutschen Bundestags die Anwendung solcher Mittel prinzipiell nicht ausschließen und verurteilen wollte.[8]

Einsame Rufer blieben Stimmen wie die von Brigitte Berendonk, die als ehemalige Sportlerin in Ost und West die Dopingpraxis hüben wie drüben aus eigener Anschauung kannte und öffentlich wiederholt davor warnte, »Monstren« zu züchten.[9] Der Verweis auf die internationale »Chancengleichheit« war zu jener Zeit jedoch ein reflexartig verwendetes und wohlfeiles Argument, um die eigene Dopingforschung und Vergabe zu rechtfertigen.[10] Doch dürfen solche, durchaus ähnlich gelagerte Legitimationsmuster nicht über die Unterschiede zwischen der Dopinganwendung in der DDR und der Bundesrepublik hinwegtäuschen. Denn auch im Sport war es von entscheidender Relevanz, dass es sich bei der DDR um eine Diktatur handelte, die grundsätzlich eine umfassende Verfügungsgewalt über die eigenen Athleten reklamierte. Während in der Bundesrepublik die Dopingvergabe zwar mit informeller Billigung zahlreicher Funktionäre der Fachverbände, aber doch letztlich innerhalb von miteinander vernetzten Zirkeln von Sportlern, Ärzten und Trainern erfolgte,[11] herrschte im Osten eine strenge Planwirtschaft: Seit 1974 wurde Doping mit Hilfe eines so genannten »Staatsplanthemas« systematisch angeordnet und umgesetzt – und im Zweifelsfall gegenüber den Sportlern auch repressiv abgesichert.[12] Einzelheiten dieses Zwangsdopings

---

Sport 1950–1972, Paderborn 2006 sowie Tobias Blasius, Olympische Bewegung, Kalter Krieg und Deutschlandpolitik 1949–1972, Frankfurt a. M. 2001.
8 Peter Danckert (mit Holger Schück), Kraftmaschine Parlament. Der Sportausschuss und die Sportpolitik des Bundes, Aachen 2009, S. 159.
9 »Züchten wir Monstren?«, Die Zeit, 5.12.1969; »Der Sport geht über den Rubikon«, Süddeutsche Zeitung, 26./27.2.1977. Brigitte Berendonk war DDR-Vierkampf-Meisterin 1958, Fünfkampf-Jugend-Meisterin der Bundesrepublik 1959, Deutsche Meisterin im Diskuswurf 1971 und nahm 1968 und 1972 im Team der Bundesrepublik an den Olympischen Spielen teil.
10 Vgl. entsprechende Belege bei: Giselher Spitzer u. a., Sieg um jeden Preis. Doping in Deutschland: Geschichte, Recht, Ethik 1972–1990, Göttingen 2013, S. 50 f.
11 Hierzu gehörte allerdings auch eine flankierende Dopingforschung durch das Bundesinstitut für Sportwissenschaft. Vgl. Erik Eggers/Giselher Spitzer, Das BISp-Forschungsprojekt »Regeneration und Testosteron« 1985–1993, in: ebd., S. 155–258.
12 Giselher Spitzer, Doping in der DDR – ein historischer Überblick zu einer konspirativen Praxis. Genese, Verantwortung, Gefahren, Köln 1998.

wurden zwar durch Sportflüchtige auch in der Bundesrepublik bekannt, doch wirbelte dies erheblich weniger Staub auf als andere Kunden von Menschenrechtsverletzungen jenseits des Eisernen Vorhangs.[13] Willkommen war hingegen im bundesdeutschen Sport das Doping-Know-how, das geflüchtete Sportmediziner aus der DDR mitbrachten. So war Dr. Josef Nöcker verantwortlich für die berüchtigte »Kolbe-Spritze«,[14] während Dr. Alois Mader seit 1974 und Dr. Hartmut Riedel seit Ende der 1980er Jahre im Westen als Experten der Leistungssteigerung mit Anabolika hohe Anerkennung und großen Einfluss genossen.[15]

Das »Sportwunder DDR« war für bundesdeutsche Politiker ebenso wie für Sportfunktionäre zweifellos vor allem ein organisatorisches Faszinosum. Seit dem »Sputnik-Schock« im Sport im Sommer 1968, als die DDR die Bundesrepublik in der Medaillenbilanz erstmals abgehängt hatte, steckte hinter der Frage »Laufen Sozialisten schneller?«[16] die beharrliche Suche nach funktionellen Elementen, die man kopieren konnte. Doch vieles, was als Erfolgsfaktor galt, konnte in der Bundesrepublik schon aus Systemgründen nicht nachgeahmt werden: Die – wenn auch in ihrem Ausmaß bis 1990 geheim gehaltene – völlig überproportionale staatliche Förderung des Spitzensports war eben nur in einer Diktatur durchsetzbar, nicht aber in einer parlamentarischen Demokratie, in der sich der Spitzensport von Beginn an der Förderkonkurrenz anderer staatlich subventionierter Lebensbereiche stellen musste.[17] Kaum vorstellbar war im Westen auch, dass wie in der DDR alle Schulkinder verpflichtend gewogen und vermessen würden, um ihr potentielles Talent für bestimmte Sportarten zu prognostizieren. Undenkbar schließlich die vielfältigen Zwangsmaßnahmen der DDR, um nicht-medaillenintensive Sportarten massiv an der Entwicklung zu behindern oder gar zu verbieten; um die olympische Disziplin Judo zu fördern, war etwa Karate verboten.[18]

Vor allem interessierte sich die Bundesrepublik jedoch für die Stätten der Leistungssportausbildung, allen voran die Kinder- und Jugendsportschulen als eigentliche Kaderschmieden der DDR-Sportmaschinerie. Die DDR verwehrte jedoch nicht nur der westlichen Konkurrenz nähere Einblicke, sondern zeigte sich auch gegenüber dem großen Bruder betont verschlossen.[19] Ein etwas präzise-

---

13 »Schluck Pillen oder kehr Fabriken aus«, Der Spiegel 12/1979.
14 Der bundesdeutsche Ruderer Peter Michael Kolbe war im Einer-Finale in Montreal kurz vor dem Ziel aufgrund der Nebenwirkungen einer leistungssteigernden Spritze mit Cocarboxylase zusammengebrochen.
15 Hierzu Spitzer u. a., Siegen um jeden Preis.
16 Willi Knecht, Laufen Sozialisten schneller?, in: Deutschland Archiv 1.1 (1969), S. 1–9.
17 Hans Joachim Teichler/Klaus Reinartz (Hg.), Das Leistungssportsystem der DDR in den 1980er Jahren und im Prozess der Wende, Schorndorf 1999.
18 Klaus Reinartz, Die Zweiteilung des DDR-Sports auf Beschluss der SED, in: Teichler/ders., Leistungssportsystem, S. 55–85.
19 René Wiese, Staatsgeheimnis Sport – Die Abschottung des Leistungssportsystems der DDR, in: Historical Social Research 32.1 (2007), (Special Issue: Sport und Diktatur, hrsg. von Jutta Braun/René Wiese), S. 154–171.

res Bild konnte man sich im Westen allerdings von den »Sportclubs« der DDR machen, also jenen Einrichtungen, die im allgemeinen Sprachgebrauch immer noch als »Verein« bezeichnet wurden, obgleich sie mit einem solchen nichts mehr zu tun hatten. Ein freies bürgerliches Vereinswesen existierte in der DDR nicht, vielmehr waren die Clubs hoch ausdifferenzierte Leistungssportkomplexe, die mit einem immensen Personalaufwand eine lückenlose Betreuung der Athleten sicherstellten.[20] Die DDR-Sportclubs erschienen als Vorbild, als nach den Olympischen Spielen in Los Angeles 1984 der Bundesausschuss Leistungssport (BAL) aufgrund der enttäuschenden Medaillenausbeute nach neuen Lösungen bei der Trainingsbegleitung suchte. Dementsprechend wurden seit 1986 die ersten Olympiastützpunkte (OSP) in Anlehnung an die Sportclubs der DDR gegründet.[21] Sämtliche Olympiastützpunkte hatten die Aufgabe, die Betreuung von Kaderathleten in gleich mehreren olympischen Sportarten zu leisten, insofern zeigte sich hier der »Versuch einer Übernahme der zentralen Lenkungsideologie« der DDR.[22] Doch trotz aller Bemühungen des bundesdeutschen Sports blieb die DDR bis zu ihrem Untergang der olympisch deutlich erfolgreichere Teil Deutschlands.

Zwei Welten im Leistungssport

Der internationale Sport bot bis zum Ende des Kalten Krieges nicht nur eine Bühne für das direkte Kräftemessen zwischen Ost und West. Vielmehr war es eine geteilte Sportwelt, da die sozialistischen Staaten aus ideologischen Gründen weiten Teilen des Profisports fernblieben. So fehlten die Ostblockstaaten beim wichtigsten Spektakel des Profi-Radsports, der Tour de France. Stattdessen traten die ostdeutschen Radsportler bei der »Friedensfahrt Warschau-Berlin-Prag«, dem wichtigsten Amateurrennen der Welt, in die Pedale.[23] Auch hier legte die DDR eine erstaunliche Erfolgsstrecke hin, die vom legendären Täve Schur der 1950er Jahre bis zur vierjährigen Siegesserie Uwe Amplers in den 1980er Jahren reichte. Zu einem skurrilen deutsch-deutschen Showdown kam es lediglich einmal, im Jahr 1987, als anlässlich der 750-Jahr-Jubiläumsfeier der geteilten Stadt Berlin der West-Berliner Senat den Prolog der Tour de France für den Kurfürstendamm einkaufte und die erzürnte DDR-Sportführung im Gegenzug

---

20 Vgl. Hans Joachim Teichler, Die Sportclubs, in: ders./Reinartz, Leistungssportsystem, S. 189.
21 Eike Emrich/Ronald Wadsack, Zur Evaluation der Olympiastützpunkte, Köln 2005, S. 7; Eike Emrich, Zur Soziologie der Olympiastützpunkte. Eine Untersuchung zur Entstehung, Struktur und Leistungsfähigkeit einer Sportförderorganisation, Niedernhausen 1996.
22 Ebd., S. 12.
23 Ralf Schröder, Nicht alle Helden tragen Gelb. Die Geschichte der Tour de France, Göttingen 2011; zur Friedensfahrt in der Frühphase: Molly Wilkinson-Johnson, Training Socialist Citizens. Sports and the State in East Germany, Leiden 2008, S. 165 f.

die Friedensfahrt auf der Karl-Marx-Allee starten ließ.[24] Ohne östliches Pendant blieb der Tennisboom, den die Bundesrepublik in den 1980er Jahren erlebte, und der nicht nur mit Boris Becker und Steffi Graf zwei überragende Weltklasse-Athleten hervorbrachte, sondern darüber hinaus eine unmittelbare Wirkung auf den Breitensport zeitigte: Die Erfolge in Wimbledon und im Daviscup spornten den bundesdeutschen Nachwuchs an, so dass allerorten neue Tennisabteilungen in den Vereinen gebildet wurden und sich innerhalb weniger Jahre die Aktivenzahl verdoppelte.[25] Die wenigen Tennis-Cracks in der DDR konnten dem nur wehmütig zusehen, gehörten sie doch einer Sportart an, die als »bürgerlich« galt und materiell wie personell kleingehalten wurde.[26] Erst 1988, als Tennis offiziell olympisch wurde, ergaben sich auch in Ostdeutschland neue Perspektiven für diese Sportart – zu spät für die DDR.

Mitte der 1980er Jahre erfuhren die Trennlinien zwischen der Welt des Amateur- und des Profisports eine deutliche Aufweichung durch die Änderung der Olympischen Charta im Rahmen einer IOC-Session in Lausanne 1986: Die Türen für die Spiele standen künftig auch Profisportlern offen – und in den Olympischen Dörfern wohnten nun plötzlich von eher kärglichen Sporthilfe-Zuwendungen ihr Dasein fristende Leistungskader mit den Glamour-Stars des Sportbusiness Tür an Tür. Als Steffi Graf dementsprechend 1988 im Olympischen Dorf in Seoul und 1992 in Barcelona Quartier nahm, zog die Tennis-Multimillionärin nicht nur den Neid der ostdeutschen, sondern auch der westdeutschen Mitsportlerinnen und Nicht-Profis auf sich.[27]

Eine Sonderrolle spielte hüben wie drüben das Lieblingskind der Deutschen, der Fußball. Gerade hier zeigte sich, dass die Kombination aus einer gezielten Förderung des Breitensports und eines kommerziell grundierten Profisports durchaus der staatlich gelenkten Sportförderung der DDR überlegen sein konnte. Der bundesdeutsche Fußball entschied sich dabei erst vergleichsweise spät, 1963, für ein einheitliches Ligasystem, und es sollte bis 1972 dauern, bis man sich – über verschiedene Zwischenformen wie das »Vertragsspielerstatut« – zum Profifußball bekannte. Es war der Beginn einer Erfolgsgeschichte der Bundesliga, die nicht ohne Grund mittlerweile zu den »Erinnerungsorten« der Deutschen gezählt wird.[28] Die Vereinshistorie, etwa von Schalke 04 oder Bayern München, ist eng mit der wirtschaftlichen und sozialgeschichtlichen Entfaltung der jeweiligen

---

24 Ronald Huster, Duell an der Spree. Radsport im geteilten Berlin, in: Jutta Braun/Hans Joachim Teichler (Hg.), Sportstadt Berlin im Kalten Krieg. Prestigekämpfe und Systemwettstreit, Berlin 2006, S. 285–314.
25 Ulrich Kaiser, Tennis in Deutschland. Von den Anfängen bis 2002, Berlin 2002.
26 Dorota Winiarska, Bürgerlicher Sport in der DDR und Polen 1945–1989, Hamburg 2005; »Der verpönte Sport – Wie SED und Stasi das Tennis in der DDR drangsalierten«, Die Welt, 14.11.2002.
27 »Das geht mir auf den Geist«, Der Spiegel 38/1988 sowie »Interessiert die unser Elend?«, Der Spiegel 32/1992.
28 So die These von Gunter Gebauer, Die Bundesliga, in: Etienne Francois/Hagen Schulze (Hg.), Deutsche Erinnerungsorte, München 2005, S. 463–476.

Region verbunden und bildet somit auch immer einen Kristallisationspunkt lokaler und regionaler Identität.[29] Das Selbstverständnis der Vereine und ihre Traditionspflege reichen hierbei bis zu ihrer Gründungszeit, meist um die Jahrhundertwende, zurück. Einen gänzlich neuen Weg beschritt hingegen die DDR, die seit 1948 mit allen bürgerlichen Resten der Vereinskultur radikal brach und entweder Traditionsmannschaften in sozialistische Organisationsformen mit neuer Namensgebung presste[30] oder gleich gänzlich neue Clubs gründete: So wurden mit den Armeefußballern des ASK Vorwärts und den durch die »Sicherheitsorgane« der DDR (Staatssicherheit/Polizei/Zoll) getragenen Teams von Dynamo aus der Sowjetunion importierte Strukturelemente im ostdeutschen Fußballsport implantiert.

Fußball als Alltagsphänomen unterschied sich jedoch in den 1970er und 1980er Jahren in der DDR nicht gravierend von der Bundesrepublik. Die regionalen Mannschaften wirkten in beiden Teilstaaten als Träger eines sportlichen Heimatgefühls. Im Unterschied zum übrigen DDR-Sportsystem konnte sich der Fußball zudem als verdeckte kapitalistische Insel profilieren: Aufgrund der hohen Popularität hatten nicht nur Clubchefs, sondern auch regionale SED-Bezirksfürsten ein hohes Interesse daran, die besten Spieler »einzukaufen«, so dass sich ein Schattensystem von illegalen Prämienzahlungen und Handgeldern etablierte.[31] Auf der internationalen Sportbühne konnte die DDR-Auswahl allerdings nie an die Leistungsstärke der bundesdeutschen Nationalelf heranreichen: Den drei Titeln und sechs Final-Teilnahmen der DFB-Elf bei Weltmeisterschaften und zwei Europa-Meistertiteln bis 1990 stand eine einzige Endrundenteilnahme der DDR (1974) gegenüber. Über die Gründe für diese Leistungsdifferenz ist viel spekuliert worden.[32] Auch hier hat die Fokussierung der SED-Sportführung auf medaillenintensive Sportarten aber wohl einen beträchtlichen Anteil gehabt. So erklärte 1986 der Jenaer Fußballtrainer Lothar Kurbjuweit lakonisch auf die Frage eines bundesdeutschen Reporters, weshalb so wenige hochgewachsene Spieler in der DDR-Auswahl zu finden seien: »Die langen Fußballer sind bei uns Ruderer!«[33] Glänzen konnte das ostdeutsche Team nur – wie bei der DDR üblich – bei olym-

29 Nils Havemann, Samstags um halb vier. Die Geschichte der Fußball-Bundesliga, München 2013, S. 68f.
30 Hans Joachim Teichler, Die schwierigen Anfänge des Fußballsports in der SBZ/DDR, in: Michael Krüger/Bernd Schulze, Fußball in Geschichte und Gesellschaft. Tagung der dvs-Sektionen Sportgeschichte und Sportsoziologie vom 29.9.–1.10.2004 in Münster, Hamburg 2006, S. 75–81.
31 Vgl. für Thüringen die Fallstudien von: Michael Kummer, Die ungleichen Bedingungen von FC Rot Weiß Erfurt und FC Carl Zeiss Jena in der DDR, Jena 2011.
32 Jutta Braun, Abseits der Bundesliga. Zur Aufarbeitung des DDR-Fußballs, in: Aus Politik und Zeitgeschichte 27/28 (2013), S. 41–46. In einem gemeinsam vom Zentrum deutsche Sportgeschichte und Zentrum für Zeithistorische Forschung durchgeführten Forschungsprojekt wird zur Zeit im Auftrag des DFB die Fußballgeschichte der DDR systematisch erforscht.
33 »Der Fußball-Trainer aus Jena leistet sich Träume, weil er Realist ist«, Frankfurter Allgemeine Zeitung vom 18.9.1986.

pischen Fußballspielen, denn hier liefen die faktischen Profis der DDR-Auswahl als »Amateure« auf und trafen auf die »richtigen« Amateure aus dem Westen. Vier Olympiamedaillen[34] sind hier die stolze DDR-Erfolgsbilanz – die allerdings kaum jemanden interessierte. Der Blick vieler Fußballfans in der DDR wanderte vielmehr sehnsüchtig Richtung Westen. Aufgrund der Ausstrahlungskraft der Bundesliga und der bundesdeutschen Nationalmannschaft pflegten zahlreiche ostdeutsche Fußballfreunde ein doppeltes Fan-Dasein: neben ihrem DDR-Klub hingen sie häufig zugleich einem bundesdeutschen Verein wie etwa Bayern München oder dem HSV, aber auch der DFB-Elf an. Dieses Phänomen wurde von der SED und der Staatssicherheit nicht geduldet, scharf überwacht und streng sanktioniert: Reisten ostdeutsche Anhänger zu Spielen bundesdeutscher Teams in den Ostblock, wurden ihre Plakate und Losungen streng zensiert. Bei harmlosen Slogans wie »Suhl grüßt den FC Bayern München« sprang der politische Verfolgungsapparat der DDR an. Als 1971 die bundesdeutsche Nationalelf in Warschau ein Qualifikationsspiel für die Europameisterschaft absolvierte, ließen die zu Hunderten angereisten DDR-Fans mit Parolen wie »Chemnitz grüßt den Kaiser Franz« der Staatssicherheit die Haare zu Berge stehen – doch trotz zahlreicher gezielter Zugriffe und einer weitreichenden Infiltration der Fan-Szene bekam der Herrschaftsapparat der SED das Phänomen nie in den Griff.[35] Besonders verstörend war es hierbei für die DDR-Staatsmacht, dass die unbotmäßigen Fans fast sämtlich der so genannten Mauer-Generation angehörten und damit, in der Vorstellungswelt der SED, eigentlich keinerlei Bezug mehr zum anderen Teil Deutschlands hätten haben dürfen.[36] Während die Bundesrepublik in den 1970er und 1980er Jahren ein zunehmendes Problem mit gewaltbereiten und rechtsradikalen Fans hatte, schlugen sich die Sicherheitsorgane DDR, neben den hier ebenfalls aktiven Hooligans,[37] somit noch mit einer hausgemachten weiteren Kategorie von »kriminellen« Fußballanhängern herum: den deutsch-deutschen Schlachtenbummlern.[38]

---

34 1964 Bronze, 1972 Bronze, 1976 Gold und 1980 Silber.
35 Jutta Braun, Sportfreunde oder Staatsfeinde?, in: Deutschland Archiv 37.3 (2004), S. 440–447; Jutta Braun/Hans Joachim Teichler, Fußballfans im Visier der Staatsmacht, in: ders. (Hg.), Sport in der DDR. Eigensinn, Konflikte, Trends, Köln 2003, S. 561–586.
36 Mary Fulbrook, Generationen und Kohorten in der DDR. Protagonisten und Widersacher des DDR-Systems aus der Perspektive biographischer Daten, in: Annegret Schüle/Thomas Ahbe/Rainer Gries (Hg.), Die DDR aus generationengeschichtlicher Perspektive. Eine Inventur, Leipzig 2006, S. 113–130.
37 Christoph Lorke, »Ungehindert abreagieren«. Hooliganismus in der späten DDR im Spannungsfeld von Anstandsnormen, Sozialdisziplinierung und gesellschaftlichen Randlagen, in: bpb 3.5.2012, URL: http://www.bpb.de/geschichte/zeitgeschichte/deutschlandarchiv/135223/hooliganismus-in-der-ddr?p=all.
38 Im geteilten Berlin war vor allem die Fanfreundschaft zwischen Hertha- und Union-Anhängern virulent und politisch brisant. Vgl. René Wiese, Wie der Fußball Löcher in die Mauer schoss, in: Braun/Teichler, Sportstadt Berlin, S. 239–284.

Zwischen Staatsräson und Autonomie des Sports

Laut Statut legte der Sport der Bundesrepublik Wert darauf, »unpolitisch« zu sein, was jedoch primär – in Abgrenzung zur Zeit des Nationalsozialismus und der konfessionellen und sozialen Spaltung des Sports bis in die Weimarer Zeit – in Richtung einer parteipolitischen und religiösen Neutralität zielte. In der Systemauseinandersetzung des Kalten Krieges hatten sich jedoch die Sportorganisationen, sei es das Nationale Olympische Komitee für Deutschland, der Dachverband DSB und als einflussreichster Fachverband der DFB, immer wieder klar positioniert. In der Regel geschah dies in grundsätzlichem Einvernehmen mit der Haltung der Bundesregierung insbesondere gegenüber der DDR und dem gesamten Ostblock. Aufgrund der Spannungen zwischen den weltpolitischen Machtblöcken in den 1980er Jahren nahmen indes grundlegende Konflikte zwischen Sportorganisationen und politischer Räson in der Bundesrepublik zu. Das galt nicht nur für die notorisch boykottgefährdete olympische Ebene, sondern auch für den Fußball im Vorfeld der Europameisterschaft 1988 – in beiden Fällen sah sich der bundesdeutsche Sport mit einer die eigene Entscheidungsfreiheit empfindlich in Frage stellenden politischen Richtungsvorgabe seitens der Bundesregierung konfrontiert. Und auch in der DDR wiesen, wenn auch unter gänzlich anderen politischen Rahmenbedingungen, in den späten 1980er Jahren die Blockräson und das Interesse der DDR-Sportführung in durchaus unterschiedliche Richtungen.

Als eine der größten Krisen des Sports in der Bundesrepublik gilt die Entscheidung für einen Boykott der Olympischen Sommerspiele 1980 in Moskau. Als Reaktion auf den Einmarsch der Sowjetunion in Afghanistan hatte am 20. Januar 1980 US-Präsident Jimmy Carter ein Rückzugs-Ultimatum erhoben, das an die Forderung einer Absage oder Verlegung der Olympischen Spiele geknüpft war. Der medienwirksame Sport wurde für eine Symbolpolitik benutzt, die schärfere Waffe eines Wirtschaftsboykotts dagegen mit Rücksicht auf Exportinteressen von der Bundesregierung abgelehnt. Die olympische Geschichte war zu diesem Zeitpunkt bereits reich an Boykotten und ihrer Androhung[39] – und keineswegs hatte hier der Kalte Krieg bislang eine dominierende Rolle als Auslöser eingenommen –, doch erstmals spielte nun die Bundesrepublik in einer Boykottfrage eine »Schlüsselrolle«.[40]

Die Diskussion, die in den Folgemonaten entbrannte und ihren Höhepunkt im April und Mai 1980 erlebte, hatte eine breite internationale Dimension: In

---

39 Karl Lennartz, Olympische Boykotte, in: Andrea Bruns/Wolfgang Buss (Hg.), Sportgeschichte erforschen und vermitteln. Jahrestagung der dvs-Sektion Sportgeschichte vom 19.–21. Juni 2008 in Göttingen, Hamburg 2009, S. 179–200.
40 Insgesamt verzichteten 42 Staaten, überwiegend islamisch geprägt, auf eine Teilnahme. Die Schlüsselrolle der Bundesrepublik wurde von Daume und dem IOC vor allem hinsichtlich einer Vorbildwirkung für die westeuropäischen NOKs gesehen. IOC-Präsident Lord Michael Killanin an Daume, 9.5.1980. Willi-Daume-Archiv/DOA.

zahlreichen, vor allem den westeuropäischen Staaten kam es zu einem Tauziehen zwischen den Regierungen und den für die Teilnahme-Entscheidung de jure allein zuständigen Nationalen Olympischen Komitees.[41] Trotz erheblicher Bedenken legte sich Bundeskanzler Helmut Schmidt schließlich auf einen Boykott fest, um seine Loyalität gegenüber dem amerikanischen Verbündeten zu demonstrieren. Die Empfehlung der Bundesregierung gegen einen Start in Moskau wurde bestärkt durch eine mit überwältigender Mehrheit vom Deutschen Bundestag am 23. April 1980 gebilligte Vorlage. Gegenüber dieser politischen Übermacht kapitulierte schließlich auch der Boykott-Gegner und NOK-Chef Willi Daume: »Entscheidend für die Beeinflussung unserer Mitglieder war letztlich das Votum des Deutschen Bundestages, gewissermaßen also die ganz große Koalition gegen unser kleines Komitee.«[42] In zwei persönlichen Gesprächen im April 1980 hatte Bundeskanzler Helmut Schmidt zudem versucht, die Vertreter der Sportorganisationen persönlich von seiner Haltung zu überzeugen. Hierbei ließ Schmidt keinen Zweifel an seiner Erwartungshaltung: So legte er »Wert auf die Feststellung, dass der Sport in unserem Lande nicht durch Bundesregierung und Parlament bestimmt wird, sondern sich selbst bestimmt und seine Entscheidungen selbst trifft. (...) Die Bundesregierung werde keinen Druck oder Sanktionen ausüben, wie es in anderen Ländern vorkomme. Sie erwarte aber vom Sport Einsicht in die existentiellen Erfordernisse unseres Volkes und in die Bündnisnotwendigkeiten.«[43] Weiterhin erklärte der Bundeskanzler sibyllinisch, die Regierung werde, sollte sich das NOK doch für eine Teilnahme entscheiden, »keinen Zwang ausüben, keine Pässe entziehen, niemanden hindern, einen Teil seines Erholungsurlaubs für die Spiele zu verwenden.«[44] In der Tat hatte die Bundesregierung kurz zuvor allerdings eben diese Maßnahmen als »Einwirkungsmöglichkeiten« und ultima ratio in Erwägung gezogen, allerdings als juristisch nicht durchsetzbar verwerfen müssen.[45]

Das NOK votierte schließlich am 15. Mai 1980 mit 59 zu 40 Stimmen für einen Boykott der Spiele. Dass man mit dieser Haltung schließlich in Westeuropa – gemeinsam mit Norwegen – isoliert dastand, schmerzte Willi Daume und Helmut Schmidt aus unterschiedlichen Gründen: Für Daume war damit die angestrebte IOC-Präsidentschaft in unerreichbare Ferne gerückt, Helmut Schmidt musste sich den innenpolitischen, vor allem innerparteilichen Vorwurf einer Nibelun-

---

41 Vgl. Jim Riordan, Great Britain and the 1980 Olympics: Victory for Olympism, in: Maaret Ilmarinen u.a. (Hg.), Sport and International Understanding, Berlin 1984, S. 138–144.
42 Die Empfehlung des Parlaments wurde mit 476 Ja-, 8 Nein-Stimmen und 9 Enthaltungen verabschiedet. Daume an Bahr, 28.5.1980. Willi-Daume-Archiv/DOA.
43 Vermerk über das Gespräch der Bundesregierung mit Vertretern der Sportorganisationen über die Teilnahme an den Olympischen Sommerspielen 1980 in Moskau am 29. April 1980 im Bundeskanzleramt (5.5.1980), in: BAK 139/1995.
44 Ebd.
45 Referat S4, Bonn 15.4.1980, Herrn Minister über Staatssekretär Dr. Fröhlich. Betr. Olympiaboykott. Unterrichtung des Herrn Ministers für die Kabinettssitzung am 16.4.1980. Anlage 4: Einwirkungsmöglichkeiten der Bundesregierung, in: BAK 139/1995.

gentreue gegenüber den USA gefallen lassen. Die Boykottbefürworter kamen vornehmlich aus dem konservativen Milieu; neben der CDU/CSU gehörten hierzu auch die als konservativ geltenden Verbände der Reiter, Fechter und Segler – im Gegensatz etwa zu den Handballern und Schwimmern.[46] Auch in Großbritannien und zahlreichen anderen Staaten blieben die Reiter, wie vielfach auch die Segler, zu Hause, obgleich die jeweiligen NOKs nicht boykottierten. Eine demonstrative Veranstaltung unter dem Motto »Olympia lebt« am 21. April 1980 in Dortmund hingegen, als Aufschrei der Aktiven gegen den Boykott gedacht, kam hinsichtlich Stil und Unterstützerkreis eher einer zeittypischen Friedensdemonstration mit DKP-Unterstützung nahe. Im Innenministerium wertete man die geplante Veranstaltung als Anzeichen für die »unpolitische Emotionalität eines erheblichen Teils unserer Sportler.«[47] Der Fecht-Olympiasieger und spätere DOSB- bzw. IOC-Präsident Thomas Bach trat als Aktiven-Sprecher ebenfalls prononciert für eine Teilnahme in Moskau ein und beklagte später, der Boykott habe »nichts gebracht«.[48] Allerdings zwang der Boykott zumindest die Moskauer Führung, das Fernbleiben von einem Drittel der Sportwelt gegenüber der eigenen Bevölkerung zu rechtfertigen.[49]

Der tiefe Graben zwischen Politik und Sport, der sich 1980 öffnete, war auch an den Angriffen Willi Daumes gegen die aus seiner Sicht unlautere Informationspolitik der Bundesregierung ablesbar.[50] Sportjournalisten beklagten ebenfalls eine journalistische »Schweigespirale« zugunsten des Boykotts.[51] Funkstille herrschte in der Tat auch andernorts: Das damals noch mit einem Monopol ausgestattete öffentlich-rechtliche Fernsehen reduzierte die TV-Übertragung auf ein Minimum. Aufgrund eines gemeinsamen Beschlusses von ARD und ZDF wurden, statt zehn bis zwölf Stunden täglich, nur 15 Minuten des olympischen Geschehens in Moskau auf jedem Kanal gesendet, von der dreistündigen Eröffnungsfeier nur sechs Minuten gezeigt. Die Limitierung trieb ungeahnte

---

46 »Mit Bitternis und Sand im Mund«, Der Spiegel, 19.5.1980.
47 BMI, Abteilungsleiter 3, Staatssekretär Dr. Konow, Bonn, 16.4.1980 über Herrn Chef BK, Herrn Bundeskanzler Betr: Olympische Sommerspiele 1980 in Moskau. BAK B 139/1995.
48 »Olympia Boykott von 1980 hat nichts gebracht«. Interview mit Eberhard Gienger, Die Welt, 26.3.1980.
49 Evelyn Mertin, The Soviet Union and the Olympic Games of 1980 and 1984: explaining the Boycotts to their own people, in: Stephan Wagg/David L. Andrews (Hg.), East plays West. Sport and the Cold War, New York 2007, S. 235–252.
50 Zu einem Zeitpunkt, als definitiv erst vier Staaten abgesagt hatten, tauchten demnach »von Regierungsseite« Meldungen auf, es hätten schon bis zu 35 Nationen ihre Nicht-Teilnahme signalisiert. Daume artikulierte in einem internen Schreiben an die Fachverbände offen sein Misstrauen: »Später wird vielleicht mal eine Untersuchung interessant sein, wie solche Meldungen zustande kommen, ob also aus Oberflächlichkeit, Dummheit oder als Versuch zur bewussten Manipulation.«, Daume an die Fachverbände, 31.3.1980. Willi-Daume-Archiv/DOA.
51 Hans-Dieter Krebs, Die Zeit der Boykottbewegungen, in: NOK (Hg.), Deutschland in der olympischen Bewegung. Eine Zwischenbilanz, Frankfurt a. M. 1999, S. 307–315; hier S. 309.

Blüten: Geschäftsleute nahmen DDR-Sendungen auf Video-Kassetten auf und verkauften diese auf dem bundesdeutschen Inlandsmarkt. Der Deutsche Sport-Bund ließ in der Rhön das gesamte DDR-Olympia-TV-Programm auf Kassetten archivieren.[52]

Ähnlich wie Willi Daume, wenn auch unter gänzlich anderen Systembedingungen, sträubte sich der ostdeutsche Sportchef Manfred Ewald 1984 gegen die Retourkutsche eines Boykotts der Spiele von Los Angeles durch die tonangebende Sowjetunion, der die DDR gleichwohl zu folgen hatte. Laut den Erinnerungen von Ewald gab es zwar eine Kontroverse zwischen ihm und Erich Honecker über die Entscheidung, die letztlich jedoch mit dem Verweis Honeckers auf die wirtschaftlichen Schwierigkeiten bei einem Ausscheren aus der sozialistischen Ablehnungsfront wirkungslos blieb.[53] Auf seiner Sitzung am 10. Mai 1984 in Ost-Berlin vollzog dann das NOK der DDR zähneknirschend die Solidarität mit dem großen Bruder und sagte die Teilnahme unter dem Vorwand ab, dass keine ausreichenden Sicherheitsvorkehrungen gewährleistet seien.[54] Ebenso wie vier Jahre zuvor waren die Leidtragenden vor allem die Sportler, so dass entsprechende Unmuts-Äußerungen selbst westliche Medien erreichten. So sprach Kugelstoßer Udo Beyer von einer »harten Entscheidung«, auch Schwimmer Roland Matthes betonte, »wie schmerzlich« die Nichtteilnahme sei.[55]

Die in Ost wie West erkennbare Tendenz, die Teilnahme an oder die Abhaltung von Sportveranstaltungen einer symbolischen Politik zu opfern, zeigte sich erneut vor den Olympischen Spielen von 1988: Der Austragungsort Seoul galt ebenfalls als boykottgefährdet, da Südkorea keine diplomatischen Beziehungen zu den sozialistischen Ländern unterhielt. Dies führte im Vorfeld zu einer erstaunlichen Kooperation zwischen den »Klassenfeinden« Willi Daume und Manfred Ewald – denn beide hatten ein Interesse daran, dass »die Spiele weitergehen« würden. In einem Vier-Augengespräch, das Manfred Ewald und Willi Daume im Juni 1984 in Ost-Berlin führten, regte Ewald an, IOC-Präsident Antonio Samaranch die Stadt München als alternativen Austragungsort vorzuschlagen – eine Idee, mit der sich auch der geschmeichelte Daume anfreunden konnte.[56] Nicht mehr der Prestigegewinn für den Antipoden Bundesrepublik war nun die größte Sorge des ostdeutschen Sportchefs, sondern die Leistungskraft seines sozialistischen Sportapparates erneut ins Leere laufen zu lassen. Doch kam es nicht zum Ernstfall. IOC und DDR bekundeten bald offiziell olympische Harmonie. Bei der 89. Session des IOC vom 3. bis 6. Juni 1985 in Ost-

---

52 »Sturm der Entrüstung ist ausgeblieben«. Interview mit TV-Sportkoordinator Hans Heinrich Isenbarth, Der Spiegel, 28.7.1980.
53 Manfred Ewald, Ich war der Sport, Berlin 1994, S. 184.
54 Deutsches Sportecho, 11./12.5.1984.
55 Krebs, Boykottbewegungen, S. 313.
56 DTSB der DDR, Präsident, 7.6.1984. Aktennotiz. Persönliches Gespräch zwischen Manfred Ewald und Willi Daume, in: Archiv NOK/Frankfurt a. M.

Berlin präsentierte sich die DDR als »Musterschüler der olympischen Idee«.[57] Die Verleihung des Olympischen Ordens in Gold an Erich Honecker durch Samaranch im Schinkelschen Schauspielhaus am Berliner Gendarmenmarkt wurde als Dank im Voraus dafür interpretiert, dass die DDR sich nicht erneut einem Boykott anschließen werde – tatsächlich jedoch hatte die Verleihung schon seit Oktober 1983 festgestanden.[58] Die prächtige Inszenierung des Spektakels zeigte jedoch auch, wie sehr die SED-Führung nach wie vor eine legitimierende Rückenstärkung von der Olympischen Bewegung erhoffte – in völliger Verkennung der Krise im Land und der Ernsthaftigkeit der oppositionellen und kritischen Bewegungen, die mit nichts weniger als mit olympischen Medaillen zu beeindrucken waren. Das Pfeifkonzert gegen Eislauf-Ikone Katarina Witt bei der Moderation eines Rockkonzerts in Weißensee 1988, auch die Parodie auf Witt durch eine systemkritische Punk-Band wie Sandow in ihrem sehr populären Underground-Song »Born in the GDR« werfen ein Schlaglicht darauf, wie sehr der olympische Leistungssport von weiten Teilen der Jugend nur noch als »gigantisches Dekorationsstück der Regierung«[59] angesehen wurde.

Auch der bundesdeutsche Fußball blieb in den 1980er Jahren nicht von den Auswirkungen des Ost-West-Gegensatzes verschont. Dies zeigte sich in eklatanter Weise, als die Bundesrepublik im Jahr 1985 den Zuschlag für die Austragung der Fußball-Europameisterschaft 1988 von der UEFA erhalten sollte. Denn in der endgültigen Zusammenstellung des Spielplans war West-Berlin als möglicher Veranstaltungsort übergangen worden. Der DFB unter Herman Neuberger hatte von Beginn an den Widerstand der drei osteuropäischen Mitglieder im Organisationskomitee der UEFA im Blick gehabt und deshalb West-Berlin als Ort des Eröffnungsspieles zwar vorgeschlagen, jedoch nicht zur conditio sine qua non der Bewerbung erhoben.[60] Die West-Berliner Politik und Teile der Presse kritisierten umgehend aufs Schärfste das »Notopfer Berlin«[61] des DFB, es folgten öffentliche Zurechtweisungen Neubergers durch die Bundesregierung.[62]

---

57 Der Boykott der Spiele in Los Angeles wurde nunmehr von DDR-Medien geflissentlich unterschlagen. Listen der olympischen Medaillengewinner endeten nach den Spielen in Moskau 1980, »Von Boykott keine Rede«, Sonntag Aktuell, 2.6.1985.
58 Dies ist einem Bericht des NOK-Sekretärs und IM »Victor« Wolfgang Gitter zu entnehmen. Treffbericht, 15.10.1983, in: BStU, MfS-HA XX 69254/92.
59 So eine Formulierung des Neuen Forums Leipzig/Arbeitsgruppe Sport, Zur Ethik und Moral des Sports, 4.12.1989, abgedruckt in: Giselher Spitzer/Hans Joachim Teichler/Klaus Reinartz (Hg.), Schlüsseldokumente im DDR-Sport. Ein historischer Überblick in Originalquellen, Aachen 1998, S. 328–331.
60 In Vorgesprächen mit Vertretern ost-, aber auch westeuropäischer Verbände war dem DFB signalisiert worden, dass aufgrund des Stimmenverhältnisses im Entscheidungsgremium eine Bewerbung unter Einschluss West-Berlins nicht aussichtsreich sei. Vgl. DFB, Zur Kontroverse um die EM 1988, BAK 136 24413.
61 »Fußball-Notopfer«, Bonner Rundschau, 20.2.1985.
62 »Zimmermann kritisiert DFB«, Süddeutsche Zeitung, 21.2.1985.

Die Empörung, die sich im Frühjahr 1985 in West-Berlin breit machte, rührte aus den zahlreichen Abschnürungsversuchen, die Moskau der Frontstadt bis dato bereits zugefügt hatte, um sie praktisch und symbolisch von der Bundesrepublik zu isolieren – wiederholt unter Einsatz des sportpolitischen Hebels. So hatte die Sowjetunion bereits im Jahr 1971 versucht, West-Berlin als Austragungsort der WM 1974 zu verhindern. Hermann Neuberger, damals Chef im Organisationskomitee des Fußball-Weltverbandes (FIFA), war es damals nur mit viel Mühe gelungen, die Inselstadt als Spielort doch noch durchzusetzen.[63] Der Ostblock war im europäischen Verband jedoch ungleich mächtiger als in der FIFA: West-Berlin wurde damit als Austragungsort für 1988 zu einem unberechenbaren Risikofaktor. In einer Vorstandssitzung vom 27. Februar 1985 in Aachen sprachen sich die Regionalverbände des DFB deshalb bei nur einer Gegenstimme, derjenigen West-Berlins, für eine EM auch ohne die Inselstadt aus. Sportminister Friedrich Zimmermann setzte am gleichen Tag ein Schreiben an Neuberger auf, in dem er die Gegenposition der Bundesregierung formulierte, die durch das Junktim bestimmt war, dass »Berlin in den Kreis der ausrichtenden Städte einbezogen werden müsse, wenn die Fußball-EM 1988 in der Bundesrepublik Deutschland stattfindet«.[64] Zudem entschied Bonn, eine eigene diplomatische Offensive zu führen: Das vom Bundeskabinett beschlossene Aide-Memoire, das den Außenministern der befreundeten UEFA-Staaten übergeben wurde, besagte: »Die Regierung der Bundesrepublik Deutschland würde es sehr bedauern, wenn die Durchführung der Fußball-Europameisterschaft 1988 in der Bundesrepublik Deutschland ohne den Spielort Berlin (West) vorgesehen würde. Sie würde in einem solchen Falle die Vergabe der Fußball-EM 1988 an den DFB nicht für wünschenswert halten.«[65] Der Dachverband DSB beklagte, der Inhalt des Aide-Memoire sei ein massiver Eingriff in die Kompetenzen eines Sportverbandes. Werde hier etwa ein neues Autonomie-Verständnis des Staates gegenüber dem Sport demonstriert?[66] Am 14. März 1985 wurde in Bern von der UEFA der Zuschlag für die Bundesrepublik als EM-Gastgeber bestätigt, wobei sich mehrere internationale Sportvertreter über den als Affront empfundenen Vorstoß der Regierung Kohl mokierten.

Der Streit des Jahres 1985 stellte seit den Auseinandersetzungen um den Olympia-Boykott von Moskau die schwierigste Gratwanderung zwischen Sport und Politik dar. Während der Sport im Jahre 1980 – wenn auch zu Teilen widerwillig – der Prioritätensetzung durch die Bundesregierung folgte, wehrten sich DFB und DSB im Jahre 1985 heftig und öffentlich, der Intervention der Bundes-

---

63 »Die WM 74 und Berlin: FIFA musste Statuten ändern«, Stuttgarter Zeitung, 13.3.1985.
64 Fernschreiben Dr. Zimmermann an Präsident DFB, Neuberger, 27.2.1985. BAK B 136 24413.
65 AA, Witte, 26.2.1985, verschlüsselte Plurez an Paris, Den Haag, Rom, Lissabon, Reykjavik, Edinburgh, Wien, Bern, London, in: BAK 136 29699.
66 Vermerk von Gieseler, 14.3.1985, über die Sitzung des Sportausschusses des Deutschen Bundestages zur Fußball-EM 1988 unter dem besonderen Aspekt der Stellungnahme des DSB am 13.3.1985 in Bonn, Bundeshaus, in: BAK 136 24413.

regierung zu entsprechen. Der Streit des Jahres 1985 sollte allerdings noch eine langfristige Folge haben: Als »Entschädigung« für die Aussperrung von der EM 1988 erhielt West-Berlin dauerhaft die Ausrichtung des DFB-Pokal-Endspiels zugesprochen, womit schließlich auch das vereinte Berlin bis heute um eine sportliche Attraktion reicher ist.[67]

Kommerzieller Wandel

Probleme für den kommunistisch geprägten Teil des Weltsports ergaben sich bald angesichts eines anbrechenden neuen olympischen Zeitalters: Die Spiele von Los Angeles waren die ersten privat organisierten und finanzierten der olympischen Geschichte. Nachdem die Stadt 1978 vom Internationalen Olympischen Komitee den Zuschlag für die Sommerspiele erhalten hatte, sprachen sich die Bürger in einer Volksbefragung – das finanzielle Desaster von Montreal 1976 als abschreckendes Beispiel vor Augen – gegen eine Finanzierung durch öffentliche Mittel aus. Bürgermeister Tom Bradley war zunächst ebenso ratlos wie das IOC, bis Wirtschaftsunternehmen mit einer Sponsoring-Aktion in die Bresche sprangen. Als Präsident des Organisationskomitees fungierte der Geschäftsmann Peter Ueberroth, Sohn deutscher Einwanderer aus Lübeck und Chef eines Reiseunternehmens, der die »Partnerschaft zwischen Geschäft und Olympia« proklamierte.[68] Mit seiner neuen Politik erhöhte das IOC den eigenen Einfluss vor allem in der Dritten Welt – dank zunehmender Millionen-Einnahmen – und manövrierte damit die Sowjetunion zusehends ins Abseits. Finanziell schwache Nationale Olympische Komitees erhielten nun über einen Solidaritätsfonds des IOC zusätzliche Mittel, was zu einer Rekordteilnahme von 140 Nationen führte. Beträchtliche Einnahmen bezog das IOC aus der Vermarktung seiner Symbole, vor allem aber aus seinem Anteil von etwa einem Drittel[69] an den TV-Lizenzgebühren, die sich 1984 auf allein 34 Millionen Dollar beliefen. Die wachsende Macht des Kapitals schmälerte den Einfluss des kommunistischen Sports, der im IOC ohnehin nur gut ein Zehntel der Stimmen besaß.

Mit dem Amtsantritt Michail Gorbatschows im März 1985 als Generalsekretär der KPdSU kam es zudem zu einer fortschreitenden Entfremdung zwischen sowjetischen Reformern und ostdeutschen Hardlinern auch im Sport. Denn im Kampf gegen die beiden wichtigsten Dämonen der sozialistischen Sportpropaganda, die »Kommerzialisierung« und den »Professionalismus«, fühlte sich die DDR zusehends von der Sowjetunion alleingelassen. Hatte Ewald zunächst noch auf die Standfestigkeit des großen Bruders gesetzt, sah sich Ost-Berlin im Okto-

---

67 Jutta Braun, Inselstadt im Abseits?, in: dies./Teichler (Hg.), Sportstadt Berlin, S. 150–183.
68 Guttmann, Olympics, S. 160 ff.; »Unglaublich missbraucht. Kaltblütig missbraucht«, Der Spiegel, 8.8.1983.
69 Die anderen beiden Drittel gingen an den Solidaritätsfonds der NOKs und an die internationalen Verbände.

ber 1986 schon in der Rolle eines »einsamen Rufers«.[70] Im November 1986 erklärte Sportminister Marat Gramow in Ost-Berlin bei der jährlichen Konferenz der sozialistischen Sportleitungen salomonisch, dass die Sowjetunion nichts gegen den professionellen Spitzensport, sondern lediglich gegen den »professionellen Missbrauch« des Leistungssports einzuwenden habe.[71] NOK-Chef Willi Daume, der sich lange ebenfalls – so wie die gesamte olympische Bewegung – gegen eine Zulassung von Profisportlern gesperrt hatte, eröffnete DDR-Sportchef Manfred Ewald bei einem Zusammentreffen 1986 recht unverblümt, dass er das Anliegen der Professionalisierung mittlerweile auch deshalb unterstütze, um die Medaillenchancen der sozialistischen Länder endlich einmal zu mindern.[72]

Zum anderen fiel es der DDR schwer, aus einer zweiten Facette der fortschreitenden Kommerzialisierung Nutzen zu ziehen, von der zeitgleich zahlreiche osteuropäische Sportnationen profitierten: das zeitweise oder langfristige »Ausleihen« oder »Ziehenlassen« von sozialistischen Sportlern Richtung Westen gegen harte Devisen, wie es die VR Polen, Ungarn und die CSSR seit Mitte der 1980er Jahre praktizierten. Aufgrund der Teilung der Nation war es für die DDR immer mit einem hohen Risiko verbunden, einem DDR-Sportler ein Engagement im Westen zu erlauben – zu unsicher war die Perspektive der Rückkehr. So wurde auch Katarina Witt bei ihren ersten kommerziellen Gehversuchen im Rahmen einer Eislaufrevue streng von neun Mitarbeitern des Sportapparates überwacht, die »im Notfall hätten eingesetzt werden können, um Vorsorge zu treffen, dass mit ihr nichts passiert.«[73] Dabei zeigte sich Ewald, trotz aller ideologischer Bedenken, durchaus beeindruckt von den Dimensionen der neuen boomenden Vermarktungsmöglichkeiten: »Was gegenwärtig durch den Kommerz geboten wird, ist unwahrscheinlich. So haben die Polen für ihren Fußballspieler Boniek 1,4 Millionen Dollar erhalten. Wie uns die Freunde wissen ließen, schätzen sie, dass gegenwärtig über 600 Aktive und Trainer aus der VR Polen im westlichen Ausland tätig sind.«[74]

70 Formulierung von NOK-Generalsekretär Wolfgang Gitter. IM Victor. Treffbericht, 28.10.1986, in: BStU, MfS-HA XX 69254/92.
71 Treffbericht, 29.11.1986, in: BStU, MfS-HA XX 69254/92.
72 Er »erklärte eindeutig, dass die Zulassung der Profi-Sportler zu den Olympischen Spielen – wogegen er selbst viele Jahre aufgetreten war – von dem Motiv bestimmt sei, die ›Medaillenchancen der sozialistischen Länder zu mindern.‹ Spitzenathleten, die täglich 6 h Training zu absolvieren hätten, könnten keinem normalen Berufsleben nachgehen, andererseits wären die westlichen Länder nicht in der Lage, die soziale Zukunft der Sportler so zu sichern, wie das in den sozialistischen Ländern geschieht. Von dieser Grundposition aus betrachtet er die Zulassung von Profis zu den Olympischen Spielen nicht als Verletzung der Prinzipen der Olympischen Charta.«, IM »Victor«. Bericht über die Reise einer NOK-Delegation zur 50. Bob-Weltmeisterschaft 1986 in Berchtesgaden/BRD. 25.2.1986, in: BStU, MfS-HA XX 69254/92.
73 Niederschrift der ZAIG 2 über die wesentlichsten Inhalte eines Gespräches des Genossen Minister mit dem Präsidenten des DTSB, Genossen Ewald, und dem Leiter der Abteilung Sport, Genossen Hellmann, 31.3.1986, in: BStU (Hg.), MfS und Leistungssport. Ein Rechercheberict, Reihe A, Dokumente Nr. 1/1994, Berlin 1994, S. 87–113, hier S. 112.
74 Ebd.

Zugleich häuften sich Fragen aufgebrachter DDR-Sportler bei der Sportführung, ob sie ihre Honorare und Prämien nicht behalten könnten anstatt sie wie bislang an den DTSB abzuführen.[75] Der von der DDR jahrzehntelang kultivierte »Klassenhass« gegen den bundesdeutschen Sport erschwerte jedoch ein Umschwenken. Die sozialistischen Vorzeigeathleten waren stets als Eigentum des Staates betrachtet worden. Seit 1971 – nach einigen peinlichen Republikfluchten von Spitzenathleten – wurden sie durch das MfS nicht nur beim Training, sondern auch im Privatbereich minutiös überwacht, um unerwünschte Westkontakte und Fluchtversuche zu verhindern. Ein legaler Wechsel von DDR-Sportlern in die Bundesrepublik lief somit den Prinzipien des gesamten ideologischen und auch organisatorischen Grundgerüsts des DDR-Sports wie der SED-Diktatur zuwider. Wie tief diese Abgrenzungsideologie saß, machte Manfred Ewald unfreiwillig im Vorfeld der Olympischen Spiele 1988 in Calgary deutlich. *Der Spiegel* hatte eine vertrauliche Anweisung an Funktionäre und Trainer veröffentlicht, in der erneut die martialischen Drohkulissen des Kalten Krieges aufgebaut und zur »Festigung und Aktualisierung prinzipieller Feindbilder« im Denken der Sportler aufgerufen wurde.[76] Als der Text an die Öffentlichkeit gelangte, kam es zu einem sportpolitischen Skandal – auch und gerade im Angesicht der Tatsache, dass die SED im Gefolge der Honecker-Visite in der Bundesrepublik im September 1987 eigentlich soeben den »Abbau von Feindbildern« versprochen hatte.[77] NOK-Chef Manfred Ewald versuchte vergeblich, anlässlich der Vorstellung der DDR-Olympiamannschaft Ende Januar 1988 den Text im Rahmen einer Pressekonferenz als bloße »provokatorische Erfindung« herunterzuspielen.[78] Die Sportführung hatte sich endgültig im eigenen Propagandadickicht verfangen: Sie fütterte einerseits nach wie vor ihre Athleten mit den seit Jahrzehnten geübten agitatorischen Floskeln und Unwahrheiten, und musste kurz darauf gleich ein zweites Mal lügen, als sie – bei dieser Praxis ertappt – den Vorfall gegenüber dem Westen mit hochrotem Kopf abstritt. Eine Reformierbarkeit wie im Fall der osteuropäischen Staaten erschien aufgrund dieses spezifischen, versteinerten Bellizismus der DDR-Sportführung[79] ebenso unmöglich wie aufgrund der Befürchtung, dass jede Durchlässigkeit der Mauer den ungewollten Dominoeffekt eines Sportler-Exodus nach sich ziehen würde. Und so konnte Erich Honecker zwar durchaus im Jahr 1989 im engsten Kreis des Politbüros augenzwinkernd konzedieren: »Bei uns gibt es doch eigentlich auch den Berufssport. Wir brau-

---

75 Ebd.
76 Siegfried Müller/Heinz Schwidtmann, Ausgewählte Schwerpunkte der politisch-ideologischen Vorbereitung von Leistungssportlern auf die Olympischen Winterspiele 1988, Theorie und Praxis des Leistungssports 25 (1987), H 6, S. 9–22.
77 Grundwertekommission der SPD/Akademie für Gesellschaftswissenschaften beim ZK der SED, Der Streit der Ideologien und die gemeinsame Sicherheit, Bonn/Berlin 1987.
78 »Festigung prinzipieller Feindbilder«, Der Spiegel, 25.1.1988, sowie »Rückspiegel«, Der Spiegel, 1.2.1988.
79 Rüdiger Bergien, Erstarrter Bellizismus. Die SED-Funktionäre und ihr Weg in den Herbst '89, in: Martin Sabrow (Hg.), 1989 und die Rolle der Gewalt, Göttingen 2012, S. 32–55.

chen uns nicht so aufzuregen. Fußballer werden gekauft. Die Oberliga-Spieler sind also Berufssportler.«[80] Doch konnte und wollte man eben nicht auf den 1986 öffentlich vorgebrachten Vorschlag des Werder-Trainers Otto Rehhagel und ähnliche Offerten eingehen, die in Analogie zur Praxis der osteuropäischen Staaten einen internationalen Spieleraustausch zwischen Bundesrepublik und DDR anregten und die Vorteile für beide Seiten unterstrichen.[81] Der SED und ihrer Sportführung, die den Spitzensport in allen Dekaden unter dem Primat der staatlichen Repräsentation und vor allem der Abgrenzung zur Bundesrepublik betrachtet hatten, blieb ein Prinzip vieler Profi-Sportveranstaltungen völlig unverständlich: So befremdete es Manfred Ewald, dass hier »Spieler wie z.B. im Tennis Lendl und andere gegen ihre eigenen Landsleute in sportlichen Vergleichen antreten. Das kann wohl nicht Sinn und Zweck der Sache sein.«[82]

In den letzten Jahren arrangierte sich die DDR allerdings doch noch mit einem Aspekt des Kommerzes: den Werbeeinnahmen. Erstmals wurde eine für Westvermarktung zuständige »Abteilung Werbung« im Deutschen Turn- und Sportbund (DTSB) der DDR gebildet. Laut FDJ-Organ *Junge Welt* erhoffte sich die DDR für 1988 insgesamt 130 Millionen Mark aus der Sportwerbung.[83] Allerdings annoncierte man vorwiegend Produkte, die in der DDR nicht zu kaufen waren: So war bei TV-Übertragungen von Meisterschaften und Länderkämpfen etwa Bandenwerbung für Agfa und Kodak, Bauhaus und Erdgas zu sehen; die Startnummern der DDR-Leichtathleten zierte 1988 der Schriftzug der Computerfirma Commodore. Bei den Olympischen Spielen 1988 trugen die DDR-Bobfahrer BMW-Helme, weil diese die »sichersten« seien, wie das *Neue Deutschland* nun neuerdings versicherte.[84] Somit hatte sich der DDR-Sport kurz vor seinem Untergang dem Mainstream der Reformen des Ostblocks zumindest im Bereich der Markenwerbung doch noch vorsichtig angepasst.

---

80 Protokoll der PB-Sitzung vom 14.2.1989, in: SAPMO DY 30/IV/2/2.039/70.
81 Rehhagel hatte diesen Vorschlag bereits 1986 bei der WM in Mexiko gegenüber DDR-Funktionären unterbreitet, »Otto Rehhagel will DDR-Kicker in die Bundesliga holen«, Bonner Rundschau 27.2.1987. Vgl. hierzu auch: Jutta Braun, Klassenkampf im Flutlicht, in: Teichler, Sport in der DDR, S. 61–132, hier S. 123 f.
82 BStU, MfS und Leistungssport, S. 112.
83 Junge Welt, 17.7.1988. Bislang war es nur der Firma adidas gelungen, in der DDR breitflächig Fuß zu fassen. Vgl. Barbara Smit, Die Dasslers – Drei Streifen gegen Puma, Bergisch Gladbach 2007.
84 »Neues Weltbild«, Der Spiegel, 8.8.1988.

Breitensport im Westen, Volkssport in der DDR

Während die DDR vor allem den Leistungssport ausbaute, gewann in der Bundesrepublik der 1970er Jahre der Freizeitsport stark an Bedeutung. Als Geburtsstunde des modernen Freizeitsports gilt gemeinhin die Aktion »Zweiter Weg des Sports« seitens des DSB aus dem Jahr 1959. Der Sportbetrieb sollte demnach nicht allein auf Wettkampfangebote und Leistungsförderung begrenzt bleiben, sondern einer breiten Masse auch spielerische Sportangebote jenseits des Leistungsgedankens eröffnen. Dieser durchaus in der spezifisch deutschen turnerischen Tradition wurzelnde Gedanke eines »Sports für alle« fand schnell eine breite Resonanz: So waren 1970 bereits 16,7 Prozent der Bevölkerung Mitglied in einem Turn- oder Sportverein, und in den 1970er Jahren stieg die Vereinsmitgliedschaft rasant an. Zudem wurde mit der Initiative des »Goldenen Plans zur Schaffung von Erholungs-, Spiel- und Sportanlagen« von 1960 die notwendige Sportstätteninfrastruktur für das Erholungsbedürfnis der Bevölkerung geschaffen. Von nicht zu unterschätzender Bedeutung war jedoch vor allem im Jahr 1970 die Trimm-Kampagne, die, so Christian Wopp, »durch die Propagierung eines offenen Sportverständnisses historisch betrachtet entscheidend zur Befreiung des Sporttreibens von traditionellen Normen und Standards beigetragen« habe.[85] Hatte der »Zweite Weg« noch primär an die Vereine und Verbände appelliert, so richtete sich die Trimm-Aktion mit ihrem beliebten Maskottchen »Trimmy« und Losungen wie »Lauf mal wieder« direkt an den einzelnen Bürger. Nicht nur die Zunahme des durchschnittlichen Körpergewichts der Westdeutschen motivierte diese Initiative. Vielmehr stand sie im Zusammenhang mit vielfältigen Körperpolitiken, mit denen der Staat nun die Gesundheit der Bürger zu schützen suchte – wie mit Kampagnen gegen Alkohol, Rauchen und Drogen oder mit der eingeführten Anschnallpflicht im Auto. Zugleich stieg in der Bevölkerung generell das Bedürfnis, den eigenen Körper zu optimieren – nicht nur durch mehr Sport: Ebenso gewannen Diäten, gebräunte Haut oder individualisierte Kleidungsstile an Bedeutung. Die Zahl der individuellen Freizeitsportler wuchs; zugleich stieg die Zahl der Vereinsmitglieder weiterhin an, so dass im Jahr 1980 insgesamt 27,6 Prozent der Bevölkerung sportlich organisiert waren.[86]

In den 1980er Jahren differenzierte sich zudem das Sporttreiben weiter aus: Die sportliche Mobilisierung ging einerseits in Richtung alternativer Bewegungsformen und Trendsportarten wie Joggen, andererseits entstand ein boomender kommerzieller Sektor, der zunehmend das Körpertraining in Fitness-Studios zu einem Ort individueller Optimierung werden ließ.[87] Insbesondere in den 1980er Jahren vermischten sich zudem, etwa im Bereich von Bodybuilding und

---

85 Christian Wopp, Entwicklung und Perspektiven des Freizeitsports, Aachen 1995, S. 55.
86 Jürgen Dieckert, Freizeitsport in Deutschland, in: ders./Christian Wopp (Hg.), Handbuch Freizeitsport, Schorndorf 2002, S. 25–32.
87 Arnd Krüger/Bernd Wedemeyer (Hg.), Kraftkörper – Körperkraft: Zum Verständnis von Körperkultur und Fitness gestern und heute, Göttingen 1995.

Aerobic, immer stärker modische Impulse der Bekleidungs-, der Musik- und der Sportartikelindustrie, die Fitness als Lebensgefühl ebenso wie als Ausweis von Jugendlichkeit, Attraktivität und Hipness untrennbar miteinander verbanden. Auch dies war ein Teil der »Versportlichung der Kultur«,[88] deren sichtbarster Ausdruck aber vielleicht nach wie vor der modische Siegeszug des Turnschuhs ist.

In der DDR diente der Breiten- oder wie er hier genannt wurde: Volkssport nicht nur dem Anliegen der individuellen Steigerung von Fitness und Lebensfreude. Vielmehr war er von Beginn an mit dem Anliegen einer Orientierung am Wohl des Kollektivs beschwert. Der Leitsatz Walter Ulbrichts, »Jedermann an jedem Ort – einmal in der Woche Sport«, zielte mithin auch auf die Erhaltung der Arbeitskraft sowie der Wehrfähigkeit der Bevölkerung.[89] Und obgleich Sportgruppen in Wohngebieten und Betrieben omnipräsent schienen, blieb der »Massensport« der DDR doch in allen Dekaden ein Stiefkind der sozialistischen Planwirtschaft,[90] da vor allem der olympische Spitzensport im Fokus der DDR-Sportführung stand. Neues Konfliktpotential boten die Trendsportarten, die in den 1970er Jahren in die DDR schwappten. Allerdings standen ihrer Entfaltung gleich mehrere Hindernisse entgegen. Zum einen legte die SED Wert auf die sportliche Organisation der Sporttreibenden – Individualisten, die allein und unbeobachtet ihr Surfbrett erklommen, passten nicht ins Bild des Sportapparates. Ebenso störte die häufig amerikanisch-westliche Herkunft der neuen Sportformen, die von Parteiseite durch Umbenennungen kaschiert wurde: Surfen mutierte so zu »Brettsegeln«, während Bodybuilding als »Körperkulturistik« und Aerobic unter »Popgymnastik« firmierte. Um Fluchtversuche zu verhindern, war »Brettsegeln« zudem nur auf Binnengewässern gestattet. Kommerzielle Surfschulen waren verpönt, wenngleich man etwa dem Neffen von Karl Eduard von Schnitzler zeitweise eine entsprechende Lizenz erteilte.[91] Auch die informelle Sportszene der Kletterer und vor allem der Skateboarder haderte immer wieder mit den offiziellen Beschränkungen und dem Misstrauen der Staatsmacht.[92] Inspiriert durch die Jogging-Vorbilder aus den USA und die »Trimm-Dich-Bewegung« in der Bundesrepublik nahm auch das Interesse der DDR-Bevölkerung an der Laufbewegung einen rasanten Aufschwung. Die DDR kanalisierte diese Trends in der offiziellen »Eile mit Meile«-Bewegung, auch unabhängig organisierte Laufveranstaltungen wie der »Rennsteiglauf« fanden immer mehr Anhänger und wurden geduldet.[93] Doch stellten diese neuen Trends die DDR

---

88 Vgl. hierzu Helmut Digel, Sportentwicklung in der Moderne, Schorndorf 2013, S. 259
89 Jochen Hinsching (Hg.), Breitensport in Ostdeutschland – Reflexion und Transformation. Hamburg 2000.
90 Hajo Bernett, Körperkultur und Sport in der DDR, Schorndorf 1994, S. 11.
91 René Wiese/Ronald Huster, Entstehung und Entwicklung des Brettsegelns in der DDR, in: Teichler, Sport in der DDR, S. 425–500.
92 Kai Reinhart, »Wir wollten einfach unser Ding machen«. DDR-Sportler zwischen Fremdbestimmung und Selbstverwirklichung, Frankfurt a. M. 2010.
93 Kai Reinhart/Michael Krüger, Massensport in der Grauzone, in: Horch und Guck 21.1 (2012), (Gesamtheft 75), S. 16–18.

gleichzeitig vor neue Probleme: So offenbart etwa die »institutionalisierte Meckerkultur« der Eingaben im Bereich des Volkssports die Mängel in der Sportartikelversorgung. Die meisten Beschwerden betrafen die Versorgung mit Sportgeräten und Sportbekleidung, vor allem mit Laufschuhen. Die staatliche Planwirtschaft vermochte es nicht, die Nachfrage aufgrund des Booms der Laufbewegung in den 1970er und 1980er Jahren angemessen zu befriedigen.[94]

Ein weiteres Hindernis für die Breitensportentwicklung in der DDR war die Konzentration der Investitionsmittel auf den Leistungssport bei gleichzeitiger Vernachlässigung der Sportanlagen für die breite Masse der Bevölkerung. Dem unter Honecker forcierten Wohnungsbauprogramm fielen ohne Ersatz vorhandene Sportstätten zum Opfer, allein in Leipzig im Laufe der Jahre offenkundig zwölf Anlagen.[95] Jedoch führte die DDR solcherlei Einbußen grundsätzlich nicht in ihrer Statistik auf, so dass sie Mitte der 1980er Jahre fälschlicherweise an die Weltspitze der Pro-Kopf-Versorgung mit Sportstätten rückte. Sportchef Manfred Ewald persönlich verhinderte unter Vorwänden eine entsprechende Veröffentlichung dieses »Spitzenplatzes« durch die UNESO, da Schein und Sein doch zu deutlich auseinanderklafften.[96]

Die Presse in der DDR durfte über Mängel nicht berichten. Im Jahr 1986 erschien allerdings – wenn auch nur für den Dienstgebrauch – in einer wissenschaftlichen Zeitschrift ein Artikel, in dem der Zustand der Sporteinrichtungen in der DDR kritisiert wurde.[97] Der Artikel beruhte auf der Erfassung und Analyse der Sporteinrichtungen der DDR durch das Staatssekretariat für Körperkultur und Sport und das Wissenschaftlich-Technische Zentrum Sportbauten. Der Autor des Beitrags, gleichzeitig Verfasser der Untersuchung, beschrieb hier in klaren Worten die katastrophale Situation der Freibäder und Bäder. Demnach waren mehr als die Hälfte nur eingeschränkt nutzbar; es folgte eine lange Liste der hygienischen und baulichen Mängel.[98] Die defizitäre Lage des Volkssports zu DDR-Zeiten wurde Ende der 1980er Jahre so offensichtlich, dass die Politik zumindest mit Lippenbekenntnissen versuchte, gegenzusteuern. Die von Klaus Eichler, DTSB-Präsident seit November 1988, propagierten Reformen wichen demgemäß deutlich von der bislang verfolgten Linie der einseitigen Leistungssportorientierung ab.[99] In die offizielle DTSB-Programmatik fand die Passage Eingang, dass den »wachsenden Bedürfnissen nach Gymnastik, Kraftsport, Radsport und Radwan-

---

94 Vgl. die Eingaben-Analyse bei Hans Joachim Teichler, Konfliktlinien des Sportalltags. Eingaben zum Thema Sport, in: ders., Sport in der DDR, S. 535–560.
95 Angaben aus einem Wortbeitrag der ersten freien Diskussion des DTSB in Kleinmachnow, 7.11.1989, vgl. Teichler, Leistungssportsystem, S. 529.
96 Vermerk Erbach vom 27.1.1984, in: BArch DR 5/1636. Vgl. Hans Joachim Teichler, Sportentwicklung in Ostdeutschland, in: dvs-Informationen 18.2 (2003), S. 17–20, hier S. 18.
97 H.-J. Götze, Grundlagen und neue Tendenzen für die Planung von Sporteinrichtungen im Zeitraum nach 1986, in: Theorie und Praxis der Körperkultur 35.5 (1986), S. 339–345.
98 Götze, Grundlagen, S. 342 f. Zit. nach Sebastian Klawohn, Die Sportstätteninfrastruktur der DDR – die besondere Situation der Hallen- und Schwimmbäder, Potsdam 2010, S. 62.
99 Teichler, Leistungssportsystem, S. 421 ff.

dern, Kegeln, Schwimmen, Wassersport, Wandern, Tennis, Tischtennis, Federball, Eislaufen sowie Laufen (...) verstärkt zu entsprechen ist.«[100] Allerdings gab das reformorientierte Sportprogramm keinerlei Auskunft darüber, auf welcher Grundlage man zu den fehlenden Fahrrädern, Schlittschuhen und Tennisschlägern sowie Krafträumen, Saunen und Tennisplätzen und vielem mehr kommen sollte. Die Situation hatte sich vielmehr dramatisch zugespitzt, da Mitte 1989 die Fertigung hochwertiger Sportgeräte wie Rennsporträder und Tennisschläger bereits eingestellt oder in den Export umgelenkt worden war. Die Sportführung hatte den dringend notwendigen Ausbau der Sportinfrastruktur auf knapp zwei Milliarden Mark für den nächsten Fünfjahrplan geschätzt – ein Vorhaben, das 1988 als unfinanzierbar zurückgestellt wurde. Weiterhin war die Aufteilung der finanziellen Mittel für die Sportverbände klar nach »Sport I« (»medaillenintensiv«) und »Sport II« geschieden: Sie lag im Jahr 1989 bei 81,3 zu 17,6 Prozent, und bei den Westdevisen fielen nur 1,3 Prozent für die 17 Sportverbände aus dem Bereich der »nicht medaillenintensiven Sportarten« ab.[101]

2. Transition und Transformation seit 1990

Der Weg in die Sporteinheit

Der Mauerfall brachte den sportlich Aktiven in West und vor allem Ost eine völlig neue Bewegungsfreiheit. Bislang war das deutsch-deutsche Sporttreiben in das Korsett eines so genannten Sportprotokolls eingezwängt worden, das als »Grundlagenvertrag des Sports« seit 1974 die Fortsetzung der Ostpolitik mit sportlichen Mitteln bedeutete: Eine jedes Jahr streng festgelegte Anzahl von sportlichen Begegnungen sollte einen regelmäßigen zwischenmenschlichen Austausch sichern. Tatsächlich hatte die DDR das Instrument der »Sportkalender« jedoch vor allem dazu genutzt, den Umfang der Begegnungen auf ein Mindestmaß zu reduzieren und im Rahmen der langen Vorlaufzeit die Treffen umfassend »abzusichern«, d. h. so frostig wie irgend möglich zu gestalten.[102]

Diese Zeiten waren nun vorbei: die offizielle »Freigabe des Sportverkehrs« am 17. November 1989 war nur noch ein formaler Akt, in allen Sportarten kam es noch im gleichen Jahr zu Hunderten Begegnungen. Noch bevor mit den Volkskammerwahlen am 18. März 1990 der Weg zur Einheit gewiesen wurde, begann das ostdeutsche System, sich dem westdeutschen anzugleichen. Mit dem sogenannten »Vereinigungsgesetz« vom 21. Februar 1990 war erstmals wieder die Zulassung und Ausdifferenzierung eines freien, bürgerlichen Vereinswesens

---

100 Vgl. Entwurf »Entschließung des VIII. Turn- und Sporttages des DTSB der DDR«, Berlin 19.10.1989. SAPMO DY 12/Sekr. 89 (2). Zit. nach Teichler, Leistungssportsystem, S. 425.
101 Ebd., S. 426.
102 Jutta Braun, Klassenkampf nach Kalenderplan. 30 Jahre deutsch-deutsches Sportprotokoll, in: Deutschland Archiv 37.3 (2004), S. 405–414.

möglich. Auf dieser Grundlage erfolgte nun auch die radikale Erneuerung des DDR-Sports von der staatlichen Organisation und Lenkung hin zum vereinsbasierten Sport. Es begann ein zivilgesellschaftlicher Aufbruch, indem sich ehemalige Betriebssportgemeinschaften und Klubs nun als Vereine neu konstituierten oder aber gänzlich neue Vereine entstanden. Doch drohte parallel häufig der Sturz ins Bodenlose, da die bisherige wirtschaftliche Grundlage mit dem weitgehenden Wegfall der staatlichen Förderung seit 1990 und dem Zusammenbruch vieler Trägerbetriebe ersatzlos entfiel. Das Hätschelkind Leistungssport, bisher bevorzugt subventioniert, musste nun auf die Prinzipien der Eigenverantwortlichkeit und Selbstfinanzierung umschalten, was fast nirgendwo reibungslos gelingen konnte. An einigen Orten bildeten sich kurzfristig skurrile Allianzen. So hielt etwa Mercedes für einige Monate den sportlichen Vorzeigekomplex der Stasi-Sportvereinigung Dynamo in Hohenschönhausen am Leben.[103] Dass jedoch allerorten Sportzentren zu »Geister-Anlagen«[104] verkamen, war auch eine Folge der radikalen Abwanderung zahlreicher Spitzenkräfte in den Westen. Hiermit folgten einige Sportstars der DDR endlich dem »Lockruf des Geldes«, dem sie zu DDR-Zeiten nicht hatten nachgeben dürfen, oder aber erfüllten sich, etwa als Fußballer, den lang gehegten Traum, in einem Bundesligaklub anzuheuern.

Vor allem aber sahen viele Vereine in der Bundesrepublik nun die große Chance gekommen, ihre Kader mit Spitzenathleten aus der DDR zu schmücken. Bereits zu Weihnachten 1989 hatte der Manager des VfL Hameln fast die gesamte Handball-Nationalmannschaft der DDR eingekauft, auch Ringer, Kanuten, Fechter und Leichtathleten wechselten zuhauf zu Standorten in die alten Bundesländer.[105] Zwar ertönten Warnungen aus der Politik. So rief Wolfgang Schäuble die Bundesligavereine auf, nicht wie die »Pfeffersäcke mit dem Geldkoffer« im Osten auf Einkaufstour zu gehen. Die Bayer AG wurde von Helmut Kohl persönlich aufgefordert, Reiner Calmunds Talente-Werbung bei Ost-Fußballern in Maßen zu halten, was dieser allerdings nur widerwillig und sehr kurzfristig befolgte.[106] Eine Besonderheit war der Wechsel des Boxers Henry Maske vom ASK Vorwärts Frankfurt/Oder ins Profilager. Mit seinen Erfolgen löste der Olympiasieger von 1988 und ehemalige Oberstleutnant der Nationalen Volksarmee in der Bundesrepublik, wo der Boxsport zuvor über Jahre ein Schattendasein gefristet hatte, einen regelrechten Boxboom aus, der die Hallen füllte und an die großen Zeiten Max Schmelings erinnerte. Unterstützt wurde diese Welle durch die neue Sportberichterstattung des Privatfernsehens, so dass RTL die Kämpfe des Weltmeisters (1993–1996) als spektakuläres Medienereignis inszenierte – hier auch in gewinnbringender Kooperation mit der Musikindustrie.

---

103 Ferdinand Kösters, Verschenkter Lorbeer. Sportpolitik in Deutschland zur Zeit der Wende 1989/1990, Münster 2009, S. 113
104 Ebd., S. 124.
105 Jutta Braun, Go West!, in: Michael Barsuhn/Jutta Braun/Hans Joachim Teichler, Chronik der Sporteinheit, Frankfurt a. M. 2006, S. 28.
106 Reiner Calmund, fußballbekloppt. Autobiographie, München 2008, S. 121.

Der ostdeutsche Fußball wiederum stand nicht nur vor der Herausforderung, die Angleichung der eigenen Strukturen an bundesdeutsche Verhältnisse und die für die Bundesliga seit Ende der 1980er Jahre prägenden Kommerzialisierungsschübe nahezu unvorbereitet nach und mit zu vollziehen. Vielmehr wurde 1995 mit dem »Bosman«-Urteil der Markt für Spielertransfers freigegeben, wodurch sich der Ausländeranteil in der Bundesliga massiv erhöhte und auch die Spielergehälter in schwindelerregende Höhen schnellten, so dass der Ost-Fußball in der Tat mit einem gravierenden »doppelten Umbruch«[107] konfrontiert war. Einerseits folgten einige ostdeutsche Vereine diesem Trend. So war am 6. April 2001 Energie Cottbus der erste Bundesliga-Klub, der in seiner Startaufstellung im Spiel gegen den VfL Wolfsburg nur ausländische Spieler aufbot. Andererseits waren gerade die wirtschaftsschwachen Ost-Vereine dem Konkurrenzdruck nun kaum noch gewachsen, so dass die Qualität der vereinseigenen Jugendarbeit eine Renaissance erlebte.[108] Die Integration der ostdeutschen Klubs in die Bundesliga fiel zudem in eine »Gezeitenwende in der Fußballberichterstattung«,[109] in der das Privatfernsehen nicht nur eine weitere Kommerzialisierung, sondern einen Wandel von der klassischen Sportreportage hin zu Unterhaltungsshow und Infotainment auslöste, wie etwa seit 1992 in der SAT1-Show »ran«. Den kommerziell und medial weitgehend unerfahrenen ostdeutschen Klubs gelang es nur schwer, die zunehmende Boulevardisierung gewinnbringend in ihre Imagepflege einzubeziehen. Einige Vereine standen auch vor der Frage, inwieweit sie bewusst Elemente ihrer DDR-Tradition abstreifen oder weiterhin pflegen sollten, um damit einem regionalen bzw. Ost-Bedürfnis nach der Erhaltung vertrauter Orientierungspunkte entgegenzukommen.[110]

Institutionentransfer und »Vereinigungsgewinn«

Während ein erheblicher Teil der Elite der ostdeutschen Sportstars 1990 gen Westen wanderte, verlief der Institutionentransfer im gleichen Zeitraum in umgekehrter Richtung: Nach den Vereinsgründungen formierten sich Landesfach-

---

107 Raj Kollmorgen, Zwischen »nachholender Modernisierung« und »doppeltem Umbruch«. Ostdeutschland und deutsche Einheit im Diskurs der Sozialwissenschaften, in: ders./Frank Thomas Koch/Hans-Liudger Dienel (Hg.), Diskurse der deutschen Einheit, Wiesbaden 2011, S. 27–67.
108 Christian Hinzpeter, Die positive Seite der Medaille: Der Fall »Bosman« hat nicht bloß Schattenseiten für den Fußball, in: W. Ludwig Tegelbeckers/Dietrich Milles (Hg.), Quo Vadis, Fußball? Vom Spielprozess zum Marktprodukt, Göttingen 2000, S. 76–79, hier S. 78.
109 W. Ludwig Tegelbeckers, Spiegel der »Erlebnisgesellschaft«? Der Fußball im Wandel vom Spielprozess zum Marktprodukt, in: ders.; Milles, Quo Vadis, Fußball?, S. 9–15, hier S. 14.
110 Noch vor der letzten DDR-Oberliga-Saison 1990/1991 benannte sich der BFC Dynamo in »FC Berlin« um. Im Mai 1999 beschloss jedoch die Mitgliederversammlung mit großer Mehrheit die Rückbenennung, von den 135 Stimmberechtigten votierten 125 für den Antrag. »BFC Dynamo wiedergeboren«, Berliner Zeitung, 4.5.1999.

verbände der einzelnen Sportarten, die sich wiederum in Landessportbünden zusammenschlossen. Diese »neuen Korporativakteure«[111] traten schließlich, dem Beispiel der Länder gemäß Artikel 23 folgend, dem Deutschen Sportbund als Dachverband bei. In mehreren Delegationen bereisten zudem im Laufe des Jahres 1990 Vertreter aus Politik und Sportverbänden die ehemaligen Hochburgen des DDR-Spitzensports. Überwältigt war man hierbei vor allem immer wieder von den »genialen« Innovationen bei der Konstruktion von Trainingsstätten und Sportbauten.[112] Beeindruckt zeigte man sich ebenso von der Weitläufigkeit und funktionalen Differenziertheit der Sportkomplexe, auch wenn man dieses Prinzip im Grundsatz schon kannte und seit den 1980er Jahren mit den Olympiastützpunkten rudimentär nachgeahmt hatte. Mit der bald folgenden Neugründung von Olympiastützpunkten im Osten wanderte somit in gewisser Hinsicht ein altes DDR-Strukturprinzip via Bundesrepublik wieder nach Ostdeutschland zurück, nun allerdings angepasst an die Bedingungen des bundesdeutschen Leistungssports. Die Bundesrepublik zeigte darüber hinaus schnell ein sichtbares Interesse, zwei der bislang am strengsten geheim gehaltenen Bereiche des DDR-Spitzensports zu vereinnahmen: Die Innovationskunst im Bereich der Sportgeräteentwicklung – sowie die »Giftküchen«[113] des DDR-Dopingsystems. Und so stieß es nicht nur auf Kritik von Bürgerrechtlern, als ausgerechnet der Erhalt des Doping-Labors in Kreischa und des Forschungsinstituts für Körperkultur und Sport (FKS)[114] – und damit faktisch der Zentralen der Dopingforschung und Dopinganwendung in der DDR – feierlich im Einigungsvertrag festgeschrieben wurden.[115]

Auf der Ebene der Fachverbände hatte jede einzelne Sportart 1990 ihre eigene kleine Wiedervereinigung zu vollziehen. Die Spielsportarten kämpften zudem mit einer Integration ihrer Ligensysteme. So spielten bislang 14 Mannschaften in der Oberliga des DDR-Fußballs. Ein wichtiger Verhandlungspunkt auf dem Weg zur Fußballeinheit war deshalb, wie viele der beliebten ostdeutschen Teams künftig in den Spielbetrieb der ersten und zweiten Bundesliga integriert werden konnten. Um möglichst viel Substanz des DDR-Fußballs zu erhalten, stellte der die Ost-Klubs vertretende Nordostdeutsche Fußballverband (NOFV) zunächst die Maximalforderung, alle DDR-Oberligisten für den gesamtdeutschen Profi-

---

111 Raj Kollmorgen, Das ungewollte Experiment. Die deutsche Vereinigung als »Beitritt«: Gründe, Prozesslogik, Langzeitfolgen. Arbeitsbericht Nr. 65, Otto-von-Guericke-Universität, Magdeburg 2013, S. 10.
112 Kösters, Verschenkter Lorbeer, S. 118 ff.
113 Ebd., S. 51.
114 »Bisher war hier kein Fremder«, Der Spiegel, 22.1.1990.
115 Artikel 39 im Einigungsvertrag: »In diesem Rahmen werden das Forschungsinstitut für Körperkult und Sport (FKS) in Leipzig, das vom Internationalen Olympischen Komitee (IOC) anerkannte Dopingkontrolllabor in Kreischa (bei Dresden) und die Forschungs- und Entwicklungsstelle für Sportgeräte (FES) in Berlin (Ost) – in der jeweils angemessenen Rechtsform – als Einrichtungen im vereinten Deutschland in erforderlichem Umfang fortgeführt oder bestehenden Einrichtungen angegliedert.«

fußball zuzulassen. Vier Vereine sollten in die erste Bundesliga, die restlichen zehn in die zweite Bundesliga integriert werden. Doch stieß dieser Vorschlag auf hartnäckigen Widerstand im DFB. Schließlich einigte man sich auf die sogenannte »Zwei-plus-sechs-Regelung«: die beiden besten DDR-Vertreter sollten in der ersten Fußball-Bundesliga spielen, sechs weitere ostdeutsche Teams wurden in die zweite Bundesliga aufgenommen. Die restlichen Mannschaften mussten fortan bei den Amateuren weiterkicken, eine dritte Profiliga existierte damals noch nicht. In diesem Sinne diente die Oberliga-Saison 1990/91, die als eine Art »Geisterliga« ein letztes Mal das Fußballoberhaus der DDR repräsentierte, vorwiegend der Qualifikation für die 1. Bundesliga, was Hansa Rostock und Dynamo Dresden gelang.

Eine besonders heikle Frage war zudem, zu welchem Zeitpunkt die Vereinigung des ostdeutschen Fußballverbands mit dem westdeutschen erfolgen sollte. DFB-Präsident Hermann Neuberger zeigte sich, ähnlich wie 1985, von politischen Vorgaben relativ unbeeindruckt. Vielmehr wollte er sich Zeit lassen und strebte einen Zusammenschluss nicht vor 1992 an. Grund für dieses auf den ersten Blick überraschende Zögern waren kommerzielle Erwägungen im Vorfeld der Europameisterschaft in Schweden 1992. Die Auslosung hatte die Bundesrepublik und die DDR neben Belgien und Schottland in einer Gruppe zusammengeführt. Erstmals seit dem Hamburger 1:0-Sieg der DDR in der Weltmeisterschaftsrunde 1974 sollte es also wieder deutsch-deutsche Länderspiele geben – eine kleine sportpolitische Sensation. Für das Hinspiel war Leipzig, für das Rückspiel München vorgesehen – die hochdotierten Verträge für Fernsehrechte und Werbung waren bereits abgeschlossen. Angesichts des Wegs in die Einheit wirkten diese Pläne nun allerdings zunehmend weltfremd. Auch der erste demokratisch gewählte DDR-Fußballverbandspräsident Hans Georg Moldenhauer hielt es für unverantwortlich, den Prozess der Vereinigung im Fußball derart lange hinauszuzögern, und appellierte an die DFB-Führung: »Haben Sie gesehen, wie die Mauer gefallen ist? Wissen Sie, dass ein ganzer Block zusammengebrochen ist? Armeen sind weggefegt! Staatssicherheit, alles fällt und geht weg, und ich soll in diesem Ganzen ausgerechnet einen eigenständigen Fußballverband mit dem Begriff DDR bis '92 erhalten!?«[116] Schließlich lenkte DFB-Präsident Hermann Neuberger ein und gab sein Einverständnis für eine schnellere Vereinigung der beiden deutschen Fußballverbände, die am 21. November 1990 in Leipzig, der Gründungsstadt des DFB, vollzogen wurde. Zu diesem Zeitpunkt war die bundesdeutsche Elf in Rom im Juli 1990 zum dritten Mal Weltmeister geworden – ein Sieg, der nun bereits gesamtdeutsch gefeiert wurde. Allerdings sollte sich der deutsche »Fußballkaiser« Franz Beckenbauer mit einer Prognose irren, die er nach dem Gewinn der WM 1990 in Rom ebenso eupho-

---

116 Zit. nach Michael Barsuhn, Die Wende und Vereinigung im Fußball 1989/90, in: Braun/Teichler, Sportstadt Berlin, S. 376–416, hier S. 404. Das Zitat entstammt einem Zeitzeugengespräch von Michael Barsuhn mit Hans-Georg Moldenhauer am 19.11.2004 in Magdeburg.

risch wie unvorsichtig verkündet hatte: »Wenn jetzt noch die DDR-Spieler dazukommen, sind wir auf Jahre hinaus unschlagbar!«[117]

Eventuell auf Jahre hinaus unschlagbar zu sein, ging auch anderen Sport-Verantwortlichen in diesem Jahr durch den Kopf: So antizipierte Bundesinnenminister Wolfgang Schäuble bereits im März 1990 die Bildung einer gemeinsamen Mannschaft für die Olympischen Spiele in Albertville und Barcelona 1992.[118] Der ostdeutsche Ministerpräsident Lothar de Maizière plädierte ebenfalls bereits in seiner Regierungserklärung vom 20. April 1990 für ein vereintes Team. Eher skeptisch wurde die Angelegenheit vom westlichen Ausland beurteilt. Im März 1990 schürte die Sporttageszeitung *L'Equipe* Ängste vor einem »deutschen Sportkoloss«, illustriert durch einen steinernen Muskelprotz der Nazi-Zeit auf der Titelseite. Während das Ausland also das Bild eines unbezwingbaren Monolithen beschwor, der nur darauf wartete, mit vereinter Kraft sportlich loszuschlagen, waren zahlreiche ost- und westdeutsche Spitzenathleten von der Idee eines gemeinsamen Teams alles andere als begeistert: Schließlich begann damit auch ein Kampf um künftig halbierte Startplätze.[119] Im November 1990 vereinigten sich die beiden NOKs von Bundesrepublik und DDR. Trotz aller Bedenken der Athleten erfüllte sich für das vereinte Deutschland ein sportlicher Traum: Maßgeblich aufgrund der herausragenden Leistungen der ostdeutschen Sportler im vereinten Olympia-Kader konnte die Bundesrepublik die Winterspiele von Albertville 1992 als grandiosen »Vereinigungsgewinn« verbuchen. Erstmals gelang es der Bundesrepublik, sich auf Platz eins der Medaillenwertung zu schieben, 63 Prozent der vom deutschen Team errungenen Medaillen wurden hierbei von Athleten aus der ehemaligen DDR erzielt. Auch bei den Sommerspielen in Barcelona stellten die ostdeutschen Sportler zwei Drittel aller deutschen olympischen Sieger; hier landete die Bundesrepublik auf Platz 3 der Gesamtmedaillenwertung.

Von der Diktatur lernen?

Doch konnte die Bundesrepublik dieses Niveau in den 1990er Jahren nicht halten, so dass sich eine längere Debatte um die geeignete Nachwuchsförderung anschloss. Hierbei spielte vor allem die Adaption des Systems der Kinder- und Jugendsportschulen eine wiederkehrende Rolle. Bereits 1990 wurden erste Rufe laut, die Schulen »zu entideologisieren«,[120] um sie dann fortzuführen. So wurde

---

117 Zur Bedeutung der WM-Siege 1954, 1974 und 1990 für das nationale Selbstverständnis vgl. Jutta Braun/Ulrich Hagemann (Hg.), Deutschland – einig Fußballland? Deutsche Geschichte nach 1949 im Zeichen des Fußballs. Fachdidaktische Handreichung zur politisch-historischen Urteilsbildung, Berlin 2008.
118 »Schäuble: Eine Mannschaft '92«, Frankfurter Allgemeine Zeitung, 13.3.1990.
119 Dies ergab eine Umfrage des Sport-Informationsdienstes; »Wider Vereinigung«, Süddeutsche Zeitung, 6.6.1990.
120 Diese Forderung erhob bereits die erste und letzte Sportministerin der DDR, Cordula Schubert. Vgl. Kösters, Verschenkter Lorbeer, S. 42.

zwischen 1992 und 1996 an fünf Berliner Schulen ein Modellversuch der Bund-Länder-Kommission zur »Umwandlung der ehemaligen Kinder- und Jugendsportschulen (KJS) in Schulen mit sportlichem Schwerpunkt« durchgeführt. Ziel war es, die Möglichkeit einer optimalen Verknüpfung von sportlicher Karriere und Bildungslaufbahn zu testen.[121] Neben dem Postulat der Entideologisierung der Schulen galt nun ein strenger Sparkurs. Ehemalige Alleinstellungsmerkmale der KJS wie Einzelunterricht, Schulzeitstreckung oder geringe Klassengrößen sollten nur noch sehr begrenzt finanziert werden. Mit der Öffnung der Schulen für Schülerinnen und Schüler ohne leistungssportlichen Hintergrund wurde auch der bisherige sportliche Drill zurückgestellt. Vor allem die Bilanz der deutschen Mannschaft bei den Olympischen Spielen von Atlanta 1996 und die gedämpften Prognosen für Sydney 2000 hielten das Anliegen einer Reform der Nachwuchsförderung jedoch auch in den kommenden Jahren wach. Anleihen beim französischen Modell, die zunächst ebenfalls erwogen worden waren, erwiesen sich aufgrund der unterschiedlichen Mechanismen der Elitenrekrutierung im Leistungssport allerdings nicht als praktikabel.[122] Während in Frankreich der Spitzensport als Aufstiegschance für Angehörige der unteren Stufen der sozialen Leiter gilt, entstammen in Deutschland angehende Leistungssportler meist den mittleren oder oberen sozialen Schichten, womit die Karriere im Spitzensport als potentielle »biografische Falle«[123] gilt – was bis heute ein ungelöstes Problem darstellt. So fühlten sich laut einer Umfrage der Deutschen Sporthilfe im Jahr 2013 mehr als 90 Prozent der A-Kader nicht ausreichend auf ein Leben nach dem Leistungssport vorbereitet. Neuerdings soll eine Praktikantenbörse unter Angela Merkels Schirmherrschaft Nachwuchs-Athleten an Unternehmen vermitteln.

Schließlich erfolgte in der zweiten Hälfte der 1990er Jahre tatsächlich eine Renaissance des KJS-Modells, bei dessen Entwicklung die ehemalige und neue Leistungssport-Hochburg Potsdam eine Vorreiterrolle spielte. An der Sportschule Potsdam wurden Spezialisierungen und das Training von Leistungssportlern erstmals wieder stärker im Schulprofil verankert.[124] Das als »Potsdamer Modell« bezeichnete, erfolgreich umgesetzte Konzept sollte anschließend bundesweit Anerkennung finden. Das neue Schlagwort, dessen Orientierung am DDR-Vorbild unverkennbar ist, lautet seitdem »Schule-Leistungssport-Verbundsystem«. Der Arbeitskreis »Sport und Wirtschaft« unter der Schirmherrschaft von Helmut Kohl entschloss sich 1996 zudem, künftig den Titel »Eliteschule des Sports« zu vergeben. Schon 1998 breitete sich ein Netz von 29 sportbetonten Schulen, da-

---

121 Wolf-Dietrich Brettschneider/Guido Klimek, Sportbetonte Schulen. Ein Königsweg zur Förderung sportlicher Talente?, Paderborn 1998, S. 9–15.
122 Sebastian Braun, Spitzensportler als nationale Eliten im internationalen Vergleich, in: Sportwissenschaft 28.1 (1998), S. 54–72.
123 Das biographische Dilemma haben ausführlich analysiert: Karl Heinrich Bette/Uwe Schimank, Doping im Hochleistungssport. Anpassung durch Abweichung, Frankfurt a. M. 1995.
124 Joachim Boelcke u. a., Damit Talente Sieger werden. Geschichte der Sportschule Friedrich-Ludwig-Jahn, Wilhelmshorst 2002.

von 21 in den neuen Bundesländern aus, wovon allein 17 den Titel »Eliteschule des Sports« erhielten. Seitdem haben sich Elemente wie Vormittagstraining, Flexibilisierung bei Prüfungs- und Klausurterminen, die Schulzeitstreckung oder die Rückdelegierung von weniger perspektivreichen Talenten wieder als gängige Prinzipien in den Sportschulen etabliert. Die Rückkehr zu einigen Praktiken aus DDR-Zeiten ist nicht zu übersehen – bleibt jedoch auch bis heute umstritten. Trotz all dieser Bemühungen ist eine Rundumversorgung und langfristige materielle Absicherung, wie sie die sportliche »Fürsorgediktatur«[125] der DDR bereitstellte, im bundesdeutschen System nicht durchführbar. Ob man mit DDR-Methodik »zu neuen Höhen?« kommen kann, bleibt eine immer wieder gestellte Frage der Sportpolitik.[126] Zuletzt wurde nach den Olympischen Spielen 2012 in London, die für den bundesdeutschen Sport zum Teil enttäuschend ausgefallen waren, eine Rückkehr zu DDR-Ansätzen der Talentsichtung debattiert.[127]

»Dopen für Deutschland«

Die Auseinandersetzung mit der Doping-Vergangenheit entwickelte bereits in den Jahren 1990/91 eine stark interaktive Eigendynamik zwischen Doping-Aufklärung Ost und Doping-Aufklärung West und erreichte im Verlauf der 1990er Jahre eine Vehemenz und Gründlichkeit, wie sie in kaum einem anderen west-, geschweige denn osteuropäischen Staat anzutreffen war. Die Diktatur-Erfahrung der DDR, deren Dopingsystem nicht nur den üblichen Sportbetrug, sondern eben auch massive Körperverletzungen verschuldet hatte, führte zu einer moralischen Entrüstung, die letztlich auch den kritischen Blick auf die aktuelle Sportpolitik und ihre Schattenseiten schärfte.

Im Jahr 1990 rückte die Frage einer umfassenden Aufarbeitung von Dopingpraktiken in den Vordergrund. Nach dem Ende des Kalten Krieges hofften viele Aktive, Politiker und Sportinteressierte, die Leistungsmanipulationen nicht nur im Osten, sondern auch im Westen systematisch aufklären zu können. Die öffentliche Diskussion erreichte eine völlig neue Qualität, als sich Manfred Höppner, Vizechef des Sportmedizinischen Dienstes der DDR und Hauptverantwortlicher des DDR-Dopings, Ende November 1990 auf dem Sofa des Hamburger Büros des *stern* niederließ und die Dopingpraxis der DDR mit detaillierten Unterlagen untermauerte, die das Magazin ihm abgekauft hatte.[128]

---

125 Jutta Braun/René Wiese, Eine sportliche »Fürsorgediktatur«? Planung, Förderung und Repression im Sport der DDR, in: Horch und Guck 21.1 (2012), (Gesamtheft 75), S. 4–9.
126 Der Publizist Willi Knecht machte die beabsichtigte Übernahme von DDR-Methoden sogar für eine verbreitete DDR-Nostalgiewelle in der Sportpolitik verantwortlich: Willi Knecht, Mit DDR-Methodik vom Tiefpunkt Sydney zu neuen Höhen in Salt Lake City?, in: Deutschland Archiv 34.3 (2001), S. 450–456.
127 »Birgit Fischer will Sichtungssystem der DDR reanimieren«, Süddeutsche Zeitung, 12.9.2012.
128 »Wie die DDR Sieger machte«, Stern, 29.11.1990. »Ich stehe heute noch dazu«, Stern, 29.11.1990.

Mitten in die Empörungswelle über die nun für jeden nachlesbaren Manipulationen des einstigen Sportwunderlandes DDR hinein platzte wenige Tage später *Der Spiegel* mit einem Artikel, der massive Dopingverstöße im bundesdeutschen Sport ebenfalls nicht allein mit Zeugenaussagen, sondern auch schriftlichem Beweismaterial illustrierte.[129] Die westdeutsche Athletin Claudia Lepping, eine der wesentlichen Initiatorinnen der *Spiegel*-Publikation, hatte sich durch die Enthüllungen über das Dopingsystem im Osten dazu ermutigt gefühlt, nun auch die Machenschaften von Leichtathletik-Bundestrainer Jochen Spilker aufzudecken. Auf diese Weise wurde innerhalb kürzester Zeit nicht nur die hässliche Kehrseite vieler ostdeutscher Medaillen in ihren Einzelheiten öffentlich, sondern die Enthüllungen entfachten auch eine Auseinandersetzung über die bisherige Leistungsmanipulation in der Bundesrepublik. Schlagzeilen wie »Dopen für Deutschland«[130] bestimmten dementsprechend die ersten Monate der staatlichen Einheit.

Verschiedene Initiativen brachten in den folgenden Jahren die Doping-Aufarbeitung voran: Der organisierte Sport setzte zwei Untersuchungskommissionen, die sog. »Reiter«- sowie die »Richthofen-Kommission« ein, die aufgrund der besseren Aktenlage vor allem das ehemalige Dopingsystem im Osten beleuchteten, deren Erkenntnisse allerdings weitgehend folgenlos blieben.[131] Im Gegensatz dazu ist die Wirkung kaum zu überschätzen, die eine wissenschaftlich fundierte Pilotstudie im Jahr 1991 entfaltete: Kurz nach dem Mauerfall veröffentlichten der Krebsforscher Prof. Dr. Werner Franke aus Heidelberg und seine Ehefrau Brigitte Berendonk den Band *Doping-Dokumente. Von der Forschung zum Betrug*, in dem sie das staatliche DDR-Doping anhand zahlreicher, selbst recherchierter Dokumente belegten und ebenso die jahrelange Kumpanei von ost- und westdeutschen Doping-Medizinern und Lehrstuhlinhabern darlegten.[132] Die Ergebnisse von Franke und Berendonk spielten in der öffentlichen Debatte vor allem um die Weiterbeschäftigung belasteten Personals eine wichtige Rolle.

Denn nicht allein ostdeutsche Spitzensportler, sondern auch Erfolgstrainer und Sportmediziner aus der DDR stellten eine begehrte Elite im vereinten deutschen Sport dar – im Unterschied zu anderen gesellschaftlichen und staatlichen Bereichen, in denen ostdeutsches Personal mangels »formaler Qualifikation, informeller Kompetenzen und moralischer Integrität« häufig gar nicht gefragt war.[133] Bundesdeutsche Sportorganisationen verschlossen hierbei häufig die Augen vor – zum Teil bekannten und belegten – Dopingbelastungen ehemaliger

---

129 »Extrem viel reingepumpt«. Der Spiegel, 3.12.1990. Vgl. zu diesem Fall Andreas Singler/Gerhard Treutlein, Doping im Spitzensport. Sportwissenschaftliche Analysen zur nationalen und internationalen Leistungsentwicklung, Aachen 2000, S. 257 ff.
130 »Dopen für Deutschland«, Frankfurter Allgemeine Zeitung, 11.12.90.
131 Jutta Braun, »Dopen für Deutschland – die Diskussion im vereinten Sport 1990–1992«, in: Klaus Latzel/Lutz Niethammer (Hg.), Hormone und Hochleistung. Doping zwischen Ost und West, Köln 2008, S. 151–170.
132 Brigitte Berendonk, Doping-Dokumente. Von der Forschung zum Betrug, Hamburg 1992.
133 Kollmorgen, Experiment, S. 12.

Trainer und Mediziner aus der DDR, was zu fortlaufenden Kontroversen führte. So begann zur Jahreswende 1990/91 eine kurze Phase, in der Schwimmer wie auch Leichtathleten hofften, der Problematik mit Hilfe von »Ehrenerklärungen« Herr werden zu können. *Die Frankfurter Allgemeine Zeitung* benannte den sich daraus ergebenden Umkehrschluss: Wer dabei sein will, darf es nicht zugeben.[134] Nach einem ähnlichen Prinzip der Vergangenheitsbewältigung handelte der Deutsche Schwimm-Verband. Nur nach Unterzeichnung einer Eidesstattlichen Erklärung durften sich ostdeutsche Trainer und Ärzte dem nationalen Team anschließen, das bei der Weltmeisterschaft im Januar 1991 im australischen Perth antrat. Allerdings drohten im Falle einer Falschaussage keinerlei rechtliche Sanktionen, da die Erklärungen nicht vor Gericht abgegeben wurden.[135] Auf diese Weise konnte ein Sportarzt, dem später juristisch Minderjährigendoping nachgewiesen werden konnte, zum offiziellen Mannschaftsarzt des DSV bei der WM in Perth avancieren.[136] Der Skiverband, mit ähnlichen Personalproblemen konfrontiert, argumentierte relativ offen, man wolle auch auf belastete Trainer nicht verzichten, schließlich laure die Konkurrenz anderer Länder.[137] In Österreich arbeiteten im Oktober 1991 vier ehemalige Cheftrainer der DDR, die als dopingbelastet galten, darunter der später verurteilte Schwimm-Trainer Rolf Gläser.[138]

Die öffentliche und sportinterne Diskussion kulminierte im Fall des ehemaligen DDR-Cheftrainers Bernd Schubert, der seit Januar 1991 als Cheftrainer im Deutschen Leichtathletik Verband (DLV) fungierte. Bei der Europameisterschaft in Split 1990 hatte er mit der DDR-Nationalmannschaft einen grandiosen Erfolg gefeiert und stand deshalb auch im Westen schnell hoch im Kurs. Er war vor allem durch die Recherchen von Brigitte Berendonk ins Zwielicht geraten; die 3. Zivilkammer des Heidelberger Landgerichts verfügte, Schubert dürfe »ausgewiesener Fachdoper« und »aktiver Teilnehmer am Anabolika Doping« genannt werden – trotzdem hielt der DLV an ihm fest.[139] Anfang Dezember 1991 bestätigten zudem zwanzig ostdeutsche Trainer in einer Erklärung die Dopingpraxis im Schwimmsport der DDR. Für die Zukunft würden sie den Einsatz solcher Methoden indes strikt ablehnen. Die Verträge der Trainer sollten am 31. Dezember 1991 auslaufen. Offenkundig war die Erklärung von dem Wunsch bestimmt, eine »positive Sozialprognose« zu erhalten.[140] Die Initiative für diese »kollektive Selbstbezichtigung« ging auf Schwimm-Präsidiumsmitglied Harm Beyer zurück, der es als sein Ziel formulierte, »fachliche Kompetenz« zu erhal-

---

134 »Kindermann unterzieht Mediziner einem Dopingtest«, Frankfurter Allgemeine Zeitung, 19.12.1990.
135 »Eidesstattliche Versicherung gegen Doping«, Frankfurter Allgemeine Zeitung, 26.6.1991.
136 »Delikate Frage«, Der Spiegel, 4.2.1991.
137 »Es werden Wunder geschehen«, Der Spiegel, 7.10.1991.
138 Ebd.
139 »Auch Schubert und Klümper unterliegen. Einstweilige Verfügungen gegen das Berendonk-Buch weitestgehend abgelehnt«, Süddeutsche Zeitung, 5.12.1991.
140 »Ost-Schwimmtrainer bestätigen DDR-Doping«, Frankfurter Allgemeine Zeitung, 3.12.1991.

ten.¹⁴¹ Gekontert wurde diese Erklärung durch eine Unterschriftenaktion, in der sich westdeutsche Kollegen strikt gegen eine Weiterbeschäftigung der belasteten Trainer aus dem Osten aussprachen.¹⁴² Die Presse vermutete allerdings, dass nicht allein die Abscheu vor dem DDR-Doping für diese Äußerung maßgeblich war, sondern ebenso der in Aussicht stehende Kampf um reduzierte Trainerstellen nach den Olympischen Spielen in Barcelona 1992.¹⁴³

Erst Jahre später konnten einige schwelende Konflikte um Personal gelöst werden, nachdem Professor Werner Franke im Jahr 1996 Strafanzeige gegen verschiedene DDR-Trainer und Ärzte stellte, die schließlich die Moabiter Dopingprozesse ins Rollen brachten und zahlreiche Folgeprozesse auf Landesebene nach sich zogen. Auch Manfred Ewald und Manfred Höppner wurden zu Bewährungsstrafen verurteilt. Die im Verlauf der Verfahren bekanntgewordenen Einzelheiten über brutale Methoden und irreparable Spätfolgen sorgten nicht nur bei beteiligten Juristen, sondern auch bei einem breiten Publikum durchaus für Entsetzen.¹⁴⁴ Die Dopingprozesse bilden als »Geschichte vor Gericht«¹⁴⁵ einen wichtigen Teil der strafrechtlichen Aufarbeitung des SED-Unrechts,¹⁴⁶ wie sie auch für andere Bereiche der DDR-Geschichte erfolgte.

Daneben barg der Sport jedoch noch eine weitere Komponente der Auseinandersetzung mit der Vergangenheit: Die Aufarbeitung der Verfehlungen der SED-Diktatur provozierte hier auch eine Infragestellung des Wertehimmels im organisierten bundesdeutschen Sport. So zeigten sich Fachverbände und DOSB schwer irritiert, als die beiden DDR-Weltrekord-Sprinterinnen Ines Geipel und Gesine Tettenborn¹⁴⁷ nach der Jahrtausendwende ihre durch Dopingvergabe unterstützten Rekorde aus DDR-Zeiten aus den nun gesamtdeutsch geführten Annalen des Leichtathletik-Verbandes streichen lassen wollten. Ines Geipel forderte eine faire Chance für den Nachwuchs statt der Orientierung an unrealistischen Bestmarken – denn ihr eigener »dopingverseuchter« Rekord aus dem Jahr 1984

---

141 »Kollektive Selbstbezichtigung«, Süddeutsche Zeitung, 3.12.1991.
142 »Doping-Folgen«, Berliner Morgenpost, 9.12.1991.
143 »Trainer in Konfrontation«, Berliner Zeitung, 10.12.1991.
144 Zum Prozessverlauf vgl. Stephen Ungerleider, Fausts Gold. Inside the East German Doping Machine, New York 2001; Hans-Joachim Seppelt/Holger Schück, Anklage: Kinderdoping. Das Erbe des DDR-Sports, Berlin 1999; Ines Geipel, Verlorene Spiele. Journal eines Prozesses, Berlin 2001.
145 Norbert Frei/Dirk van Laak/Michael Stolleis, Geschichte vor Gericht. Historiker, Richter und die Suche nach Gerechtigkeit, München 2000.
146 Zum statistischen Umfang der Dopingprozesse vgl. Klaus Marxen/Gerhard Werle/Petra Schäfter, Die Strafverfolgung von DDR-Unrecht. Fakten und Zahlen, Berlin 2007. Demnach wurde in insgesamt 38 Verfahren zum Komplex Doping Anklage erhoben bzw. ein Strafbefehlsantrag gestellt. Auf insgesamt 47 Verurteilungen entfielen 30 Geldstrafen und 17 Freiheitsstrafen mit Bewährung, ebd., S. 28 u. 43.
147 Zu den Biografien der beiden Athletinnen zwischen Erfolg und Systemzwang in der DDR vgl. Jutta Braun, Thüringer Sportler in der Diktatur, in: dies./Michael Barsuhn (Hg.), Zwischen Erfolgs- und Diktaturgeschichte. Perspektiven der Aufarbeitung des DDR-Sports in Thüringen, Göttingen 2015, S. 12–85.

hat bis heute Gültigkeit.[148] Damit rüttelten die beiden Athletinnen jedoch an den Grundprinzipien des »höher, schneller, weiter« und des Medaillensammelns als oberstem Ziel auch in der alten Bundesrepublik. Dementsprechend halbherzig fiel die Reaktion des Verbandes aus: Die Namen der Sportlerinnen wurden durch ein Sternchen ersetzt, die Rekorde aber bleiben unangetastet bestehen. Diese Halbherzigkeit liegt allerdings auch darin begründet, dass die jeweiligen Staffel-Kameradinnen von Geipel und Tettenborn sich nicht ebenfalls vom gemeinsam errungenen Rekord distanzierten.

Breitensport in der Transformation

Die Zustände im Volkssport der DDR wurden erstmals mit dem Zusammenbruch des DDR-Regimes Gegenstand öffentlicher Diskussionen. Eine DTSB-Tagung in Kleinmachnow am 7. November 1989 geriet zur wechselseitigen Abrechnung der um die Weiterexistenz des Leistungssports fürchtenden Funktionäre.[149] Aufgeworfen wurde nun erstmals die Frage, wer schuld an der Sportstättenmisere sei.[150] Angesichts der in der Bevölkerung spürbaren Ressentiments gegen die enormen Kosten des Leistungssports erklärte DTSB-Vizepräsident Thomas Köhler, dass man von nun an auch die einfachen »Menschen« in die für den Spitzensport reservierten Einrichtungen »reinlassen und Sport treiben lassen« müsse.[151] Ende des Jahres 1989 wurden dementsprechend vielerorts in der DDR erstmals bislang abgeschottete Trainings-Areale für die Bevölkerung geöffnet. Doch der Wegfall zahlreicher betrieblicher Sportstätten, die aus betriebswirtschaftlichen Gründen nach 1989 umgewidmet wurden, sowie der katastrophale bauliche Zustand zahlreicher Einrichtungen, der nach 1990 zu zahlreichen Schließungen (z. B. des Zentralstadions in Leipzig oder des Friesen-Bades in Berlin) führte, verschärfte die unbefriedigende Situation für die sportinteressierte Bevölkerung zusätzlich. Erst mit dem Investitionsfördergesetz seit 1992 und mit dem »Goldenen Plan Ost des Sportstättenbaus« seit 1998 – sprachlich und ideell eine Anlehnung an den »Goldenen Plan« der Bundesrepublik der 1960er Jahre – setzte in den neuen Ländern ein reger Neubau von Hallen und Sportanlagen ein. Dennoch waren am 1. Juli 2000 laut gesamtdeutscher Sportstättenerhebung noch immer 57,8 Prozent (1993: 82,5 Prozent) der Hallenbäder sowie 63 Prozent (1993: 91,4 Prozent) der Freibäder sanierungsbedürftig.[152]

Neben der Sportstättensituation ist vor allem die Sportbeteiligung in den neuen Bundesländern ein fortdauernder Gegenstand der Diskussion. Hinsicht-

---

148 »In der biografischen Falle. Die Rekordprüfung konfrontiert den DLV auch mit der Duldung der westdeutschen Dopingpraxis.«, Berliner Zeitung, 24.12.2005.
149 Vgl. Dok.4: Kleinmachnow 7.11.1989: Die erste offene Diskussion im DTSB. Teichler, Leistungssportsystem, S. 490.
150 Diskussionsbeitrag Edelfried Buggel, ebd., S. 532.
151 Ebd., S. 504.
152 Sportministerkonferenz, Sportstättenstatistik der Länder, Berlin 2003, S. 35–36.

lich des Organisationsgrades in der ehemaligen DDR ist sich die Forschung mittlerweile einig, dass die offiziellen DTSB-Statistiken nicht als realistisches Abbild des tatsächlichen Engagements zu sehen sind. Dies liegt zum einen an der hohen Anzahl dort einbezogener Pflichtmitglieder, die sich faktisch nicht am Sporttreiben beteiligten, zum anderen am politischen Druck, ständig eine Erhöhung der Mitgliederzahlen melden zu müssen.[153] In einem Vergleich konstatiert eine Studie des Ministeriums für Bildung, Jugend und Sport (MBJS) des Landes Brandenburg, dass die Beteiligung am organisierten Vereinssport Brandenburgs gegenüber dem DDR-Ausgangsniveau beträchtlich angestiegen sei. Als Grundlage dienen hierbei zum einen die »bereinigten« Angaben der DTSB-Bezirksvorstände Potsdam, Cottbus und Frankfurt/Oder, die von ca. 200.000 Sportbeteiligten und damit ca. 7–8 Prozent der Bevölkerung ausgehen. Demgegenüber ist zum anderen für das Jahr 2002 der Wert von 10,8 Prozent und für 2012 von 12,7 Prozent Sportbeteiligten in der Bevölkerung ausgemacht worden.[154] Doch bleibt trotz dieser positiven Gesamtentwicklung ein Manko vorhanden. Denn der Breitensport in Deutschland ist nach wie vor in markanter Weise »zweigeteilt«,[155] da sich ein deutliches Ost-West-Gefälle auftut. Während in den alten Bundesländern im Jahr 2013 im Durchschnitt ein Organisationsgrad von 32 Prozent der Bevölkerung in Sportvereinen zu verzeichnen ist, rangiert der entsprechende Wert in den östlichen Bundesländern bei um die 15 Prozent nicht einmal bei der Hälfte.[156]

Umstritten und letztlich ungeklärt ist nach wie vor, worin die tieferliegenden Ursachen dieser Ost-West-Asymmetrie zu suchen sind. Zum einen ist hier mit Recht auf die gesellschaftlichen und sozialen Turbulenzen verwiesen worden, die durch den Prozess der deutschen Einheit ausgelöst wurden. Mit den Großbetrieben verschwand oft auch die soziale Bindung an den hier ausgeübten Sport. Gemäß einer sportwissenschaftlichen Analyse von Jürgen Baur und Sebastian Braun waren fast vier Fünftel der zu DDR-Zeiten in den Sportgemeinschaften Aktiven nach 1989 nicht mehr in den Sportvereinen zu finden. Sie hatten ihre Sportaktivitäten in anderen, vornehmlich informellen Kontexten fortgesetzt (44,7 Prozent) oder ihre Sportkarrieren beendet (34,7 Prozent).[157] Allerdings können diese »Verwirbelungen im organisierten Sport im Zuge des Transforma-

---

153 Ludwig W. Tegelbeckers, SG-Sport im Spiegel von Planung und »Erfüllung«. Eine regionale Studie zu Proportionen und Disproportionen im DTSB-organisierten Basissport, in: Teichler, Sport in der DDR, S. 135–235 sowie Teichler, Sportentwicklung.
154 Darstellung von Manfred Kruczek (MBJS) auf der »Ersten Breitensportkonferenz« der Landeshauptstadt Potsdam an der Universität Potsdam, 11.12.2012.
155 Teichler, Sportentwicklung, S. 20.
156 Vgl. http://dosb.de/de/medien/downloads/statistiken.
157 Jürgen Baur/Sebastian Braun (Hg.), Der vereinsorganisierte Sport in Ostdeutschland, Köln 2001, S. 138; vgl. zur Problematik auch Jürgen Baur/Sebastian Braun, Freiwilliges Engagement und Partizipation in ostdeutschen Sportvereinen. Eine empirische Analyse zum Institutionentransfer. Köln 2000; Jürgen Baur/Uwe Koch/Stephan Telschow, Sportvereine im Übergang. Die Vereinslandschaft in Ostdeutschland, Aachen 1995.

tionsprozesses«,[158] die von der Forschung um die Jahrtausendwende diagnostiziert wurden, heute nicht mehr als alleinige Erklärung für die fortbestehende »Differenz in der Einheit«[159] herhalten. Hier müssen auch langfristige kulturelle Prägungen, etwa grundlegende Unterschiede in der gegenwärtigen Vereinskultur in Ost und West, als mögliche Erklärungen in den Blick genommen werden. So wird als eine denkbare Ursache angeführt, dass die im Westen verbreitete »passive Mitgliedschaft«, also die traditionelle Mitgliedschaft mehrerer Familienangehöriger im Sportverein vor Ort, von denen jedoch nicht alle tatsächlich sportlich aktiv sind, im Osten keine übliche Praxis sei. Doch ist auch diese Sichtweise bis heute umstritten.[160] Ebenso könnte eine geringere Bindung an den vereinsorganisierten Breitensport mittlerweile innerfamiliär tradiert worden sein.

Trotz des Endes des »Staatssports« in der DDR sind heute – 25 Jahre nach der Vereinigung der beiden deutschen Staaten – die Ansprüche und Erwartungen des Staates an den Sport, aber auch die Forderungen der Sportorganisationen an den Staat gegenüber den Verhältnissen in der alten Bundesrepublik deutlich gestiegen. So hat seit den 1990er Jahren das Anliegen einer Gesundheitsförderung über den Sport zunehmend an Bedeutung gewonnen: Eine Stärkung der physischen Ressourcen sowie die Einwirkung auf gesundheitsrelevante Verhaltensweisen haben als Rahmenkonzept dementsprechend Eingang in die DSB-Leitlinien zu »Gesundheitsprogrammen im Sportverein« von 1998 gefunden. Festgeschrieben wurde dieser Ansatz auch in den Leitlinien der Krankenkassen des Jahres 2000 – das enge Zusammenwirken von Kommunalpolitik, Sportvereinen und Krankenkassen auf diesem Sektor ist mittlerweile an der Tagesordnung.[161]

Versucht der Staat somit auf dem Gebiet des Breitensports mit Hilfe einer körperlichen Mobilisierung der Bevölkerung Kosten im Gesundheitswesen zu verringern, so bleibt der Spitzensport nach wie vor ein teurer, aber unbestrittener Bereich staatlicher Förderung. Neben der Spitzensportförderung im engeren Sinne, also den finanziellen Zuschüssen an die Fachverbände, sind seit einiger Zeit zusätzlich erhebliche Kosten zur Dopingbekämpfung hinzugetreten.

158 Baur/Braun, Der vereinsorganisierte Sport, S. 141.
159 Lothar Probst (Hg), Differenz in der Einheit. Über die kulturellen Unterschiede der Deutschen in Ost und West. 20 Essays, Reden und Gespräche, Berlin 1999.
160 Der Breitensportbeauftragte im Brandenburger Sportministerium, Manfred Kruczek, hält dem entgegen, dass die Sportbeteiligung auch von Kindern und Jugendlichen in den alten Bundesländern doppelt so hoch liege wie in den neuen und passive Mitglieder in dieser Altersgruppe eher auszuschließen seien; so Manfred Kruczek (MBJS) auf der »Ersten Breitensportkonferenz« der Landeshauptstadt Potsdam an der Universität Potsdam, 11.12.2012.
161 Vgl. Walter Brehm, Gesundheitssport, in: Peter Röthig/Robert Prohl, Sportwissenschaftliches Lexikon, Schorndorf 2003, S. 224–226; Klaus Bös u. a., Gesundheitsorientierte Sportprogramme im Verein, Frankfurt a. M. 1998; Walter Brehm, Gesundheitsförderung durch sportliche Aktivierung als gemeinsame Aufgabe von Ärzten, Krankenkassen und Sportvereinen. Entwicklung, Erprobung und Evaluation einer gemeindebezogenen Modellmaßnahme, Bielefeld 1992.

Denn nach dem Zusammenbruch der kommunistischen Ostblockstaaten, die einer Internationalisierung der Anti-Doping-Politik stets im Weg gestanden hatten,[162] nahm in diesem Bereich der Druck auf die Sportorganisationen deutlich zu. Einen Wendepunkt markierte hier die IOC-Doping-Weltkonferenz in Lausanne vom 2. bis 4. Februar 1990 als »Schlüsselereignis der Etablierung eines internationalen politischen Anti-Doping-Regimes«.[163] Die Entwicklung mündete in die Gründung der World Anti-Doping-Agency (WADA) im November 1999 als Form einer »Public-Private-Partnership« zwischen organisiertem Sport und Staatsregierungen. Faktisch wurde seitdem auch in Deutschland der Staat mitverantwortlich für die Doping-Bekämpfung gemacht – so setzte sich das Stiftungskapital der 2002 gegründeten Kontrollbehörde der Nationalen Anti-Doping Agentur (NADA), neben kleineren Beträgen des organisierten Sports, fast ausschließlich aus öffentlichen Geldern zusammen. Mit der Verabschiedung einer Anti-Doping-Gesetzgebung wird im Jahr 2015 erstmals auch die bundesdeutsche Justiz im großen Stil für die Ahndung von Dopingvergehen zuständig werden.

Eine Fortsetzung der Förderung des Spitzensports steht, trotz mancher Kritik an der Umsetzung, außer Frage. Auch der Werte-Konflikt zwischen »Sieg-Code« und dem proklamierten Ziel eines humanen Leistungssports ändert nichts daran, dass »Medaillen die entscheidende Währung im Sportsystem sind« und bleiben.[164] Auch das vereinte Deutschland folgt unbeirrt der international gängigen Logik, dass ein erfolgreicher Spitzensport die Leistungsfähigkeit des gesamten Gemeinwesens repräsentiere und spiegele – obgleich gerade in dieser Hinsicht die Erfahrung der DDR eine gänzlich andere historische Lehre erteilt hat.

*

Ost- und Westdeutschland hatten im Sport eine im doppelten Sinne »geteilte Geschichte«: Sie ging vielfach getrennte Wege, blieb aber gerade durch die permanente Konkurrenz in den 1970er/80er Jahren stark verbunden und aufeinander bezogen. Da die Westdeutschen die ostdeutschen Erfolge und Methoden stark rezipierten, war die Beziehung zwischen den beiden deutschen Staaten hier weniger asymmetrisch als auf anderen Feldern. Die DDR entwickelte sich zwar zum Wunderland des Leistungssports, aber eben nur in ausgewählten olympischen Disziplinen, während sie im internationalen Fußball oder Tennis nicht mit der Spitze mithalten konnte und hier wiederum die ostdeutschen Sportfans

---

162 Michael Krüger/Stefan Nielsen, Die Entstehung der Nationalen Anti-Doping Agentur in Deutschland (NADA) im Kontext der Gründung der Welt Anti-Doping Agentur (WADA), in: Sport und Gesellschaft 10.1 (2013), S. 55–59, hier S. 59.
163 Ebd., S. 61. Richtungsweisend war allerdings bereits eine Europarats-Konvention gegen Doping von 1989, die den Unterzeichnerstaaten verbindliche Auflagen machte. Ebd., S. 63.
164 Eike Emrich/Christian Pierdzioch/Christian Rullang, Zwischen Regelgebundenheit und diskretionären Spielräumen: Die Finanzierung des bundesdeutschen Spitzensports, in: Sport und Gesellschaft 10.1 (2013), S. 3–26, hier S. 5.

häufig mit der Bundesrepublik mitfieberten. Zugleich unterschieden sich Ost und West deutlich in ihren sportlichen Ansätzen, da die DDR auf eine zentralistische Spitzenförderung setzte und den Breitensport kaum ausbaute, der Freizeitsport im Westen hingegen seit den 1970er Jahren aufblühen konnte. Im wiedervereinigten Deutschland zeigte sich gerade im Falle des Breitensports, welch zählebige Folgen diese Unterschiede haben konnten. Ebenso deutlich wird im Sport die doppelte Transformation nach 1990: Die Auseinandersetzung mit der sozialistischen Sportförderung veränderte auch den Westen, sei es in der Dopingdebatte oder bei der Nachwuchsförderung. Das ehemalige Sportwunderland DDR hat somit, als Schreckbild einer Sportdiktatur ebenso wie als vermeintlich verlorenes Paradies einer optimalen Leistungssportförderung, bis zum heutigen Tag nicht an Ausstrahlung verloren.

Frank Bösch / Christoph Classen

Bridge over troubled Water?

Deutsch-deutsche Massenmedien

Die deutsch-deutsche Mediengeschichte ist voller Gegensätze und Verbindungen. Auf den ersten Blick scheint es hingegen kaum einen Bereich zu geben, in dem die Unterschiede vor 1989 derartig groß waren. Die DDR hatte bekanntlich ein politisch streng kontrolliertes, zentralisiertes Mediensystem, während im Westen Pressefreiheit und bunte Medienvielfalt dominierten, die von amerikanischen Soaps bis zu kommunistischen Kaderblättern reichte. Zugleich waren die Medien jedoch eine wichtige Brücke zwischen Ost und West, so förderten sie auch im Kalten Krieg die wechselseitigen Wahrnehmungen und Bezüge. Da die meisten DDR-Bürger regelmäßig westliche Fernseh- und Radiosendungen empfingen, sprach man frühzeitig von der »allabendlichen Ausreise« der DDR-Bürger, von einer »elektronischen Wiedervereinigung«[1] oder, so Axel Schildt, von »zwei Staaten, eine(r) Hörfunk- und Fernsehnation«.[2] Nicht minder spannungsreich erscheint die Rolle der Medien im wiedervereinigten Deutschland. Einerseits zog das westdeutsche Mediensystem auch in den Osten ein, und da westdeutsche Verleger die meisten DDR-Zeitungen und die neu gegründeten privaten Radiosender übernahmen, erscheint der Zusammenschluss besonders eng. Andererseits blieben bis heute der Medienmarkt und auch die Mediennutzung in West- und Ostdeutschland recht unterschiedlich.

Unser Beitrag untersucht dieses Zusammenspiel zwischen struktureller Differenz und neuen Verflechtungen. Die 1970er Jahre lassen sich dabei als eine Zeit fassen, in der sich die mediale Interaktion zwischen Ost und West stark intensivierte: Während vormals lediglich das Radio grenzübergreifend sendete, sorgte nun die Vollversorgung mit Fernsehern für eine audiovisuelle Anbindung der DDR an die Bundesrepublik, erleichtert durch die faktische Tolerierung des Westempfangs in der DDR, den zuvor noch das West-Radio durch Störsender blockiert hatte.[3] Auch bei den Medieninhalten orientierte sich die DDR nun

---

1 Kurt R. Hesse, Westmedien in der DDR. Nutzung, Image und Auswirkungen bundesrepublikanischen Hörfunks und Fernsehens, Köln 1988, S. 9.
2 Axel Schildt, Zwei Staaten – eine Hörfunk- und Fernsehnation. Überlegungen zur Bedeutung der elektronischen Massenmedien in der Geschichte der Kommunikation zwischen der Bundesrepublik und der DDR, in: Arnd Bauerkämper/Martin Sabrow/Bernd Stöver (Hg.), Doppelte Zeitgeschichte. Deutsch-deutsche Beziehungen 1945–1990, Bonn 1998, S. 58–71.
3 Christoph Classen, »Um die Empfangsmöglichkeiten (…) des Senders RIAS völlig auszuschalten«. Störsender in der DDR 1952 bis 1988, in: Rundfunk und Geschichte 40.3–4 (2014), S. 25–40.

stärker an der Bundesrepublik: Ihr Handel mit westlichen Fernsehprogrammen und -filmen nahm zu, ferner die Adaption westlicher Unterhaltungsformate in Eigenproduktionen. Ebenso kam ein neuartiger journalistischer Austausch auf, als die DDR 1973 erstmals bundesdeutsche Korrespondenten akkreditierte, die nun im Westen regelmäßig aus Ostdeutschland berichteten. Zugleich richteten sich die Berichte der Westkorrespondenten immer auch an die ostdeutsche Bevölkerung. Die westdeutsche Presse blieb zwar weiterhin in der DDR verboten, während die Bundesbürger ostdeutsche Blätter ignorierten. Dennoch reagierten die Printmedien fortlaufend aufeinander oder brachten Themen hervor, die dann per Rundfunk die Mauer durchdrangen. Alle diese Interaktionen bezogen sich freilich vor allem auf die DDR. Die Bundesrepublik adaptierte und rezipierte kaum mediale Inhalte aus der DDR, allenfalls indirekt über die Medienberichte der Korrespondenten in Ost-Berlin oder einzelne Spielfilme.

Obwohl die Mediensysteme unterschiedlich waren, gab es Ähnlichkeiten bei der Mediennutzung. In Umfragen nannten jeweils gut zwei Drittel der Ost- und Westdeutschen Ende der 1960er Jahre Fernsehen als beliebteste Beschäftigung in der Freizeit, gefolgt vom Lesen der Presse, während die Kinobesuche in den 1960er Jahren in beiden Teilen Deutschlands einbrachen, wenngleich die DDR-Bürger im Verhältnis häufiger ins Kino gingen.[4] Ähnlich wie in den meisten Industriestaaten nahm in beiden Teilen Deutschlands die Unterhaltung in den Medien zu. Ferner kam es zu einer Konzentration des Pressemarktes und zu einer zielgruppenspezifischen Ausdifferenzierung der Medien, besonders bei den Zeitschriften. Selbst in der sozialistischen DDR mit ihren von der SED gelenkten und subventionierten Medien wurden diese zu Konsumgütern, da auch die Partei den Wunsch der Bevölkerung nach Unterhaltung nicht ignorieren konnte. Nach 1990 veränderte sich vor allem die ostdeutsche Medienlandschaft radikal und übernahm westliche Strukturen, wenngleich einige Kommunikationswissenschaftler insbesondere mit Blick auf die ehemaligen SED-Bezirkszeitungen eine Prägekraft der einstigen Medienstruktur konstatierten.[5] Darüber hinaus lässt sich diskutieren, inwieweit sich in Ostdeutschland nach 1990 Medienformate und -nutzungen abzeichneten, die im Westen erst später deutlich erkennbar wurden, wie zum Beispiel die stärkere Nutzung privater Sender oder die Abkehr von der Tagespresse.

Wie die Medien der DDR und die deutsch-deutsche Medienkommunikation zu bewerten sind, ist umstritten. Lange Zeit wurden die DDR-Medien lediglich als uniforme und zentral gelenkte Propaganda betrachtet, die im langweiligen Parteiduktus die Publikumswünsche ignorierte, um die Vorgaben der SED zu erfüllen.

---

4 Michael Meyen, Denver Clan und Neues Deutschland. Mediennutzung in der DDR, Berlin 2003, S. 42; Vergleichende Daten bis 1975 nach: Elisabeth Prommer, Kinobesuch im Lebenslauf. Eine historische und medienbiographische Studie, Konstanz 1999, S. 350 f.
5 Vgl. Beate Schneider/Dieter Stürzebecher, Wenn das Blatt sich wendet. Die Tagespresse in den neuen Bundesländern, Baden-Baden 1998, S. 210.

Entsprechend stand die mittlerweile gut erforschte Medienlenkung der SED im Mittelpunkt.⁶ Während man bei anderen Diktaturen, insbesondere beim Nationalsozialismus, oft eine starke Wirkungsmacht der Propaganda annahm, wurde den DDR-Medien Wirkungslosigkeit unterstellt, gerade wegen der Konkurrenz aus dem Westen. Gegen diese Annahmen wandte sich besonders der Münchener Kommunikationswissenschaftler Michael Meyen. Vor allem auf Interviews gestützt betonte er journalistische Spielräume und Anpassungen an Publikumswünsche und den Westen, die speziell auf dem Gebiet von Unterhaltungs- und Serviceprogrammen auch dem DDR-Fernsehen eine größere Resonanz bescherten.⁷ Ebenso argumentierte er, dass die Westmedien für die DDR-Bürger eine geringere Rolle gespielt hätten als bisher angenommen, da sie bundesdeutsche Informationen ebenfalls kritisch hinterfragten und bundesdeutsche Politik- und Ratgeber-Magazine nur bedingt im Alltag geholfen hätten.⁸ Andere argumentieren, die DDR habe über ihr eigenes Fernsehprogramm zumindest in der Honecker-Ära eine gewisse Form der nationalen Heimatidentifikation erlangt.⁹ Gerade derartige gesellschaftsgeschichtliche Debatten über Medien, insbesondere zu ihrer verstärkten Entwicklung zu alltäglichen Konsumgütern, bieten Ansatzpunkte für eine blockübergreifende vergleichende Betrachtung.

1. Getrennte Welten?
Die deutsch-deutschen Printmedien der 1970/80er Jahre

Bei den Printmedien waren die Unterschiede zwischen Ost und West groß und der wechselseitige Austausch auf den ersten Blick gering. Die Differenzen sind gut bekannt. Während in Westeuropa seit den 1950er Jahren eine bunte Zeitungslandschaft aufblühte, die von kleinen Lokalzeitungen über bildreiche Boulevardblätter bis hin zu einer kritischen Qualitätspresse reichte, dominierten im Osten dünne Parteiblätter mit dicht bedruckten Seiten voller Erfolgsmeldungen aus der sozialistischen Welt und Verunglimpfungen der westlichen Welt. Besonders bei der Pressefreiheit waren die Gegensätze eklatant. In der Bundesrepublik entstanden nach der Spiegel-Affäre Mitte der 1960er Jahre Landespressegesetze, welche die Journalisten mit gesonderten Rechten schützten, um ihre investigative Arbeit und Kritik zu sichern. Die Verfassung der DDR ga-

---

6 Gunter Holzweißig, Die schärfste Waffe der Partei. Eine Mediengeschichte der DDR, Köln 2002. Ähnlich etwa die Abschnitte zur DDR in: Heinz Pürer/Johannes Raabe, Presse in Deutschland, 3. Aufl., Konstanz 2007, S. 173–211. Zwar mit anderem Ansatz als Holzweißig, aber im Ergebnis durchaus die scharfe Medienkontrolle betonend: Anke Fiedler, Medienlenkung in der DDR, Köln 2014.
7 Michael Meyen/Anke Fiedler, Die Grenze im Kopf. Journalisten in der DDR, Berlin 2011.
8 Meyen, Denver-Clan, S. 63 f.
9 Jan Palmowski, Inventing a Socialist Nation: Heimat and The Politics Of Everyday Life in the GDR, 1945–90, Cambridge 2009, S. 81–89, 120–128.

rantierte zwar die Meinungsfreiheit im Artikel 27 (»Die Freiheit der Presse, des Rundfunks und Fernsehens ist gewährleistet«), allerdings wurde dies auch auf diesem Gebiet durch den Führungsanspruch der SED unterlaufen. Die SED kontrollierte die Presse durch eine Lizenzpflicht und Papierzuteilung, über die Auswahl und Schulung der Journalisten, durch Zensur, Steuerung von Karrieren und zentrale Vorgaben. Während im Westen die Presse fast ausschließlich in Privatbesitz war und das Kartellamt Monopole zu verhindern suchte, wurden im Osten die Tageszeitungen nur von der SED, den Blockparteien und Massenorganisationen ediert, mit Ausnahme der Kirchenpresse. Insbesondere die Abteilung Agitation des ZK der SED und das Presseamt beim Vorsitzenden des Ministerrates sorgten für die Lenkung der Nachrichten – mit schriftlichen Vorgaben und mit regelmäßigen Treffen wie dem »Donnerstag-Argus« der Chefredakteure in Berlin.[10] Zentrale Vorgaben wurden zudem durch die Nachrichtenagentur ADN, aber auch durch das »Neue Deutschland« verbreitet. Honecker selbst segnete oft Inhalte des »Neuen Deutschland« oder den Sendeablauf der »Aktuellen Kamera« vorher ab. Dagegen bestellten die Journalisten der Bundesrepublik in der von ihnen organisierten Bundespressekonferenz die Politiker ein, um sie zu befragen, und aus Versuchen der Einflussnahme von Politikern konnten schnell Skandale werden. Pressemeldungen stützen sich zwar auch hier oft auf die größte Agentur dpa, die jedoch von den Medienunternehmen selbst getragen wurde und Konkurrenz hatte.

Ebenso unterschied sich der Beruf des Journalisten grundlegend. Das begann bereits bei der Ausbildung: In der Bundesrepublik gab und gibt es keine fest vorgeschriebenen Ausbildungswege oder Studienfächer, in der DDR hingegen war ein Studium an der Fachschule für Journalistik in Leipzig oder der Sektion Journalistik der dortigen Universität der abverlangte Regelfall.[11] Damit wurden die angehenden Journalisten vorab weltanschaulich ausgewählt und ideologisch geschult. Das Berufsideal war im Westen zumindest im letzten Drittel des 20. Jahrhunderts investigativ geprägt, im Osten dagegen parteilich, für die Stärkung des Sozialismus. Entsprechend waren 1975 rund 85 Prozent der Journalisten in der SED, weitere in den Blockparteien und am Ende der DDR gehörten rund 90 Prozent dem Berufsverband der Journalisten in der DDR (VDJ) an.[12] Der Anteil von Inoffiziellen Mitarbeitern (IM) der Staatssicherheit im Journalismus ist bisher nicht systematisch untersucht worden. Aber zumindest Stichproben zu einzelnen Zeitungen deuten an, dass er vermutlich trotz der SED-Nähe hoch war, weil die

---

10 Katrin Bobsin, Das Presseamt der DDR. Staatliche Öffentlichkeitsarbeit für die SED, Köln 2013; Jürgen Wilke, Presseanweisungen im zwanzigsten Jahrhundert. Erster Weltkrieg – Drittes Reich – DDR, Köln 2007, S. 290–304.

11 Daniel Siemens/Christian Schemmert, Die Leipziger Journalistenausbildung in der Ära Ulbricht, in: Vierteljahrshefte für Zeitgeschichte 61.2 (2013), S. 201–237. Mit Erinnerungen von DDR-Journalisten dazu: Meyen, Grenze im Kopf.

12 Julia Martin, Der Berufsverband der Journalisten in der DDR (VDJ), in: Jürgen Wilke (Hg.), Journalisten und Journalismus in der DDR. Berufsorganisation – Westkorrespondenten – Der Schwarze Kanal, Köln 2007, S. 7–78, hier S. 65.

Journalisten durch ihre Gespräche mit der Bevölkerung eine Horchfunktion hatten; so waren 1987 70 Prozent der 14 Lokalchefs der »Freien Erde« aktive IMs.[13]

Derartige Unterschiede lassen sich vielfältig fortsetzen, wodurch ein gut bekanntes statisches Kontrastbild von Ost und West entsteht. Dennoch lohnt es, ergänzend die Entwicklung der Presse in beiden Staaten übergreifend zu betrachten. Eine erste erklärungsbedürftige Auffälligkeit ist, dass in beiden Teilen Deutschlands die Auflagen der Zeitungen in den 1960/70er Jahren rasant anstiegen, obgleich aufgrund der Fernsehkonkurrenz vielfach ihr Niedergang erwartet worden war. Im Westen kletterte die täglich verkaufte Auflage von rund 15 Millionen auf über 20 Millionen an und blieb bis zum Mauerfall auf diesem hohen Niveau.[14] In der DDR stiegen die Auflagen der Tageszeitungen zwischen 1963 bis 1988 sogar von 5,8 Millionen auf 9,5 Millionen Exemplare, besonders rasant in den 1970er Jahren.[15] Das waren im Schnitt 1,5 Zeitungen pro Haushalt und damit doppelt so viele wie in der Bundesrepublik. Parallel dazu expandierten in beiden Teilen Deutschlands die Zeitschriften. In der Bundesrepublik gab es vor dem Mauerfall 7831 Titel mit einer Auflage von 309 Millionen Exemplaren, in der DDR waren es immerhin 543 Zeitschriften plus rund 667 Betriebszeitungen, kirchliche Periodika und regionale Wochenblätter. Bei den Publikumszeitschriften verdoppelte sich die Auflage im Westen von 56 Millionen (1968) auf 105 Millionen (1988)[16], aber auch in der DDR stiegen sie in den 1970/80er Jahren um 25–50 Prozent, in Einzelfällen (wie bei »Guter Rat«) sogar um 100 Prozent.[17] Die Nachfrage nach manchen Titeln war in der DDR sogar noch deutlich größer, konnte aber angesichts von Papiermangel und politischen Vorgaben nicht befriedigt werden. An Tagen, an denen gefragte Zeitschriften erschienen, bildeten sich entsprechend Schlangen an den Verkaufsstellen, auch Abonnements waren zeitweise kaum zu bekommen.

Erklären kann man diesen parallelen Boom der Presse sicher nicht allein mit den günstigen Verkaufspreisen, die in der DDR auf staatlichen Subventionen und im Westen auf stark gestiegenen Anzeigenerlösen beruhten.[18] Eine Ursache ist

---

13 40 IMs machte etwa Christiane Baumann für die Mecklenburger Zeitung »Freie Erde« aus, allerdings für 40 Jahre: Christiane Baumann, »Vertrauen ist gut – Kontrolle ist besser«. Schlaglichter auf 38 Jahre SED-Bezirkszeitung Freie Erde, Bremen 2013, S. 65 f.
14 Daten nach: Pürer/Raabe, Presse, S. 124.
15 Stefan Matysiak, Die Entwicklung der DDR-Presse. Zur ostdeutschen historischen Pressestatistik, in: Deutschland Archiv 42.1 (2009), S. 59–73, hier S. 60.
16 IVW-Daten, zit. nach: Sabine Hilgenstock, Die Geschichte der BUNTEN (1949–1988). Die Entwicklung einer illustrierten Wochenzeitschrift mit einer Chronik dieser Zeitschriftengattung, Frankfurt a. M. 1993, S. 9.
17 Daten in: Dietrich Löffler, Publikumszeitschriften und ihre Leser. Zum Beispiel: Wochenpost, Freie Welt, Für Dich, Sybille, in: Simone Barck/Martina Langermann/Siegfried Lokatis (Hg.), Zwischen »Mosaik« und »Einheit«. Zeitschriften in der DDR, Berlin 1999, S. 48–60, hier S. 49.
18 Im Westen kamen nun zwei Drittel der Einnahmen aus Anzeigen, im Osten waren neunstellige Subventionen nötig: 1989 allein für die SED-Blätter 332 Millionen Mark; Pürer/Raabe, Presse, S. 379.

eher in den gemeinsamen historischen Wurzeln der Teilstaaten zu sehen: Beide knüpften an eine deutsche Zeitungs- und Lesetradition an, deren Wurzeln bis in das späte 18. Jahrhundert reichen. Bereits seit der Zeit um 1900, mit dem ersten Boom der Massenpresse, war das Lesen von Periodika in Deutschland ein fester Bestandteil der Freizeit und Orientierung im Alltag. Dies korrespondierte mit einer in Nordeuropa verbreiteten, eher protestantisch geprägten Schriftkultur und frühen Alphabetisierung, während sich im südlichen Europa Tageszeitungen auch nach 1945 nie in gleichem Maße durchsetzten und stattdessen Radio und Fernsehen dominierten.[19] Dadurch ähnelte sich die Zeitungsnutzung in beiden deutschen Staaten viel stärker als im Vergleich zu ihren jeweiligen politischen Verbündeten – wie beispielsweise Italien oder Rumänien.

Der Presseboom ging zudem in Ost und West sowohl mit einer Politisierung der Gesellschaften einher als auch mit einer ausdifferenzierten Freizeit-, Unterhaltungs- und Konsumkultur, die langfristig freilich eher entpolitisierend wirkte. Mit der Politisierung der Gesellschaft korrespondierte vor allem die Expansion der Tagespresse und politischen Wochenmagazine. Das Bedürfnis nach politischen Informationen stieg in beiden Teilen Deutschlands ebenso an wie die Presse wiederum politische Aktivitäten stärkte. Der rasante Zuwachs an staatlichen Entscheidungen, die die persönliche Lebenswelt betrafen, dürfte dies ebenso erklären wie das propagierte Versprechen, die Bürger an Entscheidungen zu beteiligen. In der Bundesrepublik folgte dem Anstieg der Tagespresse eine Eintrittswelle in die Parteien und Gewerkschaften und ein neuartig großes zivilgesellschaftliches Engagement in den 1970er Jahren. In der DDR wuchsen die Auflagen der Parteiblätter ebenso wie die Mitgliederzahlen der SED und der Massenorganisationen; die SED-Presse machte die Mitglieder mit den offiziellen Interpretationen des Tagesgeschehens vertraut und befähigte sie somit in offiziellen Situationen die Parteilinie zu vertreten.[20] Ähnlich wie die Mitgliederzahl der SED war der Auflagenanstieg zwar ein vom Politbüro gesteuerter Prozess, ermöglichte aber dennoch eine Ausweitung der politischen Kommunikation.

Der Boom der Zeitungen ergab sich zudem aus einem gesteigerten Bedürfnis nach regionalen und lokalen Informationen. In Ost und West zeigten Umfragen gleichermaßen, dass die Menschen vor allem nach innenpolitischen und lokalen Meldungen verlangten, die für ihr Alltagshandeln Orientierung versprachen.[21] Seit den 1970er Jahren kam es, einhergehend mit der Erosion der großen Modernisierungsutopien, in beiden Teilstaaten zu einem neuen Interesse an der lokalen Lebenswelt. Dies sicherte den Regionalzeitungen eine Schlüsselstellung, denn vor allem lokale Meldungen fehlten im Fernsehen und Radio (mit

---

19 Zu dieser langfristigen internationalen Perspektive: Frank Bösch, Mediengeschichte. Vom asiatischen Buchdruck bis zum Fernsehen, Frankfurt a. M. 2011.
20 Dorothee Harbers, Die Bezirkspresse der DDR (unter besonderer Berücksichtigung der SED-Bezirkszeitungen). Lokalzeitungen im Spannungsfeld zwischen Parteiauftrag und Leserinteresse, Marburg 2003, S. 241 f.
21 Vgl. zu Umfragen der SED 1967: Meyen, Denver Clan, S. 107 f.

Ausnahme der ARD-Sender in Stadtstaaten), besonders beim Westempfang in der DDR. Dort besaß der Lokalteil, der meist nur eine von acht Seiten in der Bezirkspresse umfasste, zumindest einen kleinen Spielraum, wenngleich auch dort oft politische Meldungen lokal umgemünzt wurden. In einigen Kreisen konnten selbst die Blätter der Blockparteien durch ihre Lokalberichte eine zentrale Stellung erreichen. Zudem spielte der nicht-redaktionelle Teil eine Schlüsselrolle für den Alltag: In beiden Teilstaaten zeigten die Umfragen, dass besonders die Todesanzeigen gelesen wurden, ebenso die Kleinanzeigen. Denn in Ost und West ermöglichten sie einen wichtigen Markt – von gebrauchten Konsumgütern bis hin zum Tausch von Wohnungen. Welche Bedeutung der lokale Kleinanzeigenmarkt und das Kommunale im Westen hatten, unterstreicht der rasante Boom der gratis verteilten Anzeigenblätter: 1960 betrug ihre wöchentliche Auflage zwei Millionen, 1980 hatte sie sich bereits versechsfacht.[22] Ihre Artikel über örtliche Vereine und Honoratioren wurden oft belächelt, waren aber ebenfalls Ausdruck eines gesteigerten lokalen Engagements und Interesses.

In beiden deutschen Staaten kam es, wenn auch zeitversetzt, zu einer starken Konzentration der Presse, bei der Regionalzeitungen mit mehreren Lokalteilen eine Schlüsselstellung errangen. Die Gründe dafür waren unterschiedlich – im Westen der ökonomische Wettbewerb, im Osten politische Vorgaben. Zugleich reagierten beide Mediensysteme auf das Leserbedürfnis, neben der übergeordneten Politik auch regionale und lokale Informationen zu erhalten. 1989 erschienen in der DDR 37 »publizistische Einheiten«, die jedoch 291 redaktionelle Ausgaben mit gemeinsamem Mantelteil hatten. Diese Konzentration war politisch gewollt, um die Deutungsmacht der SED durchzusetzen, Meinungsunterschiede zu begrenzen und Kosten zu sparen. Zudem stand sie in der Tradition der SPD und KPD vor 1933, die bereits eine zentralisierte Parteipresse bevorzugten. Im Westen erreichte die Pressekonzentration jedoch, gemessen an der Einwohnerzahl, recht ähnliche Werte. Die Zahl der »publizistischen Einheiten« brach in den langen 1970er Jahren weiter ein, von 225 (1953) auf 124 (1981) mit 1258 lokalen Ausgaben; ebenso sank die Zahl der herausgebenden Verlage um ein Drittel. Jede Redaktion gab somit rund elf Ausgaben heraus, im Osten waren es acht.[23] Dadurch nahm auch im Westen die Zahl der Kreise zu, in denen ein Lokalblatt das Monopol innehatte – Mitte der 1970er Jahre bereits in einem Drittel der Kreise, vor der Wiedervereinigung bereits in der Hälfte. Überschätzen darf man die Pressevielfalt dementsprechend auch im Westen nicht. Besonders bei der Straßenverkaufspresse dominierte die »BILD-Zeitung« über 80 Prozent des Marktes und Axel Springer entwickelte sich so mit Abstand zum stärksten Zeitungsverleger.

Bei den Publikumszeitschriften hingegen verdoppelte sich mit der Auflage auch die Zahl der Titel. Hier wuchsen Stadtmagazine sowie Zielgruppen- und Spezialzeitschriften für Hobbys, Sport oder Lebensstile, während die klassischen

---

22 Marco Haas, Die geschenkte Zeitung. Bestandsaufnahme und Studien zu einem neuen Pressetyp in Europa, Münster 2005, S. 72.
23 Schneider/Stürzebecher, Wenn das Blatt, S. 102.

Illustrierten an Auflage verloren. Beim »Stern« etwa sank sie ab 1980, einige einst erfolgreiche Illustrierte wie die »Bunte«, »Neue Revue« und »Quick« verloren seit 1970 kontinuierlich Leser oder gingen sogar ganz ein (wie »Kristall« 1966, »twen« 1971). Auch hier führte die wachsend starke Stellung von einzelnen Verlagshäusern wie Burda, Bauer oder Gruner + Jahr zu einer Konzentration der Eigentumsverhältnisse. Die hohen Kosten der Drucktechnik erschwerten kleinen Verlagen zusätzlich die Konkurrenzfähigkeit. Weniger die Fernsehkonkurrenz verdrängte die kleinen Verleger, wie viele in den 1960er Jahren noch annahmen, sondern der allgemeine wirtschaftliche Konzentrationsprozess und die Markenartikelwerbung, die auflagenstarke Medien bevorzugten. Ohne die verschärften Gesetze, insbesondere die Pressefusions-Kontrolle von 1976, und die regelmäßigen »Medienberichte der Bundesregierung«, hätte die Pressekonzentration in der Bundesrepublik vermutlich weiter zugenommen.[24] Seit Ende der 1970er Jahre trat jedoch hier, aber auch in der DDR, eine Stabilisierung ein. Im Bereich der Presse standen die 1980er Jahre für Beständigkeit, während im Rundfunk eine tiefgreifende Umstrukturierung einsetzte.

Die deutsche Tagespresse war seit dem Kaiserreich traditionell eng an einzelne Parteien oder politische Strömungen gebunden. Nachdem die Nationalsozialisten die meisten Parteiblätter zerstört oder gleichgeschaltet hatten, knüpfte die DDR in radikaler Form an diese Parteikopplung an: Die Tagespresse der DDR blieb an die SED, die wenigen lizenzierten und politisch abhängigen Blockparteien und Massenorganisationen gebunden. Die SED gab 17 Tageszeitungen heraus, die CDU und LDPD je fünf und die NDPD sechs mit kleineren Auflagen, obgleich ihre Inhalte alle recht ähnlich waren. Diese verfügten jedoch alle über zahlreiche lokale Ausgaben: Ein SED-Bezirksblatt hatte rund zwölf Ausgaben, die anderen das Vier- bis Fünffache. Sie waren zwar nicht in allen Kreisen verbreitet, in einigen aber durchaus stark.[25] Die Inhalte hingen auch, so argumentierte eine Studie über die Leipziger Volkszeitung, jeweils von den leitenden Journalisten und politischen Konstellationen ab.[26] Vor allem die Nachrichtenagentur ADN hatte eine Schlüsselrolle bei der Distribution der Nachrichten. Selbst die beiden auflagenstärksten SED-Blätter, das »Neue Deutschland« und die »Freie Erde«, verwiesen bei fast der Hälfte ihrer Artikel auf diese Quelle.[27] Charakteristisch ist, dass die Struktur der Tagespresse in der DDR der 1970/80er Jahre äußerst statisch blieb.

---

24 So auch Jürgen Wilke, Die Tagespresse der achtziger Jahre, in: Werner Faulstich (Hg.), Die Kultur der 80er Jahre, München 2005, S. 69–90, hier S. 72.
25 Matysiak, Entwicklung der DDR-Presse, S. 62.
26 Jürgen Schlimper, Thesen zur Geschichte der Leipziger Volkszeitung seit 1946, in: ders. (Hg.): »Natürlich – die Taucharer Straße!« Beiträge zur Geschichte der »Leipziger Volkszeitung«, Leipzig 1997, S. 469–506.
27 Michael Meyen/Wolfgang Schweiger, »Sattsam bekannte Uniformität?« Eine Inhaltsanalyse der DDR-Tageszeitungen »Neues Deutschland« und »Junge Welt« (1960–1989), in: Medien & Kommunikationswissenschaft 56.1 (2008), S. 82–100.

In der Bundesrepublik entfaltete sich dagegen seit Ende der 1960er Jahre eine Politisierung und Polarisierung der Presse, die mit einer komplexen Verschiebung einherging. So gingen die großen Parteiblätter und die parteinahe Presse in den 1960er Jahren ein, womit eine seit dem 19. Jahrhundert dominante deutsche Tradition im Westen ihr Ende fand. Dies traf besonders die SPD. Sie musste selbst in Großstädten wie Berlin ihre einst populären Parteiblätter entweder einstellen (wie »Telegraf« und »Nachtdepesche« 1972), verkaufen (wie die »Hamburger Morgenpost« 1981) oder, wie bei der »Neuen Hannoverschen Presse« 1973, mit der bürgerlichen Konkurrenz fusionieren. Der Kauf von Verlagsanteilen erwies sich als Ersatzlösung für die SPD. Dies war zwar ökonomisch lukrativer, aber bedeutete ebenfalls die Zurücknahme an politischem Einfluss.[28] Ebenso kam es seit den 1960er Jahren zum Niedergang der CDU-nahen konfessionell geprägten Blätter: »Christ und Welt« sowie der »Rheinische Merkur« verloren so stark an Einfluss und Auflage, dass sie 1980 fusionierten, während lokale Zeitungen aus dem katholischen Milieu darüber hinaus ihren Mantel von überregionalen Blättern erhielten.

Zugleich wurde die westliche Presse von einer politischen Polarisierung erfasst, bei der bisher unabhängige Zeitungen und Zeitschriften begannen, stärker einzelne Parteilinien zu vertreten.[29] Während etwa »Die ZEIT«, »Der Spiegel« und der »Stern« dichter an die SPD heranrückten, unterstützten »BILD«, »FAZ«, »Bunte« oder »Quick« nun dezidierter die Christdemokraten. Im Unterschied zum britischen (Boulevard-) Journalismus sahen sie zwar von offenen direkten Wahlaufrufen ab, traten dafür in ihren Berichten aber deutlicher als politische Erzieher auf.[30] Der Ton wurde schärfer und Kampagnen gegen politische »Gegner«, etwa gegen Brandt und Strauß, waren an der Tagesordnung. Ebenso nahm im Zuge der Politisierung der 1970er Jahre auch im Westen die Zahl der Journalisten mit Parteibuch zu. Vor allem konservative Politiker und Politikberater, wie Elisabeth Noelle-Neumann, warfen dabei den Journalisten seit Mitte der 1970er Jahre vor, mehrheitlich links orientiert zu sein und entsprechend unausgewogen zu berichten.[31] Andere beklagten umgekehrt die Dominanz der Konservativen, insbesondere in Gestalt des Springer-Verlages.[32]

---

28 Zur Pressebeteiligung aus Sicht der SPD: Friedhelm Boll, Die deutsche Sozialdemokratie und ihre Medien. Wirtschaftliche Dynamik und rechtliche Formen, Bonn 2002; Uwe Danker u. a., Am Anfang standen Arbeitergroschen. 140 Jahre Medienunternehmen der SPD, Bonn 2003. Aus Sicht der CDU/CSU: Andreas Feser, Der Genossen-Konzern. Parteivermögen und Pressebeteiligungen der SPD, München 2002.
29 Christina von Hodenberg, Konsens und Krise. Eine Geschichte der westdeutschen Medienöffentlichkeit 1945–1973, Göttingen 2006, S. 362.
30 Frank Esser, Die Kräfte hinter den Schlagzeilen. Englischer und deutscher Journalismus im Vergleich, Freiburg i. Br. 1998.
31 Elisabeth Noelle-Neumann, Die Schweigespirale: Öffentliche Meinung – unsere soziale Haut, München 1980.
32 Hierzu ausführlich: Frank Bösch, Zwischen Technikzwang und politischen Zielen: Wege zur Einführung des privaten Rundfunks in den 1970/80er Jahren, in: Archiv für Sozialgeschichte 52 (2012), S. 191–210.

Damit wurde in den 1970er Jahren nicht nur in der DDR, sondern auch in der Bundesrepublik die Neutralität und Objektivität der Medien kritisch diskutiert. Besonders deutlich stach dies gegenüber der Bild-Zeitung hervor. Bücher wie Heinrich Bölls »Die verlorene Ehre der Katharina Blum« (1974) oder Günter Wallraffs Undercover-Reportage »Der Aufmacher« (1977) über die rücksichtslosen und erfundenen Berichte der Boulevardjournalisten heizten diese Debatte auch emotional an. Dennoch darf man weder die Leser der »BILD-Zeitung« noch des »Neuen Deutschland« unterschätzen. Wie Vertreter der britischen Cultural Studies frühzeitig für die Boulevardpresse konstatierten, glaubten die Leser auch bei sozialistischen Zeitungen nicht alles Gedruckte, sondern eigneten sich Informationen eigensinnig, selektiv und mitunter mit zynischem Spott gegenüber den »Mächtigen« an.[33]

Diese mediale Polarisierung und neue Parteibindung zeigte sich in der Bundesrepublik auch an den politischen Rändern. So erzielten in den 1970er Jahren rechtsextreme Blätter wieder Erfolge. Die rechtsradikale »Deutsche National-Zeitung«, die wöchentlich erschien, erreichte nun sechsstellige Verkaufszahlen. Sie entwickelte sich zum zentralen Forum und Finanzier der im folgenden Jahrzehnt aufblühenden rechtsextremen Parteien wie der DVU, der ihr Verleger Gerhard Frey zugleich vorstand.[34] Noch markanter war der Presseboom bei der Linken. Die 1969 als Tageszeitung gestartete kommunistische »Unsere Zeit« (UZ), erreichte in den 1970er Jahren mit Unterstützung der SED immerhin Auflagen von rund 60.000 Exemplaren. Mit der »taz« entstand schließlich 1979 eine linksalternative Zeitung, die im Umfeld der zeitgleich gegründeten Partei Die Grünen stand. Insofern kann man bilanzieren, dass die Zeit der parteinahen Presse um 1970 herum auch in der Bundesrepublik nicht vorbei war, sondern sich lediglich neu formierte.

Eine der größten Veränderungen auf dem bundesdeutschen Pressemarkt der 1970/80er Jahre war dabei das schlagartige Aufblühen der Alternativpresse. Bereits 1980 zählte man 390 linksalternative Zeitschriften mit rund 1,6 Millionen Exemplaren, und bis Ende der 1980er Jahre verdoppelte sich die Zahl der Titel.[35] In gewisser Weise wiederholte sich hier die Bildung eines sozial-moralischen Milieus, wie es im frühen Kaiserreich bei den Sozialdemokraten und Katholiken zu beobachten war: Es entstanden spezifische Buchläden, Kneipen und Geschäfte, aber eben auch eine eigene Presse, die das Milieu kommunikativ vernetzte. Sie korrespondierte mit der allgemeinen Aufwertung der lokalen Umwelt und unterschied sich zunächst fundamental von der bundesdeutschen Presse, erst recht von derjenigen der DDR: Sie war basisdemokratisch organisiert, oft ehrenamt-

---

33 Meyen, Denver-Clan, S. 55 f.; John Fiske, Popularity and the Politics of Information, in: Peter Dahlgren/Colin Sparks (Hg.), Journalism and Popular Culture, London 1992, S. 45–63.
34 Peter Dudek/Hans-Gerd Jaschke, Die Deutsche National-Zeitung. Inhalte, Geschichte, Aktionen, München 1981.
35 Sven Reichardt, Authentizität und Gemeinschaft. Linksalternatives Leben in den siebziger und frühen achtziger Jahren, Berlin 2014, S. 223–318, bes. S. 241 f.

lich oder mit geringen Gehältern erstellt und hatte kaum kommerzielle Ziele; vielmehr versuchte sie, »authentische« Berichte und Anliegen aus der Welt ihrer Leser zu verbreiten.[36] Entsprechend lag die Auflage der einzelnen Blätter meist nur bei wenigen tausend. Bezeichnenderweise erreichten allerdings die alternativen Stadtmagazine schnell fünfstellige Auflagen, wie »tip« und »Zitty« in Berlin, »Pflasterstrand« in Frankfurt, »Oxmox« in Hamburg oder die »Stadt Revue« in Köln.[37] Wie sich rasch herausstellte waren ihre Leser meist weniger an den politischen Inhalten als an Informationen über lokale Events interessiert. Zusammen mit den kommerzialisierten Stadtmagazinen erreichte die Alternativpresse immerhin eine Auflage von über sieben Millionen Exemplaren.

Im sozialistischen Osteuropa, allen voran in Polen, blühte Ende der 1970er Jahre ebenfalls eine Untergrundpresse auf, die ohne staatliche Lizenz alternative Meinungen verbreitete.[38] Die als »Samisdat« bezeichneten Schriften erreichten mit der Solidarność-Bewegung millionenfache Verbreitung. In der DDR entstand dagegen keine auch nur annähernd so prominente Oppositionspresse. In den 1980er Jahren kamen aber zumindest einzelne alternative Blätter zu Friedens-, Menschenrechts- oder Umweltthemen auf, die kleine Auflagen von jeweils einigen Hundert erreichten. Die wenigen kleineren Oppositionsschriften entstanden oft unter dem Dach der Kirche, wie die »Umweltblätter« in der Zionskirche. Die einzige weit verbreitete und von der SED unabhängige Presse blieb die der Kirche. Sie verfügte über rund 34 Blätter und erreichte immerhin eine Auflage von knapp 400.000 Stück, jedoch musste sie sich aber weitgehend bei politischen Fragen enthalten.[39] Die geringe Verbreitung von Oppositionsblättern in der DDR erklärt sich zum einen aus der scharfen Überwachung der Staatssicherheit. Zum anderen war in Polen der Widerstandsgeist offensichtlich größer, so dass mehr Menschen derartige Blätter schrieben und lasen. Zudem sicherten die westdeutschen Medien einen Informationsfluss nach Ostdeutschland, über den die Opposition der DDR zumindest partiell kommunizieren konnte.

Diese Politisierung der Presse wurde von einer gleichzeitigen Entpolitisierung begleitet. Hierfür stand zunächst der Boom der Zeitschriften. Wenngleich auch letztere in der DDR ideologisch grundiert waren, repräsentierten sie doch selbst im Sozialismus einen Trend zur sich ausdifferenzierenden Konsumgesellschaft. Sie unterteilten die Gesellschaften nach Generation und Geschlecht, nach Hobbys, Interessen oder Lebensstilen, und prägten Vorlieben, Normen oder bestimmte

---

36 Nadja Büteführ, Zwischen Anspruch und Kommerz: Lokale Alternativpresse 1970–1993, Münster 1995, S. 471 f.
37 Frühe Auflagen in: Otfried Jarren, Kommunale Kommunikation, München 1984, S. 254.
38 Als Vergleich: Friederike Kind-Kovács/Jessie Labov (Hg.), Samizdat, Tamizdat, and Beyond. Transnational Media During and After Socialism, New York 2013; Jan C. Behrends/Thomas Lindenberger (Hg.), Underground Publishing and the Public Sphere. Transnational Perspectives, Münster 2014.
39 Jens Bulisch, Evangelische Presse in der DDR. »Die Zeichen der Zeit« (1947–1990), Göttingen 2006, S. 403.

Verhaltensweisen. Generell war die Vielfalt der Zeitschriften in der DDR wesentlich kleiner, da eine derartige Ausdifferenzierung weder erwünscht war noch eine vergleichbare Konsumindustrie sie förderte. Der steigende Weltmarktpreis für Papier in den 1970er Jahren setzte weitere Grenzen. Dennoch erreichten in beiden Teilen des Landes häufig recht ähnliche Unterhaltungs-, Service- und Ratgeberblätter Millionenauflagen. Am auflagenstärksten waren jeweils Fernsehzeitschriften (wie »Hörzu« und »FF-dabei«), Frauenzeitschriften (wie »Brigitte« und »Für Dich«) oder Unterhaltungsillustrierte (wie »Bunte« und »Neue Berliner Illustrierte«).[40] Sie präsentierten unpolitische Stars aus der Unterhaltungswelt, Reiseziele und gaben Ratschläge für den Alltag, wodurch sie mit großer Reichweite Sehnsüchte und soziales Verhaltensweisen beeinflussen konnten.[41] So förderten die Illustrierten und Frauenzeitschriften der DDR ähnliche Rollenbilder wie im Westen, indem sie Frauen zwar in technischen Berufen zeigten, aber eher in dienenden Rollen, bei schematisierten Arbeiten oder fürsorglichen Kontexten, und sie zudem mit Mode-, Haus- und Handarbeitstipps versorgten.[42] Die zeitgleiche Erfolgsgeschichte der recht traditionellen Frauenzeitschriften in Ost und West verdeutlicht die Verfestigung von Geschlechterrollen und trägt zu ihrer Erklärung bei – trotz der hohen Frauenerwerbsarbeit in der DDR und feministischer Kampagnen im Westen. Selbst Neugründungen wie »Bild der Frau« erreichten rasch eine gewaltige Auflage von 2,5 Millionen, während die viel zitierte feministische »Emma« nur einen Bruchteil davon verkaufte und ihr Konkurrenzblatt »Courage« rasch einging.

Ebenso kamen in beiden Teilen Deutschlands verstärkt Kinder- und Jugendzeitschriften auf den Markt. Nachdem etwa Comics zunächst grenzübergreifend als amerikanische Verdummung galten, entwickelten sie sich nun zur legitimen Form der Unterhaltung, selbst in der DDR mit Zeitschriften wie »Mosaik«, »Bummi« oder, stärker ideologisch, »Atze«. Generell war dort die Kinder- und Jugendpresse wesentlich politischer ausgerichtet als in der Bundesrepublik. Bezeichnenderweise war die »Junge Welt« der FDJ in den 1980er Jahren die auflagenstärkste Abo-Zeitung in ganz Deutschland.[43] Teilweise ließ die SED auch Adaptionen jugendkultureller Popzeitschriften wie »Bravo« zu, die Stars, Platten und Markenartikel anpriesen, Rat und Aufklärung boten, aber dafür Politisches im engeren Sinne aussparten. So knüpfte die stark nachgefragte FDJ-Monatszeitschrift »Neues Leben« über die politische Aufklärung hinaus an »Bravo« an, etwa mit Fotogeschichten zu Pubertätsfragen und der Rubrik »Professor Bormann antwortet« als Pendant zur Aufklärungsseite von »Dr. Sommer« in der

---

40 Vgl. Barck u. a. (Hg.), Zwischen »Mosaik«.
41 Dies ist bisher wenig untersucht; vgl. für die Frühphase: Lu Seegers, Hör zu! Eduard Rhein und die Rundfunkprogrammzeitschriften (1931–1965), Potsdam 2001.
42 Bilder von »Für Dich« und der »Neuen Berliner Illustrierten« untersuchte für die 1970/80er: Irene Dölling, Der Mensch und sein Weib. Frauen- und Männerbilder. Geschichtliche Ursprünge und Perspektiven, Berlin 1991, S. 166–231.
43 Michael Meyen/Anke Fiedler, Wer jung ist, liest die Junge Welt. Die Geschichte der auflagenstärksten DDR-Zeitung, Berlin 2013.

»Bravo«, ebenso mit Postern, Kontaktanzeigen, Leserforen und einzelnen Aktfotos.[44] Mit einer Auflage von über 500.000 Exemplaren war sie (pro Kopf) sogar weiter verbreitet, und die Nachfrage war noch deutlich höher. In beiden Teilen Deutschlands erreichte dadurch die Liberalisierung der Sexualität die Jugend, und Tabus wie Homosexualität oder Verhütung brachen auf. Zugleich wurden die Jugendlichen besonders im Westen, aber auch im Osten so an eine generationsspezifische Konsum- und Musikkultur herangeführt, wenngleich der politische Subtext in der DDR nie verschwand.

In beiden Teilen Deutschlands prägte der Zeitschriftenmarkt zudem den »do-it-yourself«-Trend der 1970er Jahre: Gerade im Zeitalter der Automatisierung gewannen Gartenarbeit, Kochen oder Handarbeit wieder an Bedeutung. Dies ging mit einer Individualisierung der Lebenswelt und der Ausbildung neuer gemeinsamer Lebensstile einher. Im Westen waren diese Ratgeberformate mit neuen Verkaufstechniken der Konsumindustrie verbunden (wie Baumärkte, Modeketten, Supermärkte) und der Herstellung kurzlebiger, aber individuell zusammenstellbarer Produkte (wie IKEA-Möbel).[45] In der DDR fehlte zwar eine derartige Produktauswahl, aber die Zeitschriften gaben Anregungen, aus vorhandenen Ressourcen kreativ Neues zu gestalten und bewarben die Leistungen der eigenen Produktion. Zugleich überbrückten die Zeitschriften in beiden Teilstaaten klassische Schichtgrenzen, auch durch »Special Interest«-Formate; in der DDR etwa durch Blätter wie »Der Modelleisenbahner«, »Wohnen im Grünen« oder »Der Hund«. Zu den auflagenstärksten Zeitschriften entwickelten sich im Westen die Umsonst- und Verbandsblätter wie die »Apotheken-Rundschau« oder die »ADAC-Motorwelt«, die damit zugleich wirkungsmächtige Lobby-Schriften der »consumer democracy« wurden. Machtvoll waren die eher unpolitischen Zeitschriften in Ost und West vor allem, weil sie gesellschaftliche Normen und Sehnsüchte mitprägten.

2. Journalisten als Mittler zwischen Ost und West

Auch in der innerdeutschen Kommunikation kam es Anfang der 1970er Jahre zu grundlegenden Veränderungen. Bis 1973 gab es keine festen bundesdeutschen Korrespondenten in der DDR, während Journalisten aus der DDR aus der Bundesrepublik berichten durften. Westliche Berichte über die DDR stammten meist aus offiziellen Quellen, mitunter aus geschmuggelten Aussagen von DDR-Bürgern. Direkte journalistische Reportagen von West-Journalisten aus der DDR, wie die berühmte »Reise in ein fernes Land« von drei ZEIT-Journalisten 1964,

---

44 Michael Rauhut im Gespräch mit Ingeborg Dittmann, Erinnerung an 38 Jahre Jugendmagazin, in: Barck u. a. (Hg.), Zwischen »Mosaik«, S. 173–179.
45 Petra Eisele, Do-it-yourself-Design: Die IKEA-Regale IVAR und BILLY, in: Zeithistorische Forschungen/Studies in Contemporary History 3.3 (2006), S. 439–448, URL: http://www.zeithistorische-forschungen.de/3-2006/id%3D4458.

waren in den 1960er Jahren noch die Ausnahme.[46] Die DDR fürchtete Kritik und Spionage, die Bundesrepublik hingegen eine Aufwertung und Anerkennung der DDR durch eine förmliche Akkreditierung westdeutscher Journalisten. Im Zuge der weltweit expandierenden Medienberichte, die seit den 1960er Jahren durch das satellitengestützte Live-Fernsehen einen neuen Schub bekamen, war diese Abschottung jedoch vor allem für die internationale Anerkennung der DDR von Nachteil.

Die vielfältige Medienlenkung der SED war nie nur auf das Inland, sondern zugleich immer auch auf das Ausland ausgerichtet.[47] Stets dominierte ihre Angst, das westliche Ausland könnte uneinheitliche Berichte oder gar Kritik aufgreifen. Da sich westliche Journalisten jedoch wenig für die DDR-Medien interessierten, gründete die SED 1964 den Auslandspressedienst »Panorama DDR«, um eine stärkere Präsenz in der westlichen Öffentlichkeit zu erreichen und so die internationale Anerkennung zu erhöhen. Allerdings scheiterte dies: In Frankreich nahmen nur kommunistische Blätter ihre Meldungen auf, in Großbritannien gar keine.[48] Im Zeitalter des Kalten Krieges vertrauten die Medien vornehmlich den eigenen Journalisten. Und im Unterschied zur Bundesrepublik schickte die DDR kaum Korrespondenten ins Ausland, mit Ausnahme der DDR-Nachrichtenagentur ADN und dem »Neuen Deutschland«, was die Isolierung in der Weltöffentlichkeit verstärkte.

Um 1970 herum wurde der DDR zunehmend bewusst, dass sie sich damit von der bundesdeutschen und internationalen Öffentlichkeit abkoppelte. Im Zuge des Grundlagenvertrags 1972 vereinbarten beide Seiten, Journalisten gegenseitig das Recht auf freie Information und Berichterstattung zu ermöglichen. Auch mit der Einrichtung der »Abteilung für Journalistische Beziehungen« Anfang der 1970er Jahre und einem »Internationalen Pressezentrum« 1977 versuchte die DDR ihre Ausstrahlung ins Ausland zu vergrößern.[49] Immerhin knapp 20 westdeutsche Journalisten wurden in Ost-Berlin akkreditiert, während 1973 nur vier Journalisten aus der DDR in der Bundesrepublik arbeiteten; zwei der Nachrichten-Agentur ADN, je einer vom Hörfunk und »Neuen Deutschland«, was die Nachrangigkeit der anderen Zeitungen unterstreicht.[50] Hinzu kamen westdeutsche »Reisekorrespondenten«, die für einzelne Berichte eine Einreise beantragten. Die DDR verlangte von den West-Korrespondenten hohe Betriebskosten für die Ost-Büros und eine feste Residenzpflicht in der DDR – zweifelsohne um sie bes-

---

46 Marion Gräfin Dönhoff u. a., Reise in ein fernes Land. Bericht über Kultur, Wirtschaft und Politik in der DDR, Hamburg 1964.
47 So Fiedler, Medienlenkung, S. 419.
48 Thomas Brünner, Public Diplomacy im Westen: Die Presseagentur Panorama DDR, Frankfurt a. M. 2011, S. 78.
49 Denis Fengler, Westdeutsche Korrespondenten in der DDR, in: Wilke (Hg.), Journalisten, S. 79–216, hier S. 90 u. 119 f.
50 Beatrice Dernbach, DDR-Berichterstattung in bundesdeutschen Qualitätszeitungen, Berlin 2008, S. 39.

ser kontrollieren zu können und um die Eigenstaatlichkeit zu unterstreichen. Bei Fragen waren sie zunächst allein auf die Abteilung »journalistische Beziehungen« des Außenministeriums verwiesen, ab 1976 durften sie sich auch an Pressestellen wenden. Frei bewegen konnten sich die westdeutschen Journalisten nicht. Reisen außerhalb Ost-Berlins mussten sie anmelden, bei offiziell angemeldeten Reisen wurde ihnen meist ein »Begleiter« zur Seite gestellt. Ab 1979 wurde diese Kontrolle nach verschiedenen Berichten über Proteste sogar verschärft. Eine Überwachung durch die Stasi fand ohnehin statt.[51]

Zumindest im Alltag dominierte jedoch ein gewisser Modus Vivendi. In Zeitzeugengesprächen und Memoiren betonten die westdeutschen Korrespondenten, kaum Schwierigkeiten in der DDR gehabt zu haben.[52] Die Printjournalisten konnten sich dabei freier und unauffälliger bewegen als die Fernsehjournalisten, deren Kamera auffiel. Wie eine Inhaltsanalyse der DDR-Berichterstattung in zwei westdeutschen Zeitungen 1987/88 ergab, widmeten sich ihre Artikel häufig den Themen Kirche und Opposition sowie Flucht und Ausreise.[53] Die Korrespondenten selbst sahen sich als zentrale Mittler zwischen Ost und West, da sie eine gemeinsame Öffentlichkeit herstellten. Ebenso wurden sie frühzeitig als »Diplomaten in Hemdsärmeln« bezeichnet, weil sie politisch und kulturell zwischen den Teilstaaten vermittelten.[54] Zugleich testeten westdeutsche Journalisten mit ihren Berichten verschiedentlich die Grenzen ihrer journalistischen Freiheit aus, die die SED ihnen tatsächlich nach kritischen Berichten setzte – etwa über Zwangsadoptionen von »Republikflüchtlingen« (»Der Spiegel« 1975). Immerhin fünf Korrespondenten wies die DDR in den ersten zehn Jahren aus, und das Spiegel-Büro in Ost-Berlin blieb von 1978 bis 1985 geschlossen. Erst im Vorfeld von Honeckers Besuch in Bonn 1987 kam es zu einer Entspannung.

Für die Opposition der 1970er und 1980er Jahre spielten die westdeutschen Korrespondenten eine Schlüsselrolle. Ihre Informationen und Berichte rekurrierten oft auf Kirchen und Oppositionelle, und die Journalisten testeten die Reaktionen der SED darauf aus. Mit den Berichten versuchten sie, oppositionelle Gruppen zu stärken, was sich wie ein Schutzschild auswirken, sie aber auch gefährden konnte.[55] Die Korrespondenten schmuggelten Texte und Dokumente, Fotos und Filmaufnahmen von Oppositionellen in den Westen, die dort wiederum auch an die DDR gerichtet erschienen. Der DDR-Fotograf Ludwig Rauch beispielsweise, der seit 1986 Publikationsverbot hatte, verkaufte seine Bilder heimlich in die Bundesrepublik, wo sie ohne sein Wissen in Zeitschriften wie dem »Stern« erschienen. Die Stasi beobachtete dies vielfach, tolerierte es aber in den 1980er Jahren mitunter.

---

51 Fengler, Westdeutsche Korrespondenten, S. 176–195.
52 Dernbach, DDR-Berichterstattung, S. 38–42, 57, 176.
53 1987/88 13 bzw. 11 % in SZ und FAZ; Dernbach, DDR-Berichterstattung, S. 126, 144.
54 Jürgen Döschner, Zehn Jahre bundesdeutsche Korrespondenten in der DDR. Eine Zwischenbilanz, in: Deutschland Archiv 17.8 (1984), S. 859–869.
55 Fengler, Westdeutsche Korrespondenten, S. 161, 196 f.

Die westdeutschen Korrespondenten schrieben vornehmlich über politische Vorgänge, die die innerdeutschen Beziehungen betrafen und damit auch die Bundesrepublik. Den Alltag der DDR blendeten sie hingegen weitgehend aus, vielleicht weil er statisch erschien und damit im Westen keinen Neuigkeitswert hatte.[56] Trotz der Gespräche mit Kirchen und Oppositionellen blieben ihre häufigsten Informationsquellen die DDR-Medien und SED-Verlautbarungen. Zudem hatten die eigenen Korrespondenten kein Monopol für Berichte, sondern ihre Berichte wurden um Meldungen von ausländischen Nachrichtagenturen ergänzt.

Umgekehrt verlor die Bundesrepublik in der DDR-Presse an Gewicht. Bei den internen Anweisungen an die Journalisten im »Donnerstag-Argus« spielte die Bundesrepublik noch eine gewisse Rolle, um die Chefredakteure politisch einzuordnen.[57] Im Vordergrund der Artikel standen jedoch vornehmlich Lobpreisungen der eigenen Gesellschaft und der sozialistischen Bruderländer. In den beiden wichtigsten SED-Blättern, dem Neuen Deutschland und der Jungen Welt, sank der Anteil von Meldungen über den Westen sogar auf ein Fünftel und über die Bundesrepublik auf nur noch gut fünf Prozent der Berichterstattung. Inhaltlich waren dies ganz überwiegend kritisch kommentierte Meldungen. Allerdings nahm Mitte der 1980er Jahre selbst im ND und der Jungen Welt die Kritik an der Bundesrepublik ab.[58] Der geplante Staatsbesuch von Honecker, aber auch die engere sozio-ökonomische Verflechtung mit der Bundesrepublik zeigte offensichtlich Folgen.

3. Fernsehen und Radio bis 1989

Während die Einfuhr von Zeitungen und Zeitschriften aus dem Westen in die DDR streng verboten war und ihr Einfluss daher begrenzt blieb, gestaltete sich die Abwehr der Radio- und Fernsehprogramme naturgemäß sehr viel schwieriger, weil Funkwellen sich durch territoriale Grenzen bekanntlich nicht aufhalten lassen. Vermutlich gibt es daher nicht viele Bereiche, in denen die asymmetrische Verflechtung zwischen den beiden Teilstaaten derart eng war, wie im Falle des Rundfunkempfangs. Zwar war der sogenannte *Spill over*, also die Empfangbarkeit von Radio- und Fernsehprogrammen aus Nachbarländern, nicht auf den deutsch-deutschen Fall beschränkt. Hier kam ihm jedoch besondere Bedeutung zu, weil zwischen den beiden konkurrierenden Teilstaaten keine Sprach- oder Kulturgrenze überwunden werden musste, wie sie die Rezeption transnationaler Medien gerade in den größeren Ländern bzw. Sprachräumen sonst stark ein-

---

56 Petra Hartmann-Laugs/Anthony Goss, Deutschlandbilder im Fernsehen, Köln 1990; Dernbach, DDR-Berichterstattung, S. 176 f.
57 Die Auswertung der heimlichen Mitschriften ergab, dass ein Fünftel der dort behandelten Personen aus der Bundesrepublik waren: Wilke, Presseanweisungen, S. 297.
58 Meyen/Schweiger, »Sattsam bekannte Uniformität«?, S. 97.

schränkt.⁵⁹ Beide Seiten unternahmen deshalb erhebliche Anstrengungen, die Bevölkerung des jeweils anderen Teilstaates zu erreichen und fürchteten zugleich, die Propaganda der Gegenseite könnte möglicherweise erfolgreich sein.⁶⁰ Noch in den 1960er Jahren dehnte die Bundesrepublik aus Angst vor dem Einfluss des DDR-Fernsehens etwa die Sendezeit ihres Fernsehens auf den Vormittag aus und strahlte ihr Programm über eigens errichtete Sendeanlagen entlang der Grenze zur DDR aus. Damit wollte man, wie es seinerzeit hieß, die dortigen Schichtarbeiter in der DDR erreichen, während viele Bundesbürger dieses Programm nicht empfangen konnten und für den Westen erst 1981 ein eigenständiges Vormittagsprogramm entstand.⁶¹ Die DDR betrieb ihre speziell auf die Bevölkerung der Bundesrepublik zielenden, teilweise konspirativ betriebenen Radioprogramme »Deutschlandsender«, »Deutscher Soldatensender« und »Freiheitssender 904« noch bis Anfang der 1970er Jahre.⁶² Die technischen Störungen gegen die beliebte US-amerikanische Radiostation RIAS wurden sogar erst im Herbst 1978 beendet, offenbar vor allem weil sie den Bemühungen der DDR um internationale Anerkennung im Wege standen und sie – bei erheblichem Aufwand – nur vergleichsweise geringe Effekte zeitigten.⁶³

Angebot und Nutzung des grenzüberschreitenden Rundfunks waren zwischen Ost und West keineswegs gleich verteilt. Das betraf schon die geografische Ausgangslage: Die Grenzziehungen kamen dem Westen entgegen: Mit Westberlin verfügte die Bundesrepublik über einen Senderstandort inmitten der DDR, der sich zur Versorgung insbesondere des nördlichen Teils der DDR mit westlichen Fernseh- und Hörfunkprogrammen nutzen ließ. Da das Staatsgebiet der Bundesrepublik dasjenige der DDR zudem im Süden teilweise umschloss, war der Empfang wenigstens eines westlichen Radioprogramms in der DDR praktisch überall möglich. Lediglich kleinere Gebiete im Nordosten und um Dresden herum wurden nicht bzw. nur in schlechter Qualität vom terrestrisch ausgestrahlten westlichen Fernsehen erreicht, was dieser Region im Volksmund den Spitznamen »Tal der Ahnungslosen« einbrachte.

---

59 Vgl. Uwe Hasebrink/Anja Herzog, Mediennutzung im internationalen Vergleich, in: Hans-Bredow-Institut (Hg.), Internationales Handbuch Medien, Baden-Baden 2009, S. 131–154.
60 Jens Ruchatz, Einleitung, in: ders. (Hg.), Mediendiskurse deutsch/deutsch, Weimar 2005, S. 7–22.
61 Claudia Dittmar, Feindliches Fernsehen: Das DDR-Fernsehen und seine Strategien im Umgang mit dem westdeutschen Fernsehen, Bielefeld 2010, S. 141.
62 Vgl. Klaus Arnold, Kalter Krieg im Äther. Der Deutschlandsender und die Westpropaganda der SED, Münster u.a. 2002; Jürgen Wilke, Radio im Geheimauftrag. Der Deutsche Freiheitssender 904 und der Deutsche Soldatensender 935 als Instrumente des Kalten Krieges, in: Klaus Arnold/Christoph Classen (Hg.), Zwischen Pop und Propaganda. Radio in der DDR, Berlin 2004, S. 249–266; ein Konzept für ein speziell auf die Bundesrepublik zielendes Fernsehprogramm (»Deutschland Fernsehen«) wurde bereits ein Jahrzehnt zuvor verworfen; vgl. Dittmar, Feindliches Fernsehen, S. 153 ff.
63 Christoph Classen, Jamming the RIAS. Technical Measures against Western Broadcasting in East Germany (GDR) 1945–1989, in: Alec Badenoch/Andreas Fickers/Christian Henrich-Franke (Hg.), Airy Curtains in the European Ether, Baden-Baden 2013, S. 321–346.

Umgekehrt blieb der Empfang des DDR-Fernsehens in der Bundesrepublik auf Gebiete in relativer Grenznähe beschränkt; selbst das Radio tat sich schwer, in die weit entfernten Regionen im Süden und Westen der Bundesrepublik vorzudringen. Aber immerhin war es auf etwa der Hälfte des westdeutschen Territoriums und auch in Ballungsräumen wie Hamburg oder dem Ruhrgebiet zu empfangen.

Das Ungleichgewicht setzte sich auf der Ebene der technischen Infrastruktur, der Menge der angebotenen Programme und dem Umfang ihrer Sendezeiten fort.[64] Auch deshalb blieben alle Versuche der SED-Führung, die Bevölkerung durch Überzeugungsarbeit oder gar repressive Maßnahmen von den Einflüsterungen des Klassenfeindes abzubringen, letztlich wenig erfolgreich. Zwar war die Erhebung von Einschaltquoten der westlichen Programme in der DDR tabu, indirekt ließ sich aber deren hoher Stellenwert dennoch erschließen. Dass beispielsweise 1982 laut eigenen Erhebungen nur noch 1/3 der DDR-Bevölkerung das Hauptabendprogramm des eigenen Fernsehens schaute,[65] ließ indirekt den Schluss zu, das durchschnittlich etwa weitere 20–25 Prozent zur Prime Time eines der Westprogramme eingeschaltet haben.[66] Für große Teile der Bevölkerung scheint es demnach spätestens in den 1970er und 1980er Jahren immer selbstverständlicher geworden zu sein, die eigenen und die Westmedien komplementär zu nutzen. Anders stellte sich die Situation im Westen dar: Obwohl bereits in den 1950er und 1960er Jahren etwa die Hälfte der Westdeutschen in der Lage war, zumindest einen ostdeutschen Radiosender zu empfangen, machte nur eine kleine Minderheit davon gelegentlich Gebrauch. Die DDR-Wortprogramme wurden zudem in der Bundesrepublik eindeutig negativ bewertet.[67] Eine »gemeinsame Hörfunk- und Fernsehnation« waren die Deutschen damit zwar eher aus der Perspektive der DDR-Bürger als aus Sicht der Westdeutschen, wobei das Westprogramm die gemeinsame Klammer bildete.

In den 1970er und 1980er Jahren nahmen die Versuche der gegenseitigen Beeinflussung und die Ängste vor ideologischer Diversion auf beiden Seiten stark ab. Im Radio und Fernsehen der Bundesrepublik beschäftigten sich nur noch wenige Sendungen wie beispielsweise das »ZDF-Magazin« von Gerhard Löwenthal (1969–1987) offensiv mit der DDR. Die Programme adressierten nun nahezu ausschließlich die eigene Bevölkerung. Die DDR verzichtete im Laufe der 1970er Jahre nicht nur auf die Westpropaganda im Radio, die Störsender und weitgehend auf repressive Maßnahmen gegen Westempfang, sondern der neue Staatschef Erich Honecker sanktionierte 1973 diese weitverbreitete Praxis sogar,

---

64 Vgl. Konrad Dussel, Rundfunk in der DDR und in der Bundesrepublik. Überlegungen zum systematischen Vergleich, in: Arnold/Classen (Hg.), Zwischen Pop und Propaganda, S. 301–321.

65 Christa Braumann, Fernsehnutzung zwischen Parteilichkeit und Objektivität. Zur Zuschauerforschung in der ehemaligen DDR, in: Rundfunk und Fernsehen 42.4 (1994), S. 524–541, hier S. 531.

66 Meyen, Denver Clan, S. 75.

67 Michael Meyen, »Geistige Grenzgänger«. Medien und die deutsche Teilung, in: Jahrbuch für Kommunikationsgeschichte 1 (1999), S. 192–231; Axel Schildt, Zwei Staaten, S. 60, Anm. 9.

Bridge over troubled Water?

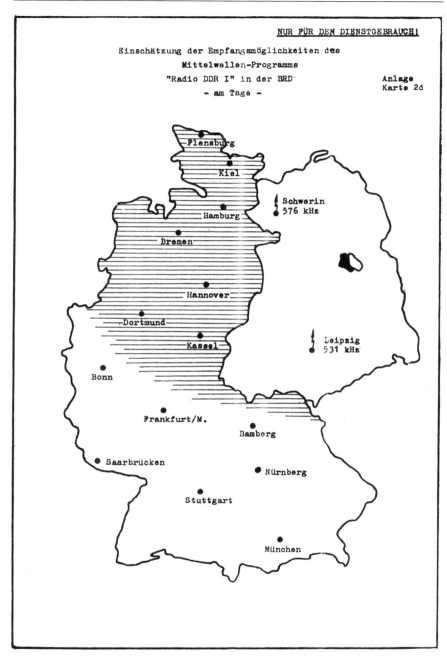

Technische Reichweite von Radio DDR I in der Bundesrepublik (MW tagsüber, 1975)
BArch DM 3/14391

indem er öffentlich verlauten ließ, das Westfernsehen könne »jeder nach Belieben ein- oder ausschalten«.[68] Allerdings verschwanden politische Abgrenzungs- und Immunisierungsversuche auf Seiten der DDR nie ganz, wie sich unter anderem am Fortbestand der Sendung »Der Schwarze Kanal« mit Karl-Eduard von Schnitzler ablesen lässt, welche die DDR-Bevölkerung bis zum Herbst 1989 durch kommentierte Ausschnitte aus dem Westfernsehen gegen dessen Einfluss immunisieren sollte.[69]

Die Erosion des Abgrenzungsdiskurses konnte dies jedoch nicht aufhalten. In den 1980er Jahren setzten lokale Interessengemeinschaften die Errichtung von Gemeinschaftsantennen und sogar Satelliten-Empfangsanlagen durch, die vor allem dem ungestörten Empfang bundesdeutscher Fernsehprogramme dienten.[70] Während die übergeordneten Staats- und Parteiorgane zunächst noch versuchten, die Praxis einzudämmen und ohne Genehmigung errichtete Anlagen wieder zu entfernen, sah sich das Politbüro im Sommer 1988 angesichts der Zunahme einschlägiger Fälle und des damit verbundenen Konfliktpotentials gezwungen, eine weitreichende Liberalisierung der Genehmigungsverfahren für Satellitenanlagen zu beschließen. Damit stand dem Empfang westlichen Fernsehens zumindest rechtlich nun auch in den terrestrisch bisher unterversorgten Gebieten nichts mehr entgegen.[71] Das Scheitern der medialen Abgrenzung hatte zwar offenkundig auch mit deutschlandpolitischen Tendenzen wie der Entspannungspolitik zu tun, aber mindestens ebenso mit primär medialen, technischen und gesellschaftlichen Dynamiken.

Um diesen Wandel zu erklären, bedarf es eines Blicks auf die strukturellen Entwicklungen des Mediensystems, der die politischen, gesellschaftsgeschichtlichen und technologischen Hintergründe ebenso berücksichtigt wie die Perspektive der Mediennutzung. Entscheidend ist zunächst der Aufstieg des Fernsehens zum neuen Leitmedium. Mitte der 1970er Jahre war in der Bundesrepublik bereits die Vollversorgung der Haushalte mit Fernsehgeräten erreicht (95 Prozent der Haushalte besaßen einen Fernseher), in der DDR verfügten zu diesem Zeitpunkt immerhin 80 Prozent der Haushalte über ein Gerät.[72] Das Radio wandelte sich im Zuge dessen zum »Begleitmedium« im Tagesverlauf, während die

---

68 Vgl. Rüdiger Steinmetz/Reinhold Viehoff (Hg.), Deutsches Fernsehen Ost, Berlin 2008, S. 297.
69 Eine Pointe liegt darin, dass es sich dabei selbst im doppelten Sinne um einen Westimport handelte: Karl-Eduard v. Schnitzler wechselte nach seiner Entlassung aus politischen Gründen beim NWDR 1948 die Seiten; das Format des »Schwarzen Kanals« stammte ursprünglich von dem westdeutschen Journalisten Thilo Koch, der unter dem Titel »Die Rote Optik« von 1958 bis 1960 für den NDR ostdeutsche Fernsehausschnitte kommentierte; vgl. Thilo Koch, Westlicher Blick: Die Rote Optik, in: Heide Riedel (Hg.), Mit uns zieht die neue Zeit ... 40 Jahre DDR-Medien, Berlin 1993, S. 125–129.
70 Vgl. dazu jetzt ausführlich: Franziska Kuschel, Schwarzhörer, Schwarzseher und heimliche Leser. Die DDR und die Westmedien, Diss. Humboldt-Universität zu Berlin 2014, S. 225–249.
71 Ebd., S. 240 ff.; Gunter Holzweißig, Zensur ohne Zensor. Die SED-Informationsdiktatur, Bonn 1997, S. 171.
72 Rudolf Stöber, Mediengeschichte. Die Evolution »Neuer« Medien von Gutenberg bis Gates, Bd. 2: Film – Rundfunk – Multimedia, Wiesbaden 2003, S. 87.

Kinos unter dem massiven Besucherschwund vor allem der älteren Bevölkerungsgruppen litten.[73] Die Abendgestaltung orientierte sich für weite Teile der Bevölkerung zunehmend am Fernsehen.

Dieser Bedeutungsgewinn des Mediums führte in beiden Teilen Deutschlands zu einem massiven Interesse der Politik am Fernsehen, wenn auch auf recht unterschiedliche Weise. In der DDR verstand sich der politische Charakter der Massenmedien von selbst. Dementsprechend bestand ein unmittelbarer Herrschaftsanspruch seitens der SED zwar bereits von Beginn an, aber nach dem Ende der Experimentierphase Anfang der 1960er Jahre verstärkten sich die Einflüsse der Partei deutlich.[74] Dies zeigte sich strukturell in der Schaffung eines eigenen zentralen Führungsgremiums (Staatliches Komitee für Fernsehen) im Jahre 1968, wobei sich die zentrale und straffe Anleitung und Kontrolle durch die SED nicht grundsätzlich von anderen Medien unterschied.[75]

Der Rundfunk der Bundesrepublik war nach dem Rückzug der Alliierten Schauplatz vor allem parteipolitischer Machtkämpfe. Die politischen Interventionen gegen das Fernsehen in der Bundesrepublik nahmen in den 1960er Jahren zu und richteten sich vor allem gegen die damals neuen, publizistisch orientierten und kritischen politischen Magazine.[76] In den 1970er Jahren bekamen diese Interventionen jedoch insofern eine neue Qualität, als der öffentlich-rechtliche Rundfunk nun systematisch zu einem Kampfplatz der politischen Lager um Einfluss auf die Fernsehberichterstattung wurde und sich die Auseinandersetzung nicht mehr auf die Skandalisierung einzelner Personen oder Sendungen beschränkte, sondern strukturellen Charakter annahm. Angesichts des Terrorismus der RAF, der neuen Ostpolitik und der Wirtschaftskrise nahm die politische Polarisierung in der Bundesrepublik nach dem Ende der großen Koalition 1969 generell zu. Unter diesen Bedingungen führte der politische Proporz in den Aufsichtsgremien zur Lagerbildung in sogenannten »Freundeskreisen« und weitete sich auf die Personalpolitik der Anstalten insgesamt aus.[77] Politische »Ausgewogenheit«[78] wurde zum Schlagwort und vor allem von konservativer Seite in

---

73 Der Kinobesuch in der Bundesrepublik sank von über 800 Mio. Zuschauern Mitte der 1950er Jahre auf durchschnittlich weniger als 150 Mio. in den 1970er Jahren; vgl. Knut Hickethier (Hg.), Institution, Technik und Rahmenaspekte der Programmgeschichte des Fernsehens, München 1993, S. 417; zum demografischen Wandel der Kinobesucher vgl. Joseph Garncarz, Hollywood in Deutschland. Zur Internationalisierung der Kinokultur 1925–1990, Frankfurt a. M. 2013, S. 145 f.
74 Vgl. Henning Wrage, Die Zeit der Kunst. Literatur, Film und Fernsehen in der DDR der 1960er Jahre. Eine Kulturgeschichte in Beispielen, Heidelberg 2008.
75 Fiedler, Medienlenkung in der DDR.
76 Vgl. Gerhard Lampe/Heidemarie Schumacher, Das »Panorama« der 60er Jahre. Zur Geschichte des ersten politischen Fernsehmagazins der BRD, Berlin 1991.
77 Vgl. Norbert Schneider, Parteieinfluß im Rundfunk, in: Jörg Aufermann/Wilfried Scharf/Otto Schlie (Hg.), Fernsehen und Hörfunk für die Demokratie. Ein Handbuch über den Rundfunk in der Bundesrepublik Deutschland, 2. Aufl., Opladen 1981, S. 116–126.
78 Zur Entstehungsgeschichte vgl. Martin Stock, »Ausgewogenheit«. Ein Begriff macht Karriere, in: Adolf-Grimme-Institut (Hg.), Unsere Medien, unsere Republik 4 (1990), S. 30–31.

teilweise denunziatorischen Kampagnen eingefordert.[79] Neben den Aufsichtsgremien erwies sich die von der Politik festgesetzte Rundfunkgebühr als zentrales politisches Druckmittel auf den Rundfunk, da vor allem die Ausweitung der (Farb-)Fernsehprogramme hohe Kosten verursachte, die bei stagnierenden Rundfunkgebühren allein über die vergleichsweise geringen Werbeeinnahmen nicht zu refinanzieren waren. Die von den konservativen Ministerpräsidenten Gerhard Stoltenberg (Schleswig-Holstein) und Ernst Albrecht (Niedersachsen) betriebene politisch motivierte Zerschlagung des NDR scheiterte 1980 lediglich aus formaljuristischen Gründen.[80]

Letztlich mündete die Auseinandersetzung um den politischen Einfluss auf den Rundfunk in der Bundesrepublik nach dem Regierungswechsel 1982 in einen Strukturbruch von großer Tragweite: der Zulassung privat-rechtlichen Rundfunks. Mit dem Start der privaten Fernsehprogramme PKS (später in SAT.1 umbenannt) und RTL plus Anfang Januar 1984, zunächst noch im Rahmen eines regional und zeitlich begrenzten sogenannten »Kabelpilotprojektes«, endete das Monopol nicht-kommerzieller Rundfunkanbieter, obgleich die Sozialdemokraten und die Kirchen bis zum Schluss vor den Gefahren privater Sender gewarnt hatten.[81] Die Etablierung des kommerziellen Rundfunks ging jedoch nicht allein auf das Engagement seiner konservativ-liberalen Fürsprecher zurück. Vielmehr waren schon seit den 1950er Jahren die Verlagsbranche und die Werbewirtschaft massiv dafür eingetreten, um sich diesen vermeintlich profitablen Bereich zu erschließen. Und erst die Verfügbarkeit neuer Distributionstechnologien wie des Breitbandkabels bzw. des – wie es seinerzeit genannt wurde – »Satelliten-Direktfernsehens« und die daraus resultierenden zusätzlichen Übertragungsmöglichkeiten ließen deren Nutzung zwingend erscheinen.[82]

Naturgemäß gestaltete sich der politische Einfluss auf den Rundfunk und dort insbesondere auf das neue Leitmedium Fernsehen in der pluralistischen und föderalen Bundesrepublik also proportional, durch Aushandlung zwischen den Parteien bzw. politischen Lagern. Er artikulierte sich zudem indirekt, über Personalpolitik als »vorweggenommene Programmpolitik« (Wolfgang Hoffmann-Riem) und fiel bei den ARD-Anstalten je nach den politischen Konstellationen vor Ort unterschiedlich aus. Als wichtiges Korrektiv wirkte zudem seit 1961 das

---

79 Zur sogenannten »Rotfunk«-Kampagne: Josef Schmidt, Klaus von Bismarck und die Kampagne gegen den WDR, in: Archiv für Sozialgeschichte 41 (2001), S. 349–382.
80 Hans Bausch, Rundfunk in Deutschland. Bd. 4.2: Rundfunkpolitik nach 1945, München 1980, S. 940–965.
81 Vgl. Frank Bösch, Politische Macht und gesellschaftliche Gestaltung. Wege zur Einführung des privaten Rundfunks in den 1970er/80er Jahren, in: Meik Woyke (Hg.), Wandel des Politischen. Die Bundesrepublik Deutschland während der 1980er Jahre, Bonn 2013, S. 195–214.
82 Peter M. Spangenberg, Der unaufhaltsame Aufstieg zum »Dualen System«. Diskursbeiträge zu Technikinnovationen und Rundfunkorganisation, in: Irmela Schneider/Christina Bartz/Isabella Otto (Hg.), Medienkultur der 70er Jahre. Diskursgeschichte der Medien nach 1945, Wiesbaden 2004, S. 21–39.

Bundesverfassungsgericht mit seinen Rundfunkurteilen. Die politische Dynamik bewirkte hier gemeinsam mit anderen Faktoren einen Strukturbruch. Damit unterschieden sich Art und Reichweite der politischen Einflüsse fundamental von denjenigen in der DDR, die dem quasi in Beton gegossenen instrumentellen Medienverständnis zugunsten des Machtmonopols der Einheitspartei unterstellt waren. Zwar wurde das Medienlenkungssystem im Verlauf der DDR-Geschichte durchaus den sich wandelnden Bedingungen angepasst, damit war jedoch keine Liberalisierung verbunden. Vielmehr nahm die Kontrolle unter Honecker insgesamt sogar noch zu.[83]

Was beide Systeme einte, war die Annahme »starker« Medienwirkungen auf die Bevölkerung, die politische Einstellungen oder das Wahlverhalten prägen würden. Dementsprechend galten die Inhalte als Garant oder Gefahr für den eigenen Machtanspruch bzw. -erhalt und ihre möglichst umfassende Kontrolle schien erstrebenswert, wenn nicht gar zwingend. Zwar erhielt diese Position auch im Westen zeitgenössisch wissenschaftliche Unterstützung insbesondere durch Vertreter der konservativen sogenannten »Mainzer Schule« der Kommunikationswissenschaft (wie Noelle-Neumann oder Hans Matthias Kepplinger). Dahinter stand jedoch in beiden Systemen noch eine überkommene Vorstellung einer Manipulierbarkeit der »Massen«, wie sie bereits Ende des 19. Jahrhunderts als kritische Reaktion auf die Vergesellschaftung von Politik aufgekommen war.[84]

Unabhängig von der Politisierung und den überzogenen Wirkungsannahmen kam es in den 1970er und 1980er Jahren auf der Produktions- und Programmebene von Fernsehen und Radio systemübergreifend zu einem erheblichen Wandel, der sich als Anpassung an die primär auf Unterhaltung und leichte Konsumierbarkeit gerichteten Ansprüche der Rezipienten beschreiben lässt. Im Fernsehen setzte sich der bereits vorher bestehende Trend zur Ausweitung der Programme und Sendezeiten fort. So entstand in der DDR 1969 ein zweites Fernsehprogramm, allerdings zunächst nur mit einem sehr bescheidenen Programmvolumen von knapp vier Stunden täglich, dessen Inhalt zudem zunächst überwiegend aus Wiederholungen oder Bildungsprogrammen bestand. Mit Blick auf den Start des Farbfernsehens in der Bundesrepublik im Sommer 1967 begann mit dem 2. Programm auch in der DDR diese Ära, allerdings zeigte sich hier noch einmal die Abgrenzungslogik: Statt technisch die westliche PAL-Norm zu übernehmen, wählte man das französische, auch von der Sowjetunion genutzte SECAM-System, so dass der grenzüberschreitende Empfang ohne Zusatzdecoder nur in schwarz-weiß möglich war. Die überaus angespannte wirtschaftliche Situation verhinderte, dass aus dem 2. Programm jemals ein Vollprogramm wurde.[85] In der Bundesrepublik war bereits 1961 ein zweites Programm gestartet, die regionalen Dritten Programme, die sukzessive ebenfalls in den

---

83 Fiedler, Medienlenkung, S. 339 ff.
84 Vgl. Helmuth Berking, Masse und Geist. Studien zur Soziologie in der Weimarer Republik, Berlin 1982.
85 Steinmetz/Viehoff, Deutsches Fernsehen Ost, S. 395.

1960er Jahren ihren Betrieb aufgenommen hatten, wandelten sich nun zu Vollprogrammen. 1981 begann ein eigenständiges Vormittagsprogramm im Westen, und die tägliche Sendezeit betrug im Ersten, beim ZDF und beim DDR-Fernsehen Mitte der 1980er Jahre nun jeweils ungefähr 14 Stunden. Die Ausweitung des Programms hatte zur Folge, dass es immer weniger mit Eigenproduktionen gefüllt werden konnte und die Sender sich zunehmend zu »Distributionsinstitutionen« (Knut Hickethier) entwickelten, die statt teurer Eigenproduktionen häufig lediglich die Rechte an Kinofilmen oder ausländischen Produktionen erwarben und diese über ihre Sender verbreiteten. Die daraus resultierende Abhängigkeit von den internationalen Beschaffungsmärkten brachte eine mehr oder minder subkutane Kommerzialisierung mit sich und bewirkte eine Internationalisierung der Programme: Im Westen kamen insbesondere Serien aus den USA und aus England auf den Bildschirm, eine Entwicklung, die sich – mit gewisser Latenz – ähnlich auch in der DDR abzeichnete. Bereits in den 1970er Jahren lag im Osten der Anteil von importierten Fernsehserien aus Westeuropa und den USA bei 40 Prozent. Ende der 1980er Jahre sendete das DDR-Fernsehen mehr US-Produktionen als Fernsehfilme aus der Sowjetunion.[86] Zugleich nahmen bereits seit den 1970er Jahren die direkten Kontakte und der Programmhandel zwischen der DDR und der Bundesrepublik zu: Vor allem mit Filmen wurde in beide Richtungen gehandelt, die DDR stieg Ende der 1980er Jahre zudem im großen Stil in das Synchronisationsgeschäft ein, um auf diesem Weg Devisen zu erwirtschaften.[87] Der Austausch von Nachrichtenbildern blieb dagegen einseitig: Stets bedienten sich die sozialistischen Staaten in großem Umfang an dem Bildmaterial des westlichen Eurovisions-Netzwerkes, während umgekehrt die (sorgsam selektierten) Angebote der östlichen Intervision im Westen nur auf geringes Interesse stießen.[88]

Die Nutzungspräferenzen der Zuschauer unterschieden sich dabei zwischen Ost und West offenbar nicht allzu stark: Hier wie dort waren Krimis, Sport, Spielfilme und Unterhaltungsshows besonders beliebt, ähnlich wie in anderen europäischen Industriestaaten. Prägend für die Mediennutzung war demnach offenbar weniger das politische System als ein systemübergreifendes Alltagsbedürfnis nach Entspannung und Ausgleich. Hinzu kam ein Interesse an einem »als notwendig empfundene[n] Minimum an Nachrichten und Informationen«[89] sowie ein Bedarf an Lebenshilfe und Orientierung, den die ebenfalls beliebten

---

86 Knut Hickethier, Geschichte des Deutschen Fernsehens. Stuttgart/Weimar 1998, S. 329; Steinmetz/Viehoff, Deutsches Fernsehen Ost, S. 398.
87 Thomas Beutelschmidt/Richard Oehmig, Connected Enemies? Programming Transfer Between East and West During the Cold War and the Example of East German Television, in: VIEW Journal of European Television History and Culture, 3.5 (2014), S. 60–67.
88 Christian Henrich-Franke/Regina Immel, Making Holes in the Iron Curtain? – The Television Programme Exchange across the Iron Curtain in the 1960s and 1970s, in: Badenoch u. a. (Hg.), Airy Curtains, S. 177–213, hier S. 184.
89 So bereits für das Radio Axel Schildt, Moderne Zeiten, Massenmedien und »Zeitgeist« in der Bundesrepublik der 50er Jahre, Hamburg 1995, S. 235.

Service-Sendungen deckten. Auffällig ist allerdings, dass sich das Publikum in der DDR vor allem in den 1980er Jahren noch stärker als bisher von den »harten« politischen Angeboten abwandte: Die Sehbeteiligung der Hauptnachrichtensendung »Aktuelle Kamera« sank von rund 15 Prozent in den 1970er Jahren im folgenden Jahrzehnt auf Werte um nur mehr zehn Prozent, »Der schwarze Kanal« lag noch weit darunter.[90] Besonders deutlich war die zunehmende Distanz bei den Jugendlichen: Hier verschoben sich die Sympathien ausweislich der DDR-eigenen Umfrageforschung in den 1980er Jahren zunehmend zu den Westmedien, und dies auch im Bereich der politischen Information, während die Glaubwürdigkeit der DDR-Medien immer weiter sank.[91]

Die Aufwertung der Unterhaltungsangebote zeigte sich in beiden Teilen Deutschlands unter anderem an der Zunahme von Serienformaten und Genreproduktionen. So sendeten die konkurrierenden Programme der ARD und des ZDF neben Kinofilmen seit den 1970er Jahren im Vorabendprogramm unter anderem vermehrt Krimi-, Western-, und Science-Fiction-Serien. Die bevorstehende private Konkurrenz versuchten sie mit zur Primetime ausgestrahlten US-amerikanischen Familienserien wie »Dallas« (ARD ab 1982) und »Denver-Clan« (ZDF ab 1983) zu antizipieren. In der DDR führte die nun stillschweigend akzeptierte Konkurrenz mit ARD und ZDF 1971/72 sowie 1982/83 zu umfangreichen Programmreformen, die eine spürbare Ausweitung der Unterhaltungsangebote z. B. in Form des »Bunten Abends« (»Ein Kessel Buntes«, ab 1972) mit sich brachten und sich klar am Westen orientierten. Insbesondere wurde das Programmschema auf das Westfernsehen abgestimmt, beispielsweise wurden publizistische Sendungen an einen anderen Sendeplatz verlegt, damit sie nicht mit Unterhaltungsangeboten aus dem Westen konkurrieren mussten.[92]

Die Gefahren, die sich auf Seiten der DDR durch die Konvergenz mit dem Westfernsehen ergaben, wurden seitens der Verantwortlichen durchaus gesehen. Man versuchte ihnen zu begegnen, indem einerseits die »harte Politik« etwa in Form der Nachrichtensendung »Aktuelle Kamera« unbeirrt auf Abgrenzungskurs gegenüber der Bundesrepublik blieb, anderseits experimentierte man in den 1970er Jahren mit Formaten, die versuchten, westlichen Lifestyle als »Verpackung« politisch korrekter Botschaften zu nutzen, etwa im FDJ-Magazin »RUND«.[93]

Grundsätzlich ähnliche Tendenzen lassen sich für das Radio ausmachen. Das Fernsehen förderte seine Verwandlung in einen leicht zu konsumierenden Tagesbegleiter, der auf kleinteiligere Sendeformate wie kurze Nachrichtenblöcke, Magazine oder gleich ganz durchhörbare »Servicewellen« setzte. Gleichzeitig begann

---

90 Michael Meyen, Denver Clan, S. 73–101.
91 Vgl. Peter Förster, Die deutsche Frage im Bewußtsein der Bevölkerung in beiden Teilen Deutschlands. Das Zusammengehörigkeitsgefühl der Deutschen. Einstellungen junger Menschen in der DDR, in: Deutscher Bundestag, Enquete-Kommission (Hg.), Bd. V.2 1995: Deutschlandpolitik, S. 1212–1380, S. 1236 f.
92 Steinmetz/Viehoff, Deutsches Fernsehen Ost, S. 293.
93 Ebd., S. 302.

er, für Zielgruppen wie Jugendliche mit ihren popkulturellen Musikbedürfnissen eigene Formate anzubieten; in der DDR ab 1964 »DT 64«, im Westen ab 1968 »RIAS Treffpunkt« und »Pop Shop« (SWF, ab 1970).[94] Zwar war und ist die Produktion von Radioprogrammen im Vergleich zum Fernsehen vergleichsweise preisgünstig, doch eine Kommerzialisierung ergab sich auch hier über die wachsende Nachfrage nach eingängigen, popkulturellen Musikprogrammen. Diese Programme konnten auf Dauer nicht mit musikalischen Eigenproduktionen gefüllt werden, und dementsprechend mussten Lizenzgebühren in erheblicher Höhe an die Verwertungsgesellschaften wie GEMA und GVL (West) bzw. die AWA (Ost) gezahlt werden. Zwar gab es in beiden Teilen Deutschlands Versuche, den Umfang einschlägiger Musik zu begrenzen: Im Westen kam es nach der Urheberrechtsreform von 1965 zum sogenannten »Schallplattenkrieg«, einem Boykott aktueller Schallplattentitel seitens der ARD-Radiosender, und Popmusik blieb auf diesen Sendern auch in den folgenden Jahren zunächst die Ausnahme.[95] Die DDR führte bereits 1958 die berühmt-berüchtigte »60/40-Regel« ein, der zufolge 60 Prozent der gespielten Titel aus dem Ostblock stammen mussten. In beiden Fällen vermischten sich kulturelle bzw. politische Ressentiments mit ökonomischen Aspekten: Der DDR ging es nicht zuletzt um die Begrenzung der Devisenausgaben. In den 1970er und 1980er Jahren führte allerdings zumindest in den jugendkulturell profilierten Formaten (und auch in den westlichen Servicewellen) kein Weg mehr an der Popmusik meist britischer oder US-amerikanischer Herkunft vorbei. Den Spielregeln der zunehmend international ausgerichteten Musikindustrie konnte sich der Rundfunk weder in der Bundesrepublik noch in der DDR auf Dauer entziehen.[96]

Die zunehmende Orientierung an den primär auf leichte Konsumierbarkeit und Unterhaltung interessierten Hörern bzw. Zuschauern und die Tendenzen zur Kommerzialisierung bereits vor dem Start der Konkurrenz des privat-kommerziellen Rundfunks kann somit als parallele Entwicklung in West und Ost festgehalten werden. Sie beruhte einerseits auf unterhaltungsorientierten Nutzungspräferenzen in modernen Industriegesellschaften, die sich beim Radio

---

94 Konrad Dussel, Deutsche Rundfunkgeschichte, 3. Aufl., Konstanz 2010, S. 213 ff.; Heiner Stahl, Jugendradio im kalten Ätherkrieg. Berlin als eine Klanglandschaft des Pop 1962–1973, Berlin 2010.

95 Wolfgang Rumpf, Popgefühle im Äther. Popmusik – Ein Tabu im ARD-Rundfunk der 1960er, in: Online-Publikationen des Arbeitskreis Studium Populärer Musik 5. 2006, S. 1–12; URL: http://www.aspm-samples.de/Samples5/jockwer.pdf.

96 Edward Larkey, Rotes Rockradio. Populäre Musik und die Kommerzialisierung des DDR-Rundfunks, Münster 2007; ders., Radio Reform in the 1980s, RIAS and DT-64 Respond to Private Radio, in: Annette Vowinckel/Marcus M. Payk/Thomas Lindenberger (Hg.), Cold War Cultures. Perspectives on Eastern and Western European Societies, New York 2012, S. 76–93; Klaus Nathaus, Turning Values into Revenue: The Markets and the Field of Popular Music in the US, the UK and West Germany (1940s to 1980s), in: Historical Social Research 36.3 (2011), S. 136–163; Alexander W. Badenoch, »In what language do you like to sing best?« Placing popular music in broadcasting in post-war Europe, in: European Review of History 20.5 (2013), S. 837–857.

länderübergreifend schon relativ früh zeigten und die sich mit der Etablierung des Fernsehens nun in ähnlicher Form auch für dieses Medium abzeichneten. Auf der anderen Seite manifestierten sich hier Produktionslogiken, namentlich die Notwendigkeit, die wachsenden Programmflächen mittels der vorhandenen Ressourcen mit Inhalten zu füllen. Die deutsch-deutsche Konkurrenz förderte diese Tendenzen zusätzlich. Im Ergebnis führten die damit einhergehenden Sachzwänge paradoxerweise zu einer engeren Verflechtung im Bereich von Programmaustausch und -handel.

Trotz der Parallelität dieser Entwicklung waren die verfügbaren Ressourcen zwischen Ost und West ungleich verteilt: Während sich in der Bundesrepublik diese Entwicklung nahtlos in das Selbstverständnis als liberale Konsumgesellschaft integrieren ließ und dieser Prozess mit der Zulassung kommerziellen Rundfunks sogar noch forciert wurde, geriet die DDR dadurch in die Defensive. Denn faktisch ließ sie sich damit auf die kapitalistische Konsumkultur des Westens ein und wurde daran auch gemessen. Dies brachte sie in Widerspruch zum Kern ihrer politischen Programmatik, ohne dass sie auf der Ebene der Angebote wirklich mit ihrem ungeliebten Bruderstaat im Westen konkurrieren konnte. Radio und Fernsehen entwickelten sich systemübergreifend – zumindest aus der Perspektive der Rezipienten – zu Konsumgütern und zugleich, nicht nur durch die Werbeprogramme, zu mächtigen Agenten der Konsumgesellschaft. Gerade dadurch haben sie freilich implizit maßgeblich dazu beigetragen, das auf das Politische fixierte Ideal des Realsozialismus auf lange Sicht zu unterminieren.

Das Jahr 1984, als in der Bundesrepublik die ersten privaten Fernsehsender auf Sendung gingen, war für die meisten Zeitgenossen kaum eine Zäsur. Denn der Start erfolgte zunächst nur im Rahmen zeitlich und räumlich eng begrenzter Pilotprojekte. Ebenso verlief die Verkabelung als technische Grundlage des Angebotes nicht wie geplant. Das Interesse in der Bevölkerung an Kabelanschlüssen blieb zunächst weit hinter den Erwartungen zurück.[97] Dementsprechend – und wegen des extrem hohen Investitionsbedarfs – gestaltete sich auch die wirtschaftliche Lage der Privatsender lange schwierig. Als erster erreichte RTLplus 1992 die Gewinnzone, Mitte der 1990er Jahre folgte Pro 7. Nur die – ursprünglich nicht vorgesehene – Vergabe von terrestrischen Frequenzen sicherte zunächst ihr Überleben.[98] Die anfangs hohen Verluste förderten den Konzentrationsprozess, so dass sich im Ergebnis neben dem öffentlich-rechtlichen Rundfunk lediglich zwei private Senderfamilien jeweils mit Wurzeln im Printbereich etablieren konnten: neben RTL/Bertelsmann die SAT.1-Gruppe mit dem Springer-Verlag und dem Filmrechtehändler Leo Kirch als Hauptanteilseignern. Geboten wurde ein reines, werbefinanziertes Programmfernsehen; von der Vision interaktiver Kommunikation, die in der Debatte zuvor eine erhebliche Rolle

---

97 Die Quote der angeschlossenen Haushalte betrug selbst 16 Jahre nach dem Beginn der Verkabelung (1996) lediglich zwei Drittel aller Haushalte statt der ursprünglich geplanten 90 %; vgl. Hickethier, Geschichte des Fernsehens, S. 419.
98 Bösch, Politische Macht, S. 201.

gespielt hatte, blieb außer den wenig populären »Offenen Kanälen« praktisch nichts. Versuche, analog zu anderen europäischen Ländern ein profitables Bezahlfernsehen zu etablieren, scheiterten anhaltend an der starken kostenlosen Konkurrenz. Letztlich zeigten sich hierin ebenso die Grenzen der Kommerzialisierung wie in der fortbestehend starken Stellung des öffentlich-rechtlichen Rundfunks.

4. Die Transformation der Medienwelt seit 1989

Die Medien trugen somit zum Niedergang des Kommunismus und zum Mauerfall bei: Langfristig war ihr wichtigster Verdienst, dass sie über die Mauer hinweg, aber auch bis nach Osteuropa eine kommunikative Brücke in den Westen bildeten, welche die heimische Propaganda überwand und andere gesellschaftliche Erwartungen förderte. Die unter dem Schlagwort »Glasnost« propagierten Reformen Gorbatschows bezogen sich seit 1987 auch auf die Medien: sie sollten mehr Transparenz und Wahrhaftigkeit aufweisen, was durchaus auch der besseren Kontrolle der Gesellschaft dienen konnte. Die Verschleierung des Atomunfalls von Tschernobyl war hierfür ein wichtiger Anstoß. Nicht nur viele Bürger im kommunistischen Herrschaftsraum empörten sich über die anfängliche Verharmlosung, sondern auch Gorbatschow selbst.[99]

Die Einführung der Pressefreiheit verlief in Osteuropa dabei sehr unterschiedlich: In Ungarn wurde etwa bereits 1986 mehr Pressefreiheit gewährt und im Sommer 1989 die Lizenzpflicht aufgehoben. In Polen erschien die oppositionelle *Gazeta Wyborcza* bereits im Mai 1989 legal. Besonders in Ungarn und Estland suchten Journalisten einen kritischen Dialog, und für Rumänien sprach man von einer »Tele-Revolution«, da erst ungarische Fernsehberichte und dann rumänische Live-Bilder von Ceauşescu die Proteste dynamisiert hatten.[100] Dagegen blieben die Medien in der Tschechoslowakei lange staatstreu. Auch die ostdeutschen Medien waren 1989 keine treibende Kraft, wenngleich etwa der vielzitierte Jugendsender DT 64 früher über Proteste berichtete und Kassetten von ostdeutschen Bands mit unkonventionellem Stil sendete.[101] Demonstrierende bezeichnete die DDR-Presse Anfang Oktober 1989 noch als »Rowdys«, die aus dem Westen infiltriert seien. Erst als massenhaft Menschen auf den Straßen standen und Honecker zurückgetreten war, druckten viele Zeitungen kritische Leserbriefe und einzelne kritische Berichte.

---

99 Melanie Arndt, Tschernobyl. Auswirkungen des Reaktorunfalls auf die Bundesrepublik und die DDR, Erfurt 2011.
100 Barbara Thomaß/Michaela Tzankoff, Medien in Transformation, in: dies. (Hg.), Medien und Transformation in Osteuropa, Wiesbaden 2001, S. 249.
101 Susanne Binas, Die »anderen Bands« und ihre Kassettenproduktionen – Zwischen organisiertem Kulturbetrieb und selbstorganisierten Kulturformen, in: Peter Wicke/Lothar Müller (Hg.), Rockmusik und Politik. Analysen, Interviews und Dokumente, Berlin 1996, S. 48–60, S. 50.

Eine zentrale Rolle spielte dagegen das westdeutsche Fernsehen beim Zusammenbruch der DDR.[102] Es informierte die ersten ostdeutschen Protestierenden über ähnliche Aktionen und förderte den Zulauf. Zugleich waren die westdeutschen Kameras ein gewisses Schutzschild gegen eine »chinesische Lösung«, also den Einsatz von Waffen. Vor allem am 9. November dynamisierten die westdeutschen Nachrichten über die Reisefreiheit den ostdeutschen Andrang an den Grenzübergängen, der zu einer früheren Öffnung der Mauer führte.

Im Zuge des Mauerfalls setzte auch bei den Medien der DDR ein Wandel ein. Um Glaubwürdigkeit zurückzugewinnen, berichteten sie nun offener über die Proteste und Missstände im eigenen Land. Das DDR-Fernsehen brachte am 4.11.1989 die vierstündige Demonstration am Alexanderplatz live, und die Einschaltquoten der »Aktuellen Kamera« stiegen schlagartig steil an. Ab Ende Oktober forcierten Sendungen wie *Prisma* oder *Elf 99* den Umbruch mit einzelnen investigativen Berichten, etwa über die Waldsiedlung bei »Wandlitz«, die das Leben in der dortigen abgeschotteten Wohnsiedlung der Politbüro-Mitglieder skandalisierte.[103] Die Zuschauer beteiligten sich intensiv an dem medialen Umbruch: Nach manchen Fernsehdiskussionen kam es zu rund 50.000 Anrufen,[104] und bei den größeren Tageszeitungen gingen nun rund 600 Leserbriefe pro Tag ein, die die Reformen diskutierten.[105]

Zudem setzen nach dem Mauerfall strukturelle Reformen ein. Seit Mitte November entließen auch die SED-Zeitungen ihre Chefredakteure und die Redaktionen wählten stattdessen deren Stellvertreter oder Ressortleiter. Ab Januar 1990 erklärten sie schrittweise ihre Lösung von der SED bzw. PDS und suchten nach Wegfall der Subventionen westliche Partner. Das Vertrauen der Bevölkerung versuchten sie dadurch aufzubauen, indem sie auch den neu gegründeten Oppositionsparteien Raum zur Selbstdarstellung boten. Ebenso änderten die Blätter ihre Namen, die sich nun häufig auf Städte und Regionen bezogen: sie hießen nun »Nordkurier« statt »Freie Erde«, »Thüringer Allgemeine« statt »Das Volk«. Dies war symptomatisch für den weltanschaulichen Wandel im Osten, der nun stark auf regionale Identitätsbildung setzte.

Seit Anfang der 1990er Jahre versuchten westdeutsche Verlagshäuser auf dem ostdeutschen Medienmarkt Fuß zu fassen. Dies war keine ostdeutsche Besonder-

---

102 Vgl. Thomas Großmann, Fernsehen, Revolution und das Ende der DDR, Göttingen 2015; Frank Bösch, Medien als Katalysatoren der Wende? Die DDR, Polen und der Westen 1989, in: Zeitschrift für Ostmitteleuropa-Forschung 59 (2010), S. 459–471.
103 Thomas Schuhbauer, Umbruch im Fernsehen, Fernsehen im Umbruch. Die Rolle des DDR-Fernsehens in der Revolution und im Prozess der deutschen Vereinigung 1989–1990 am Beispiel des Jugendmagazins »Elf 99«, Berlin 2001, S. 224 f.
104 So nach dem »Donnerstagsgespräch. Zuschauer fragen – Politiker antworten« im DDR-Fernsehen, bei dem sich hohe SED-Funktionäre ab Mitte Oktober 1989 den Fragen der Zuschauer stellten: Franca Wolff, Glasnost erst kurz vor Sendeschluss. Die letzten Jahre des DDR-Fernsehens (1985–1989/90), Köln 2002, S. 278.
105 Ellen Bos, Leserbriefe in Tageszeitungen der DDR. Zur »Massenverbundenheit« der Presse 1949–1989, Opladen 1993, S. 232.

heit, sondern für ganz Mittelosteuropa charakteristisch und korrespondierte mit der Internationalisierung der Medienunternehmen seit Ende der 1980er Jahre im Westen. So erwarb die WAZ-Gruppe schon 1987 fast die Hälfte an der österreichischen »Neuen Kronen-Zeitung«, also der Zeitung mit der größten Reichweite pro Einwohner in Europa, während Springer den Österreichischen »Standard« mit verlegte. In den postsozialistischen Staaten versuchten viele postsozialistische Regierungen nach 1990 diesen Prozess in ihrem Sinne zu steuern. So bevorzugte die in Ungarn gewählte konservative Regierung bei der Privatisierung auch konservative Unternehmer, was die zahlreichen Aufkäufe von Axel Springer erleichterte.[106]

Seit Anfang 1990 brachen selbst die Auflagen der beliebten Blätter aus der DDR schlagartig ein. Bereits in diesem Jahr fiel der Verkauf bei der Tagespresse um ein Drittel auf unter sechs Millionen. Die einst auflagenstärksten Tageszeitungen, das »Neue Deutschland« und die »Junge Welt«, konnten sich zwar im Umfeld der PDS halten, ihre Auflage sank jedoch rasant. Auch bei den Zeitschriften verschwanden über zwei Drittel der Titel in den ersten drei Jahren.[107] Gerade bei den großen Blättern wie der »Neuen Berliner Illustrierten« oder »Für Dich« war das überraschend. Andere erfolgreiche Publikumsblätter wie die Fernsehzeitschrift »FF dabei«, das Unterhaltungsblatt »Wochenpost« oder die Frauenzeitschrift »Sybille« gingen Mitte der 1990er Jahre ein, obgleich Mitarbeiter letztere durch eine Übernahme zu retten versucht hatten. Ebenso scheiterten viele Neugründungen im Segment der Special Interest-Zeitschriften, die oft Kleinverlage publizierten.

Dieser rasante Einbruch erklärt sich zunächst mit den stark ansteigenden Verkaufspreisen, insbesondere nach der Währungsunion und dem Wegfall der Subventionen. Auch die westdeutsche kommunistische Zeitung »Die Wahrheit«, die sich mit SED-Unterstützung finanziert hatte, ging Ende 1989 ein und die DKP-Tageszeitung »UZ. unsere zeit« aus Neuss überlebte ohne SED-Subventionen nur noch als kleine Wochenzeitung. Die Übernahme des westdeutschen Vertriebssystems bescherte der ostdeutschen Presse ebenfalls Schwierigkeiten. Wichtigster Grund für das Scheitern der DDR-Presse war jedoch, dass 1990 die lange begehrten Tageszeitungen und Zeitschriften aus dem Westen in den Osten einzogen. 1990 kursierte in Ostdeutschland kurz eine bunte Mischung aus alten SED-Blättern, Neugründungen von ostdeutschen Oppositionellen und westdeutschen Verlagen sowie etablierten westdeutschen Medien. Die anfangs hohen Auflagenzahlen von Westblättern zeigen den hohen Nachholbedarf, egal ob im

---

106 András Lánczi/Patrick O'Neil, Pluralization and the Politics of Media Change in Hungary, in: Patrick O'Neil/Frank Cass (Hg.), Post-Communism and the Media in Eastern Europe, London 1997, S. 82–101.
107 Michael Haller/Barbara Held/Hartmut Weßler, Wendeversuche in der Sackgasse: Umbau, Untergang, Neuanfang der Zeitschriften in den neuen Bundesländern, in: Michael Haller/Klaus Puder/Jochen Schlevoigt (Hg.), Presse Ost – Presse West. Journalismus im vereinten Deutschland, Berlin 1995, S. 121–135.

Bereich von Politik und Unterhaltung oder bei Erotik-Blättern wie dem »Playboy«, da Pornographie in der DDR verboten war.

Diese mediale Vielfalt erreichte Anfang 1991 im Osten ihren Höhepunkt und nahm dann radikal ab. Mit der Transformation der sozialistischen Gesellschaft setzte nun ein rasanter Konzentrationsprozess der Medien ein, bei dem der Besitz an westdeutsche Verlagshäuser fiel, Journalismus und Mediennutzung aber spezifisch ostdeutsch blieben. Vor allem vier große Westverlage, Bauer, Burda, Gruner + Jahr und Springer, setzten sich bei den Verkäufen über die Treuhand und entsprechenden Neugründungen durch – bei Zeitungen auch die WAZ-Gruppe. Besonders begehrt waren bei den westdeutschen Verlegern die auflagenstarken 15 SED-Bezirkszeitungen. Das Kartellamt entschied zwar, dass jedes Verlagshaus nur eine SED-Bezirkszeitung erhalten dürfe, dennoch erreichten diese Blätter im Vergleich zum Westen eine starke Marktdominanz in den Regionen. Aber auch das Erbe der Blockparteien fand raschen Absatz: Die FAZ-Gruppe kaufte viele Blätter der Block-CDU, Springer die der NDPD. Die Nachrichtenagentur ADN ging 1992 an den »Deutschen Depeschendienst«, der sich nun in den 1990er Jahren ddp/ADN nannte, und der ADN-Bilderdienst »Zentralbild« wurde von der Deutschen Presseagentur (dpa) aufgekauft. Die vereinigte Medienlandschaft gelangte somit fast ganz in den Besitz westdeutscher Verlage.

Dennoch unterschieden sich die Medienlandschaften in Ost und West seit den 1990er Jahren auch langfristig voneinander. So blieben mit der fortbestehenden Dominanz der Ex-SED-Bezirkspresse grundlegende Strukturen aus dem DDR-Mediensystem erhalten. Dies wurde vielfach kritisiert, etwa als »Privatisierung von Oligopolen«, die die DDR-Bezirke als Kommunikationsräume konserviere und überregionalen oder lokalen Zeitungen kaum Raum lasse.[108] Tatsächlich hatten die ehemaligen Bezirkszeitungen Mitte der 1990er Jahre über 90 Prozent der Auflage inne.[109] Ihr Abonnentenstamm, ihre regionale Verankerung, ihre Verlagsgebäude und Druckereien gewährten ihnen einen uneinholbaren Startvorteil gegenüber den wenigen Neugründungen und kleineren Blättern der Blockparteien. Aber auch inhaltlich schmiegten sie sich besser an die Leserschaft an als manche Neugründung oder mancher Westimport.

Die Zahl der eigenständigen Vollredaktionen sank damit in Ostdeutschland 1992 auf 29 und war somit sogar noch geringer als zur Zeit der DDR. Aber nicht nur ostdeutsche Blätter scheiterten nach 1990, sondern auch viele westdeutsche Neugründungen im Osten. Selbst in Berlin, wo wegen der großen Bevölkerungsdichte zahlreiche Westverlage mit großen Zielen neue Zeitungen gründeten, gingen mehrere ein. So scheiterten etwa Burda/Murdoch nach einem Jahr

---

108 Schneider/Stürzebecher, Wenn das Blatt, S. 210. Schneider hatte diese Kritik schon 1991 geäußert: Beate Schneider, Pressemarkt Ost. Ein Refugium des »Demokratischen Zentralismus«, in: Walter A. Mahle (Hg.), Medien im vereinten Deutschland: nationale und internationale Perspektiven, Bonn 1991, S. 71–80.
109 Beate Schneider, Nach allen Regeln der Zunft. Zeitungswettbewerb in Deutschland, in: Haller u. a. (Hg.), Presse Ost – Presse West, S. 55.

mit der neuen Boulevardzeitung »Super«, obgleich sie Journalisten von »BILD« holte und ostdeutsche Ressentiments gegen den Westen schürte; am zweiten Tag hatte sie bereits den vielzitierten Aufmacher: »Angeber-Wessi mit Bierflasche erschlagen. [...] Ganz Bernau ist glücklich, daß er tot ist«.[110] Halten konnte sich dagegen das von ihnen gekaufte Ex-SED-Blatt »Berliner Zeitung«. Jedoch gelang es nicht, sie zur nationalen Hauptstadt-Zeitung auszubauen, sondern sie reüssiert bis heute vor allem in Ost-Berlin. Die publizistische Spaltung war damit gerade in Berlin besonders sichtbar, wo Zeitungen Schwierigkeiten hatten, sich im Ost- und Westteil gleichermaßen zu verankern. »BILD« startete deshalb neben der Ausgabe Berlin/West eine für Berlin-Ost/Brandenburg, die auch in den folgenden Jahren den unterschiedlichen Ansichten und Bedürfnissen der Leser entgegenkam.[111] Selbst Wirtschaftszeitungen wie »Capital« oder »Wirtschaftswoche« produzierten separate Ost-Ausgaben. Bei den neugegründeten Zeitschriften überlebten vornehmlich die Stadtmagazine, die von dem Aufschwung regionaler Identitätsbildung profitierten.

Sowohl die Medien und die Medieninhalte als auch die Mediennutzung unterschieden sich in den 1990er Jahren in Ost und West und unterscheiden sich vielfach auch noch heute. Nachrichtenmagazine wie »Der Spiegel« verkauften sich im Osten kaum und auch Life-Style-Magazine für die gehobene Mittelschicht hatten wenig Erfolg (wie »Geo« oder »Cosmopolitan«).[112] Ebenso sahen die Ostdeutschen deutlich seltener die kritischen politischen Magazine der öffentlich-rechtlichen Sender und bevorzugten Boulevardmagazine der Privaten wie *Explosiv*. Offensichtlich war bei ihnen aus den Erfahrungen der DDR und den Krisen nach der Wiedervereinigung die Distanz zum Politischen größer. Innerhalb des öffentlich-rechtlichen Fernsehens nutzten sie die Dritten Programme mehr. Dies verweist zum einen auf die spezifisch ostdeutsche Identitätsbildung und zum anderen auf eine medial grundierte Abgrenzung von der alten Bundesrepublik.

Bei den Zeitschriften konnten sich ratgeberorientierte Formate gut halten, was ebenfalls auf eine traditions- und krisenbedingte Mediennutzung verweist. Bis heute existiert etwa »Guter Rat«, das seit 1945 in Ostdeutschland zunächst als Frauenzeitschrift, dann als Ratgeber-Magazin erschien, und nach 1990 von westdeutschen Verlagen getragen als Verbrauchermagazin überlebte, allerdings vor allem in Ostdeutschland. Ebenso getrennt blieb der Humor in Ost und West: Das Satiremagazin »Eulenspiegel« bildet weiterhin ein ostdeutsches Gegenstück zur westdeutschen »Titanic«, ebenso »Mosaik« gegenüber den Disney-Comics. Für die fortbestehenden Unterschiede zwischen Ost und West steht besonders die Illustrierte »Superillu«. Die Wochenzeitschrift aus dem Burda-Verlag wirbt damit, rund ein Fünftel der Ostdeutschen zu erreichen und damit mehr als »Der

---

110 Super, 3.5.1991, S. 1. Barbara Held/Thomas Simeon, Die zweite Stunde Null. Berliner Tageszeitungen nach der Wende (1989–1994), Berlin 1994, S. 64–70.
111 Held/Simeon, Zweite Stunde Null, S. 268.
112 Haller/Held/Weßler, Wendeversuche, S. 131.

Spiegel«, »Fokus«, »Stern« und »Bunte« zusammen. Das Blatt reüssierte ebenfalls mit spezifisch ostdeutschen Stars, Beratungs- und Unterhaltungsseiten und stabilisiert damit weiterhin ein ostdeutsches Sonderbewusstsein.

Dass die ostdeutschen Tageszeitungen eine differente Identität stärkten, machten verschiedene Studien für die 1990er Jahre aus. Die Presse schrieb häufig aus einer ostdeutschen Perspektive, mitunter mit Schuldzuweisungen an »den Westen«. Besonders die Ex-SED-Zeitungen stellten die Folgeprobleme der Einheit, wie die Arbeitslosigkeit, aus Sicht der Ostdeutschen und damit in Abgrenzung zu Westdeutschland dar, ohne sie mit den Problemen aus der DDR-Wirtschaft zu verbinden. Während sie häufig Ost- und Westdeutschland oder alte und neue Bundesländer trennten, fand sich derartiges in der Presse der alten Bundesländer seltener.[113] Hier wurde der Osten eher ignoriert. Diese Spaltung förderte vermutlich ebenso die ostdeutsche Identitätsbildung wie den Erfolg der PDS.

Aber auch in der internationalen Berichterstattung unterschieden sich Ost- und West. In den ostdeutschen Medien fanden sich Mitte der 1990er Jahre etwa weniger Auslandsberichte. Zudem schrieben sie häufiger über Osteuropa, während die westdeutschen Zeitungen weiterhin stärker den Westen und die Dritte Welt thematisierten.[114] Auch bei ihren Wertungen unterschieden sich Ost und West. Die Zeitungen im Osten übernahmen häufiger Verlautbarungen und machten selbst weniger eigene kritische Kommentare. Dies kann man als Stilrelikt aus DDR-Zeiten deuten, aber auch als bewusste politische Zurückhaltung angesichts der politischen Veränderungen. Dafür boten sie mehr lebenspraktische Hilfe, besonders in den Ex-SED-Blättern.[115]

Dies erklärt sich nicht nur aus den Erwartungen der Leser und der Tradition der Zeitungen, sondern ebenso aus der sozialen Struktur der Journalisten. Angesichts der neuen Besitzverhältnisse kursierte in Ostdeutschland schnell der Vorwurf, ihre Zeitungen würden nur noch von westdeutschen Journalisten erstellt. Tatsächlich gab es jedoch eine hohe Personalkontinuität, obgleich die ostdeutschen Journalisten vor 1989 fast durchweg Mitglieder der SED waren und deren Verlautbarungen lange Zeit verbreitet hatten. Ein personeller Austausch fand vor allem in den Chefetagen statt, kaum in den Redaktionen. Bei den SED-Bezirkszeitungen wechselten zwar Ende 1989 die Chefredakteure, die Nachfolger kamen jedoch fast ausschließlich aus der eigenen Leitungsebene. Gut die Hälfte von ihnen blieb laut zeitgenössischen Auszählungen auch in den folgen-

---

113 Horst Pöttker, Fortschreibung alter Identitäten. Fremd- und Selbstbilder in der Presse des vereinten Deutschlands, in: Haller u. a. (Hg.), Presse Ost – Presse West, S. 235–244, S. 240.
114 Helmut Scherer, Die Darstellung von Politik in ost- und westdeutschen Tageszeitungen. Ein inhaltsanalytischer Vergleich, in: Publizistik 42.4 (1997), S. 413–438; Anhand von Titelseiten: Horst Pöttker, Fortschreibung alter Identitäten. Fremd- und Selbstbilder in der Presse des vereinten Deutschlands, in: Haller u. a. (Hg.), Presse Ost – Presse West, S. 235–244, S. 237.
115 Zur überregionalen Presse: Scherer u. a., Darstellung, S. 416f.; Wiebke Möhring, Die Lokalberichterstattung in den neuen Bundesländern. Orientierung im gesellschaftlichen Wandel, München 2001, S. 68.

den Jahren im Amt.[116] Bei den dominierenden ehemaligen DDR-Zeitungen blieben rund 70 Prozent der Mitarbeiter, bei den wenigen Neugründungen hingegen nur 30 Prozent. Insgesamt waren 1993, so deuten Befragungen an, rund 60 Prozent der Journalisten vor dem Mauerfall weiterhin in ihrem Beruf und nur ein Fünftel aus dem Westen. Auch bei den Chefredakteuren kam nur gut ein Viertel aus dem Westen.[117] Die selbstkritische Auseinandersetzung mit der Vergangenheit blieb gering, die Differenzen zu Kollegen aus dem Westen waren hingegen oft groß. Allerdings wurde an der DDR-Vergangenheit auch von den Westverlagen wenig Anstoß genommen.[118]

Studien zu den Journalisten in Ost und West machten in Befragungen in den 1990er Jahren zahlreiche Ähnlichkeiten im Selbstverständnis aus, aber auch Unterschiede: So hätten sich ostdeutsche Journalisten idealistischer als Berater und Erziehende verstanden und feinfühliger den Umbruch im Osten bei ihrer Arbeit berücksichtigt.[119] Während die westdeutschen Journalisten – stark vom Geist der Spiegel-Affäre geprägt – häufiger bereit waren, Regeln zu brechen, um an Informationen zu kommen, sahen sich die Ostdeutschen stärker als Anwalt der Benachteiligten.[120] Die Differenzen zwischen Ost und West zeigen sich auch im Lokaljournalismus. Die Lokalteile blieben im Osten kleiner, dafür waren die Serviceteile umfangreicher, und gerade die Ex-Bezirkszeitungen kritisierten vornehmlich nur durch Zitate Dritter.[121] Inhaltsanalysen stellten kritisch fest, dass sie lokale Vorgänge weniger transparent machten und sich auf politische Funktionsträger konzentrierten, was Teil des Erklärungsversuches der schwachen Partizipationsbereitschaft in Ostdeutschland sein könnte.[122] Auch vergleichende Studien zu postsozialistischen Ländern in Mittelosteuropa kamen zu dem Schluss, dass die dortigen Medien nach 1990 sich immer noch stark auf offizielle Quellen beziehen würden.[123]

In Öffentlichkeit und Forschung entstand seit Anfang der 1990er Jahre ein stark normativer Diskurs über das Ausbleiben der Pressevielfalt in Ostdeutschland. Gestützt auf Umfragen wurde auch in den Medien die These aufgebracht,

---

116 Schneider/Stürzebecher, Wenn das Blatt, S. 65.
117 Dieter Stürzebecher, Woher kommen sie, wie denken sie, was wollen sie?, in: Haller u. a. (Hg.), Presse Ost – Presse West, S. 207–225, hier S. 215; Beate Schneider/Klaus Schönbach/Dieter Stürzebecher, Journalisten im vereinigten Deutschland. Strukturen, Arbeitsweisen und Einstellungen im Ost-West-Vergleich, in: Publizistik 38.3 (1993), S. 353–382, S. 358 f.
118 Angelika Holterman, Das Geteilte Leben. Journalistenbiographien und Medienstrukturen zu DDR-Zeiten und danach, Opladen 1999.
119 Möhring, Lokalberichterstattung, S. 47 f.
120 Stürzebecher, Woher kommen sie, S. 223 f.
121 Möhring, Lokalberichterstattung, S. 65, 137, 173; Beate Schneider/Wiebke Möhring/Dieter Stürzebecher, Ortsbestimmung. Lokaljournalismus in den neuen Ländern, Konstanz 2000, S. 174–184.
122 Schneider/Stürzebecher, Wenn das Blatt, S. 212.
123 Andrew K. Milton, News Media Reform in Eastern Europe: A Cross-National Comparison, in: Patrick O'Neil (Hg.), Post-Communism and the Media in Eastern Europe, Portland 1997, S. 7–23.

dass die Ostdeutschen ein autoritäres Verständnis von Demokratie hätten und wenig Wert auf die freie Wahl von Zeitungen oder Demonstrationsfreiheit legten, wohl aber auf die Absicherung im Krankheitsfall.[124] Dagegen wurde angeführt, die Ostdeutschen hätten die freie Auswahl aus Printmedien kaum kennengelernt, da die Presselandschaft 1990 zu kurz aufgeblüht sei, um diese Vielfalt wertzuschätzen.[125] Der Arbeit der Journalisten misstrauen die Ostdeutschen zudem deutlich stärker: So hatten laut Umfragen Ende 1992 drei Viertel der Ostdeutschen kein Vertrauen in Zeitungen, im Westen war dies nur die Hälfte.[126] Aber auch den regionalen Abo-Zeitungen und dem Fernsehen vertrauten sie deutlich weniger als die Westdeutschen.[127] Die Erfahrung der Propaganda und des Anschlusses an die Bundesrepublik hinterließ offensichtlich Spuren.

Etwas anders fällt diese Bewertung von Defiziten aus, wenn man sie mit der späteren Entwicklung in Westdeutschland verbindet. Denn in Ostdeutschland traten nach 1990 viele Trends rasanter auf, die sich nicht nur in zahlreichen postsozialistischen Ländern, sondern später auch im Westen deutlicher abzeichneten: Die (weitere) Konzentration und Erosion der Presse, die Beharrungskraft von regionalen Monopolzeitungen, aber auch die Persistenz eines regionalen Sonderbewusstseins, das die entsprechenden Printmedien stützten. Finanzschwache neugegründete lokale Tageszeitungen hatten eben nicht nur in Ostdeutschland kaum eine Chance. Auch im Westen waren seit den 1950er Jahren fast alle Anläufe gescheitert, neue Tageszeitungen oder Nachrichtenmagazine zu etablieren. Ferner gingen in den 1990er Jahren auch im Westen ganz unterschiedliche stilbildende Blätter der alten Bundesrepublik ein, vom Unterhaltungsmagazin »Quick« (1992) über das »Deutsche Allgemeine Sonntagsblatt« (2000) bis zum Satiremagazin »Mad« (1995). Auch die Privilegierung von Service- und Ratgeberblättern im Osten verwies frühzeitig auf einen Trend. Selbst eine erfolgreiche Neugründung im westlichen Zeitschriftenmarkt wie »Fokus« vermischte zunehmend Politik und Service. Und ähnlich wie im Osten der frühen 1990er entwickelten sich Anzeigenblätter und Werbekataloge als die eigentlich erfolgreichen Drucksachen, die selbst im Internetzeitalter eine große Verbreitung erreichten, wenngleich sich das Modell der Gratis-Tageszeitung in Deutschland nicht durchsetzte.

Die vielfach kritische Bewertung der ostdeutschen Medienlandschaft fällt zudem abweichend aus, wenn man sie mit den anderen postsozialistischen Län-

---

124 Spiegel 4.11.1996, S. 64–70, S. 69.
125 Schneider/Stürzebecher, Wenn das Blatt, S. 208.
126 Beate Schneider, Nach allen Regeln der Zunft. Zeitungswettbewerb in Deutschland, in: Haller u. a. (Hg.), Presse Ost – Presse West, S. 53–64, S. 63.
127 Hans Dieter Gärtner/Stefan Dahlem, Informationsverhalten der Zeitungsleser »hüben und drüben«, in: Haller u. a. (Hg.), Presse Ost – Presse West, S. 75–94, S. 85. Die Ost-West-Differenzen betont umfassend: Sophie Burkhardt, Information versus Unterhaltung, in: Manuela Glaab u. a. (Hg.), Deutsche Kontraste 1990–2010, Politik – Wirtschaft – Gesellschaft – Kultur, Frankfurt a. M. 2010, S. 585–618.

dern vergleicht. Nach 1990 hatte man dort überall erhofft, die Pressefreiheit würde die Demokratisierung fördern. Tatsächlich trat erstere in den folgenden Jahren erst zögerlich ein, besonders etwa in Rumänien, aber selbst in Ungarn.[128] Im Vergleich zu den anderen postsozialistischen Ländern war die ostdeutsche Transformation viel weniger durch staatliche Bevormundung gekennzeichnet, als in der Slowakei, Südosteuropa und besonders in Russland. Aber auch die Übernahme durch ausländische westliche Verlage war in anderen sozialistischen Ländern weitaus stärker. In der Tschechoslowakei betraf es etwa gleich die Hälfte der Blätter.[129] Auffällig ist, dass oft politisch konservativ orientierte Verlagshäuser den Ton angaben und noch immer angeben. In Polen gibt Springer die Boulevard-Zeitung »Fact« heraus, und der konservativen Passauer Mediengruppe gehören zahlreiche weitere Printmedien. Auflagenstärkste Zeitung Tschechiens wurde das von Springer edierte Boulevardblatt »Bles«, gefolgt vom ehemaligen kommunistischen Jugendorgan »Mlada fronta Dnes«, das ebenfalls ein eher konservativer Verlag herausgab. Auch in Ostmitteleuropa überlebten besonders die Blätter mit ausländischem Kapital, vor allem die Boulevardblätter. Viele Blätter der Opposition, wie die »Gazeta Wyborcza« in Polen oder die »Lidove noviny« in der Tschechoslowakei, verloren dagegen Leser. Diese Verbreitung von starken Boulevardmedien und oft politisierten Privatsendern dürfte mit erklären, dass in Ostmitteleuropa populistische Parteien rasch Erfolge erzielen konnten.[130]

Auch die Rundfunklandschaft in Ostdeutschland war weitgehend durch die Übernahme von Strukturen aus der Bundesrepublik charakterisiert. Die bemerkenswert schnelle Umstellung vom Parteifunk zum unabhängigen Journalismus ab Herbst 1989 und das kurze Aufblühen kritischer publizistischer Formate nützten dem DDR-Fernsehen langfristig nichts. Zweifel an der Reformierbarkeit, Misstrauen gegenüber dem Personal und das Interesse keinen weiteren großen Konkurrenten zu den Privatsendern entstehen zu lassen, sorgten für die rasche und recht autoritär betriebene Abwicklung des DDR-Fernsehens durch Rudolf Mühlfenzl, den Rundfunkbeauftragten der neuen Bundesländer. Die Kompetenzen und das Eigentum wurden Ende 1991 auf die Länder bzw. die erst noch zu gründenden Landesrundfunkanstalten übertragen.[131] Mittelfristig entstanden in Ostdeutschland mit dem MDR (Sachsen, Sachsen-Anhalt und Thüringen)

---

128 Owen V. Johnson, The Media and Democracy in Eastern Europe, in: Patrick O'Neil (Hg.), Communicating Democracy. The Media and Political Transitions, Boulder 1998, S. 103–124, hier S. 112.
129 Liana Giori, The post-socialist media. What power the West? The changing media landscape in Poland, Hungary and the Czech Republic, Ashgate 1995.
130 Katarina Bader, Medialisierung der Parteien, Politisierung der Medien: Interdependenzen zwischen Medien und Politik im postsozialistischen Polen, Wiesbaden 2013, S. 425.
131 Hickethier, Deutsche Fernsehgeschichte, S. 502 ff.; Ernst Dohlus, In der Grauzone – Wie der Staatsrundfunk der DDR aufgelöst wurde, Menschen, Material und Programmvermögen, in: Deutschland Archiv, 22.9.2014; URL: http://www.bpb.de/191086.

sowie dem ORB (Berlin und Brandenburg) zwei Mehrländeranstalten, Mecklenburg-Vorpommern trat dem NDR-Staatsvertrag bei. Im Westen fand dieses Vorbild in der Fusion von SDR und SWF einen Nachahmer. Nur vereinzelt kam es zu Abweichungen von dieser Linie, so im Falle der Privatisierung des regionalen DDR-Radiosenders »Berliner Rundfunk« oder der Fusion des ehemaligen DDR-Programms »Deutschlandsender Kultur« mit dem RIAS und dem Deutschlandfunk zum nationalen Hörfunkprogramm »DeutschlandRadio«.[132]

Durch den plötzlichen Wegfall der vertrauten Sender, Formate und Sendungen in Ostdeutschland sowie die überwiegende Rekrutierung des Führungspersonals aus dem Westen wurde eine Chance zur Begleitung und Abfederung des lebensweltlichen Wandels in Ostdeutschland vergeben. Stattdessen sorgte die »Schocktherapie« (so der damalige Intendant des NDR, Jobst Plog) für zusätzlichen Vertrauensverlust.[133] Nicht selten kam bei ehemaligen DDR-Bürgern das Gefühl auf, Zeuge einer »Kolonisation« bzw. »Invasion« zu sein. Entsprechend zäh klammerten sich viele auch im Fernsehen an die letzten positiv besetzten Reste der vertrauten Lebenswelt.[134] Entsprechend erfolgreich waren vor allem die Dritten Fernsehprogramme in Ostdeutschland später mit ihren »ostalgischen« Rekursen auf die Programme und Symbole der DDR-Vergangenheit.

An die Stelle des vertrauten, eher behäbigen DDR-Fernsehens, trat jetzt auch im Osten die neue Unübersichtlichkeit und Dynamik des »Dualen Systems«. Nun kam es im großen Maßstab zur Vermehrung der Programme und Sendezeiten. In Berlin waren beispielsweise 1986 16 Fernsehprogramme mit ca. 145 Programmstunden täglich empfangbar, bis 1992 wuchs das Angebot auf 34 Programme mit 493 Programmstunden pro Tag, mit weiter steigender Tendenz.[135] Die Ausdifferenzierung des Angebots durch Spartenprogramme neben den etablierten Vollprogrammen betraf sowohl die öffentlich-rechtlichen als auch die privaten Anbieter. Während letztere in der zweiten Hälfte der 1980er Jahre noch mit sehr bescheidenen Marktanteilen leben mussten (1987: RTL 1,3 Prozent; SAT1 1,5 Prozent), verteilten sich die Zuschauer Mitte der 1990er Jahre schon nahezu gleichmäßig auf die Vollprogramme von ARD, ZDF, RTL und SAT1, die nun alle auf einen Marktanteil von ca. 15 Prozent kamen.[136] Letztere warben nun im Rahmen der Senderfamilien auch mit zahlreichen Shopping- und Lokalsendern um die Aufmerksamkeit der Werbekunden. Die Angebotsvermehrung und die Reihung kleinteiliger Einheiten wie Werbeunterbrechungen, Trailer, Wetterinfos oder Börsenkurse veränderte die Zeitwahrnehmung: Es entstand der Eindruck von Fragmentierung und Beschleunigung. Zunächst profilierten sich die

---

132 Vgl. Ernst Elitz, Der nationale Hörfunk als Produkt der Einheit. Das Beispiel DeutschlandRadio, in: Arnold/Classen (Hg.), Zwischen Pop, S. 183–187.
133 Zit. nach Hickethier, Deutsche Fernsehgeschichte, S. 514.
134 Christoph Classen, Das Sandmännchen, in: Martin Sabrow (Hg.), Erinnerungsorte der DDR, München 2009, S. 342–350.
135 Hickethier, Deutsche Fernsehgeschichte, S. 432.
136 Ebd., S. 485.

Privaten über Nischenprogramme in den Bereichen Sex, Gewalt/Action, verlegten sich jedoch mit Rücksicht auf ihr Image seit den 1990er Jahren eher auf innovative Talk-Formate (»Confrontainment«) und befriedigten menschlichen Voyeurismus in Beziehungsshows oder durch sogenanntes »Reality TV«. Dieser »Explosion des Intimen« stand bei den Öffentlich-Rechtlichen trotz mancher Konzession an den Stil der neuen Konkurrenz noch immer eine stärkere Profilierung über die Informationsangebote gegenüber. Gerade in Ostdeutschland waren die Öffentlich-Rechtlichen damit weit weniger erfolgreich als die Privaten. Die Kommerzialisierung der Medien und die Repräsentation von Konsum im Radio und Fernsehen erreichten mit dem zunehmenden Erfolg der Privatsender und deren Fokussierung der werberelevanten jüngeren Zielgruppen in den 1990er Jahren zweifellos eine neue Qualität.

Nachdem der durchschnittliche Fernsehkonsum bis Mitte der 1980er Jahre lange relativ konstant bei ca. zwei Stunden täglich gelegen hatte, stieg dieser Wert nun relativ rasch auf ca. dreiviertel Stunden im Jahre 1996.[137] Bei den Ostdeutschen lag der Wert in allen Altersgruppen noch einmal ca. eine halbe Stunde darüber und dies änderte sich auch in der folgenden Dekade nicht.[138] Zudem sahen die Ostdeutschen deutlich häufiger kommerzielles Fernsehen, insbesondere RTL. Ebenso hörten sie mehr Radio und auch hier häufiger kommerzielle Sender. Dabei waren sie im Vergleich zur Bevölkerung der alten Bundesländer wesentlich stärker an Unterhaltungs- als an Informationsangeboten interessiert.[139] Obwohl die kommunikations- und medienwissenschaftliche Forschung sich intensiv mit den Ursachen befasst hat, sind diese nicht leicht zu bestimmen.[140] Neben unterschiedlichen sozialen Lebenslagen in Ost- und Westdeutschland nach der Vereinigung (Unterschiede in der Sozialstruktur, in Bezug auf Arbeitslosigkeit, Einkommen sowie subjektive Zufriedenheit) spielte zunächst offenkundig auch die mediale Sozialisation eine Rolle, die im Vergleich zum Westen größere Distanz zu politischen Inhalten hervorgebracht hat. Perpetuiert wurde dieser Effekt durch die als »westdeutsch« wahrgenommene Perspektive auf Ostdeutschland und die DDR-Vergangenheit in den überregionalen Medien und der politischen Öffentlichkeit.[141] Diese Distanz schlägt sich auch in dem noch immer deutlich

---

137 Hickethier, Geschichte des Deutschen Fernsehens, S. 490.
138 Vgl. Wolfgang Mühl-Benninghaus, Unterhaltung als Eigensinn. Eine ostdeutsche Mediengeschichte, Frankfurt a. M. 2012, S. 334 f.
139 Ebd., S. 336.
140 Vgl. zuletzt Olaf Jandura/Michael Meyen, Warum sieht der Osten anders fern? Eine repräsentative Studie zum Zusammenhang zwischen sozialer Position und Mediennutzung, in: Medien & Kommunikationswissenschaft 58 (2010), S. 208–226; Hans-Jörg Stiehler, Mediennutzung 1995 bis 2005 in West- und Ostdeutschland: ein Test der These von der Populationsheterogenität am Beispiel von Fernsehen und Tageszeitungen, in: Jörg Hagenah/Heiner Meulemann (Hg.), Mediatisierung der Gesellschaft?, Münster 2012, S. 119–139.
141 Thomas Ahbe/Rainer Gries/Wolfgang Schmale (Hg.), Die Ostdeutschen in den Medien. Das Bild von den Anderen nach 1990, Leipzig 2009.

geringeren Bezug überregionaler Tageszeitungen und Nachrichtenmagazine nieder. Insgesamt werden die bis in die Gegenwart fortbestehenden Unterschiede jedoch vor allem auf ein nach wie vor bestehendes soziales und ökonomisches West-Ost-Gefälle und die damit verbundenen differierenden Lebenslagen und -stile zurückgeführt. Letztere entscheiden demnach primär über Umfang und Art der Mediennutzung, nicht die regionale Herkunft an sich.[142]

Vieles spricht dafür, dass die Liberalisierung, Pluralisierung und Individualisierung sowie die damit verbundene Erfahrung gesteigerter Kontingenz in den 1990er Jahren ein gesamtdeutsches Phänomen war, das die Ostdeutschen nicht allein, aber eben doch mit ganz besonderer Wucht getroffen hat. Der strukturelle Umbruch im Rundfunk war selbst Teil dieser Entwicklung. Paradoxerweise dienten und dienen seine Inhalte dazu, diese Unsicherheiten individuell und kollektiv zu bewältigen, sei es in Form von Residuen der DDR-Lebenswelt in den ostdeutschen Regionalprogrammen oder in Form übergreifender, gesamtdeutsch erfahrbarer Formen der Vergewisserung wie ritualisierten Fernsehnachrichten oder seriellen Unterhaltungsangeboten.[143]

5. Fazit

Die Medien bildeten sicherlich eine der zentralen Brücken zwischen Ost und West. Wenngleich das Radio diese Funktion bereits seit den 1950er Jahren wahrnahm, bekam diese Verbindung in den 1970er Jahren durch die geteilten westdeutschen Fernsehbilder und Berichte von Korrespondenten ein breiteres Fundament. Nicht nur die öffentlich-rechtlichen Sender im Westen, sondern auch der Staatsfunk der DDR musste den Wünschen der Zuschauer nach Unterhaltung nachgeben. Besonders Fernsehen und Radio förderten so das Aufkommen der Konsumgesellschaft in beiden Teilstaaten und erzeugten somit im Osten kaum stillbare Konsumbedürfnisse. Sie trugen dadurch in der DDR erheblich dazu bei, die überkommenen Kollektivitäts- und Pflichtnormen durch das Versprechen individueller Entfaltung zu ersetzen und erwiesen sich für die DDR als »Modernitätsfalle« (Axel Schildt). Die Printmedien blieben in beiden Staaten getrennt, aber auch hier zeigten sich Verflechtungen: Ostdeutsche Zeitschriften adaptierten westliche Formate, Stile sowie Trends und förderten damit ebenfalls die Pluralisierung und Konsumorientierung der Gesellschaft. Selbst die Entwicklung der politisch denkbar unterschiedlichsten Tageszeitungen hatte einige strukturelle Gemeinsamkeiten: Ihre hohe Auflage in Ost und West verdeutlicht ihre gewachsene soziale Orientierungsfunktion in Demokratie und Diktatur, was sich etwa im geteilten Interesse an lokalen und regionalen Nachrichten, Anzeigen sowie Ratgeber- und Servicethemen niederschlägt. Zugleich zeigen sich aber auch Grenzen und die Asymmetrie der Verflechtung: Westbürger nahmen den DDR-

---

142 Jandura/Meyen, Warum sieht der Osten anders fern?, S. 223.
143 Vgl. Hickethier, Geschichte des Fernsehens, S. 536 ff.

Rundfunk kaum wahr, und die zunehmende Kommerzialisierung und Unterhaltungsorientierung der Medien war ein Prozess, der einseitig von West nach Ost wanderte.

Da 1990 das bundesdeutsche Mediensystem auf Ostdeutschland übertragen wurde und westdeutsche Medienhäuser nun den ostdeutschen Markt dominierten, schien dieser Umbruch auf eine Vereinheitlichung hinzuwirken. Tatsächlich zeigten sich aber rasch vielfältige Differenzen, trotz der nun gemeinsamen oder direkt verbundenen Strukturen. Die Unterschiede bei der Auswahl der Fernsehprogramme, Zeitungen und Zeitschriften sowie der stark regional ausgerichtete ostdeutsche Medienmarkt markierten die fortbestehenden kulturellen und sozialen Grenzen, die die Medien mit förderten. Aus westlicher Sicht waren arrogante Blicke auf den Osten nicht selten, die über dessen monopolartige Regionalpresse, den (n)ostalgischen MDR, den Erfolg des Privatfernsehens oder die lokalen Kommerzsender spotteten. Langfristig kündigte die Entwicklung der Medien in Ostdeutschland jedoch in den 1990er Jahren Trends an, die danach auch stärker den Westen erreichten. Gleichwohl sind bei der Mediennutzung die Unterschiede zwischen Ost und West immer noch erkennbar.

Verzeichnis der Autorinnen und Autoren

Ralf Ahrens, Dr., ist wiss. Mitarbeiter am Zentrum für Zeithistorische Forschung Potsdam. Veröffentlichungen u. a.: Gegenseitige Wirtschaftshilfe? Die DDR im RGW – Strukturen und handelspolitische Strategien 1963–1976, Köln 2000; Die »Deutschland AG«. Historische Annäherungen an den bundesdeutschen Kapitalismus, Essen 2013 (Hg. mit Boris Gehlen/Alfred Reckendrees).

Frank Bösch, Prof. Dr., ist Direktor des Zentrums für Zeithistorische Forschung und Professor für deutsche und europäische Geschichte an der Universität Potsdam. Veröffentlichungen u. a.: Mediengeschichte. Vom asiatischen Buchdruck zum Fernsehen, Frankfurt a. M. u. a. 2011; Macht und Machtverlust. Die Geschichte der CDU, Stuttgart/München 2002.

Jutta Braun, Dr., ist wiss. Mitarbeiterin am Zentrum für Sportgeschichte und assoziierte Mitarbeiterin am Zentrum für Zeithistorische Forschung Potsdam. Veröffentlichungen u. a.: Fußball und politische Freiheit – Erfahrungendes geteilten Deutschland, Berlin 2008; Sportstadt Berlin im Kalten Krieg. Prestigekämpfe und Systemwettstreit, Berlin 2006 (Hg. mit Hans Joachim Teichler).

Christoph Classen, Dr., ist wiss. Mitarbeiter am Zentrum für Zeithistorische Forschung Potsdam. Veröffentlichungen u. a.: Faschismus und Antifaschismus. Die nationalsozialistische Vergangenheit im ostdeutschen Hörfunk 1945–1953, Köln 2004; Zwischen Pop und Propaganda: Radio in der DDR, Berlin 2004 (Hg. mit Klaus Arnold).

Jürgen Danyel, Dr., ist Abteilungsleiter am Zentrum für Zeithistorische Forschung Potsdam und dessen stellvertretender Direktor. Veröffentlichungen u. a. Zeitgeschichte der Informationsgesellschaft, in: Zeithistorische Forschungen/Studies in Contemporary History 9.2 (2012), S. 186–211.

Emmanuel Droit, Dr., ist stellvertretender Leiter des Centre Marc Bloch in Berlin. Veröffentlichungen u. a.: Vorwärts zum neuen Menschen? Die sozialistische Erziehung in der DDR (1949–1989), Wien 2013.

Jens Gieseke, Dr., ist Abteilungsleiter am Zentrum für Zeithistorische Forschung Potsdam. Veröffentlichungen u. a.: Die Stasi 1945–1990, München 2011; Die Geschichte der SED. Eine Bestandsaufnahme, Berlin 2011 (Hg. mit Hermann Wentker).

Rüdiger Hachtmann, Prof. Dr., ist wiss. Mitarbeiter am Zentrum für Zeithistorische Forschung Potsdam. Veröffentlichungen u. a.: Das Wirtschaftsimperium der Deutschen Arbeitsfront 1933–1945, Göttingen 2012; Tourismus-Geschichte, Göttingen 2007.

Andreas Ludwig, Dr., ist wiss. Mitarbeiter am Zentrum für Zeithistrische Forschung Potsdam. Veröffentlichungen u. a.: Die Alltagskultur der DDR nach 1989/90, in: Martin Sabrow (Hg.), Bewältigte Diktaturvergangenheit? 20 Jahre DDR-Aufarbeitung, Leipzig 2010, S. 83–99; Die Ablagerung des Neuen. Plaste in Geschichte, Konsum und Museum, in: Böhme/Ludwig (Hg.), Alles aus Plaste. Versprechen und Gebrauch in der DDR, Köln/Weimar/Wien 2012, S. 215–231.

Maren Möhring, Prof. Dr., ist Professorin für Vergleichende Kultur- und Gesellschaftsgeschichte des modernen Europa an der Universität Leipzig Veröffentlichungen u. a.: Fremdes Essen. Die Geschichte der ausländischen Gastronomie in der Bundesrepublik Deutschland, München 2012.

Christopher Neumaier, Dr., ist wiss. Mitarbeiter am Zentrum für Zeithistorische Forschung Potsdam. Veröffentlichungen u. a.: Dieselautos in Deutschland und den USA: Zum Verhältnis von Technologie, Konsum und Politik, 1949–2005, Stuttgart 2010; Gab es den Wertewandel? Neue Forschungen zum gesellschaftlich-kulturellen Wandel seit den 1960er Jahren, München 2014 (Hg. mit Bernhard Dietz/Andreas Rödder).

Wilfried Rudloff, Dr., ist wiss. Mitarbeiter an der Akademie der Wissenschaften und der Literatur in Mainz; Veröffentlichungen u. a.: Bildungsboom und »Bildungsgefälle«. Räumliche Disparitäten, regionale Bildungsplanung und Bildungsexpansion in der alten Bundesrepublik, in: Westfälische Forschungen 60 (2010), S. 335–371; Bildungspolitik als Sozial- und Gesellschaftspolitik. Die Bundesrepublik in den 1960er- und 1970er-Jahren im internationalen Vergleich, in: Archiv für Sozialgeschichte 47 (2007), S. 237–268.

Annette Schuhmann, Dr., ist wiss. Mitarbeiterin am Zentrum für Zeithistorische Forschung Potsdam und Redakteurin von Zeitgeschichte Online. Veröffentlichungen u. a.: Der Traum vom perfekten Unternehmen. Die Computerisierung der Arbeitswelt in der Bundesrepublik Deutschland (1950er- bis 1980er- Jahre), in: Zeithistorische Forschungen/Studies in Contemporary History 9.2 (2012), S. 231–256.

André Steiner, Prof. Dr., ist wiss. Mitarbeiter am Zentrum für Zeithistorische Forschung Potsdam. Veröffentlichungen u. a.: The Plans that Failed. An Economic History of the GDR, New York/Oxford 2010; Die siebziger Jahre als Kristallisationspunkt des wirtschaftlichen Strukturwandels in West und Ost?, in: Konrad Jarausch (Hg.), Das Ende der Zuversicht? Die siebziger Jahre als Geschichte, Göttingen 2008, S. 29–48.

Winfried Süß, PD Dr., ist wiss. Mitarbeiter am Zentrum für Zeithistorische Forschung Potsdam. Veröffentlichungen u. a.: Soziale Ungleichheit im Sozialstaat. Großbritannien und die Bundesrepublik im Vergleich. München 2010 (Hg. mit Hans Günter Hockerts); Umbau am »Modell Deutschland«. Sozialer Wandel, ökonomische Krise und wohlfahrtsstaatliche Reformpolitik in der Bundesrepublik Deutschland »nach dem Boom«, in: Journal of Modern European History 9.2 (2011), S. 215–240.

Frank Uekötter, Dr., ist Reader in Environmental Humanities an der Universität Birmingham. Veröffentlichungen u. a.: Am Ende der Gewissheiten. Die ökologische Frage im 21. Jahrhundert, Frankfurt a. M./New York 2011; Die Wahrheit ist auf dem Feld. Eine Wissensgeschichte der deutschen Landwirtschaft, Göttingen 2010.